2025 | 인문·사회 계 |입전략 필독서!

KB168950

Seoul National University

Korea University

Yonsei University

편저 | 김윤환

SKY 합격을 위한
구술면접의 공식

[제1권] 기초 확립편

시대에듀

Contents

[제1권] 기초 확립편

PART 1 면접 톺아보기

PART 2 면접 연습하기

Korea University

Yonsei University

Seoul National University

SKY

SKY 합격을 위한
구술면접의 공식

시대에듀

2025 SKY 합격을 위한 구술면접의 공식

Always **with you**

사람의 인연은 길에서 우연하게 만나거나 함께 살아가는 것만을 의미하지는 않습니다.
책을 펴내는 출판사와 그 책을 읽는 독자의 만남도 소중한 인연입니다.
시대에듀는 항상 독자의 마음을 헤아리기 위해 노력하고 있습니다. 늘 독자와 함께하겠습니다.

머리말

반갑습니다. 김윤환입니다.

본서는 서울대 · 연세대 · 고려대 구술면접의 대략적인 흐름과 내용을 공유하고 있습니다.

수험생들은 합격을 위한 절대적인 법칙이나 숨겨진 비법으로 포장되는 일련의 움직임을 강력히 경계해야 합니다. 정석적인 준비와 성실함이 여전히 가장 중요하다는 의미입니다.

그럼에도 한정된 시간 속에서 효율적으로 준비를 해야 하는 수험생들의 기대와 요청이 많았습니다. 저 또한 최소한의 길잡이 역할을 할 수 있지 않을까 하는 생각을 했고, 그러한 바람에 부응하기 위해 많은 준비와 토론 끝에 본서를 기획했습니다.

본서는 절대적인 정답을 지향하고 있지 않으며, 그런 내용을 담고 있지도 않습니다. 하지만 해당 대학의 구술면접을 준비하는 학생들에게 재미있고 유익한 자료가 될 수 있으리라 믿습니다.

제가 수업에서 늘 강조하는 부분이 있습니다. 바로 입시를 위해 출제된 모든 시험은 '최소한의 기준과 패턴이 존재한다.'는 것입니다. 본서에 나온 세 대학의 문제들과 해설들을 잘 살펴보고 반복 학습하기를 바랍니다. 그러면 각 학교들이 원하는 논리 구조, 독해의 원리, 답안의 방식에 대해 어느 정도 윤곽을 잡을 수 있을 것입니다.

그리고 그것이 학교든, 학원이든, 집에서 혼자 하는 것이든 반드시 직접 '말하는 과정'을 포함하기를 바랍니다. 수능 시험이 아닌 논술, 면접과 같은 대학별 고사는 실전 연습이 실력을 완성하는 최종적인 단계입니다. 본서의 내용을 참고하여 직접 말하는 과정을 반복하며 실전 연습을 하기를 강력히 권해드립니다.

본서가 나오기까지 열정적으로 뒷받침해 준 모든 분들과 출판사 관계자 여러분께 감사 인사를 전합니다.

이 책을 통해 공부하는 여러분 모두의 건승을 기원합니다.

아토즈 논술 · 구술 아카데미 김윤환 드림

대학별 구술면접 특성 INTERVIEW

01 서울대

서울대는 과에 따라 '인문학, 사회과학, 수학(인문) 관련 제시문을 활용하여 전공 적성 및 학업 능력을 평가(영어 또는 한자 활용 가능)'한다고 안내하고 있습니다. 주로 제시문을 기반으로 깊이 있는 독해와 다면적 사고를 요하는 복수의 면접 문제를 출제합니다. 구술면접인데도 논술만큼이나 제시문 내용이 만만치 않으며 문제에서 요구하는 바 또한 단순하지 않습니다. 게다가 30분 이내의 짧은 시간 안에 제시문 이해 및 문제 해결까지 끝내야 하는 것이 부담이 될 수 있습니다. 국어 영역 문제를 푼다는 마음으로 긴장감을 가지고 빠르게 제시문을 읽어 내는 것이 가장 중요합니다. 또한, 읽어 낸 내용을 토대로 문제를 해결하고 답변할 내용을 개요 중심으로 차분히 정리해야 이후에 답변할 때 막힘 없이 논리적으로 풀어낼 수 있습니다.

서울대 면접 및 구술고사 평가 방법

- 지원자 1명을 대상으로 하여 복수의 면접관이 실시합니다. 제출 서류를 참고하여 추가 질문을 할 수 있습니다.
- 고등학교 교육과정 상의 기본 개념 이해를 토대로 단순 정답이나 단편 지식이 아닌 종합적인 사고력을 평가합니다. 주어진 제시문과 문제를 바탕으로 면접관과 수험생 사이의 상호작용을 통해 문제 해결 능력과 논리적이고 창의적인 사고력을 종합적으로 평가합니다.

모집 단위		평가 내용	답변 준비 시간	면접 시간
인문대학		인문학, 사회과학	30분 내외	15분 내외
사회과학대학	전 모집단위 (경제학부 제외)	인문학, 사회과학		
	경제학부	사회과학, 수학(인문)		
경영대학		사회과학, 수학(인문)		
사범대학(자연계열 제외)		인문학, 사회과학		
생활과학 대학	소비자 아동학부 소비자학	사회과학, 수학(인문)		
	소비자 아동학부 아동가족학	인문학, 사회과학		
	의류학과	*사회과학, 수학(인문)		
간호대학		*인문학, 사회과학		
자유전공학부		*인문학, 수학		

★ 의류학과는 (화학, 생명과학) 또는 (사회과학, 수학–인문) 중 택 1, 전자는 답변 준비 시간이 45분 내외
★ 간호대학은 (화학, 생명과학) 또는 (인문학, 사회과학) 중 택 1, 전자는 답변 준비 시간이 45분 내외
★ 자유전공학부는 (인문학, 수학–인문) 또는 (사회과학, 수학–인문) 또는 (수학–인문, 자연) 중 택

02 연세대

연세대 구술면접의 가장 큰 특징은 그래프나 도표와 같은 자료가 제시된다는 점입니다. 제시된 그래프나 도표를 보고 문제에서 중요하게 생각하는 포인트가 무엇인지 파악해야 합니다. 하지만 단순하게 주어진 자료를 1차원적으로 분석하는 것이 아니라, 다각적이고 복합적인 분석과 접근을 요하므로 평소 그래프나 도표 자료를 꼼꼼히 분석하는 훈련을 해야 합니다. 탐구 과목으로 사회·문화나 지리 과목을 선택했다면 평소 그래프를 읽는 연습을 하겠지만, 이외의 탐구 과목을 선택했을 경우 연세대 구술면접 기출문제를 보며 연습하는 것이 좋습니다. 시의성 있는 문제가 출제되기도 하므로 그 해의 가장 큰 사회 이슈와 문제가 무엇이었는지 미리 생각하고 정리해 보는 것도 도움이 됩니다. 그래프나 도표, 시의성을 고려하여 현상에 사회학적으로 접근하는 방식을 적용해 보는 연습을 꾸준히 해야 합니다.

연세대 면접 및 구술고사 평가 방법

- 비대면 현장 녹화 면접은 수험생이 면접 위원이 없는 고사실에서 주어진 시간 안에 문제를 풀고 패드에 답변을 녹화한 후, 다수의 평가 위원이 저장된 영상을 평가합니다.
- 제시문 면접은 제시문 숙지 시간 8분과 답변 시간 5분이 주어집니다.
- 2015 개정 교육과정을 바탕으로 제시문 및 면접 문항을 출제합니다.
- 수리 통계자료 또는 과학 관련 제시문이 포함될 수 있습니다.

전형명			평가 유형	평가 내용
학생부교과전형	추천형			면접 폐지, 대학수학능력시험 최저학력기준 신설
학생부종합전형	활동우수형		현장 비대면 녹화 면접	제시문을 바탕으로 논리적 사고력 및 의사소통 능력을 평가함 ※ 국제형의 경우 제시문이 영어로 출제될 수 있음
	기회균형 Ⅰ·Ⅱ			
	국제형	국내고		
		해외고/검정고시		
특기자전형	국제인재			영어 제시문을 바탕으로 논리적 사고력 및 의사소통 능력을 평가함 ※ 언더우드학부(생명과학공학) 면접 문항은 언더우드학부 (인문·사회)와 동일함
	체육인재		현장 대면 면접	지원자의 논리적 사고력과 의사 표현 능력, 체육인으로서의 전문성 및 경기력 등을 평가함

03 고려대

서울대와 비슷하게 고려대 구술면접 역시 제시문 기반으로 출제되는 심층면접입니다. 논술 같아 보일 정도로 제시문의 수나 양이 서울대보다 많기 때문에 제시문을 읽고 이해하는 능력이 가장 중요합니다. 또한, 제시문 간의 연계를 생각하며 문제에 접근하는 유기적인 사고력이 요구되므로 문제를 이해하는 데 시간이 꽤 걸릴 수 있습니다. 많은 제시문과 어려운 문제를 앞에 두고 준비할 때, 제한 시간 내에 말할 수 있는 것 이상을 준비해 말하려다가 논리를 잃고 중구난방이 되는 경우가 있으니 자신이 말할 수 있는 분량을 고려하여 간결하면서도 논리적인 답안을 구상할 수 있도록 해야 합니다.

고려대 면접 및 구술고사 평가 방법

지원자 1명을 대상으로 2인 이상의 면접관이 전형별 면접 평가 방식에 따른 평가 역량을 활용하여 평가합니다.

전형 구분		준비 시간	면접 시간	면접 유형	진행 방식	장소
학생부종합	학업우수형	면접 폐지				
	계열적합	21분	7분	제시문 기반 면접	대면 면접	서울 캠퍼스
	고른기회	12분	6분			
	재직자	12분	6분			
실기/실적 (특기자전형)	사이버국방학과	없음	8분	제출 서류 기반 면접		
	디자인조형학부	없음	8분			
	체육교육과	없음	5분			

❖ 기타 구체적인 내용은 각 대학 홈페이지 전형 안내를 반드시 확인하세요.

서울대 학생부종합전형(일반) 면접고사 일정

구분	면접일	계열 · 모집단위별 면접 일정
인문과학대학	2024. 11. 22. (금)	• 오전: 07시 30분~08시 입실, 고사 종료 후 개별 퇴실 • 오후: 12시 30분~13시 입실, 고사 종료 후 개별 퇴실
사회과학대학		• 오전: 07시 30분~08시 입실, 09시~12시 55분 면접 • 오후: 12시 55분~13시 10분 입실, 14시~17시 40분 면접
경영대학		07시~08시 입실, 08시~13시 면접
간호대학		07시~08시 입실, 고사 종료 후 퇴실
사범대학		• 오전: 07시 30분~08시 입실, 고사 종료 후 개별 퇴실 • 오후: 12시 40분~13시 입실, 고사 종료 후 개별 퇴실

연세대 학생부종합전형(활동우수/기회균형) 면접고사 일정

구분	면접일	계열 · 모집단위별 면접 일정
인문 · 사회 · 통합계열	2024. 11. 16. (토)	면접 장소 및 시간은 1단계 합격자 발표 시 안내함
국제형	2024. 11. 23. (토)	
기회균형	2024. 10. 26. (토)	

고려대 학생부종합전형 면접고사 일정

구분	면접일	계열 · 모집단위별 면접 일정
계열적합	2024. 11. 09. (토)	• 인문: 08시까지 입실, 고사 종료 후 개별 퇴실 • 사회: 13시 20분까지 입실, 고사 종료 후 개별 퇴실 • 고사 장소 및 시간은 11. 05. (화) 입학처 홈페이지에 공지함
고른기회	2024. 11. 02. (토)	고사 장소 및 시간은 10. 29. (화) 입학처 홈페이지에 공지함
재직자		

❖ 2024학년도 면접 일정과 2025학년도 입학전형시행계획을 바탕으로 작성한 내용입니다.
구체적 내용 및 최신 정보는 각 대학 입학처 홈페이지를 참고해 주세요.

이 책의 구성과 특징 STRUCTURES

CHAPTER

1 면접 제대로 알기

1 면접의 개념은?

면접이란 지원자와 면접자 사이에 특별한 목적을 가지고 이루어지는 대화 또는 상호 작용이며, 물리적으로는 둘의 첫 대면의 장이라 할 수 있다. 자기소개서에 많은 내용을 쓰기 어렵거나 생기부가 충분하지 않다 하더라도 면접을 보아야 하는 이유는 면접이 면접관 선생님의 감정을 움직일 수 있기 때문이다. 자기소개서, 생기부 등의 서류로 학생을 평가하던 면접관 선생님의 이성의 벽을 무너뜨릴 마지막 기회이기 때문에 면접의 힘은 자기소개서보다 크다고 할 수 있다.

2 왜 면접인가요?

수험생 모두 한 가지 시험에 매달리던 예전과는 달리 지금은 전형이 굉장히 다양해졌다. 이는 학교가 시험 위주로 학생을 대규모로 채용하던 비효율적 방식을 버리려 하기 때문이다. 또한, 요즘 학교가 인재상으로 중요시하는 요소들은 생기부나 수능으로 평가할 수 있는 가시적인 조건만이 아니라 리더십과 스스로 문제를 해결하려는 적극성을 갖추고 주체적으로 배움에 임하는 동기 등이다. 이제 면접에 대해 어느 정도 짬이 생겼으니 다양하고 적절한 인재를 뽑기 위해 면접을 십분 활용하고 있다고 볼 수 있다.

면접 톺아보기

면접 제대로 알고 준비하자!

구술면접 시험을 준비할 때 반드시 알아두어야 하는 면접 이론을 실었습니다.
면접 필승 답변 전략도 함께 담았으니 철저히 습득한 후 직접 적용해 보세요.

면접 기출 필수 예문 정리

생각만 해 보지 말고, 반드시 직접 말로 이야기해 보자!

❶ (   )학과에 지원한 이유
- ❶ 입학, 경험 제시
- ❷ 경험을 통해 얻은 생각
- ❸ 그 생각을 구체화한 활동
- ❹ 따라서, (   )학과에 지원한 이유

❷ 가장 감명 깊게 읽은 책
- ❶ 가장 감명 깊게 읽은 책
- ❷ 책 줄거리 아주 간단히 언급
- ❸ 책 내용 중 가장 감동적인 문구나 문단 소개

❸ 입학 후 학업·진로 계획
- ❶ 학과 공부는 물론 다른 분야의 공부를 언급
- ❷ 1, 2, 3, 4학년 구체적으로 나누기
- ❸ 대학원 진학 혹은 졸업 후 취업 시 항상 개인이 아닌 공익에 우선한 가치를 언급하며 마무리

❹ 자기주도적 학습 경험
- ❶ 어느 과목 성적이 많이 떨어짐을 언급
- ❷ 선생님과 선배의 도움
- ❸ 해당 과목 공부 방법 구체적 소개
- ❹ 성적이 얼만큼 올랐는가에 대한 언급

CHAPTER 3. 면접 준비하기 **13**

면접 기출 필수 예문

면접 합격 스킬 적용하자!

생기부를 기반으로 하는 면접에서 필수적으로 출제되는 질문들을 모았습니다.
면접의 기본 태도와 답변 요령을 숙지하고 반드시 자신만의 답변을 구상해 보며 연습에 임하세요.

대학별 최신 기출문제

최신 기출문제 유형 분석으로 구술면접 연습하자!

서울대 2024학년도 인문학 오전

※ 제시문을 읽고 물음에 답하시오.

(가)
진실을 추구하지만 이야기라는 틀을 벗어날 수 없는 혼종 학문인 역사학은 인문학의 경계에 위치하면서 다른 학문보다 더 어렵기도 하고 더 쉽기도 하다. 역사가들은 원하는 정보 모두를 획득할 때까지 사료를 끊임없이 파헤치고, '사실'을 다루는 자신들의 길어를 앞세워 여타 학문의 동료들을 괴롭히는 롯대 높은 경험주의자들이다. 이와 동시에 역사책은 흔히 이야기를 중심으로 전개되며, 가장 성공적인 역사서들은 대체로 훌륭한 소설의 속성을 일정하게 갖고 있다. 역사의 본질로서 혼종성은 과거를 재구성하는 데 있어서 사실성과 허구성 사이의 경계에 관한 논쟁의 핵심적 이유이다.

(나)
크리스토퍼 브라우닝(Christopher Browning)은 1942~1943년에 걸쳐 약 38,000명의 유대인 학살 명령을 수행한 독일 101 예비 경찰대의 재판 기록을 통해 '평범한 사람들이 학살에 가담했던 이유를 설명한다. 유대인을 죽이라는 명령을 받고 당황한 대원들에게 상관은 나이가 좀 더 많은 사람들은 임무를 수행하지 못할 것 같으면 빠져도 좋다고 말했지만, 선택의 가능성에도 불구하고 80~90%의 대원들이 대량 학살에 가담했다. 브라우닝은 사회적 관계로 인해 나약한 인간이 부담적 임을 행할 수 있다고 보았다. 순응주의, 권위에 대한 복종, 임무를 거부할 때 동료들로부터 따돌림을 당할지도 모른다는 두려움이 학살 가담의 결정적 원인이라는 것이다. 브라우닝이 무엇이 보통 사람들을 그토록 잔혹한 범죄에 가담하도록 이끌었는가를 이해하려 했던 것이고 그의 결론은 집단적 순응성의 압도적인 ...

(다)
대니얼 골드하겐(Daniel Goldhagen)은 브라우닝과 동일한 사료를 검토하 ... 그의 결론은 101 예비 경찰대의 압도적 다수가 동료들의 압력, 복종, 혹은 ... 가담했던 것이 아니라, 섬뜩할 정도로 냉담하고 잔인한 행동을 묘사한 기록들 ... 의 적극적 욕망을 가지고 행동했기 때문이라는 것이다. 골드하겐은, 학살 가담 ...

제1권 면접 연습하기!

대학별 최신 기출문제

다각적 분석으로 접근하자!

2024~2019학년도 대학별 6개년 최신 기출문제를 풀며 연습해 보세요.
상세한 해설과 학교 측 출제 의도를 확인하고, 예시 답안에서 강점으로 적용할 수 있는 나만의 논리를 습득할 수 있습니다.

연세대 2016학년도 특기자전형 인문 · 사회계열

※ 제시문을 읽고 물음에 답하시오.

[제시문 1]
모든 인간은 자신의 이해 관계뿐 아니라 다른 사람의 이해 관계도 고려하며, 상황에 따라서는 다른 사람의 이익을 더 존중하는 행동을 할 수도 있다는 의미에서 도덕적이다. 합리성의 발전과 종교적 선(善)의 의지의 성장으로 개인의 이기심이 통제될 수 있다고 보고, 이와 같은 과정이 계속 진행된다면 모든 개인과 집단이 궁극적으로 사회적 조화를 이룰 수 있다고 주장하는 이들이 있다. 그러나 개인 수준의 도덕성과 집단 수준의 도덕성 사이에는 차이가 있다. 인간 사회의 집단적 이기심은 불가피한 것으로 보아야 한다. 이러한 이기심이 비정상적으로 확장되는 경우, 이에 맞서는 다른 집단의 이기심만이 이를 통제할 수 있다. 도덕적이거나 합리적인 설득만이 아니라 강제력에 의한 방법이 병행되어야 이러한 견제 역시 실효성을 거둘 수 있다.
사회를 중심에 놓고 보면 최고의 도덕은 '정의'이다. 사회는 어쩔 수 없이 자기주장, 반대, 강제, 그리고 어쩌면 분노까지 포함하는─ 높은 도덕성을 주장하는 사람들이 절대 승인하지 않을 ─ 여러 방법들을 동원하여 정의를 지키려고 노력한다. 이러한 관점에서 볼 때, 이기심과 사회적 이익, 이기주의와 이타주의가 쉽게 조화를 이룰 수 있다고 생각하는 견해는 지나치게 낭만적이다. 사실상 개인과 개인 사이에 드러나는 이기주의에 비해 훨씬 더 강한 이기주의가 집단과 집단 사이에서 드러난다. 충동을 올바르게 인도하고 때때로 억제할 수 있는 이성과 자기 극복 능력, 그리고 다른 사람들의 요구를 수용하는 경향은 개인 관계에 비해 집단 관계에서 현저하게 약화된다. 인간의 집단적 행동 중에는 자연의 질서에 속하면서도 이성이나 양심에 의해 완전히 통제될 수 없는 요소들이 있다. 이 때문에 인간 사회의 정의를 확득하기 위한 싸움에는 반드시 '정치'가 필요하다.

[제시문 2]
인문학과 사회과학에서의 연구가 지난 20년간 인간이라는 존재에 대해 가르쳐준 것이 있다면, 그것은 호모 에코노미쿠스라는 원자화되고 파편화된 인간상이 더 이상 유효하지 않다는 사실이다. 인간은 무엇보다도 배척당하는 것을 두려워한다. 개인은 집단 안에서 자기 자리를 확인하거나 한껏 누밀 때 가장 보편적인 기쁨과 만족감을 느낀다. 인간의 선행과 악행, 그 모든 행동의 첫 번째 동기를 우리는 인간의 사회성에서 찾아야 한다.
집단의 도덕적 성향에 따라 우리는 타인을 돌보기도 하고 손에 무기를 들기도 한다. 집단의 도덕성이 전혀 상반된 방향으로 우리를 인도할 수 있다는 것을 인식할 때 우리는 '선'과 '악'이 관점의 차이에서 비롯된, 근거가 변약한 '깃발'에 지나지 않음을 깨닫게 될 것이다. 따라서 집단의 도덕성에 만족하고 자부심을 즐기기보다는 명철하고 객관적인 자세로 그것을 바라볼 때 우리의 도덕성은 더욱 완전해질 것이다.

제2권 면접 뛰어넘기!

김윤환T 엄정 핵심 기출문제

다양한 문제로 철저하게 대비하자!

구술면접, 논술고사 전문가인 저자 김윤환 선생님이 선정한 유의미한 기출문제 4개년 치를 풀어 보고, 분석을 읽어 보세요.
될 수 있는 한 많은 문제들을 접하면서 빈틈 없는 실력을 갖출 수 있습니다.

이 책의 구성과 특징 STRUCTURES

고려대 | 인문계열 예상 문제

※ 제시문을 읽고 물음에 답하시오.

(가)

인권에 대한 최대주의적 해석의 주장은 다음과 같다. 인간이라는 개념이 사용되는 한, 그것도 그 의미에 따라 모든 문화에 걸쳐 사용되는 한, 인간 개념을 사용하는 사람들은 보편적인 인간의 속성들을 필연적으로 전제한다. 인간은 매우 복합적인 관점에서 훼손될 수 있는 고유의 존재이며, 이는 곧 인권이 어느 곳에서나 집합할 수 있는 복합적인 권리들을 포함한다는 것을 의미한다. 예컨대 인권의 보장이 실현되기 위해서는 참정권이 요구되어야 하며, 또 이를 보장하기 위해서는 사회적·문화적 참여에 대한 권리도 요구되어야 한다. 인권을 최소주의적으로 몇몇 소수의 권리들에 국한시키는 것은, 그 밖의 권리들을 보장하지 않는 한 그 인권이 보장받지 못할 것이라는 인권의 역사적 교훈을 인식하지 못하는 것이다. 그래서 인권은 '불가분'하다고 이야기하는 것이다.

반면, 최소주의적 해석의 입장은 다음과 같다. 인권의 내용을 최대주의적으로 해석하면 인권에 대한 보편적인 동의를 얻을 수 있는지에 대해 의문이 생긴다는 것이다. 인권은 오로지 그 범위가 일관되게 최소화로 제한될 경우에만 상이한 문화들의 다원주의라는 사실에 부응할 수 있는 기회를 갖는다. 그러니까 인권의 최소주의의 요구 수준이 풍부한 인권 내용이 바람직하다는 것을 부정하는 것이 아니라, 단지 이러한 내용에 대해 문화적으로 특수한 논거가 제시되지는 않을 것이라는 점만을 부정할 뿐이어다. 즉, 역사적으로 다양하게 발전된 나라에서 발생한 정치·사회 문화는 문화적 특수성을 띠고 있으며, 이러한 특수성을 고려하면서 인권의 다양한 권리들을 보장해야 한다고 주장하는 최대주의적 해석은 전(全)지구적 동의를 받아낼 수 없다는 것이다.

(나)

인권 개념은 자연성, 평등성, 보편성이라는 특징을 갖고 있다. 사람은 권리를 태어날 때부터 갖고 있다는 점에서 자연적이며, 모든 사람이 동등한 권리를 갖는다는 점에 평등하고, 모든 곳에 적용된다는 점에서 보편적이라는 것이다. 권리가 인권이 되려면 모든 인간이 세계 어느 곳에서나 단지 인간이라는 이유만으로도 그러한 권리를 평등하게 누려야 한다. 이전에는 특정인의 권리로 여겨진 권리가 모든 인간이 갖게 되는 보편적이면서도 평등한 자연권으로 발전한 것이다.

이러한 인권 개념은 곧 시민권 개념을 포함한다. 시민권은 시민의 자격으로 갖는 사회권 등으로 구분할 수 있다. 시민권의 역사를 살펴보면 권리의 형태가 확장되고 그것의 적용 대상도 확장되었다. 특히, 정치적 권리와 사회적 권리로 확장되고 그것의 적용 대상도 확장되었다. 특히, 정치적 시민 스스로 그 사회를 구성해 나간다는 점에서 필수적 요소로 이해할 수 있다. 위해 사회로 하여금 그 권리를 보장할 또 다른 권리를 소유해야 하기 때문이다.

348 PART 1 | 면접 뛰어넘기

제2권 | 읽어 보기!

사회 주요 쟁점

면접 재료 획득하자!
면접에 활용할 수 있는 사회 주요 쟁점들을 습득하고, 풍성한 답변을 만들어 보세요. 시사성 있는 돌발 질문에 대비하고, 자신감 있게 답변할 수 있습니다.

제2권 | 면접 최종 점검하기!

출제 예상 문제

실전 시험 대비하자!
구술면접에 앞서 기출문제로 기초를 다졌다면 각 대학별 경향에 맞춘 출제 예상 문제로 실력을 최종 점검해 보세요. 연습을 통해 낯선 지문을 접했을 때 유연하게 대처할 수 있습니다.

사회 주요 쟁점

사회 주요 쟁점 공부로 면접 재료 획득하자!

1. 잇따르는 청소년 폭행 사건

처벌 강화 찬성	· 늘어나는 청소년 폭력과 '위기 청소년' 문제 손 놓을 수 없음 · 소년법에 의한 처벌이 가볍다는 사실이 알려져 범죄 예방 효과 미미 · 청소년 범죄 재범률도 높은 상황 · SNS 통한 희화화 등 2차 폭력까지 심화 · 청소년 범죄가 도를 넘고 있어, 심한 폭력에 대해서는 불관용이 바람직함
처벌 강화 반대	· 미성년자이므로 본인보다 부모의 교육적 책임을 물어야 함 · 미성년자에 대한 강력 처벌이 오히려 낙인부여 사회적 격리 유발하고 교화 효과 얻지 못함 · 가해 청소년 역시 가정에서 오히려 피해를 본 경우가 많아 구조적 문제로 다룸 · 형벌보다 예방, 사회 인권망 확충, 상담, 교화를 통한 해결이 더 바람직함 · 청소년 폭력에 대해서는 경찰보다 학교의 역할이 더 커져야 함

2. 담뱃갑 흡연 경고 그림 도입

찬성	· 암, 심장 질환, 뇌졸중, 간접흡연, 임산부 흡연, 생기능 장애, 피부 노화, 조기 사망 등 각종 문제점 경고해 흡연 예방 효과 · 가격 정책만으로 원하는 금연을 달성 한계 · 보건 복지부에 따르면 경고 그림 도입 국가들에서 평균 4.2%p, 최대 13.8%p(브라질)의 흡연율 감소 관찰됨
반대	· 개인의 자유(흡연권, 행복 추구권) 침해 · 국가가 사적 도덕에까지 긴섭 · '너무 혐오스러우면 안 된다'는 선정 기준, 그림 가려주는 케이스 등 흡연율 감소에 대한 실효성 의문 · 세수 감소 무려

사회 주요 쟁점 359

PART 3 면접 뛰어넘기

CHAPTER 1 김윤환T 선정 핵심 기출문제

CHAPTER 2 출제 예상 문제

PART 4 읽어 보기

PART 1

면접 톺아보기

PART 1

면접 톺아보기

1 | 면접 제대로 알기

1 면접의 개념은?

면접이란 지원자와 면접자 사이에 특별한 목적을 가지고 이루어지는 대화 또는 상호 작용이며, 물리적으로는 둘의 첫 대면의 장이라 할 수 있다. 자기소개서에 많은 내용을 쓰기 어렵거나 생기부가 충분하지 않다 하더라도 면접을 보아야 하는 이유는 면접이 면접관 선생님의 감정을 움직일 수 있기 때문이다. 자기소개서, 생기부 등의 서류로 학생을 평가하던 면접관 선생님의 이성의 벽을 무너뜨릴 마지막 기회이기 때문에 면접의 힘은 자기소개서보다 크다고 할 수 있다.

2 왜 면접인가요?

수험생 모두 한 가지 시험에 매달리던 예전과는 달리 지금은 전형이 굉장히 다양해졌다. 이는 학교가 시험 위주로 학생을 대규모로 채용하던 비효율적 방식을 버리려 하기 때문이다. 또한, 요즘 학교가 인재상으로 중요시하는 요소들은 생기부나 수능으로 평가할 수 있는 가시적인 조건만이 아니라 리더십과 스스로 문제를 해결하려는 적극성을 갖추고 주체적으로 배움에 임하는 동기 등이다. 이제 면접에 대해 어느 정도 짬이 생겼으니 다양하고 적절한 인재를 뽑기 위해 면접을 십분 활용하고 있다고 볼 수 있다.

2 | 면접 태도 체화하기

올바른 면접 자세

면접은 말하기의 한 종류이다. 글로 쓰는 논술과 달리 휘발성이 있어 다시 이전 내용을 되새기는 것이 불가능하다. 따라서 듣는 이, 즉 자신이 말하고자 하는 바를 면접관 선생님이 놓쳐 이전에 무슨 말을 했는지 골몰하게 해서는 안 된다. 쉽고 간결하게 내용을 조직하되 물리적으로 충분히 잘 전달될 수 있도록 힘 있는 목소리로 또박또박 발음해야 한다. 간혹 자신의 불안함과 초조함 때문에 자신감을 잃고 작은 목소리로 말하는 경우가 있는데 가장 크게 주의해야 하는 부분이다. 듣는 사람이 큰 노력을 들이지 않고도 들리는 내용을 쉽게 수합할 수 있어야 내용에 대해 무리 없이 평가할 수 있기 때문이다. 그러면 면접 시 갖추어야 하는 바람직한 태도와 답변 요령에 대해 알아보자.

*코로나로 인해 실시간 화상 면접 등으로 진행되는 것을 감안하여 적용하는 것이 좋습니다.

1 바람직한 태도

(1) 자신감 있게 말하자.

말을 할 때는 똑똑한 표현으로, 우물쭈물하지 말고 자신감 있게 해야 한다. 즉, 발음을 정확하게 하고 적절한 용어를 선택하는 데 신경을 써야 한다. 말을 너무 빠르게 하거나 또는 책 읽듯이 하는 것은 좋지 않다. 일상적 어조로 말하되 모호한 발언을 삼가야 한다. 그리고 미리 준비하여 암기한 내용을 발표하는 인상을 주는 것도 금물이다. 자신 있게 또박또박 대답해야 하며 말끝을 흐리지 않아야 한다.

(2) 올바른 말을 사용하자.

가능하면 표준어를 사용해야 하고 반드시 경어를 올바르게 사용해야 한다. 특히 젊은이들 사이에서 주로 많이 쓰는 속어나 은어, 그리고 유행어 등은 삼가야 한다. 또한, 대화 중에 "있잖아요.", "저어……" 등의 군말을 반복하거나 길게 늘어놓는 것은 좋지 않다.

(3) 성실하고 진지한 태도로 임해야 한다.

우선 질문이 시작되면 침착하고 진지한 자세로 앉아서 질문을 경청해야 한다. 면접 위원이 질문을 하는데 손을 만지작거리거나 시선을 다른 데로 두거나 하면 좋은 인상을 주기가 어렵다. 따라서 손은 가지런히 모으고, 시선은 적당한 위치에 놓은 채 마주 보고 똑똑히 대답한다. 싫은 질문이나 답변이 곤란한 질문을 받더라도 성심성의껏 최선을 다해 자기주장이나 입장을 전달하는 노력을 보여야 한다.

(4) 가능하면 밝은 표정으로 답변하자.

면접장의 긴장된 분위기 때문에 수험생들의 표정이 굳어져 있는 경우가 대부분이다. 그러나 굳은 표정은 면접장 분위기를 더욱 경직시키기 때문에 질문과 대답이 부드럽게 오고 가야 할 면접에서는 좋을 것이 없다. 따라서 진지한 태도를 유지하면서 면접 위원에 대한 예의를 갖추되, 밝은 표정으로 말하는 것이 필요하다.

(5) 솔직한 태도로 임해야 한다.

질문의 내용을 제대로 파악하지 못했거나 못 들었을 때는 "죄송합니다."라고 한 뒤 다시 질문한다. 긴장해서 아무것도 생각나지 않을 때는 "죄송합니다. 잠시 생각할 여유를 주십시오."라고 말하고 잠시 생각한다. 간혹 전혀 모르는 질문이 나와 당황할 때가 있다. 이럴 때는 우선 다른 면접 문항을 부여받을 수 있는지 정중히 요청한다. 다른 면접 문항을 부여받지 못하는 경우라면, 잠시 생각하고 정리한 후 최선을 다해 성의 있게 답변한다.

(6) 감정을 드러내서는 안 된다.

면접 도중 감정의 변화는 가능한 한 자제해야 한다. 예를 들어, 예상했던 질문이 나왔다고 해서 반가운 표정을 짓거나 혹시 불쾌한 질문을 받았다고 해서 기분 나쁜 표현을 하는 것은 바람직하지 않다. 또 당황스러운 질문을 받았다 해도 침착하고 냉정히 면접에 임해야 한다.

(7) 긍정적인 태도를 보이자.

자신에 대한 소개, 학업에 대한 생각, 하고 싶은 일, 취미, 생활 철학 등을 명료하게 보여 주되, 긍정적으로 사고하고 있는 모습을 보여 주는 것이 중요하다. 시사적인 문제도 평소에 생각하고 준비한 그대로 답변하고, 생소한 문제가 나오더라도 당황하지 말고 여유 있게 사고의 방향을 보여 주는 답변을 하면 된다.

(8) 신념을 보이자.

자신의 전공에 대해 나름의 신념을 보여 주는 것이 좋다. 꼭 하고 싶다는 의지를 밝히라는 것이다.

(9) 다른 면접자를 배려하자.

집단 면접을 할 경우에는 다른 사람이 답변할 때의 태도도 평가의 내용이 되므로 특히 신경을 써야 한다. 본인의 면접이 끝났다고 해이해지지 말고 다른 학생의 면접도 경청해야 한다.

(10) 끝까지 예의를 지키자.

면접을 마치고 면접장을 빠져나갈 때에는 끝까지 차분한 자세를 유지하고 공손하게 인사한다. 너무 서두르거나 신발을 끌면서 나가거나 "수고하세요."라고 인사하는 것은 예의에 어긋난다. "감사합니다." 정도가 무난하다.

2 면접 답변 요령

(1) 질문의 의도와 내용을 정확히 파악한다.

우선 면접관 선생님의 질문 내용을 잘 이해해야 한다. 질문의 의도나 내용을 잘못 이해해 자기 마음대로 대답을 하면 크게 감점된다. 무엇을 묻고 있는지, 무슨 이야기를 하고 있는지 그 정확한 의도와 내용을 파악해야 좋은 답변이 가능하다.

(2) 결론부터 이야기한다.

자기의 의견이나 생각의 결론부터 정확하게 밝혀야 이해가 쉽다. 결론을 먼저 이야기한 다음 필요한 부연 설명을 하도록 한다.

(3) 핵심만 간결하게 말한다.

답변을 할 때는 단순하고 짧은 문장을 사용하는 것이 좋다. 과다한 수식 어구를 사용하다 보면 핵심이 분명하게 전달되지 않는 경우가 생긴다.

(4) 추가 질문을 의식한다.

만약을 위해 추가 질문이 있음을 염두에 두자. 잘 안다고 세세한 것까지 전부 말해 버리지 말고 적당히 여운을 두는 것이 좋다.

(5) 얼핏 아는 것은 모르는 것만 못하다.

잘 알지 못하는 지식을 끌어다 잘 아는 것처럼 말한다면 아예 모른다고 답변하는 것보다 못한 결과를 가져온다. '정직이 최선의 정책이다.'라는 말이 면접고사만큼 잘 적용되는 경우도 없다.

(6) 지나치게 순응적인 태도는 버린다.

면접에서 예의 있는 태도를 보여야 된다고 해서 이를 면접 위원의 의견에 순응적인 자세를 취하는 것으로 혼동해서는 안 된다. 너무 고집을 부려서도 안 되지만 자신의 의견을 가능한 선까지, 그리고 자신 있는 선까지 당당하게 밀고 나갈 필요가 있다.

(7) 논리적이고 체계적인 답변 그리고 구체적이고 풍부한 사례를 제시한다.

좋은 답변이란 논리적이고 체계적이며, 구체적이고 풍부한 사례를 통한 것이어야 한다. 또한, 질문의 핵심을 벗어나지 않는 답변이어야 한다. 잘 아는 문제라 해도 서두르지 말고 잠시 생각하는 시간을 갖는다. 질문의 의도를 다시 한번 생각하고 답변을 구상하는 여유를 가져야 한다. 돌다리도 두드려 보고 건너라.

(8) 잘못을 인정하고 바로잡는다.

만약에 스스로 논리적 모순을 범했거나 오류를 범했다고 생각할 때는 "죄송합니다. 다시 말씀 드리겠습니다."라고 하며 잘못을 바로 잡아야 한다. 그리고 면접관 선생님으로부터 잘못을 지적 받았을 때는 "죄송합니다. 잠시 생각할 시간적 여유를 주시겠습니까?"라고 말한 다음, 잘못을 바로잡도록 한다.

(9) 2분 이내에 이야기를 마친다.

한 가지 사실을 이야기하거나 설명하는 데는 2분이면 충분하다. 복잡한 이야기라도 어느 정도의 길이로 요약해서 이야기하면 상대방도 이해하기 쉽고 자기의 생각도 잘 정리할 수 있다. 긴 이야기는 오히려 면접관 선생님을 지루하게 하여 역효과를 낼 수 있다.

3 | 면접 준비하기

1 배경지식 늘리기

노래를 잘 하려면 많이 들어야 하고 그림을 잘 그리려면 많이 보아야 한다고 한다. 마찬가지로 말을 잘 하려면 내가 이미 읽고 들은 지식이 많아야 한다. 배경지식을 풍부히 하는 것이 면접을 준비할 때 있어 가장 먼저 할 수 있는 전략이다. 어디서부터 어디까지 해야 할지 감을 잡지 못하겠어도 괜찮다. 고등학교 교육과정 내에서 감당할 수 있는 수준으로 다루면 되기 때문이다. 내가 선택하지 않은 사탐 개념이 나올까봐 염려할 필요는 없다. 교재에 있는 읽기 자료를 토대로 미리 면접 배경지식 기반을 다져 놓도록 하자.

(1) 삶에 대한 진지한 태도를 지니자.

면접의 기본 소양 평가 문제는 기본적으로 '나와 나를 둘러싼 세상'에 대한 관점과 태도를 묻는 문제라고 할 수 있다. 즉, 나에 대해, 세상에 대해 한 번쯤 진지하게 고민해 본 사람만이 주체적이고 독창적인 답변을 할 수 있다.

(2) 시사 및 사회적 쟁점에 관심을 갖자.

면접의 기본 소양 평가 문제는 주로 시사와 사회적 쟁점을 소재로 하고 있다. 따라서 평소에 시사 및 사회적 쟁점에 관심을 갖고 나름의 관점과 태도를 정립할 필요가 있다. 신문과 각종 시사 주간지를 활용하거나, TV 또는 라디오의 시사 토론 프로그램, 포털 기사 등을 자주 접하는 것도 좋은 대비책이다.

(3) 말하기와 토론을 즐기자.

면접의 수단은 말이다. 따라서 논리적이고 체계적으로 말을 할 수 있어야 한다. 말을 정확하게 구사하기 위해서는 거울을 보며 연습하는 것도 효과적이지만, 일정한 주제를 가지고 가족이나 친구들과 꾸준하게 토론을 하는 것도 좋다. 토론은 말하기 능력뿐만이 아니라 논리적 · 비판적 · 창의적 사고력을 기르는 데 매우 효과적인 방법이다.

(4) 논술고사와 함께 준비하자.

면접은 말로 하는 논술이다. 논쟁적 주제들에 대해 내용이 충분히 정리되고 자기 견해가 정립되어야 하며, 그 견해를 소신 있고, 조리 있게, 그리고 설득력 있게 제시해야 한다는 점에서 논술과 같다.

2 생기부에 완전 익숙해지기

(1) 생기부를 정독하자.

대학과 전형을 막론하고 생기부에 기반한 질문은 모든 대학에서 공통적으로 나온다. 생기부에 기재되어 있는 활동들이 정말 본인의 의지에 의한 것인지 진위 여부를 파악하기 위함이다. 따라서 본인의 생기부를 처음부터 끝까지 정독하며 본인이 어떤 활동을 했는지 정확히 파악하고 그 순간 어떤 마음으로 임했고 어떤 결과를 얻었는지 상기해 보아야 한다.

(2) 가상의 면접 상황을 상상해 보자.

제시문과 문항이 주어지는 면접과 달리 생기부 면접은 즉각적으로 문답이 이루어지기 때문에 미리 시뮬레이션해 두는 것이 좋다. 가상의 면접 상황을 상상해 보며 본인이 면접관 선생님이라면 무엇을 질문할지, 그리고 학생으로서 거기에 어떻게 답할지를 상상해 보자.

예시 1

Q 학교 활동 중 소규모 활동의 경우를 말하고, 자신의 역할과 어려움을 극복한 사례가 있다면?

A 2학년 때 교내 동아리 과제 연구 발표 대회에서 동아리 장을 맡아 팀을 이끌면서 오류 수정과 ppt 발표를 담당했는데 가장 큰 어려움은 오류 수정이었습니다. 예상보다 오차가 크게 나와서 밤낮으로 인터넷과 도서관의 자료를 찾아 오차 요인을 최소화하고 실험을 반복했던 경험이 있습니다.

Q 학업 이외에 자신이 스스로 선택하고 집중해서 한 활동은?

A 2학년 때 환경 동아리에서 활동할 때 제가 제안했던 이면지 모으기가 실행되었습니다. 학교에서 버려지는 폐지의 양이 매우 많았기에 교무실, 2학년 교실 등에 수거함을 설치하고, 이면지를 모았습니다. 지금도 이 제도가 시행되고 있으며, 이로 인해 학교의 종이 쓰레기양이 많이 줄었습니다. 아무것도 하지 않으면 아무것도 이루어지지 않는다는 사실을 배울 수 있었습니다.

Q 학업 활동 외에 다른 활동을 한 것이 있나요? 활동 중 어떤 점이 힘들었고 기억에 남나요?

A 교내 합창 대회에서 지휘자를 맡았었습니다. 알토부가 노래의 주요 멜로디 부분이 아니라 밑에서 멜로디를 받치는 화음 파트라 친구들이 알토에 대해 흥미가 없었습니다. 하지만 점점 연습하다 보니 알토의 매력을 알게 되었고, 평소 학급 일에 무관심하던 친구들도 합창 대회를 통해 자신의 역할에 대한 책임감을 배우면서 학급 일에 적극적으로 참여할 수 있는 계기가 되어서 좋았습니다. 또, 합창과 같은 예능 활동을 통해 친구들이 성적 점수가 아닌 가능성과 잠재력을 발견하고 자기 계발에 힘쓸 수 있는 시간을 마련할 수 있어서 너무 보람 있는 활동이었습니다.

Q 봉사 활동을 아주 많이 했는데 봉사 활동을 하게 된 계기가 무엇인가요? 거기서 무엇을 했나요?

A 중학교 때 EBS 다큐멘터리에서 한국 자원봉사자들이 아프리카에서 학교를 직접 세워 주고 교육을 제공하는 것을 보았습니다. 그 영상을 보고 한국사회복지협의회라는 단체에 관심이 생겼고, 한국사회복지협의회 사이트에 들어가서 주변 지역에서 할 수 있는 봉사 활동을 직접 찾아보게 되었습니다. 현재까지 평화 노인 요양원에서 중학교 때부터 지속적으로 봉사 활동을 하고 있습니다. 제가 주로 했던 일은 할머니, 할아버지들이 쓰시는 천으로 된 기저귀를 직접 빨고 말려서 갠 다음 각 층마다 전해 드리는 일이었습니다. 힘들기도 했지만 노인분들의 건강과 위생에 아주 중요한 부분이었기 때문에 책임감을 가지고 열심히 일할 수 있었습니다.

(1) 지원하는 학교의 기출문제를 확인하자.

지원하는 학교의 기출문제를 미리 확인하는 것은 당연하다. 하지만 본인이 지원하는 전형 이외에 비슷한 계열 전형의 문제 또한 확인하는 것이 필요하다. 보통 출제자는 출제하기 전에 이전 문제의 패턴을 참고하여 전체 얼개를 짜기 때문이다. 전형이 변하거나 문제 출제 방식이 변한 해에도 출제자가 해당 학교의 이전 문제를 참고할 수 있으니 꼭 확인해 보는 것이 좋다.

기출문제를 분석하고 풀이하는 방법은 다음과 같다.

❶ '주범수효목 압축표'로 독해의 방향을 설정한다.

구분	설명
주(체, 대상)	• 개인vs 집단 • 이타적 vs 이기적 • 소극, 수동, 비주체 vs 적극, 능동, 주체적 • 선천적(필연적, 당위적) vs 후천적(우연적, 경험적)
범(위, 영역)	• 국지적 vs 전면적 • 개인적 vs 집단적 • 내면적 vs 외부적 • 국내적 vs 세계적 • 과학 vs 문화 vs 정치 vs 사회
수(단, 방법, 과정)	• 강제적 vs 자발적 • 적극적 vs 수동적 • 효율적 vs 비효율적 • 공식적 vs 비공식적 • 형식적(명목적) vs 실질적
효(과, 영향, 결과)	• 찬성 vs 반대 • 긍정적 vs 부정적 • 설명 vs 주장(가치 판단) • 옳다(타당하다) vs 그르다
목(적, 원인, 동기)	• 내재적 동기 vs 외부적 동기 • 물질적 동기 vs 정서적 동기 • 개인적 동기 vs 국가적, 집단적 동기

PART 1

❷ '개결시 압축표'로 논거의 방향을 제시한다.

구분		설명
개념	목적성	개념의 목적, 의의, 역할, 기능, 속성을 강조, 상기하는 방식의 논리 전개
	상대성	언제나, 어디서나, 누구에게나 적용되는 절대적 개념이 아님에도 절대화하는 것에 대한 비판 논거
	모호성	추상적, 불확정적, 불가측적 개념을 확정적, 계량화 시켜 절대화 시킬 때 사용하는 근거
결과	개인에 대한 예측	개인에게 끼치게 되는 합리적인 예측
	사회에 대한 예측	사회에 끼치게 되는 합리적 예상
시기	정보화	• 현대사회가 가진 추세, 경향성, 특징에 비추어 논리를 강화하는 보조적, 보완적 논거 • 시기(현대 사회가 가진 추세, 특성)의 근거는 독립적 근거로 쓰이기보다 개념 또는 결과적 측면과 함께 쓰는 경우가 대부분 • 오늘날 어떠한 경향과 분위기와 추세가 고조되고 있는 시점에 어떤 결과가 더 중시, 예상된다는 논리나 어떤 개념이 더욱 필요하다는 논리로 전개
	개인주의*	
	다원화* (다양성)	
	세계화*	
	민주주의*	
	전문화, 분업화	

(2) 미리 답변을 작성해 보고 답변하는 자신의 모습 직접 촬영해 보자.

자신의 모습을 촬영하는 것의 가장 큰 장점은 자신이 한 번도 보지 못한 자신의 발화 태도를 볼 수 있다는 점이다. 본인의 말하기 습관을 평소에 점검해 보기 어려우므로 면접 전에 꼭 촬영해서 자신의 모습을 확인해 보아야 한다. 영상 촬영의 또 다른 장점은 시간 배분의 감을 잡을 수 있다는 것이다. 기출문제를 풀어 보고 작성한 내용에 따라 발표하며 영상을 촬영하면 어느 정도의 시간이 걸리는지 정확하게 알 수 있다. 지원하는 학교마다 시간제한이 다르므로 평소 여러 기출을 풀어 보며 시간에 대한 감을 잡는 것이 좋다.

면접 기출 필수 예문 정리

생각만 해 보지 말고, 반드시 직접 말로 이야기해 보자!

① (   )학과에 지원한 이유

> **❶** 일화, 경험 제시
> **❷** 경험을 통해 얻은 생각
> **❸** 그 생각을 구체화한 활동
> **❹** 따라서, (   )학과에 지원한 이유

② 가장 감명 깊게 읽은 책

> **❶** 가장 감명 깊게 읽은 책
> **❷** 책 줄거리 아주 간단히 언급
> **❸** 책 내용 중 가장 감동적인 문구나 문단 소개

③ 입학 후 학업 · 진로 계획

> **❶** 학과 공부는 물론 다른 분야의 공부를 언급
> **❷** 1, 2, 3, 4학년 구체적으로 나누기
> **❸** 대학원 진학 혹은 졸업 후 취업 시 항상 개인이 아닌 공익에 우선한 가치를 언급하며 마무리

④ 자기주도적 학습 경험

> **❶** 어느 과목 성적이 많이 떨어짐을 언급
> **❷** 선생님과 선배의 도움
> **❸** 해당 과목 공부 방법 구체적 소개
> **❹** 성적이 얼만큼 올랐는가에 대한 언급

5 봉사 활동 경험

❶ 봉사 활동 중 에피소드 하나 소개
❷ 처음에는 봉사 활동이 힘들었지만 점점 좋아짐
❸ 봉사 활동을 통해 배운 점 언급

6 역경 극복 사례

❶ 무조건 에피소드 하나 제시. 디테일하게 언급
❷ 역경 때문에 방황했던 것 언급
❸ 사람 혹은 책을 통해 역경 극복의 계기 만남
❹ 역경을 극복하고 얻은 정신적 성장과 가치 언급

7 자기 소개하기

❶ 첫 문장에 별명이나 재미있는 에피소드 언급
❷ 장점 2개
❸ 단점 1개
❹ 성장 환경과 가족 관계
❺ 미래의 꿈
❻ 가치관 언급—공익 우선, 정신적 가치 우선

8 자신이 지원한 (   )학과에 대해 말하기

❶ 반드시 학과 홈페이지에서 관심 있는 과목 세 가지에 대해 미리 공부하기
❷ 과목 세 가지가 나중에 장래 자신의 꿈과 어떻게 연결되는지 설명

9 고등학교 시절 의미 있는 활동 세 가지(전부 에피소드로 정리해 놓을 것)

❶ 학업 관련 활동 한 가지
❷ 교우 관련 활동 한 가지
❸ 리더십 관련 활동 한 가지

⑩ 존경하는 인물

❶ 부모님 제외, 교수님도 다 알 수 있는 인물 언급
❷ 이유 세 가지 언급
❸ 자신의 장래 희망과 존경하는 인물의 유사성 설명

⑪ 자기소개서 및 생활기록부 관련 질문(미리 생각해 보고 구체화시키는 연습을 할 것)

⑫ 각 대학교가 추구하는 인재상 및 학과 소개

꿈을 꾸기에 인생은 빛난다.

– 모차르트 –

PART 2

면접 연습하기

대학별 최신 기출문제

PART 2

면접 연습하기

PART 2

면접 연습하기

대학별 최신 기출문제

최신 기출문제 유형 분석으로 구술면접 연습하자!

서울대 · 2024학년도 인문학 오전

※ 제시문을 읽고 물음에 답하시오.

(가)

진실을 추구하지만 이야기라는 틀을 벗어날 수 없는 혼종 학문인 역사학은 인문학의 경계에 위치하면서 다른 학문보다 더 어렵기도 하고 더 쉽기도 하다. 역사가들은 원하는 정보 모두를 획득할 때까지 사료를 끊임없이 파헤치고, '사실'을 다루는 자신들의 깊이를 앞세워 여타 학문의 동료들을 괴롭히는 콧대 높은 경험주의자들이다. 이와 동시에 역사책은 흔히 이야기를 중심으로 전개되며, 가장 성공적인 역사서들은 대체로 훌륭한 소설의 속성을 일정하게 갖고 있다. 역사학의 본질적 혼종성은 과거를 재구성하는 데 있어서 사실성과 허구성 사이의 경계에 관한 논쟁의 핵심적 이유이다.

(나)

크리스토퍼 브라우닝(Christopher Browning)은 1942~1943년에 걸쳐 약 38,000명의 유대인 학살 명령을 수행한 독일 101 예비 경찰대의 재판 기록을 통해 '평범한 사람들'이 학살에 가담했던 이유를 설명한다. 유대인을 죽이라는 명령을 받고 당황한 대원들에게 상관은 나이가 좀 더 많은 사람들은 임무를 수행하지 못할 것 같으면 빠져도 좋다고 말했지만, 선택의 가능성에도 불구하고 80~90%의 대원들이 대량 학살에 가담했다. 브라우닝은 사회적 관계로 인해 나약한 인간이 부당한 일을 행할 수 있다고 보았다. 순응주의, 권위에 대한 복종, 임무를 거부할 때 동료들로부터 따돌림을 당할지도 모른다는 두려움이 학살 가담의 결정적 원인이라는 것이다. 브라우닝은 무엇이 보통 사람들을 그토록 잔혹한 범죄에 가담하도록 이끌었는가를 이해하려 했던 것이고 그의 결론은 집단적 순응성의 압도적인 영향이었다.

(다)

대니얼 골드하겐(Daniel Goldhagen)은 브라우닝과 동일한 사료를 검토하고 정반대의 결론을 내렸다. 그의 결론은 101 예비 경찰대의 압도적 다수가 동료들의 압력, 복종, 혹은 자신들의 경력 때문에 학살에 가담했던 것이 아니라, 섬뜩할 정도로 냉담하고 잔인한 행동을 묘사한 기록들에서 드러나듯 유대인 학살의 적극적 욕망을 가지고 행동했기 때문이라는 것이다. 골드하겐은, 학살 가담이 내키지 않았고 자신들의 행동을 혐오했다는 대원들의 진술이 자기변호에 불과하며, 그들은 '평범한 보통 사람들'이 아니라 '비정상적인 정치 문화의 보통 사람들'이라고 보았다. 그의 명제는 단순하고 명확하다. "독일인의 반유대주의적 신념이 홀로코스트를 유발한 핵심 동인이다." 골드하겐은 사회적 관계에 초점을 맞추기보다는 반유대주의라는 당시 독일 사회의 특수성을 문제시했다. 그의 자명한 주장은 앞선 역사가들과 달랐지만, 상당한 대중적 찬사를 받았다.

문제 1

제시문 (가)에서 말한 역사학에서의 허구성을 구체적으로 설명하고, 제시문 (나)와 (다)에서 발견되는 허구적 요소가 각각 무엇인지 설명하시오.

문제 2

제시문 (가)에서 말한 '혼종성'이 다른 학문 분야에서 어떻게 나타날 수 있는지 예를 들어 설명하시오.

제시문 (가)에서 말하는 역사학에서의 허구성이란, 역사가 이야기라는 형식을 빌려 재구성되어야 함에 따라, 사료의 사실적 근거만으로 설명될 수 없는 내용을 역사가가 의도적으로 추가하는 과정에서 생겨나는 특징을 말합니다.

모든 이야기, 즉 서사는 원인과 결과로 구성된 흐름을 그 특징으로 가집니다. 그리고 그 흐름에서 나타나는 인과 관계가 충분히 개연적일 때, 우리는 그 이야기가 좋은 서사적 구성을 가진다고 말합니다. 그렇다면 역사책이 흔히 이야기를 중심으로 전개된다는 제시문 (가)의 설명을 고려해 보면, 역사 또한 그 서사적 구성의 개연성을 평가받는다고 볼 수 있습니다. 그런데 과거 사건의 흐름을 사료만으로는 온전히 파악할 수 없으므로, 역사가는 과거 사건들과 사료를 바탕으로 그럴듯한 서사적 구성을 만들어 내야 합니다. 그리고 이때 역사학에서의 허구성이 발생합니다. 사실로 존재했는지를 정확히 판별하기 어려운 상상의 산물과 해석이 역사의 서사적 구성에 개입되기 때문입니다.

하지만 모든 역사가가 동일한 내용의 해석을 추가한다고 기대하기는 어렵습니다. 역사가가 자신의 삶에서 직접 경험하거나 간접적으로 습득한 지식에 따라 그 해석이 상이할 수 있기 때문입니다. 그러므로 역사가가 역사를 서사적으로 재구성할 때, 역사가의 주관적인 해석이 개입되는 것 또한 역사학에서의 허구성이라고 말할 수 있습니다. 예컨대 동일한 과거 사건을 두고 상반된 정치적 성향을 가진 집단이 이를 서로 다르게 평가하는 것도 역사학에서의 허구성에 해당합니다.

이러한 제시문 (가)의 허구성을 바탕으로 볼 때, 제시문 (나)와 (다)에서 발견되는 허구적 요소 또한 각 역사가의 주관적 해석과 관련된다고 말할 수 있습니다. 먼저 제시문 (나)의 브라우닝은 과거 나치 대원들의 유대인 학살 사건이 사회적 관계로 인한 집단적 순응 현상이라고 해석하였습니다. 이러한 해석이 가능한 이유는 브라우닝이 인간의 사회성이라는 보편적 특성을 중심으로 해당 사건을 바라보았기 때문입니다. 즉 그는 나치의 유대인 학살 사건이 인간의 보편적 특성에 의해 설명될 수 있는 사건이어야 한다고 믿었기 때문에 그렇게 해석한 것입니다.

한편 제시문 (다)의 골드하겐은 과거 나치 대원들의 유대인 학살 사건이 반유대주의적 신념에 의한 혐오 현상이라고 해석하였습니다. 이는 골드하겐이 브라우닝과 같은 인간의 보편적 특성보다는 과거 독일 사회의 특수성에 주목하였고, 다른 나라에서는 발생하지 않고 독일에서만 발생한 이유를 설명하기 위해 독일의 반유대주의 신념을 그 원인으로 채택하였다는 점을 시사합니다.

1. 제시문 (가)에서 말하는 '역사학에서의 허구성' (두괄식 구성)

2. 역사학에서의 허구성 1: 서사적 재구성에서의 의도적 개입

3. 역사학에서의 허구성 2: 역사가의 주관적 해석

4. 제시문 (나)에서의 허구적 요소: 브라우닝의 해석 (인간의 보편성)

5. 제시문 (다)에서의 허구적 요소: 골드하겐의 해석 (독일의 특수성)

Tip & Advice

서울대 일반전형 면접은 30분의 준비 시간과 15분의 발표 시간으로 구성됩니다. 두 문항이 출제되는 만큼, 한 문항에서 소요되는 답변 시간은 최소 7분으로 기획해야 합니다. 그러나 이때 한 가지 특징을 염두에 두어야 하는데, 그 특징이란 문항별 출제 의도가 다르다는 것입니다. [문제 1]은 제시문들에 나타나 있는 개념과 논리만으로 답하도록 문제가 구성된 반면, [문제 2]는 그에 대한 사례를 제시하라는 점에서 면접자 개인의 배경지식이나 신념, 가치관 등을 활용하도록 문제가 구성되어 있습니다. 이때 좀 더 안전하게 풀이하기 위해서는 [문제 2]보다는 [문제 1]에 좀 더 시간을 할애해야 합니다. 배경지식을 활용한 답변보다 출제 의도가 있는 답을 정확히 풀어내는 것이 더 효과적이기 때문입니다. 이에 [문제 1]에 대한 답변을 9분가량 소요되는 분량으로 작성했습니다.

이 답안의 강점은 무엇인가?

문제 1 **예시 답안 (2)**

제시문 (가)에서 말하는 역사학에서의 허구성이란, 역사적 사료의 사실적 근거만으로 설명될 수 없는 내용을 역사가가 의도적으로 추가하는 것을 말합니다.

문학과 달리 역사적 서사는 사실에 기반해야 하는 동시에 개연성을 갖추어야 합니다. 그러므로 역사가는 사료의 사실성을 확보함과 더불어 그들을 역사의 흐름에 부합하도록 개연적으로 설명할 수 있는 내용을 추가합니다. 사실적인 사료와 역사가의 개연적인 추가 설명이 함께 제시될 때, 그 역사는 사람들에게 설득력 있는 이야기로 인정받기 때문입니다. 이때 역사가는 자신이 중요하게 생각하는 신념이나 가치관을 반영하여 개연적 설명을 추가하는데, 그로 인해 역사는 사실성과 허구성을 모두 지니게 됩니다. 이러한 맥락에서 역사학에서의 허구성이란 역사가의 주관적인 해석이 도입되는 것을 의미한다고도 이해할 수 있습니다.

그렇다면 이를 바탕으로 볼 때, 제시문 (나)와 (다)에서는 각 역사가의 주관적인 해석을 통해 허구적 요소가 발견된다고 말할 수 있습니다. 먼저 제시문 (나)의 브라우닝에 의하면 과거 나치의 유대인 학살 사건은 인간의 보편적 특성 중 하나로 인해 발생한 인간적인 사건에 해당합니다. 브라우닝은 인간의 집단적 순응성이라는 보편적 특성에 주목함으로써, 나치 대원들이 유대인 학살에 동참한 행위가 인간이라면 누구나 그럴만한 행위였다고 설명하기 때문입니다. 이때 브라우닝이 유대인 학살 행위의 원인으로 제시한 '동료로부터 따돌림 당할까 두려워 집단에 순응하는 마음'이 제시문 (나)에서 발견되는 허구적 요소에 해당한다고 이해할 수 있습니다.

한편 제시문 (다)의 골드하겐에 의하면 과거 나치 대원들의 유대인 학살 사건이 반유대주의적 신념에 의한 혐오 사건에 해당합니다. 골드하겐은 나치 대원들의 진술이 자기변호에 불과하다고 보는데, 이는 해당 진술을 사실적인 사료로 취급하지 않는다는 태도를 보여 줍니다. 그 이유는 유대인 학살 행위를 인간이라면 누구나 저지를 수 있는 행위로 설명하기보다는, 당시 독일 사회의 특수성으로 인해 발생한 사건으로 설명하기 위함이었다고 추론할 수 있습니다. 즉 골드하겐은 인간의 보편적 특성에 주목한 브라우닝과는 다르게 과거 독일 사회의 반유대주의라는 특수성에 주목하였고, 이를 바탕으로 유대인 학살 사건을 설명하고자 하였습니다. 이때 골드하겐이 유대인 학살 행위의 원인으로 제시한 '독일의 반유대주의 신념'이 제시문 (다)에서 발견되는 허구적 요소에 해당한다고 이해할 수 있습니다.

개요

1. 제시문 (가)에서 말하는 '역사학에서의 허구성' (두괄식 구성)

2. 역사학에서의 허구성 의미: 서사적 재구성에서의 의도적 개입 (역사가의 주관적 해석)

3. 제시문 (나)에서의 허구적 요소: 브라우닝의 해석 (인간 보편성)

4. 제시문 (다)에서의 허구적 요소: 골드하겐의 해석 (독일 사회의 특수성)

1. 서울대 구술면접의 특징이 있다면, 면접관의 추가 질문(꼬리 질문)이 있을 수 있다는 것입니다. 이는 해제만으로는 충분히 보완하기 어려우며, 따라서 여러 차례의 시뮬레이션 학습을 통해 이를 대비할 수 있습니다. 다만, 해제를 통해 주의할 점을 두 가지만 제시하고자 합니다. 첫째, 면접관의 질문에 경청해야 합니다. 실제로 시뮬레이션을 해 보면 상당수의 학생들이 면접관의 질문 의도를 정확히 파악하지 못하는 경우가 존재합니다. 특히 면접관의 질문을 듣던 도중 답변을 준비하기 위해 제대로 집중하지 못하는 상황이 많은데, 질문이 이해가 가지 않을 때는 면접관에게 다시 질문해야 하며, 혹은 답변을 준비할 시간을 공손하게 요청하는 것이 더 적절한 면접 태도입니다. 다음으로 둘째, 면접관을 응시해야 합니다. 면접도 결국 하나의 대화이자 상호 작용에 해당합니다. 이때 발화자와 청자가 서로를 응시할 때 더 유연하고 활발한 상호 작용이 발생할 수 있다는 점에 유의하면서 여러 차례의 반복 경험을 통해 긴장을 줄이고 면접관과 대화하는 상황을 만들어 내야합니다.

2. 답변이 길어지는 만큼, 면접자는 자신의 논점에서 이탈하지 않도록 주의해야 합니다. 특히 긴 답변에서 이를 방지할 수 있는 좋은 방법 중 하나는 답변을 '수미상관 구조'로 구성하는 것입니다. 서두에서 하고자 하는 말을 꺼낸 이후, 한 문단이 마무리될 때마다 자신이 했던 말을 되뇌면서 정리하는 습관을 들이고 나면, 긴 분량의 답변이라도 좀 더 논리적이고 일관적으로 설명해 낼 수 있습니다.

이 답안의 강점은 무엇인가?

제시문 (가)에서 말한 혼종성이란 역사학 분야의 지식이 사실적인 근거와 허구적인 해석을 통해 구성된다는 것을 의미합니다. 이 의미를 조금 더 확장해 보면, 결국 객관적으로 관찰되는 경험적 근거와 연구자의 주관적인 해석을 통해 한 학문 분야의 지식이 구성된다는 말로도 이해할 수 있습니다.

그러므로 제시문 (가)가 말한 혼종성은 경험적 근거와 연구자의 해석이 모두 필요한 학문 분야라면 언제든지 나타날 수 있습니다. 이때 경험적 근거와 연구자의 해석이 모두 필요한 학문 분야의 특징을 고려해 보면, 경험적으로 나타나는 현상에 대해 가설을 세우고 원인이나 법칙 등을 발견해 내는 과학적 특징을 가진다고 볼 수 있습니다. 그러므로 사회 과학이나 자연 과학 분야에 해당하는 학문들 모두에서 이 혼종성이 나타난다고 말할 수 있습니다.

그에 관한 한 가지 예를 들어 보면, 자연 과학에서 제시된 '천동설과 지동설' 사례를 언급해 볼 수 있습니다. 천동설과 지동설은 모두 낮과 밤이 생겨나는 천체의 운동 현상에 관한 해석 차이를 보여 주는 이론들입니다. 즉 두 이론에서 전제하는 동일한 현상이자 경험적 근거는 천체의 운동에 의해 지구가 낮과 밤을 경험한다는 것입니다.

그러나 이 동일한 현상에 대해, 천동설을 주장한 프톨레마이오스와 지동설을 주장한 코페르니쿠스는 서로 다른 해석을 제시하고 있습니다. 먼저 프톨레마이오스는 아리스토텔레스의 우주론에 영향을 받아 천체란 완전한 구의 형태를 띠고 있어야 하며, 나아가 지구가 모든 우주의 중심에 있어야 한다고 믿었습니다. 그에 따라 낮과 밤이 생겨나는 원인이 지구를 둘러싼 천체가 움직이기 때문이라는 천동설을 주장하였습니다. 반면 코페르니쿠스는 고대 그리스(아리스타르코스)의 지동설에 관하여 알고 있었으며, 따라서 지구가 모든 우주의 중심에 있어야 한다는 믿음을 온전히 공유하지 않았습니다. 즉, 지구가 우주의 중심이 아닐 수도 있다는 믿음을 갖고 있었습니다. 그에 따라 천체의 운동을 좀 더 수학적으로 잘 설명할 수 있는 지동설을 주장하였습니다.

이처럼 두 학자는 동일한 현상을 두고도 자신의 경험과 배경지식 등에 주관적 해석을 도입하여 상반된 이론을 제시하였습니다. 이는 제시문 (가)에서 말하는 혼종성이 자연 과학 분야에서 나타나는 대표적인 사례에 해당한다고 생각합니다.

개요

1. 제시문 (가)의 혼종성의 의미
2. 혼종성의 특징: 과학적 특징
3. 사례 제시 in 자연 과학: 천동설/지동설
4. 사례 내 혼종성의 의미 구체화
5. 종합 정리

PART 2

1. [문제 2]의 경우, 제시문 (가)의 혼종성이 다른 학문 분야에서 나타나는 '예'를 제시하라고 요구하고 있습니다. 이는 [문제 1]에 비해 좀 더 개방된 열린 질문이라고 이해할 수 있는데, 오히려 그만큼 학생들의 논점 이탈이 일어나기 쉬운 문제라고도 이해해야 합니다. 특히 어떤 예시를 제시하게 되는 경우, 학생들은 그 예시에 대한 어느 정도의 배경 설명이 필요한지 감을 잡기 어려워하는 경향이 있습니다. 그러나 중요한 점은 그 예시에 대해 정확히 알고 있느냐 보다도 그 예시가 현재 문제에서 요구한 논점에 들어맞는가 입니다. 만약 예시에 대해 잘못 알고 있는 경우 면접관이 나서서 직접 그 오류를 바로잡아 주는 경우도 존재하므로, 학생들은 예시의 정확성보다 논점의 정확성에 좀 더 유의해야 합니다.

2. 이번 답변에서 주목하여 볼 점은 두 번째 문단입니다. 물론 두 번째 문단을 생략하고 답변하더라도 큰 문제는 없습니다. 그러나 이를 추가로 서술해 놓은 이유는 어떤 예시를 제시할 때 주의할 점을 강조하기 위해서입니다. 제시문 (가)는 역사학에서의 혼종성에 대해 언급하고 있으므로, 이를 다른 학문 분야에 확장 적용하기 위해서는 정확한 논리에 기반하여 다른 학문 분야에서도 그 논리가 성립함을 보여야 합니다.

이 답안의 강점은 무엇인가?

제시문 (가)에서 말한 혼종성이란 역사학 분야의 지식이 사실적인 근거와 허구적인 해석을 통해 구성된다는 것을 의미합니다. 이를 조금 더 확장해 보면, 어떤 학문적 지식은 사실적 근거와 연구자의 주관적 해석에 의해 구성된다는 말로도 이해할 수 있습니다.

그렇다면 제시문 (가)가 말한 혼종성은 역사학만이 아닌 다른 학문 분야에서도 얼마든지 나타날 수 있다는 점을 알 수 있습니다. 오직 논리적인 연역과 추론만으로 지식을 정립해 가는 수학과 같은 학문 분야를 제외하면 대부분의 학문 분야는 사실적 근거와 해석을 통해 그 지식 체계를 마련해 가기 때문입니다. 이 같은 확장 가능성은 과거에 대한 해석에 제한되지 않고, 미래 지향적인 지식을 체계화하는 과정에서도 혼종성이 나타날 수 있음을 시사합니다.

이러한 맥락에서 저는, 혼종성이 다른 학문 분야에서 나타나는 예 중 하나로 국제 정치학에서 논의되는 '자유주의 이론과 현실주의 이론'을 제시하고자 합니다. 이 두 이론은 상이하고 복잡한 국제 관계 속에서 어떤 정치적 태도가 합리적인지에 대해 서로 다른 주장을 제시합니다. 이는 각 이론의 연구자들이 가진 주관적인 신념과 가치관에 의해 동일한 국제 현상에 대해서도 상이한 해석이 가능하다는 사실을 보여 줍니다.

현재 전 세계는 각자의 주권과 독립성을 갖춘 여러 국가가 함께 공존하는 상태라고 이해할 수 있습니다. 그러나 이 동일한 상태에 대한 자유주의 이론과 현실주의 이론의 이해는 상반됩니다. 자유주의 이론에 따르면 현재 전 세계는 각 국가의 자유와 권리를 동등하게 인정하고 그에 기반하여 평화가 유지되는 상태로 해석됩니다. 설령 전쟁이 발생하더라도 각 국가는 그 전쟁을 막고 평화를 유지하기 위해 노력하므로 자유주의 이론의 해석은 유지될 수 있습니다. 이때 이 같은 해석은 정치적 자유와 평등이라는 가치가 중시되어야 한다는 믿음에 기반합니다. 반면 현실주의 이론에 따르면 현재 전 세계는 각 국가의 국력에 의해 서열이 정리된 상태로 해석됩니다. 국가 간 서열은 언제든 뒤바뀔 수 있으며, 이를 위해 전쟁이 발생한다면 각 국가는 기존의 서열과 관계를 유지하기 위해 노력할 것입니다. 이 같은 해석은 정치적 자유와 평등과 같은 명목적인 가치보다는, 힘(국력)과 자기 이익(국익)이라는 현실적이고 실질적인 가치가 중시되어야 한다는 믿음에 기반합니다.

정리해 보면 두 이론은 동일한 현상을 두고도 서로 다른 믿음과 가치관에 기반하여 상반된 이론과 주장을 제시합니다. 이는 제시문 (가)에서 말하는 혼종성이 국제 정치학 분야에서 나타나는 대표적인 사례에 해당한다고 생각합니다.

개요

1. 제시문 (가)의 혼종성의 의미

2. 혼종성의 의미 확장: 과거 해석 + 미래 지향적 지식

3. 사례 제시 in 국제 정치학: 자유주의/현실주의

4. 사례 내 혼종성의 의미 구체화

5. 종합 정리

Tip & Advice

1. 두 번째 답변은 학교 측에서 출제한 의도를 조금 더 심화하여 작성한 것입니다. 이번 답변에서는 '과거에 발생한 현상에 대한 해석이 달라지는 사례'가 아니라, '동일한 현상을 두고 앞으로 나아가야 할 방향에 관한 해석이 달라지는 사례'를 포함할 수 있는 논의로 확장했습니다. 물론 수험생 입장에서는 첫 번째 답변과 같은 사례를 제시하는 것이 훨씬 수월합니다. 자연 과학적 지식의 대부분이 서로 다른 해석들 간의 경쟁을 통해 축적되어 왔다는 점을 고려한다면, 단지 '천동설/지동설'뿐 아니라 '고전 역학/상대성 이론/양자 역학', '진화론/우생학' 등을 그 사례로 제시해 볼 수도 있습니다. 그러나 좀 더 확장적으로 응용된 답안을 보이기 위해 두 번째 답변을 작성했으므로 학생들은 이 답변 안에서 '혼종성'이 어떻게 설명되고 있는지 주목하는 것이 좋습니다.

2. 혼종성에 관한 사례를 제시함에 있어 두 답변 모두 '상반된 이론'을 그 예로 들고 있다는 점에 주목해야 합니다. 혼종성이 '사실성과 허구성의 혼합된 지식'임을 감안한다면, 그 혼종성의 예를 효과적으로 드러내기 위해서는 '허구성'의 측면에서 상반된 믿음이나 가치관이 충돌하고 있음을 보여야 할 것입니다. 이를 위해 두 답변 모두에서 서로 반대되는 이론들을 제시했습니다.

이 답안의 강점은 무엇인가?

_____

_____

_____

_____

_____

학교 측 출제 의도 및 평가 지침

출제 의도

- [문제 1] 제시문에 대한 독해력과 제시문들의 관계와 차이를 논리적으로 설명할 수 있는 능력을 평가함. 또한 제시문의 내용을 바탕으로 합리적 추론을 할 수 있는지 평가함

- [문제 2] 제시문에 대한 독해력과 제시문을 바탕으로 한 합리적 추론 능력, 종합적 사고력과 응용 능력을 평가함

문항 해설

- 역사학에서의 허구성은 역사의 재구성과 해석에서 사료의 사실성에 의해 결정될 수 없는 부분을 역사가가 서사적으로 구성하는 것을 말함. 다만, 문학에서의 허구성과는 달리 사실에 기반해야 하고 그 서사적 구성이 논리적 설득력을 갖추어야 함

  제시문 (나)와 (다)의 다른 해석은 두 역사가가 중요하게 생각한 지점의 차이에서 비롯된 것임. 제시문 (나)는 인간의 집단적 순응성을 중시했는데, 이는 독일 사회의 특수성보다는 인간이 사회적 관계 속에서 부당한 일을 행할 수 있다는 보편성에 초점을 맞춘 입장임. 제시문 (다)는 당시 독일인들의 반유대주의적 신념의 영향을 중시하여 인간의 보편성보다는 독일 사회의 특수성을 강조한 입장임. 더욱이 제시문 (다)에서는 가해자 진술은 자기변호에 불과하므로 사료적 가치가 없다고 보았음을 알 수 있음. 그러나 이와 상반된 해석을 한 제시문 (나)에서는 가해자 진술을 적절하게 받아들였다고 추론할 수 있음

- 역사학의 혼종성이란 역사학이 사실성과 허구성을 모두 지니고 있다는 것임. 이러한 혼종성은 역사학만의 특성이 아님. 사회 과학은 물론이고 자연 과학에서도 증거에 기반하여 현상을 해석하고 이론을 정립하지만, 연구자의 해석에 따라 현상에 대한 이해는 달라질 수 있음

※ 제시문을 읽고 물음에 답하시오.

(가)

사람을 믿는 것과 사실을 믿는 것은 사뭇 다른 일이다. 다음 주에 있을 과제 발표를 준비하는 데에 있어 같은 반 친구 유진이가 당신에게 도움을 줄 것인가? 당신이 유진이가 과제를 도와줄 것이라는 사실을 믿는다면, 그것은 주변 친구들을 기꺼이 도와주었던 유진이의 평소 행동 등 증거에 바탕을 둔 것일 수 있다. 반면 과제를 도와줄 것이란 사실과 관련하여 당신이 유진이라는 사람을 믿는 것은 그와의 개인적 관계에 기반한다. 설령 유진이와 친하지 않더라도 당신은 유진이가 과제를 도와줄 것이란 사실을 믿을 수 있지만, 당신이 유진이를 믿는 것은 그에 대한 당신의 개인적 태도 없이는 성립할 수 없다. '믿음'을 사실에 대한 믿음에, '신뢰'를 사람에 대한 믿음에 한정해서 말한다면, 당신이 유진이가 과제를 도와줄 것이라고 '믿는' 것과 유진이가 과제를 도와줄 것이라고 '신뢰하는' 것은 같은 것이 아니다.

(나)

믿음의 기반과 신뢰의 기반의 차이는 믿었던 바가 참이 아닌 것으로 드러난 경우와 신뢰했던 바가 참이 아닌 것으로 드러난 경우에 나타나는 반응의 차이를 만든다. 오후 날씨가 맑을 것이라고 믿었지만 그렇지 않은 것으로 드러났다면, 실망스럽거나 짜증이 날 수 있다. 그리고 앞으로 날씨 예측과 관련해 더 많은 증거를 찾거나 다른 종류의 증거를 찾기도 할 것이다. 반면, 절도 혐의를 받고 있는 친구가 결백을 호소하여 그가 결백하다고 신뢰했지만 그렇지 않은 것으로 드러난 경우, 우리가 느끼는 바는 단지 실망스러움이나 짜증이기보다는 배신감이다.

(다)

여행을 하다가 낯선 도시에 들러 식당을 찾아갈 때, 우리는 처음 보는 사람에게 길을 묻고 그가 일러 주는 방향으로 간다. 이때 우리는 그 사람이 어떤 사람인지 특별히 아는 바가 없고, 그가 잘 알지 못하면서 무책임하게 답했다거나 우리를 골탕 먹이기 위해 엉뚱한 방향을 알려주지 않았다는 사실을 아는 것도 아니다. 그럼에도 불구하고 그 낯선 이가 말해 준 방향대로 길을 간다.

(라)

사람들이 서로를 잘 신뢰하는 사회에서는 타인의 말을 쉽게 믿어 버리고 타인의 말에 더 쉽게 속을 수도 있기 때문에 거짓이 팽배해질 수 있을 것이라 생각할 수 있다. 그러나 이 사회는 거짓이 배제되고 참이 증진되는 건강한 사회로 유지된다.

문제 1

제시문 (가)의 내용에 기반하여 제시문 (다)의 상황이 가능한 이유를 설명하시오.

문제 2

제시문 (가), (나)를 바탕으로, 제시문 (라)의 '건강한 사회'가 유지될 수 있는 이유를 설명하시오.

제시문 (가)는 일반적으로 사용되는 '믿음'이라는 개념이 사실을 대상으로 사용되는 경우와 사람을 대상으로 사용되는 경우, 서로 구분될 수 있다고 설명합니다. 전자가 그 사실을 뒷받침하는 증거에 기반하여 정당화될 수 있다면, 후자는 그 사람과 '나' 사이의 개인적 관계에 기반하여 정당화된다는 것입니다. 그러므로 우리는 우리와 개인적 관계를 맺고 있는 사람이 한 말이 있을 때, 그 말을 뒷받침하는 증거가 있는지 고려하여 그 말의 내용을 믿을 수도 있고, 혹은 그 말을 한 사람과의 관계를 고려하여 그 사람이 한 말이라면 그냥 신뢰할 수도 있습니다.

그러나 제시문 (다)에서 제시된 상황은 앞서 설명한 경우와 상이한데, 왜냐하면 해당 상황은 낯선 곳에서 처음 만난 사람의 말을 믿는 상황이기 때문입니다. 처음 만났다는 것은 곧 그 사람과 '나' 사이에 그 어떤 개인적 관계도 사전에 형성된 적 없다는 것을 의미합니다. 그럼에도 불구하고 우리는 제시문 (다)에서 말하는 바와 같이 그 낯선 이의 길 안내를 믿고 그대로 따라가곤 합니다. 그렇다면 이러한 현상이 어떻게 가능한지 설명되어야 할 필요가 있습니다. 그러므로 이러한 상황이 가능한 이유를 제시문 (가)의 내용을 바탕으로 설명해 보도록 하겠습니다.

앞서 제시문 (다)의 상황을 요약하면서 언급한 바와 같이, 여행을 하다가 낯선 도시에 들러 처음 만난 사람은 아무런 개인적 관계도 맺고 있지 않은 상대입니다. 즉 그러한 상대에 대해 신뢰를 가진다고 말하기는 어려워 보입니다. 그러므로 낯선 이의 길 안내를 믿는다고 할 때, 우리는 그 사람을 신뢰하기 때문에 믿는 게 아니라 그 길 안내의 내용을 뒷받침하는 증거 때문에 믿는다고 설명할 수 있습니다. 그리고 이때 길 안내의 내용을 뒷받침하는 증거는 크게 두 가지로 제시할 수 있습니다. 하나는 우리가 도착한 도시를 목적지로 삼고 여행하기 위해 모아 놓았던 정보이며, 다른 하나는 낯선 이와 대화할 때 드러나는 비언어적 정보입니다.

먼저 전자와 관련하여, 여행을 가는 데에는 적지 않은 정보 수집이 필요하다는 것을 근거로 제시할 수 있습니다. 여행지에서 머무는 곳에 관한 정보 없이는 출입국 사무소를 쉽게 통과할 수 없다는 점을 고려한다면, 계획 없이 여행을 가려 하더라도 여행자는 이미 자신의 도착지와 숙소 등에 관한 정보를 미리 알고 있어야 합니다. 그리고 이러한 정보들은 낯선 이의 길 안내를 믿을 수 있는 증거로 활용될 수 있습니다. 또 후자와 관련하여, 우리는 낯선 이와 대화하면서 그 사람의 표정이나 몸짓 등을 통해 그 사람이 말하는 내용의 진실성을 일정 수준 판단할 수 있습니다. 즉 일반적인 의사소통 과정에서 사용되는 비언어적 정보는 이 같이 낯선 이의 말을 믿는 중요한 증거 중 하나가 됩니다. 이러한 근거들을 바탕으로 우리는 처음 가보는 여행지에서도 낯선 이의 길 안내를 믿고 여행을 할 수 있다고 설명할 수 있습니다.

개요

1. 제시문 (가)의 설명 요약: 믿음/신뢰

2. 제시문 (다)의 상황 요약 + 출제 의도 정리

3. 제시문 (가)를 통해 (다)의 상황 설명: 사람에 대한 신뢰 X / 사실에 대한 믿음 O

4. 사실에 대한 믿음의 근거로 증거 구체화

Tip & Advice

서울대 일반전형 면접은 30분의 준비 시간과 15분의 발표 시간으로 구성됩니다. 두 문항이 출제되는 만큼, 한 문항에서 소요되는 답변 시간은 최소 7분으로 기획해야 합니다. 이번 문제에서는 제시문 (가)의 '믿음'과 '신뢰'의 의미를 구분하여 제시문 (다)의 현상을 설명하는 데 적용하라고 요구하고 있습니다. 이에 첫 번째 답변에서는 출제 의도를 다소 기초적인 수준으로 고려하여 작성했습니다. 즉 사람에 대한 신뢰는 개인적인 관계(사적인 관계)를 전제하므로, 낯선 이의 말을 믿을 때는 사람에 대한 신뢰 개념이 적용되기 어렵다는 점을 언급하여 답변을 작성했습니다.

이 답안의 강점은 무엇인가?

제시문 (가)는 우리가 일반적으로 다른 사람의 말을 믿는 행동이 두 가지 현상으로 구분된다고 설명합니다. 하나는 그 말의 내용을 뒷받침하는 증거에 기반하여 믿는 현상이며 이를 사실에 대한 믿음이라고 합니다. 다른 하나는 그 말을 한 사람과 맺은 개인적 관계에 기반하여 믿는 현상이며 이를 사람에 대한 신뢰라고 합니다. 이러한 설명에 따르면, 저는 제 친구의 말을 한편으로는 증거에 기반하여 믿으면서도 다른 한편으로는 제 친구이기 때문에 믿는다고도 말할 수 있습니다.

그런데 믿음에 관한 이러한 설명을 고려할 때, 제시문 (다)에서 제시된 상황은 특수한 경우에 해당한다고 이해할 수 있습니다. 왜냐하면 제시문 (다)의 상황은 처음 가 본 장소에서 처음 만난 사람의 말을 믿는 상황인데, 이는 제가 그 사람의 말을 믿어야 할 이유 중 하나인 '사람에 대한 신뢰'가 부재한 상황처럼 보이기 때문입니다. 처음 만났다는 것은 제가 그 사람과 개인적 관계를 맺고 잊지 않다는 것을 시사하며, 따라서 그 사람을 신뢰할 이유가 없음을 보여 줍니다. 그러나 우리는 낯선 이에게 길을 묻고 그 대답에 의존하여 여행하곤 합니다. 그러므로 이러한 현상이 가능한 이유를 제시문 (가)에 기반하여 좀 더 설명해 보도록 하겠습니다.

먼저 제가 낯선 이의 길 안내를 믿는 현상은 사실에 대한 믿음으로 설명할 수 있습니다. 즉 관련된 증거에 기반하여 그 사람의 말을 믿는다는 것입니다. 여행자라면 여행지에 관한 최소한의 정보를 숙지하고 있어야 합니다. 위험 상황을 예방하거나 관광 목적지를 파악하기 위해서라도 여행지에 관한 정보를 알아 두어야 하며, 이를 증거로 활용할 수 있습니다. 나아가 낯선 이와 대화하면서 얻는 비언어적 · 반언어적 정보들도 그 사람의 말을 믿는 증거로 활용됩니다. 이처럼 저는 낯선 이의 길 안내를 믿을 증거를 어느 정도 갖고 있으므로, 그 사람의 말을 사실로 받아들이고 그에 대한 믿음을 가질 수 있습니다.

그런데 다른 한편으로, 저는 낯선 이를 신뢰하기 때문에 그 말을 믿는다고도 설명할 수 있습니다. 물론 개인적 관계가 사전에 형성된 적 없음에도 그 사람을 신뢰한다는 설명이 성립하지 않는다고 생각할 수도 있습니다. 그러나 저는 신뢰의 조건으로서 개인적 관계가 필요한 이유를 고려한다면, 제시문 (다)와 같은 상황에서는 낯선 이에 대한 신뢰가 성립할 수 있다고 생각합니다. 제시문 (가)에 따르면 개인적 관계는 유진이의 선의가 설득력을 갖추기 위한 조건으로 제시됩니다. 즉 타인을 돕는다는 수고스러운 선의는 개인적 친분 관계가 없이는 충분히 설명될 수 없다는 것입니다. 그러나 길을 알려주는 행위는 유진이의 도움처럼 수고스러운 선의가 아닐뿐더러, 기존에 형성되어 있는 개인적 관계가 상대방에게 우리를 골탕 먹일 의도가 없었다는 사실을 보장해 주는 것도 아닙니다. 그러므로 저는 여행지에서 만난 낯선 이라고 하더라도 사실에 대한 믿음을 바탕으로 그의 말을 신뢰할 수 있으며, 그 사람의 길 안내를 믿는다고 설명하고자 합니다. 만약 개인적인 관계 없이는 누구도 신뢰할 수 없다면, 오히려 여행을 떠나는 행위는 비합리적입니다. 누구도 신뢰할 수 없는 곳에서 오직 사전에 조사한 정보에만 의존하여 시간과 노동력과 돈을 써야 하기 때문입니다. 여행은 낯선 이에 대한 신뢰에 의존하여 그 여행지에 대한 관심을 충족하고, 다양한 개인적 관계를 형성할 수 있는 기회가 된다고 생각합니다.

개요

1. 제시문 (가)의 설명 요약: 사실에 대한 믿음/사람에 대한 신뢰

2. 제시문 (다)의 상황 요약 + 출제 의도 정리

3. 제시문 (가)의 관점에서 (다)의 상황 설명 by 사실에 대한 믿음

4. 제시문 (가)의 관점에서 (다)의 상황 설명 by 사람에 대한 신뢰

Tip & Advice

두 번째 답변에서는 낯선 이에 대한 신뢰도 일부 상황에서는 충분히 성립할 수 있음을 보이고자 하였는데, 그 때문에 답변이 좀 길어지는 아쉬움이 있습니다. 어느 방향을 택하더라도 학생들이 감점당하지는 않을 것이나, 다만 충분한 근거와 설명이 뒷받침되어야 한다는 점에 유의해야 합니다.

이 답안의 강점은 무엇인가?

　제시문 (가)는 사실에 대한 믿음과 사람에 대한 신뢰를 구분하고 있습니다. 사실에 대한 믿음은 그 사실을 뒷받침하는 증거에 기반하여 정당화되는 반면, 사람에 대한 신뢰는 그 사람과 맺고 있는 개인적 관계에 기반하여 정당화된다는 것입니다. 이러한 믿음과 신뢰의 구분은 제시문 (나)를 통해 추가로 설명되는데, 제시문 (나)는 사실에 대한 믿음이 거짓으로 밝혀졌을 때 실망과 짜증을 느끼는 반면, 사람에 대한 신뢰가 거짓으로 밝혀졌을 때 배신감을 느낀다는 점을 근거로 둘을 구분합니다. 이러한 제시문 (가)와 (나)의 믿음과 신뢰의 구별 기준을 바탕으로, 제시문 (라)의 건강한 사회가 유지될 수 있는 이유에 대해 설명하겠습니다.

　제시문 (라)의 건강한 사회란 서로를 잘 신뢰하는 사회로서 사람들이 타인의 말을 쉽게 믿는다는 특징을 지니고 있습니다. 그런데 사람들에게 다른 사람의 말을 잘 믿는 성향이 있다면, 이를 악용하여 다른 사람을 속이려 드는 사람도 존재할 것이라는 점도 예상할 수 있습니다. 그렇다면 이처럼 거짓된 말로 다른 사람을 속이려는 사람이 해당 사회에서 배제되지 않는 한, 건강한 사회가 유지될 수 있다고 기대하기는 어렵습니다. 그러므로 건강한 사회가 유지되는 첫 번째 이유로는 거짓말쟁이가 배제되는 원리를 제시할 수 있습니다. 저는 그 원리를 제시문 (나)를 참고하여 제시할 수 있다고 생각합니다. 제시문 (나)에서 제시된 '배신감'이라는 감정은 거짓말쟁이가 해당 사회로부터 소외되고 배제되도록 만드는 중요한 기제로 작용합니다. 누군가가 배신감을 느끼고 나면, 사람들은 배신감을 느끼게 한 사람의 말을 앞으로 믿지 않는 것은 물론이고 그 사람과 그 어떤 상호작용이나 약속도 하지 않으려 들 것입니다. 대부분의 사회 체계가 일종의 약속 체계로 이루어져 있다는 점을 고려하면, 배신자가 사회 체계 내에 잔존하거나 새로 진입할 가능성은 낮아집니다. 특히 배신 당한 사람은 다른 사람들에게도 배신자의 존재를 알려 자신이 속해 있는 사회가 배신자에 의해 악용되는 것을 방지하고자 할 것입니다. 이러한 과정이 조금만 중첩되더라도 해당 사회 내에서 거짓말쟁이는 곧 배제되리라 예상할 수 있습니다.

　나아가 건강한 사회가 유지되는 두 번째 이유로는 제시문 (가)를 참고할 때, 신뢰에 전제되는 개인적 관계를 제시할 수 있습니다. 사람들이 서로를 잘 신뢰한다는 것은 제시문 (가)에 의하면 여러 개인적 관계가 중첩되고 다양하다는 것을 시사합니다. 즉 제시문 (라)의 사회 구성원들은 다양한 방식으로 다른 구성원들과 개인적 관계를 맺고 있을 것입니다. 이러한 사회에서 거짓말쟁이가 배제되는 기제를 확보하고 나면, 기존의 구성원들 간에 맺고 있던 신뢰 관계는 어려움 없이 유지될 수 있을 것이라 예상할 수 있습니다.

개요

1. 제시문 (가), (나) 요약
2. 제시문 (나)를 바탕으로 (라)의 건강한 사회 유지 원인 설명
3. 제시문 (가)를 바탕으로 (라)의 건강한 사회 유지 원인 설명

1. [문제 2]의 경우, 제시문 (라)에 나타나 있는 '건강한 사회'가 유지될 수 있는 이유를 설명하라고 요구하고 있습니다. 이는 [문제 1]과 형식은 매우 유사하지만 내용의 추상성이 좀 더 큰 문제라고 이해할 수 있는데, '건강한 사회'라는 개념은 '낯선 이의 말을 믿는 현상'에 비해 그 구체성이 현저히 떨어지기 때문입니다. 그러므로 학생들은 제시문 (라)의 '건강한 사회'의 의미를 좀 더 정확히 이해하고 답변을 준비해야 합니다. 비록 제시문의 길이는 짧지만 제시문 (라)에는 매우 중요한 논점이 제시되어 있습니다. "거짓이 팽배해질 수 있을 것이라 생각할 수 있다."는 문장은 이러한 조건을 배제하는 방안에 대해서 제시문 (가) 혹은 (나)를 근거로 제시해 보라는 출제 의도를 담고 있습니다. 이러한 출제 의도를 읽지 않은 채 '모두가 서로를 신뢰하는 행복한 사회'와 같은 긍정적인 이미지만 담아 답변하지 않도록 주의해야 합니다.

2. 이번 답변에서는 제시문 (나)와 (가)를 순차적으로 활용했습니다. 제시문 (나)는 사회에서 거짓말쟁이(혹은 배신자)가 배제되는 원리를 설명하는 데 사용한 반면, 제시문 (가)는 배신자가 사라진 사회가 건강하게 계속 유지되는 이유를 설명하는 데 사용했습니다. 이러한 제시문 사용 방법을 중심으로 두 번째 답변과 비교한다면 학생들은 서울대 일반전형에서 제시문을 어떻게 활용하기를 요구하는지 이해하는 데 좀 더 도움을 얻을 수 있습니다.

이 답안의 강점은 무엇인가?

　제시문 (가)는 사실에 대한 믿음과 사람에 대한 신뢰를 구분하고 있습니다. 사실에 대한 믿음은 그 사실을 뒷받침하는 증거에 기반하여 정당화되는 반면, 사람에 대한 신뢰는 그 사람과 맺고 있는 개인적 관계에 기반하여 정당화된다는 것입니다. 이러한 믿음과 신뢰의 구분은 제시문 (나)를 통해 추가로 설명되는데, 제시문 (나)는 사실에 대한 믿음이 거짓으로 밝혀졌을 때 결과물이 실망과 짜증인 반면, 사람에 대한 신뢰가 거짓으로 밝혀졌을 때 결과물은 배신감이라는 점을 근거로 둘을 구분합니다. 이러한 제시문 (가)와 (나)의 믿음과 신뢰의 구별 기준을 바탕으로, 제시문 (라)의 건강한 사회가 유지될 수 있는 이유에 대해 설명하겠습니다.

　먼저 제시문 (가)에 의하면, 다른 사람의 말을 잘 믿고 신뢰하기 위해서는 두 가지 근거가 필요합니다. 하나는 타당한 증거가 제시되어야 한다는 것이며, 다른 하나는 대화 참여자 간의 개인적 관계가 형성되어야 한다는 것입니다. 이를 고려할 때, 제시문 (라)의 건강한 사회가 유지될 수 있는 첫 번째 이유는 그 사회에서 발화 내용을 뒷받침하는 증거를 쉽게 확인할 수 있기 때문입니다. 건강한 사회라면 사실에 관한 증거를 확인하는 절차를 다른 구성원들도 충분히 활용할 수 있을 것입니다. 이처럼 타당한 증거를 확보할 수 있는 사회적 시스템이 마련되어 있다면 거짓된 말을 어렵지 않게 판별할 수 있으므로 건강한 사회가 유지될 것입니다. 다음 두 번째 이유는 그 사회 내의 구성원들 간 관계가 긍정적인 양상을 띠고 있기 때문입니다. 만약 어떤 사회에서 다른 사람을 쉽게 믿지 못한다면, 그 사회에서 타인은 나의 경쟁자이자 적으로 인식될 것입니다. 그러나 서로를 잘 신뢰하는 건강한 사회라면 타인은 나의 경쟁자라기보다는 협력자이자 친구로 인식될 것입니다. 이는 타인을 신뢰하기 위해 개인적 관계를 확보하는 이유로도 볼 수 있습니다.

　한편 제시문 (나)에 의하면, 타인에 대한 신뢰가 깨지는 경우 우리는 실망이나 짜증을 넘어 배신감을 느낍니다. 배신감은 단순한 실망이나 짜증을 느끼는 경우와 달리, 그 사람과 맺고 있던 관계를 더 이상 유지할 수 없도록 하며, 나아가 그 사람에게 쏟았던 자신의 노력까지도 무의미하게 만든다는 특징을 지니고 있습니다. 잘못 알았던 정보를 수정하고 잘못 알았던 사람과의 관계를 끊어내는 것은 심리적 부담을 가중하고 후회를 낳기 때문입니다. 이러한 배신감은 자신을 배신한 사람을 사회에서 배제하고자 하는 동기로 작용할 수 있습니다. 배신당한 사람은 자신이 속해 있는 사회적 집단 그 어디에서든 배신자를 배제하기 위해 다른 사람들에게도 배신자의 존재를 적극적으로 알리고자 할 것입니다. 이로써 배신자가 배제되고 나면, 다시 그 사회는 건강한 상태로 유지될 수 있습니다.

개요

1. 제시문 (가), (나) 요약

2. 제시문 (가)를 바탕으로 (라)의 건강한 사회 유지 원인 설명

3. 제시문 (나)를 바탕으로 (라)의 건강한 사회 유지 원인 설명

Tip & Advice

이번 답변에서는 제시문 (가)에 드러난 논점 두 가지를 모두 활용하여 근거로 제시했습니다. 제시문 (가)에 의하면 '사실에 대한 믿음'은 증거 기반 믿음인 반면, '사람에 대한 신뢰'는 관계 기반 믿음이라고 이해할 수 있습니다. 그렇다면 타인의 말을 쉽게 신뢰하는 사회에서는 이 두 가지 종류의 믿음이 모두 잘 형성되어 있음을 설명해야 합니다. 앞서 첫 번째 답변에서는 제시문 (나)를 바탕으로 배신자(이탈자, 거짓말쟁이)가 배제되는 이유를 중점적으로 설명하였다면, 이번 답변에서는 제시문 (가)와 (나)를 모두 활용하고자 했습니다. 이를 참고하여 자신만의 창의적인 답변을 준비해 봅시다.

이 답안의 강점은 무엇인가?

학교 측 출제 의도 및 평가 지침

출제 의도

● [문제 1] 제시문 (가)에서 설명하는 믿음과 신뢰의 개념을 분명히 구별하고, 이에 기반하여 (다)에 나타난 현상을 설명할 수 있는지, 분석력, 이해력, 응용력을 평가함

● [문제 2] 제시문 (가), (나)를 통해 얻게 된 신뢰에 대한 이해를 바탕으로, 제시문 (라)의 신뢰 사회가 유지되는 과정, 즉 거짓이 배제되고 참이 증진되는 결과가 어떻게 나타날 수 있는지 창의적으로 추론하는 능력을 평가함

문항 해설

● 제시문 (다)의 상황이 무엇인지, 그리고 그 상황이 어떻게 가능한지 의문이 제기되는 이유, 그리고 이 의문에 대한 답변을 제시문 (가)에서 설명하고 있는 믿음과 신뢰의 구별에서 실마리를 찾아 제시할 수 있음

● 신뢰의 본성에 대한 특징을 고려하여 신뢰 사회가 거짓이 배제되고 참이 증진되는 건강한 사회로 어떻게 유지될 수 있는지, 즉 남을 속여 거짓을 양산하는 '이탈자'를 어떻게 배제할 수 있는지 창의적으로 추론해 볼 것을 기대하는 문항임. 여기서, 제시문 (가), (나)를 통해 유추할 수 있는 신뢰의 본성으로는 신뢰 관계의 사회적 · 윤리적 본성과 신뢰 형성에서의 증거 제약성이 있음. 이 중 어느 것을 바탕으로 답해도 좋음

※ 제시문을 읽고 물음에 답하시오.

(가)

도로에서 "아이가 타고 있어요"라는 안내문을 붙인 승용차를 많이 볼 수 있다. 아마도 대부분의 선한 운전자들이 아이가 탑승한 차량과의 사고를 피하려는 최선의 노력을 할 것이니 이 안내문은 다른 차량들의 경각심을 일으켜 안전 운전을 하게 만드는 효과를 기대할 수 있을 것이다. <u>이 효과의 크기를 측정하기 위하여 안내문 부착 여부에 따라 교통사고 발생률이 어떻게 달라지는지 알아본 결과, 안내문을 붙인 차량의 사고 발생률이 그렇지 않은 차량보다 낮게 나타났다고 하자.</u> 그렇다면 이 차이가 오로지 다른 차량들이 안내문을 보고 조심하기 때문이라고 할 수 있을까? 교통사고 발생률은 다른 차량들이 조심하는 정도 외에도 다른 요인에 의해 영향을 받을 수 있다. 예를 들면, 안내문을 붙인 부모는 아이의 안전을 걱정하는, 더 조심성 있는 운전자일 가능성이 높다. 반면, 안내문을 본 다른 차량들이 더 조심해서 운전하리라고 생각하는 부모들은 안내문을 붙인 후에 오히려 더 부주의해질 가능성도 있다.

(나)

제2차 세계 대전 당시 미군은 전투기의 피격률을 낮추기 위해서 전투기 기체를 보강하려는 계획을 세웠다. 무게 제한 때문에 기체 전부를 보강하기는 불가능한 상황에서 기체의 어느 부분을 보강할지 선택해야 했다. 이를 위하여 <u>전투에 참여한 후 귀환한 전투기를 대상으로 총알구멍의 개수 분포를 조사하여 전투기에서 가장 많은 총알구멍 개수가 관측된 부위를 중점적으로 보강하려고 하였다.</u> 하지만 가장 치명적인 부위에 피해를 입은 전투기는 피격되어 귀환하지 못했을 가능성이 높으므로 귀환한 전투기에서 총알구멍이 집중적으로 관측된 부위는 치명적이지 않은 부위일 것이라는 견해가 제기되었다. 그 견해에서는 피격되어 자료에 포함되지 못한 전투기까지 종합적으로 고려할 때, 귀환한 전투기에서 총알구멍이 가장 적게 관측된 엔진 부위가 가장 취약하여 보강이 필요한 부위라는 결론을 도출하였다.

문제 1

제시문 (가)와 (나)의 밑줄 친 사례에서 관찰되는 문제점의 공통점과 차이점을 구체적으로 설명하시오.

문제 2

제시문 (가) 또는 (나)에서 문제가 된 상황과 유사한 다른 사례를 제시하고 그 이유를 설명하시오.

PART 2

 제시문 (가)와 (나)의 밑줄 친 사례는 각각 안내문 부착 여부와 차량의 사고 발생률의 관계, 그리고 귀환한 전투기의 총알구멍 분포와 보강 필요 위치의 관계에 관한 연구를 보여 주고 있습니다. 이 두 사례의 첫 번째 문제점은 모두 연구 결과가 타당하지 않다는 점입니다. 제시문 (가)의 사례는 안내문 부착 여부와 차량의 사고 발생율의 상관성을 충분히 설명하지 못하였으며, 제시문 (나)의 사례 또한 귀환한 전투기만으로는 보강해야 할 위치를 확보하기 어렵다는 결론이 도출되었기 때문입니다. 이 같은 공통점은 두 사례의 두 번째 문제점인 근거 자료의 불충분성으로 인한 것입니다. 제시문 (가)의 사례에서 안내문 부착 여부는 교통사고 발생률에 영향을 미치는 충분한 상관 근거가 되지 못하며, 제시문 (나)의 사례에서의 귀환한 전투기는 모든 전투기를 대표하지 못하므로 보강 위치를 결정하는 충분한 근거가 되지 못합니다.

이러한 제시문 (가)와 (나)의 연구 사례들을 좀 더 심층적으로 분석해 보면, 각 사례에서 나타나는 문제점이 상이한 특징을 지니고 있다는 사실을 알 수 있습니다.

 먼저 제시문 (가)의 연구 사례는 아이 보호를 위한 안내문 부착 여부를 차량의 사고 발생률을 설명하기 위한 변인으로 설정하였으나, 그 안내문 부착 여부 또한 부모의 성향에 의해 좌우될 수 있다는 점을 충분히 고려하지 못하였다는 세부 문제를 보여 줍니다. 예컨대 아이를 보호하고자 하는 부모라면 안내문을 부착하고 나아가 안전하게 운전할 것이라고 추측할 수 있습니다. 이는 안내문 부착 여부라는 변인에 영향을 끼칠 수 있는 다른 조절 변인을 고려하지 못했음을 의미합니다. 반면 제시문 (나)의 연구 사례는 전쟁에서 전투기가 살아남기 위해 보강해야 할 위치를 파악하고자 귀환한 전투기의 총알구멍 분포 양상을 확인하고자 하였으나, 표본으로 삼은 귀환한 전투기만으로는 격추된 전투기의 상황을 고려할 수 없다는 세부 문제를 보여 줍니다. 오히려 귀환하지 못한 전투기의 총알구멍을 조사해야 비로소 어떤 위치를 보강해야 하는지 정확히 알 수 있게 될 것입니다.

 앞서 비교한 두 연구 사례의 차이점으로 인해, 제시문 (가)와 (나)의 연구 결과가 타당하지 못한 이유 또한 상이해집니다. 제시문 (가)는 파악하고자 했던 두 변인 간의 상관성 자체가 모호하기 때문에 연구 결과가 타당하지 못하다고 말할 수 있습니다. 즉 안내문 부착 여부와 차량의 사고 발생율이라는 두 변인 사이에 부모의 성향이라는 추가적인 변수가 개입되어 파악하고자 하였던 상관관계를 모호하게 만들었다고 볼 수 있습니다. 반면 제시문 (나)는 두 변인 간의 상관성 자체는 유효하나, 표본의 대표성이 확보되지 못하였기 때문에 타당하지 못한 연구 결과가 도출되었다고 말할 수 있습니다. 즉 귀환한 전투기 이외에 귀환하지 못한 전투기까지 모두 표본으로 삼지 않는 한, 전체 표본은 확보되지 않은 상태라고 볼 수 있습니다.

개요

1. 제시문 (가)와 (나) 사례의 공통 문제점: 연구 결과의 타당성 X + 근거 자료의 불충분성
2. 제시문 (가)와 (나) 사례의 문제점 비교 1
   (가): 조절 변인 고려 X
   (나): 모든 전투 상황 고려 X
3. 제시문 (가)와 (나) 사례의 문제점 비교 2
   (가): 변인 간 상관성 X
   (나): 표본의 대표성 X

Tip & Advice

1. 서울대 일반전형 면접은 30분의 준비 시간과 15분의 발표 시간으로 구성됩니다. 두 문항이 출제되는 만큼, 한 문항에서 소요되는 답변 시간은 최소 7분으로 기획해야 합니다. 그러나 이때 한 가지 특징을 염두에 두어야 하는데, 그 특징이란 문항별 출제 의도가 다르다는 것입니다. [문제 1]은 제시문들에 나타나 있는 개념과 논리만으로 답변하도록 문제가 구성된 반면, [문제 2]는 그에 대한 사례를 제시하라는 점에서 면접자 개인의 배경지식이나 신념, 가치관 등을 활용하도록 문제가 구성되어 있습니다. 이때 좀 더 안전하게 풀이하기 위해서는 [문제 2]보다는 [문제 1]에 좀 더 시간을 할애해야 합니다. 배경지식을 활용한 답변보다 출제 의도가 있는 답변을 정확히 풀어내는 것이 더 효과적이기 때문입니다. 이에 [문제 1]에 대한 답변을 9분가량 소요되는 분량으로 작성했습니다.

2. 이번 문제를 접한 학생들은 두 제시문 간의 차이를 서술하는 데 어려움을 겪었을 것입니다. 사실 학교 측 문항 해설까지 모두 포함하여 고려하면, 이 문제는 자기 선택 편향과 생존 편향이라는 '선택 편향'의 문제를 비교하기 위해 출제된 것이라 이해할 수 있습니다. 그러나 제시문 (가)에 나타난 문제 상황을 고등학생 입장에서 곧바로 자기 선택 편향의 문제로 이해할 수 있는지는 분명하지 않아 보입니다. 이에 학생들이 비록 자기 선택 편향과 생존 편향이라는 개념을 모르더라도, 제시문 독해만으로 어떻게 답변에 충실할 수 있는지 보이고자 첫 번째 답변을 작성했습니다. 비록 정확한 답변을 하지 못했더라도 이만한 분석에 기반하여 답변한다면, 면접관이 추가로 질문할 수 있고 가산점을 얻을 기회도 생길 수 있습니다. 자신의 배경지식이 부족하다는 점 때문에 위축되기보다는 끝까지 최선을 다해 문제에 매달려 분석하는 게 더 좋은 면접 태도이므로 이에 유의하면서 면접 준비에 임해야 합니다.

문제 1 **예시 답안 (2)**

제시문 (가)와 (나)의 밑줄 친 사례는 각각 안내문 부착 여부와 차량의 사고 발생률의 관계, 그리고 귀환한 전투기의 총알구멍 분포와 보강 필요 위치의 관계에 관한 연구를 보여 주고 있습니다. 이때 두 사례에 나타난 연구는 모두 자료가 편향적이라는 공통의 문제점을 보여 줍니다. 먼저 제시문 (가)의 사례는 안내문의 부착 여부가 차량의 사고 발생율에 어떤 영향을 미치는지 확인하고자 합니다. 그런데 안내문의 부착 여부는 차량 운전자의 개인적 특성에 의존적이라는 한계를 가집니다. 이로부터 차량의 사고 발생율에 영향을 끼치는 추가 요인이 있음을 추론할 수 있으며, 따라서 안내문의 부착 여부라는 자료가 편향적일 수 있다고 이해할 수 있습니다. 다음으로 제시문 (나)의 사례는 생존 귀환한 전투기에 뚫린 총알구멍의 분포 양상을 통해 보강이 필요한 위치를 확인하고자 합니다. 그런데 이는 오직 귀환한 전투기만을 대상으로 삼기 때문에, 귀환하지 못한 전투기의 총알구멍 분포 양상은 확인하지 못합니다. 즉 보강이 필요한 위치를 확인하는 데 필요한 자료가 충분하지 않으며 그 표본이 편향적으로 설정되었다고 이해할 수 있습니다.

이 같은 자료의 편향성 문제는 제시문 (가)와 (나) 각각의 사례에서 좀 더 두드러지게 나타나는 측면에 의해 서로 차이를 보여 주는데, 그 차이를 구체적으로 설명해 보면 다음과 같습니다.

먼저 제시문 (가)는 아이 보호 안내문 부착 여부를 독립 변인으로 삼고 있는데, 이 변인은 부모의 자발적 선택에 의해 영향을 받는다는 특징을 가집니다. 그리고 이러한 부모의 자발적 선택은 그 자체로도 차량의 사고 발생율을 좌우하는 중요한 변인이 될 수 있습니다. 즉 아이의 안전을 생각하는 부모라면 안내문을 부착할 뿐만 아니라 조심스럽게 운전할 것입니다. 그렇다면 안내문 부착 여부는 차량의 사고 발생율을 설명하는 유일한 변인이 아니며, 오히려 그 효과를 과대평가할 수 있는 변수가 될 수 있습니다.

반면 제시문 (나)는 생존 귀환한 전투기의 총알구멍 분포 양상만을 독립 변인으로 삼고 있는데, 이 변인은 전체 표본의 일부에만 해당된다는 특징을 가집니다. 전투기를 보강하는 이유는 생존율을 높이고 전쟁에서 승리하기 위한 것입니다. 그런데 만약 귀환한 전투기만을 표본으로 삼는다면, 오히려 귀환하지 못한 전투기의 총알구멍 위치를 알 수 없어 치명적인 약점을 보강하지 못하는 결과를 야기할 수 있습니다. 즉 귀환한 전투기는 현재의 목적을 달성하기에 충분한 대표성을 갖지 못합니다.

정리해 보면, 제시문 (가)는 독립 변인을 구성하는 참가자들의 자발적 선택이나 개인적 성향에 의해 영향을 받는 자료를 사용한 반면, 제시문 (나)는 생존한 일부 표본이 모집단을 대표하는 것처럼 취급했다는 점에서 편향성을 보여 준다고 비교할 수 있습니다.

1. 제시문 (가)와 (나) 사례의 공통 문제점: 자료의 편향성

2. 제시문 (가)와 (나) 사례의 문제점 차이 비교

3. 제시문 (가) 사례의 문제점: 자기 선택 편향

4. 제시문 (나) 사례의 문제점: 생존자 편향

5. 비교 종합 정리

Tip & Advice

1. 아마 이 문제를 통해 자기 선택 편향과 생존자 편향이라는 개념을 처음 접해 본 학생들이라면 이번 문제를 풀어내는 데 어려움을 겪었을 수 있습니다. 앞서 첫 번째 답변에 관한 'Tip & Advice'에서 언급한 바와 같이, 두 제시문에 나타난 사례의 문제점이 보여 주는 공통점은 찾아냈더라도, 차이점을 서술하기가 쉽지 않았을 것입니다. 그러나 사회과학 계열의 전공에 지원하는 학생이라면 이 같은 자료의 편향성 문제에 대해 어느 정도 익숙해져야 합니다. 가설과 실험을 통해 사회 현상을 연구하는 사회 과학 분야는 그 실험에서 확보된 자료의 편향성을 극복해야 한다는 특징을 지니고 있습니다. 이번 문제는 자료의 편향성 문제가 발생하는 세부적인 원인을 비교한 문제라 이해할 수 있습니다. 그러므로 학생들은 두 제시문의 차이를 찾아내기 위해 각 사례에서 표본이 대표성/무작위성을 띠지 못하는 이유를 세부적으로 추론해 내야 합니다. 제시문에 드러난 내용을 중심으로 구체적으로 설명하려 하다 보면, 비록 각 편향 개념을 정확히 모르더라도 충분히 그 차이를 서술할 수 있을 것입니다.

2. 답변이 길어지는 만큼, 면접자는 자신의 논점에서 이탈하지 않도록 주의해야 합니다. 특히 긴 답변에서 이를 방지할 수 있는 좋은 방법 중 하나는 답변을 '수미상관 구조'로 구성하는 것입니다. 서두에서 하고자 하는 말을 꺼낸 이후, 한 문단이 마무리될 때마다 자신이 했던 말을 되뇌면서 정리하는 습관을 들이고 나면, 긴 분량의 답변이라도 좀 더 논리적이고 일관성 있게 설명해 낼 수 있을 것입니다.

이 답안의 강점은 무엇인가?

제시문 (가)의 문제 상황과 유사한 사례 (자기 선택 편향)

저는 제시문 (가)에서 문제가 된 상황과 유사한 사례를 제시하고자 합니다. 제시문 (가)에서 문제가 된 상황은 참가자들의 자발적 선택에 의해 영향을 받는 자료를 변인으로 삼은 '자기 선택 편향' 문제가 나타나 있다는 것입니다. 이러한 자기 선택 편향 문제는 자발적으로 참가한 참가자와 그렇지 않은 참가자 간의 성향 차이를 전제하며, 따라서 도출해 내고자 하는 연구 결과가 과대평가될 수 있다는 한계를 가집니다.

이러한 자기 선택 편향 문제가 나타나는 유사한 다른 사례로, 저는 다이어트 약의 체중 감소 효과에 관한 실험을 제시하고자 합니다. 다이어트 약의 효과에 관한 실험은 다이어트 약을 섭취한 사람들을 실험군으로 삼고, 그렇지 않은 사람들을 비교군으로 삼아 설계하고, 다이어트 약을 통한 체중 감소 효과를 측정할 것입니다.

그러나 다이어트 약을 섭취한 실험군에 속한 사람들은 평소에도 다이어트나 운동, 건강 등에 관심이 많은 성향의 사람이라고 추론할 수 있습니다. 따라서 이들에게는 다이어트 약 섭취 이외에도 체중 감소에 영향을 미칠 수 있는 추가 요인이 존재할 가능성이 있습니다. 만약 실험에 영향을 미치는 다른 요인을 통제하지 않는다면 비교군과 대비해 볼 때 실험군의 다이어트 효과가 과대평가될 가능성이 있습니다. 그러므로 저는 다이어트 약의 체중 감소 효과에 관한 실험이 제시문 (가)의 자기 선택 편향 문제를 보여 주는 한 가지 사례라고 생각합니다.

개요

1. 제시문 (가)의 문제 상황: 자기 선택 편향
2. 사례 제시: 다이어트 약 실험
3. 제시한 사례에 관한 이유 설명

1. [문제 2]의 경우, [문제 1]에 비해 좀 더 열린 질문이라고 이해할 수 있는데, 오히려 그만큼 학생들의 논점 이탈이 일어나기 쉬운 문제라고도 이해해야 합니다. 특히 어떤 예시를 제시하게 되는 경우, 학생들은 그 예시에 대하여 어느 정도의 배경 설명이 필요한지 감을 잡기 어려워하는 경향이 있습니다. 그러나 중요한 점은 그 예시에 대해 정확히 알고 있느냐 보다는 그 예시가 현재 문제에서 요구한 논점에 들어맞는가 입니다. 만약 예시에 대해 잘못 알고 있는 경우, 면접관이 나서서 직접 그 오류를 바로잡아 주는 경우도 존재하므로 학생들은 예시의 정확성보다 논점의 정확성에 좀 더 유의해야 합니다.

2. 본 답변에서는 예시의 정확성보다 논점의 정확성에 초점을 맞추기 위해 실험 사례를 가상으로 만들어 제시했습니다. 물론 실제로도 많이 실험되는 연구에 해당하는 가상 사례이므로 설득력이 떨어지지는 않습니다. 다만 예시의 정확성을 강화하기 위해 본 답변에서는 두 번째 문단에서 해당 실험이 어떻게 설계될 것인지 함께 제시했습니다. 이 같은 부연 설명을 통해 자신의 답변이 예시의 정확성은 물론, 논점의 정확성을 함께 고려하고 있음을 보여줄 수 있습니다.

이 답안의 강점은 무엇인가?

제시문 (나)의 문제 상황과 유사한 사례 (생존자 편향)

저는 제시문 (나)에서 문제가 된 상황과 유사한 사례를 제시하고자 합니다. 제시문 (나)에서 문제가 된 상황은 이미 생존한 대상만을 표본으로 삼아 전체 표본을 대표할 수 있는 것처럼 착각한 '생존자 편향' 문제가 나타나 있다는 것입니다. 이러한 생존자 편향 문제는 조사하고자 한 연구에 이미 성공한 대상만을 표본으로 삼기 때문에, 표본의 대표성을 떨어뜨리고 결과의 부정확성을 야기할 가능성이 있다는 한계를 가집니다.

그렇다면 이러한 생존자 편향 문제가 나타나는 유사한 다른 사례로, 저는 유명 학원가의 수강생 몰림 현상을 제시하고자 합니다. 현재 우리나라에는 대치동이나 목동 등의 유명 학원가가 존재하며, 수많은 수험생이 그 유명 학원가에 속한 학원들에 가서 수업을 듣고자 합니다. 그런데 그들이 그 유명 학원가에 속한 학원에 등원하는 이유는 해당 학원에서 자신이 목표로 하는 대학에 합격한 합격생들이 많이 존재하기 때문입니다. 즉 수험생 자신도 그 학원에 다니면 원하는 입시 결과를 얻을 수 있다고 기대하기 때문입니다.

그러나 이는 해당 학원의 수강생 전체를 표본으로 삼고 추론한 결과라기보다는 이미 합격한 수험생들만을 표본으로 삼고 추론한 결과라고 이해할 수 있습니다. 즉 합리적으로 추론한다면 전체 학원 수강생 중에서 합격한 비율이 얼마인지 확인한 후 학원에 등록해야 할 것입니다. 따라서 합격생 수만 주목한 후 이를 바탕으로 학원을 선택한다면, 이는 전체 표본의 대표성을 망각하고 부정확한 결과에 의존한 선택이라고 말할 수 있습니다. 그리고 이 때문에 많은 수강생이 등록한 유명 학원가는 더 많은 합격생을 배출하게 되고, 그에 따라 수강생이 몰리는 현상이 가중된다고 이해할 수 있습니다. 그러므로 저는 유명 학원가의 수강생 몰림 현상이 생존자 편향 문제가 나타나는 유사한 사례라고 생각합니다.

개요

1. 제시문 (나)의 문제 상황: 생존자 편향
2. 사례 제시: 유명 학원가의 수강생 몰림 현상
3. 제시한 사례에 관한 이유 설명

1. 두 번째 답변에서는 좀 더 직관적으로 쉽게 이해할 수 있는 사례를 제시했습니다. 이 같은 답변이 가능한 이유는 문항에서 '유사한' 다른 사례를 제시하라고 요구했기 때문입니다. 논점의 정확성을 엄밀하게 지키려 한다면, 결국 이번 문제에 부합하는 사례는 '사회 과학 실험' 사례로만 제시할 수 있을 것입니다. 그러나 고등학교 교육과정을 마친 수험생이 사회 과학 실험 사례들을 많이 알고 있을 것이라 기대하기는 어렵습니다. 그러므로 학교 측에서도 '유사한' 사례를 제시하라고 요구함으로써 '생존자 편향'의 문제점을 정확히 인지하고 있는지를 확인하고 평가하고자 한 것입니다.

2. 두 번째 답변에서 제시한 사례는 만약 생존자 편향을 알고 있다면 꽤 쉽게 떠올릴 수 있는 사례이기도 합니다. 단, 그 사례가 왜 '제시문 (나)에서 문제가 된 상황과 유사한 사례인지'를 설명하는 것은 다른 차원의 문제입니다. 논점의 정확성을 지킨다는 말에는 답변의 일관성을 지킨다는 말이 포함되어 있습니다. 즉 앞서 제시문 (나)의 생존자 편향을 정리하면서 활용한 논리가 해당 사례에서 어떻게 적용되는지 구체적으로 밝힐 필요가 있다는 것입니다. 이 같은 점에 유의하면서 세 번째 문단에 나타난 논리 전개를 잘 분석해 보면 도움이 될 것입니다.

이 답안의 강점은 무엇인가?

학교 측 출제 의도 및 평가 지침

출제 의도

● [문제 1] 제시문을 정확하게 독해하고 이해하는 능력과 논리적, 분석적, 비판적 사고력을 평가함

● [문제 2] 제시문의 실증적 사실과 문제점을 추론하고, 이를 토대로 본인의 주장을 사례를 통해 뒷받침하는지 측정함

문항 해설

● 제시문 (가)와 (나) 모두 자료가 현상을 정확히 반영하지 못하는 것으로서 '편향성'의 문제를 가지고 있는 상황을 제시하고 있음. 특히 실생활의 예를 통해 주어진 자료만으로는 질문에 대한 참된 답변을 얻어내기 어렵다는 점을 보여줌. 두 예시에서 편향성이 발생하는 이유와 그 차이를 파악하는지 평가함

제시문 (가)의 경우는 부모들의 운전 성향이 안내문을 부착하는 행위 자체와 상관성을 가지게 되어 두 집단의 특성 자체가 처음부터 동일하지 않게 나타나는 '자기 선택 편향'의 문제점이 있음. 두 집단의 차이는 안내문 부착 여부뿐만 아니라 부모의 운전 성향 자체의 차이도 포함하고 있으므로 집단 간 부모 운전 성향의 차이를 통제하지 않고 제시된 실증 자료를 다른 차량의 반응으로 해석하는 경우 부모의 운전 성향 차이까지 포함되는 왜곡이 발생함

제시문 (나)의 경우는 출격한 전투기가 사전적으로는 균일하지만 시간이 지남에 따라 격추된 전투기의 자료는 관측될 수 없게 됨으로써 사후적으로 자료가 균일하지 않게 구성되며 확보된 자료는 '생존자 편향'을 가지게 됨

● 자료의 편향성 문제를 이해하여 이와 동일한 문제가 있는 상황을 제시하고 편향된 자료 해석의 한계점을 이해하고 비판적으로 해석하는지를 측정함. 자료가 지닌 문제점을 이해하고 실생활에 적용하여 추론하고 해석하는 종합적, 비판적인 사고 능력을 확인할 수 있음

※ 제시문을 읽고 물음에 답하시오.

(가)

소득은 물질적 풍요와 주관적 안녕에 큰 영향을 미치는 요인이다. 실업 등 다양한 원인에 의한 불충분한 소득은 빈곤한 삶을 초래하는 강력한 요인이다. 소득은 객관적 수치로 측정하기 용이하기 때문에 빈곤 상태에 있는 개인 또는 가구를 선별하거나 생활 수준을 나타내는 지표로 광범위하게 사용되어 왔다. 일정 기준 이하의 소득은, 생활필수품의 구매가 제한되고 경제적으로 궁핍한 상황을 나타내는 것으로 간주된다. 이러한 장점에도 불구하고, 소득을 중심으로 빈곤 여부나 생활 수준을 측정하는 방식의 한계점도 꾸준히 제기되었다. 소득의 측정만으로는 실제 생활에서 건강, 주거, 교육, 사회참여 등의 다양한 욕구가 충족되고 있는지 그렇지 않은지를 제대로 파악하기 어렵다는 것이다. 그럼에도 불구하고 소득은 우리가 할 수 있는 것과 없는 것에 막대한 영향을 미치기 때문에 중시되어 왔다.

(나)

한 개인의 역량이란 성취할 수 있는 여러 가지 기능들의 조합을 말한다. 여기에서 기능들은 적절한 영양 공급이나 질병으로부터 자유로워지는 것처럼 아주 기본적인 것에서부터 공동체의 삶에 참여하고 자존감을 갖는 것과 같은 사회적 활동이나 개인적 상태에 이르기까지 다양하다. 소득의 결여는 개인의 역량을 박탈하는 주요 요인이기는 하지만, 소득이나 부는 역량을 만들어 내는 하나의 도구일 뿐이다. 소득이 많지만 정치적 참여 기회가 제한된 사람은 일상적 의미에서 빈곤하지 않아도 자유라는 측면에서는 가난하다. 치료비가 많이 드는 질병으로 고통 받는 사람은 소득 기준으로는 빈곤층으로 분류되지 않더라도 궁핍할 수 있다. 고용 기회를 갖지 못해 국가로부터 실업 수당을 받는 사람은 만족스러운 직업을 가질 기회는 없어도 소득 기준으로는 빈곤하지 않을 수 있다.

(다)

2022년 실시된 사회 조사 결과에 따르면, 일주일간 혼자 밥을 먹는('혼밥') 횟수는 평균 4.5회로 2020년보다 증가했고 혼밥을 자주 하는 경우는 저소득층과 고연령층에서 많이 나타났다. 이들에게는 단백질은 물론 채소류와 과일류를 적절하게 섭취하지 못하는 영양 불균형의 문제가 있었다. 또한 혼밥의 이유로는 '같이 먹을 사람이 없어서'(69.3%)라는 답변이 가장 많아서 사회적 고립의 문제가 제기되었다.

제시문 (가)에 기술된 소득의 중요성과 제시문 (나)에 기술된 역량의 중요성을 각각 적용하여 제시문 (다)에 나타난 문제를 설명하시오.

실업 상태의 개인에게 소득을 보조하기 위해 실업 수당을 지급할 때, 제시문 (가)와 (나)를 종합적으로 고려하여 기대할 수 있는 효과와 한계를 구체적으로 설명하시오.

 제시문 (가)에 따르면, '소득'은 사회 구성원들의 물질적 빈곤 상태를 확인하는 데 중요한 지표로 작용합니다. 일정 기준을 넘지 못하는 소득 상태는 그 가구가 물질적으로 빈곤하며, 이는 그 가구가 생활하는 데 필수적인 물품을 구매하기 어렵다는 점을 의미합니다. 따라서 소득 지표를 바탕으로 우리는 사회 내에서 경제적·사회적 지원이 필요한 가구를 분별할 수 있습니다. 한편 제시문 (나)에 따르면, '역량'은 소득만으로는 파악되지 않는 다른 결여 요인들을 파악하는 중요한 지표로 작용합니다. 예컨대 만약 역량을 발휘할 만한 충분한 기회가 주어지지 않는다면 그 사회의 구성원은 자기 계발 동기가 저하될 수 있습니다. 혹은 사회적 관계에 참여하지 않는다면 그 사람은 고립될 것이며 삶의 질 또한 저하될 것입니다. 그러므로 사회 전체의 발전을 위해서는 소득 이외에 구성원들의 삶을 다양하게 파악할 수 있는 지표가 필요하며, 이때 역량 지표가 활용될 수 있습니다.

 이러한 제시문 (가)와 (나)의 소득과 역량이라는 중요한 사회적 지표들을 바탕으로 제시문 (다)에 나타난 혼밥 문제를 설명해 볼 수 있습니다. 제시문 (다)에 나타난 사회 조사 결과에 따르면 저소득층과 고연령층에서 자주 발견되는 혼밥 현상은 크게 두 가지 문제를 함축합니다. 하나는 영양 불균형의 문제이며, 다른 하나는 사회적 고립의 문제입니다. 이때 영양 불균형의 문제는 소득 지표와 관련하여, 사회적 고립의 문제는 역량 지표와 관련하여 분석할 수 있습니다.

 먼저 영양 불균형의 문제는 영양 섭취에 필수적인 채소류와 과일류를 섭취하지 못하여 나타나는데, 이는 물질적 빈곤 때문에 발생하는 문제라고 이해할 수 있습니다. 채소류와 과일류는 그 신선도 때문에 유통 및 관리 절차에 의한 가격 변동이 클 뿐만 아니라, 식사에서는 부가적인 식품군으로 인식됩니다. 그렇다면 한정된 자원을 바탕으로 음식을 선택할 때, 채소와 과일보다는 밥이나 빵을 선택할 확률이 높아질 것입니다. 달리 말해 소득이 적을수록 채소와 과일을 먹지 않는 경향이 높아지는데, 그로 인해 영양 불균형 문제가 발생할 가능성도 높아질 수 있습니다. 이러한 분석은 혼밥이 저소득층에서 자주 발견되었다는 조사 결과에 의해 뒷받침됩니다.

 다음으로 사회적 고립의 문제는 같이 식사조차도 할 사람이 없다는 것이 문제이며, 이는 그 사회의 삶의 질이 풍요롭지 못한 상태임을 보여준다고 이해할 수 있습니다. 사회적 고립은 사회 구성원들에 관한 인간적 관심이 결여된 사회에서 흔히 발생할 수 있습니다. 다른 사람들이 어떤 삶을 살고 있는지 등에 관한 다양한 관심이 부재한다면, 스스로 사회적 관계를 형성하기 어려운 환경에 놓인 사람들은 사회적으로 고립되기 쉽습니다. 이는 달리 말해 제시문 (다)의 사회에서 역량 지표가 충분히 활용되지 못하는 상황을 의미하며, 사회 구성원들의 삶의 질을 다각도에서 파악하지 못하고 있음을 시사합니다. 특히 직장에서 은퇴하는 등 사회적 관계를 새로 형성하기 어려운 환경에 놓일 경우, 고립될 가능성이 더 높습니다. 혼밥이 고연령층에서 자주 발견된다는 조사 결과가 이러한 분석을 뒷받침합니다.

개요

1. 제시문 (가)와 (나) 요약

2. 제시문 (가)와 (나)를 바탕으로 혼밥 현상 문제 설명: 영양 불균형 문제 + 사회적 고립 문제

3. 제시문 (가)를 바탕으로 제시문 (다)의 영양 불균형 문제 설명

4. 제시문 (나)를 바탕으로 제시문 (다)의 사회적 고립 문제 설명

Tip & Advice

서울대 일반전형의 사회과학 계열 문제는 해당 연구 분야에서 종종 발견할 수 있는 주제나 유형을 바탕으로 출제됩니다. 이번 문제는 사회 과학을 연구하는 분야에서는 자주 찾아볼 수 있는 사고 유형에 기반하여 출제되었습니다. 그 사고 유형이란, 사회 과학적 이론 및 가설을 활용하여 사회 현상을 설명해 내는 것입니다. 이 문제를 풀 때 까다로운 지점은 '제시문 (다)의 문제를 설명하라'는 요구를 어떻게 이해하는지에 달려 있습니다. 제시문 (다)에는 혼밥 현상과 관련된 문제들이 제시되어 있으며, 이를 '설명'하라는 말은 그 현상이나 문제가 발생하는 원인을 제시하라는 의미로 이해할 수 있습니다. 그러므로 제시문 (가)와 (나)에 나타나 있는 소득과 역량 개념이 사회 현상을 설명할 수 있는 원인과 관련된다고 이해할 수 있습니다. 종종 이러한 문제를 대할 때 저지르는 실수가 하나 있는데, 원인을 충분히 설명하지 않은 채 문제에 관한 해결 방안을 제시하는 것입니다. 특히 역량의 중요성에 관한 제시문 (나)의 논점을 읽다 보면 혼밥 문제는 역량 개념을 활용하여 해결할 수 있는 문제처럼 이해될 수 있습니다. 그러나 그러한 논점은 우선 문항의 요구 사항에 대해 충분히 답한 후 추가로 제시하는 데 그치는 것이 좋습니다.

이 답안의 강점은 무엇인가?

제시문 (가)는 소득이 그 사회의 물질적 빈곤과 밀접하게 연결되는 지표라고 설명합니다. 일정 기준 이하의 소득은 곧 그 가구가 빈곤하다는 것을 의미하기 때문입니다. 물론 소득만으로 구성원들의 삶을 모두 파악하기는 어렵겠지만, 적어도 최소 생활 기반을 보조해야 할 필요성이 있는지 여부를 파악할 수 있다는 점에서 소득은 유효한 사회적 지표 중 하나입니다.

먼저 이러한 제시문 (가)의 소득 개념을 바탕으로 제시문 (다)의 혼밥 문제를 설명해 볼 수 있습니다. 조사 결과에 따르면 혼밥은 저소득층에서 자주 발견되는데, 이는 혼밥이라는 현상이 물질적 빈곤과 연결되어 있음을 시사합니다. 일반적으로 다른 사람과 교류하기 위해서는 혼자일 때에 비해 더 많은 돈이 필요합니다. 따라서 돈이 부족하다면 혼자 지내는 것이 더 합리적입니다. 그러므로 소득 수준이 낮은 상태라면 혼밥을 할 가능성이 높습니다. 나아가 이러한 고립 문제와 더불어 영양 불균형 문제도 주목할 만한데, 그 이유는 식사 가격에 부담이 될 만한 채소류나 과일류는 배제할 가능성이 높기 때문입니다. 그러므로 소득의 관점에서 볼 때 혼밥은 저소득층이 불가피하게 선택한 결과로 이해할 수 있으며, 이를 해결하기 위해 그들의 소득 수준을 향상하는 방안이 마련되어야 합니다.

다음으로 제시문 (나)는 역량이 소득만으로 파악할 수 없는 구성원들의 삶의 질을 파악하는 중요한 지표라고 설명합니다. 소득마저도 역량을 만들어 내는 도구에 불과하며, 설령 물질적으로 풍요롭더라도 역량 측면에서 빈곤한 상태에 놓여 있을 수 있다는 것입니다.

이번에는 이러한 제시문 (나)의 역량 개념을 바탕으로 제시문 (다)의 혼밥 문제를 설명해 볼 수 있습니다. 조사 결과에 따르면 혼밥은 고연령층에서도 자주 발견되는데, 이는 혼밥이 사회적 관계라는 역량과 연결되어 있음을 시사합니다. 고연령층은 직장뿐만 아니라 사회적 생활 전반에서 은퇴한 사람의 비율이 높습니다. 더군다나 사회의 핵가족화 및 1인 가구 증대에 따라 고연령층 부모와 함께 지내는 형태의 대가족도 감소하고 있는데, 이는 고연령층에 속하는 노년층이 타인과 교류할 사회적 기회가 거의 없음을 시사합니다. 이러한 사회적 기회나 관계는 소득만으로는 파악되지 않는 역량 지표를 통해 설명되어야 합니다. 특히 '같이 먹을 사람이 없어서' 혼밥을 한다고 답한 비율이 70%에 육박한다는 점이 이를 뒷받침합니다. 돈이 없기 때문이 아니라 사람이 없기 때문에, 즉 사회적으로 빈곤하기 때문에 이들은 혼밥을 선택했다는 것입니다. 그러므로 역량의 관점에서 볼 때, 혼밥이란 물질적 빈곤을 넘어 사회적 빈곤 상태로 내몰린 구성원들의 최후의 선택으로 이해할 수 있으며, 이를 해결하기 위해서는 소득을 넘어 다양한 삶의 역량 지표를 바탕으로 사회 구성원들의 삶을 파악하려는 노력이 수반되어야 합니다.

개요

1. 제시문 (가) 요약

2. 제시문 (가)의 논점을 적용하여 제시문 (다) 설명

3. 제시문 (나) 요약

4. 제시문 (나)의 논점을 적용하여 제시문 (다) 설명

Tip & Advice

1. 이번 답변에서는 첫 번째 답변과 달리 구성을 제시문 (가)와 (나)로 분리하여 작성했습니다. 제시문 (가)의 소득 관점과 제시문 (나)의 역량 관점이 서로 분리될 수 있다는 점을 감안해 볼 때, 그 둘의 차이점을 더 살리면서도 각각의 관점에서 제시문 (다)의 혼밥 문제를 설명할 수 있는 이 구성의 답변 또한 적합하다고 말할 수 있습니다. 특히 이러한 구성이 효과적인 부분은 면접자의 논점 이탈을 방지할 수 있다는 점입니다. 답변이 길어질수록 면접자는 자신의 논점에서 이탈하지 않도록 주의해야 합니다. 그러므로 제시문 (가)와 (나)를 분리하여 각각 논점을 적용하는 답변을 구성했습니다.

2. 또한 길이가 긴 답변에서 논점 이탈을 방지할 수 있는 좋은 방법 중 하나는 '수미상관 구조'로 답변을 구성하는 것입니다. 서두에서 하고자 하는 말을 꺼낸 이후, 한 문단이 마무리될 때마다 자신이 했던 말을 되뇌면서 정리하는 습관을 들이고 나면, 긴 분량의 답변이라도 좀 더 논리적이고 일관성 있게 제시할 수 있습니다. 이번 답변에서는 마지막에 좀 더 구체적으로 제시문 (가), (나)의 관점이 적용된 '답에 해당하는 문장'을 위치시킴으로써 면접자 스스로 정리하면서 답변을 마무리할 수 있도록 전체를 구성했습니다.

이 답안의 강점은 무엇인가?

제시문 (가)는 '소득'의 중요성에 관하여 설명하고 있습니다. 소득은 사회 구성원들이 물질적 풍요를 누리고 빈곤에서 벗어날 수 있도록 하는 가장 결정적인 요인이라는 것입니다. 물론 소득만으로 삶의 질이 완성되지는 않지만, 적어도 기초 생활을 보장한다는 점에서 소득의 중요성은 간과되어서는 안 될 것입니다. 한편 제시문 (나)는 '역량'의 중요성을 강조하고 있습니다. 역량이란 개인이 성취할 수 있는 기능의 조합을 의미하는데, 소득마저도 역량을 갖추는 데 필요한 수단에 불과하며, 물질적 풍요로는 환원될 수 없는 정신적 만족과 안녕은 역량이 갖춰질 때 비로소 충족될 수 있습니다. 이는 곧 역량이 자신의 삶에 만족할 수 있도록 하는 중요한 요인임을 시사합니다.

이러한 제시문 (가)와 (나)의 논점을 종합적으로 고려하여 실업 상태의 개인에게 소득을 보조하는 실업 수당을 지급했을 때 기대할 수 있는 효과와 한계를 제시해 보도록 하겠습니다. 먼저 실업 수당의 기대 효과는 물질적 빈곤 상태에서 벗어나는 '물질적 충족감과 안녕'으로 제시할 수 있습니다. 실업 수당이란 실업 상태의 개인에게 도움을 제공하는 것이며, 이때 실업 상태란 개인의 소득이 현저히 줄어들거나 부재한 상태를 의미합니다. 그러므로 해당 개인은 물질적으로 빈곤한 상태이며, 실업 수당은 그러한 개인을 빈곤 상태에서 벗어나도록 돕는 보조 수단으로 이해할 수 있습니다. 물론 실업 수당만으로 삶의 질이 완성될 것이라고 보기는 어렵습니다. 그러나 소득이 최소한의 생활 기반을 유지하는 데 필요한 중요 요인임을 고려한다면 적어도 실업 수당은 그것을 받는 개인에게 물질적 충족감과 최소한의 안녕을 선사해 줄 수 있을 것입니다.

반면 실업 수당의 한계는 자칫 역량 부족으로 인한 정신적 빈곤감을 느끼게 하고, 자존감 결여를 야기할 수 있다는 것입니다. 앞서 언급한 바와 같이 실업 상태의 개인은 물질적으로 빈곤한 상태이므로 소득을 보조하는 수단인 실업 수당을 지급하는 것은 그러한 개인이 역량을 갖추는 데 필요한 수단을 제공하는 일이기도 합니다. 그러나 실업 수당은 어디까지나 소득을 '보조'하는 수단에 불과한 만큼, 개인의 삶의 질을 좀 더 완성된 형태로 나아가도록 하는 결정적 요인이 될 수는 없습니다. 오히려 개인의 삶은 자신의 인생 계획을 세우고 이를 자신의 힘으로 실현해 나갈 때 완성될 수 있습니다. 즉 개인의 역량을 충분히 실현할 수 있을 때 비로소 개인은 정신적 만족감과 자존감을 확보할 수 있습니다. 그러나 실업 수당은 개인의 역량을 발휘할 기회를 제공하기에는 충분하지 않을뿐더러, 자칫 개인이 현재의 삶에 안주하도록 만들 가능성까지 있습니다. 만약 그렇게 된다면 개인은 자신의 힘으로 자신의 삶을 개척해 나가지 못하는 데서 오는 정신적 빈곤감을 느끼게 되는 것은 물론이고 자존감까지 결여되어 다시 재기하기 어려운 상태에 머무를 수 있습니다.

1. 제시문 (가)와 (나) 요약

2. 제시문 (가)를 바탕으로 실업 수당의 기대 효과 설명

3. 제시문 (나)를 바탕으로 실업 수당의 한계 설명

Tip & Advice

[문제 2]의 경우, 학교 측의 의도는 실업 수당이라는 물질적 보조 수단의 지급으로 기대할 수 있는 효과와 그 한계를 분석하여 제시하라는 것으로 이해할 수 있습니다. 이 같은 출제 의도를 고려한다면 제시문 (가)의 소득의 관점으로는 기대 효과를, 제시문 (나)의 역량의 관점으로는 한계를 제시하는 게 정석적인 답변이라고 볼 수 있습니다. 다만 학생들이 주의할 점은 이를 '구체적으로' 설명하라는 요구 사항입니다. 이를 단순히 실업 수당의 장단점에 대해 기술하라는 문제로 이해하면 곤란해집니다. 왜냐하면 제시문 (가)와 (나) 모두에서 소득과 역량이 개인의 삶을 이해하고 문제를 해결하는 데 어떻게 활용될 수 있는지 설명되고 있기 때문입니다. 즉 학생들이 구체적으로 설명해야 하는 지점은 '실업 수당을 받은 개인'에게 기대되는 효과와 한계로 초점화할 수 있습니다. 물론 이를 언급하면서 확장 적용하여 사회적인 차원의 논의를 끌어들이는 것은 가능하지만, '개인에 관한 설명'을 하지 않은 채 단순히 사회적 차원의 논의만을 늘어놓는 것은 문제의 의도를 충분히 이해하지 못한 아쉬운 답변에 해당합니다.

이 답안의 강점은 무엇인가?

　실업 상태의 개인에게 소득을 보조하기 위한 실업 수당을 지급하는 것은, 물질적 빈곤 상태에 놓인 개인에게 보조 수단을 제공한다는 의미로 이해할 수 있습니다. 그렇다면 이러한 실업 수당의 기대 효과와 한계를 제시문 (가)와 (나)를 참고하여 설명해 볼 수 있습니다.

　먼저 제시문 (가)는 사회 구성원들의 물질적 풍요를 결정하는 요인으로서 소득의 중요성을 강조합니다. 삶의 가치가 오직 물질과 소득만으로 환원될 수는 없지만, 소득은 여전히 삶의 질을 유지하는 중요한 요인 중 하나입니다. 한편 제시문 (나)는 개인의 삶의 질을 완성하는 결정적 요인으로서 역량의 중요성을 강조합니다. 소득이라는 물질적 요인을 넘어 역량이라는 더 풍부하고 다각적인 관점이 도입될 때 비로소 사회 구성원들이 좀 더 완성도 높은 삶을 살아가는 데 필요한 요인이 무엇인지 파악할 수 있다는 것입니다.

　이러한 제시문 (가)와 (나)의 각 논점을 고려해 보면, 실업 수당이라는 물질적 보조 수단은 소득의 관점에서는 긍정적인 효과를 기대할 수 있는 반면, 역량의 관점에서는 그 한계가 있는 제도라고 이해할 수 있습니다. 먼저 소득의 중요성을 강조한 제시문 (가)의 관점에서 볼 때, 실업 수당은 개인의 삶의 질을 유지하는 데 결정적인 요인으로 작용합니다. 실업으로 인해 물질적으로 빈곤한 상태에 놓인 개인이 자신의 삶을 추스르고 안녕을 획득하는 데 기여할 수 있기 때문입니다. 물론 소득만으로 개인의 삶의 질이 한층 더 나아졌는지 알 수는 없지만, 돈 때문에 시작조차 할 수 없던 일을 할 수 있다는 기대감과 삶에 대한 의욕을 고취시킬 수는 있을 것입니다.

　반면 물질적 소득을 넘어 좀 더 다각적이고 풍부한 삶의 요인을 고려해야 한다는 제시문 (나)의 관점에서 볼 때 실업 수당은 단지 응급 처치에 불과하며, 오히려 개인의 삶을 더 악화시킬 수도 있는 위험한 사회적 개입이라고 이해할 수 있습니다. 소득이 역량의 수단일 수 있다는 제시문 (나)의 논점에 의하면 실업 수당은 개인이 역량을 발휘할 기회를 제공하는 수단으로 이해될 수도 있습니다. 그리고 이를 통해 개인의 삶이 한층 더 발전하고 완성될 수 있다는 기대를 할 수도 있습니다. 그러나 이러한 기대가 충족되려면 실업 수당을 받는 개인의 특정한 태도가 전제되어야 합니다. 즉 잠시 실업 상태에 머무르고 있지만, 사회적 지원을 받아 회생할 기회를 잡겠다는 강한 의지가 있을 때 그 효과를 기대할 수 있을 것입니다. 이는 실업 수당의 기대 효과가 이를 받는 개인의 특성에 의존적임을 시사합니다.

　저는 실업 상태에 놓인 개인이 받았을 정신적 충격과 불안을 해소하고 재기할 수 있는 기회를 제공해야 한다고 생각합니다. 이러한 맥락에서 실업 수당은 개인을 물질적으로만 잠시 위로할 뿐, 정신적 충격과 불안을 해소하는 데 기여하지는 못합니다. 오히려 실업 수당은 개인이 회생하기 위해 자기를 계발할 동기를 감소시키고 현재 삶에 안주하도록 만든다는 한계를 가진다고 이해할 수도 있습니다. 왜냐하면 스스로 노력하지 않아도 물질적 빈곤 상태를 벗어날 수 있는 보조 수단이 제공되기 때문입니다. 이렇게 안주한다면 개인은 자신의 삶을 주도하지 못한다는 불안감이나 그로 인한 자존감 결여에서 벗어나기 어려울 것이며, 나아가 그러한 개인들이 많아졌을 때 사회 발전은 저해되고 이들을 지원하기 위한 사회적 부담만 가중될 수 있습니다.

그러므로 좀 더 다양한 시각에서 실업 상태를 벗어날 기회를 제공하는 역량 중심의 관점이 도입되지 않은 채로 실업 수당만 제공한다면, 사회적 불만과 갈등만 양산될 것이라는 한계가 예상됩니다.

개요

1. 도입부: 문제 상황 요약
2. 제시문 (가), (나) 요약
3. 제시문 (가)를 바탕으로 실업 수당의 기대 효과 설명
4. 제시문 (나)를 바탕으로 실업 수당의 기대 효과 비판
5. 제시문 (나)를 바탕으로 실업 수당의 한계 설명

Tip & Advice

1. 두 번째 답변은 좀 더 긴 형태로 작성했습니다. 이러한 분량으로 작성한 이유는 답변 전체의 일관적 흐름을 만들어 내기 위함입니다. 즉 제시문 (가)의 관점에서 설명했던 기대 효과를, 제시문 (나)를 바탕으로 비판함으로써 답변 전체의 일관성을 유지하는 흐름을 만들어 내고자 했습니다. 이러한 흐름은 문항에서 요구한 바에 비해 좀 더 심화된 구성이라고 할 수 있으나, 어쩌면 면접자로 하여금 논점 이탈을 방지하고 생각을 일관적으로 유지하는 데 도움이 되는 구성이라고도 할 수 있습니다.

2. 두 번째 답변에서는 제시문 (나)를 통해 설명할 수 있는 실업 수당의 한계를 사회적 차원까지 확장하여 제시하고자 했습니다. 앞서 첫 번째 답변의 'Tip & Advise'에서 언급한 바와 같이, 단순히 실업 수당의 장단점을 나열하는 것이 아닌, 개인에 대한 구체적 설명으로부터 확장되는 논리를 좀 더 개연성 있게 구성하는 방법을 보여 주기 위함입니다. 너무 긴 분량으로 인해 부담이 느껴지는 학생이라면 굳이 이 두 번째 답변만큼 추론하지 않아도 되니 부담은 내려놓고, 추론의 근거와 과정만 분석해 보고 자신의 답변을 준비하도록 합시다.

 이 답안의 강점은 무엇인가?

학교 측 출제 의도 및 평가 지침

출제 의도

● [문제 1] 제시문을 정확하게 독해하고 이해하는 능력과 이를 실제 자료에 적용할 수 있는 종합적 사고력을 평가함. 소득의 중요성과 역량 관점에 대한 이해를 바탕으로 실제 사회 현상의 특징을 설명하는 능력, 자료를 이해하고 추론하는 능력을 평가함

● [문제 2] 소득의 중요성과 역량의 중요성을 이해하는 능력, 자신의 이해를 구체적인 사례에 적용하는 능력, 사회 문제 해결 방안의 장점과 한계를 파악하는 종합적 사고력을 평가함

문항 해설

● 최근 사회 조사 결과는 '혼밥'이 늘고 있고, 저소득층과 고연령층에 더 많으며, 혼밥하는 이들은 영양 불균형과 사회적 고립의 문제를 가질 위험이 크다는 것을 보여 주고 있음. 조사에서 관찰된 현상을 소득 중심 접근과 역량 관점을 적용하여 설명할 수 있는지 질문함

● 실업 상태의 사람에게 실업 수당과 같이 소득을 보조하는 방식의 사회적 개입을 실행한다고 할 때 기대할 수 있는 효과와 그 한계가 무엇인지를 제시문 (가)에서의 소득의 중요성과 제시문 (나)에서의 역량의 중요성을 종합적으로 이해하고 적용하여 설명할 수 있는지 질문함

※ 제시문을 읽고 물음에 답하시오.

(가)

생태계가 어떻게 작동하는지 알면 알수록 많은 환경 정책이 부적절하다는 사실이 드러난다. 얼핏 봐서는 상관없어 보이지만 실제로는 다른 동식물에게 유난히 큰 영향력을 미치는 종에 대해 조사하는 과정에서, 나는 친환경을 표방하는 많은 농장과 그곳의 관리 체계가 빈껍데기에 불과하다는 것을 점점 더 깨닫게 되었다. 그들 농장은 많은 생물의 서식처인 나무와 관목과 죽은 나무를 잃음으로써, 물리적 구조뿐 아니라 생태계를 구성하는 다양한 종들의 관계 또한 상실했다. 그러한 공간에는 생명의 거미줄이 거의 몇 줄 남아 있지 않다.

(나)

환경 파괴와 기후 위기에 대한 경각심이 커지면서 플라스틱 빨대는 일회용품 중에서 대표적인 퇴출 대상으로 지목되었다. 하지만 플라스틱 빨대를 금지하는 정책은 빨대를 반드시 필요로 하는 사람들의 요구와 충돌한다. 빨대의 기본 형태는 오래전부터 있었지만 입구 부분이 휘어지는 플라스틱 주름 빨대는 환자들을 돕기 위해 처음 발명되었다. 플라스틱을 대체하는 친환경 빨대로 제공되는 종이 빨대, 쌀 빨대, 옥수수 전분 빨대 같은 것들은 플라스틱처럼 부드럽게 휘어지지 않아 불편하고, 뜨거운 음료에서는 쉽게 분해되므로 사용이 쉽지 않다. 플라스틱 주름 빨대를 굽은 금속 빨대 등으로 대체하는 것 역시 신체 기능이 저하된 사람들에게는 위험한 상황을 만들 수 있다. 따라서 주름 빨대를 비롯해 현대에 대량 생산되는 빨대는 부드럽고 얇은 플라스틱으로 제조되므로 신체를 움직이기 어려운 사람들이 다른 사람의 도움 없이 음료를 마실 수 있는 유일한 방법이다.

(다)

너희 인간들은 코로나 때문에 한 명만 죽어도 호들갑을 떨면서, 우리 동물은 수천만 마리 땅에 묻고 손을 탁탁 털더라! 자기 새끼는 끔찍이 아끼면서 남의 새끼는 끔찍하게 죽이더라! 우리의 모성애를 무시하는 당신들은 그 고매한 자식 사랑으로 무얼 했는가. 미래의 하늘에 탄소를 뿜고 미래의 땅에 분뇨 폐수 살처분 시체를 버리고 미래의 숲을 마구 베고 미래의 바다를 플라스틱으로 채운 것 말고?

문제 1

환경 정책을 수립할 때 유념해야 할 점에 대한 제시문 (가)와 (나)의 입장을 비교하시오.

문제 2

제시문 (다)의 화자를 만났을 때, 제시문 (가)와 (나)의 글쓴이가 자신의 입장을 각각 어떻게 변호할지 논하시오.

제시문 (가)와 (나)는 모두 환경 정책을 수립할 때 자칫 간과하기 쉬운 맹점을 지적하는 글입니다. 이때, 제시문 (가)와 (나)가 생각하는 맹점의 종류 및 원인에는 차이가 있습니다.

제시문 (가)는 많은 환경 정책이 생태 보호라는 목적을 제대로 달성하지 못하고 실패함을 지적합니다. 제시문 (가)가 보기에 그 원인은 생태계를 각각의 생물종 단위로만 인식하고 그들 상호 관계는 중요하게 인식하지 못하는 '지식 부족'에 있습니다. 제시문 (가)가 사례로 제시한 친환경 농장은 '나무와 관목과 죽은 나무'를 제거하면 많은 생물이 서식처를 잃게 된다는 생태계의 관계적 차원을 고려하지 않은 바람에 유명무실한 환경 정책이 되어 버렸습니다. 그러므로 제시문 (가)는 생태주의적 입장에서 환경 정책을 비판하는 관점이라고 할 수 있습니다.

제시문 (나)는 일부 환경 정책이 생태 보호만을 우선시하면서 인간의 권리와 편의라는 다른 가치를 도외시하게 됨을 지적합니다. 이는 수단과 목적이 전도된 현상으로, 오히려 그 원인은 인간에게 도움이 되기 위해 시행되었던 환경 정책이 생태 보호라는 대의에 맹목적으로 빠져든 나머지 인간의 필요를 고려하지 못하게 된 데에 있습니다. 제시문 (나)가 제시한 플라스틱 빨대 금지 정책은 플라스틱 빨대의 발명으로 이익을 얻었던 환자, 장애인 같은 약자와의 이해관계 충돌을 고려하지 않고 환경 보호라는 목적만을 절대시하고 있습니다. 그러한 점에서 제시문 (나)는 인본주의적 입장에서 환경 정책을 비판하는 관점이라고 할 수 있습니다.

개요

1. 제시문 (가)와 (나)의 공통점: 환경 정책 수립의 맹점 지적
2. 제시문 (가)의 차이점 1: '지식 부족'을 비판하는 생태주의적 비판
3. 제시문 (나)의 차이점 2: '수단 – 목적 전도'를 비판하는 인본주의적 비판

Tip & Advice

1. [문제 1]은 각 제시문에 대한 정확한 문해력과 제시문을 연결하여 사고하는 응용력을 묻고 있습니다.

2. 교육과정을 바탕으로 한 주요 개념에는 생태계, 생태주의, 환경 파괴, 환경 정책, 사회적 약자, 접근성 등이 있습니다.

3. '비교하기' 문제에서는 제시문의 공통점을 간략히 제시한 후 차이점을 상세하게 논의하는 전략이 필요합니다.

4. 차이점을 제시할 때는 서로 대립하는 개념어를 통해 입장 차이를 정리해 주는 방법이 편리합니다. 예시 답안에서는 '생태주의'와 '인본주의'라는 개념을 사용해서 양자의 입장을 선명하게 대비시켰습니다.

이 답안의 강점은 무엇인가?

제시문 (다)는 환경 파괴로 인해 죽어가는 동물의 목소리를 의인화해 표현한 글입니다. 제시문 (다)의 화자는 동물들도 인간과 같이 사랑과 고통을 느끼는 소중한 존재임을 역설합니다. 또한, 동물을 해치고 인간 자신의 미래마저 해치고 있는 어리석은 인간들을 힐난하고 있습니다.

제시문 (다)의 화자는 제시문 (가)의 생태주의적 관점을 진정한 생태주의가 아니라 인간 중심주의일 뿐이라고 비판할 것입니다. 제시문 (가)의 친환경 농장이 친환경을 표방하면서도 '나무와 관목과 죽은 나무'들을 베어내는 것처럼, 제시문 (가)가 성공적인 환경 정책이라고 여기는 것들조차 결국 인간 중심주의 사고를 바탕으로 인간이 생태에 미치는 파괴를 '최소화'하는 것을 목표로 삼고 있으며, 생태계의 거미줄을 '극대화'하는 진정한 생태주의는 아니라고 평가할 것입니다. 이러한 비판에 대해 제시문 (가)의 생태주의자는 인간도 생태계의 일부이므로 탄소, 분뇨, 폐수가 생물에게 해가 된다면 인간에게도 이로울 리 없다는 점을 들어 그 이익이 결코 다르지 않다고 반박할 수 있습니다. 현재 환경 정책이 인간과 자연의 공생을 달성하지 못하는 이유는 궁극적 목적이 달라서가 아니라 수단적 지식이 부족해서일 뿐이며, 충분한 생태적 지식을 축적한다면 인간과 자연 모두에게 이로운 생활방식을 이룩할 수 있을 것이라고 주장할 것입니다.

한편, 제시문 (다)의 화자는 제시문 (나)의 인본주의적 관점을 동물의 권리를 노골적으로 무시하는 내용이라고 비판할 것입니다. 인간의 불편을 해소하기 위해 동물에게 유해한 플라스틱 빨대도 계속해서 사용할 수 있다고 주장하는 내용이기 때문입니다. 이러한 비판에 대해 제시문 (나)의 인본주의자는 인간이 인간의 이익을 가장 우선시하는 것은 당연하다고 반박할 수 있습니다. '생태'라는 것은 결국 인간을 둘러싼 환경을 통틀어 구성한 개념일 뿐이며, 실제로는 생물종 각자가 스스로에게 유리한 이익 추구 행위를 하고 있을 뿐이라고 말입니다. 동물들이 본능과 이익 추구를 위해 행동하는 것이 정상인 것처럼, 인간이 인간의 이익을 추구하는 인본주의도 정상이라고 주장할 것입니다.

개요

1. 제시문 (다)의 입장
2. 제시문 (다)의 입장에서 제시문 (가) 비판: 진정한 생태주의 아닌 인간 중심주의
3. 제시문 (가) 입장 변호(반론): 수단은 틀렸지만 목적이 틀린 것은 아님
4. 제시문 (다)의 입장에서 제시문 (나) 비판: 노골적 인간 중심주의로 동물 이익 무시
5. 제시문 (나) 입장 변호(반론): 인간이 인간의 이익을 우선시하는 것은 당연함

Tip & Advice

1. [문제 2]는 각 제시문에 드러난 입장을 정확히 파악하고, 이를 제3의 입장에 비추어 비판적으로 평가하는 응용력과 융합적 사고력을 묻는 문제입니다.

2. 교육과정을 바탕으로 한 주요 개념에는 가치의 충돌, 동물의 권리, 공생의 윤리, 인간 중심주의 등이 있습니다.

3. 동물의 관점에서 제시문 (가)는 '은밀한 인간 중심주의', 제시문 (나)는 '노골적인 인간 중심주의'로서 비판할 수 있습니다. 이에 대해 예시 답안은 인간 중심주의라는 비판에 대해 두 가지 다른 방향의 반론을 제시했습니다. 먼저 제시문 (가)의 입장에서는 인간 중심주의적이라는 동물의 비판이 타당하지 않으며, 제시문 (가)에 나타난 내용은 인간 중심주의가 아니라고 반론할 것입니다. 이와 달리 제시문 (나)는 인간 중심주의적이라는 동물의 비판을 받아들이면서 역으로 동물도 동물 중심주의적으로 사고하고 행동할 것이므로 각자의 이익 추구는 정당하다고 반론할 것입니다.

이 답안의 강점은 무엇인가?

학교 측 출제 의도 및 평가 지침

출제 의도

○ [문제 1] 각각의 제시문에 대한 정확한 문해력과 두 제시문을 연결하여 사고하는 응용력을 평가함

○ [문제 2] 각각의 제시문에 드러난 글쓴이의 입장을 정확히 파악하고, 이를 제3의 입장에 비추어 비판적으로 이해하는 응용력과 융합적 사고력을 평가함

문항 해설

○ 오늘날의 생태 환경 문제와 관련하여 제시문에 담겨 있는 관점의 공통점과 차이점을 잘 판별하여 설명하라는 문제임. 제시문 (가)에는 생태계 전체를 고려할 때 환경 정책이나 환경 시설이 부적절하다고 지적하는 생태주의적 입장이 드러나 있음. 제시문 (나)는 사회적 약자와 사회적 소수자를 고려하지 않는 환경 정책의 맹점을 지적하는 글임

○ 제시문 (가)는 생태계의 복잡성과 자립성을 강조하는 생태주의의 입장에서, 인간의 환경 정책이 의도한 것과 반대의 결과를 유발할 수 있다고 지적하고 있음. 제시문 (가)의 글쓴이는 환경 정책이 오히려 자연 생태계의 자율성을 해치는 결과를 초래할 수 있다는 점을, 제시문 (나)의 글쓴이는 플라스틱 빨대 퇴출 정책이 노인이나 장애인의 권리를 침해할 수 있다는 점을 근거로 환경 정책을 비판함. 제시문 (다)는 동물들이 내는 목소리임. 동물들의 눈에 비친 인간은 이기적이고 무책임하여 공생의 윤리를 실천하지 않는 생명체임. 동물의 입장에서 제시문 (가)의 환경 정책 비판은 일면적이고 부분적임. 또한, 친환경 정책에 분명 맹점은 있겠지만, 진정한 문제는 인간 중심주의의 극복 여부에 달려 있음. 반면에 제시문 (나)의 환경 정책 비판은 인간 중심주의의 한계에서 벗어나지 못함. 장애인과 노약자의 권리가 중요하다는 이유로 여전히 플라스틱 사용을 호소하는 인간들은 동물의 권리를 인정하지 않음. 제시문 (가)와 (나)의 입장에서 얼마나 논리적이며, 창의적인 답변을 내놓는지를 평가하는 문항임

서울대 2023학년도 인문학 오후

※ 제시문을 읽고 물음에 답하시오.

(가)

고전 비평은 결코 독자를 다룬 적이 없다. 고전 비평에서는 저자 이외에 누구도 존재하지 않았다. 그러나 현대의 비평에서 독자는 역사도 전기도 심리도 없는 사람으로 재탄생한다. 그는 이미 쓰인 것들의 흔적을 한곳에 모아 새롭게 쓰는 자다. 그러므로 누군가 고전 비평에서처럼 인본주의라는 이름 아래 위선적으로 독자의 권리를 옹호하며 이 새로운 글쓰기를 비난한다면 그것은 가소로운 일일 터이다. 이제 우리는 독자의 새로운 글쓰기를 위해 저자의 신화를 전복해야 한다는 것을 안다. 독자의 탄생은 저자의 죽음이라는 대가를 치러야 한다.

(나)

창작은 오직 독서를 통해서만 완성된다. 작가는 자기가 시작한 작품의 완성을 독자에게 맡기지 않으면 안 되며, 작가가 작품의 본질적 요소로 파악되는 것은 오로지 독자의 의식을 통해서만 가능하다. 따라서 문학 작품은 하나의 호소다. 작품을 쓴다는 것은 작가가 언어라는 수단을 통해 자신이 드러내고자 한 바를 독자에게 객관적 현실로 만들어 달라고 '호소'하는 것이다. 작가는 다만 독자에게 호소할 뿐이고, 그의 작품이 어떤 효과를 가지려면 독자가 자유롭게 그 작품을 갱신해야 한다.

(다)

고전은 한 시대의 특정한 사회 집단이 자신들의 이익이나 관심을 반영하여 선별한 작품이다. 고전이 선별되는 과정에는 작품의 직접 생산자(작가, 필사자, 인쇄업자 등), 작품의 가치를 생산 또는 재생산하고 그 가치를 인정하여 소유하려는 소비자나 청중, 그리고 소비자와 청중을 만들어 내는 관계자 및 제도 · 기관(이를테면 후원자, 사원, 학교, 박물관, 출판사, 정치 단체 등)이 적극적으로 참여한다. 여기에서 무엇보다 중요한 문제는 이러한 가치가 누구에 의해 어떤 목적으로 어떻게 생성되고 보존되며 전달되는가 하는 것이다.

문제 1

독자와 저자(혹은 작가)의 관계에 관해 제시문 (가)와 (나)에 제시된 입장을 비교하시오.

문제 2

제시문 (가)와 (나)에 나타난 독자에 대한 공통된 이해 방식을 제시문 (다)의 맥락에서 평가하시오.

전통적으로 문학 비평은 작품 해석에서 창조자인 저자의 역할만을 중시했습니다. 그에 반해 제시문 (가)와 (나)는 공통적으로 독자 역시 저자만큼이나 문학 작품에 창조적으로 참여하는 주체라고 여깁니다. 독자는 제시문 (가)에 따르면 쓰인 것을 모아 재창조하는 사람이며, 제시문 (나)에 따르면 작가의 주관적 호소를 객관적 현실로 변모시키는 사람입니다.

다른 한편 제시문 (가)와 (나)의 독자의 역할은 작가와의 관계에 있어서 상반되는 점도 있습니다. 제시문 (나)의 경우 독자는 작가의 호소에 반응해 그의 작품을 '갱신(更新)'하는 사람입니다. 갱신은 '새로 고침'이라는 의미이므로 여기서 독자의 역할은 작가가 쓴 '죽은 것'을 살려내는 데 있습니다. 따라서 제시문 (나)의 독자와 저자는 협업 관계입니다.

그에 비해 제시문 (가)는 독자의 역할이 그 이상이어야 한다고 주장합니다. 제시문 (가)는 독자의 역할이 저자가 이미 쓴 생각에 동의하는 데만 그쳐서는 안 된다고 말합니다. 다시 말해 독자는 저자가 생각하지 못한 방식으로 문학을 전복적으로 읽고 의미를 재창조하는 사람, 즉 '새로운 글쓰기'를 하는 사람이어야 합니다. '독자의 탄생은 저자의 죽음'이라고 했으므로 제시문 (가)의 독자는 살아 있는 작가를 '죽이는' 사람이라고도 표현할 수 있습니다. 따라서 제시문 (가)의 독자와 저자는 대결 관계입니다.

개요

1. 제시문 (가)와 (나)의 공통점: 독자의 창조적 참여 중시
2. 제시문 (나)의 독자 – 저자: 협업 관계
3. 제시문 (가)의 독자 – 저자: 대결 관계

Tip & Advice

1. [문제 1]을 풀기 위해서는 제시문을 정확히 분석·이해하고 두 제시문 간의 공통점과 차이점을 적절히 설명하는 능력이 필요합니다.

2. 교육과정을 바탕으로 한 주요 개념에는 고전, 저자, 저자의 권위, 독자, 독자의 자율성, 글쓰기의 주체 등이 있습니다.

3. 일반적으로 비교 문항은 먼저 양자의 비교를 가능하게 하는 소재·주제·입장상의 공통점을 제시하고, 다음으로 차이점을 상세하게 제시하는 구조로 답변하는 것이 정석입니다.

4. 키워드가 될 수 있는 개념들을 본문에서 발견하거나 유추해 보고, 이를 답변에 활용해 보는 과정이 필요합니다. 특히 비교하기 문항에서는 서로 대립하는 개념을 활용해 보는 것도 좋습니다. 예시 답안은 '죽은 것을 살리는' 관계와 '산 것을 죽이는' 관계를 대조했고, '협업'과 '대결'이라는 개념도 대조시켰습니다.

이 답안의 강점은 무엇인가?

제시문 (가)와 (나)는 오로지 '저자'라는 유일자밖에 없었던 비평의 구조를 '저자'와 '독자'라는 양자 구조로 확장했다는 점에서 공통적입니다. 이를 위해 제시문 (가)와 (나)는 전통적 관점에서 더 나아가 독자에게 훨씬 큰 주체성을 부여했습니다. 제시문 (나)는 독자에게 저자와 균형을 이루는 권력을 부여했고, 제시문 (가)는 독자에게 저자를 넘어서는 권력을 부여했습니다.

그러나 제시문 (다)의 맥락에서 보면 제시문 (가)와 (나)의 양자적 비평 구도는 여전히 부족합니다. 저자-독자 구조는 문학에 가치가 부여되는 과정을 '심리적'으로만 분석하고 있을 뿐 '사회적' 맥락은 보지 못하고 있기 때문입니다. 제시문 (다)는 문학에 가치가 부여되는 사회적 과정을 밝히기 위해 저자, 독자 외의 3번째 행위자인 '제도'라는 매개체를 비평에 도입합니다. 제시문 (다)는 문학이 생산자인 저자의 손을 떠나 소비자인 독자의 손으로 전달되는 과정을 중간에서 매개하며 지식을 선별, 편집, 유통하는 자의 권력이야말로 진정으로 중요하다고 봅니다. 제시문 (다)는 시대마다 영향력 있는 특정한 사회 집단이 스스로의 이익과 관심에 맞추어 어떤 작품의 가치 여부를 선별하는 문지기(gatekeeping) 역할을 한다고 봅니다.

이와 같은 매개 권력은 제시문 (가)와 (나)가 강조한 소비자 독자의 권력보다도 더욱 강력하다고 평가할 수 있을 것입니다. 왜냐하면 소비자는 결국 매개 권력이 선별한 작품만을 전달받고, 그들에 의해 부여된 가치 체계에 따라서 문학 작품을 소비하게 될 것이기 때문입니다. 요약하자면, 생산-유통-소비의 삼자 관계를 중시하는 제시문 (다)의 관점에서 볼 때 제시문 (가)와 (나)는 독자의 주체적 역할을 과장하는 한편 문학에 가치를 부여하는 제도 권력의 역할은 간과했다는 점에서 비판 받을 수 있습니다.

개요

1. 제시문 (가)와 (나)의 공통점: 독자 권력 부여, 저자-독자 양자 구조로 비평 구도 확장
2. 제시문 (다)의 맥락: 저자-독자-제도 삼자 구도로 비평 구도 확장
3. 제시문 (다)의 맥락에서 제시문 (가)와 (나) 비판: 독자 주체성을 과장, 제도의 역할과 권력 간과

Tip & Advice

1. [문제 2]를 풀기 위해서는 각 제시문에 대한 독해력과, 제시문 사이의 관계를 파악하는 논리적 사고 및 응용력이 필요합니다.

2. 교육과정을 바탕으로 한 주요 개념에는 소비자로서의 독자, 유통, 출판 등이 있습니다.

3. 예시 답안은 제시문 (가)와 (나)의 공통점을 짚어내기 위해 고전 비평의 특징과 대조하는 전략을 사용했습니다. 고전 비평은 저자 1항 구도였고 제시문 (가)와 (나)는 저자−독자 2항 구도였다는 대조가 바로 그것입니다. 한편, 제시문 (다)의 차이점을 짚어내기 위해 제시문 (가)와 (나)의 특징과 다시 한번 대조하는 전략도 사용했습니다. 제시문 (가)와 (나)는 저자−독자 2항 구도이지만, 제시문 (다)는 저자−제도−독자 또는 생산−유통−소비의 3항 구도입니다.

4. 평가하기 유형의 문항은 '긍정적으로 평가합니다', '비판적으로 평가합니다'와 같이 '어떻게' 평가했는지를 명확하게 밝히는 것이 바람직합니다.

이 답안의 강점은 무엇인가?

학교 측 출제 의도 및 평가 지침

○ [문제 1] 제시문을 정확히 분석하고 이해하는 능력과 두 제시문 간의 공통점과 차이점을 적절히 설명하는
  능력을 평가함

○ [문제 2] 각각의 제시문에 대한 독해력과, 제시문 간의 관계를 설정하는 논리적 사고 및 응용력을 평가함

문항 해설

○ 제시문 (가)와 (나)는 모두 저자와 독자의 관계를 다루면서 공통적으로 독자의 역할에 더 큰 의미를 둔 글임.
  제시문 (가)는 저자의 죽음을 통해 독자가 재탄생된다는 입장이고 제시문 (나)는 저자가 독자에게 호소하는
  것이 바로 문학이라는 다소 고전적인 입장임. 제시문 (가)와 (나)의 유사점을 제대로 파악하고 있는지, 그리
  고 그 안에서 태도의 차이를 발견하고 이를 논리적으로 풀어낼 수 있는지를 평가하는 문항임

○ 제시문 (가)와 (나)는 공통적으로 글쓰기의 완성은 독자 없이 이루어질 수 없다고 주장함. 그러나 제시문
  (다)는 독자의 자율성이 현실적으로 제한될 가능성을 암시함. 제시문 (다)에 따르면 소비자나 청중을 만들어
  내는 것은 바로 학교나 출판사, 도서관 등과 같은 여러 제도와 기관들임. 결국 독자와 저자의 2항 관계는 생
  산(저자), 소비(독자), 유통(제도)의 3항 관계로 확장될 수밖에 없다는 것임. 제시문 (가)와 (나)의 글쓴이들
  이 이상적으로 그려낸 것과 다르게, 전체 독서 시장에서 독자가 누릴 수 있는 자유의 폭은 제한될 수 있다는
  사실을 제시문 (다)로부터 적절히 유추하는지를 평가하는 문항임

서울대 2023학년도 사회과학 오전

※ 제시문을 읽고 물음에 답하시오.

(가)

사람들은 최근에 물가가 너무 올라 살기 힘들어졌다고 말한다. 물가는 경제의 전반적인 가격 수준을 의미하는데, 정부는 소비자 물가 지수(consumer price index; CPI)라는 지표를 통해 물가의 변동을 파악한다. CPI는 가계가 구매하는 쌀, 담배, 술, 블루베리, 컴퓨터 수리비 등 480여 개의 대표적 소비재 및 서비스 가격의 가중 평균을 이용해 산출한다. 가중 평균의 가중치는 전체 가계의 총 소비 지출에서 각 품목이 차지하는 지출 비중에 따라 결정된다. 따라서 CPI는 평균적인 소비자들의 생계비 변화, 혹은 '장바구니' 물가 변화 추이를 보여주는 지표라 할 수 있다. 물가 상승 시에도 가계가 동일한 생활 수준을 유지할 수 있도록, 정부는 국민연금, 최저 생계비 등 각종 지급액을 'CPI의 변동'에 맞추어 조정하는 정책을 시행하고 있다. 물가 연동 정책의 유용성에 대해 대부분의 사람들은 공감하나, 일부는 CPI 적용의 맹점을 지적하고 있다.

(나)

최근 곡물 가격 및 유가 급등에 따른 생산 비용 상승에 대한 대응으로 한 분식집이 떡볶이 가격을 올리려고 했다. 하지만 급격한 가격 상승이 단골손님 이탈로 이어질 가능성을 우려한 분식집 주인은 가격을 올리는 대신 떡볶이 1인분의 양을 조금 줄이기로 결정했다.

(다)

한 도시의 정책 당국은 임차인을 보호하기 위해 월세 통제(rent control) 정책을 시행했다. 이 정책에 따르면 임대인이 임차인을 들일 때 월세로 받을 수 있는 금액에 상한선이 있을 뿐만 아니라, 임차인은 본인이 원할 때까지 입주 당시 가격으로 임차해서 살 수 있다. 이 정책은 정책 당국이 미처 예상치 못한 부작용을 가져왔다. 건물주는 어차피 월세를 시세대로 받지 못하므로 건물 유지 및 보수를 게을리 하고 쾌적한 공간을 제공하려는 노력을 하지 않았다. 결과적으로 시간이 지나면서 주택의 전반적인 질은 낮아졌고, 그나마 적절하게 유지 및 보수가 된 주택에 대한 수요는 폭증하여 뒷돈을 주고라도 들어오려는 사람들이 늘어났다.

(라)

1인 가구는 주택, 수도, 전기, 연료 부문의 지출이 크지만, 교육 부문의 지출 비중은 2인 이상 가구에 비해 낮을 수 있다. 또한, 영유아가 있는 가구, 취학 자녀가 있는 가구도 그렇지 않은 가구와 다른 지출 구조를 보인다. 저소득층에서 지출 비중이 상대적으로 높은 품목은 휴대 전화, 담배, 쌀, 채소이다. 반면에 고소득층의 경우에는 총 소비 지출에서 고급 주류, 해외여행, 골프 회원권의 비중이 상대적으로 높다.

문제 1

제시문 (나), (다), (라) 각각에 근거하여 제시문 (가)에 나타난 정부의 물가 변동 파악 방식의 한계점을 설명하시오.

문제 2

제시문 (라)를 참고하여 물가 상승이 경제적 불평등에 어떠한 영향을 미칠 수 있을지 논하시오. 자신의 주장을 뒷받침하려면 어떤 가정 또는 자료가 필요할지도 함께 설명하시오.

제시문 (가)에 따르면 정부는 물가 변동을 파악하기 위해 소비자 물가 지수(consumer price index; CPI)라는 지표를 사용합니다. CPI를 계산하기 위해 정부는 가장 우선적으로 '평균적인 소비자'를 상정해서 그 소비자의 전형적인 장바구니 구성을 추론합니다. 이어서 정부는 장바구니에 담긴 각 소비재 혹은 서비스의 '가격'을 알아내 품목별 지출 비중을 곱한 가중 평균을 계산합니다. 이 두 개의 단계 각각에서 CPI의 한계점이 생겨납니다.

첫 번째, '평균적인 소비자'의 상정과 관련된 CPI의 한계점은 제시문 (라)를 통해 파악할 수 있습니다. 제시문 (라)에 따르면 1인 가구와 2인 가구, 영유아나 취학 자녀가 있는 가구와 없는 가구, 저소득 가구와 고소득 가구 등은 품목별 지출 비중이 서로 상당히 다릅니다. 이처럼 가구별로 지출 구성이 지나치게 다양할 경우, '평균적인 소비자'가 대표할 수 있는 집단의 범위는 매우 작아지고, CPI의 유용성은 감소하게 됩니다.

두 번째, '가격'의 변화를 추적하는 CPI의 한계점은 제시문 (나)와 (다)를 통해 파악할 수 있습니다. 정부가 어떤 품목의 가격 변화를 조사할 때는 조사 기간 동안 해당 품목의 비가격적 요소, 예컨대 수량이나 품질 등은 변화 없이 일정할 것이라는 가정이 전제되어 있습니다. 반면에 제시문 (나)에서는 분식집 주인이 떡볶이의 가격 대신 양을 조정했으며, 제시문 (다)에서는 건물주가 임대 주택의 가격 대신 질을 조정했습니다. 이처럼 공급자는 가격 외에도 양과 질을 조정할 수 있음에도 불구하고 CPI는 비가격 요소의 변화에 둔감하므로 실제의 경제 변동을 과소평가하게 되는 한계가 있습니다.

개요

1. 정부의 물가 파악 방식: CPI 개념의 분석 ('평균적인 소비자' + '가격 변동')
2. 한계점 1: 제시문 (라) – 가계 지출 구성 다양한 경우 '평균적인 소비자' 개념 유용하지 않음
3. 한계점 2: 제시문 (나)와 (다) – 양, 질 조정 가능한 경우 '가격 변동' 추적은 한계가 있음

Tip & Advice

1. [문제 1]을 풀기 위해서는 논리적·분석적·비판적 사고력과 독해력이 필요하며, 사례를 활용하여 견해를 논리적으로 전개하는 응용력 등이 필요합니다.

2. 교육과정을 바탕으로 한 주요 개념에는 물가, 소비자 물가 지수(CPI), 물가 연동 정책, 소비 지출 구조 등이 있습니다.

3. CPI의 유용성에 한계가 있을 경우, 각종 정부 지급액을 CPI에 연동시키는 물가 연동 정책도 결국 한계가 있을 것임을 함께 추론하여 언급할 수 있습니다.

이 답안의 강점은 무엇인가?

PART 2

　제시문 (라)는 다양한 종류의 경제 주체들, 특히 저소득층과 고소득층이 서로 상이한 지출 구성을 나타내는 사례를 예시하고 있습니다. 물가 상승이 저소득층과 고소득층 각각에 미치는 영향을 파악하면 물가 상승이 경제적 불평등에 어떠한 영향을 미치는지 파악할 수 있게 됩니다.

　저는 물가 상승이 고소득층보다 저소득층에게 더 큰 타격을 줌으로써 경제적 불평등을 악화시킬 것이라고 생각합니다. 이를 뒷받침하기 위해서는 두 가지 가정 또는 자료가 필요합니다. 첫 번째, 저소득층의 장바구니에는 필수재의 지출 비중이 높고, 고소득층의 장바구니에는 사치재의 지출 비중이 높다는 가정입니다. 이를 뒷받침하는 자료는 제시문 (라)에 나타나 있습니다. 저소득층의 지출 비중은 휴대전화, 담배, 쌀, 채소 등 필수재에서 높았고, 고소득층의 지출 비중은 고급 주류, 해외여행, 골프 회원권 등 사치재에서 높았습니다. 필수재는 가격이 높아져도 소비를 많이 줄일 수 없으므로 총지출은 증가하게 됩니다. 반면에 사치재는 가격이 높아지면 일시적으로 소비를 줄여 대응할 수 있으므로 총지출의 증가를 피할 수 있습니다. 이는 곧 물가 상승으로 인한 피해가 저소득층에 집중되어 경제적 불평등이 악화되리라는 결론을 의미합니다.

　두 번째, 저소득층은 화폐 자산의 비중이 높고, 고소득층은 실물 자산의 비중이 높다는 가정입니다. 실물 자산이란 주택, 건물, 토지, 실물 재고 등을 의미하는데, 대부분 고가의 품목이므로 저소득층보다는 고소득층이 가지고 있을 확률이 높을 것입니다. 물가 상승이 일어나면 동일한 양의 화폐로 구입할 수 있는 재화와 서비스의 양이 줄어들게 되므로 화폐 자산은 가치가 하락합니다. 반면에 실물 자산은 물가 상승과 더불어 가격이 오르게 됩니다. 자산이 화폐 자산에 집중된 저소득층은 물가 상승으로 인해 큰 피해를 보지만, 고소득층은 보유하고 있는 실물 자산의 가격 상승 덕에 손해를 상쇄할 수 있으므로 결국 물가 상승은 경제적 불평등을 악화시킬 것입니다.

개요

1. 제시문 (라)의 내용: 물가 상승이 고소득/저소득층에 미치는 영향을 통해 경제적 불평등에 미치는 영향 파악 가능

2. 주장: 물가 상승은 저소득층에게 더 큰 손해를 주어 경제적 불평등을 악화시킴

3. 필요한 가정/자료 1: 저소득층은 필수재 소비, 고소득층은 사치재 소비 비중 높음

4. 필요한 가정/자료 2: 저소득층은 화폐 자산, 고소득층은 실물 자산 비중 높음

1. [문제 2]를 풀기 위해서는 제시문 (라)에서 실증적 사실을 추론하여 물가 상승의 분배적 함의를 도출하고, 주장을 뒷받침하는 데 필요한 가정과 자료를 생각해 내는 논리적 사고력이 필요합니다.

2. 교육과정을 바탕으로 한 주요 개념에는 경제적 불평등이 있습니다.

3. [문제 2]는 물가 상승, 즉 인플레이션의 소득 재분배 효과에 대한 문제입니다. 물가 상승은 실질 소득 감소를 일으키며, 실질 소득 감소 효과는 소득 계층별로 다르게 나타납니다. 이는 첫째, 소득 계층별로 장바구니 구성이 다르고, 둘째, 자산의 구성이 다르기 때문입니다. 주어진 제시문은 주로 '장바구니'에 대한 내용에 집중하고 있으므로 제시된 개요에서 '가정/자료 1' 부분만 추론할 수 있더라도 훌륭한 답변입니다.

이 답안의 강점은 무엇인가?

출제 의도

- [문제 1] 논리적, 분석적, 비판적 사고력과 독해력, 사례를 이용하여 자신의 견해를 논리적으로 전개하는 능력을 평가함

- [문제 2] 제시문 (라)에서 실증적 사실을 추론하고, 이를 토대로 물가 상승의 분배적 함의를 도출함. 본인의 주장을 뒷받침하는 데 필요한 가정과 자료를 생각해 내는 능력을 측정함

문항 해설

- 제시문 (가)는 두 가지 사실을 설명함: (1) CPI는 가계가 구매하는 품목들의 가중 평균임; (2) 정부는 CPI를 '물가 연동 정책'에 활용하나, CPI 적용의 맹점 또한 존재함

- 제시문 (나), (다), (라)는 모두 그 맹점을 보여주는 사례로 활용될 수 있음. 이 제시문들은 모두 소비자 물가 지수가 생계비(cost of living)의 변화를 정확히 보여주지 못하는 사례임. 따라서 가계의 동일한 생활 수준을 유지하는 것이 목적이라면, 정부 지급액을 CPI에 연동하는 것이 적절하지 않다는 주장을 할 수 있음

- 제시문 (나)와 (다)는 재화 또는 서비스 공급자가 어떤 이유로 가격을 못 올리는 경우 가격 대신 해당 상품의 양(quantity)을 줄이거나 질(quality)을 떨어뜨린 사례를 보여줌. 즉, CPI에는 반영이 안 되지만, 동일한 상품(즉, 재화나 서비스의 종류뿐만 아니라 질과 양도 동일한 상품)의 가격은 실질적으로 상승한 사례임. 따라서 CPI가 생계비의 상승 정도를 실제보다 축소해서 보여주는 경향이 있다고 주장할 수 있음. 제시문 (라)는 개별 소비자 또는 개별 가계의 소비 지출 구조, 즉 '장바구니'가 각각 다르다는 사실의 몇 가지 사례를 나열함. 반면에 CPI는 평균적인 가계의 생계비만을 보여줌. 따라서 개별 가계에 주어지는 정부 지급액을 CPI에 연동하는 정책이 불합리하다고 주장할 수 있음

- 제시문 (라)에 주어진 몇 가지 사례를 통해 개별 소비자들의 소비 지출 구조, 즉 '장바구니(소비 바구니)'가 다르다는 일반적인 사실을 추론하게 함. 그리고 이 사실을 바탕으로 물가 상승이 가져올 분배적 함의에 대해 생각해 보도록 유도하고자 함. 또한, 자신의 의견을 뒷받침하는 데 필요한 가정과 자료를 적절히 제시하는지 평가함

※ 제시문을 읽고 물음에 답하시오.

(가)

 본 연구는 오늘날 관측되는 지구 온난화가 대부분 인간의 활동으로 야기되었을 가능성이 높다는 데 과학자들이 얼마나 합의하는지 조사했다. 1991년부터 2011년까지 출판된 11,944편의 논문 중 7,930편(66.4%)은 '인간에 의한 지구 온난화'에 대해 별다른 입장을 표명하지 않은 것으로 확인되었다. 32.6%는 인간에 의한 지구 온난화가 존재함을 명시했다. 32.6%에 해당하는 위 논문에서 97.1%는 인간에 의한 지구 온난화가 이미 과학적으로 합의된 것임을 지지했다. 반면에 인간에 의한 지구 온난화에 대한 과학적 합의를 부정하는 논문들은 조사된 전체 논문에서 극히 낮은 비율을 차지하는 것으로 나타났다.

(나)

 나는 늘 기후 변화가 현실이고 미래에 심각한 위협이 되리라 믿었다. 지난 30년간 기후 변화에 대한 과학적 예측이 점점 더 많이 이루어졌고 기후 변화가 인간 활동으로 초래되었다는 점에 과학계는 거의 만장일치로 합의했다. 기후 변화 메시지가 수십 년째 울려 퍼지며 온실가스 감축이나 신재생 에너지 개발을 위한 국제 사회의 시도로 이어져 왔다. 그럼에도 불구하고 아직도 많은 사람이 기후 변화 문제의 심각성을 실감하지 못하거나 외면하는 현실이 개탄스럽다.

(다)

 분명히 말하면, 과학이 하는 일은 합의라는 것과 아무 관련이 없다. 합의란 정치판 같은 곳에서 벌어지는 비즈니스일 뿐이다. 이와 반대로, 과학은 정답을 발견한 연구자 한 명으로도 충분하다. 이 말은 실제 세계에서 증명할 수 있는 연구 결과가 도출된 경우를 의미한다. 과학에서 합의라는 것은 타당성을 갖추지 못했음을 의미하는 것이다. 타당하다는 것은 동일한 결과가 재현될 수 있음을 뜻한다. 역사상 가장 위대한 과학자들은 정확히 말하면 그들이 합의라는 것으로부터 단절되었기 때문에 위대한 것이다. 합의라는 과학은 없다. 만약 무언가가 합의된 것이라면 그것은 과학이 아니다. 만약 과학이라면 그것은 합의를 통한 것이 아니다.

문제 1

제시문 (가), (나), (다)를 읽고 과학적 합의에 대한 본인의 견해를 밝히시오.

문제 2

실제 사례를 들어 과학적 합의가 정책 결정의 타당한 근거가 될 수 있는지 제시문 (가), (나), (다)와 연계하여 논하시오.

제시문 (가)와 (나)는 공통되게 과학적 합의를 신뢰하고 중시하는 입장인 반면에 제시문 (다)는 과학이 합의와 무관함을 주장하는 입장입니다. 제시문 (가)는 지구 온난화에 대해 과학자들의 합의 수준을 양적으로 조사했습니다. 이러한 조사는 과학자들의 합의 자체가 갖는 중요도를 인정하는 관점을 바탕으로 한 것입니다. 조사 결과 지구 온난화에 대한 과학자들의 합의 정도는 높았고 부정은 극소수에 불과했습니다. 제시문 (나)도 과학적 합의를 중시한다는 입장은 동일하지만, 세부적인 태도에는 차이가 나타납니다. 제시문 (가)가 비교적 건조한 어조로 과학자들의 합의 수준만을 사실적 차원에서 제시했다면, 제시문 (나)는 과학자들의 합의를 사회가 마땅히 따라야 하는 당위적인 차원으로 바라보고 있습니다.

제시문 (다)는 (나)와 반대로 과학자들의 합의에 당위적 가치를 부여하지 않습니다. 또한, 제시문 (가), (나)와 달리 과학적 합의라는 것이 사실 관계로서 존재할 수 있다는 주장조차도 인정하지 않습니다. 제시문 (다)가 보기에 합의는 '진리의 확인'이라는 과학의 본질과 무관합니다. 진리의 타당성은 '믿음과 대상 세계의 일치'를 뜻하지만, 합의라는 것은 고작해야 '믿음과 믿음끼리의 일치'만을 의미할 뿐이기 때문입니다.

원론적으로는 제시문 (다)의 과학관이 옳을 것입니다. 믿음은 대상 세계와 일치할 때 진리이지, 믿음끼리 일치한다고 해서 그것이 보장된 진리가 되는 것은 아니기 때문입니다. 그러나 우리가 과학을 탐구하는 실질적 이유는 대상 세계의 진리를 완벽하게 확신할 수 없기 때문입니다. 그렇기 때문에 충분한 증거를 확보해 나가는 과정에서 과학자들은 잠정적 판단을 내릴 수밖에 없습니다. 과학자들이 과학적 방법에 따라서 자신의 믿음을 형성하는 한, 다수 과학자들에 의해 합치된 믿음은 해당 시점에 실용적, 일반적으로 내려질 수 있는 최선의 결론이라고 볼 수 있습니다. 그 믿음이 틀린 것으로 밝혀지는 예외적인 경우도 있지만, 그렇다고 해서 예외를 원칙으로 삼을 수는 없습니다. 그러므로 과학적 합의는 '절대 진리는 아닐지언정 일반적으로 유용한 지식'으로서 그 가치를 인정받아야 합니다.

개요

1. 제시문 (가), (나), (다) 차이점: 과학적 합의의 중요성에 대한 찬반
2. 제시문 (가)와 (나) 세부 차이점: 사실과 당위
3. 제시문 (다) 요점 제시: 과학의 본질
4. 견해: 과학적 합의는 절대 진리는 아니지만 '실용적, 일반적' 지식으로서 가치가 있음

1. [문제 1]을 풀기 위해서는 제시문의 내용을 이용하여 견해를 논리적으로 전개하는 능력이 필요합니다.

2. 자유롭게 의견을 말하는 것이 아니라 '제시문 (가), (나), (다)를 읽고' 답변해야 하는 문제이므로 제시문 (가), (나), (다)를 '어떻게' 읽었는지 해석을 제시해야 합니다. 제시문을 해석할 때 유용한 일반적 방식은 요약과 비교이기 때문입니다.

3. 제시문 (가), (나), (다)와 같은 세 제시문의 내용을 비교할 때 '2단 비교' 구조가 유용할 것입니다. 먼저 두 가지 큰 입장으로 세 제시문을 나눈 다음, 하나의 큰 입장 안에 있는 두 개의 제시문들의 세부적인 차이점을 다시 한번 비교하는 방법을 말합니다.

4. 견해를 밝힐 때는 제시문 (가), (나), (다)의 내용과 '관련지어서' 제시해야 체계적이고 전달 효과가 두드러지는 답변이 될 것입니다.

이 답안의 강점은 무엇인가?

문제 2 예시 답안

저는 과학적 합의가 정책 결정의 타당한 근거가 될 수 있다고 생각합니다. 과학적 합의는 비록 절대 진리성이 보장되지는 않지만, 해당 시점에 정책 결정자가 이용할 수 있는 최선의 정보이기 때문입니다.

제시문 (다)의 저자는 과학자들이 합의한 믿음이라고 해서 반드시 그 절대적 타당성이 보장되는 것은 아니라고 반박할 것입니다. 이는 원칙적으로는 올바르지만 실용적으로는 무의미한 반론입니다. 그 이유는 현실의 정책 결정자는 과학자들의 믿음과 절대 진리 중에서 선택할 수 있는 입장이 아니고, 과학자들이 믿는 것과 과학자들이 믿지 않는 것 중에서만 선택할 수 있는 입장일 뿐이기 때문입니다. 따라서 정책 결정자가 과학적 합의를 받아들이지 않고 그 반대를 따른다면 오히려 제시문 (다)가 지적한 문제가 더더욱 악화될 것입니다.

과학적 합의 대신에 정책 결정자가 받아들일 수 있는 대안은 두 가지가 있습니다. 첫째, 스스로의 판단입니다. 다만, 정책 결정자는 과학을 전문적으로 탐구 및 수행하는 사람이 아니므로 정책 결정자의 판단이 과학 공동체의 판단보다 더 나을 수는 없을 것입니다. 과학적 합의는 진리를 보장하지 않지만, 그 반대는 더더욱 진리를 보장하지 않는 것입니다.

정책 결정자가 받아들일 수 있는 또 하나의 대안은 유권자들의 민주적 합의입니다. 그런데 유권자들의 합의는 민주적 정당성은 가질 수 있을지언정, 제시문 (다)가 중요시하는 절대 진리성과는 무관합니다. 유권자들에 비해 과학자들은 신념을 형성할 때 과학적 방법론을 따르기 때문에, 과학자들의 합의는 실제 대상 세계의 모습에 근접할 가능성이 더 높습니다. 그러므로 기후 위기와 같은 위험한 사안에서 정책 결정자가 과학자 공동체의 다수 의견을 신뢰하는 것은 '일반적으로', '실용적으로' 유익하다고 볼 수 있습니다.

개요

1. 본인의 입장 제시: 타당한 근거가 될 수 있음
2. 예상 반론과 재반론: 정책 결정자의 실용적 대안은 절대 진리가 아닌 (1) 자신의 판단, (2) 유권자의 합의
3. 재반론 1: 자신의 판단 따를 경우 절대 진리가 보장되지 않음
4. 재반론 2: 유권자 합의 따를 경우 절대 진리가 보장되지 않음
5. 결론: 따라서 '일반적으로', '실용적으로' 진리일 가능성이 높은 과학적 합의를 따르는 편이 바람직함

Tip & Advice

1. [문제 2]를 풀기 위해서는 제시문의 입장을 실제 사례에 적용하고, 견해를 논리적으로 전개하는 능력이 필요합니다.

2. 예상되는 반론과 그에 대한 재반론을 제시한다면 한 가지 입장만을 고려한 경우보다 더 논리적인 인상을 남길 수 있을 것입니다.

3. 재반론 제시에는 두 가지 방법이 있습니다. 하나는 상대의 입장을 전면적으로 반박하는 '강한 재반론'이고, 다른 하나는 상대의 입장을 일부 수용하면서 자신의 입장을 완화하여 조정하는 '약한 재반론'입니다.

이 답안의 강점은 무엇인가?

학교 측 출제 의도 및 평가 지침

출제 의도

⊙ [문제 1] 제시문의 내용을 이용하여 자신의 견해를 논리적으로 전개하는 능력을 평가함

⊙ [문제 2] 과학적 합의에 대한 입장을 실제 사례에 적용하여 자신의 견해를 논리적으로 전개하는 능력을 평가함

문항 해설

⊙ '과학적 합의' 또는 '과학자들 사이의 합의'라는 주제에 대한 수험생의 견해를 묻고자 함. 답변의 범위가 너무 넓어질 수 있기 때문에, 제시문 (가), (나), (다)를 바탕으로 논리를 전개할 필요가 있음. 제시문 (가)와 (나)의 경우, 과학적 합의의 가능성에 긍정적인 반면에 제시문 (다)는 과학적 합의 자체를 부정함. 하지만 제시문 (가)와 (나) 사이에도 차이점이 존재함. 제시문 (가)는 과학적 합의에 관한 조사 결과를 객관적으로 전달하는 반면에 제시문 (나)는 이러한 합의를 많은 사람들이 여전히 외면한다고 문제를 제기함. 엄밀히 말해, 제시문 (다)의 내용만으로 필자가 인간에 의한 기후 변화 자체를 부정한다고 확신할 수는 없음. 제시문 (다)의 필자는 기후 변화가 인간의 활동에 의한 것인지는 과학적으로 타당한 과정을 거쳐 '확인해야' 할 사안이지, '합의해야' 할 사안이 아니라는 입장에 가까움

⊙ '과학적 합의'가 사회 문제 해결과 의사 결정의 타당한 근거가 될 수 있는지 논의를 유도함. 실제 사례를 들되, 답변의 범위가 너무 넓어질 수 있기 때문에 제시문 (가), (나), (다)에 바탕을 둔 논리를 전개할 필요가 있음

※ 제시문을 읽고 물음에 답하시오.

(가)

 우정의 본질은 모든 사람을 평등하게 대하지 않는다는 데 있다. 우리는 자신의 친구들에게 더 우호적이며, 나와 무관한 제3자들에게보다 나의 친구들에게 더 많은 윤리적 의무와 책임을 진다. 우정은 서로의 '차이'와 '다름'을 인정한다. 그러므로 우정은 인간의 삶을 인간답게 만드는 소중한 가치이다. 친구는 상대의 특별한 상황에 관심을 기울이면서 '바로 이 한 명의 남다른 인간'으로 살아가도록 서로를 인도하는 인생의 안내자이기 때문이다.

 따라서 좋은 친구와 맺는 우정의 관계를 본(本)으로 삼는 곳에서만, 진정한 소통과 상생이 가능하다. 나로부터 멀리 있는 타인들, 그리고 멀리서 온 이방인들의 차이를 반기며 그들과 '친구가 될 준비'를 하라! 그런 마음이 준비된 자들의 세계에서만 비로소, 참된 '우리'의 역사가 시작될 것이다.

(나)

 나에게 가까운 타인이 행복할 자격이 있든 없든 그가 행복하기를 바라는 마음을 편애(偏愛)라 한다. 공정하게 판단한다는 것은, 이런 치우친 편애의 마음 없이 모두를 똑같이 대한다는 의미이다. 공정한 사람은 '모두'를 나와 연관이 없는 제3자로 바라볼 줄 아는 객관적인 판관의 태도를 취한다.

 자기 자신과 가까운 이를 편애하는 마음은 결국 자기를 편애하는 마음에서 생긴다. 편애는 자기애의 확장인 것이다. 나 자신과 가까운 이를 대할 때, 우리 마음속에 공정한 판관의 태도보다 편애의 태도가 앞서는 까닭은 여기에 있다.

 그러나 진정으로 좋은 삶을 위해서는, 어떤 경우든 항상, 공정한 판관의 마음이 치우친 편애의 마음을 능가하고 앞서도록 해야 한다. 그 누구를 대하든지, 그의 선함과 옳음을 '먼저' 따져 물은 다음에 그의 행복에 관한 물음이 '뒤따라' 오도록 하라! 이와 반대되는 순서로 묻는 세계가 있다면, 그런 세계에는 경멸만이 넘쳐날 것이다.

문제 1

제시문 (가)의 관점에 대해 제시문 (나)는 어떤 입장을 취할지 설명하시오.

문제 2

모두가 존엄하고 품위 있게 사는 사회를 만들기 위해서는 제시문 (가)와 (나)의 견해 중 어느 쪽이 더 절실히 요구되는가? 사회적으로 소외되거나 배제된 사람들의 사례를 제시하면서 구체적으로 설명하시오.

PART 2

제시문 (나)는 (가)에 대해 부정적인 입장을 가질 것으로 생각됩니다. 먼저, 제시문 (가)는 모든 사람을 평등하게 대하지 않는 '우정'을 중시하고 있습니다. 우리는 나 자신과 무관한 제3자보다는 우정을 나눈 친구에게 더 우호적일 뿐만 아니라, 더 많은 책임과 의무를 부담하고자 합니다. 왜냐하면 친구는 우리 삶의 안내자가 될 수 있기 때문입니다. 나아가, 제시문 (가)는 우정의 대상을 주변 사람으로 제한하지 않고, 멀리 떨어진 타인까지 포함하고 있습니다. 이는 우정을 바탕으로 한 관계의 확장이 우리를 더욱 풍요롭게 해줄 수 있음을 시사합니다.

한편, 제시문 (나)는 (가)와 상반된 논지를 담고 있는 것으로 이해됩니다. 제시문 (나)는 '공정'을 강조하고 있습니다. 공정은 편애의 마음이 없는 것을 의미하는데, 편애는 나와 가까운 사람이 자격을 갖추었는지 여부를 따지지 않고, 그저 행복하기를 바라는 것을 뜻합니다. 제시문 (나)는 이 같은 편애의 마음을 자기애의 확장으로 보고, 객관적 판단의 자세를 갖추는 공정심이 앞서야 한다고 주장합니다. 만약, 심리적 거리만을 기준으로 편애의 마음이 공정심보다 우선된다면, 그러한 세계는 경멸만 가득할 것으로 예측합니다.

따라서 두 제시문의 논지를 고려할 때, 제시문 (나)는 (가)에 대해 비판적인 입장을 취할 것입니다. 왜냐하면, 제시문 (가)가 말하는 우정의 마음이 대상의 자격과 무관하게 발현되어 차이와 다름을 인정하게 된다면, 이는 '편애'에 해당될 수 있기 때문입니다. 나아가, 사회에서 '우정이라는 이름'으로 '편애'가 '공정'보다 우선된다면, 그 사회는 경멸만이 넘쳐나게 될 것입니다. 그러므로 공정을 중시하는 제시문 (나)는 차이를 인정하는 제시문 (가)에 대해 부정적인 입장을 가집니다.

개요

1. 제시문 (가)의 논지
2. 제시문 (나)의 논지
3. 평가와 근거 제시

Tip & Advice

1. 면접에서는 두괄식으로 답변하는 것이 중요합니다. 주어진 질문이 제시문 (가)에 대한 제시문 (나)의 입장 (즉, 평가)이므로, 먼저 어떤 입장인지를 밝혀주는 것이 좋습니다. 면접관 선생님의 입장에서도 수험생이 묻는 바에 대한 답을 먼저 제시해 줄 때, 수험생의 이어지는 답변에 대해서도 집중하고 싶어질 것입니다.

2. 평가를 하는 과정에서, 평가 기준이 되는 제시문 (나)의 개념인 '편애'를 평가 대상이 되는 제시문 (가)의 개념인 '우정'에 접목했습니다. 이와 같은 개념의 활용, 적용은 두 제시문을 연결 지어 분석했음을 면접관에게 어필할 수 있습니다.

3. 보다 다각적인 평가를 하고 싶은 학생이라면, 제시문 (가)에서의 우정을 세부적으로 나누어볼 수 있습니다. 제시문 (나)에 따르면, '우정'의 대상이 선함과 옳음을 갖추었는지 자격을 우선 검토한 후에 차이를 인정하면 이는 더 이상 '편애'에 해당하지 않으며, 공정에 반하지도 않습니다. 그렇다면 제시문 (나)가 부정적으로 보는 대상은 자격을 따지지 않는 우정이라는 결론이 도출될 수 있습니다.

이 답안의 강점은 무엇인가?

사회적으로 소외되거나 배제된 사람들도 존엄하고, 품위 있게 사는 사회가 되기 위해서는 우정을 중시하는 제시문 (가)의 견해가 요구된다고 생각합니다. 제시문 (가)는 우정에 기반을 둔 공동체를 지향하며, 각 개인의 차이와 다름을 인정하고, 상대의 특별한 상황에 주목합니다. 제시문 (가)의 관점에서, 모든 사람을 차별 없이 대하고 각 개인이 갖는 본질적 차이를 외면하는 사회는 진정한 소통이 부재한 사회입니다. 제시문 (가)의 관점에서 볼 때 [문제 2]에서 말하는 사회적 소외와 배제는 한 개인의 '특별한 상황'이 될 수 있다고 생각합니다. 따라서 이러한 특별한 상황에 관심을 가질 때. 비로소 그 개인이 '남다른 인간'으로 살아갈 수 있도록 인도할 수 있습니다.

사회적 소외의 대표적인 사례로 장애를 가진 사람들의 불편을 들 수 있습니다. 장애의 정도에 따라 상이하겠지만, 그들은 일상에서의 자유로운 이동, 교육, 취업 등 여러 가지 측면에서 어려움이 있다고 생각합니다. 하반신이 불편한 사람은 특정 지역을 방문할 때 대중교통 이용에 어려움이 있을 뿐만 아니라, 장애인용 화장실이 근처에 있는지 여부도 고려해야 합니다. 시청각에 장애가 있는 사람은 다른 일반 학생들처럼 대학에서 강의를 수강하기 어렵습니다. 이와 같은 장애인들의 '특별한 상황'과 어려움에 사회 구성원들이 공감하고 다름을 인정할 때, 장애를 가진 사람들 또한 보다 품위 있게 살아갈 수 있다고 생각합니다.

반면에 공정을 중시하는 제시문 (나)의 관점에서는 사회적 소외와 배제를 경험하는 이들의 존엄성을 회복하기 어렵다고 생각합니다. 제시문 (나)는 선함과 옳음을 기준으로 모든 이들을 객관적으로 따질 것을 주장합니다. 그러므로 제시문 (나)의 관점에서 특혜를 주는 것은 편애에 해당하므로 원칙적으로 허용되기 어려우며, 특혜를 줄 수 있는 선함과 옳음의 정도가 사회적 합의의 대상이 될 것입니다. 그러나 바로 이러한 점이 사회적으로 소외와 배제를 겪는 장애인들의 존엄성 회복을 더디게 만들 수 있다고 생각합니다. 장애를 가진 사람들의 '선함과 옳음'에 따라 그들에 대한 대우가 결정되는 것은 장애와 그로 인한 사회적 소외라는 그들의 '특별한 상황'을 전혀 고려하지 않는 결과를 낳을 수 있기 때문입니다. 뿐만 아니라, 오직 그 개인의 '선함과 옳음'만을 기준으로 한다면, 장애라는 '동일한 상황' 하의 여러 사람들이 상이한 대우를 받을 수 있고, 이것이 곧 '공정'이 될 수 있다는 점에서 타당하지 않다고 생각합니다.

개요

1. 제시문 (가)의 논지 및 근거 제시
2. 사례 제시
3. 제시문 (나)의 논지 및 근거 제시

Tip & Advice

1. 두 제시문의 견해 중 무엇이 더 요구되는지를 묻는 문제에서는 ① 두 제시문의 견해가 무엇인지, ② 각 제시문이 문제 된 사안을 어떻게 바라보는지에 대한 검토가 필요합니다. 이때 제시문의 견해를 단순 요약하는 것에 그치지 않고, 함의를 지적해 준다면 좋은 점수를 받을 수 있습니다. 또한, 문제는 사례를 활용할 것을 요구하고 있으므로, 이를 각 제시문의 견해와 연결해 주는 것이 중요합니다. 이때 사례는 일반적인 것으로 설정하는 것이 안전한데, 지나치게 지엽적인 사례인 경우 설득력을 갖기 어렵기 때문입니다.

2. 두 제시문의 견해를 절충하는 견해가 좋다고 답하는 학생들이 종종 있습니다. 그러나 이는 문제의 요구를 잘못 이해한 답변입니다. 문제는 분명 어떤 견해가 '더 절실히' 요구되는가를 묻고 있습니다(즉, 양자택일입니다). 만일 실제 시험장에서 두 견해의 절충이 필요하다고 답한다면, 아마도 면접관 선생님은 둘 중 하나를 꼭 골라야 한다면 무엇을 택하겠냐고 재차 물을 것입니다.

📝 이 답안의 강점은 무엇인가?

학교 측 출제 의도 및 평가 지침

PART 2

출제 의도

◯ [문제 1] 각각의 제시문에 대한 깊이 있는 문해력과 두 제시문을 연결 지어 유기적으로 생각할 수 있는 사고력과 응용력을 평가함

◯ [문제 2] 제시문 (가)와 (나)의 관점을 삶의 현실에 잘 적용하면서 그 함의를 유의미하게 이해하는 데까지 나아갈 수 있는 사고력과 응용력을 평가함

문항 해설

◯ 제시문 (가)의 입장은 우정이 좋은 삶의 원리이며 우정의 본질은 모든 사람을 평등하게 대하지 않는 데에 있음. 반면에 제시문 (나)의 관점은, 나와 가까운 사람의 옳고 그름을 먼저 따져 묻지 않고 그냥 그의 행복부터 바라는 마음은 편애라는 것임. 극명하게 대조되는 모습을 띠는 이 두 입장의 실질적인 논점을 정확히 이해한 다음, 두 입장이 서로 어떤 관계에 있는지를 다각도로 사유해 본 후, 제시문 (나)가 (가)에 대해 어떤 입장을 표명할지 추론해 보도록 요구하는 문제임

◯ (가)의 관점은 우정의 공동체를 지향한다면, 제시문 (나)의 관점은 공정한 공동체를 지향한다고 말할 수 있음. 제시문 (가)의 우정의 공동체는 차이를 있는 그대로 다름으로 인정하면서 각자의 특수한 사정과 고유한 상황에 주목하는 타인에 대한 정서적 공감을 중시하며, 추상적인 동일시나 획일화의 경향을 가장 시급히 해결할 문제로 상정할 것임. 반면에 제시문 (나)의 공정한 공동체는 선과 옳음의 견지에서 모두를 치우침 없이 객관적으로 판정한 다음 합당한 보상과 처벌을 부과하는 것을 중시할 것임. 이런 공동체에서는 누군가에게 도덕적으로 용납될 수 없는 특혜를 주는 것이 가장 큰 이슈로 비판될 수 있음. 자신이 제시한 사회적으로 소외된 사람들의 사례가 해결되려면 제시문 (나)의 공정의 이념과 제시문 (가)의 공감의 관계 중 무엇이 더 시급히 필요한지 묻는 문항임

※ 제시문을 읽고 물음에 답하시오.

(가)

일반적으로 문화적 담론에 의해 전달되는 것은 '진실'이 아니라 '표상'이다. 언어는 그 자체가 고도로 조직화되고 기호화된 시스템으로, 표현, 암시, 메시지 및 정보의 교환, 그리고 표상 등을 위해 여러 장치를 활용한다. 그리고 이러한 담론 속의 언어는 존재 자체를 그대로 전달하는 것이라기보다는 작성자에 의해 재현되고 표상되는 것이다. 따라서 동양에 관해 작성된 서술의 가치와 유효성 및 진실성이 반드시 동양 그 자체에 기반한다고 할 수 없다. 오히려 동양을 실질과 다르거나 대체된 존재로 전달할 위험이 있다.

(나)

사탄의 끔찍한 후손들, 즉 타타르인들(몽골인)의 거대한 무리가 마치 지옥에서 악마들이 풀려나듯이 산으로 둘러싸인 그들의 땅으로부터 갑자기 나타나 결코 통과할 수 없는 암석을 관통하며 나아갔다. 그들은 나라를 파괴하고 메뚜기 떼처럼 지면을 뒤덮으며 가는 곳마다 불 지르고 학살하며 폐허로 만들며 동쪽으로부터 다가오고 있다. 그들은 잔혹하고 짐승의 본성을 가지고 있었다. 사람이라기보다는 괴물로 불려야 마땅했고, 피를 갈망하고 마셨으며, 개와 사람의 살을 찢어 먹었다. 그들에게는 인간의 법이 없었고, 자비를 몰랐으며, 사자나 곰보다 더 잔인했다.

(다)

타타르인들은 이 세상 어느 누구보다도 자기 주인에게 순종적이며, 가볍게 거짓말을 하지 않습니다. 싸움, 언쟁, 상해, 살인과 같은 일은 그들 사이에서 전혀 발생하지 않으며, 남의 물건을 훔치는 강도나 도적도 찾아볼 수 없습니다. 가진 음식이 많지는 않아도 서로 기꺼이 나눕니다. 또한, 고난을 오래 참아 하루나 이틀 동안 먹지 않아도 되고, 행군할 때에는 매서운 추위와 혹독한 더위도 잘 참습니다. (중략) 그들은 다른 사람들에 대해 극도로 오만하며 모두를 깔보고, 다른 사람에게 금세 화를 내며 성격이 조급합니다. 또한, 남에게 거짓말을 잘하는데, 거의 진실을 찾아보기 어렵습니다. 그들은 만약 할 수만 있다면 누구나 속이려고 합니다. 그들은 지나칠 정도로 탐욕스러우며, 남에게 주는 것에는 매우 인색합니다. 다른 사람을 학살하는 것을 아무렇지도 않게 생각합니다.

문제 1

제시문 (나)와 (다)의 저자는 모두 13세기 중엽 몽골의 대외 팽창 시기 유럽 사회의 구성원이다. 제시문 (가)의 관점에서 제시문 (나)와 (다)에 포함되어 있는 '표상된 이미지'와 '객관적 사실'을 논하시오.

문제 2

제시문 (나) 또는 (다)의 저자가 느꼈으리라 생각하는 감정 중 하나를 아래의 〈보기〉에서 선택하여 그 이유를 설명하고, 본인이 읽은 문학 작품 중 해당 감정이 가장 두드러지게 표출된 사례를 이야기하시오.

〈보기〉
두려움, 멸시, 분노, 비탄, 시기, 우월, 이질감, 절망

제시문 (가)에 따르면, 문화적 담론 속의 언어는 사실 그 자체를 전달하기보다는 그것을 작성한 저자에 의해 표상됩니다. 특히 제시문 (가)는 그 예시로 동양에 대한 서술을 제시하며, 그것이 모두 역사적 사실에 해당하지는 않는다는 점을 지적하고 있습니다. 그러므로 우리는 비판적인 시각을 바탕으로 특정 텍스트가 담고 있는 객관적 사실과 표상된 이미지를 구별할 필요가 있습니다.

이러한 관점을 바탕으로 할 때, 제시문 (나)와 (다)는 객관적 사실과 표상된 이미지 모두를 담고 있는 것으로 생각됩니다. 먼저, 제시문 (나)는 '동쪽으로부터 다가오고 있다.'는 객관적 사실을 담고 있으나, 대부분의 서술은 표상된 이미지에 가깝습니다. 예를 들어, '사탄의 끔찍한 후손', '지옥에서 악마들이 풀려나듯', '괴물'과 같은 표현은 몽골인들을 원초적으로 악랄한 존재로 표상하는 것으로, 현실성을 갖추었다고 보기 어렵기 때문입니다. 또한, 당시 몽골의 유럽 공격이 대부분 성공적이었으며, 그 과정에서 전쟁 물자의 보급과 확보가 충분했다는 점을 고려한다면 '사람의 살을 찢어 먹었다.'와 같은 표현도 당시 몽골의 침략 하에 놓인 저자에 의해 표상된 이미지라고 생각합니다.

다음으로, 제시문 (다)의 경우 '고난을 오래 참는다.', '행군할 때 매서운 추위와 혹독한 더위도 잘 참는다.'라는 서술은 객관적 사실에 해당한다고 생각합니다. 유목 민족인 몽골인들은 날씨 변화에 잘 적응하는 능력이 유럽인들보다 상대적으로 우수했을 가능성이 높기 때문입니다. 그러나 제시문 (다)의 서술 초반부에서는 몽골인들이 '가볍게 거짓말을 하지 않는다.'고 언급된 반면에 중략 이후의 내용은 정반대의 내용을 담고 있는 것으로 보아, 둘 중 무엇이 객관적 사실인지 불분명합니다. 또한, '학살을 아무렇지도 않게 생각한다.'라는 표현은 몽골인의 공격을 받은 저자의 입장에서 표상된 이미지에 해당할 것입니다.

개요

1. 제시문 (가)의 논지
2. 제시문 (나)에 대한 해석
3. 제시문 (다)에 대한 해석

1. 제시문 (가)의 요지를 정확히 파악하는 것이 중요합니다. 핵심은 언어 서술이 사실만을 담고 있는 것은 아니며, 일부는 저자에 의해 표상된 이미지라는 것입니다. 이를 바탕으로 제시문 (나)와 (다)를 해석할 때, 무엇이 사실이고 무엇이 표상인지 분류해 내야 합니다. 이때, 무엇이 객관적 사실인지를 분류하는 것은 결국 사실에 대한 정보가 있어야 가능합니다. 다만 이를 너무 걱정할 필요는 없는데, 몽골이 대외 팽창을 했다는 정보는 질문에 주어져 있으며, 그들이 유목 민족이라는 점은 주지의 사실이므로, 이 두 가지 사실만을 활용해도 됩니다.

2. 제시문 (나)는 다소 과장된 표현들이 주를 이루고, 제시문 (다)는 그렇지 않다는 점에서 전자를 표상된 이미지로, 후자를 객관적 사실로 해석하는 학생들이 있을 수 있습니다. 그러나 출제자의 의도는 하나의 텍스트 내에서 사실과 표상을 가려내는 문해력(Literacy)이 있는지를 시험하고자 하는 것이라고 생각됩니다.

이 답안의 강점은 무엇인가?

제시문 (나)와 (다)의 저자는 '분노'의 감정을 느꼈을 것이라고 생각합니다. 제시문 (나)의 저자는 몽골인들의 잔혹성, 무자비함을 두고 '악마', '괴물'이라고 표현하며 그들을 향한 자신의 분노를 표출하고 있습니다. 또한, '메뚜기 떼처럼 가는 곳 전부를 폐허로 만들어버린다.'라는 표현을 통해, 저자의 삶의 공간을 파괴한 몽골인들에 대한 분노가 담겨 있음을 알 수 있습니다. 나아가 제시문 (다)의 저자는 중략 이후의 서술에서 몽골인들의 오만함, 탐욕, 잔혹성을 지적하고 있는데, 이는 몽골의 침략에 대한 저자의 분노를 표출하는 표현이라고 생각합니다. 즉, 제시문 (나)와 (다)에는 공통적으로 몽골의 침략을 당한 저자의 분노라는 감정이 투영되어 있습니다.

저는 이러한 분노의 감정이 잘 드러나는 문학 작품으로 이상화 시인의 「빼앗긴 들에도 봄은 오는가」를 들고 싶습니다. 실제로 제시문에서 나타나는 분노의 감정은 단순히 개인끼리 충돌해 생기는 것이 아니라 삶의 터전을 잃은 민족 공통의 감정에 가깝습니다. 따라서 일제 강점기에 저항 시인으로서 우리 민족의 울분을 표출한 이상화 시인의 「빼앗긴 들에도 봄은 오는가」라는 시가 제시문의 감정과 직접적으로 연결된다고 생각합니다. 제시문의 주체들은 몽골인들의 침략으로 삶의 터전이 훼손되어 일차적으로는 큰 분노를 느꼈을 테지만 동시에 크나큰 슬픔을 느꼈을 것입니다. 정서적인 슬픔을 넘어서 미래가 무너진다는 생각과 좌절을 느끼며 탄식하는 상태가 되었을 것이므로 분노라는 감정을 섬세히 파악하여 시와 연결할 수 있다고 생각합니다.

개요

1. 제시문 (나)와 (다) 요약 및 감정 도출: 예 분노
2. 감정과 어울리는 문학 작품 제시: 예 「빼앗긴 들에도 봄은 오는가」
3. 추가적인 감정 제시: 예 비탄

1. 제시문을 분석하고 요약한 뒤 답을 구상하는 것으로 끝나지 않는 문항이라 쉽지 않을 수 있습니다. 특히 문학 작품을 직접적으로 제시하도록 출제된 문항이기 때문에 평소 모의고사 공부하듯 문학 작품을 접했던 학생들에게는 당혹스러울 수 있을 것입니다. 말로 작품을 제시해야 하기 때문에 구체적으로 작품을 언급해야 하고 따라서 문학 작품의 내용을 풀어 설명하는 방식은 지양해야 합니다. 문학 작품의 작가는 기억하지 못한다고 솔직하게 말해도 좋지만 문학 작품의 제목은 답과 직결되기 때문에 정확히 말할 수 있도록 하는 것이 좋을 것입니다.

2. 문항에서 요구한 대로 감정을 제시하고 세부적으로 설명하는 구조의 답안입니다. 어떤 감정을 선택해도 점수에는 영향이 없지만, 제시만 하는 것에서 그치면 점수를 더 얻기 힘듭니다. 보기의 단어 중 한 가지를 제시하더라도 그 감정이 제시문, 문학 작품과 어떤 식으로 연결되어 분석될 수 있는지 상세히 말하는 것이 중요합니다.

이 답안의 강점은 무엇인가?

학교 측 출제 의도 및 평가 지침

출제 의도

● [문제 1] 정확한 독해력을 기반으로 제시문의 내용을 파악하고 다른 텍스트에 적용하여 분석할 수 있는 응용력 및 사고 능력을 평가함

● [문제 2] 제시문에 대한 정확한 이해를 바탕으로 자신의 독서 경험과 연결할 수 있는 창의력을 평가함

문항 해설

● 제시문 (가)는 '동양'에 관한 서술이 모두 사실은 아니며 글로 옮기는 과정에서 저자에 의한 이미지 표상이 이루어지기 때문에 텍스트를 비판적으로 읽어야 할 필요성을 보여줌. 제시문 (나)와 (다)는 몽골에 대한 당시 유럽인의 기록으로서 몽골의 표상된 이미지와 객관적 사실이 혼재되어 있음. 이 문항은 제시문 (가)의 관점에서 제시문 (나)와 (다)를 분석하면서 양자를 구분하고 그와 같이 판단한 근거를 제시하도록 함

● 제시문 (나)와 (다)의 저자는 각각 당시 몽골에 대한 서술을 남김. 그리고 제시문 (가)를 통해 이 저자들의 서술에는 그들의 시각이 투영되어 있음을 알 수 있다고 밝힘. 이 문항에서는 수험생이 제시문 (나)와 (다)를 통해 각 저자가 몽골의 침략이라는 위협에 대해 어떤 감정을 느꼈을 것인가 추론하고, 자신의 독서 경험을 통해 유사한 사례를 제시하게 함으로써 텍스트를 정확하게 이해했는지, 창의력 및 응용력을 갖추었는지를 평가함

서울대 | 2022학년도 사회과학 오전

※ 제시문을 읽고 물음에 답하시오.

(가)

기업의 사회적 책임 활동은 기업의 소유주인 주주의 이익을 넘어, 소비자, 노동자, 투자자 및 지역 사회 등 다양한 이해관계자의 이익을 도모하는 일이다. 인도 정부는 2013년에 회사법을 개정함으로써 기업의 사회적 책임을 다음과 같이 의무화했다. 회계연도 순자산이 50억 루피(한화 약 800억 원) 이상이거나 매출 100억 루피(한화 약 1,600억 원) 이상 또는 순이익이 5천만 루피(한화 약 8억 원) 이상인 회사는 직전 3개년도의 평균 순이익의 2% 이상을 기업의 사회적 책임 활동에 지출해야 한다. 2% 이상 미집행 시 사유를 공시해야 한다.

(나)

온라인 경매 사이트에서 자선 단체에 기부하는 프로그램을 도입했다. 이 사이트의 판매자들은 판매 대금 중 일부를 기부할 때 경매 참가자들이 어떻게 반응하는지에 대한 실험을 진행했다. 다른 조건은 동일한 상태에서 기부 프로그램의 참여 유무에만 차이를 두어, 판매 가능성과 낙찰 가격에 미치는 영향을 살펴보았다. 기부 프로그램에 배정된 매물은 그렇지 않은 동일한 매물에 비해 판매 가능성이 훨씬 높았고, 판매된 경우에는 평균 낙찰 가격도 높았다.

(다)

시장에서 기업은 경쟁으로 인해 사회적 책임을 소홀히 할 수 있다. 예를 들어, 독점적 지위를 확보한 기업은 사회적 요구에 응하여 다양한 이해관계자의 이익을 도모할 처지가 된다. 반면 생존의 기로에서 경쟁하는 기업들은, 비록 장기적으로 기업의 비용과 위험을 줄이는 행위임을 인지함에도 불구하고, 노동자의 안전과 환경 문제 등에 소홀할 수 있다.

문제 1

제시문 (나)와 (다)를 통해, 사회적 책임 활동을 수행하는 기업의 특정 동기와 상황을 추론할 수 있다. 기업들의 다양한 동기와 상황을 고려하여, 제시문 (가)의 인도 정부의 회사법 개정이 기업의 사회적 책임 활동과 이윤 창출에 미칠 수 있는 영향에 대해 논하시오.

문제 2

사회 문제 해결을 위한 정부와 기업의 바람직한 역할 구분에 대해 설명하고, 그 관점에서 제시문 (가)의 회사법 개정에 대해 평가하시오.

제시문 (나)와 (다)를 통해, 기업의 사회적 책임 활동 수행은 기업의 동기와 상황에 대한 정확한 분석이 필요할 뿐만 아니라, 사회적 책임의 이행이 반드시 기업의 이윤 창출로 이어지지는 않는다는 점을 파악할 수 있습니다. 먼저 제시문 (나)는 기업의 사회적 책임 활동의 동기 중 하나가 이윤 창출임을 나타냅니다. 제시문 (나)에 따르면, 기부를 조건으로 내세운 매물이 상대적으로 더 높은 가격에, 더 잘 판매되고 있습니다. 이와 같은 기부 행위는 사회적 책임 활동의 하나로서 제품을 홍보하는 효과를 가지며, 곧 기업의 이윤 창출에 기여하게 됩니다.

다음으로 제시문 (다)는 기업이 처한 경쟁의 정도라는 상황에 따라 사회적 책임 활동 수행에 대한 접근성이 달라질 수 있음을 나타내고 있습니다. 제시문 (다)에 따르면, 독점적 지위를 가진 기업은 사회적 요구에 응할 여유가 있는 반면 치열한 경쟁을 하는 기업들은 사회적 책임 활동의 유효성을 인지하고 있음에도 불구하고, 당장의 상황 때문에 비용 절감에 더 민감하며 사회적 책임 활동에 소극적입니다. 그러므로 경쟁이 치열한 산업 하의 기업은 사회적 책임 활동을 수행하기 어려우며, 이는 기업의 이윤 창출에 단기적으로 부정적 영향을 끼칠 수 있습니다.

이러한 점을 고려할 때, 제시문 (가)의 인도 정부의 회사법 개정은 의무화에 따른 사회적 책임 수행의 일시적 증가는 야기할 수 있으나, 장기적으로는 사회적 책임의 동기를 약화시켜 자발적인 수행을 감소시키고, 일부 기업의 이윤 창출을 저해할 수 있다고 생각합니다. 왜냐하면, 사회적 책임이 의무화되는 경우, 제시문 (나)가 언급한 판매 홍보 효과가 약화될 수 있으며, 이를 인지한 기업의 입장에서는 자발적으로 사회적 책임을 수행할 동기가 저하될 수 있기 때문입니다. 또한, 각 기업이 처한 경쟁 상황을 고려하지 않은 채 자산이나 순이익만을 기준으로 하는 의무화는 기업의 비용을 증가시킬 수 있고, 이는 다시 기업의 순이익을 악화시켜 결국 개정된 회사법의 기준보다 낮은 순이익을 얻게 될 가능성이 있습니다. 그 결과 기업의 사회적 책임 활동을 위축시키고 이윤 창출을 저해할 수 있다고 생각합니다.

개요

1. 두 제시문의 함의 및 제시문 (나)의 논지
2. 제시문 (다)의 논지
3. 회사법 개정의 영향

Tip & Advice

1. 제시문 (나)와 (다)에 대한 분석에 앞서 두괄식으로 두 제시문의 함의를 종합하는 문장을 제시했습니다. 각 제시문에 대한 분석 이후에 두 제시문을 종합한 함의를 말하는 순서도 틀린 것은 아니지만, 두괄식으로 답변하는 것이 전달에 있어 효과적입니다. 다만 답변의 순서와 상관없이, 두 제시문을 통해 기업의 이윤 창출과 사회적 책임 수행의 관계가 동기와 상황에 따라 달라질 수 있음을 지적해야 합니다.

2. 다수의 학생들이 회사법 개정의 긍정적 영향을 주장할 것으로 생각되어, 위 답안에서는 회사법 개정이 기업의 사회적 활동과 이윤 창출 모두에 부정적일 수 있다는 결론을 도출했습니다. 중요한 것은 긍정/부정 중 '어떤(which) 결론인지'가 아니라, '왜(why) 그렇게 생각하는지'입니다. 그러므로 실제 면접장에서는 스스로 판단하기에 근거 확보가 용이한 결론을 선택할 것을 권합니다.

이 답안의 강점은 무엇인가?

　사회 문제 해결을 위해서는 정부와 기업의 적절한 공조가 요구된다고 생각합니다. 먼저, 기업은 사적인 이윤 창출을 추구하며 시장에 참여하는 주체입니다. 그러므로 시장 내에서 사회 문제의 해결을 도모하거나, 시장과 연계하여 그 해결을 모색하는 역할을 수행하는 것이 바람직할 것입니다. 제시문 (나)에서 기업의 사회적 책임 활동 수행이 기업의 이윤 확대로 이어지는 경우가 대표적인 예시입니다.

　반면에 정부는 사회의 원만한 운영과 같은 공적 목표를 달성하는 것을 주된 목적으로 하며, 시장의 참여 주체가 아니라는 점에서 기업과는 근본적으로 다릅니다. 동시에 정부는 때로 시장 내 경쟁 상황, 조건, 기업의 비용 구조에 대한 정확한 정보를 갖추지 못할 수도 있다고 생각합니다. 따라서 정부는 시장에 대한 간섭을 최소화하여, 시장 내 가격 체계와 같이 질서를 교란시키지 않는 범위 내에서 역할을 수행하는 것이 바람직하다고 생각합니다. 또한, 공공재의 불충분한 공급, 정보의 비대칭성, 외부 효과와 같은 시장 실패 현상이 나타나는 경우에 한해서만, 시장에 개입하는 것이 적절한 효과를 가질 수 있다고 생각합니다.

　이와 같은 관점에서 제시문 (가)의 회사법 개정을 부정적으로 평가하고자 합니다. 기업의 사회적 책임 활동은 사회의 다양한 이해관계자의 이익을 도모할 수 있다는 점에서 긍정적이지만, 그것이 이루어지지 않는 상황을 시장 실패의 상황으로 볼 수는 없기 때문입니다. 오히려 정부의 시장에 대한 개입은 시장의 질서를 교란하여 '효율성'을 저해할 가능성이 크다고 생각합니다. 제시문 (다)에서 언급하듯 치열한 경쟁 구조를 가진 산업 하의 기업에 대한 사회적 책임 이행 강제는 기업의 비용 구조를 악화시키고, 이윤을 감소시켜 경쟁력을 잃게 만들 수 있습니다. 이는 결국 '기업의 사회적 책임 활동 활성화'라는 본래의 목표마저 좌절시킬 수 있을 것입니다.

개요

1. 기업의 바람직한 역할
2. 정부의 바람직한 역할
3. 평가

1. 기업의 역할을 이야기할 때, 제시문 (나)에 나타나는 시장 원리를 활용했습니다. 정부의 역할을 이야기하기에는 제시문 내 정보가 다소 부족할 수 있는데, 시장 실패(공공재, 외부 효과, 정보의 비대칭성)에 대한 내용은 고등학교 교육과정에서 다루어지는 내용이므로, 이를 활용한 것입니다.

2. 만약 회사법 개정을 긍정적으로 평가하고 싶다면, 정부의 역할을 보다 넓게 설정해야 할 것입니다. '시장 실패가 나타날 때에만 정부의 개입이 정당하다.'와 같은 논리는 신자유주의적 사고에 근거한 주장으로, 이를 절대적 진리라고 생각할 필요가 없습니다. 예를 들어, 칼 폴라니는 자유 시장을 가리켜 사회를 파괴하는 악마의 맷돌이라고 명명한 바 있습니다.

PART 2

이 답안의 강점은 무엇인가?

출제 의도

◐ [문제 1] 제시문의 내용을 바탕으로, 정책 효과에 관한 판단 능력을 평가함

◐ [문제 2] 정부와 기업의 바람직한 역할 구분에 대한 생각과 이를 토대로 한 인도 회사법 개정에 관한 평가 능력을 측정함

문항 해설

◐ 제시문 (나)와 (다)는 사회적 책임 활동의 동기나 처한 상황이 기업에 따라 다를 수 있음을 제시함. 이를 통해, 사회적 책임 활동과 이윤 창출의 관계가 일률적이지 않음을 이해하고, 추가로 다른 동기와 상황에 대해 추론하도록 유도하고자 함. 이러한 다양한 동기와 상황을 고려하여, 인도 정부의 회사법 개정이 기업들에 미치는 효과가 어떻게 달라질 수 있는지 논의하기를 기대함

◐ 정부와 기업의 역할에 대해 생각해 보고, 외부성, 공공재의 불충분한 공급 등으로 야기된 시장 실패 혹은 사회 문제에 대해 정부와 기업이 어떻게 역할 분담을 하는 것이 바람직한지에 대해 생각해 보도록 유도하고자 함. 이를 통해 제시문 (가)에 제시된 인도의 법 개정에 대해 규범적 판단을 유도함

※ 제시문을 읽고 물음에 답하시오.

(가)

공공 정책은 비선출직 전문가들에 의해 좌우되고 있다. 로비 활동이 늘고 정치 자금의 규모가 커지면서 정치인과 국민 사이의 거리도 멀어졌다. 정치가 국민의 뜻과 유리되어버린 것이다. 독일 대안당의 한 지도자는 기성 정치인들은 현상 유지만을 바라고 있지만 대안당은 그들과 다르게 독일 국민이 스스로의 운명을 결정하기를 바란다고 주장했다. 그는 국민에게 중요한 결정을 내릴 권한을 주고 있는 나라로 스위스를 언급하며 그 나라의 정치를 높게 평가했다. 스위스는 2009년 국민 투표를 실시하여 58%의 찬성률로 이슬람 첨탑의 건립을 금지했던 것이다. 한편, 네덜란드의 한 정치가는 2017년 총선에서 11개의 선거 공약을 내세웠는데, 그중 두 번째는 "코란을 금지한다."였다. 그러나 세 번째 공약은 민주적으로 보였다. "법적 구속력이 있는 국민 투표를 도입한다."

(나)

현대 대의제 민주주의는 선거가 있기 때문에 고대 도시 국가의 직접 민주주의보다 우월한 정치 체제다. 선거는 본질적으로 엘리트를 선출하는 방식이기 때문이다. 대의제 민주주의는 선거로 선출한 대표에게 통치를 위임하는 귀족주의의 장점과 평등한 인민 주권을 실현하는 민주주의의 장점을 결합한 체제이기에 더 우월한 것이다.

(다)

잠재적 선동가가 대중의 인기를 얻어 중앙 무대로 올라서려 할 때 기성 정치인들은 힘을 합쳐 그들을 고립시키고 무력화한다. 미국의 대선 예비 경선은 이 문제의 해결책으로서는 지나치게 민주적인 방식인지 모른다. 대선 후보 지명을 오로지 투표자의 손에 맡겨둠으로써 정당이 지니는 문지기 역할을 약화시켰고, 동료에 의한 평가 절차를 생략함으로써 아웃사이더에게 문을 열어 놓았다.

(라)

국민의 뜻이 개인의 권리와 충돌하면서, 개인 권리 존중과 국민 자치의 독특한 조합인 자유 민주주의가 분리되고 있다. 대신 두 가지 체제, 즉 권리 보장 없는 민주주의라고 할 ㉠ 반자유주의적 민주주의, 그리고 민주주의 없는 권리 보장이라고 할 ㉡ 비민주주의적 자유주의가 부상하고 있다. 그렇다면 여기서 우리는 개인의 권리를 포기할 것인가? 국민의 뜻을 외면할 것인가?

문제 1

제시문 (가)에 제시된 사태에 대해 제시문 (나)와 (다)가 어떤 입장을 취할지 설명하고 그 두 입장에 대한 자신의 견해를 제시하시오.

문제 2

제시문 (라)의 ㉠과 ㉡ 중 어느 경향이 심화되는 것이 바람직한 정치 체제에 더 큰 위협이 될 것인지 (가)에 제시된 사태와 연관 지어 자신의 생각을 이야기하시오.

　제시문 (가)는 국가의 공공 정책이 비선출직 전문가에 의해 좌우되어 국민의 뜻을 온전히 반영하지 못하고 있음을 지적합니다. 이에 독일의 대안당 지도자는 국민의 의사가 정치에 보다 적극적으로 반영될 수 있는 직접 민주주의를 주장하고 있습니다. 그러나 스위스의 사례에서 드러나듯, 직접 민주주의는 종교의 자유와 같은 기본적 권리를 침해하는 결과를 낳을 수도 있습니다.

　제시문 (나)의 입장에서 제시문 (가)는 직접 민주주의의 폐해를 드러내는 사례입니다. 제시문 (나)는 대의제 민주주의가 귀족주의와 민주주의의 장점을 결합한 우월한 체제라고 정의하며, 직접 민주주의 제도에 회의적입니다. 따라서 제시문 (가)에 나타나는 이슬람 첨탑의 건립 금지, 코란의 금지와 같은 사태는 직접 민주주의의 부작용을 전적으로 드러내는 경우로 해석될 수 있습니다.

　제시문 (다)의 입장에서도 제시문 (가)는 직접 민주주의의 실패 사례에 해당합니다. 제시문 (다)는 미국의 대선 예비 경선과 같이 직접 민주주의가 강화되면 정당의 역할이 약화되고 동료에 의한 평가가 생략되므로 선동가가 출현하는 것을 막지 못한다고 주장합니다. 이러한 관점에서 제시문 (가)에 나타나는 일련의 종교의 자유 침해 사례는 직접 민주주의의 실패로 선동가의 등장을 막지 못한 결과입니다.

　제시문 (나)와 (다)는 공통적으로 직접 민주주의에 대해 비판적이며, 소수 엘리트에 의한 정치를 주장하고 있습니다. 그러나 이는 권력의 독점화, 엘리트들의 지대 추구 행위 등을 야기할 수 있다는 점에서 한계가 있다고 생각합니다. 먼저 제시문 (나)의 경우, 대의제의 결과로 시행된 정책이 국민의 의지와 유리될 가능성, 나아가 선출된 대표가 그 자신의 이익만을 추구할 가능성을 외면하고 있습니다. 또한, 제시문 (다)의 경우, 정당 체제의 강화가 정치 환경의 경직성을 강화시켜, 정당이 국민의 이익을 대변하는 것이 아닌 각 정당의 이익만을 추구하는 결과를 낳을 수 있음을 간과하고 있습니다.

개요

1. 제시문 (가)의 사태
2. 제시문 (나)의 입장
3. 제시문 (다)의 입장
4. 각 입장에 대한 견해

1. 문제가 요구하는 바가 여러 가지인 경우, 문제가 묻는 순서 그대로 답을 해 나가면 됩니다. 반드시 두괄식으로 모든 답을 제시해야 한다는 강박을 가질 필요는 없습니다. 문제가 묻는 바에 따라 이처럼 두괄식 답변이 어려운 경우가 있습니다. 이러한 경우 답변 순서를 고민하기보다는 문제가 묻는 바를 빠짐없이 답할 수 있도록 해야 합니다.

2. 제시문 (다)의 논지 파악이 다소 헷갈릴 수 있습니다. 제시문 (다)는 오직 대중의 인기에 의해 힘을 얻은 선동가의 등장을 예방하고자 합니다. 그러나 그것을 예방하는 기제로서 '투표자의 손'에 맡기는 방식을 비판하고 있습니다. 이는, 즉 직접 민주주의의 강화에 대해 회의적임을 시사하는 것입니다.

3. 두 제시문에 대한 자신의 견해를 밝힐 때, 두 제시문의 공통점을 먼저 언급해야 합니다. 이를 통해 두 제시문에 대해 정확하게 이해했다는 것을 면접관 선생님에게 드러낼 수 있으며, 각 제시문에 대한 자신의 견해를 보다 용이하게 이어갈 수 있을 것입니다.

이 답안의 강점은 무엇인가?

㉠ '반자유주의적 민주주의'의 강화가 바람직한 정치 체제를 더욱 크게 위협한다고 생각합니다. 제시문 (라)에 따르면, 현재 자유 민주주의는 개인의 권리 보장이 없는 ㉠ '반자유주의적 민주주의'와 민주주의 없는 ㉡ '비민주주의적 자유주의'로 나뉘어, 자유의 가치와 민주의 가치가 마치 양립 불가능한 두 개념으로 대립하고 있습니다.

이러한 내용을 바탕으로 할 때 제시문 (가)는 자유와 민주가 괴리된 현실 사례에 해당한다고 생각합니다. 독일의 대안당 지도자의 주장 및 스위스와 네덜란드의 사례는 반자유주의적 민주주의에 해당하는 반면에 국민의 뜻을 반영하지 않는 기성 정치인들의 현상 유지는 비민주주의적 자유주의로 해석할 수 있습니다.

이러한 상황에서 반자유주의적 민주주의의 강화는 오히려 종교의 자유와 같은 인간의 기본적 권리에 대한 침해를 가속화시킬 가능성이 크기 때문에, 바람직한 정치 체제에 더욱 큰 위협이 된다고 생각합니다. '국민의 뜻'이라는 절차적 정당성이 반드시 그 내용적 · 실질적 정당성을 의미하는 것이 아님에도 불구하고, 국민의 뜻이라는 이유로 제시문 (가)와 같이 자유 침해가 정당화되는 풍토가 만연하면, 여기에 반대하는 소수의 의견은 묵살당할 가능성이 큽니다. 이는 정치 체제 내의 자정 기능을 약화시켜, 종교 이외의 영역에서도 개인의 자유가 제한되는 상황마저 초래할 수 있을 것입니다. 반면에 비민주주의적 자유주의의 강화는 그 자체로서 국민의 뜻을 온전히 반영하지 않는다는 한계가 있지만, 적어도 제시문 (가)와 같은 자유 침해 사태를 방지할 수 있다는 점에서 반자유주의적 민주주의보다는 상대적으로 덜 위험하다고 생각합니다.

개요

1. 제시문 (라)의 내용 제시
2. 제시문 (가)에 대한 적용
3. 자신의 생각

자유와 민주의 충돌이 나타나고 있음을 지적하는 것이 중요합니다. 이는 곧 다수 국민의 뜻이 소수 개인의 자유를 빼앗는 경우가 발생할 수 있으며, 반대의 경우에는 다수 국민의 뜻을 외면하는 결과를 나타낼 수 있음을 의미합니다. 물론, 양자 간의 적절한 조화와 균형은 필요할 것입니다. 그러나 이것은 문제가 묻는 바가 아닙니다. 둘 중 무엇이 '더' 위협이 되는지를 묻고 있으므로 둘 중 하나를 택해서 답하는 것이 묻는 바에 대해 '답'하는 것입니다.

이 답안의 강점은 무엇인가?

출제 의도

◉ [문제 1] 제시문에 대한 이해력, 그것을 구체적 상황에 적용해 분석하는 응용력과 분석력, 그리고 자신의 관점에서 판단하는 비판력과 창의력을 평가함

◉ [문제 2] 제시문에 대한 이해력, 그것을 구체적 상황과 연관 짓는 응용력, 그리고 유추하고 추론하는 창의력과 논리력을 평가함

문항 해설

◉ 제시문 (가)는 정치가 국민의 뜻과 유리된 상황에서 기성 정당은 현상 유지를 바라지만 일부 대안 정당은 국민에게 국민 투표 같은 직접 민주주의적 권한을 부여할 것을 주장하는 상황임. 그런데 국민 다수가 원하는 정책은 종교의 자유 등 소수의 권리를 침해할 소지가 있음

◉ 제시문 (나)는 대의제 민주주의가 직접 민주주의에 비해 더 우월한 체제라고 주장함. 그것은 선거를 통해 선출된 지식, 덕성, 지혜 등의 미덕을 갖춘 엘리트가 통치하는 체제라는 점에서 비롯함. 제시문 (나)는 국민 투표와 같은 직접 민주주의적 제도에 비판적임. 이슬람 첨탑 건립 금지와 같은 종교의 자유 침해는 그러한 폐해를 잘 보여줌

◉ 제시문 (다)는 선거에서 위의 미덕을 갖춘 엘리트가 선출될 보장이 없다는 점에 주목함. 선동가가 대중의 지지에 힘입어 선출되는 것을 방지하기 위해서는 특히 정당(체제) 내에서 그러한 문지기 기능이 잘 작동되어야 함. 스위스와 네덜란드는 기성 정치 지도자들이 선동가/선동 정치의 출현을 제대로 막지 못한 실패 사례에 해당함

◉ 제시문 (나)와 (다)의 입장은 엘리트 통치에 편중되어있다는 비판이 가능함. 제시문 (나)의 주장을 비판하면, 선출된 대표의 통치가 일반 국민의 뜻과 너무 거리가 멀고 많은 결정이 비선출직에 의해 내려짐. 제시문 (다)의 주장을 비판하면, 정당 체제가 지나치게 폐쇄적으로 운영될 경우 정치가 사회의 변화와 다양한 요구를 제대로 반영하지 못하고 국민의 소외가 심화됨. 결국은 제시문 (나)와 (다)가 우려하는 포퓰리즘 정치의 등장을 초래할 수도 있음

- 제시문 (라)는 국민의 뜻이 개인의 권리와 충돌하면서 자유 민주주의가 민주 없는 자유주의와 자유 없는 민주주의로 분리되며, 자유의 가치(개인의 권리)와 민주의 가치(국민의 뜻)가 양립하기 어려운 상황이 현재 민주주의 위기의 성격이라고 주장함

- 제시문 (가)에 제시된 사태는 제시문 (라)가 말하는 자유 민주주의의 분리 현상의 현실 사례임. 기성 체제는 민주주의 없는 권리 보장인 비민주주의적 자유주의이고 대안 정당이 주장하고 있거나 실천한 정치 체제는 반자유주의적 민주주의임. 두 경향 중에 어느 것이 심해질 때 민주주의에 더 심각한 위협이 될 것인지를 묻는 질문임

※ 제시문을 읽고 물음에 답하시오.

(가)

 공공 미술은 공공장소에 설치되므로 미술관에 전시된 작품과 달리 원하지 않는 시민들에게도 노출되기 마련이다. 따라서 공공 미술을 기획할 때는 대중의 미적 만족을 고려해야 한다. 일반적 취향을 벗어나 아름답기는커녕 불쾌감만 주는 작품에 공공 재정을 지출하는 것은 정당하지 않다.

(나)

 공공 미술의 공공성은 그 목적에서 찾아야 한다. 누구의 심기도 건드리지 않기 위해 무난하고 의례적인 작품만 선정한다거나, 작품의 선택을 주민 투표에 맡긴다면 예술을 지원할 이유가 없다. 공공 미술은 대중의 취향을 교육하고 시민에게 더 나은 삶의 가치를 전달할 기회다. 어떤 작품이 그럴 만한 것인지 판단할 수 있는 사람은 인정된 전문가들이다.

(다)

 1981년 리차드 세라는 정부의 지원을 받아 길이 36미터의 녹슨 강철판인 「기울어진 호」를 맨해튼의 작은 광장에 설치했다. 시민의 동선을 변경하여 광장의 기능을 다시 생각하게 하려는 것이 작가의 의도였다. 이 작품은 전통적인 조각처럼 관조의 대상에 머무르지 않는다. 작품에 반응하는 관람객의 행동과 이로 인해 새롭게 규정되는 공간까지 작품의 일부가 되는 것이다. 하지만 관습에 익숙한 눈에 작품은 건축 폐기물에 불과했다. 충격과 불편함에 시민들의 항의가 이어졌고 논란 끝에 작품은 89년에 철거되었다.
 1982년 유사한 양식의 조형물이 워싱턴 국회 의사당 인근에 세워졌다. 공모전에서 마야 린의 「베트남 참전 용사 기념물」이 선정된 것이다. 길이 150미터의 검은 화강암 벽은 중간이 한 번 꺾여 있을 뿐 단순했다. 작가는 기존의 전쟁 기념물과 달리 전쟁이 아닌 사람을 기리겠다고 생각하여, 베트남에서 죽은 이들의 이름을 사망 연도순으로 벽에 새겨 넣었다. 전혀 영웅적이지 않다는 일부의 불만에도 불구하고, 이 조형물은 몇 년 만에 워싱턴에서 가장 많은 사람이 방문하는 장소가 되었다. 베트남 전쟁으로 양분된 미국은 오랫동안 정치적이고 이념적인 대립을 겪었고, 그 상처는 깊었다. 작품에서 린은 이 논쟁적인 사안에 화해나 종결을 제안하지 않았다. 참전 용사부터 반전 평화주의자까지, 입장이 다른 모든 관람객이 이곳에서 원하는 방식으로 전쟁을 반추할 수 있었다.

문제 1 제시문 (다)의 사례들을 제시문 (가)와 (나)에 비추어 평가하시오.

문제 2 제시문 (가)와 (나)의 입장을 중재할 수 있는 안을 제시하시오.

제시문 (가)와 (나)는 모두 공공 미술의 의미에 대해 논한다는 점에서 공통점을 갖지만, 공공 미술이 성립되기 위한 근거 측면에서는 차이를 나타냅니다. 제시문 (가)는 대중의 심미적 만족을 공공 미술의 중요한 요소로 보는 반면에 제시문 (나)에서는 전문가에 의해 선정된 가치 있는 메시지를 대중에게 전달하는 것이 중요하다고 봅니다.

이에 입각하면 제시문 (다)의 「기울어진 호」 작품은 부정적 평가를 받을 가능성이 높습니다. 우선 제시문 (가)의 입장에서 「기울어진 호」 작품을 평가하면, 대중의 미적 감각에 부합하지 않는다는 점에서 공공 미술로서의 가치가 떨어집니다. 아무리 좋은 예술적 시도라도 대중이 거부감을 느끼고 이를 수용하지 않는다면 무의미하다는 것입니다. 마찬가지로 제시문 (나)의 입장에서 「기울어진 호」 작품을 평가하면 전문가가 '광장의 기능'을 대중에게 상기시키려는 메시지를 전달하려 했다는 것은 좋았으나, 메시지 전달에 실패했다는 점에서 부정적 평가를 받을 것입니다. 즉, 목적은 좋았으나 그 목적을 이루는 것에는 실패한 작품이라는 것입니다.

이와 달리 제시문 (다)의 〈베트남 참전 용사 기념물〉은 제시문 (가)의 입장에서 긍정적으로 평가받을 수 있습니다. 대중의 심미적 기준에서 벗어나 불쾌감을 주지 않는 작품이기 때문입니다. 비록 일부 사람들이 작품이 '영웅적'이지 않다는 불만을 표출했지만, 시간이 지나면서 많은 이들이 방문하는 장소가 되었다는 점에서 대중에게 그 미적 가치를 인정받았다고 할 수 있습니다. 제시문 (나)의 입장에서도 「베트남 참전 용사 기념물」은 긍정적 평가를 받을 것입니다. 대중에게 전쟁에서 비롯된 정치적·이념적 대립을 상기시키고, 다양한 입장에서 각자의 방식으로 전쟁을 반추할 수 있는 메시지를 전달하는 것에 성공했기 때문입니다. 비록 대중들에게 '전쟁에서 희생된 이들에 대한 추모'라는 메시지를 전달하려 했던 작가의 기존 의도와는 다르게 받아들여졌지만, 가치 있는 메시지 전달에 성공했다는 점에서 공공 미술로써의 가치가 높다고 할 수 있습니다.

개요

1. 제시문 (가)와 (나)에서 언급된 공공 미술의 평가 기준
2. 각 제시문에 입각한 「기울어진 호」 작품 평가: 부정적
3. 각 제시문에 입각한 「베트남 참전 용사 기념물」 작품 평가: 긍정적

1. 제시문 (가)와 (나)는 각각 공공 미술의 가치를 평가하는 키워드를 제시하고 있습니다. 제시문 (가)는 공공 미술의 '미적 측면'을 강조하고, 제시문 (나)는 공공 미술을 활용한 '메시지 전달'을 중시합니다. 이 두 키워드에 해당하는 요소들을 제시문에서 찾아내고, 이를 기준으로 하여 제시문 (다)에서 언급된 두 작품을 평가해야 합니다.

2. [문제 1]의 핵심은 제시문 (다)에서 언급된 '사례'를 평가하는 것입니다. 제시문 (가)와 (나)의 내용을 대조하여 요약적으로 제시하는 것은 필요하지만, 이에 지나치게 많은 시간을 할애하여 평가의 깊이가 얕아지지 않도록 주의해야 합니다.

이 답안의 강점은 무엇인가?

제시문 (가)와 (나)는 각각 예술의 미적 수용성과 목적성을 기준으로 공공 미술의 가치를 평가하는 입장을 나타냅니다. 이를 통해 공공 미술 제작을 위한 가이드라인을 작성한다면, 공공 미술은 단순한 장식을 넘어서 사회적으로 의미 있는 메시지를 전달하는 매개체임과 동시에, 대중이 수용할 수 있는 전달 방식을 갖춰야 한다고 볼 수 있습니다.

공공 미술은 어떤 목적과 의미를 담아 설치되는지에 따라 그 가치가 달라집니다. 「베트남 참전 용사 기념물」처럼 작품에 메시지를 담아 대중에게 전달해야 한다는 것입니다. 공공 재정을 재원으로 하여 진행되는 미술인 만큼, 사회적 의미를 전달하는 목적을 분명하게 가져야 합니다. 국내에 있는 5·18 추모 공원, 노근리 평화 공원, 4·3 평화 공원 등에는 국가 권력이나 전쟁에 의한 피해자들을 추모하고, 그 기억을 후대에 전달하기 위한 다양한 조형물이 설치되어 있습니다. 이러한 메시지 없이 단순히 오감만을 만족시키는 예술품이나 조형물은 '공공 미술'로써 그 가치가 떨어진다고 생각합니다.

이에 더하여, 공공 미술의 미적 요소와 메시지는 대중이 수용 가능한 방식으로 전달되어야 합니다. 작품에 담긴 작가의 의도나 메시지가 아무리 좋더라도, 대중이 이를 받아들이지 못한다면 그 의미가 퇴색됩니다. 「기울어진 호」 작품의 사례에서도 볼 수 있듯이, 광장의 기능을 상기시키려는 좋은 메시지와 이를 전달하기 위한 예술적 시도는 어디까지나 대중에게 전달되었을 때 그 의미를 지닐 수 있습니다. 따라서 대중이 거부감을 느끼거나, 이해하지 못하는 방식의 공공 미술은 지양해야 할 것입니다. 특히, 공공 미술의 수용자가 '불특정한 다수'로 설정된다는 점을 고려했을 때, 가치 있는 메시지를, 대중이 수용 가능한 방식으로 전달하는 것이 공공 미술의 가장 큰 가치라고 할 수 있습니다.

개요

1. 제시문 (가)와 (나)에 나타난 키워드를 통한 중재안 제시
2. 공공 미술의 조건 1: 가치 있는 메시지 전달
3. 공공 미술의 조건 2: 대중이 수용 가능한 방식

Tip & Advice

[문제 2]는 두 입장을 '중재'할 것을 요구하고 있습니다. 어느 한 입장을 전적으로 지지하거나 폐기해서는 안 되고, 각 입장의 중요 키워드를 종합하는 방식으로 답변을 진행해야 합니다. 제시문들을 종합적으로 살펴보면, '공공 미술은 어떠해야 하는가'에 대해 각각의 입장을 드러내고 있습니다. 공공 미술의 미적 측면을 강조하는 제시문 (가)와 메시지 전달 및 교육 효과를 강조하는 제시문 (나)의 입장을 종합하고, 이를 제시문 (다)의 사례나 스스로 생각해 낸 사례와 엮어 구체적으로 답변을 구성하는 것이 바람직합니다.

이 답안의 강점은 무엇인가?

출제 의도

○ [문제 1] 독해력을 기반으로 지문을 정확히 이해하고 이를 분석과 평가에 적용할 수 있는 응용력을 평가함

○ [문제 2] 중재의 의미를 이해하고 설득력 있는 제3의 안을 도출해 낼 수 있는 능력 및 분석력, 논리력, 창의력을 평가함

문항 해설

○ 예술의 미적 측면, 대중의 만족이라는 (가)의 요소들과 새로움, 엘리트 취향, 메시지의 전달, 계몽과 각성을 내세우는 제시문 (나)의 요소들을 두 사례에서 얼마나 적절하고 세밀하게 찾아내고, 그 기준으로 사례들을 평가하는지를 판단함

○ 두 사례는 제시문 (가), (나)와 1 : 1로 대응하는 것은 아님. 「기울어진 호」는 전반적으로 (가)에 의해 부정적인 평가, 제시문 (나)에 의해 긍정적인 평가를 받는다고 볼 수 있지만, 세밀하게 보면 제시문 (나)에 의해서도 부정적 평가를 받을 수 있기에 이를 지적하는 학생이 적절하게 지문을 독해했다고 볼 수 있음. 「베트남 참전 용사 기념물」은 평가가 더 열려 있어 제시문 (가)와 (나) 모두 자신의 입장에 해당하는 사례로, 혹은 해당하지 않는 사례로 볼 수 있음. 출제자는 이 사례가 제시문 (가)와 (나)가 원하는 목표는 각각 이루었지만 그들이 지지하는 방법으로는 아니었음을 보여 주는 사례로 이해되길 의도함

○ '중재'의 성격상 제시문 (가), (나) 모두 전면적인 수정이나 포기는 아닌, 어느 정도의 변화는 요청하되 취지는 존중되는 의견이 제시되어야 함. 결국 '가치 있는 메시지 전달'과 '대중적 인기', 두 마리 토끼를 다 잡는 것이 바람직한 공공 미술인데, 어떻게 그럴 수 있는지에 대해 조금 더 생각해 보라는 것이 문항의 취지임. 제시문 (다)의 독해가 가이드라인이 될 수 있음. 결국 '공공 미술은 아름다운 장식 이상이 되어야 하나 메시지의 전달 방식에 유의하여 대중적 거부감을 완화시켜야 한다.' 정도가 절충안이 될 것임

※ 제시문을 읽고 물음에 답하시오.

(가)

그녀는 남성들을 비난하느라 시간을 낭비할 필요가 없다. 허용되지 않은 경험과 지식을 갈망하느라 마음의 평화를 망칠 필요가 없다. 두려움과 증오는 거의 사라졌다. 확실히 소설가로서 높은 수준의 장점을 누리게 되었다. 폭넓고 열렬하고 자유로운 감수성을 지닌 것이다. 그녀는 거의 느껴질까 말까 한 감촉에도 반응한다. 마치 야외에 새로 심은 식물이 다가오는 모든 풍경과 소리를 흠뻑 빨아들이듯이. 거의 알려지지 않거나 기록되지 않은 것을 아주 세심하게 또 호기심에 가득 차서 살펴본다. 사소한 것을 보듬고는 그것이 결국 사소하지 않음을 보여 준다. 묻혀 있던 것을 드러내어 그렇게 묻어야 했던 이유가 있었는지 돌아보게 한다. 그녀는 비록 서툴기도 하고 유명한 남성 작가를 따르는 전통의 후예도 아니지만, 가장 중요한 교훈을 깨우쳤다. 여성으로서, 자신이 여성이라는 것을 잊어버린 여성으로서, 쓸 줄 안다.

(나)

글을 쓰는 동기 중에는 어떤 사회를 지향할지에 대한 사람들의 생각을 바꾸려는 정치적 욕망이 있다. 정치적 편향에서 진정으로 자유로운 글은 없다. 예술이 정치와 무관해야 한다는 의견은 그 자체가 정치적 태도이다. 평화로운 시대였으면 나는 정치적 지향을 모르고 살았을 수도 있다. 히틀러의 등장을 목격하면서 전체주의에 맞서는 작품을 써야 했다. 내가 가장 하고 싶었던 것은 정치적 글쓰기를 예술로 만드는 일이었다. 불의를 감지하는 것이 출발점이었다. 사람들이 거의 알지 못하는 중요한 사실이나 거짓을 드러내려 했고, 우선 사람들이 들어주길 바랐다. 그렇다고 해도 글쓰기가 미적 경험이 아니라면 쓸 수 없다. 글쓰기는 고통스러운 병마와 싸우는 것처럼 끔찍하고 고단한 투쟁이다. 자신의 개인성을 지우려 분투하지 않으면 결코 읽을 만한 글을 쓸 수 없다.

문제 1

제시문 (가)와 (나)에서 작가가 갖추어야 할 자질들을 찾아 차이점과 공통점을 설명하시오.

문제 2

위에서 답변한 내용 중 어떤 자질이 문학 이외의 영역에서도 중요하다고 생각하는가? 자신이 속한 공동체의 관점에서 구체적으로 설명하시오.

제시문 (가)와 (나)는 공통적으로 글쓰기를 부단한 고뇌와 성찰을 통한 '극복의 과정'으로 봅니다. 글쓰기에서 중요하게 여기는 가치는 다를지라도, 세심한 관찰을 통해 '드러나지 않았던 사실'을 인식하고, 이에 대한 작가의 생각을 글로 옮기는 작업을 한다는 점에서 그렇습니다. 즉, 두 제시문에서는 작가가 갖추어야 할 자질로 대상에 대한 섬세한 시선과 이를 지속적으로 탐구하는 태도를 중요하게 여깁니다.

하지만 두 제시문의 작가는 각자 목표하는 글쓰기의 양상이 다르며, 이에 따라 작가에게 필요한 자질에 대해서도 일정 부분 차이를 나타냅니다. 제시문 (가)에서는 작가의 중요한 자질로 '자유로운 감수성'을 중시합니다. 작가는 알려지지 않은 것, 사소하게 여겨지는 것을 새롭게 바라볼 줄 아는 감성을 지녀야 한다는 것입니다. 동시에 이를 글로 서술할 때는 자신의 정체성이나 사회적 배경, 고정 관념에서 벗어난 자유로운 방식으로 서술하는 것을 중시합니다. 즉, 작가 개인의 감성에 따라, 자유로운 표현으로 글을 써내려가는 것이 작가의 삶이라는 것입니다.

이와 달리 제시문 (나)에서는 작가의 중요한 자질로 '이성과 정치성'을 설정합니다. 제시문 (나)의 작가는 모든 글은 정치적 편향에서 자유로울 수 없다고 인식합니다. 그에게 글쓰기는 당면한 사회 문제에 대한 작가의 정치적 태도를 담아내는 방식이자, 예술로써의 가치를 갖는 미적 경험입니다. 따라서 작가는 냉철한 이성을 통해 정치적·사회적 문제에 대한 의식을 지녀야 합니다. 사회에 대한 날카로운 통찰을 통해 불의를 감지하고, 이러한 사안을 독자들에게 전달하는 것이 작가의 역할이라는 것입니다. 이러한 작가가 되기 위해서는 문제를 바라보는 이성적 판단 능력을 갖추고, 사안에 대한 스스로의 정치적 태도를 명확히 설정하는 것이 필요하다고 보는 것입니다.

개요

1. 제시문 (가)와 (나)에서 언급된 작가가 갖추어야 할 자질: 공통점 제시
2. 제시문 (가)에서 언급된 작가의 자질: 감수성, 감성
3. 제시문 (나)에서 언급된 작가의 자질: 이성, 정치성

Tip & Advice

[문제 1]은 서로 다른 두 작가의 글쓰기 경험을 통해 각 제시문에서 암시하는 '작가의 자질'이 무엇인지 파악해야 합니다. 감성과 이성, 여성과 남성, 예술성과 정치성, 순수 문학과 참여 문학 등 다양한 기준을 적용할 수도 있겠으나, 제시문의 내용상 이러한 배경지식에 입각한 분석보다는 제시문에 드러난 '작가의 글쓰기 경험' 자체에서 유추할 수 있는 부분을 언급하는 것이 좋습니다.

이 답안의 강점은 무엇인가?

앞서 언급했던 '정치성'은 문학 이외의 영역에서도 중요하다고 생각합니다. 제가 이해한 이성이란, 개인의 문제뿐만 아니라 공동체 내에서 살아가면서 겪는 다양한 문제와 현안에 대해 개인이 갖는 논리적 판단과 의견을 포함하는 개념입니다. 즉, 특정 사안이나 경험을 이해하고, 이에 대한 입장을 이성적으로 정립하여 사회적으로 표현하는 것의 기반으로 보았습니다.

어떤 사람들은 변화가 점점 가속화되는 사회 속에서 타인의 감정을 이해하고 공감하는 능력, 즉 감성이 필요한 시대라고 주장합니다. 물론 사회 문제를 인식할 때에는 연관된 상대의 감정을 이해하고 고려하는 것이 필요합니다. 하지만 '감수성' 혹은 '감성'에 지나치게 의존하면, 문제의 원인을 제대로 파악하기 어려우며 잘못된 대처로 이어질 수 있다는 점에서 한계가 있습니다. 감성은 문제나 사건의 원인을 다각적으로 파악하고 이성적인 대처 방안을 모색하는 과정에서 더해지는 것이 바람직하다고 생각합니다. 이성적 판단을 전제하지 않은 감정적 대응은 더 큰 문제를 야기할 수 있습니다.

예를 들어, 전 세계적으로 유통되는 '가짜 뉴스' 문제를 들 수 있습니다. 오늘날의 가짜 뉴스는 특정 사안에 대한 자극적 표현으로 눈길을 끌고, 다양한 소셜 미디어를 통해 유포됩니다. 이런 특징으로 인해 기성 미디어 매체보다 정보 전달력이 높지만, 부정확한 정보가 유통될 때 이러한 정보에 대한 검증이 제대로 이루어지기는 훨씬 더 어렵습니다. 수많은 영상을 플랫폼 자체적으로 모니터링한다는 것이 실질적으로 불가능하고, 모니터링 자체가 때로는 표현의 자유를 억압하는 기제로 작용할 수 있기 때문입니다. 코로나19 창궐 이후, '확진자'의 신상이나 확진 장소에 대한 가짜 뉴스로 인해 피해를 본 분들이 있습니다. 다녀간 손님이 악의적으로 확진자가 방문했다는 소문을 내면서 영업 손실을 본 가게 주인들도 있고, 확진자가 아닌데도 확진자로 낙인 찍혀 피해를 본 사람들도 있습니다. 이러한 사례에서 볼 수 있듯이, 정보를 접할 기회가 점점 늘어나는 사회에서는 정보에 대한 이성적 분석과 판단이 우선되어야 하고, 이에 기반한 정치적 반응이 필요할 것으로 보여 이성에 기반한 정치성이 중요하다고 생각했습니다.

개요

1. 주장 제시: 이성의 중요성
2. 기각 논의: 감정에 치우친 판단의 한계
3. 사례: 가짜 뉴스와 감정적 대응의 부작용, 대안

Tip & Advice

1. [문제 2]는 문학의 영역에서 범위를 확장하여 자신이 속한 '공동체'의 관점에서 논의를 전개할 것을 요구합니다. '공동체'의 범위는 자신이 속한 어느 것이어도 무방하나, [문제 1]에서 언급했던 요소를 적용할 수 있는 논리적 연결 고리를 반드시 언급해야 합니다.

2. 사례를 언급할 때 주의할 점은, 자신이 속한 '공동체' 내에서 발생했던 일이어야 한다는 것입니다. 자신이 속한 공동체를 학교로 설정해 놓고 사례는 학교 이외에서 발생했던 것으로 언급하면 안 됩니다. 예시 답안에서는 자신이 속한 '사회' 혹은 '국가' 정도로 공동체가 설정되어 있습니다. 그 안에서 벌어졌던 일 중 자신이 경험하거나 간접적으로 알고 있는 것을 논리적으로 연결시켜 주면 됩니다.

이 답안의 강점은 무엇인가?

학교 측 출제 의도 및 평가 지침

출제 의도

- [문제 1] 제시문에 대한 이해력 및 비교 분석력을 평가함

- [문제 2] 개념적 이해를 확장할 수 있는 응용력과 자신의 주장에 대한 논증력을 평가함

문항 해설

- 두 제시문은 감수성을 강조하는 글쓰기와 정치성을 강조하는 글쓰기의 대비를 보여 주는 동시에 작가의 자기 극복이라는 공통점을 가짐. 차이점을 지나치게 단순화하는 답변은 바람직하지 않음. 예컨대, 제시문 (가)는 여성 작가이고 제시문 (나)는 남성 작가임, 제시문 (가)는 감성적 작가이고 제시문 (나)는 이성적 작가임, 제시문 (가)는 순수 문학을 추구하고 제시문 (나)는 참여 문학을 추구함 등은 틀린 대답은 아니지만, 두 제시문을 꼼꼼하게 읽지 않고 고정 관념에 의존한 결과에 가까움. 두 제시문은 작가의 구체적인 '글쓰기 노동'을 묘사한다는 특징이 있음. 따라서 이와 같은 답변이 나오면, 제시문의 어떤 구절을 근거로 답변했는지 되물어보면서 추가 설명을 유도할 수 있음

- [문제 1]에서 두 제시문의 차이점과 공통점을 종합적으로 물었기 때문에 [문제 2]에서 두 제시문의 우열을 가리는 것이 초점은 아님. 대신, 어느 하나의 자질을 골라서 공동체에 대한 고민과 연결하여 사고를 확장하고 응용하도록 문항을 구성. '본인이 속한 공동체'는 학생이 생각하는 학교, 지역 사회, 국가, 세계 등 다양할 수 있음. 학생이 생각하는 공동체가 어떤 성격이나 문제를 가지고 있다고 생각하는지, 그리고 그 성격에 맞거나 그 문제의 해결에 도움이 되는 자질이 무엇이라고 생각하는지에 초점이 있음

※ 제시문을 읽고 물음에 답하시오.

(가)

정치적 자유는 어떤 사람이 다른 사람에게서 강제를 받지 않는 상태를 의미한다. 자유를 보장하기 위해서는 권력의 집중이 최대한 제거되어야 한다. 경제 행위의 조직을 정치권력의 통제로부터 벗어나게 함으로써, 시장은 이러한 강제력의 원천을 제거할 수 있다. 정치인들이 공산당 지지 혐의가 있는 영화 산업 종사자를 업계에서 퇴출시키고자 했던 '할리우드 블랙리스트' 사건이 있었다. 이 사건은 강제적인 수단을 동원해 자발적 교환을 막으려고 한 결탁이라는 점에서 자유를 파괴한 반자유주의적 행위였다. 블랙리스트가 지켜지지 않은 것은 바로 이를 따르는 데 큰 비용이 들도록 만든 시장 때문이었다. 기업을 운영하는 사람들에게는 최대한 많은 돈을 벌려는 동기가 있었기 때문에, 유능한 사람이라면 블랙리스트에 올랐더라도 고용할 유인이 생겼다. 블랙리스트에 오른 사람들은 가명으로 극본을 쓰거나 새로운 제작사를 찾아가는 등의 대안적 방식으로 일자리를 얻을 수 있었으며, 그 결과 자유를 보호받을 수 있었다.

(나)

자유 지상주의자는 시장에서 표출될 수 있는 개인 선호의 충족을 근본적인 것으로 본다. 그러나 개인이 스스로 삶을 얼마나 통제할 수 있는지에 영향을 주는 요인은 이와 무관한 경우가 많다. 예컨대, 시장 경제가 효율적으로 작동하기 위해서는 타자기 제조업처럼 불필요해진 산업에서 컴퓨터 제작이나 소프트웨어 개발처럼 수요가 더 많은 산업으로 자원을 쉽게 움직일 수 있어야 한다. 이러한 효율성의 대가는 변화가 생길 때 새로운 일자리를 찾아야 하는 노동자들이 치르게 된다. 노동자들이 이러한 변화에 항시적으로 노출되어 있으면, 더 안정적인 사회에서보다 스스로 삶을 통제할 능력이 떨어진다. 어떤 시스템이 나은지 결정하려면, 생산 효율성과 개인의 삶에 대한 통제력이라는 상충하는 두 가치를 어떻게 조화할지 선택해야 한다. 규제되지 않는 시장은 많은 노동자가 삶에 대한 통제력을 상실하도록 방치한다. 이들의 자유 또한 도덕적으로 중요하다.

문제 1

제시문 (가)와 (나)의 저자가 시장과 자유의 관계를 어떻게 이해하는지 설명하시오.

문제 2

제시문 (가)의 '할리우드 블랙리스트' 사건 논의에 대해, 제시문 (나)의 저자는 어떤 입장을 취할지 설명하시오.

제시문 (가)는 시장에 대한 정부 규제를 줄이는 것이 시장 참여자의 경제적 자유뿐만 아니라 정치적 자유도 보호할 수 있다고 보는 반면에 제시문 (나)는 규제 없는 시장이 시장 참여자의 자유를 반드시 보장하는 것은 아니라고 봅니다. 즉, 제시문 (가)는 시장에 대한 정부의 개입이 줄어들수록 참여자의 자유로운 경제적 선택이 가능해지고 이를 통해 정치적 억압을 일정 부분 회피하는 것이 가능하다고 주장합니다. 하지만 제시문 (나)는 효율성을 추구하는 시장의 특성상, 산업 변화가 일어나는 과정에서 노동자의 삶이 불안정해지고, 이로 인해 삶에 대한 통제력이 줄어든다면 진정으로 자유롭다고 할 수 없다고 보는 것입니다.

이러한 차이는 제시문 (가)와 (나)의 저자가 자유의 의미를 다르게 이해한다는 점에서 비롯됩니다. 제시문 (가)의 저자는 자유를 '강제 받지 않는 상태'로 정의합니다. 자유를 제한할 위험이 있는 권력의 집중을 반대하고, 자유로운 시장 경제를 통해 경제 조직을 정치권력으로부터 독립시켜야 한다고 봅니다. 규제 없는 시장은 효율성의 원리에 따라 개인의 자유로운 경제적 선택을 가능하게 하며, 이를 통해 '블랙리스트'와 같은 정치적 억압을 해소할 수 있다는 것입니다.

이와 달리 제시문 (나)의 저자는 자유를 '스스로의 삶에 대한 통제력'으로 인식합니다. 단순히 강제 받지 않는 것을 넘어서, 실질적으로 개인이 자유롭게 선택할 수 있는 여건이 필요하다는 것을 의미합니다. 효율성의 원리에 따라 움직이는 시장 내에서 사양 산업에 종사하던 노동자는 직업을 바꿔야 한다는 압박감과 마주하게 됩니다. 이러한 상황에서 노동자들에게는 실질적으로 선택할 수 있는 대안이 거의 없습니다. 즉, 규제 없는 시장은 시장 참여자 중 사회 경제적으로 형편이 넉넉지 못한 이들의 자유를 제한하는 장치로 작동할 위험이 있습니다. 따라서 제시문 (나)에서는 개인의 자유와 시장의 효율성을 조화시킬 수 있는 대안이 시장 외부에서 마련되어야 한다고 보는 것입니다.

개요

1. 제시문 (가)와 (나)의 공통점 및 차이점 제시
2. 제시문 (가)에서 나타난 자유와 시장의 관계
3. 제시문 (나)에서 나타난 자유와 시장의 관계

Tip & Advice

[문제 1]은 직접적으로 '비교'하라는 표현은 없으나, 주어진 문제와 제시문의 내용상 자연스럽게 내용을 비교해야 하는 문제입니다. 제시문 (가)와 (나)에서 시장과 자유의 관계를 어떻게 이해하는지를 파악하고 공통점과 차이점을 명확하게 제시해야 합니다. 예시 답안에서는 제시문 (가)와 (나)에서 시장과 자유의 관계를 다르게 파악하는 원인으로 '자유'에 대한 정의가 다르다는 점을 기준으로 내용을 제시했습니다. 명확한 비교 기준을 답변 서두에 제시해 준다면 면접관 선생님의 입장에서 좀 더 명확한 답변으로 들릴 가능성이 높습니다.

이 답안의 강점은 무엇인가?

제시문 (나)의 저자는 제시문 (가)의 '할리우드 블랙리스트' 사건 논의에 대해, 자유로운 시장이 경제적 자유를 항상 보호하는 것은 아니라는 점을 들어 비판할 것입니다. 제시문 (가)에서는 할리우드 블랙리스트 사건을 '강제적인 수단을 동원해 자발적 교환을 막으려고 한 결탁'이라고 해석했습니다. 정치적으로 특정 세력을 억압하기 위해 경제적 제약을 만들었다는 것입니다. 제시문 (가)의 관점에서 '자유로운 시장'은 참여자의 정치적 성향과 관계없이 '효율성'만을 중시하기 때문에 블랙리스트에 오른 사람이라도 고용할 유인이 있었으며, 이를 통해 블랙리스트에 오른 사람들이 자유를 보호받았다고 평가합니다.

하지만 제시문 (나)의 저자의 관점에서 보면, 이는 자유로운 시장이 자유를 보호한 사례로 보기 어렵습니다. 블랙리스트에 오른 이들 중 가명을 쓰거나 새로운 제작사를 찾아가 경제적 지위를 유지한 사람들도 있지만, 반대로 시장에서 유능하지 못하다고 평가받은 사람들은 이로 인해 일자리를 얻을 수 없었을 것이기 때문입니다. 특정 산업이 위축될 때 효율성의 원리에 의해 돌아가는 시장에서 대규모 실직자가 발생하는 것과 마찬가지입니다. 유능하지 못하다고 평가받은 다수의 시장 참여자들은 도리어 자신의 삶에 대한 통제력을 잃게 된 것입니다. 그리고 여기에는 시장 외부의 정치적 압력뿐만 아니라, 효율성만을 중시하는 '시장의 기본 속성' 자체가 분명히 기여한 것으로 볼 수 있습니다.

이처럼, '스스로의 삶에 대한 통제력'을 자유라고 보는 제시문 (나)의 저자에게 자유로운 시장은 참여자 모두의 자유를 보호하는 장치가 아닙니다. 강제나 구속이 존재하지 않는 시장은 오로지 '효율성'만을 추구하기 때문에, 이 과정에서 취약한 노동자들은 오히려 자유를 위협당할 수 있습니다. 또한, 시장 참여자의 대부분은 자신의 직업을 즉각적으로 전환할 능력이 부족하여 변화에 취약한 입지에 처해 있는 경우가 많습니다. 그렇기에 제시문 (나)의 저자는 시장의 효율성과 개인의 자유가 충돌하는 문제를 해결하기 위해 시장 밖에서 '정치적'인 결정이 필요하다고 주장합니다. 이러한 제시문 (나)의 저자에게 제시문 (가)의 할리우드 블랙리스트 사건 논의는 시장에 의해 '유능한 소수'의 자유만 보호받는 모습을 보여 준다는 점에서 긍정적 평가를 받기 어렵습니다.

개요

1. 제시문 (나)의 저자가 제시문 (가)의 할리우드 블랙리스트 사건 논의에 대해 취할 입장 제시
2. 제시문 (나)의 저자가 취한 입장에 대한 근거
3. 제시문 (나)의 저자가 해석한 '자유'와 제시문 (가)의 할리우드 블랙리스트 사건 논의에 대한 평가 연결

Tip & Advice

입장을 드러내거나 주장, 비판을 제시해야 하는 문제에서는 크게 세 가지를 주의 깊게 고민해야 합니다. '어떤 입장'에서, '어떤 대상'을, '무엇을 근거로' 비판할 것인지를 명확하게 정리하는 것이 좋습니다. [문제 2]의 경우, 제시문 (나)의 저자의 입장에서 '제시문 (가)의 할리우드 블랙리스트 사건 논의'에 대해 어떻게 논평할 것인지를 요구합니다. 주의할 부분은, [문제 1]에서 언급했던 제시문 (가)의 주장 자체를 비판하는 것이 아니라, '할리우드 블랙리스트 사건 논의'를 비판해야 한다는 점입니다. 이에 주의하여 논평의 근거를 확보한 후 답변을 정리하는 것이 좋습니다.

이 답안의 강점은 무엇인가?

◆ [문제 1] 논리적 · 분석적 사고력과 독해력을 평가함

◆ [문제 2] 자유의 가치에 의거해 규제되지 않은—또는 최소한으로만 규제된—시장에 대한 서로 다른 결론이
도출되는 과정을 분석 · 평가하는 능력을 평가함

◆ 제시문 (가)의 저자는 정부 규제를 최소한으로만 받는 시장이 자발적 교환의 경제적 자유뿐 아니라 정치적
자유까지 보호 · 증진한다고 봄. (적어도 규제를 최소한으로만 받을 때) 시장은 정치적 자유를 위협하는 정
치권력의 힘이 뻗치지 못하는, 독립적인 생리를 지닌 제도이기 때문이라는 논거를 제시함. 제시문 (나)의 저
자는 자기 삶에 대한 통제력(control over one's own life)이라는 또 다른 의미의 자유를 강조함. 저자는 시
장이 이러한 자유를 보호 · 증진하는지는 사람과 상황에 따라 달라서, 예를 들어 사양 산업 종사자들은 효율
성을 추구하는 시장의 흐름에 직장을 잃고 따라서 자기 삶에 대한 통제력을 상실할 수 있음을 지적함. 나아
가 제시문 (나)의 저자는 시장의 섭리—예컨대 효율성, 개인 선호의 총합적 충족, 이윤 극대화—가 언제나 저
절로 개인의 자유를 보호 · 증진하는 것이 아니며, 오히려 개인의 자유와 충돌할 때가 많으므로 이러한 충돌
을 어떻게 해소할지 시장 밖에서, 가령 정치적으로 결정해야 한다고 주장함

◆ 제시문 (가)의 지문은 이윤 극대화의 시장 원리가 자유에 위협을 받는 이들을 보호하는 사례를, 제시문 (나)
의 지문은 효율성을 추구하는 시장 원리가 취약한 노동자의 자유를 위협하는 사례를 설명함. 두 지문 모두
개인의 자유 보호 · 증진의 사회적 목적에 근거하여 논변을 전개하지만, 시장이 이 목적에 어떤 도움이 (안)
되는지를 설명함에 있어 다른 측면에 주목함

※ 제시문을 읽고 물음에 답하시오.

(가)

2014년 런던 지하철 노조가 부분 파업을 벌였다. 이틀 동안 일부 역에서 열차가 정차하지 않았고, 이 때문에 사람들이 새 통근 경로를 찾아야 했다. 이런 상황이 되자 사람들은 평소보다 더 빠른 길이 있음을 알게 됐다. 일상적인 길이 막힌 후에야 새로운 길을 찾게 된 것이다. 매일 소모하는 통근 시간을 단축하는 일이 무시할 만한 것이 아님에도, 사람들은 좀처럼 새로운 시도를 하지 않는다. 한 연구에 의하면 인간 행동의 47%가 습관적인 것이라고 한다.

(나)

어떤 연구 결과에 따르면, 스마트폰을 하루에 세 시간 이상 사용하는 아동은 그렇지 않은 아동보다 자살 충동을 느낄 확률이 30% 이상 높다. 하루에 다섯 시간 이상이면 그 확률이 50% 이상 높아진다고 한다. 아동은 스마트폰 과용의 위험을 잘 모르고 있다. 학교에서 스마트폰 사용을 법적으로 금지하기로 한 프랑스의 조치는 과하다기보다 오히려 부족한 것처럼 보인다.

(다)

학교 교육에서 부모와 학생은 소비자이며 교사와 학교 관리자는 생산자이다. 학교 교육의 국영화와 중앙 집권화로 인해 교육 단위는 대규모화되고 소비자의 선택권은 약화되었으며 생산자의 힘은 커졌다. 교사와 학교 관리자도 부모일 수 있으며 학교가 그들의 자녀를 훌륭한 인재로 교육해 주기를 바랄 것이다. 그러나 교사와 학교 관리자로서 그들의 이익은 중앙 집권화와 관료화를 통해 증가될 수 있다. 소비자로서 부모의 이익은 그렇지 않다.

(라)

1962년 미국은 모든 새로운 의약품은 판매 전에 효험과 안전성에 대해 식약청의 승인을 받아야 한다는 법을 도입했다. 물론 모든 사람은 그들이 사용하는 약품이 안전한 것이길 원한다. 그러나 말기 암 환자들의 경우 부작용의 위험을 감수하고서라도 실험적인 약품이나 치료법을 시도해 볼 의향을 가지고 있다. 한 연구에 따르면 1962년 이후 미국의 신약 개발이 현저하게 감소했다고 한다.

제시문을 모두 활용하여 '정부는 개인의 선택을 제한할 필요가 있다.'라는 주장에 대해 자신의 견해를 제시하시오.

위에서 답변한 내용에 비추어 '전염병 확산기에 백신 접종을 직장 출근의 조건으로 의무화하는 정부의 정책'에 대해 찬성 혹은 반대의 견해를 밝히고 그 이유를 설명하시오. 자신의 주장을 뒷받침하려면 어떤 데이터가 필요할지도 설명하시오.

개인의 자유는 정부에 의해 보장되어야 할 중요한 가치이지만, 공공의 이익을 위해서는 때때로 제한할 필요가 있다고 생각합니다. 개인의 선택이 사회적 차원에서 항상 최선의 결과를 가져오는 것은 아니기 때문입니다. 제시문 (가)의 지하철 노조 부분 파업 사례에서 드러나듯이, 인간 행동의 47% 가량은 습관적으로 나타납니다. 이는 개인의 모든 행동이 그로 인해 발생할 영향을 고려하여 합리적 판단 하에 이뤄지는 것은 아니라는 점을 보여 줍니다.

또한, 개인이 특정 사안에 대해 충분한 정보와 판단 능력을 갖추지 못한 경우라면, 안전을 위해 정부가 일정 부분 행위를 제약하는 것도 필요합니다. 제시문 (나)에서 하루에 스마트폰을 3시간 이상 사용하는 아동이 그렇지 않은 아동보다 자살 충동을 느낄 확률이 30% 이상 높다는 것은 이를 보여 주는 사례입니다. 스마트폰 과용의 위험을 인지하지 못하는 아동의 선택을 학교 차원에서 부분적으로 제지하는 것은 아동의 건강과 성장을 위해 필요한 조치라고 생각합니다.

물론 이러한 정부의 개입이 예기치 않은 부작용을 일으킬 수도 있습니다. 제시문 (다)에서 나타난 공공 교육의 관료주의로 인한 교육 소비자의 권리 약화, 제시문 (라)에서 신약 개발 승인 제도로 인한 연구 개발의 감소가 이를 보여 줍니다. 그러나 이러한 부작용에도 불구하고, 개인의 행위가 사회적 차원에서 부정적 외부 효과를 발생시킨다면 이는 일정 부분 조정되는 것이 타당합니다. 예를 들어, 공장 주인이 경제적 이익을 위해 폐수를 강에 무단으로 방류한다면, 이로 인한 피해는 강을 이용하는 다수의 사람들이 입게 됩니다. 이러한 피해를 막기 위해 정부가 개입하는 것은 타당하다고 생각합니다. 개인의 자유는, 어디까지나 타인의 자유를 침해하지 않는 선에서 보호되어야 합니다.

개요

1. 주장 및 제시문 (가)에 입각한 근거 제시
2. 제시문 (나)에 입각한 근거 제시: 개인의 판단 능력 및 정보 부족
3. 기각 논의: 제시문 (다)와 (라) 활용

해당 문제에서는 제시문을 '모두' 활용하여 자신의 견해를 제시할 것을 요구하고 있습니다. 상반되는 입장의 제시문들을 모두 활용하려면 '기각 논의'를 활용하는 것이 좋습니다. 자신이 선택한 주장의 근거가 될수 있는 제시문들을 중심으로 답변을 진행하되, 반대 입장의 제시문들도 반드시 언급해 주어야 합니다.

이 답안의 강점은 무엇인가?

문제 2 예시 답안

전염병 확산기에 백신 접종을 출근 조건으로 의무화하는 정부 정책은 정당하다고 생각합니다. 백신을 접종할 수 있는 환경 하에서 백신 접종을 거부하고 출근하는 개인의 행위가 전염병 확산을 증가시키는 요인이 될 수 있기 때문입니다. 이는 단순히 개인의 '선택'을 넘어서 타인에게 전염병을 확산시키는 부정적 외부 효과가 발생한다는 점에서 방치되어서는 안 되는 문제입니다.

개인의 자유와 선택은 타인의 권익을 침해하지 않는 선에서 보호되어야 합니다. 백신 미접종이 단순히 미접종자 개인의 건강에만 영향을 미치는 문제라면, 이를 정책적으로 규제할 필요는 없을 것입니다. 하지만 백신 미접종으로 인해 감염의 위험이 늘어나고, 높은 확률로 '전염'을 일으킬 수 있다면 이는 마땅히 규제되어야 합니다. 코로나19로 인해 공공장소 마스크 착용 의무화, 5인 이상 집합 금지 등의 법적 규제가 생긴 것 역시 이와 동일한 논리에 기반하고 있다고 볼 수 있습니다.

이러한 제 주장을 뒷받침하기 위해서는 크게 세 가지 자료가 필요합니다. 직장 내에서 백신 접종자와 미접종자의 수를 나타내는 데이터, 백신 미접종자가 감염되었을 때 평균적으로 전염되는 사람 수를 나타내는 데이터가 있습니다. 접종자와 미접종자의 수를 구분하는 것은 백신 접종 여부와 감염 여부의 상관관계를 알아보기 위해 필요합니다. 또한, 백신 미접종자가 감염 시 전염시키는 인원수를 계산할 수 있다면, 접종자와 미접종자의 감염 전파 정도 차이를 보다 정확하게 알 수 있습니다. 이러한 데이터를 통해 백신 미접종자로 인한 전염병 확산 가능성이 매우 높으며, 그로 인한 피해가 우려된다는 점을 증명할 수 있다면 제 주장의 타당성이 강화될 것입니다.

개요

1. 주장 제시: 백신 접종을 출근 조건으로 의무화하는 정책은 정당함
2. 근거 제시: 개인의 자유는 타인의 권익을 침해하지 않는 선에서 보호되어야 함
3. 이러한 주장을 뒷받침하기 위한 자료와 그 근거

Tip & Advice

1. 전염병 확산기에 백신 접종을 직장 출근의 조건으로 의무화하는 정책은 [문제 1]에서 나타난 '정부가 개인의 선을 제한하는' 사례로 볼 수 있습니다. [문제 1]과 연결되는 만큼 답변이 논리적으로 연결되는 것에 신경을 써야 합니다. 정부 개입을 지지한다면 전염병의 특성상 백신 접종 여부가 타인에게 영향을 미칠 수 있다는 '외부성'을 지적해야 합니다. 제시문 (가)와 (나)의 사례는 외부성이 없는 사례임을 함께 언급해 주면 더 좋습니다.

2. 자신의 주장을 증명하기 위한 '데이터'를 제시하는 것은 크게 어렵지 않습니다. 본인이 정부 개입을 지지하는 견해를 제시했다면, 미접종자가 발생시키는 외부성을 증명할 수 있는 데이터를 제시하면 됩니다. 반대로, 정부 개입을 반대하는 견해를 제시했다면 백신 접종을 출근 조건으로 하는 것이 실효성이 없음을 보여 줄 수 있는 데이터를 제시해야 합니다. 백신 접종 여부와 감염 전파 정도의 상관관계를 강화시키거나 약화시킬 수 있는 데이터가 무엇인지 곰곰이 생각해 보아야 합니다.

이 답안의 강점은 무엇인가?

학교 측 출제 의도 및 평가 지침

출제 의도

- [문제 1] 사례를 이용하여 자신의 견해를 논리적으로 전개하는 능력을 평가함

- [문제 2] 서로 다른 상황을 비교하는 능력과 주장을 뒷받침하는 데이터를 생각해 보는 능력을 평가함

문항 해설

- 네 개의 제시문은 자유로운 개인의 선택과 정부의 개입에 대한 내용임. 제시문 (가)와 (나)는 개인의 선택이 항상 최선의 결과를 가져오는 것은 아니므로 개인의 선택에 제약을 가하는 정부의 정책적 개입을 정당화하는 논거로 사용될 수 있음. 반면에 제시문 (다)와 (라)는 정부의 관료주의, 정책의 의도치 않은 부작용을 지적하여 정부 개입에 대한 반대 논거로 사용될 수 있음. 정부 개입의 정당성을 찬성하는 입장은 제시문 (가)와 (나)를 지지하는 논거로 삼고 제시문 (다)와 (라)의 내용을 반박할 수 있음. 정부 개입의 정당성을 반대하는 입장은 제시문 (다)와 (라)를 논거로 삼고 제시문 (가)와 (나)의 내용을 반박할 수 있음

- 직장인 대상 백신 접종 의무화라는 정부의 개입이 정당한가를 묻는 문항임. 문제 1 답변의 연장선에서 논의를 전개하는 것이 중요함. [문제 1]에서 개인 선택의 중요성을 강조했더라도, 근거를 가지고 정부 개입을 지지하는 입장으로 전환해도 무방함. 예를 들어, 개인의 선택이 다른 사람에게도 영향을 주는 외부성을 가지고 있다는 점에서 제시문의 비효율적인 출퇴근길 선택이나 스마트폰 과용의 경우와는 다름. 반대로 [문제 1]에서는 정부 개입을 지지했지만 [문제 2]에서는 직장인에 한정된 차별적 규제이기 때문에 정부 개입을 반대할 수도 있음

※ 제시문을 읽고 물음에 답하시오.

(가)

송경운(宋慶雲)은 서울 사람이다. 아홉 살에 비파를 배워 최고의 경지에 올랐고 열두세 살에 전국에 유명해졌으며, 벼슬아치들이 그의 음악을 애호했다. 그는 정묘호란 때 전주로 피난 왔다. 전주는 큰 도회지이지만 민생이 어려워 관가를 제외하고는 음악을 들을 수 없었다. 그런데 송경운이 온 뒤로 이곳 사람들 모두 음악을 좋아하게 되었다. 그의 집 앞에 인파가 몰려드는데, 손님이 찾아오면 그는 무슨 일을 하다가도 허겁지겁 하던 일을 놓아두고 얼른 비파를 들었다. "소인은 천한 사람입니다. 이처럼 귀한 분들이 찾아오는 까닭은 오로지 소인의 솜씨 때문이니, 소인이 어찌 감히 연주를 지체하겠으며, 어찌 감히 연주에 진심을 다하지 않겠습니까?" 그러고는 반드시 곡을 다 갖추어 연주하여 손님 마음이 흡족해진 것을 느낀 뒤에야 연주를 마쳤다. 비록 가마를 떠메고 말을 모는 아랫것들이 오더라도 역시 이렇게 대했다.

(나)

최북(崔北)은 산수화를 잘 그렸으며, 독창적으로 일가를 이루었다. 일찍이 어떤 집에서 높은 벼슬아치를 만났는데 그 사람이 최북을 가리키면서 집 주인에게 물었다. "저기 앉아 있는 사람 이름이 뭔가?" 최북이 얼굴을 치켜들고 말했다. "먼저 물어보자. 자네 이름이 뭔고?" 그 오만함이 이와 같았다. 한번은 금강산을 유람하다 구룡연에 이르러 갑자기 크게 부르짖으며 "천하의 명사(名士)는 천하의 명산(名山)에서 죽는게 마땅하다!" 하고 못에 뛰어들어 거의 구하지 못할 뻔했다. 한 귀인이 최북에게 그림을 그려 달라고 요구했으나 뜻대로 되지 않자 장차 최북을 위협하려 했다. 최북이 분노하여 "다른 사람이 나를 배신하는 게아니라 내 눈이 나를 배신하는구나!" 하고 한쪽 눈을 찔러 애꾸눈이 되었다. 어떤 이는 이렇게 평했다. "최북의 풍모가 매섭구나. 왕공귀족(王公貴族)의 노리개가 되지 않으면 그만이지 무엇 하러 그렇게 스스로를 괴롭힌단 말인가."

문제 1

송경운과 최북이 예술가로서 보여 주는 태도와 관점을 비교하여 설명하고, 어떤 '예술가상(像)'이 바람직하다고 생각하는지 의견을 제시하시오.

문제 2

송경운과 최북으로 대변되는 '인간상'이 현대 사회의 예술 이외 영역에서 어떤 의의와 한계를 가지는지 설명하시오.

문제 1 예시 답안

송경운과 최북은 뛰어난 실력을 바탕으로 각자의 영역에서 예술적 성취를 이루었다는 점에서 공통점을 갖지만, 예술가의 지위와 역할에 대해서는 각각 다른 태도와 관점을 보여 줍니다. 송경운은 뛰어난 실력을 갖췄음에도 스스로를 낮추고 예술을 향유하기 원하는 이들에게 봉사하는 태도를 보여 줍니다. 반면 최북은 예술가로서의 자부심이 강하고, 사회적 지위나 권력에 순응하지 않는 태도를 갖고 있습니다.

송경운이 예술가로서 보여 주는 태도는 '겸손'과 '헌신'으로 정리할 수 있습니다. 송경운은 어린 나이에 뛰어난 음악가로 이름을 떨쳤고 사회적 지위가 있는 이들이 그의 음악을 매우 좋아했습니다. 하지만 그는 단순히 사회적으로 지위가 높은 권력자에게만 예술적으로 봉사했던 것이 아닙니다. 그는 전주로 피난 온 이후 그의 음악을 들으러 집 앞으로 찾아온 사람에게 신분의 고하와 관련 없이 열과 성을 다하여 연주를 들려 줍니다. 권력을 가진 관리이든, 가마를 메는 천인이든 그에게는 동일하게 자신의 음악을 듣고 싶어 하는 청자일 뿐입니다. 그는 음악가로서의 자부심보다는, 더 많은 이에게 자신의 음악을 들려주고 이를 통해 듣는 이들이 만족하는 것을 더 중요하게 생각했습니다. 이는 예술이 듣는 사람의 사회적 지위, 능력, 배경에 관계없이 누구에게나 평등하게 향유될 수 있어야 하며, 예술가는 이를 위해 헌신해야 한다는 송경운의 태도를 보여 줍니다.

이와 달리, 최북에게 가장 중요한 것은 예술에 대한 자유로운 탐구와 예술가로서의 '자부심'입니다. 예술가는 스스로의 예술을 위한 미적 탐구에 집중해야 하고, 다른 이의 요구가 아닌 스스로의 예술적 욕구를 충족시키기 위해 살아간다고 봅니다. 이러한 성격을 가진 그는 수려한 자연환경을 만나면 압도되어 그 아름다움에 취하기도 하고, 높은 권력자가 자신의 그림을 요구해도 거부하곤 합니다. 높은 벼슬아치가 자신의 이름을 물을 때 상대의 이름은 무엇인지 되묻는 모습에서 예술가로서의 자부심이 확연히 드러납니다. 최북에게 그림을 요구한 이가 거절당하고 그를 위협할 때, 스스로 자신의 눈을 찌르는 모습은 예술가는 자유로워야 하며, 권력에 속박되지 않겠다는 자부심과 지조의 표현으로도 해석 가능하다고 볼 수 있습니다.

개요

1. 송경운과 최북이 예술가로서 갖는 태도의 공통점과 차이점
2. 송경운이 보여 준 예술가로서의 태도
3. 최북이 보여 준 예술가로서의 태도

이 답안의 강점은 무엇인가?

송경운과 최북은 각각 '타인에게 헌신하는 인간상'과 '지조 있는 인간상'을 대변한다고 볼 수 있습니다. 송경운이 스스로를 '천한 사람'으로 지칭하며 듣는 이들을 위해 헌신적으로 연주하는 모습에서 자신을 낮추고 타인을 위해 봉사하는 인간상을 떠올릴 수 있습니다. 반면에 권력자에게 굽히지 않고, 자신의 지조를 지켜 나가는 최북의 모습에서는 스스로에 대한 자부심을 갖고, 이를 행동으로 지켜 나가는 지조 있는 인간상이 떠오릅니다. 이 두 인간상은 각각 현대 사회의 다양한 영역에서 의의를 가질 수 있지만, 일정 부분에서는 분명한 한계점도 존재합니다.

송경운이 대변하는 '헌신하는 인간상'은 사회의 소외된 영역을 줄여 주고, 다양한 목표 달성을 위해 움직인다는 점에서 필수적인 존재입니다. 타인을 위해 자신의 능력을 활용하고, 이를 즐거워하는 사람들이 존재하지 않는다면 현대 사회에서 발생하고 있는 수많은 문제들이 해결되기 어려울 것입니다. 예를 들어, 독거노인들을 위해 주기적으로 반찬을 만들어 전달하는 사람들, 노숙자들에게 식사를 제공하는 사람들, 장애인 보호 시설에서 정기적으로 봉사 활동을 이어가는 사람들이 없다면 이를 비롯한 사회의 소외된 부분을 지원하는 것은 쉽지 않을 것입니다. 하지만 이러한 사람들이 어떠한 목적을 위해, 어떤 방식으로 행동할지 고민하지 않는다면, 그들의 헌신은 오히려 역효과를 낳을 수도 있다는 점에서 분명한 한계가 존재합니다. 이들의 이타심이 제대로 사회에 기여하려면 우선적으로 분명한 목표가 설정되어야 하고, 이를 성취하기 위한 효율적인 방법을 고민해야 할 것입니다. 이러한 고려 없는 맹목적인 헌신은 사회적으로 효과가 미미할 뿐더러 잘못된 목적에 헌신하게 되면 정치권력에 의해 악용될 수도 있기 때문입니다.

이런 부분을 고려했을 때, 최북이 대변하는 '지조 있는 인간상'의 필요성이 드러납니다. 자신의 영역에서 치열하게 고민하고, 스스로를 함부로 낮추지 않으며, 정당하지 않다고 판단되는 부분에서는 저항할 줄 아는 사람들을 통해 사회는 보다 바람직한 방향으로 변화할 수 있습니다. 1987년 한국에서 민주화 운동을 통해 직선제 개헌을 이뤄 냈던 것처럼, 홍콩 시민들이 중국 정부의 억압에 저항하고 있는 것처럼, 군부 정권의 독재에 대항하여 미얀마 국민들이 거리로 나선 것처럼 말입니다. 이처럼 스스로 자아를 확립하고 사회의 부조리함에 대해 지적하고, 고민하는 것에서 변화는 시작됩니다. 하지만 이러한 인간상도 자신의 영역에만 갇혀 아집을 갖게 된다면 분명한 한계가 나타납니다. 타인의 의견을 고려하지 않고 독단적 의견을 강요하는 것은 또 다른 억압이 될 수 있습니다. 이러한 한계를 극복하기 위해서는, 자신의 의견에 더하여 다른 이들의 의견을 경청할 수 있는 태도가 필요할 것입니다.

1. 송경운과 최북이 대변하는 '인간상'
2. 송경운의 인간상이 현대 사회의 예술 이외의 영역에서 갖는 의의와 한계
3. 최북의 인간상이 현대 사회의 예술 이외의 영역에서 갖는 의의와 한계

Tip & Advice

1. 해당 문제에서는 송경운과 최북으로 대변되는 '인간상'이 무엇인지 우선적 규정하고, 이러한 인간상이 '현대 사회의 예술 이외의 영역'에서 어떤 의의와 한계를 갖는지 답변할 것을 요구합니다. 적절한 답변을 위해서는 송경운과 최북의 '예술가적 태도'를 '인간상'으로 확대시켰을 때 어떻게 정의할 수 있을 것인지 를 우선적으로 고민해야겠습니다. 해당 답변에서는 '헌신'과 '지조'를 중심으로 인간상을 설정했습니다.

2. 인간상을 설정했다면, 각 인간상이 현대 사회에서 어떤 의의와 한계를 갖는지에 대해 답변해야 합니다. 이때는 사례를 적절히 활용하는 것이 좋습니다. '인간상'이라는 것이 상당히 추상적인 개념인 만큼, 사례 가 없다면 추상적인 답변으로 흘러갈 가능성이 높습니다. 적절한 사례를 통해 답변의 구체성을 높이는 것이 필요합니다.

이 답안의 강점은 무엇인가?

학교 측 출제 의도 및 평가 지침

출제 의도

◯ [문제 1] 제시문의 독해를 토대로 한 독해력, 논리적 · 비판적 사고 능력을 평가함

◯ [문제 2] 제시문의 독해를 토대로 한 종합적 사고력, 문제 해결 능력, 인문 · 사회적 통찰력을 평가함

문항 해설

◯ 제시문 (가)와 (나)는 각기 다른 예술가상을 보여 줌. 학생이 각각의 제시문에 대한 충실한 이해를 토대로 송경운과 최북의 예술가적 특징을 파악하고, 더 나아가 '예술'에 대한 자기 나름의 생각을 개진하도록 문항이 구성되어 있음

◯ [문제 1]의 '예술의 문제'를 '인간 사회 전반의 문제' 내지 '인간 보편의 문제'로 확장하여, 송경운과 최북의 비교를 통해 고찰할 수 있는 '예술의 문제'와 유사한 문제가 예술 이외의 영역에서 어떻게 제기될 수 있는지 통찰하는 데로 나아가도록 구성되어 있음. [문제 1]의 '예술가상'과 [문제 2]의 '인간상'이란 용어는 두 문항의 내적 관련 및 [문제 2]의 차별성과 확장성을 문항 내에서 밝혀준 것임

※ 제시문을 읽고 물음에 답하시오.

(가)

신에 대해 아무 의견도 갖지 않는 것이 잘못된 의견을 갖는 것보다 낫다. 전자는 불신이고 후자는 모욕이며, 미신은 당연히 신을 모욕하는 것이다. 플루타르크가 그런 뜻으로 잘 말한 바 있다. "나는 갓 태어난 자기 자식들을 잡아먹은 플루타르크라는 자가 있었다는 말을 듣느니 차라리 플루타르크라는 자가 아예 존재하지 않았다는 말을 듣는 편이 낫겠다." 무신론은 인간을 분별력, 철학, 법률, 평판 등에 의지하게 한다. 이 모든 것은 설령 종교가 없다 해도 피상적 도덕성의 지침이 될 수 있지만, 미신은 이 모든 것을 끌어내리고 인간의 마음속에 절대 왕정을 세운다. 무신론은 더 먼 곳을 향하지 않음으로써 인간을 자중시킨다. 따라서 국가를 혼란에 빠뜨리지 않는다. 우리는 아우구스투스 카이사르의 시대처럼 무신론에 기운 시대가 평화로운 시기였음을 알고 있다. 반면에 미신은 여러 국가에서 혼란을 야기한다.

(나)

깨어 있고 효율적인 지성의 체제는 수많은 편견이 만개하도록 내버려 둔다. 그런 체제는 편견을 억압하려는 어떤 시도도 하지 않는다. 편견을 억압하는 것은 모두가 똑같은 편견, 즉 권위를 지닌 자의 편견을 공유하도록 강요하는 일이기 때문이다. 편견인지 아닌지를 객관적으로 구별하는 것, 편견을 선명하게 정의하는 것은 사실상 불가능하다. 지성의 다원주의는 편견을 방임함으로써 사람들이 정설에 도전하고, 창의적으로 사고하고, 과감하게 실험할 수 있는 여지를 만들어낸다. 심지어 해롭고 악의적인 편견이라도 말이다. 1633년에는 갈릴레오가 지동설을 고집한 것이 그런 편견으로 받아들여졌다. 탁월함과 편협함은 같은 동력에서 힘을 얻는다.

문제 1

제시문 (나)의 저자라면 제시문 (가)의 주장에 대해 어떤 입장을 취할지 설명하시오.

문제 2

적절한 사례를 논거로 들어 제시문 (나)의 주장을 지지하거나 반박하시오.

지성의 다원주의를 지지하는 제시문 (나)의 저자는 제시문 (가)의 주장에 대해 부정적 입장을 취할 것입니다. 제시문 (가)는 기존 종교에서 벗어난 '미신'을 잘못된 것으로 규정하고, 이를 사회적 혼란의 원인으로 보아 억압하기 때문입니다. 제시문 (가)는 종교와 미신을 구분하고 미신을 잘못된 신앙으로 보면서 신에 대해 의견을 갖지 않는 '무신론'이 잘못된 미신보다 낫다고 주장합니다. 무신론은 인간이 이성, 합의에 의지하여 질서를 유지할 수 있도록 하지만, 미신은 이러한 피상적 도덕조차 무너뜨려 질서를 파괴한다는 것을 그 근거로 듭니다.

하지만 특정 의견이 편견인지 아닌지 판단하는 객관적인 기준이 없다고 보는 제시문 (나)의 입장에서 이는 적절하지 않습니다. 제시문 (나)는 어느 것이 편견이고 아닌지를 정확하게 판단하는 것은 불가능하므로, 특정한 편견에 대한 억압은 정당화될 수 없다고 보기 때문입니다. 이러한 입장에서 특정한 의견을 억압하는 것은 다른 편견을 강요하는 것과 다르지 않습니다. 오히려 '혁신'을 위해서는 다양한 편견, 혹은 의견의 표출을 장려해야 한다고 봅니다. 그것이 악의적인 편견이라도 예외는 아닙니다. 따라서 제시문 (가)에서 기존 종교와 미신을 구분하여 '미신'이라는 의견을 억압하는 것은 다양한 의견의 표출을 막고 사회적 혁신의 동력을 차단한다는 점에서 부적절하다고 볼 수 있습니다.

개요

1. 제시문 (가)의 주장 정리 + 이에 대한 제시문 (나)의 저자의 입장
2. 제시문 (나)의 저자가 취할 입장에 대한 근거 제시

해당 문제의 핵심은 제시문 (가)의 내용이 어떤 부분에서 제시문 (나)의 지성적 다원주의와 대조되는지를 언급해 주는 것입니다. 제시문 (가)는 종교 – 무신론 – 미신을 구분하고 각각에 대해 차등적 평가를 내리면서 미신 자체를 '불필요하고 불합리한' 것으로 규정합니다. 반면에 제시문 (나)는 이러한 '미신'조차도 하나의 의견으로 공유되어야 한다고 봅니다. 이 부분에서 제시문 (가)의 입장에 대한 비판 논점이 정해지며, 이에 대한 근거로 '지성적 다원주의의 의미와 장점' 또는 '지성적 다원주의가 억압당할 때 벌어질 수 있는 문제점' 등을 제시해 볼 수 있습니다.

이 답안의 강점은 무엇인가?

 다양한 의견의 표출을 용인해야 한다는 제시문 (나)의 주장은 타당하다고 생각합니다. 여러 사회적 현안에 대해 특정한 기준이나 의견을 '강요'하는 것은 구성원의 자유로운 의견 표출을 저해하고, 이는 정치적·사회적 문제에 대한 무관심을 초래할 수 있기 때문입니다. 사회 문제에 대한 무관심은 사회가 바람직한 방향으로 변화하는 동력을 약화시키고, 문제 해결을 위한 실질적 노력을 어렵게 만든다고 생각합니다.

 지난 몇 년간 진행된 'Black lives matter' 운동을 보면 이러한 문제점이 명확하게 드러납니다. 서구 사회에서 차별받아 온 흑인들이 자신의 권리를 주장하고 차별을 반대하는 것은 바람직한 일이지만, 이 운동을 주도하는 이들은 동시대에 서구 사회에서 흑인에 의해 발생하는 동양인 차별 문제에 대해 그 누구도 입을 열지 않습니다. 흑인들이 자행했던 인종 차별적 사건을 지적하면, 이 비판을 흑인 인권 운동 자체에 대한 공격으로 받아들이는 경향이 나타납니다. 인종 차별에 반대한다는 공통의 목적을 지니고 있음에도, 변화를 위해 모을 수 있는 동력을 분산시키고 있는 셈입니다.

 이러한 문제는 지나치게 '담론화된 사고'에 있다고 생각합니다. 자신이 속한 특정 정체성을 옹호하는 담론에 갇혀, 사회 문제의 근본적 원인을 개선하지 못하고 있습니다. 이러한 한계를 넘기 위해서는 단순히 하나의 정체성에 기반한 담론에서 벗어나, 사회적으로 중요한 가치가 무엇이고, 이를 성취하기 위해 어떤 행동이 필요한지 다양한 의견이 제시될 수 있어야 합니다. 이런 점에서 제시문 (나)의 지성적 다원주의는 시대적으로 필요한 가치라고 생각합니다.

개요

1. 제시문 (나)의 주장에 대한 입장 제시
2. 논거 제시: Black lives matter 운동
3. 주장에 대한 근거 제시: 담론화된 사고의 한계성

제시문 (나)의 지성적 다원주의를 지지하는 경우에는 다양한 의견의 공유로 인한 '장점'을, 지성적 다원주의를 비판하는 경우에는 이로 인한 '부작용', '단점' 등을 중심으로 논의를 전개하는 것이 좋습니다. 다원주의를 지지하기 위해서는 하나의 의견만을 중심으로 하는 전체주의적 입장이나, 특정 의견을 억압하는 '차별'의 사례를 언급할 수 있습니다. 반대로 다원주의를 비판할 때에는 다양한 의견의 공유 혹은 방치로 인해 발생할 수 있는 문제를 중심으로 논의를 전개해 주면 됩니다.

이 답안의 강점은 무엇인가?

학교 측 출제 의도 및 평가 지침

출제 의도

● [문제 1] 각각의 제시문에 대한 이해력과 두 제시문을 연결 지어 사고하는 응용력을 평가함

● [문제 2] 제시문에 대한 비판적 분석력과 제시문 밖에서 근거를 찾아 자신의 주장을 뒷받침하는 창의력을 평가함

문항 해설

● 제시문 (나)의 주장은 다음과 같은 논점으로 구성됨

1) 편견과 편견이 아닌 것을 구별하는 객관적 기준은 존재하지 않음

2) 특정한 편견을 억압하는 것은 동일한 편견을 강요하는 것임(악의적 편견도 예외가 될 수는 없음)

3) 진정한 혁신은 다양한 편견을 허용할 때 비로소 이루어질 수 있음

　　학생이 이 논점들을 충분히 숙지한 상태에서 자신의 의견을 제시하고 사례를 드는지 살펴보아야 함. 편견은 담론으로서 타인의 사고, 감정, 행동에 영향을 끼치므로 학생들이 이 점을 숙지했는지, 즉 특정한 성향이 아니라 담론화된 사고의 문제에 초점을 맞추는지 또한 살펴볼 필요가 있음

※ 제시문을 읽고 물음에 답하시오.

(가)

A국의 중소 도시들은 경기 침체와 인구 감소로 인해 재정이 취약해지고 있어 중앙 정부에 예산 지원을 요청해 왔다. 이 도시들은 낮은 재정 자립도를 그 근거로 삼았다. 재정 자립도는 각 지방 자치 단체가 한 해 동안 사용하는 돈을 어느 정도 스스로 마련하는지, 중앙 정부에 얼마나 의존하는지를 보여 주는 지표다.

$$재정\ 자립도(\%) = \frac{지방\ 자치\ 단체가\ 마련한\ 재원}{지방\ 자치\ 단체가\ 마련한\ 재원 + 중앙\ 정부로부터\ 받은\ 예산} \times 100$$

<u>중앙 정부는 재정 자립도를 기준으로 각 중소 도시에 수년간 예산을 차등 지원했다.</u> 이후, 상대적으로 예산 지원을 많이 받은 도시들을 살펴보니, 지방 자치 단체가 마련한 재원은 거의 변하지 않은 채, 재정 자립도가 오히려 계속 낮아졌음이 발견되었다. 이에 중앙 정부의 예산 지원 기준에 대해 문제를 제기한 지방 자치 단체가 있었다.

(나)

자선 단체를 평가하는 방법 중 하나는 재무 건전성을 살펴보는 것이다. 재무 건전성은 전체 예산 중에서 수혜자를 위한 프로그램에 직접 투입된 금액의 비중이 클수록 높아지고, 광고비, 인건비, 기타 경비에 투입되는 금액의 비중이 클수록 낮아진다. <u>자선 단체 평가 기관인 B사는 재무 건전성을 기준으로 X자선 단체에 수년 연속 최고점을 부여했고, 많은 사람들이 이 단체에 기부를 하게 되었다. 하지만 이에 대한 문제도 제기되었다.</u> X단체는 아프리카 국가에 책을 보내는 사업을 하는데, 최근 연구는 교육 인프라가 부족한 국가에 책을 보내는 것의 실효성이 미미함을 보여 준다. 반면에 아프리카의 아동 사망률을 낮추는 프로그램을 운영하는 Y단체는 재무 건전성이 X단체보다 낮지만, 이 단체에 대한 기부의 실질적 효과는 매우 큰 것으로 나타났다.

문제 1

제시문 (가)와 (나)의 밑줄 친 부분과 같은 의사 결정에 공통적으로 어떤 문제가 있는지 설명하시오.

문제 2

제시문 (가) 또는 (나)의 문제 상황과 유사한 사례를 들고, 그 사례의 문제를 어떻게 해결할 수 있을지 설명하시오.

 제시문 (가)와 (나)처럼 복잡한 사회적 현상을 하나의 통계 지표, 즉 단일 지표로만 평가하는 것은 현상의 실질적 내용을 반영하지 못한다는 점에서 문제점을 갖습니다. 이는 '현상'에 대한 적절한 평가 및 후속 조치를 불가능하게 합니다. 따라서 사회적 현상을 평가할 때에는 이에 연관된 다양한 측면을 반영할 수 있도록 평가 지표가 구성되어야 하며, 현상을 해결하기 위한 유인이 발생할 수 있도록 평가 지표를 조정해야 합니다.

 예를 들어, 제시문 (가)에서 나타난 지방 자치 단체의 재정 자립도 약화 문제를 해결하기 위해서는 단순히 부족한 재정을 중앙 정부의 재원으로 보충해 주는 것과 동시에 지방 정부의 재정 자립도를 높이기 위한 정책적 목적이 고려되어야 합니다. 단순히 재정 자립도만으로 예산을 차등 지원한다면, 지방 정부가 재정 자립도를 개선하기 위한 유인이 사라지고, 도리어 중앙 정부에 대한 예산 의존도를 심화시키는 결과를 낳을 수 있습니다. 따라서 재정 지원 기준에 지방 정부의 자립 노력을 평가할 수 있는 지표를 추가하는 것이 바람직합니다.

 또한, 제시문 (나)에서 나타났듯이 기부 단체를 '재무 건전성'이라는 단일 지표만으로 평가한다면, 기부 단체에서 진행하는 사업이 사회적으로 효용성이 떨어질 수 있습니다. 보다 효과적이고 효율적으로 기부 사업을 진행하는 단체에 기부금이 전달되어야 하는데, 재무 건전성이라는 단일 지표만으로는 기부 사업의 실효익을 정확하게 평가하기 어렵기 때문입니다. 재무 건전성만으로 기부 단체를 평가한다면, 기부 단체들의 관심이 기부 사업을 효과적으로 계획하고 실행하는 것보다 단순히 해당 평가 지표에 맞추기 위한 기부 사업을 진행하게 될 것입니다. 따라서 단순한 재무 건전성만을 평가하는 것이 아니라, 기부 단체의 사업이 사회적으로 실효성이 있는지를 검토할 수 있는 지표가 평가에 포함되어야 합니다.

개요

1. 제시문 (가)와 (나)에서 나타난 공통적 문제점
2. 제시문 (가)에서 나타난 단일 지표 평가의 문제점
3. 제시문 (나)에서 나타난 단일 지표 평가의 문제점

제시문 (가)와 (나)에서는 공통적으로 '단일 지표'에 의한 평가가 어떤 문제점을 야기할 수 있는지 언급하고 있습니다. 이 점을 서두에 명확하게 밝히고, 각 제시문의 사례에서 어떤 문제점이 나타날 수 있는지 정리해 주면 되는 비교적 간단한 문제입니다. '공통적 문제'를 제시하라고 요구하고 있으므로 두 제시문 간의 차이는 굳이 언급하지 않아도 무방합니다.

이 답안의 강점은 무엇인가?

예시 답안

 제시문 (가)와 (나)에서 나타난 것처럼, 단일 지표에 의한 평가는 현실의 실상을 제대로 반영하지 못할 가능성이 높다는 점에서 문제가 있습니다. 이에 해당하는 사례로 과거 한국에서 시행된 '국가 장학금'의 지급 기준 문제를 들 수 있습니다.

 초기의 국가 장학금 제도는 부모의 '건강 보험료'를 지원 기준으로 정해졌습니다. 건강 보험료 금액별로 구간을 나누고, 각 분위에 따라 차등적으로 학자금을 지원하는 방식이었습니다. 하지만 이는 분명한 문제점이 있었습니다. '재산'은 많지만 '소득'이 적은 경우 건강 보험료가 상대적으로 낮게 책정되는 반면에 재산이 없어도 소득이 중위값에 근접하는 경우에는 건강 보험료가 상대적으로 높게 책정되어 혜택을 받기 어려웠기 때문입니다. 국가 장학금의 목적은 어디까지나 경제적 환경이 어려운 대학생들의 학비 부담을 덜어 주고자 한 것에 있습니다. 하지만 건강 보험료에 기반한 단일 지표에 의한 평가는 이를 제대로 반영하기 어려웠습니다. 국가 장학금이 절실하지만, 평가 지표의 한계에 의해 사각지대에 놓인 학생들이 있다는 점이 큰 문제였습니다.

 이러한 문제를 해결하기 위해서는 가구의 실질적 소득을 확인하고 경제 환경을 객관화하여 필요한 학생에게 누락 없이 장학금이 지급될 수 있도록 지원 기준을 개편해야 합니다. 현실의 가구별 경제 상황을 보다 정확하게 반영할 수 있는 평가 지표가 구성되어야 한다는 것입니다. 이러한 경향에 따라 최근에는 국가 장학금 지급 시 재산을 기준으로 월 소득을 따로 환산하여 평가에 반영합니다. 하지만 여기에도 큰 맹점이 있습니다. 부모가 작은 사업을 하거나 소상공인인 경우에는 실질 소득이 낮음에도 불구하고 영업용 차량이나 사무실, 부동산 보증금으로 인해 '재산'이 높게 평가되어 자녀들이 국가 장학금의 혜택을 받지 못하는 문제점이 생기는 것입니다. 국가 장학금의 본래 취지가 경제 환경이 상대적으로 열악한 학생들의 학비 부담을 완화하고 학업을 지원한다는 것임을 고려하면, 보다 필요한 학생이 지원받을 수 있도록 지표가 개선되어야 할 것입니다.

개요

1. 단일 지표 평가의 문제점을 나타내는 사례: 국가 장학금 제도
2. 초기 국가 장학금의 단일 지표 평가 + 문제점
3. 문제점을 해결하기 위한 대안 제시

[문제 2]의 경우 앞서 구술한 [문제 1]과 연결성을 갖추어 논증하는 것이 필요합니다. 예시를 들고 개선 방안을 제시하는 것에 너무 집중해 제시문에서 도출한 논지들을 잊지 않도록 주의해야 합니다.

이 답안의 강점은 무엇인가?

학교 측 출제 의도 및 평가 지침

출제 의도

◉ [문제 1] 제시문을 정확하게 독해하고 비판적으로 이해하는 능력을 평가함

◉ [문제 2] 주어진 사례들을 바탕으로 하여, 사회적으로 발생할 수 있는 유사한 문제 상황들을 포착하고 해결 방법을 설득력 있게 말할 수 있는 능력을 평가함

문항 해설

◉ 주어진 사례들에서 사람들이 어떤 지표를 사용하여 의사 결정을 내렸는지를 이해하고, 그 결과 생겨난 문제점과 한계를 정확히 파악하고 있는지를 평가하기 위한 문항임. 밑줄 친 부분에 나오는 두 의사 결정의 공통점은 복잡한 현실에 개입하는 데 있어 하나의 지표만을 활용한 결과 문제가 발생한 것인데, 이를 포착할 수 있는지를 평가하기 위한 문항임

◉ 제시문은 정량화된 단일 지표만을 활용하여 의사 결정이나 정책적 결정을 내릴 때, 좋은 의도를 가지고 있더라도 그 결과가 기대했던 것과 다르게 나타나는 문제 상황을 보여 주고 있음. 보다 넓게는 현실과 이를 반영하는 정량화된 지표 간에 존재하는 차이가 제시문들에 나오는 핵심 문제 상황이라 할 수 있음. 학생들이 이와 관련된 사례를 제시할 수 있는지 여부를 평가하기 위한 문항임

※ 제시문을 읽고 물음에 답하시오.

(가)

세계 여러 곳의 촌락 공동체에서는 토지, 산림, 물, 사냥감, 목초지 등과 같은 자원을 여전히 공동으로 소유·관리하고 이용한다. 또한, 토지의 수용, 경작, 분배, 자원의 재활용 등에 관한 결정을 구성원들이 민주적으로 내린다. 이러한 공동체는 규약 위반 행위에 대한 제재와 처벌을 관례로 정립하고 있기 때문에, 자치적 공유 경제 조직으로 볼 수 있다. 교환보다 생존을 목적으로 생산과 소비가 이루어지는 자급자족 기반의 공동체에서 이러한 공유 경제는 비교적 성공적인 관리 모델임이 입증된 바 있다.

(나)

결혼식을 위해 웨딩드레스나 턱시도를 빌려 입는 것과 같은 렌털(rental) 문화는 200년 전에도 있었다. 조선 후기 서울의 종로에는 여러 가지 옷을 파는 가게인 의전(衣廛)이 있었다. 의전은 헌 옷을 주로 판매했는데, 그것만으로는 생계유지가 쉽지 않아 결혼식 때 신랑이 입는 예복을 대여하는 사업을 병행했다. 신랑 예복은 혼례 때 잠시 사용하는 것인데도 그 값이 저렴하지 않았으므로, 굳이 구입하거나 직접 만들기보다는 빌려서 입는 쪽으로 문화가 정착해 있었던 것이다.

(다)

숙소를 가지고 있는 사람과 숙소를 찾는 여행객들을 웹이나 모바일 앱을 통해 전 세계적으로 연결해 주는 민박 중개 서비스 업체가 최근 성업 중이다. 이 서비스를 통해 누구나 자신의 집이나 빈방을 임대하여 높은 수익을 올릴 수 있다. 이러한 이유로 이 서비스는 성공적인 공유 경제 모델로 각광받고 있다. 하지만 집주인이 없는 상태에서 방문객에게 단기간 공간을 임대하는 행위를 불법으로 규정한 지역도 있고, 숙박업자로 등록되어 세금을 납부하는 기존 사업자들의 불만도 적지 않다. 또한, 집을 임대해 준 숙소 대여자의 피해 사례도 빈번하다. 어떤 사람은 휴가 동안 빈 아파트를 빌려주었는데 집으로 돌아와 보니 자신의 집이 파티장으로 사용되고 쓰레기장으로 변해 있었다.

문제 1

제시문 (가), (나), (다)에서 파악할 수 있는 세 가지 공유 경제 유형의 공통점과 차이점을 설명하시오.

문제 2

제시문 (다) 또는 이와 유사한 공유 경제 모델에서 발생할 수 있는 사회 경제적 문제를 기존 사업자, 공유 서비스 업체, 대여자, 이용자, 정부 중 하나의 입장에서 기술하고, 이러한 문제를 해결하기 위한 방안을 제시하시오.

제시문 (가), (나), (다)에서 나타난 공유 경제는 특정 재화를 모든 개인이 소유할 필요 없는 상태에서 자체적으로 마련된 기준과 필요에 의해 이용할 수 있다는 공통점을 지닙니다. 하지만 재화의 소유 구조와 공유 방식, 거래 공간에서는 차이를 나타냅니다.

제시문 (가)에서는 자급자족 기반의 공동체가 공유 자원을 소유하고, 관례에 따라 이를 공유하는 특징이 나타납니다. '교환' 자체보다는 '생존'을 목적으로 거래가 이루어진다는 점에서 제시문 (나)와 (다)의 공유 경제와는 차이를 보입니다. 각 공동체는 자원의 배분과 활용에 대한 관습적 규약을 공유하며 이에 따라 규약 위반 행위에 제재를 가합니다. 이러한 경제 체제에서 배분의 대상이 되는 재화는 토지, 산림, 목초지, 사냥감처럼 '생산'의 과정을 거쳐 개인이 소유하는 것이 아니라 자연적으로 형성되어 공동으로 이용하는 공공재의 성격을 가진다는 특징이 있습니다.

이와 달리 제시문 (나)와 (다)에서 나타난 공유 경제는 소유주가 특정 개인이나 기업으로 정해져 있으며, 단기적 필요에 의해 거래가 이루어진다는 특징이 드러납니다. 제시문 (나)의 의복 대여 업체나 제시문 (다)의 임대인은 해당 재화를 직접 소유하고, 이를 필요로 하는 소비자들을 대상으로 단기적으로 해당 재화를 대여해 줍니다. 인위적 생산 과정을 거쳐 재화가 생산되고, 이를 특정 개인이나 기업이 구매하여 소유한 상태에서 임대 거래를 진행합니다. 하지만 제시문 (나)와 (다)는 거래가 이루어지는 공간에서 차이가 있습니다. 제시문 (나)에서는 오프라인 매장을 중심으로 거래가 성립되는 반면에 제시문 (다)에서는 온라인 플랫폼을 통해 거래가 이루어집니다.

개요

1. 각 제시문에서 나타난 공유 경제의 공통점과 차이점
2. 제시문 (가)와 (나), (다) 차이점 제시
3. 제시문 (나)와 (다)의 공통점 및 차이점 제시

1. 세 개의 제시문을 비교해야 하므로 명확한 비교 기준을 서두에 언급해 주는 것이 중요합니다. 해당 답안에서는 재화의 소유 구조, 공유 방식, 거래 공간 등을 비교의 기준으로 설정했습니다. 제시한 기준별로 각 제시문에서 어떤 특징이 나타나는지 정리해 주면 됩니다.

2. 주어진 기준에 따라 제시문을 비교할 때에는 두 가지 정도 기준을 세우고, 이에 대해 세 제시문 각각의 비교 내용을 제시할 수 있습니다. 또한, 해당 답안에서 한 것처럼 한 가지 기준에 따라 제시문들을 분류한 후, 비슷한 입장끼리 묶어 나머지 입장과 비교를 할 수 있습니다. 여기에 더해 비슷한 입장에 속한 제시문 간의 차이를 언급해 주면 더 좋습니다.

이 답안의 강점은 무엇인가?

ICT 기술의 발전과 함께 제시문 (다)처럼 온라인 플랫폼을 통한 공유 경제가 확산되고 있습니다. 제시문에서 언급된 단기 숙박 공간 대여, 차량 공유 등이 대표적 사례입니다. 하지만 이러한 공유 경제 모델에서는 기존 사업자와 공유 서비스 업체 간의 갈등, 공유 재화의 관리, 이용자 안전 등의 사회적 문제가 발생하고 있습니다. 이를 해결하기 위해서는 '정부'의 법적 기준 마련이 시급합니다.

우선 기존 사업자와 공유 서비스 업체의 갈등을 조정하기 위해서는 해당 공유 경제 사업에 관련된 제반 법률을 정비해야 합니다. 실례로 기존 택시 업체는 차량 공유 서비스 업체에 대해 경제적 생존권이 위협받고 있으며, 세금 제도에서 차이가 난다는 불만을 드러냈습니다. 이러한 상황을 고려하면, 정부에서는 공유 경제 서비스 업체와 기존 사업자가 동등한 조건 하에서 영업을 할 수 있도록 관련된 법적·제도적 기준을 마련해야 할 것입니다.

이에 더하여, 공유 서비스를 이용 시 발생할 수 있는 사고에 대비하여 이용자의 안전을 보장하고, 공유 재화를 관리할 수 있는 제도를 마련해야 합니다. 가령, 차량 공유 서비스 이용 중 사고가 발생했을 때, 이용자와 운전자의 책임을 적절히 분배할 수 있는 법적 기준이 필요합니다. 또한, 이용자가 운전자에 의해 피해를 입는 경우를 방지하기 위한 차량 내 카메라 설치 의무화, 이용자의 무분별한 사용으로 인해 대여자의 공유 재화가 훼손되었을 때 이를 책임지게 할 수 있는 법적 기준이 정부 차원에서 마련되어야 할 것으로 보입니다.

개요

1. 공유 경제 확산에 따른 사회 문제에 대한 정부의 입장 제시
2. 공유 경제 확산에 따른 사회 문제에 대한 정부의 대응 1
3. 공유 경제 확산에 따른 사회 문제에 대한 정부의 대응 2

Tip & Advice

해당 문제에서는 공유 경제 모델에 연관된 다양한 참여자 중 하나의 입장을 '선택'하여 사회 문제에 대해 기술하고 이에 대한 해결 방안을 마련할 것을 요구하고 있습니다. 어떤 입장을 선택해도 관련이 없으나, 일단 입장을 정했다면 선택한 참여자의 입장을 철저히 반영하여 사회 문제를 제시하는 것이 좋습니다. 예를 들어, '이용자'의 입장을 생각해 본다면 공유 경제 이용 중 발생할 수 있는 '안전'의 문제나, 정보 기술에 익숙하지 못한 세대가 온라인 플랫폼 기반의 공유 경제에서 '배제'될 수 있다는 문제를 제시해 볼 수 있을 것입니다.

이 답안의 강점은 무엇인가?

학교 측 출제 의도 및 평가 지침

출제 의도

◆ [문제 1] 제시문에 대한 분석력을 바탕으로 핵심 주제에 대한 공통점과 차이점을 논리적으로 설명할 수 있는지를 평가함

◆ [문제 2] 제시문을 통해 공유 서비스가 가지고 있는 문제점을 다양한 이해 당사자의 관점에서 체계적으로 설명할 수 있는지, 그리고 문제를 해결하기 위한 적절한 방안을 논리적으로 주장할 수 있는지를 평가함

문항 해설

◆ 제시문은 공유 경제의 다양한 유형·형태에 대해 설명하고 있음. 촌락 공동체의 공유 경제와 렌털 기반의 공유 경제, 정보 통신 기술 기반의 공유 경제의 공통점과 차이점을, 재화의 소유 형태, 공유 방식, 거래 공간, ICT 기술 유무, 생산·소비 관계 등의 주요 요소에 기반하여 논리적으로 비교 설명할 수 있는지를 평가하기 위한 문항임

◆ 제시문 (다)는 에어비앤비와 같은 웹·모바일 앱 플랫폼에 기반한 숙박 공유 서비스의 특성과 최근 불거지고 있는 문제들을 기술하고 있음. 최신 ICT 기술에 기반한 공유 경제 모델에 관련될 수 있는 이해 당사자가 누구인지 파악하고, 이들 간의 상호 관계 속에서 나타날 수 있는 다양한 사회 경제적 문제와 해결책을 논리적으로 설명할 수 있는지를 평가하기 위한 문항임

※ 제시문을 읽고 물음에 답하시오.

(가)

　간호사 해나(Hana)가 환자에게 키플링*의 소설을 낭독해 주는 모습을 지켜보던 알마시(Almasy)가 말을 건넨다. "해나, 천천히 읽어요. 키플링은 천천히 읽어야 해요. 쉼표가 찍힌 곳을 주의 깊게 보면 자연스레 끊어 읽을 곳을 알게 돼요. 키플링은 펜과 잉크를 사용했던 작가죠. 한 페이지를 쓰다가도 여러 번 고개를 들었을 거예요. 창문 밖을 내다보며 새소리에 귀를 기울였겠지. 혼자 있을 때 대부분의 작가들이 그러듯이. 해나의 눈은 너무 빨라요. 요즘 사람답게 말이지. 키플링이 펜을 움직이던 속도를 생각해요."

* 키플링(Rudyard Kipling, 1865~1936): 『정글북』 등으로 알려진 영국 소설가.

(나)

　죽은 사람은 싫어할 만한 일이 생길 때마다 무덤 속에서 돌아눕는다는 속담대로라면, 어젯밤 올드빅*에서 공연된 『폭풍』(The Tempest) 때문에 셰익스피어는 분명 무덤 속에서 또 돌아누웠을 것이다. 셰익스피어의 작품이 무대에 오를 때마다 셰익스피어를 아끼는 이들은 눈살을 찌푸리게 된다. 비극의 경우는 그나마 상황이 나은 편이다. 비극들은 보다 잘 알려져 있기도 하고. 어쨌든 살인과 죽음이 만연한 이유로 셰익스피어가 쓴 말 자체로 관객을 몰입시키는 데 꽤나 성공한다. 하지만 희극의 경우는 아예 가망이 없다. 관객 열에 아홉은 『햄릿』의 "사느냐 죽느냐"(To be or not to be)는 알아도 희극의 대사는 전혀 모르기 때문이다. 배우가 농담을 하면서 누군가의 엉덩이를 걷어차지 않으면 농담이 농담인 줄도 모른다. 그래서 배우들은 대사를 최고 속도로 뱉어 내고 그 빈자리를 슬랩스틱**으로 최대한 채워 넣으려 한다. 관객들이 웃는다면 그건 셰익스피어의 글 때문이 아니라 광대짓 때문이다.

*　올드빅(Old Vic): 19세기에 세워진 런던의 극장.
**슬랩스틱(slapstick): 우스꽝스러운 몸동작을 사용한 익살.

문제 1

예술 작품 또는 고전을 대하는 데 있어 제시문 (가)와 (나)가 공통적으로 지향하는 바가 무엇인지 설명하고, 그것이 제시문 (가)와 (나) 각각에서 어떻게 나타나는지 말하시오.

문제 2

제시문 (나)의 저자가 셰익스피어의 희극을 무대에 올리려는 연극 연출가에게 조언을 한다면 어떤 조언을 해 줄 것인지 말하고, 자신의 독서 또는 예술 감상 경험을 토대로 이 조언에 대한 의견을 밝히시오.

제시문 (가)와 (나)는 예술 작품 혹은 고전을 대하는 데 있어 저자의 의도와 표현을 존중하고, 작품이 제작될 당시의 문화적 상황을 고려하여 수용해야 한다는 관점을 공통적으로 드러냅니다. 과거의 시대적 배경, 문화적 상황을 고려하지 않고 현재적 시각으로만 예술 작품을 해석한다면, 고전의 내용을 제대로 이해할 수 없고 정확한 해석이 불가능하다는 것입니다. 또한, 현재의 기준에 맞춰 작품을 해석하다 보면 작가의 의도가 정확히 전달될 수 없다고 봅니다. 이는 고전 감상의 우선순위가 작가의 의도와 작품의 내용을 정확히 이해하는 것에 있다고 보는 관점을 함축합니다.

제시문 (가)에서 키플링의 소설을 낭독하는 태도를 지적하는 내용을 보면 작품 서술 당시의 상황을 고려해야 한다는 주장이 나타납니다. 키플링은 작품을 집필할 때 펜과 잉크를 사용하여 느린 속도로 서서히 작품을 완성해 나갔습니다. 페이지를 하나하나 채워 나가면서 주변을 돌아보고, 다양한 사유를 음미하며 서술해 나갔다는 것입니다. 알마시는 이러한 과거의 상황을 고려하여, 해나의 눈이 너무 빠르다고 지적하고 천천히 쉬어 갈 부분을 찾으며 낭독해 줄 것을 요청합니다. '요즘 사람답게'라는 표현에서 수용 시점의 사회적 분위기가 속도와 효율을 중시한다는 것을 유추해 볼 수 있습니다. 알마시는 빠른 속도를 강조하는 현재의 분위기에서 잠시 벗어나, 과거 작품이 서술될 당시의 '느림의 미학'이 갖는 가치를 느끼며 작품을 낭독해야 한다고 보는 것입니다.

이와 유사한 관점에서 제시문 (나)에서도 셰익스피어의 희극이 관객들에게 제대로 전달되지 않는 모습을 비판하고 있습니다. 당대의 관객들은 셰익스피어의 희극 대사를 거의 모르는 채로 극장에 방문합니다. 배우들은 희극의 대사만으로는 내용을 전달할 수 없다고 판단하여, 대사를 빠르게 처리하고 몸동작을 통해 웃음을 전달하는 것에 집중합니다. 제시문 (나)에서는 이에 대해 셰익스피어의 글이 제대로 수용되지 못하고 있다는 점을 비판합니다. 작품을 제대로 전달할 방법을 찾지 않고 관객의 눈높이에만 맞춰 셰익스피어의 희극을 상영하는 것은, 작가와 작품에 대한 존중이 부족하다는 것입니다.

개요

1. 제시문 (가)와 (나)에서 나타난 고전 수용의 태도
2. 제시문 (가)에서 나타난 고전 수용의 양상
3. 제시문 (나)에서 나타난 고전 수용의 양상

Tip & Advice

두 제시문은 공통적으로 '현재적 시각' 위주의 고전 감상에 대한 비판적 시각을 포함하고 있습니다. 낭독과 극 상영이라는 서로 다른 상황에서 이 공통점을 찾아내 서두에 명확하게 언급해야 합니다.

이 답안의 강점은 무엇인가?

제시문 (나)의 저자가 셰익스피어의 희극을 상영하려는 연극 연출가에게 조언한다면, 셰익스피어의 글을 전달해야 하는 것에 집중한다고 조언할 것입니다. 단순히 무대 위에서의 몸동작과 상황뿐만 아니라, 작가가 서술한 대사를 관객들에게 오롯이 전달하는 것에 초점을 두는 것이 중요하다는 것입니다. 저자의 의도를 고려하지 않고 작품을 연출하는 것은 창작자에 대한 존중이 부족한 것이며, 동시에 셰익스피어가 쓴 작품을 좋아하고 경험하고자 하는 관객들에게도 예의가 아니라는 것입니다.

저는 이러한 의견에 대해 동의하는 입장을 갖고 있습니다. 작품을 수용하고 평가할 때에는 작가의 의도, 작품이 제작된 시대적 상황, 문화적 배경 등이 충분히 고려되어야 합니다. 일전에 저는 빅토르 위고의 레미제라블을 읽고 다른 이들과 이야기를 나누면서 이러한 생각을 갖게 되었습니다. 독서 후 다른 사람들과 책에 대해 의견을 나누는 과정에서 '등장인물의 생각'이 현대적 기준에 맞지 않는다거나, 소설에 묘사된 인물들의 행위가 현재의 윤리적 기준에 부합하지 않는다는 이유로 작품의 내용을 비판하는 이야기가 나오는 것을 보면서, 이런 생각을 하게 되었습니다.

『레미제라블』은 18세기의 프랑스를 배경으로 다양한 계층의 인물과 시대적 상황을 보여 줍니다. 프랑스 혁명과 산업화가 겹치면서 점점 피폐해지는 도시 노동자들의 삶을 보면 '생존'을 위한 선택을 해야만 하는 인물들이 나타납니다. 장발장이 빵을 훔친 것, 판틴이 사창가로 내몰릴 수밖에 없었던 것들이 대표적인 사례입니다. 이러한 시대적 배경에서 나타난 인물의 사고나 행동이 단순히 현대적 기준에 부합하지 않는다고 해서 그것이 잘못되었다거나, 작품의 가치가 떨어진다는 평가에는 동의하기 어렵습니다. 우리가 살아가는 현재의 기준은 생각만큼 완벽하지도, 고상하지도 않습니다. 다만 과거와 '다를' 뿐입니다. 따라서 고전은 현재와 다른 시대에서 제작된 것이고, 그러한 시대적 배경을 고려하여 수용하는 것이 옳다고 생각합니다. 정리하면, 작품에 대한 '현대적 해석'은 어디까지나 수용자에게 원본이 충실히 전달된 이후, 수용자의 해석 과정에서 일어나야 할 것입니다. 서로 다른 시대적 배경을 관통하는 '메시지'를 고전에서 찾아내려면, 우선은 고전에 담긴 작가의 의도와 내용을 충실히 이해하는 것이 선행되어야 할 것입니다.

개요

1. 제시문 (나)의 저자가 연극 연출가에게 해 줄 조언
2. 이에 대한 의견 및 경험 제시
3. 경험에 기반한 논거 제시

1. 제시문 (나)는 셰익스피어의 의도를 고려하지 않은 수용 사례에 대한 비판적 관점을 드러냅니다. 이러한 관점에서 연극 연출자에게 할 수 있는 조언은 무엇인지를 제시해야 합니다. 제시문 (나)의 입장에서 조언을 하는 것이지, 답변자 자신의 의견을 제시하는 것이 아님에 주의해야 합니다.

2. 문제의 두 번째 요구 사항은 자신의 독서 또는 예술 감상 경험을 토대로 이 조언에 대한 의견을 밝히는 것입니다. 어떤 의견도 제시할 수 있으나, 중요한 것은 '자신의 경험'에서 추론해 낼 수 있는 예술 수용 태도를 명시해야 한다는 것입니다. 예를 들어, 제시문 (나)의 의견이 답변자의 의견과 입장을 달리한다면, 제시문 (나)에 나타난 예술 수용 태도의 한계점 등을 언급하면서 자신의 의견을 개진하는 것이 가능합니다.

이 답안의 강점은 무엇인가?

학교 측 출제 의도 및 평가 지침

출제 의도

⭕ 두 제시문에 대한 정확한 독해를 통해 공통된 주제를 유추하는 능력을 평가함

⭕ 제시문 독해를 통해 유추된 논리를 경험과 배경지식을 통해 응용하는 능력을 평가함

문항 해설

⭕ 두 제시문 모두 고전을 현재적 시각 위주로 감상, 수용하는 모습에 대한 비판적인 논평을 포함하는 바, 글 읽기와 공연 연출이라는 상이한 맥락으로부터 이런 공통된 요소를 추상화해 낼 수 있는 능력을 평가함

⭕ 제시문 (나)는 셰익스피어의 의도를 거스른 수용 사례에 대한 비판을 주로 제시하는 바, 이를 대안의 제시라는 생산적인 방향으로 적용하도록 하고 이를 통해 궁극적으로는 고전의 현재적 수용 또는 예술 작품 수용 방법에 자신의 경험과 일관된 논리로 가치 판단을 내리는 능력을 평가함. 답변이 열린 문제임. 도발적인 답변도 적절한 논리가 동원된다면 환영할 만. 자신의 의견에서 배제된 것과 이에 내재한 한계에 대한 인식을 보여 줄 수도 있으며, 학생 개인의 경험을 사례로 들 때 반드시 문학에 국한될 필요는 없음. 학생의 자기소개서에 언급된 책 등을 활용하도록 유도할 수도 있음. 만화로 된 고전류의 예를 들도록 할 수도 있음

※ 제시문을 읽고 물음에 답하시오.

(가)

　세상에 백락(伯樂)*이 있은 다음에야 천리마가 있다. 천리마는 항상 있으나 백락이 항상 있는 것은 아니다. 그러므로 비록 명마(名馬)가 있다 해도, 단지 지체 낮은 일꾼들 손에 모욕이나 당하다가 마구간 구석에서 죽고 말아 천리마로 불리지 못하기도 한다.

　말 가운데 천 리를 가는 말은 한 끼에 곡식 한 섬을 먹어야 하는데, 말을 먹이는 자가 천 리를 달릴 수 있는 말인지 모르고 먹인다. 이런 말은 비록 천 리를 가는 능력이 있으나, 먹는 것이 충분하지 않아 힘이 부족하여 그 재능을 밖으로 드러내지 못한다. 게다가 보통 말처럼 되고 싶어도 그 또한 불가능하니, 어찌 천 리를 가기를 바랄 수 있겠는가?

　말을 채찍질하되 천리마에 어울리는 방법으로 하지 않고, 먹이되 그 재능을 다 발휘하지 못하게 하고, 말이 울어도 그 뜻을 알아채지 못하면서도, 채찍을 들고 말 앞에 다가가 "천하에 훌륭한 말이 없구나!"라고 한다. 아, 정말로 천리마가 없는 것이 아니면 천리마를 알아보지 못하는 것인가.

* 백락(伯樂): 중국 고대에 명마를 잘 감별했던 사람.

(나)

　매년 수많은 젊은이들이 대학에서 무엇을 공부할지 결정해야 한다. 이것은 대단히 중요하면서도 그만큼 어려운 결정이다. 특히나 현명한 결정을 내리기 어려운 이유는 각기 다른 직업에서 성공하는 데 필요한 자질이 무엇인지 잘 모르는 데다, 자신의 장단점을 정확히 아는 것도 아니기 때문이다.

　미래에는 진로를 결정할 때 빅 데이터에 기반한 예측 알고리즘에 의지할 수 있을 것이다. 예를 들어 미래의 인공 지능은 의사를 직업으로 선택하려는 나에게 의대에 가면 시간 낭비가 되겠지만, 뛰어난 (게다가 아주 행복한) 작가나 기술자가 될 수 있다고 조언해 줄 수도 있을 것이다.

문제 1

제시문 (가)에는 '백락, 천리마, 일꾼, 보통 말'이 언급되어 있다. 여러분이 이 글의 작가라면, 이들 넷으로 비유할 만한 사람 가운데 누구에게 이 글을 읽으라고 권유하겠는가? 넷 중에서 둘 이상을 고르고, 그 이유를 설명하시오.

문제 2

제시문 (나)의 '인공 지능'이 (가)의 '백락'의 역할을 대신한다면, 제시문 (가)에서 우려하는 문제는 거의 사라질 것이라는 의견이 있다. 이와 관련하여, 제시문 (가)의 '천리마'의 입장에서 자신의 견해를 밝히시오.

문제 1　예시 답안

　제가 스스로의 재능을 알아봐 주지 못하는 세상에 대한 탄식을 드러낸 제시문 (가)의 작가라면, '일꾼'과 '천리마', '보통 말'에 해당하는 사람에게 이 글을 읽으라고 권유할 것입니다. 왜냐하면 이들은 일꾼의 평가에 따라 천리마와 보통 말이 재능을 펼칠 수 있는 정도와 노력 여부가 달라질 가능성이 높기 때문입니다.

　백락과 일꾼은 말의 상태를 판단하고 관리한다는 점에서 동일합니다. 이를 사람에 비유하면, 개인의 특징과 재능을 알아보고 조언하는 역할을 한다고 볼 수 있습니다. 이 경우에, 백락은 인재가 지닌 재능을 알아보고 그 능력을 펼칠 수 있도록 하는 인물이므로 별다른 문제가 없습니다. 하지만 '일꾼'의 경우는 다릅니다. 인재를 알아보는 눈이 부족한 '일꾼'은 천리마를 앞에 두고도 제대로 관리하지 못하여 그 재능을 낭비하게 만들 수 있습니다. 혹은 천리마가 아닌 '보통 말'을 천리마로 보고 잘못된 길을 추천할 수도 있습니다. 즉, 백락과 일꾼은 누군가를 평가하고 관리하며, 이들의 역할에 따라 '평가받은 사람'의 능력을 펼칠 가능성이 크게 달라지게 됩니다. 따라서 눈앞의 재능을 잘 알아보지 못하는 '일꾼'은 보다 더 경각심을 가져야 합니다. 평가하는 이가 눈앞의 재능을 알아보지 못한다면 재능 있는 사람은 그 재능을 펼치지 못하고, 재능 없는 이는 다른 영역을 준비할 수 있는 시간을 낭비하게 될 것이기 때문입니다.

　또한, 천리마나 보통 말은 자기 스스로 생각하는 본인의 이미지와 타인의 눈에 비치는 자신의 모습이 불일치할 때, 점검이 필요하기에 해당 글을 읽어 볼 필요가 있습니다. 어떤 이가 타인에게 평가를 받을 때, 스스로에 대한 자신의 평가와 타인의 평가가 동일하다면, 천리마와 보통 말은 모두 만족하게 될 것입니다. 천리마는 자신의 재능을 알아봐 주는 이가 있어 그 능력을 펼칠 수 있으니 좋아할 것이고, 보통 말은 자신의 다른 재능을 찾아 나서야 한다는 판단을 할 수 있기 때문입니다. 하지만 스스로에 대한 자신의 평가와 타인의 평가가 다르다면, 천리마와 보통 말은 스스로가 자신에 대해 내리고 있는 평가가 잘못된 것은 아닌지, 자신에 대한 타인의 평가가 적절한지 지속적으로 점검해야 합니다. 그래야만 자신이 능력을 펼칠 수 있는 영역을 찾아갈 수 있기 때문입니다.

개요

1. 제시문 (가)를 읽어야 할 대상: 일꾼, 천리마, 보통 말
2. '일꾼'이 제시문 (가)를 읽어야 하는 이유
3. '천리마'와 '보통 말'이 제시문 (가)를 읽어야 하는 이유

해당 문제에서는 각각 '백락, 일꾼, 천리마, 보통 말'이 어떤 유형의 사람인지를 정의하여 답변해야 합니다. 누군가에 대한 평가가 이루어질 때, 평가 대상 스스로에 대한 평가와, 타인의 평가가 같거나 다를 수 있음을 인지하는 것이 중요합니다. 즉, 자기 자신에 대한 평가와 타인의 평가가 불일치하거나 일치할 때, 각 유형에 해당하는 사람들이 어떻게 반응할지를 중심으로 내용을 전개하는 것이 좋습니다.

이 답안의 강점은 무엇인가?

제시문 (나)의 인공 지능이 제시문 (가)의 백락의 역할을 대신하게 된다면, 제시문 (가)의 천리마는 이를 크게 달가워하지 않을 것입니다. 빅 데이터와 알고리즘, 인공 지능에 기반하여 사람을 평가하는 것은 여러 가지 문제점을 지니고 있기 때문입니다.

 첫째로, 초기 데이터의 양 부족과 편향 문제를 들 수 있습니다. 인공 지능의 학습 초기에는 데이터의 양이 부족하기 때문에 편향이 발생할 가능성이 높습니다. 또한, 어떤 데이터를 학습하는지에 따라 인공 지능마다 평가 결과에 큰 차이가 있을 수 있습니다. 초기에 학습한 데이터가 부족하거나 편향된다면, 그 시기에 평가받는 이들은 제대로 된 평가를 받지 못해 자신의 재능을 온전히 확인할 수 없습니다. 시간에 따라 정확성이 크게 달라지며, 어떤 데이터를 학습하는지에 따라 평가가 불안정해질 수 있는 체계라는 점에서 인공 지능에 기반한 평가는 분명한 문제점이 존재합니다.

 둘째로, 인공 지능에 의존한 평가는 장기적으로 인간의 자유로운 의사 결정이나 탐구 의지를 꺾을 수 있다는 점에서 문제가 존재합니다. 초기에 부정확했던 인공 지능의 평가가 데이터 축적과 함께 보다 정확해진다면, 사람들이 의사 결정을 이에 의존하게 될 가능성이 높습니다. 하지만 이에 대한 의존도가 심해진다면 결국에는 사람이 자기 스스로를 평가하거나 점검하지 않게 될 것입니다. 즉, 큰 고민 없이 인공 지능의 판단을 따라 살아가게 될 확률이 높습니다. 이는 인공 지능이 잘못된 판단을 내렸을 때 이에 대응하고 수정할 수 있는 가능성이 점점 줄어들 수 있다는 것을 의미합니다. 인간 스스로의 탐구 의지와 능력을 상실할 수 있다는 점에서 문제가 있습니다.

 마지막으로, 인공 지능의 평가 사례에서 벗어난 '예외'가 존재할 경우 이를 어떻게 받아들일 것인지 그 기준이 불분명합니다. 인공 지능은 평가 대상의 유사한 속성을 추출하여 해당 속성을 지닌 '군집'에서 어떤 결과가 가장 높은 확률로 발생하는지를 기준으로 판단합니다. 요즘 많이 활동되는 플랫폼의 추천 알고리즘이 이것의 대표적 사례입니다. 하지만, 인공 지능의 판단에서 벗어난 예외들이 존재할 경우, 인공 지능은 이에 대해 제대로 된 판단을 내리기 어렵습니다. 이처럼 인간이 지닌 다양한 속성을 고려할 때, 인공 지능에만 의존하여 사람을 평가하는 것은 '정확하게 평가받지 못한 소수'가 배제될 수 있다는 점에서 분명한 한계를 지닙니다. 따라서 이러한 한계점을 보완할 수 있도록 적절한 선에서 인공 지능을 활용해야 합니다.

1. 주장 제시: 인공 지능 기반 인재 평가 시스템은 문제가 있음

2. 근거 1: 초기 데이터 부족

3. 근거 2: 인간 자유 의사 결정, 탐구 의지 저하

4. 근거 3: 예외적 상황 배제 가능

Tip & Advice

해당 문제는 제시문 (가)의 천리마의 입장에서 인공 지능에 기반한 인재 평가 시스템에 대한 의견을 제시할 것을 요구하고 있습니다. '인공 지능'에 기반하여 인간을 평가하는 것은 여러 가지 장단점을 지닙니다. 이를 옹호하거나 반대할 수 있는 입장을 모두 선택 가능하기에, 인공 지능에 기반한 평가에 어떤 장단점이 있는지, 단·장기적으로 사회에 어떤 영향을 미칠지를 고려하여 본인이 선택한 입장을 지지해야 합니다.

이 답안의 강점은 무엇인가?

학교 측 출제 의도 및 평가 지침

출제 의도

○ 제시문의 내용을 정확하게 파악하는 독해력을 기반으로 유사 상황을 상상하고 그것에 적용할 수 있는 창의적 응용력을 평가함

○ 제시문 (가)와 (나)의 핵심 주제를 정확히 파악하고, 두 지문을 적절하게 연결하면서 자신의 논리를 펼 수 있는 능력을 평가함

문항 해설

○ 제시문 (가)를 통해, 타인에 대한 평가와 자기 자신에 대한 평가의 일치/불일치 상황을 상정하고, 그러한 조건 속에서 네 가지 유형(백락, 천리마, 일꾼, 보통 말)의 사람들이 각기 어떤 위치에서 어떤 태도를 취할 수 있고 혹은 취해야 하는지 묻고자 함

○ 지금까지 진로 선택 같은 인생의 중요한 선택을 예측할 때는 주위 사람의 조언이나 자기 자신의 판단에 의존해 왔음. 하지만 미래에 인공 지능이 그러한 역할(백락 같은 사람의 역할)을 대신하게 되면, 인간의 능력에 의존할 때에 비해 여러 가지 장단점이 있을 수 있음. 또한, 사회에 막대한 파급 효과가 있을 것으로 여겨짐. 수험생이 그러한 장단점 및 장기적인 파급 효과를 제대로 파악할 수 있는지, 그리고 자신의 견해를 적절한 기준과 논리로 설명할 수 있는지 평가함

※ 제시문을 읽고 물음에 답하시오.

환경 파괴로 지구 위기론이 대두되는 가운데, 세계 산소의 상당량을 공급하며 '지구의 허파' 구실을 해 온 브라질 아마존 우림의 개발이 국제적 문제가 되고 있다.

아마존 우림 전체 면적의 약 60%*를 차지하는 브라질은 '브릭스(BRICS)'**의 일원으로 빠른 경제 성장을 이루었다. 2014년 월드컵과 2016년 올림픽을 개최했으며, 2016년 국내 총생산(GDP)은 세계 8위를 기록했다.

브라질 정부는 목축산업 장려, 목재 생산, 발전소 건설 등을 위해 국제 금융 기관으로부터 차관을 얻어 원시림인 아마존 우림을 개발하고 있다. 브라질 정부가 아마존 우림 개발을 서두르는 또 다른 이유는 아마존 우림을 개발해 농민들의 토지 요구에 부응하기 위함이다. 그러나 이러한 개발은 미국을 비롯한 선진 국들과 지구의 미래를 걱정하는 환경 보호론자들의 거센 반발을 불러일으키고 있다.

* 페루, 볼리비아, 콜롬비아, 베네수엘라, 가이아나, 수리남, 에콰도르 등이 나머지 약 40%의 아마존 우림을 차지함.
** 브릭스(BRICS): 빠른 경제 성장을 보이는 5개국(브라질, 러시아, 인도, 중국, 남아프리카공화국)을 일컫는 말.

문제 1

아마존 우림 개발 문제를 해결하기 위한 국제회의를 개최할 때, 회의에 꼭 초청해야 할 사람(또는 기관, 단체) 셋을 열거하고, 초청한 이유를 각각 설명하시오.

문제 2

[문제 1]에서 초청받은 셋이 각각 어떤 근거와 자료를 토대로 무슨 주장을 펼칠지 예상해 말하시오.

　아마존 우림 개발 문제를 해결하기 위한 국제회의에는 아마존 우림을 영토로 포함하는 국가의 정부, 선진국 정부, 아마존 우림 지역의 거주민들이 참여해야 한다고 생각합니다. 이는 아마존 우림 개발 문제가 지구 온난화라는 거시적 환경 문제와 직결되기 때문입니다. 아마존 우림 개발 문제에는 개발국의 경제적 이익, 거주민들의 경제적 생활 개선 문제, 이로 인해 전 세계적으로 발생하는 환경 비용, 이미 개발을 통해 발전한 선진국과 경제적 성장을 원하는 개발 도상국 간의 정치적 대립 등이 복잡하게 맞물려 있습니다.

　우선 아마존 우림을 영토로 포함하는 국가는 자국의 경제 발전을 위해 참여해야 합니다. 우림 개발을 포기했을 때 발생하는 자국의 경제적 손실을 보상받아야 하기 때문입니다. 자국 영토에서 행해지는 개발을 다른 국가의 반대로 인해 포기한다는 것은 국가 주권이 침해당할 수 있는 사안이기에 참여하는 것이 옳다고 봅니다.

　다음으로 이미 개발을 통해 경제적 발전을 이룩한 선진국들도 참여해야 합니다. 이들은 과거의 경제 개발 과정에서 환경을 파괴한 책임과 더불어, 아마존 우림의 개발을 제한했을 때 발생하는 비용을 함께 부담해야 할 책임이 있습니다. 아마존 우림의 개발을 제한하려면, 이로 인해 발생하는 경제적 손해를 일정 부분 보상함과 동시에 과거 선진국들이 자행했던 환경 파괴에 대한 책임을 질 수 있어야 합니다. 개발 제한 국가에 대한 기술 이전과 자금 지원, 경제 협력 등이 필요합니다.

　마지막으로, 아마존 우림 지역의 거주민들이 참여해야 합니다. 개발 대상 장소에 거주하고 있는 농민들이나 이곳의 상공업자들에게는 '개발'이 단순한 경제적 이익이 아닌 '생존'의 문제일 수 있습니다. 개발 여부에 따라 향후의 삶이 크게 달라지는 만큼, 아마존 우림 거주민들이 대표 회의를 구성하여 직접 참여하고 의견을 제시하는 것이 바람직해 보입니다.

개요

1. 아마존 우림 문제에 참여해야 하는 주체 3개 제시: 우림 개발국, 선진국, 우림 거주민
2. 우림 개발국이 참여해야 하는 근거
3. 선진국이 참여해야 하는 근거
4. 우림 거주민이 참여해야 하는 근거

아마존 열대 우림 개발 – 보존 문제에는 '다양한 이해관계'가 얽혀 있다는 점을 고려했을 때, 이해관계의 구도를 나눠 보면 크게 개발을 통해 경제적 이익을 얻으려는 '우림 개발국', '우림 지역 상공업자, 농민'과 환경 보존 및 환경 비용 감소를 위해 이를 막으려는 '선진국', '환경 보호 단체', 이를 중재하고 의견을 개진하는 '국제기구'를 들 수 있습니다. 또한, 우림 개발국 내에서도 '정부'와 '개발 지역 주민'들의 이해관계가 대립할 수 있으며, 여러 선진국들의 경제적 입장에 따라 의견 차이가 발생할 수 있습니다. 이러한 다양한 이해관계를 명시적으로 언급하고, 이를 조정하기 위한 주체들을 명확히 서두에 제시해야 합니다.

이 답안의 강점은 무엇인가?

문제 2 **예시 답안**

우선 아마존 우림 지역 거주민들은 우림 지역 개발을 허용해야 한다고 주장할 것입니다. 우림 지역의 경우 개발이 이루어지지 않으면 실제로 거주하기에 열악한 지역이기 때문입니다. 이를 증명하기 위해 현재 아마존 우림의 거주 환경 사진, 지역 경제의 상태를 보여 주는 통계 자료를 활용할 것입니다. 이러한 자료를 통해 우림 개발은 거주민들의 경제적 여건 개선과 삶의 질 향상을 위해 필요하기에, 정당한 보상 없는 개발 제한의 부당함을 주장할 것입니다.

다음으로, 아마존 우림을 영토로 포함하는 국가의 경우, 우림 지역 개발을 제한하기 위해 이에 상응하는 경제적 대가를 선진국들이 지불해야 한다고 주장할 것입니다. 해당 주장의 근거로, 우림 지역 거주민들의 경제적 상태, 개발로 인해 발생할 경제적 효과, 개발 포기로 인해 감축되는 환경 비용, 기존의 선진국들이 개발 과정에서 온난화에 미친 영향 등의 데이터를 제시할 것입니다. 선진국들이 자국의 개발로 인한 환경 파괴에 대해 책임을 지고, 우림 개발국의 개발 포기로 인한 경제적 손실을 보상받기 위한 방안 마련을 요구할 가능성이 높습니다.

마지막으로, 경제적 선진국들의 경우, 아마존 우림을 벌목할 경우 전 지구적 차원에서 통제하기 어려운 기후 문제가 발생할 수 있으므로 개발을 제한해야 한다고 주장할 것입니다. 이를 뒷받침하기 위해 열대 우림이 줄어듦에 따라 전 지구적으로 지구 온난화가 얼마나 가속화될 수 있는지, 이로 인해 어떤 부작용이 나타날지 등 열대 우림 면적과 지구 온도의 상관관계, 지구 온도 상승 시 발생할 수 있는 기후 문제에 대한 자료들을 제시할 것입니다.

개요

1. 우림 거주민들의 주장과 근거 자료
2. 우림 개발국과 근거 자료
3. 개발을 반대하는 선진국의 주장과 근거 자료

이 답안의 강점은 무엇인가?

학교 측 출제 의도 및 평가 지침

출제 의도

○ 다양한 이해관계가 상충되는 상황에서 최대한 객관적 자료에 기반해 설득, 조정을 통해 문제를 해결하려는 노력이 사회과학의 중요한 능력이라는 점에서, 아마존 우림 파괴를 소재로 이해관계가 얽힌 상황을 설정하고, 논리적 답변 여부, 상대방 입장에 대한 공감 능력을 평가함

○ 감성에 대한 호소가 아닌 구체적 자료를 제시할 필요성을 이해하는가를 평가함

문항 해설

○ 환경 문제에 복잡한 정치적 경제적 이해관계가 얽혀 있음

○ 문제 해결을 위해 서로 다른 처지와 입장을 이해, 공감하는 것이 필요함

○ 특히 아마존 지역 상공업자, 농민들에게는 환경 보존도 중요하지만 개발이 주는 경제적 이득이 생계와 직결된 문제일 수도 있음

○ '깨끗한 환경'이 공공재(내가 직접 부담을 지지 않아도 남이 제공해 주면 무임승차해서 누릴 수 있는 재화)라는 측면을 이해하는지를 평가함

○ 아마존 우림에 얽힌 국내외 정치적 상황을 제시함

※ 제시문을 읽고 물음에 답하시오.

(가)

좋은 집터란 다음과 같다. 무릇 사람은 양기(陽氣)를 받아서 살아가는데, 양기를 주는 것은 하늘의 햇볕이다. 하늘이 적게 보이는 곳에서는 양기가 적어서 결단코 살 수 없다. 그래서 들이 넓으면 넓을수록 집터는 더욱 아름답다. 햇볕이 잘 들고, 달빛과 별빛이 항상 환하게 비치며, 바람과 비, 추위와 더위를 비롯한 기후가 충분히 알맞은 곳이면 반드시 인재가 많이 배출되고 질병도 적다. 가장 피해야 할 곳은 산줄기가 나약하고 둔하여 생색이 나지 않거나 부서지고 기울어져서 길(吉)한 기운이 적은 형상이다. 땅에 생색이 나지 않고 길한 기운이 없으면 인재가 나지 않는다.

(나)

오스트레일리아 원주민 사회는 오랫동안 축산업이나 정착 농업을 시작하지 못했다. 오스트레일리아는 기후가 매우 건조할 뿐만 아니라 토양이 대단히 척박한 대륙이기 때문이다. 더구나 연중 기후가 불규칙하여 심한 가뭄이 몇 년씩 지속되기도 하고, 폭우가 쏟아져 홍수가 나기도 한다. 이러한 환경의 열악함을 극복하기 위해 오스트레일리아 원주민들은 정착 농업을 대신하여 '부지깽이 농법'이라 불리는 방법을 활용했다. 이 방법의 특징은 주기적으로 땅에 불을 지르는 것인데, 여기에는 몇 가지 목적이 있었다. 불이 나면 동물들이 도망쳐 나오므로 즉시 잡아먹을 수 있고, 수풀로 우거졌던 곳이 불에 타서 시원하게 뚫린 초원으로 변하므로 사람들이 다니기가 편해진다. 불탄 초목의 재는 원주민들이 먹는 고사리 뿌리뿐 아니라 캥거루가 먹는 풀의 성장을 촉진시켜 그 초원을 오스트레일리아 최고의 사냥감인 캥거루의 이상적인 서식지로 만들었다.

문제 1

제시문 (가)의 '좋은 집터'에 대한 서술에 함축되어 있는 '인간과 자연환경의 관계'와 제시문 (나)의 오스트레일리아 원주민의 자연환경에 대한 적응 방식을 비교하여 설명하시오.

문제 2

자연환경에 대한 제시문 (나)와 같은 적응 방식과 유사한 사례 두 가지를 들고, 이러한 적응 방식이 가져올 수 있는 긍정적 또는 부정적 효과에 대해 논하시오.

두 제시문은 자연환경이 인간의 삶에 영향력을 끼친다고 본다는 점에서 공통되는 부분이 있습니다. 하지만 두 제시문은 주어진 환경 속에서 인간의 자율적 선택에 대해 다른 의견을 보입니다. 제시문 (가)는 인간의 '수동적 반응'을 강조하는 반면에 제시문 (나)는 인간의 '능동적 적응'을 강조합니다.

제시문 (가)에서는 좋은 집터에서 인재가 배출된다는 주장이 나타납니다. 이는 자연이 인간의 삶에 결정적 영향을 미친다는 환경 결정론적 관점을 함축합니다. 집터 주변의 환경과 기후에 따라 인재 배출 여부가 결정된다는 모습에서 '풍수지리설'과 유사하다고 볼 수 있습니다. 이러한 관점에서는 인간의 자율적 선택이 실질적으로 존재한다고 보기 어렵습니다. 자율적 선택처럼 보이는 것도 실상은 환경의 영향을 받아 나타난 것이기 때문입니다. 즉, 인간은 자연에 종속된 존재이며, 환경의 영향을 받아 삶의 다양한 부분이 결정되는 수동적 존재로 평가됩니다.

환경이 인간에게 미치는 절대적 영향력을 강조하는 제시문 (가)와 달리, 제시문 (나)에서 나타난 오스트레일리아 원주민들은 자연환경을 적극적으로 변화시켜 극복해 나가는 가능론적 관점을 보여 줍니다. '부지깽이 농법', 즉 화전을 통해 불규칙한 기후와 척박한 환경에 적응한 것입니다. 불을 질러 도망치는 동물들을 사냥하고, 수풀이 타면서 길이 생기고, 불탄 재는 다시 비료 역할을 하여 초원을 융성하게 만듭니다. 이는 인간이 자연환경에 능동적으로 적응할 수 있다는 것을 보여 줍니다. 주어진 환경에서 스스로의 선택에 의해 삶을 개선하고, 열악한 환경을 점진적으로 변화시켜 삶을 윤택하게 만들 수 있다는 것입니다.

개요

1. 각 제시문의 공통점과 차이점
2. 제시문 (가)에서 나타난 인간과 환경의 관계
3. 제시문 (나)에서 나타난 인간과 환경의 관계

두 제시문은 '인간과 자연환경의 관계'에 대한 대비되는 관점을 보여 줍니다. 제시문 (가)에서는 자연에 의해 인간의 삶이 결정되는 '결정론적 관점'이, 제시문 (나)에서는 인간이 자연을 변화시키고 이용하며 극복하는 '가능론적 관점'이 나타납니다. 즉, 이 두 가지를 비교할 때에는 자연이 인간에 미치는 영향력의 차이, 인간의 자유 의지와 삶의 관계, 주어진 환경 속에서 나타나는 인간의 태도 등을 들 수 있습니다.

이 답안의 강점은 무엇인가?

인간이 자연환경에 적응하고, 이를 점진적으로 극복한 사례로 '의약품 개발'과 '치수 사업'을 들 수 있습니다. 역사적으로 인간은 다양한 질병에 노출되어 왔습니다. 천연두, 페스트, 콜레라 등의 전염성 질병에 노출되던 과거에는 제대로 된 치료제가 없어 영아 사망률이 매우 높았고, 평균 수명도 낮았습니다. 조선 시대까지만 해도 평균 수명이 40세에 미치지 못했다는 점을 고려하면, 질병으로 인한 사망은 인간의 삶에서 큰 위험 요소였습니다. 하지만 19세기 이후 의학이 발전하면서 항생제를 비롯한 다양한 의약품이 개발되었고, 과거 인류의 목숨을 앗아갔던 많은 질병들이 관리 가능한 수준의 질병으로 변화했습니다. 의약품 개발과 의학의 발전은 인간이 자연을 극복해 가는 사례 중 하나로 볼 수 있습니다.

치수 사업 역시 인간이 자연을 극복하고 적응해 나가는 사례로 볼 수 있습니다. 과거로부터 인류는 하천의 범람으로 인해 농업과 생활에 많은 지장을 겪었습니다. 최근에도 강한 태풍이나 집중 호우가 동반되면 한강변이 잠기는 경우가 발생합니다. 하지만 국내에 있는 많은 하천에 대해 대대적인 정비 사업이 시행되고 댐이 건설되면서 과거보다 범람의 위험이 줄었다는 것은 분명한 사실입니다. 자연 재해로부터의 피해를 줄이려는 인간의 노력이 긍정적 결과를 나타낸 것입니다.

하지만 위의 사례처럼 인간이 자연을 개발하며 극복해 나가는 적응 방식에는 명과 암이 존재합니다. 위에서 언급했듯이, 자연을 개발하여 인류의 생존 확률을 높이고, 산업을 보호할 수 있다는 점에서 분명한 장점이 있습니다. 인류사에 있어 농업 혁명, 산업 혁명, 과학 혁명 등은 자연을 개발하고, 극복해 나가는 과정에서 발생했던 획기적 변혁이었습니다. 이 결과, 인류의 기대 수명은 높아졌고 삶의 질은 보다 향상되었습니다. 하지만 이러한 개발과 발전의 이면에는 인류가 예측하지 못한 부작용이 발생할 수 있다는 단점이 있습니다. 항생제 남용으로 인한 슈퍼 박테리아 발생의 문제, 간척이나 하천 정비 사업으로 인해 해당 지역의 생태계가 파괴되는 문제, 기술 발전과 함께 화석 연료 사용 증가로 인한 지구 온난화 문제는 예상치 못한 부분에서 인류가 감당하기 어려운 새로운 문제가 발생하고 있음을 보여 줍니다. 따라서 향후 자연을 개발하고 이용하는 과정에서 다양한 학문적 접근을 통해 '부작용'을 예측하고 기존에 발생한 문제를 해결하기 위한 새로운 방안을 모색할 필요가 있습니다.

개요

1. 제시문 (나)와 같은 적응 사례 1: 의약품 개발, 의학 발전
2. 제시문 (나)와 같은 적응 사례 2: 치수 사업
3. 사례와 같은 적응 방식의 장단점

1. 제시문에서 나타난 인간과 자연환경의 관계는 자연이 인간의 삶에 결정적 영향을 미치는 '결정론적' 관점과 상대적으로 인간이 자연을 개발하고 변화시켜 적응해 가는 '가능론적' 관점을 보여 줍니다. '~론적' 관점이라는 것을 직접적으로 언급하지 않더라도, 해당 내용을 정확하게 지적해 주면 답변에 큰 문제가 없습니다.

2. 인류가 자연을 이용하고, 개발하는 사례는 수없이 많습니다. 다만, 이러한 적응 방식의 긍정적 효과와 부정적 효과를 모두 언급하는 것이 필요하므로, 한쪽 부분만을 강조하는 사례보다는 명암을 모두 드러낼 수 있는 사례를 언급하는 것이 중요합니다. 또한, 사례에서 인간이 자연을 어떤 방식으로 이용하고 변화시키는지, 그로부터 어떤 효과를 얻을 수 있는지, 그로 인해 발생한 부작용은 없었는지, 각각의 내용을 명확하게 답변의 서두에 제시하여 문제의 요구 사항을 이행했음을 보여 주는 것이 좋습니다.

이 답안의 강점은 무엇인가?

학교 측 출제 의도 및 평가 지침

출제 의도

- 제시문에 대한 이해력 및 비교 분석력을 평가함

- 개념적 이해를 확장할 수 있는 응용력과 자신의 주장에 대한 논증력을 평가함

문항 해설

- 제시문 (가)의 주요 논지는 좋은 집터가 좋은 인재를 배출한다는 것으로 인간에 대한 자연의 절대적인 영향력이나 인간의 수동적 결정을 강조하는 '환경 결정론적(environmental determinism)' 관점을 함축함

- 제시문 (나)는 열악한 오스트레일리아 자연환경에 대한 인간의 능동적 적응 방식으로 자연환경은 인간의 자유로운 선택과 변경, 극복의 가능성을 제공한다는 '가능론(possibilism)' 또는 '환경 가능론(environmental possibilism)' 관점에 해당함

- 제시문의 분석을 통해 인간과 자연환경과의 관계에 대한 주요 관점을 이끌어 내고, 이러한 관점의 공통점과 차이점을 논리적으로 설명할 수 있는지를 평가하고자 했음

- 환경 가능론적 관점에서 주어진 자연환경에 대한 인간의 능동적이고 적극적인 대처에 해당하는 현실 사례를 찾아볼 수 있고, 이에 따른 긍정적 영향이나 부정적 효과를 배경지식이나 경험 등을 바탕으로 논리적으로 설명할 수 있는지를 평가하고자 했음

※ 제시문을 읽고 물음에 답하시오.

(가)

공자(孔子)가 섭공(葉公)을 만났을 때의 일이다. 섭공은 자기 고을 사람들이 법을 잘 지키고 정직하다며 이렇게 자랑을 했다.

"우리 고을의 어떤 사람은 처신을 올바르게 하고 정직한 행동을 했습니다. 자기 아버지가 양을 훔치는 것을 보더니, 그는 아들이면서도 아버지의 절도죄를 증언해 처벌받게 했답니다."

그러자 공자는 이렇게 응수했다.

"우리 고을 사람들이 정직하다고 여기는 행동은 그런 게 아닙니다. 아버지가 죄를 범하는 일이 생겼을 때 아들은 아버지를 숨겨주고, 반대의 경우 아버지가 자식을 숨겨줍니다. 정직함이란 그렇게 부자간에 서로 숨겨주는 행위 가운데 있는 것입니다."

공자는 죄를 범한 아버지를 법에 따라 곧이곧대로 고발하는 아들의 행위를 정직하다 평가하지 않았으며, 오히려 아버지와 아들이 서로 숨겨주는 행위에서 정직의 미덕을 발견했다. 그는 이 행위의 동기가 부모 자식 간의 사랑이라는 원초적이고도 지극한 감정이라 여겼는데, 그러한 감정은 인간의 법에 앞서 하늘이 내려준 것이므로 그에 따르는 것이 순리이고 올바른 행동이라 판단한 것이다. 공자는 사람이 지닌 도덕심의 내적 근거를 인(仁)이라 했고, 인이란 가족 사이의 사랑하는 마음으로부터 비롯되는 것이라고 보았다. 가족 사이 사랑의 마음에서 출발한 인은 더 넓은 범위로 확장되면서 사회를 조화롭게 하는 제도와 규범인 예(禮)의 근거로도 작동한다. 일찍이 공자는 용기만 있고 예가 없는 행동을 미워한다고 한 적이 있다. 단지 법에 따라 아버지를 고발하는 행동은 인을 결여하고 있으므로 예로 나아갈 수 없다. 따라서 그것은 용기만 있고 예가 없는 행동으로 비난받을 수 있다.

(나)

소크라테스는 아르콘 왕의 궁전 앞에서 자신을 불경죄*로 고발한 사람을 기다리다가 에우티프론을 만난다. 에우티프론이 불경죄를 범한 아버지를 고발하러 가는 길이라 하자 소크라테스는 그를 만난 것이 행운이라 여기며 기뻐한다. 에우티프론이 자기 아버지에게 하는 비난이 소크라테스가 받는 비난과 같은 것이었기에, 그로부터 불경죄가 뜻하는 바를 들을 수 있으리라 기대했기 때문이다. 소크라테스는 자신이 불경죄가 무엇인지 모른다고 고백하면서, 그 의미를 설명해 달라고 한다. 소크라테스는 법률가들처럼 불경죄가 무엇인지 정확히 아는 사람만이 그 죄목으로 누군가를 고발할 수 있을 것이므로, 자기 아버지를 고발한 에우티프론이라면 그 죄에 대해 확실히 알고 있을 것이라 생각한다. 그래서 소크라테스는 에우티프론에게 불경한 것이 어떤 것인지 개념을 정의해 달라고 한다. 에우티프론은 여러 대답을 차례로 내놓지만, 소크라테스는 번번이 그 대답이 지닌 한계를 지적하면서 한층 명확한 정의를 요구한다. 에우티프론이 더이상 대답하지 못하고 혼란에 빠지자 소크라테스는 이렇게 말한다.

"죄목에 대한 정확한 앎이 없는 상태에서 남을 함부로 고발하는 것은 옳지 못한 처사이네. 만일 자네가 불경죄가 무엇인지 명확히 알지 못한다면, 감히 아버지를 고발해서는 안 될 것일세."

* 불경죄(不敬罪): 마땅히 높여야 할 대상을 존중하지 아니하여 짓는 죄

(다)

 우리가 정의라는 미덕을 지키는 것은 우리의 자유 의지에 따른 것이 아니라 국가에 의해 강제된 결과라 할 수 있다. 그런데 이러한 강제에 따른 정의의 준수가 가능한 이유는 도덕성의 원천이 공감이기 때문이다.
 불의란 자신의 이기적 행위를 타인의 이익을 침해하지 않는 수준으로 제한하거나 억제하지 못하는 것이다. 불의를 행하면 반드시 피해자가 생기고 피해자의 강력한 보복 감정을 불러일으키게 된다. 그에 따라 중립적 위치의 방관자도 이런 불의를 보게 되면 그것에 분개하여 마땅한 일로 여기고, 나아가 그 자연적 귀결로서 처벌받아 마땅한 일로 여기게 된다. 사람들은 불의에 의해 자행된 해악을 보복하기 위해 사용되는 폭력에는 공감을 느끼고 이를 시인한다. 마찬가지로 그들은 가해자를 제어해 그 이웃들을 해치지 못하도록 하기 위해 사용되는 폭력에 대해서도 더더욱 찬성하고 시인한다. 따라서 불의한 행위를 기도하는 사람은 자신이 죄를 범한 후에 도덕적으로 적정하다고 인정되는 물리적 강제력에 의해 처벌될 것이라는 사실을 알아차린다. 그런 사람들이 법을 지키는 이유는, 정의와 불의의 특성에 대해 잘 알고 이에 따라 판단하여 행동하기 때문이 아니다. 그들은 자신의 행동이 타인이 공감하는 범위 바깥에 놓이게 될 때 생길 공분(公憤)과 처벌에 대한 두려움 때문에 법을 지킨다.

(라)

 국가 A와 국가 B는 범죄 여부를 판단하는 데 동일한 법제도를 활용하고 있고, 두 나라 모두 범죄율을 낮추는 데 법 집행의 일차적 목적을 두고 있다. 하지만 두 나라는 범죄자에 대한 처벌 방법과 수준을 결정하는 데는 다른 제도를 활용하고 있다. 국가 A는 전적으로 범죄 및 법 관련 전문가들의 논의와 판단에 기반한 제도를 활용하는 반면, 국가 B는 시민들의 여론 및 이해관계 등을 대폭 고려한 제도를 활용한다. 이러한 두 나라의 범죄 중 작년의 살인율과 사생활 침해율을 정리하면 아래 그림과 같다. 여기서 살인율은 인구 10만 명당 발생 건수를, 사생활 침해율은 1천 명당 발생 건수를 의미한다. 그 중 살인율은 두 국가 모두에서 오랫동안 일정한 수준을 유지하고 있는 반면, 사생활 침해는 두 국가 모두에서 지식 정보 기술의 발달에 따라 최근 몇 년간 폭증하고 있는 새로운 유형의 범죄이다. 한편 두 나라의 인구 및 사회 경제적 여건은 동일하다.

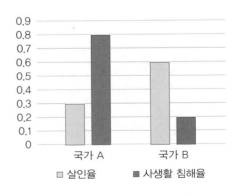

법을 준수하는 행위의 전제 조건에 대한 제시문 (가), (나), (다)의 관점을 비교 · 분석하시오.

제시문 (라)의 통계 결과를 요약하고, 제시문 (나)와 제시문 (다) 각각에 근거한 법 집행의 효과성을 평가해 보시오.

문제 1 **예시 답안 (1)**

 제시문 (가), (나), (다)는 법을 준수하는 행위의 전제 조건으로서 각각 '인(仁)의 원리'와 '정확한 앎', 그리고 '사회적 공감'을 제시하고 있습니다. 이처럼 상이한 준법 행위의 전제 조건들은 그 원천을 이성에 두는지 혹은 감정에 두는지에 따라 구분될 수 있습니다.

 먼저 제시문 (나)는 이성적 원천에 기반하여 법을 준수하기 위해서는 '정확한 앎'이 전제되어야 한다고 보고 있습니다. 특정 죄목에 대한 정확한 앎이 부재한 상태에서 기소하는 행위가 옳지 못하다는 소크라테스의 답변이 이를 뒷받침합니다.

 한편 제시문 (가)와 (다)는 각각 정서적 원천에 기반하여 준법 행위의 전제 조건을 제시합니다. 그러나 제시문 (가)는 하늘로부터 부여받은 사랑의 감정에서 비롯된 '인'을 그 조건으로 제시하는 반면, 제시문 (다)는 특정 행위를 한 사회 구성원을 집단으로 인정하거나 배제하도록 만드는 '사회적 공감'을 그 조건으로 제시합니다. 즉 제시문 (가)는 보편적 원리이면서도 동시에 선천적으로 내재하는 도덕적 감정을, 제시문 (다)는 사회 일반적으로 구성되는 집단적 감정을 준법 행위의 전제 조건으로 제시한다는 차이가 있습니다.

개요

1. 제시문 (가), (나), (다)의 비교 기준 제시: 이성/감정
2. 제시문 (나)의 관점 제시: 정확한 앎 (이성적 원천)
3. 제시문 (가)와 (다)의 차이점: 인(개인 내적/선천적) vs 사회적 공감(사회적 · 집단적/정서적 원천)

1. 연세대 추천형의 경우, 2~5분 내로 두 문항에 대해 답해야 하므로 한 문항 당 준비할 수 있는 답변 시간은 최대 3분을 넘어서면 안 됩니다. 이를 고려하여 약 1분 30초~2분 내로 답할 수 있는 분량의 답변을 구성했습니다.

2. 전체 답변의 구조는 '이중 비교'를 활용했습니다. 셋 이상의 제시문을 비교할 때는 1 + 2 혹은 2 + 1로 짝을 지어 한 문단을 비교 · 정리한 후, 둘로 묶었던 제시문을 상세 비교하는 방식으로 이중 비교할 수 있습니다. 이번 답변에서는 [제시문 (나) 이성 / 제시문 (가) + 제시문 (다) 감정]으로 먼저 구분한 후, [제시문 (가) 선천적 · 개인적 감정 vs 제시문 (다) 후천적 · 집단적 감정]으로 다시 구분하여 비교했습니다.

3. 연세대의 경우 여러 문항을 함께 출제하지만 전체 문항이 같은 주제를 공유한다는 특징이 있습니다. 그러므로 학생들은 한 문항씩 개별적으로 풀어내려 하기보다는, 모든 문항을 풀이한 이후 답변을 구성하려 시도하는 게 더 효율적입니다.

이 답안의 강점은 무엇인가?

제시문 (가), (나), (다)는 법을 준수하는 행위의 전제 조건으로서 각각 '인(仁)의 원리'와 '정확한 앎', 그리고 '사회적 공감'을 제시한다는 차이를 보여 주고 있습니다. 제시문 (가)는 하늘이 내려준 인이라는 도덕적 감정을 실현하는 것을, 제시문 (나)는 죄목에 대한 정확한 지식을 바탕으로 타인을 기소해야 함을, 그리고 제시문 (다)는 사회 구성원들이 집단으로 승인하거나 분개하는 것이 준법 행위가 된다고 설명하기 때문입니다.

이 같은 차이를 바탕으로 볼 때, 제시문 (가)와 (나)는 준법 행위의 동기를 내재적이며 자발적인 것으로 보고 있음을 알 수 있습니다. 제시문 (가)는 인간의 선천적인 감정을 잘 실현하는 것의 중요성을 강조하는 한편, 제시문 (나)는 인간의 이성을 잘 발휘하여 타당한 귀결에 이르도록 하는 지식의 중요성을 강조하기 때문입니다. 반면 제시문 (다)는 준법 행위의 동기를 외재적이며 강제적인 것으로 본다는 차이를 보여 줍니다. 사회 구성원들이 집단으로 공감할 수 있는 행위를 정의로운 행위로 보고 법으로 규정함으로써, 이를 위반할 때 나타나는 공분과 처벌에 대한 두려움을 강조하기 때문입니다.

개요

1. 준법 행위의 전제 조건: (가) 인의 원리 vs (나) 정확한 앎 vs (다) 사회적 공감
2. 준법 행위의 동기: 제시문 (가) + (나) 자발적 [(가) 선천적 감정 vs (나) 이성]
   제시문 (다) 강제적 – 사회적 규정 → 공분과 처벌 가능성

1. 첫 번째 답변과 달리 두 번째 답변에서는 두 문단을 각각 서로 다른 비교 기준에 따라 비교하는 내용으로 구성했습니다. 즉 첫 문단은 '준법 행위의 전제 조건'의 내용 자체를 비교 기준으로 삼아 구성한 반면, 두 번째 문단은 '준법 행위의 동기'라는 새로운 비교 기준을 바탕으로 세 제시문을 비교했습니다.

2. 두 번째 문단인 '준법 행위의 동기'를 비교함에 있어 제시문 (가)는 감정을, 제시문 (나)는 이성을 기반으로 행위자의 자발성을 강조한 한편, 제시문 (다)는 행위자 외적인 강제적 동기를 강조한다고 비교했습니다. 이때 제시문 (다)에 관한 보충 설명은 다음과 같습니다. 제시문 (다)는 우선 사회 전체적으로 법과 정의가 규정될 수 있는 원천으로서 사회적 공감을 제시했습니다. 즉 사회 구성원들이 공통으로 좋아하고 싫어하는 행위를 정의로운 행위와 부정의한 행위로 각각 규정한다는 것입니다. 이러한 맥락에서 한 개인이 그 사회의 정의로운 법을 준수하는 동기는 달리 설명되어야 합니다. 따라서 그 개인은 사람들이 집단으로 싫어할 만한 행위를 저질렀을 때, 그로부터 자신이 받게 될 비난과 처벌을 두려워하기 때문에 법을 준수한다고 설명할 수 있습니다.

이 답안의 강점은 무엇인가?

제시문 (라)에 나타난 통계 결과에 따르면, 국가 A의 살인율은 0.3이고 사생활 침해율은 0.8이며, 국가 B의 살인율은 0.6이고 사생활 침해율은 0.2입니다. 비록 두 범죄의 발생 건수 비율은 서로 다르지만, 국가 간 비교를 감안할 때 국가 A는 살인율이 낮고 사생활 침해율은 높게 나타나는 반면, 국가 B는 살인율이 높고 사생활 침해율이 낮게 나타난다고 해석할 수 있습니다.

이때 국가 A의 법 집행이 전적으로 전문가들의 판단에 의존한다는 특징은 제시문 (나)와의 연관성을, 국가 B의 법 집행이 시민들의 여론과 이해관계에 의존한다는 특징은 제시문 (다)와의 연관성을 시사합니다. 왜냐하면 법에 대한 전문성이란 법의 목적과 내용을 정확히 알고 시행함을 의미하는데, 이는 법에 대한 '정확한 앎'을 요구하는 제시문 (나)의 주장과 일맥상통하기 때문입니다. 또한 시민들의 여론과 이해관계를 고려한 제도를 활용하는 것은 범죄 행위에 대한 사회적 공감을 강조한 제시문 (다)의 주장과 일맥상통하기 때문입니다.

그러므로 제시문 (라)의 통계 결과와 제시문 (나)를 바탕으로 법 집행의 효과성을 평가해 보면, 전문성에 기반한 법 집행은 살인과 같은 고전적인 범죄 행위에서는 그 효과가 입증되는 한편 사생활 침해와 같은 신유형의 범죄에서는 그 효과가 낮다고 평가할 수 있습니다. 반면 제시문 (라)의 통계 결과와 제시문 (다)를 바탕으로 법 집행의 효과성을 평가해 보면, 사회적 공감과 여론에 기반한 법 집행은 고전적인 범죄 행위에서는 그 효과가 낮은 한편 새로운 유형의 범죄에서는 효과적으로 기능한다고 평가할 수 있습니다.

개요

1. 제시문 (라) 통계 1차 해석 (국가 A vs 국가 B)
2. 국가 A와 제시문 (나) 연결 / 국가 B와 제시문 (다) 연결
3. 제시문 (나)에 근거한 전문성 기반 법 집행 평가 / 제시문 (다)에 근거한 사회 여론 기반 법 집행 평가

1. [문제 2]의 경우 크게 두 가지 요구 사항으로 구성되어 있습니다. 첫 번째 요구 사항은 제시문 (라)의 통계를 요약하는 것입니다. 이때 여러 항목이 담긴 자료를 1차 해석하기 위해서는 그 항목들 간의 비교를 위해 기준을 세워 두어야 하는데, 이번 문제에서는 "국가 A vs 국가 B"라는 기준과 "살인율 vs 사생활 침해율"이라는 기준 중 하나를 골라 구성해야 합니다. 첫 번째 답안에서는 국가 A와 국가 B를 중심으로 각 수치를 비교하고자 했습니다.

2. 자료에 대한 1차 해석을 잘 요약하고 나면, 두 번째 요구 사항에 주목해야 합니다. 두 번째 요구 사항은 각각 제시문 (나)와 (다)에 근거하여 법 집행의 효과성을 평가하라는 것입니다. 그런데 주목할 점은 제시문 (나)와 (다) 자체에는 법 집행에 관한 논의가 부재하다는 것입니다. 그러므로 학생들은 제시문 (라)에 주어진 내용으로부터 '법 집행'에 해당하는 요소를 도출하고, 이를 각각 제시문 (나), (다)와 연결해야 합니다. 이때 국가 A와 국가 B의 법 집행 방식이 서로 다르다는 점을 감안하면, 제시문 (나)를 국가 A에, 제시문 (다)를 국가 B에 연결시켜 답해야 함을 알 수 있습니다.

3. 문항의 두 번째 요구 사항을 고려할 때, 전체 답변이 미괄식으로 구성되었다고 볼 수 있습니다. 문제에서 요구한 답을 제시하기 위해 추론되어야 하는 전제를 앞서 제시하면서 자연스럽게 답이 결론으로 도출되도록 구성한 것입니다. 다만 구술시험에서는 두괄식으로 구성하는 답변이 가장 모범적임을 기억해야 하며, 이번 답변에서는 학생들이 출제 의도를 잘 이해할 수 있도록 답변을 구성했습니다.

이 답안의 강점은 무엇인가?

문제 2 예시 답안 (2)

제시문 (라)에 나타난 통계 결과에 따르면, 살인율 수치는 국가 A가 0.3으로 국가 B의 0.6보다 절반 수준으로 낮은 한편, 사생활 침해율 수치는 국가 A가 0.8로 국가 B의 0.2보다 4배 높은 것을 알 수 있습니다. 이는 오랫동안 일정 수준을 유지하는 살인 범죄에서는 국가 A의 법 집행 방식이 효과적인 반면, 최근 새롭게 폭증하는 사생활 침해 범죄에서는 국가 B의 법 집행 방식이 효과적임을 시사합니다.

이때 국가 A의 법 집행이 전적으로 전문가들의 판단에 기반한 제도를 활용한다는 점을 고려하면, 살인과 같은 고전적인 범죄 행위에 관한 법 집행에는 법에 대한 전문성이 효과적으로 기능한다고 말할 수 있습니다. 그런데 법에 대한 전문성이란 법의 목적과 내용 등을 정확히 알고 시행함을 의미한다고 추론할 수 있습니다. 그러므로 법에 대한 '정확한 앎'을 요구하는 제시문 (나)에 근거할 때, 그 사회에서 일정한 수준을 오래 유지해 온 범죄 행위에 대해서는 전문성에 기반하여 법을 집행하는 것이 효과적이라고 평가할 수 있습니다.

한편 앞의 자료를 바탕으로 볼 때, 국가 B의 법 집행이 시민들의 여론과 이해관계에 기반한다는 점을 고려하면, 사생활 침해와 같은 신유형의 범죄 행위에 관한 법 집행에는 사회적 여론이 효과적으로 기능한다고 말할 수 있습니다. 그러므로 법과 정의 체계의 규정에서 '사회적 공감'을 강조한 제시문 (다)에 근거할 때, 그 사회에서 새롭게 나타나는 범죄 행위에 대해서는 사회 구성원의 공감대와 이해관계를 고려하여 법을 집행하는 것이 효과적이라고 평가할 수 있습니다.

개요

1. 제시문 (라)의 통계 결과 요약: 1차 해석 + 2차 해석

2. 국가 A의 법 집행 – 제시문 (나) 연결 + 효과성 평가

3. 국가 B의 법 집행 – 제시문 (다) 연결 + 효과성 평가

1. 두 번째 답변에서는 1차 해석과 2차 해석을 첫 문단에 한꺼번에 구성했습니다. 첫 번째 답변과 달리, 이 번 답변에서는 "살인율 vs 사생활 침해율"이라는 기준을 중심으로 각 수치를 비교했습니다. 그리고 이를 국가 A와 국가 B 각각의 법 집행 방식과 연결지어 2차적으로 해석했습니다.

2. 첫 문단에서 각 범죄 유형과 국가별 법 집행 방식을 이미 각각 연결해 놓았으므로, 두 번째 문단에서는 제시문 (나)와 국가 A의 법 집행 방식을 연결하여 답을 제시할 수 있습니다. 마찬가지로 세 번째 문단에 서는 제시문 (다)와 국가 B의 법 집행 방식을 연결하여 답으로 제시했습니다.

3. 두 번째 답변의 전체 구성을 첫 번째 답변의 전체 구성과 비교하면서 어떤 구성이 학생 본인에게 좀 더 자연스럽게 느껴지는지 고민해야 합니다. 뿐만 아니라 두 답변이 왜 이렇게 서로 다르게 구성될 수 있 는지도 함께 고민해야 합니다. 첫 번째 답변에서는 자료에 대한 1차 해석을 국가별 기준으로 비교한 반 면, 두 번째 답변에서는 자료에 대한 해석을 범죄 유형별 기준으로 비교했습니다. 이 같은 자료 해석 구 성에 상응하도록 뒤의 논변을 구조화했다는 점을 고려하면서 전체 답변의 유기성을 파악해 보는 것이 좋습니다.

이 답안의 강점은 무엇인가?

학교 측 출제 의도 및 평가 지침

출제 의도

◆ 법 제도를 정당화하는 도덕적 근거는 다양할 수 있으며 각 근거에 따라 법 실행의 효과도 달라질 수 있음. 또한 법 실행의 효과를 평가하는 기준도 다양할 수 있음. 이번 문제는 수험생들이 법 제도의 근간이 될 수 있는 다양한 도덕적 근거를 비교하는 능력을 파악하고, 서로 다른 근거에 따른 법 집행이 어떻게 다른 범죄 예방적 효과를 낳을 수 있는지 통계 자료에 근거해 정책을 평가하는 능력을 알아보려 함

문항 해설

◆ 제시문 (가), (나), (다) 모두 법을 준수하는 행위를 논의의 출발점으로 삼고 있으나 법 준수에 전제되거나 전제되어야 하는 조건에 차이를 보이고 있음. 그 전제 조건으로서 제시문 (가)는 도덕 윤리, 제시문 (나)는 정확한 앎, 제시문 (다)는 공감을 들고 있음. 따라서 (다)에서처럼 강제적으로 자신의 이익을 억제하여 실현시키는 법의 준수는 제시문 (나)처럼 정의의 개념을 잘 알고 있을 때 이성적으로 도출되는 행위의 결과도 아니고 제시문 (가)처럼 자연스러운 인간의 선한 감정을 우선시하여 진정으로 실현해야 하는 것도 아님

◆ 살인율은 국가 A가 국가 B의 절반가량인 반면, 사생활 침해율은 국가 B가 국가 A의 1/4 수준임. 즉 살인율에서는 국가 A가 더 효과적이고 사생활에서는 국가 B가 더 효과적임. 살인처럼 국민들이 자주 접할 수 없지만 꾸준히 발생하는 오래된 범죄의 경우는 제시문 (나)처럼 전문가 집단의 판단에 근거한 처벌의 집행이 더 효과적일 수 있음. 반면 사생활 침해처럼 새롭게 등장하여 그 특성을 알기 힘들고 일상에서 접하는 빈도가 높은 범죄는 제시문 (다)처럼 국민의 공감대와 이해관계를 고려한 처벌의 집행이 더 효과적일 수 있음

※ 제시문을 읽고 물음에 답하시오.

(가)

로봇으로 대표되는 기술 발전으로 인해 전통적인 고용 구조가 재편되고 소득 격차가 심화될 것으로 예상된다. 사람들이 하는 일의 상당 부분을 로봇이 대신하여 우리 사회는 심각한 일자리 부족과 임금 하락을 경험하게 될 것이다. 로봇은 본질적으로 생산성을 향상시켜 실질 소득을 획기적으로 증가시킬 것이나, 이러한 소득 증가는 일부 상위 계층에게만 편중되어 대부분의 사람들은 빈곤에 더 취약해질 것이다.

보편적 기본 소득은 이러한 맥락에서 모든 시민의 존엄성, 안전, 기회를 보장하는 하나의 재분배 전략이된다. 보편적 기본 소득은 모든 국민에게 동일한 수준의 현금성 소득을 제공함으로써 빈곤 예방, 인적 자본 축적, 아동과 가족의 복지 향상, 사회적 연대 증진을 가능하게 한다. 재교육을 위해 수입을 포기할 수없는 중견 근로자에게 특히 큰 교육 투자 효과가 있을 것으로 예상되며, 이러한 인적 자본의 축적은 자연스럽게 노동자들의 임금 상승으로 이어질 것이다. 보편적 기본 소득은 인간의 자유 증진에도 기여한다. 선별적 재분배 전략은 빈곤을 증명해야만 혜택이 주어지므로 빈곤에 대한 비하의 시선과 낙인을 동반할수밖에 없기 때문이다. 이 혁신적 전략은 경제적 회복력을 키우고, 사회 경제적 계층 간의 격차를 줄이며, 개인의 주체성과 사회적 결속력이 번성하는 사회를 조성하여 모두에게 보다 공평한 미래를 보장할 수있는 잠재력을 지닌다.

(나)

모든 빈궁은 사실상 어느 정도는 도덕적 범죄이며, 빈궁이라는 결과에 대한 개인의 책임을 간과할 수 없습니다. 빈궁한 사람들은 자신의 상황을 개선하기 위한 선택을 해야 하며, 빈궁에서 벗어나기 위한 충분한 노력을 기울일 책임이 있습니다. 그렇기에 국가의 원조를 받는 빈궁한 가족의 생활은 최소한의 신체적 생존이 가능한 수준이어야 하며, 지원 받지 않는 독립 근로자들보다 매력적이어서는 안 됩니다. 이들은 신문을 구독하거나 콘서트 티켓을 사서는 안 됩니다. 아이들은 인형, 구슬, 과자를 사서는 안 되고, 아버지는 흡연과 술을 하지 말아야 합니다. 어머니는 자신이나 자녀를 위해 예쁜 옷을 사는 것을 포기해야 하며, 필수적인 물품 이외에는 구입을 자제해야 합니다. 교회나 예배당에 헌금을 드리거나 이웃을 도와주는것도 이들에게는 사치입니다. 관대한 지원은 이들을 빈궁한 현실에 안주하게 하며, 일할 의욕마저 상실하게 합니다. 결과적으로 빈궁이 대물림 되고 이들을 지원하기 위한 사회적 부담만 가중될 뿐입니다.

(다)

돈으로 살 수 있는 재화나 서비스가 필요한 사람은 여가 시간을 줄여 돈을 버는 활동을 기꺼이 할 수 있다. 반면 그런 필요가 없는 사람이라면 여가 시간에 굳이 일을 하지 않아도 된다. 세금 제도로 빈곤층을 지원하려는 목적으로 누군가의 여가를 압수하는 것이 부당한 일이라 한다면, 같은 목적으로 누군가가 번 돈을 압수하는 것을 합당하다 할 수 있을까? 영화 보기를 좋아하는 사람은 영화표를 사기 위해 돈을 벌어야 하지만, 노을 보기를 좋아하는 사람은 그저 여가 시간에 노을을 즐기면 된다. 그렇다고 하여 영화 보기를 좋아하는 사람들만 자기가 번 돈으로 가난한 사람을 도와야 하고, 노을 보기를 좋아하는 사람들은 그런 의무가 없다고 할 수 있겠는가? 재분배론자들의 논의는 추가적인 노동 없이도 쾌락을 얻을 수 있는 사람은 염두에 두지 않은 채, 쾌락을 위해 더 일하고 그에 따라 돈을 더 버는 사람들에게만 또 다른 부담을 가중시키고 있다. 어째서 비물질적이거나 비소비적 욕망을 추구하는 일은 별다른 방해를 받지 않아도 되는 반면, 자신의 욕망이 물질적인 것과 관련되어 있어 더 일하고자 하는 사람들만 제약을 받아야 하는가? 이런 제약은 더 일하여 더 많은 돈을 벌고자 하는 사람의 노동 의욕을 감소시키지 않을까?

(라)

 국민의 소득 수준에 따른 복지 혜택 정책을 아래 [그림 1]에 따라 운영해 온 국가가 있다. 이 나라 국민은 소득이 없더라도 수준 G의 복지 혜택을 보장받으며, 이 혜택은 소득 수준 30% 선까지 계속 증가한 후 최대 수준 M을 유지하다가 소득 백분위*가 P를 넘으면 감소하여 최상위 소득자에 이르러서는 복지 혜택이 없다. 이 국가는 최대 수준 M은 고정시키고 국가가 처한 여건에 따라 G를 조정해 왔는데, G를 G′처럼 높이는 데 따른 추가 재정 부담은 P를 P′로 당겨서 마련해 왔다. [그림 2]는 이러한 복지 정책을 오랜 기간 운영하면서 G값에 따라 소득 상위 계층과 하위 계층의 노동 의욕이 어떻게 달라지는지 조사한 결과이다. 하위 계층은 소득 하위 30%에 속하는 국민을, 상위 계층은 소득 백분위가 P를 넘는 국민을 의미한다.

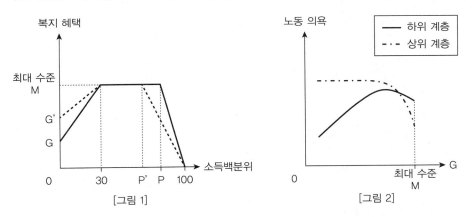

[그림 1]

[그림 2]

---

* 소득 백분위: 가장 낮은 소득부터 정렬하여 최고 소득을 100%라고 했을 때의 순윗값. 예를 들어 소득 백분위 30은 최저 소득에서부터 30%에 위치한 국민의 순윗값을 의미함.

문제 1

빈곤의 원인과 그 해결 방법에 대한 제시문 (가)와 제시문 (나)의 주장을 비교하시오.

문제 2

제시문 (라)의 [그림 2]에 나타난 결과를 요약하고, 이를 바탕으로 제시문 (나)와 제시문 (다)의 주장을 평가해 보시오.

문제 1 **예시 답안 (1)**

제시문 (가)와 (나)는 각각 빈곤의 원인과 그 해결 방법에서 상이한 견해를 드러내고 있습니다. 특히 제시문 (가)는 그 원인과 해결 방법을 사회 구조적 차원에서, 제시문 (나)는 개인적 차원에서 제시하고 있다는 차이가 있습니다.

먼저 빈곤의 원인에 대해, 제시문 (가)는 로봇과 같은 기술 발전으로 인해 사회 고용 구조가 변화하는 것이 빈곤과 소득 격차의 주된 원인이라고 설명합니다. 기술이 발전하여 일자리가 줄어들면 소득 하위 계층의 빈곤 현상이 심화될 수 있다는 것입니다. 반면 제시문 (나)는 빈곤이란 일종의 도덕적 범죄에 해당하며, 개인의 노력 부족이 빈곤의 주된 원인이라고 설명합니다.

이처럼 빈곤의 원인을 사회 구조적 차원에서 바라본 제시문 (가)와 개인적 차원에서 바라본 제시문 (나)의 견해 차이는 곧 빈곤의 해결 방법에서도 마찬가지로 나타납니다. 즉 제시문 (가)는 사회 구조적 차원에서 보편적인 기본 소득을 보장함으로써 모든 국민에게 동일한 수준의 현금성 소득을 재분배해야 한다고 주장하는 반면, 제시문 (나)는 빈곤을 벗어나기 위한 개인의 노력이 우선되어야 함을 강조합니다. 특히 제시문 (나)는 빈곤한 처지라면 그 어떤 사치도 부려서는 안 된다고 말하면서 개인의 노력에 대한 엄격한 관점을 보여 주고 있습니다.

개요

1. 빈곤과 해결 방법에 대한 제시문 (가)와 (나)의 차이점
2. 빈곤의 원인을 중심으로 제시문 (가)와 (나) 비교
3. 빈곤의 해결 방법을 중심으로 제시문 (가)와 (나) 비교

1. 연세대 활동우수형의 경우, 2~5분 내로 두 문항에 대해 답해야 하므로 한 문항 당 준비할 수 있는 답변 시간은 최대 3분을 넘어서면 안 됩니다. 이를 고려하여 약 1분 30초~2분 내로 답할 수 있는 분량의 답변을 구성했습니다.

2. 전체 답변의 구조는 두 개의 비교 기준을 중심으로 한 문단씩 구성했습니다. 문항에서 이미 '빈곤의 원인'과 '빈곤의 해결 방법'이라는 비교 기준이 주어져 있으므로, 이를 적극적으로 활용하여 답변을 구성하는 게 전략적으로 옳은 선택이라 할 수 있습니다.

3. 나아가 [문제 1]의 배점이 40점이라는 데 주목할 필요가 있는데 2번 문항에 비해 좀 더 수월하게 풀어낼 수 있게 문제가 설계되어 있다는 것을 의미하기 때문입니다. 학생들은 한 문항씩 풀기보다, 전체 문항과 배점을 고려하고 전략적으로 접근하여 답변을 준비하는 습관을 들여야 합니다.

이 답안의 강점은 무엇인가?

문제 1   예시 답안 (2)

　빈곤의 원인과 그 해결 방법에 대하여, 제시문 (가)는 사회 구조적 측면을 중심으로 주장하는 반면, 제시문 (나)는 개인적 측면을 중심으로 주장한다는 차이가 있습니다.

　먼저 제시문 (가)는 현대 기술의 발전이 사회 전체의 고용 구조를 변화시키고, 이로 인해 소득 격차가 벌어지는 것이 빈곤의 원인이라고 보고 있습니다. 그러므로 제시문 (가)는 이를 해결하기 위해 보편적 기본 소득이라는 제도를 도입하여 모든 국민에게 동일한 소득을 보장해 주어야 한다고 주장합니다. 심화될 수 있는 소득 격차를 줄이기 위해 직접 현금성 소득을 제공해야 한다는 것입니다. 반면 제시문 (나)는 빈곤이란 일종의 도덕적 범죄로 개인의 노력 부족에 의해 발생하며, 그 해결 또한 개인의 노력을 통해 가능하다고 주장합니다. 빈곤한 처지에 놓여 있다면 사치를 부려서는 안 되며 빈곤에서 벗어나기 위해 오롯이 노력해야 한다는 것입니다.

　이처럼 사회 구조적 해결 방법을 제시한 제시문 (가)와 개인적 해결 방법을 제시한 제시문 (나)의 차이는, 재분배 전략에 관한 견해의 차이로 이어지고 있습니다. 보편적 재분배를 강조한 제시문 (가)는 선별적 재분배가 빈곤 계층에 대한 낙인 효과를 발생시킬 수 있으므로 비판하고 있습니다. 반면 제시문 (나)는 최소한의 생활 기반을 마련하기 위한 선별적 재분배는 인정하나 그 이상의 재분배는 오히려 개인의 노동 의욕을 저하시킬 수 있다고 우려하고 있습니다.

개요

1. 도입부 구성
2. 제시문 (가)와 (나)에서 제시한 빈곤의 원인과 해결 방안
3. 재분배 전략을 중심으로 제시문 (가)와 (나) 비교

Tip & Advice

1. 첫 번째 답변과 달리 두 번째 답변에서는 추가적인 비교 기준을 도입했습니다. 이를 위해 두 번째 문단에서는 제시문 (가)와 (나)를 각각 빈곤의 원인과 해결 방법을 통합적으로 요약 · 비교하여 분량을 확보했습니다. 핵심적인 답만을 중심으로 구성한 만큼, 답변 시에는 호흡 조절을 통해 자신이 어떻게 제시문 (가)와 (나)를 비교했는지 구분해 줄 필요가 있습니다.

2. 세 번째 문단에서는 재분배 전략에 대한 제시문 (가)와 (나)의 차이를 중심으로 비교했습니다. 이 같은 추가 비교 기준은 [문제 2]를 고려하는 맥락에서 제시했는데, 문제 전체를 고려하여 답변을 구상할 때 이처럼 연결될 수 있는 요소를 한 가지 정도 생각해 두면 답변할 때 그 흐름을 끊지 않고 유기적으로 이어갈 수 있습니다. 다만 주의할 점은 [문제 2]에서는 제시문 (나)와 (다)를 대상으로 답을 요구하고 있으므로 제시문을 잘 분별해야 한다는 점입니다.

3. 세 번째 문단에서 비교한 내용과 같이 추가적인 비교 기준은 '다각적 접근'을 강조하는 연세대에서 특히 선호하는 답변입니다. 단, 학생들은 추가 비교 기준을 제시하는 바람에 문항에서 직접 요구하고 있는 답을 놓쳐서는 안 되며, 항시 자신이 준비하는 답변의 전체 구조와 흐름을 잘 기억하고 있어야 합니다.

이 답안의 강점은 무엇인가?

문제 2 **예시 답안 (1)**

제시문 (라)의 [그림 2]에 나타난 결과에 의하면, 소득 하위 계층과 상위 계층 모두 높은 수준의 복지 혜택을 받기 이전까지는 노동 의욕이 감소하지 않는다는 사실을 알 수 있습니다. 먼저 하위 계층의 경우, 복지 혜택 G가 증가할수록 노동 의욕도 함께 증가하며, G가 최대 수준 M에 일정 수준 이상 가까워지는 순간부터 노동 의욕이 감소합니다. 다음 상위 계층은 하위 계층의 노동 의욕이 감소하는 지점의 G 값에 도달하기까지 노동 의욕이 감소하지 않다가, 그 이후 하위 계층과 마찬가지로 노동 의욕이 감소하는 모습을 보여 줍니다. 이 같은 모습은 두 계층 모두 일정 수준의 복지 혜택을 받을 때 노동 의욕이 최대화될 수 있음을 시사합니다.

이 같은 시사점을 바탕으로 제시문 (나)와 (다)를 살펴 볼 때, 두 제시문의 주장은 모두 타당하지 않은 것으로 평가할 수 있습니다. 먼저 제시문 (나)는 복지 혜택을 제공하는 재분배 정책이 하위 계층의 노동 의욕을 저하시킬 것이라고 주장하지만, 이 주장은 전반적으로 타당하지 않습니다. 왜냐하면 일정 수준 이상의 G 값에 이르기 전까지 하위 계층의 노동 의욕은 지속적으로 증가하기 때문입니다. 다음으로 제시문 (다)는 추가 소득을 위해 노동하는 소득 상위 계층에 대한 세금 부과가 노동 의욕을 감소시킬 것이라고 주장하지만, 이 주장 또한 전반적으로 타당하지 않습니다. 왜냐하면 일정 수준 이상의 G 값에 이르기 전까지 상위 계층의 노동 의욕은 유지되기 때문입니다.

전체적으로 볼 때, 상·하위 계층의 노동 의욕은 매우 높은 수준의 복지 혜택이 제공되는 경우에만 감소하므로 제시문 (나)와 (다)의 주장은 제한적으로만 타당할 뿐이라고 평가할 수 있습니다. 또한 일정 수준의 복지 혜택은 소득 상·하위 계층의 노동 의욕을 최대로 이끌어 낼 수 있으므로 제시문 (나)와 (다)의 주장은 부정적으로 평가할 수 있습니다.

개요

1. 제시문 (라)의 [그림 2]에 대한 해석
2. 자료 해석을 근거로 내린 제시문 (나), (다)에 대한 부정적 평가
3. 전반적 평가 및 마무리

1. [문제 2]의 경우 크게 두 가지 요구 사항으로 구성되어 있습니다. 첫 번째 요구 사항은 제시문 (라)의 [그림 2]를 요약하는 것입니다. 이때 그래프를 요약하는 경우에는 해당 그래프가 어떤 대상에 관한 정보를 담고 있는지 명시적으로 드러내야 합니다. 즉 하위 계층의 그래프에 관한 설명인지 상위 계층의 그래프에 관한 설명인지 잘 구분하면서 답변해야 합니다.

2. 자료에 대한 1차 해석을 잘 요약하고 나면, 두 번째 요구 사항에 주목해야 합니다. 두 번째 요구 사항은 자료에 근거하여 제시문 (나)와 (다)의 주장을 각각 평가하라는 것으로, 이는 자료 자체로부터 중요한 논점을 이끌어 내야 한다는 것을 시사합니다. 일반적인 자료 해석 문제는 제시문의 관점에 근거하여 자료를 해석하라고 요구하지만, 연세대의 경우 논술이나 구술 모두 자료 자체에 관한 2차적 해석을 활용하도록 요구하는 특징이 있다는 것을 알아두면 더 좋습니다.

3. 자료를 바탕으로 제시문들의 주장을 평가하기 위해서는 자료의 논점과 제시문의 주장이 어떤 부분에서 연결될 수 있는지 정확히 파악하는 게 그 무엇보다 중요합니다. 이때 제시문 (나)에는 "관대한 지원"이라는 표현이, 제시문 (다)에는 "노동 의욕"이라는 표현이 명시적으로 드러나 있으므로 이를 통합적으로 고려하여 '재분배 정책이 노동 의욕에 끼치는 영향'이라는 주제 혹은 논점을 도출해 내야 합니다.

이 답안의 강점은 무엇인가?

제시문 (라)의 [그림 2]에 나타난 결과는 소득 상·하위 계층 모두 특정 수준의 복지 혜택을 넘어설 때에만 노동 의욕이 감소한다는 사실을 보여 줍니다. 먼저 상위 계층의 그래프는 G값이 일정 수준을 넘어설 때 우하향합니다. 한편 하위 계층의 그래프 또한 G값이 일정 수준을 넘어서면 우하향합니다. 이는 두 계층 모두 특정 수준 이상의 복지 혜택을 받으면 노동 의욕이 감소할 수 있음을 보여 줍니다. 그러나 그 특정 수준에 해당하는 G값이 최대 수준인 M에 가깝다는 사실을 함께 고려하면, 복지 혜택 제공은 전반적으로 두 계층의 노동 의욕을 감소시키지 않는다고 해석할 수 있습니다.

그렇다면 복지 혜택을 제공하는 재분배 정책이 하위 계층의 노동 의욕을 감소시킨다고 주장하는 제시문 (나)와 상위 계층의 노동 의욕을 감소시킨다고 주장하는 제시문 (다)는 모두 극히 제한적으로만 타당할 뿐이며, 전반적으로는 타당하지 않다고 평가할 수 있습니다.

특히 최대 수준인 M에 가까워지고 나서야 노동 의욕이 감소하는 하위 계층의 그래프 양상은, 재분배 정책이 오히려 사회 전체 계층의 노동 의욕을 개선하는 데 기여할 수 있음을 시사합니다. 왜냐하면 하위 계층의 노동 의욕은 높은 수준의 복지 혜택에 도달하기 전까지 꾸준히 증가하기 때문입니다. 따라서 재분배 정책이 개인의 노력을 저하시키거나 사회적 부담을 가중한다는 제시문 (나)의 주장은 전반적으로 타당하지 않습니다.

또한 상위 계층의 그래프 양상은 감소하기 이전까지 꾸준히 유지되며, 이는 복지 혜택에 상관없이 상위 계층이 꾸준히 소득 증대를 추구함을 시사합니다. 따라서 물질적인 욕망을 추구하는 게 부담스러워 노동 의욕이 저하될 것이라는 제시문 (다)의 주장은 전반적으로 타당하지 않습니다.

개요

1. (라)의 [그림 2]에 대한 해석
2. (나)와 (다) 종합 평가
3. 자료에 기반한 (나)의 세부 논점 비판
4. 자료에 기반한 (다)의 세부 논점 비판

1. 두 번째 답변에서는 (라)의 [그림 2]를 해석하는 데 가장 중요한 요소 중 하나인 '특정 수준의 G값'이 어느 정도인지를 밝히고자 했습니다. 그래프를 직접 보여줄 수 없고 오직 말로만 그래프를 설명해야 할 경우, '일정 수준 이상의 복지 혜택'이라는 표현은 다소 중의적으로 들릴 수 있으므로 해당 값이 '최대 수준인 M에 가깝다'는 표현을 추가함으로써 그 수준이 꽤나 높은 수준이라는 해석을 뒷받침했습니다.

2. 세 번째 문단과 네 번째 문단에서는 각각 (나)와 (다)의 세부적인 논점을 겨냥하여 비판했습니다. 전반적인 출제 의도는 결국 (나)와 (다)의 주장이 타당하지 않음을 비판하라는 것이지만, 그 구체적인 세부 논점까지 밝혀 비판한다면 다각적 접근을 선호하는 연세대에서 우호적으로 채점할 가능성이 높습니다. 단, 세부 논점을 정확히 밝히지 않는 다각적 접근의 답변은 전체 논점을 흐릴 수 있으므로 답변에서는 각 문단의 마지막 문장에서 해당 문단의 정확한 논점을 환기하면서 논점 이탈의 가능성을 줄이고자 했습니다.

이 답안의 강점은 무엇인가?

출제 의도

○ 빈곤의 원인과 그 해결 방안에 대한 복지 국가의 태도는 각국의 정치·경제·사회 문화적 맥락의 영향을 받아 변화해 왔음. 초기 복지 국가가 빈곤의 책임을 개인에게 전가하고 최소한의 구제를 강조했다면, 현대 복지 국가는 빈곤에 대한 사회 구조적 요인의 영향을 인식하고 그 해결을 위한 제도적 차원의 노력이 필수적임을 인정하고 있음. 특히 최근에는 급속한 기술 발전이 대량 실업과 소득 양극화를 초래할 것으로 전망되면서 생산적 복지의 필요성이 더욱 강조되고 있음. 이에 이번 문제는 수험생들이 빈곤의 원인에 대한 서로 다른 관점을 이해하고, 각 관점에 근거한 빈곤 해결 전략(재분배 방식)의 특성과 한계를 비교하는 능력을 평가하고자 함

문항 해설

○ [문제1]

① 빈곤의 원인에 대해 제시문 (가)는 '로봇으로 대표되는 기술 발전'과 그로 인한 '고용 구조의 재편 및 소득 격차의 심화'를 들고 있음. 이는 기술 발전으로 인한 사회 전체의 경제 구조 변화로 요약할 수 있음. 한편 제시문 (나)는 빈궁을 일종의 '도덕적 범죄'로 규정하며 '개인의 책임'으로 돌렸고, 빈곤의 원인을 개인의 행위에서 찾고 있음

② 빈곤의 해결 방법에 대해 제시문 (가)는 기술 발전에 따른 경제 구조의 변화라는 원인에 상응하여 사회 제도의 적극적 개입이라는 접근법을 보여줌. 즉 고용 구조가 재편되고 소득 격차가 심화된 상황을 타개하기 위한 사회적 재분배 전략으로서 '보편적 기본 소득' 정책을 제시함. 한편 제시문 (나)는 빈곤의 원인을 나태함과 같은 개인의 도덕적 해이에서 찾고 있는데 상응하여 개인의 노력을 빈곤의 해결 방법에서 가장 중요한 요소로 보고 있음. 따라서 사회 제도의 개입도, 개인의 노동 의지를 저하시키지 않도록 최소한에 그쳐야 한다고 제한함

③ 제시문 (나)에서 빈곤한 개인에 대한 사회적 원조를 최소한에 그치도록 하는 해결 방안은 제시문 (가)의 '선별적 재분배 전략'과 맥락이 닿을 수 있음. 이 역시 (가)와 (나)를 비교하는 포인트로 언급될 수 있음

⊙ [문제 2]

1. 조사 결과 요약

하위 계층에 대한 복지 혜택을 늘릴수록 그들의 노동 의욕은 증가하는데, 일정 수준을 지나 너무 많이 늘리면 오히려 노동 의욕이 감소함

하위 계층에 대한 복지 혜택을 늘리면서 상위 계층의 복지 혜택이 줄어든다고 해서(혹은 복지 혜택이 줄어드는 상위 계층의 범위가 중산층 쪽으로 넓어진다고 해서) 그들의 노동 의욕이 감소하지는 않음. 하지만 일정 수준을 지나 지나치게 많이 복지 혜택이 줄어들면(혹은 지나치게 넓은 상위 계층의 복지 혜택을 줄이면) 그때는 상위 계층의 노동 의욕이 감소함

2. 각 제시문 평가

① 하위 계층(실선) 조사 결과에 근거한 제시문 (나) 평가

[그림 2]의 가로축 2/3 수준까지 노동 의욕이 증가하는 것으로 보아 하위 계층 지원이 그들의 노동 의욕을 저하시킬 것이라는 제시문 (나)의 주장은 타당하지 않음. 또는 가로축 2/3를 넘어가야 비로소 노동 의욕이 감소하므로 제시문 (나)의 주장은 제한적으로 타당함. 종합하자면 하위 계층에 지나치게 많은 복지 혜택이 돌아갈 때만 그들의 노동 의욕이 감소할 것이며, 그 이전까지는 오히려 제시문 (나)의 주장과 반대임

② 상위 계층(점선) 조사 결과에 근거한 제시문 (다) 평가

[그림 2]의 가로축 2/3 수준까지 노동 의욕이 유지되는 것으로 보아 재분배 정책이 상위 계층의 노동 의욕을 감소시킬 것이라는 제시문 (다)의 주장은 타당하지 않음. 또는 가로축 2/3를 넘어가야 비로소 노동 의욕이 감소하므로 제시문 (다)의 주장은 제한적으로 타당함. 종합하자면 강도 높은 수준의 재분배 정책을 실시할 때만 상위 계층의 노동 의욕이 감소할 것이며, 그 이전까지는 제시문 (다)의 주장을 지지하지 않음

3. 창의적 종합 및 함의 도출

제시문 (나)와 제시문 (다) 모두 재분배 정책이 노동 의욕을 저하시킬 것이라는 우려를 표명하고 있음. 제시문 (나)는 재분배 혜택을 받는 소득 하위 계층의 노동 의욕 저하를, 제시문 (다)는 재분배를 위해 소득 일부를 지불해야 하는 소득 상위 계층의 노동 의욕 저하를 우려하고 있음. 그러나 제시문 (라)에 나타난 국가의 경우를 보면, 이러한 우려는 매우 높은 수준의 재분배 정책을 쓰지 않는다면 타당하지 않음. 혹은 지나치게 높은 수준의 재분배 정책을 쓸 경우는 소득 상위, 하위 모든 층에서의 노동 의욕 저하를 우려할 수 있음

※ 제시문을 읽고 물음에 답하시오.

(가)

인간은 타인의 시선에서 벗어나 있을 때 과연 윤리적일 수 있는가? 칸다울레스 왕이 다스리는 리디아 왕국에 기게스라는 목동이 살았다. 기게스가 양을 치고 있던 어느 날 갑자기 커다란 지진이 일어났다. 지진이 일어난 자리에는 땅이 갈라져 동굴이 생겼고, 기게스는 호기심이 생겨 갈라진 동굴 안으로 들어갔다. 그는 동굴 안에서 거인의 시체가 놓여 있는 것을 발견했다. 시체의 손가락에는 금반지가 끼워져 있었다. 기게스는 그 반지를 빼 들고 밖으로 나왔다. 그러다 우연히 자신이 끼고 있는 반지의 흠집 난 곳을 안쪽으로 돌리면 자신은 투명 인간이 되고 바깥쪽으로 돌리면 자기 모습이 다시 보인다는 사실을 알게 되었다. 이제 남들의 시선에서 벗어나 보이지 않는 힘을 갖게 된 기게스는 자연스럽게 나쁜 마음을 먹게 되었다. 가축의 상태를 왕에게 보고하는 전령으로서 궁전에 들어간 기게스는 자신의 새로운 힘인 마법 반지를 이용하여 모습을 감춘 후, 왕비를 겁탈하고 그녀를 자기편으로 끌어들여 왕을 암살한 뒤 왕이 되었다.

(나)

서로 잘 아는 사람들이 소규모로 모여 사는 마을 공동체에서 개인은 대체로 합리적이고 도덕적인 성향을 보인다. 그는 다른 사람들의 말에 크게 영향 받기보다는, 이성과 주관에 따라 판단하고 규범에 맞게 행동한다. 혼자 있을 때도, 여럿이 있을 때와 크게 다를 바 없이 처신한다. 그런데 19세기 이후 대도시에 인구가 밀집하고 대량 생산과 소비, 그리고 대중문화가 발전하면서 대중 사회가 등장한다. 이제 대중 속에서 이름 없는 한 명이 된 개인은 집단적인 분위기에 복종하고 전체의 결정을 따르라는 무언의 압력에 쉽사리 굴복한다. 대중의 일원으로서 그는 익명성 아래 자신의 욕망, 정열, 관심을 분출하고 실현한다. 이때 권력을 가진 지도자의 역할은 결정적이다. 권위적 지도자는 단순하고 선동적인 말로 대중에게 행동 방향을 제시하며, 대중은 지도자의 말을 마치 절대적인 진리인 것처럼 이해한다. 대중은 직관과 감정에 따라 권위적 지도자의 말을 무비판적으로 수용한다. 무리 속의 익명적 개인들은 쉽게 흥분하고 변덕을 부리며 열정을 드러낸다. 그러한 감정 에너지는 때로 대중이 난폭하게 폭력을 행사한다든지, 용감하게 순교를 불사하는 등의 행동을 하도록 만든다.

(다)

도시 문명의 발전은 현대 사회의 주요 특징이다. 과학과 기술의 진전을 통해 이루어진 도시화는 익명성이 전통에 따르는 도덕규범과 오랜 대면 관계를 대신하도록 만들었다. 그런데 우리는 도시인의 생존이 도시의 잔인한 익명성 탓에 소모되고 훼손된다는 말을 자주 듣는다. 개인은 작은 시골 마을에 있을 때 이미 정해진 행동규범을 따르며, 스스로 그것을 의무로 여겼다. 그러한 규범을 어길 때 마을에서 평판이 나빠지기 때문이다. 하지만 그는 누가 누군지 알 수 없는 대도시로 나오면서부터 깊은 인간관계를 쌓을 수 없게 된다는 것이다. 이러한 까닭에 대중 사회 속의 도시인은 마치 정체성을 상실하고 자아를 잃어버린 채로 살아간다고 비판받기까지 한다.

그러나 이처럼 도시의 익명성이 과거 마을 공동체 시절의 인간적 교류를 사라지게 했다는 비판은 그 익명성이 지니는 독특한 이점을 보지 못한 데서 나온다. 도시의 익명성은 마을 공동체의 넌더리나는 속박에서 벗어나는 자유의 가능성을 제공하므로 위협적이고 피폐한 것이 아니라 훨씬 더 인간적이고 해방적인 현상이다. 왜냐하면 도시 생활의 익명성 형태는 인간 삶에 필수적인 사생활을 보호하는 데 도움을 주며 도시인을 마을 생활의 부담스러운 도덕규범과 강요된 인습이라는 족쇄에서 벗어나도록 만들기 때문이다. 따라서 도시인은 이러한 익명성 덕택에 과거와는 비교할 수 없을 만큼 많은 사람과 다양한 교류를 할 수 있게 되었을 뿐만 아니라 자유롭고 창의적인 생각을 펼칠 수 있게 되었다.

(라)

기업 A는 신제품의 결함과 개선 방안을 논의하기 위해 온라인 대화방 네 개를 만들었다. 기업 구성원 중 40명을 모아 각 대화방에 10명씩 배정했는데, 40명 구성원들은 서로 아는 사이다. 모든 대화방의 대화에는 참여자의 직급이 표시되지만, 네 개의 대화방은 다음과 같은 두 가지 차원에서 서로 다르다. 첫째, 위계 차원에서는 참여자의 기업 내 직급이 비슷한 구성원끼리 이루어진 수평적 대화방과 다양한 직급이 섞인 수직적 대화방으로 나뉜다. 둘째, 익명성 차원에서는 참여자가 서로 신원을 알 수 없이 별명만으로 논의하는 대화방과 실명을 쓰는 대화방으로 나뉜다. 이렇게 나누어 30분 동안 진행한 방별 토의 내용을 정리한 결과는 아래와 같다.

구분	수평적 대화방		수직적 대화방	
	익명 대화방	실명 대화방	익명 대화방	실명 대화방
총 발언 수	236	158	210	93
창의적 제안 수	43	28	26	31
비난, 감정적 발언 수	11	9	25	3

문제 1

제시문 (가), (나), (다)에는 익명성에 대한 다양한 관점이 들어있다. 제시문 (가)와 (나), 그리고 제시문 (나)와 (다)의 공통점과 차이점을 각각 논하시오.

문제 2

제시문 (라)의 조사 결과를 요약하고, 제시문 (나)와 (다)를 바탕으로 그 결과를 설명하시오.

제시문 (가)와 (나)는 공통적으로 익명성이 비윤리적인 사고와 행동을 낳는다고 주장합니다. 제시문 (가)에서 목동 기게스는 투명 인간으로 만들어 주는 마술 반지를 통해 익명성을 확보하자 나쁜 마음을 먹고 겁탈, 암살 등 패륜적인 행동을 저질렀습니다. 마찬가지로 제시문 (나)에서 개인들은 대중 사회에서 익명성을 확보하자 욕망, 정열 등에 따라 무비판적으로 사고하면서 변덕스럽고 폭력적인 행동을 분출했습니다.

그런데 제시문 (가)와 (나)는 익명성이 비윤리성을 낳는 원인을 서로 다르게 분석하고 있습니다. 제시문 (가)는 심리적 원인에 주목합니다. 이는 기게스가 반지를 갖게 되자 '자연스럽게' 나쁜 마음을 먹게 되었다는 서술에서 알 수 있습니다. 제시문 (가)는 사회의 감시가 사라지는 순간 인간의 본성적 심리에 내재되어 있는 악의 씨앗이 싹을 틔웠다고 주장하는 셈입니다. 이와 달리 제시문 (나)는 사회적 원인에 주목합니다. 제시문 (나)의 저자는 대중 사회에서 사람들이 비윤리적 사고와 행동에 휩쓸리는 데는 '무언의 압력'과 '권력을 가진 지도자의 역할'이 결정적이라고 주장합니다. 대중의 감정적 에너지는 새로운 대중 사회의 사회적 특징들과 결합하여 비로소 폭력으로 분출되는 것입니다.

한편, 제시문 (나)와 (다)는 도시화와 대중 사회의 출현이라는 변화로 인해 인간의 내적 경험과 외면적 행동이 송두리째 변화했다는 데에 동의합니다. 제시문 (나)와 (다)에 의하면 과거 마을 공동체는 소규모 대면 공동체라는 특성이 있었으나, 19세기 이후 도시화의 진전과 대중 사회의 출현으로 인해 사회관계가 비대면화, 추상화되었고, 그 속에서 살아가는 인간들의 사고와 행동 방식에 큰 변화가 나타나게 되었습니다.

그렇지만 제시문 (나)와 (다)는 사회 변화가 인간에게 미친 영향의 성격에 대해서는 서로 다르게 판단합니다. 제시문 (나)는 과거 사회에서 개인은 주변의 영향에 얽매이지 않고 비교적 자유롭게 이성과 주관을 따랐지만, 반대로 대중 사회에서 개인은 감정과 직관에 휩싸이고 선동을 추종하는 비이성적이고 비윤리적인 존재로 전락했다고 평가합니다. 반면에 제시문 (다)가 보기에는 오히려 과거 사회에서 개인은 인습과 평판에 얽매여 자유롭지 못한 존재였지만, 대중 사회에서 개인은 도시화와 익명성을 통해 해방되고 사생활을 보호받으며 자유롭고 창의적인 생각과 다양한 교류를 할 수 있는 기회를 제공받게 되었다고 주장합니다.

1. 제시문 (가)와 (나)의 공통점: 익명성 = 비윤리성

2. 제시문 (가)와 (나)의 차이점: 익명성 = 비윤리성이 되는 원인 (심리적 vs 사회적)

3. 제시문 (나)와 (다)의 공통점: 사회 변화가 인간의 경험, 행동에 영향 미침

4. 제시문 (나)와 (다)의 차이점: 사회 변화가 인간에게 미친 영향 (부정적 vs 긍정적)

Tip & Advice

1. [문제 1]을 풀기 위해서는 제시문의 요점을 파악하여 공통점과 차이점을 논리적으로 비교하는 능력이 필요합니다.

2. 교육과정을 바탕으로 한 주요 개념에는 익명성, 윤리, 대면 공동체, 대중 사회, 도시화, 전통, 평판, 자유 등이 있습니다.

3. 비교하기 문제에서 공통점은 주로 소재나 관심사의 공통성부터 입장이나 주장의 공통성까지 폭넓은 스펙트럼으로 나타납니다. 서로 어느 정도까지 동의하고 있는지를 확인하고 공통점을 도출해야 합니다. 한편, 비교하기 유형은 차이점의 제시가 특히 중요합니다. 예시 답안은 심리적 vs 사회적, 긍정적 vs 부정적이라는 대립되는 개념을 사용해서 제시문 간의 차이점을 제시했습니다.

이 답안의 강점은 무엇인가?

문제 2 예시 답안

 제시문 (라)는 네 곳의 온라인 대화방에서 기업의 신제품 결함과 개선 방안에 대해 토의하도록 한 뒤 결과를 비교한 자료입니다. 대화방들은 참여자 직급의 분포 정도와 실명 표시 여부를 달리하여 총 네 가지 상이한 조건으로 구성되었습니다. 이들은 익명성의 효과에 대한 실험 조건으로 간주할 수 있습니다.

 조사 결과는 총 발언 수, 창의적인 제안 수, 비난과 감정적 발언 수의 세 가지 항목으로 정리되어 있습니다. 먼저 총 발언 수를 살펴보면, 수평적－익명적 실험 조건에서 총 발언 수가 가장 많았고, 수평적－수직적 조건 여부와 무관하게 익명성이 보장될수록 총 발언 수가 늘어나는 점을 확인할 수 있습니다. 이는 익명성이 소통과 교류의 양을 증가하게 만든다는 의미이자, 제시문 (나)와 (다)의 공통된 주장과 같이 사람들의 사고와 행동을 변화하게 한다는 사실을 뒷받침합니다.

 이어서 창의적인 제안 수를 살펴보면, 수평적－익명적 실험 조건에서 가장 많은 창의적 제안이 제출되었습니다. 특이하게 참여자들의 관계가 수직적인 조건에서는 익명보다 실명일 때 창의적 제안이 더 많이 제출되었습니다. 제시문 (다)는 사람들이 익명적인 상황에 놓여 있을 때 인습적인 규범의 족쇄를 벗어나 자유롭고 창의적인 생각을 펼칠 수 있게 된다고 주장합니다. 이와 같은 내용은 수평적－익명적 실험 조건에서 창의적 제안의 수가 가장 많았다는 사실과 궤를 같이합니다. 한편, 익명성이 보장되었더라도 수직적인 직급이 있는 조건에서는 인습적인 속박이 어느 정도 작동할 것입니다. 그러한 경우 창의적인 제안 수는 증가하지 않았습니다. 오히려 수직적－익명적 실험 조건보다 수직적－실명적 실험 조건에서 창의적 제안의 수가 미세하게 더 많았는데, 이는 후자의 조건에 속한 사람들이 창의적 제안에 따르는 보상을 기대하고 의견을 제시했을 가능성을 암시합니다. 즉, 수평적－익명적 조건에서 보상과 무관히 창의성이 실제로 증가한 결과와는 대비되는 현상입니다.

 마지막으로 비난과 감정적 발언의 수를 살펴보면, 수직적－익명적 시험 조건에서 가장 많은 비난과 감정적 발언이 발생했으며, 수직적－실명적 실험 조건에서는 비난과 감정적 발언이 가장 드물었습니다. 수평적－수직적 조건 여부와 무관하게 '실명'이라는 조건이 비난과 감정적 발언을 감소시킨 것입니다. 제시문 (나)는 사람들이 익명의 대중이 될 때 감정을 여과 없이 분출하고, 권위를 맹종하는 경향을 보인다고 주장합니다. 수직적－익명적 조건에서 대화방 사람들이 비난과 감정적 발언을 남발한 이유도 익명화가 가져오는 영향력에서 원인을 찾을 수 있을 것입니다. '실명'이라는 조건에서 사람들의 비난과 감정적 발언이 감소한 원인은 제시문 (나)의 주장처럼 사람들이 이성을 따랐기 때문이거나, 제시문 (다)의 주장처럼 평판이 작동했기 때문이라고 해석할 수 있습니다.

1. 제시문 (라) 조사 내용: 익명성의 효과에 대한 실험 조건 (수평 – 수직, 익명 – 실명)

2. 총 발언 수에 대한 심화 해석

3. 창의적 제안 수에 대한 심화 해석: 제시문 (다)의 감정 분출 + 권위 추종

4. 비난, 감정적 발언 수에 대한 심화 해석: 제시문 (나)의 이성 + 제시문 (다)의 평판

Tip & Advice

1. [문제 2]를 풀기 위해서는 주어진 자료를 다른 제시문과 비교하여 맥락에 맞게 해석하고 요약, 설명하는 능력이 필요합니다.

2. 교육과정을 바탕으로 한 주요 개념에는 수평, 수직, 익명, 실명, 창의성, 감정적 비난 등이 있습니다.

3. 자료 해석 유형은 1차 해석(주어진 결과의 요약)과 2차 해석(요약된 결과의 심층 설명) 능력을 묻는 문제인데, [문제 2]는 제시문 (나)와 (다)를 바탕으로 결과를 설명하라고 했으므로 2차 해석을 제시문의 내용과 관계 지어 진행해야 합니다.

4. 제시문 (나)의 내용은 익명성이 사람들을 감정적이고 난폭하게 만들며 권위를 추종하도록 만든다는 내용을 담고 있습니다. 이러한 내용이 제시문 (라)의 '비난, 감정적 발언 수' 항목에서 나타나는지 확인해 보아야 합니다. 반면에 제시문 (다)의 내용은 익명성이 사람들의 자유롭고 창의적인 생각을 진작한다는 내용을 담고 있습니다. 이와 일치하는 사실을 제시문 (라)의 '창의적인 제안 수' 항목에서 확인할 수 있는지 살펴보아야 합니다.

이 답안의 강점은 무엇인가?

학교 측 출제 의도 및 평가 지침

출제 의도

● 오늘날 인터넷의 발달로 인해 익명성이 일반화되기 시작함. 자신의 신원이 드러나지 않으니 누구나 자유롭게 의견을 개진할 수 있고, 어떤 것이든 자유롭게 표현할 수 있다는 장점도 있지만 타인에게 위해를 가하는 무기로 사용될 수 있는 등 그 폐해도 만만치 않음. 이번 문제는 수험생들이 이러한 익명성이 지니는 양면성을 파악하고, 이를 바탕으로 현실적 상황에서 익명성 외에도 위계성의 효과와 둘 사이의 상호작용을 해석할 수 있는 능력을 평가하는 데 주안점을 둠

문항 해설

● [문제 1]에서 제시문 (가)와 (나)의 경우, 익명성의 폐해와 부정적 효과를 주장한다는 점에서 공통점을 찾을 수 있음. 반면에 제시문 (가)는 남들의 시선에서 벗어났을 때 인간이 자연스럽게 악행을 저지르게 마련이라는 관점에서 익명성이 인간 본성에 의해 부정적 결과를 초래한다고 보지만, 제시문 (나)는 사회 형태의 변화, 즉 마을 공동체에서 대도시로 변화됨에 따라 개인이 대중 속에서 익명화되고, 개인의 폭력성과 비합리성 같은 익명성의 폐해는 그러한 변화와 밀접히 연결된 현상이라고 본다는 점에서 서로 다를 수 있음. 제시문 (나)와 (다)의 경우, 사회 유형의 변화, 즉 근대 이전의 공동체 사회에서 근대 이후의 대중 사회로의 변화에 따라 익명성이 나타나는 현상을 논의한다는 점에서 공통점을 찾을 수 있음. 그러나 제시문 (나)는 익명성의 부정적 효과를 지적하는 반면에 제시문 (다)는 긍정적 기능을 강조한다는 점에서 서로 다를 수 있음

● [문제 2]에 대해 익명성과 위계성의 여부를 교차 설계한 제시문 (라)에 따르면 모든 대화방에 참여하는 사람들은 이미 서로 아는 사람들로서, 실명 대화방의 실명성이 명목적이 아니라 실질적인 공동체성을 가짐. 따라서 실명 대화방은 제시문 (나)와 제시문 (다)의 마을 공동체에 대입해 설명할 수 있음. 또한, 익명 대화방에도 참여자의 직급은 표시되도록 하여 수직적이고 익명적인 대화방은 제시문 (나)에 나타난 '권력을 가진 지도자가 있는 대중 사회'에 대입하고, 수평적이고 익명적인 대화방은 제시문 (다)에서 묘사하고 있는 '해방적 도시 사회'에 대입해 해석할 수 있음. 따라서 제시문 (나)를 바탕으로, 수직적 대화 상황에서 익명 대화방과 실명 대화방 간의 차이를 설명할 수 있고, 제시문 (다)를 바탕으로 수평적 대화 상황에서 익명 대화방과 실명 대화방 간의 차이를 설명할 수 있음

※ 제시문을 읽고 물음에 답하시오.

(가)

유행은 누구나 가는 길로 가려는 모방 욕구와 자신을 표현하고 싶은 개성 욕구를 동시에 충족시켜주는 매우 독특한 현상이다. 유행을 따름으로써 자신도 주변 사람들과 똑같이 행동하고 있다는 안도감을 얻으려는 심리, 그리고 다른 사람들과 구별되는 만족감을 얻으려는 심리가 복합적으로 얽혀 있는 것이다. 남을 따르고자 하는 욕구나 소망이 결여되는 경우, 아니면 반대로 개성을 드러내려는 욕구가 결여되는 경우 유행의 영역은 더 이상 존재하지 않게 된다. 예를 들어, 모든 개인이 제각각 특수한 존재가 되려 하고 모방을 기피하는 집단에서는 유행이 발생하지 않는다. 1390년경 피렌체에서 남성 복장의 뚜렷한 유행이 존재하지 않았던 이유는 모두가 각자 독특한 방식으로 차려입고자 했기 때문이다. 반면에 유행이 전체를 지배하게 되면, 즉 처음에는 몇몇 사람이 주도했던 일을 예외 없이 모두가 따라 하게 되면, 그것이 옷이든 음악이든 더 이상 유행이라고 부르지 않는다. 유행은 결코 현재 상태에 머물지 않으며 부단히 진행된다.

(나)

옛것이나 선조를 추종하는 경향이 관습의 시대를 지배했다면, 새로운 것을 숭배하고 동시대인들을 모방하려는 경향이 유행의 시대를 특징짓는다. 이제 사람들은 선조를 닮으려고 하기보다는, 주위 사람들을 닮으려 한다는 것이다. 변화에 대한 애정과 동시대인들에 대한 모방이 유행의 시대를 이끄는 두 가지 중요한 원리이다. 이 원리들에는 선조의 유산을 평가 절하하고 현재의 규범을 중요시하려는 경향이 동반된다. 옛것은 더 이상 존경해야 하는 것으로 여겨지지 않는다. 사람들은 끊임없이 새것을 탐닉하며, 같은 시대에 사는 사람들을 따라 한다. 예를 들어, 근대 유럽의 상류 사회는 변화에 대한 열정에 사로잡혀 있었다. 그 열정은 최신 발명품과 이국적 문물에 대한 열망으로 타올랐다. 이탈리아, 스페인, 프랑스가 선도하는 유행을 다른 국가의 상류층 사람들이 앞다퉈 모방했다. 그들은 새로운 것이면 무엇이든지 뒤쫓아 가려고 했고, 가장 최근에 생겨난 변화를 받아들이고자 했다. 중하층 사람들은 다시 상류층의 유행을 모방했다. 유행은 이러한 식으로 사회 전체에 확산했고, 언제나 새로운 것이 나타날 때마다 그것을 추종하는 상류층에 의해 계속해서 변화했다.

(다)

사람은 사회적인 존재이기 때문에 지위나 역할이 달라지면 자연히 거기에 맞는 행동 양식을 하게 된다. 그 행동 양식 가운데 하나가 언어 사용이다. 가령, '엄마, 아빠'와 같은 말은 어린이들의 말이고, '자네, 댁'과 같은 단어는 어른들의 말이라는 것도 나이에 따른 사회적 행동 양식이 반영된 것이라고 할 수 있다. 이러한 '연령 단계'에 의한 언어 차이 외에도, 기성세대와 신세대, 또는 노년층 세대와 청소년층 세대처럼 '세대 차이'에 의한 언어 차이도 있을 수 있다. 젊은 세대는 대체로 기성세대와 비교해 볼 때 유행에 민감하고 새로운 변화를 쉽게 받아들인다. 언어에서도 젊은 세대의 이러한 특성이 반영된다. 젊은 세대는 '반모(반말 모드)', '인싸(무리에 잘 어울려 지내는 사람, 영어 'insider'의 의미)' 등과 같은 유행어와 신조어를 만드는 주축으로, 대부분의 유행어와 신조어는 자신의 독특한 개성을 표출하려는 젊은 세대를 중심으로 사용된다. 이러한 언어의 유행 현상은 세대 변화에 따른 것이다.

(라)

미국의 한 대학 연구소는 온라인 공간에서 유행어의 변화를 알아보기 위해 대규모 온라인 게임 동호회 사이트를 조사했다. 연구소는 그 사이트에 10년간 올라온 모든 게시글을 수집하여 너무 적은 게시글을 작성했거나 현재도 활동 중인 사용자의 게시글을 제외한 다음, 게시글의 특성을 살펴보았다. '게시글의 등장 시기'는 특정 사용자가 사이트에서 활동한 기간 동안 작성한 총 게시글 중 해당 게시글이 몇 번째 게시글인지를 비율(%)로 계산한 것이다. 게시글의 '유행 민감성'은 그 게시글이 사이트의 '최신 유행어'를 어느 정도 포함했는지 계산한 것이다. '최신 유행어'는 특정 게시글이 작성된 시점을 기준으로 이전 세 달 내에 동호회 사이트에 처음 등장했다가 점차 그 사이트에서 빈번하게 쓰인 용어를 뜻한다. 게시글의 '자기 복제성'은 게시글마다 작성자의 이전 10개 게시글과 얼마나 비슷한 용어들로 작성되었는지 계산한 것이다. 이러한 계산을 거친 후에 '게시글의 등장 시기'를 가로축으로 하고, '유행 민감성'과 '자기 복제성'의 값(0과 1 사이)을 각각 세로축으로 하여 조사 결과를 그래프로 나타내면 다음과 같다.

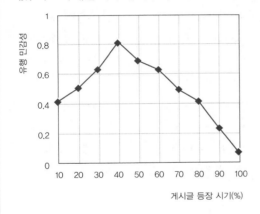
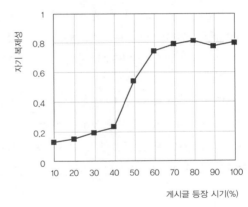

문제 1
제시문 (가), (나), (다)에는 유행에 대한 다양한 관점이 포함되어 있다. 그 관점을 비교, 분석하시오.

문제 2
제시문 (라)의 조사 결과를 설명하고, 그 결과를 바탕으로 제시문 (나)와 (다)의 논지를 각각 평가하시오.

제시문 (가), (나), (다)는 공통적으로 유행이라는 사회 현상의 배후에 있는 심리적 특성을 설명하고 있습니다. 제시문 (가)는 유행이라는 특수한 현상이 남들과 '동일화'되려는 '모방' 욕구뿐만 아니라 '차별화'되려는 '개성' 욕구라는 상반된 심리가 동시에 뒤섞여 나타나는 특별한 현상이라는 점을 강조합니다. 달리 말해 이는 인간에게 있어 사회 집단에 소속되고자 하는 심리가 있는 한편, 다른 사회 집단과 자신의 사회 집단을 구분 짓고 싶은 심리도 있다는 것을 의미합니다. 그러므로 사회 전체나 개인의 현상이 아니라 그 중간 규모의 사회 집단의 현상일 때만 이를 '유행'이라고 부를 수 있습니다.

제시문 (나)는 유행의 모방적 차원을, 제시문 (다)는 유행의 개성적 차원을 각각 자세하게 다루고 있습니다. 제시문 (나)는 유행이 새것의 숭배와 동시대인의 모방으로 특징지어진다고 주장합니다. 유행의 대립 개념은 옛것의 숭배와 선조의 모방인 관습입니다. 제시문 (나)의 관점에서 유행을 이끄는 사회 집단은 사회 계급이라 할 수 있는데, 특히 일부 국가의 상류층이 가장 앞장서서 새것을 숭배하고, 이것이 다른 국가의 상류층에 의해 모방되며, 이윽고 중하류층이 상류층을 모방함으로써 유행의 순환 주기가 완성됩니다.

제시문 (다)는 자신의 개성을 표출하려는 심리가 강한 사람들이 새로운 변화를 빨리 받아들임으로써 유행이 나타난다고 주장합니다. 제시문 (다)의 관점에서 유행을 이끌어나가는 핵심 사회 집단은 젊은 세대입니다. 비록 각 연령대마다 지위나 역할에 따른 행동 양식을 모방하는 경향이 있지만, 젊은 세대는 기성세대에 비해 개성의 추구에 민감하고 새로운 변화에 개방적이므로 유행은 젊은 세대를 중심으로 나타나게 됩니다.

제시문 (가), (나), (다)는 공통적으로 유행의 심리적 기제를 분석합니다. 제시문 (가)는 유행의 배후에 있는 모방 욕구와 개성 욕구를 균형 있게 중시하는 반면에 제시문 (나)는 모방 욕구를, 제시문 (다)는 개성 욕구를 유행의 중심에 둔다는 차이가 있습니다. 또한, 제시문 (가)에서 유행 현상의 핵심으로 사회 집단을 제시했다면, 제시문 (나)는 사회 계층을, 제시문 (다)는 세대를 유행의 주체로 제시했다는 차이가 있습니다.

개요

1. 제시문 (가) 분석: 유행 = 모방(동일시, 소속감) + 개성(차별화, 구별 짓기)
2. 제시문 (나) 분석: 유행의 모방적 차원 (핵심 주체: 새로운 것을 추종하고 모방하는 사회 계층)
3. 제시문 (다) 분석: 유행의 개성적 차원 (핵심 주체: 개성을 표출하고 싶어 하는 젊은 세대)
4. 공통점/차이점 요약

Tip & Advice

1. [문제 1]을 풀기 위해서는 제시문의 요점을 파악하고 공통점과 차이점을 체계적으로 비교하는 능력이 필요합니다.

2. 교육과정을 바탕으로 한 주요 개념에는 유행, 모방, 개성, 변화에 대한 애정, 동시대인들의 모방, 상류층, 사회적 존재, 세대 차이 등이 있습니다.

3. 세 개의 제시문을 비교해야 하는 문제의 경우, 제시문들의 관계를 2단으로 분리해서 비교하는 방법이 편리합니다. 2단 비교는 일반적으로 제시문 A는 긍정적 입장, 제시문 B와 C는 부정적 입장이면서, B와 C가 부정적 입장인 이유나 근거에는 차이가 있는 경우입니다. [문제 1]은 2단 비교의 특수한 유형이라고 할 수 있습니다. 제시문 (가)는 '모방'과 '개성'이라는 핵심 개념을 첫 문장에 제시하여, 나머지 제시문들을 어디에 초점을 두고 읽어야 하는지 힌트를 주고 있습니다. 제시문 (가)에서 나온 '모방'과 '개성'은 각각 제시문 (나)와 (다)의 요지에서 중심적 역할을 하고 있습니다. 즉, 예시 답안은 제시문 (가)가 가이드 역할을 하고 제시문 (나)와 (다)가 세부 내용을 하나씩 맡는 2단 비교 방식을 활용했습니다.

4. 비교의 논점을 두 종류 이상 남들보다 차별화된 답변을 할 수 있습니다. 예시 답안의 경우, 모방/개성이라는 차이점 외에 부수적인 차이점으로서 '유행의 핵심 주체 사회 집단(사회 계층/세대)'이라는 비교점을 제시하고 있습니다. 그 외에도 제시문 (나)는 새로운 것의 탐닉이 시대에 따라 변화한다고 보고, 제시문 (다)는 세대에 따른 현상이라고 주장하는 등 예시 답안에서 다루어지지 않은 차이점도 있으니 창의적으로 답안을 구상해 보기를 바랍니다.

이 답안의 강점은 무엇인가?

언어의 유행 현상에 대한 제시문 (라)의 조사 결과는 게시글의 등장 시기에 따른 유행 민감성과 자기 복제성의 변화를 보여주고 있습니다. 유행 민감성의 경우, 게시글의 등장 시기가 40%에 도달할 때까지 꾸준히 증가하다가 정점에 도달한 이후 다시 꾸준히 감소하는 것으로 나타났습니다. 자기 복제성의 경우, 게시글의 등장 시기 40% 시점까지 낮은 수준에 머물다가 40%에서 60% 사이에 급속히 증가한 뒤 60% 이후로는 정점에 머물며 일관된 자기 복제 현상을 보였습니다.

두 자료를 함께 살펴보면 보다 종합적인 해석을 내릴 수 있습니다. 사용자의 행동 방식이 급변하는 게시글의 등장 시기 40%를 '결정적 시점'으로 보고, 해당 시점 전후의 특징을 분석해 보겠습니다. 게시글의 등장 시기 40%까지 사용자는 유행어에 대한 학습, 모방에 열심이고, 40% 단계에서 가장 많은 최신 유행어를 학습해서 모방 사용합니다. 반면에 40% 이후로는 최신 유행어의 모방이 줄어들고, 대신 자신이 기존에 학습한 행동 양식을 고수하는 자기 복제라는 경향을 띱니다.

이러한 조사 결과를 토대로 보면 제시문 (나)는 부정적으로, 제시문 (다)는 긍정적으로 평가할 수 있습니다. 제시문 (나)는 새로운 것에 민감한 경향이 시대 변화에 따라 나타난다고 주장합니다. 일반적으로 전근대 시대는 관습이 지배했고 근대 사회는 유행이 지배한다는 것입니다. 근대인은 지속적으로 새것을 탐닉하는 사람들로 그려지고 있습니다. 그러나 제시문 (나)의 주장이 옳다면 제시문 (라)의 자료는 유행 민감성이 지속적으로 높이 유지되고 자기 복제성은 제한되어야 할 것입니다. 반면에 제시문 (다)는 새로운 변화의 수용성이 시대보다는 세대 변화에 의해 나타난다고 주장합니다. 기성세대에 비해 젊은 세대가 변화에 적극적이기에, 세대가 교체되며 유행이 생겨난다는 것입니다. 제시문 (라)의 게시글의 등장 시기를 인생 주기에 비유한다면 40% 이전의 전반부는 '젊은 세대' 시기에 해당하고, 40% 이후의 후반부는 '기성세대'가 된 시기에 해당합니다. 자료는 사용자가 기성세대가 되면 더 이상 유행에 민감하지 않게 되고 옛 방식을 고수하는 모습을 나타냅니다. 따라서 모든 사람들이 끊임없이 새것을 탐닉한다는 제시문 (나)의 논지는 타당하지 않으며, 그보다는 세대 특성에 따라서 새것의 수용률이 달라진다는 제시문 (다)의 논지가 더 적절합니다.

개요

1. 제시문 (라) 조사 결과 1차 해석

2. 제시문 (라) 조사 결과 2차(종합적) 해석: 40%를 기준 유행 둔감, 옛 방식 고수

3. 제시문 평가: 제시문 (나)-부정적, 제시문 (다)-긍정적

4. 평가 근거: 지속적인 새것 탐색이 아닌 세대에 따른 행동 변화

1. [문제 2]를 풀기 위해서는 주어진 자료를 다른 제시문과의 관계 속에서 맥락에 맞게 해석하고, 제시문의 정보를 주어진 자료에 적용하는 능력이 필요합니다.

2. 교육과정을 바탕으로 한 주요 개념에는 유행 민감성, 자기 복제성, 새것, 옛것, 관습, 유행 등이 있습니다.

3. [문제 1]에서는 제시문 (나)와 (다)의 차이점 중 모방 vs 개성, 계층론 vs 세대론 등에 초점을 맞추었다면, 이번 질문에서는 또 다른 차이점인 성향의 유지 vs 성향 변화에 초점을 맞추어 해석했습니다. 이처럼 문제의 성격에 따라 답변에서 강조하게 되는 논지가 달라질 수 있다는 점에 유의하고, 예시 답안 외에도 창의적 답변을 고민해 보며 유연하게 대처하기를 바랍니다.

이 답안의 강점은 무엇인가?

출제 의도

⦿ 인간은 늘 새로운 것을 추구하고, 널리 퍼트리려 함. 멈추지 않고 변하는 유행 덕분에 인류 문명은 더 다채로워짐. 물론 유행을 따름으로 해서 얻을 수 있는 만족감이나 대중과의 동질감도 무시할 수 없지만, 무조건 유행을 따르다 보면 자신의 개성이 무엇인지 잃어버리게 되는 몰개성화의 문제가 생기기도 함. 이번 문제는 수험생들이 유행이 지니는 양면성을 파악하고, 이를 바탕으로 현실적 상황에서 유행의 원리와 사회적 작동 방식을 해석할 수 있는 능력을 평가하는 데 주안점을 두었음

문항 해설

⦿ [문제 1]에서 제시문 (가)에서 유행은 타인에 대한 모방 욕구와 자기표현의 개성 욕구가 통합적으로 작용해서 나타나는 현상으로 기술됨. 유행의 두 가지 심리 요소 가운데 하나라도 빠진다면, 유행의 영역은 존재하지 않는다는 것임. 따라서 모든 사람이 개성만을 추구하거나 모든 사람이 서로를 모방하는 상황을 유행이라고 볼 수는 없음. 제시문 (나)는 새로운 것(변화)에 대한 추구와 동시대인들에 대한 모방이 유행의 두 가지 원리라고 지적함. 유행의 시대를 옛것과 선조를 추종한 관습의 시대와 구분하는 이 제시문에 따르면, 근대 유럽의 상류 사회는 이웃 나라의 최신 문물을 끊임없이 열망하고 모방하면서 유행을 주도해 나감. 상류층의 유행은 중하층의 모방을 통해 사회 전체에 확산하고 사회적 유행이 되며, 상류층은 새로운 것이 나타날 때마다 언제나 그것을 추종하면서 유행의 변화를 이끌어감. 제시문 (다)에 따르면, 언어 사용에는 '연령 단계'에 따른 차이와 '세대 변화'에 따른 차이가 존재함. 유행에 민감하고 새로운 변화를 쉽게 수용하는 젊은 세대가 개성을 표출하기 위해 유행어와 신조어를 만들고 사용하는 집단임을 지적하는 제시문에 따르면, 언어 유행은 세대 변화에 따른 현상임

⦿ [문제 2]에서 제시문 (라)의 두 그래프는 온라인 동호회 사이트 게시글의 유행 민감성과 자기 복제성이 등장 시기에 따라 어떻게 변화하는지를 보여줌. 유행 민감성 그래프는 게시글 작성자들이 동호회 사이트에서 어느 정도 최신 유행어를 사용하는지를 보여주고, 자기 복제성 그래프는 게시글 작성자들이 그들의 이전 게시글에서 사용하는 용어들과 얼마나 비슷한 용어들로 작성했는지를 보여줌. 두 그래프는 제시문 (나)에 언급한 유행을 모방하려는 경향과 제시문 (다)에서 언급한 세대 변화에 따른 언어의 유행을 설명하는 데 적절한 예시라고 할 수 있음. 제시문 (나)에서는 유행의 시대에는 주위 사람들을 닮으려 한다고 주장함. 유행 민감성의 그래프는 게시글 작성자들이 게시글의 등장 시기가 40%에 이르기까지는 온라인 동호회 사이트에서의 유행과 다른 게시글 작성자들을 따르려 한다는 것을 보여준다는 점에서 제시문 (나)의 논지가 적절하다고 할 수 있음. 즉, '동시대인들에 대한 모방'이나 '현재의 규범을 중요시하려는 경향' 또는 '가장 최근에 생겨난 변화를 받아들이고자 했다'라는 경향이 온라인 동호회 사이트 게시글 작성자들에게서도 나타난다고 했음.

그러나 유행 민감성 그래프에서 게시글의 등장 시기가 40%가 지난 이후의 결과는 제시문 (나)의 논지로는 설명하기 어려움. 유행 민감성은 점차 감소하고, 자기 복제성은 게시글의 등장 시기 40% 이후 급속히 증가하는 결과는, 유행은 끊임없이 이루어진다는 제시문 (나)의 주장과는 상반됨. 제시문 (다)에서는 세대 차이에 따라 언어 사용에 있어서도 차이가 있으며, 젊은 세대가 유행에 민감하고 새로운 변화를 쉽게 받아들인다고 주장함. 이러한 주장은 유행 민감성 그래프와 자기 복제성 그래프에서 게시글의 등장 시기가 40%에 이르기까지, 즉 게시글을 올리는 전체 시기에서 젊은 시기에는 유행에 민감하고 자기 복제를 많이 하지 않는다는 점과 연결됨. 그러나 게시글의 등장 시기가 40%를 지나면, 즉 게시글 작성에서 기성세대가 되면 유행 민감성은 감소하고, 자기 복제성은 급격히 증가하는데, 이는 제시문 (다)에서 '젊은 세대는 기성세대와 비교해 볼 때 유행에 민감하고 새로운 변화를 쉽게 받아들인다'나 '대부분의 유행어와 신조어는 자신의 독특한 개성을 표출하는 젊은 세대들을 중심으로 사용된다' 또는 '언어의 유행 현상은 세대 변화에 따른 것이다'라는 주장과 연결됨. 이러한 점을 바탕으로 제시문 (다)가 제시문 (나)보다 제시문 (라)의 유행 민감성 그래프와 자기 복제성 그래프에 나타난 결과를 더 잘 설명한다고 평가할 수 있음

※ 제시문을 읽고 물음에 답하시오.

(가)

음식점이나 극장마다 키오스크가 설치되어 있어서 따로 음식 주문을 받지 않는다고 하고, 배달 음식은 '배달앱'을 통해야 주문이 가능하다. 자녀와 손자는 주로 화상 통화로 만나고, 거리에 빈 택시들은 많으나 앱을 활용하여 예약된 택시들이라 서지 않고 그냥 지나친다. 전자 정부의 서류들은 인터넷으로 발급받고, 종이 화폐를 대신하여 디지털 화폐가 등장하고 있다. 이처럼 디지털 세상이 내 생활과 밀접하게 연결되어 있는데 어찌 피할 수 있겠는가?

(나)

코로나19로 사람과 사람 간의 접촉을 자제하는 요즘, A는 언택트 서비스를 최대한 활용 중입니다. 사람 많은 마트에 장 보러 가지 않고, 배송 어플로 며칠 먹을 분량의 식품만 구입하죠. 긴급 재난 지원금도 모바일 뱅킹으로 1분 만에 받았어요. 밖에서 무언가를 구매할 땐 키오스크, 무인 계산기를 적극 활용합니다. 말 한마디 안 하고 내가 원하는 걸 살 수 있으니 얼마나 편리해요! 그중 가장 편한 것은 모바일 티켓 발권입니다. 미리 예약해 두면 굳이 역에 일찍 갈 필요도 없고, 일정 변경이 필요하더라도 매표소에 다시 갈 필요가 없잖아요. 그리고 일찍 발권만 하면 좋은 자리에 앉아서 갈 수 있죠.

(다)

B는 요즘 코로나19로 힘든 나날을 보내고 있습니다. 사람 많은 마트에 자주 가긴 불안해서 한 번에 장을 많이 보게 되고요. 긴급 재난 지원금 받으러 은행에 갔다가 한참 줄을 섰습니다. 외출한 김에 밖에서 간단하게 식사하려고 하는데, 무인 포스 전용 점포래요. 열심히 해 봤는데 글씨가 작아서 자꾸 시간 초과되더라고요. 화면이 획획 넘어가서 결국 종업원이 있는 다른 매장으로 갔습니다. 가장 불편한 점은 버스·기차 티켓 발권할 때입니다. 매표소에 평소보다 조금만 늦게 가면 원하는 차편은 매진되었다고 하네요.

문제 1

제시문 (나)와 (다)를 통해 알 수 있는 문제점을 설명하고, 그 문제가 미치는 영향은 무엇인지 답변하시오.

문제 2

[문제 1]에서 언급한 문제점들을 해결할 수 있는 방안으로는 어떤 것이 있을지 답변하시오.

언택트와 디지털화는 점점 피할 수 없는 생활 조건이 되어가고 있습니다. 제시문 (나)의 주인공 A와 제시문 (다)의 주인공 B의 비교를 통해 언택트와 디지털화가 불러들인 새로운 사회 문제, 즉 '디지털 양극화'를 발견할 수 있습니다. 전통적인 양극화가 소득과 자산의 격차에서 비롯되는 것이었다면, 새로운 양극화는 나날이 발달하는 정보 기술에 대한 적응 정도의 격차에서 비롯됩니다. A는 정보 기술에 빠르게 적응한 사람들의 사례인 반면에 B는 정보 기술에 적응하지 못하고 뒤쳐진 사람들이 겪는 소외감을 보여줍니다.

디지털 양극화가 심각한 문제인 까닭은 그것이 가져올 영향 때문입니다. 저는 적어도 세 개의 분야에서 디지털 양극화가 사회 문제를 일으킬 것이라고 생각합니다. 첫째, 생활에서의 불편입니다. 정보 기술에 빠르게 적응할 수 있는 A와 같은 사람의 필요에 맞추어 사회가 급속히 변해감에 따라, 정보 기술에 적응하지 못한 B와 같은 사람들은 전통적 방식인 대면 서비스를 통해 생활의 필요를 충족할 수가 없게 됩니다. A에게는 생활이 더 편리하게 변한 반면에 B는 불편을 겪게 되는 문제가 발생하는 것입니다.

디지털 양극화는 인간관계의 상실에도 영향을 미칩니다. 배송 어플, 모바일 뱅킹 및 발권, 키오스크 등을 이용하면서 과거 상거래에 존재하던 인간적 측면들은 소멸되고 오직 기능적 측면만이 남게 됩니다. 그뿐 아니라 가족들마저 화상 통화로 만나는 시대에는 친밀한 인간관계마저도 소멸의 위기에 처하게 됩니다.

더 나아가 디지털 양극화는 경제 영역에도 영향을 미칠 것입니다. 장보기, 은행, 식당 주문, 교통 티켓 발권 등이 모두 무인 기술에 의해 교체되면서 사람이 필요했던 일자리가 사라지고 고용 기회가 감소될 것입니다. 게다가 정보 기술의 응용이 점점 더 중요해지는 미래 사회에서는 A와 같이 정보 기술을 활용하는 능력에 뛰어난 사람에게만 고용의 기회가 주어지고 B와 같은 사람은 일자리를 얻지 못하는 디지털 격차에 의한 고용 불평등이 나타날 것으로 예상할 수 있습니다. 이처럼 제시문 (나)와 (다)의 사례에서 발견되는 디지털 양극화는 생활 · 인간관계 · 경제 영역에서 불편, 소외, 불평등을 불러일으킬 것입니다.

개요

1. 문제의 정의: 디지털 양극화
2. 디지털 양극화 문제가 미칠 영향 1: 생활 영역에서 일부가 겪게 될 불편
3. 디지털 양극화 문제가 미칠 영향 2: 친밀성 영역에서 인간적 만남의 상실
4. 디지털 양극화 문제가 미칠 영향 3: 경제 영역에서 고용 기회의 감소와 불평등

1. [문제 1]을 풀기 위해서는 주어진 제시문을 비교하여 사회 현상과 문제점을 도출하고 그로 인한 영향을 논리적으로 추론해 내는 능력이 필요합니다.

2. 교육과정을 바탕으로 한 주요 개념에는 디지털 격차, 언택트, 어플, 모바일, 무인, 편리, 불편 등이 있습니다.

3. 디지털 격차(digital divide)로 불리는 사회 현상은 단지 생활에서의 불편으로 끝나는 것이 아니라, 고용에서의 문제를 가져올 수도 있으며, 친밀한 인간관계의 상실도 불러올 수 있습니다. 이러한 다양한 영향의 전망을 제시문으로부터 추론해 낼 수 있어야 합니다.

이 답안의 강점은 무엇인가?

 디지털 양극화는 생활 영역의 불편, 친밀성 영역의 소외, 고용 영역의 불평등 등의 부정적 영향을 발생시키므로 이를 해결할 방안이 필요합니다. 저는 디지털 양극화를 해결할 수 있는 방안으로 세 가지를 제안하고 싶습니다.

 첫 번째는 정보 기술 교육입니다. 예를 들어, 고령층은 저연령층에 비해, 저학력층은 고학력층에 비해, 저소득층은 고소득층에 비해, 장애인은 비장애인에 비해 상대적으로 정보 기술 학습 기회가 부족할 확률이 높습니다. 정부에서 통계에 기반하여 정보 취약 집단을 선별한 뒤 교육 기회와 교육 지원금 등을 제공한다면 정보 기술 적응도의 격차에서 빚어지는 여러 문제점들을 완화할 수 있을 것입니다. 다만, 서로 다른 능력과 환경의 사람들을 한곳에 모아 교육하는 방법에 대해서는 고민이 필요합니다.

 두 번째는 정보 기술에 뒤처진 사람들을 위해 전통적인 대면 서비스 이용 기회를 보장하는 것입니다. 키오스크가 있는 가게에 최소한 한 명의 사람 점원을 고용하게 하거나, 교통 티켓 구입 시 일부 수량은 매표소 전용으로 확보해 두는 등의 방법이 있습니다. 다만, 공공 부문이 아닌 민간 부문에 이러한 방식을 얼마나 강제할 수 있을지는 논의를 거쳐야 할 것입니다.

 세 번째는 인간 친화적인 기술의 개발입니다. 최근에는 디지털 개발 경험의 축적과 인공 지능 등의 신기술 발달로 인해 정보 기술도 과거의 기계적, 획일적 대응을 넘어서 이용자 맞춤형 대응을 하는 유연한 방향으로 발전하고 있습니다. 정부에서 이와 같은 신기술 연구 개발에 혜택 및 지원을 해 준다면 디지털 양극화로 소외되는 사람이 그만큼 줄어들 것입니다. 다만, 이는 당장의 효과보다는 장기적인 기대 효과를 염두에 두고 준비해야 할 것입니다.

 제가 제시한 세 가지 방안 모두 장점과 한계점이 있으므로 세 가지 방안을 골고루 활용하여 그 한계를 보완하면서 디지털 양극화 문제를 극복해 나갔으면 좋겠습니다.

개요

1. 디지털 양극화 문제의 해결책 1: 디지털 교육

2. 디지털 양극화 문제의 해결책 2: 대면 서비스 보장

3. 디지털 양극화 문제의 해결책 3: 인간 친화적 기술 발전

1. [문제 2]를 풀기 위해서는 사회 문제의 특성으로부터 해결 방향을 논리적, 창의적으로 도출하는 능력이 필요합니다.

2. 대안 제시형의 문제에 대한 답변은 두 가지 이상의 대안을 창의적으로 생각해 보도록 합니다. 좋은 대안을 제시하기 위해 반드시 사전 지식이 필요한 것은 아닙니다. 면접관 선생님들은 신문에 나오는 전문 용어를 사용한 답안보다는 제시문을 바탕으로 논리적으로 도출되는 답변 내용이 타당하기를 기대합니다.

3. 디지털 양극화에 대한 대표적 대안으로는 디지털 교육, 디지털 없는 생활도 가능하게 하는 환경 조성, 기술 고도화 등이 거론됩니다.

이 답안의 강점은 무엇인가?

학교 측 출제 의도 및 평가 지침

출제 의도

연세대는 23년도에 해당 문항 채점 기준과 문항 해설을 제공하지 않았음

문항 해설

연세대는 23년도에 해당 문항 채점 기준과 문항 해설을 제공하지 않았음

※ 제시문을 읽고 물음에 답하시오.

(가)

프랑스의 한 배우가 한국의 개고기 음식 문화를 야만적인 행위로 규정하고 항의 편지를 보낸 적이 있다. 이에 일부 한국 사람들은 푸아그라(프랑스의 유명한 음식 재료 중 하나인 거위의 간)를 얻기 위해 거위에게 강제로 사료를 먹이는 것이야말로 야만적이라고 비난했다. 이는 자기 문화를 기준으로 다른 문화를 평가하는 모습을 보여주는 사례이다.

(나)

인도 갠지스강에는 사람과 소의 배설물은 물론 화장이 덜 된 시신까지 떠다닌다. 그 강가의 한쪽에서는 죽은 사람을 화장하고 다른 쪽에서는 빨래나 목욕을 한다. 사람들은 이 모습에 질색하면서도 이를 보지 않으면 진정한 인도를 보지 못한 것이라 한다. 갠지스강은 힌두교를 믿는 이들에게 성스러운 강이고, 여기에서의 목욕은 죄를 씻어내는 의미이기에 그들에게 최대의 기쁨이다. 더구나 사후에 이 강에서 화장되고, 유골이 강을 흘러간다면 이보다 더한 기쁨은 없다. 이러한 인도인들의 사고를 알게 되면 갠지스강에서 이루어지는 행동을 이해하는 것이 쉬워진다.

(다)

윤리의 영역에서도 시대와 장소를 초월한 보편적이고 절대적인 가치가 존재할 수 있을까? 가치의 절대성을 강조하는 학자들은 문화권에 상관없이 어느 사회에나 인간의 존엄성, 자유, 평등, 인권 등 보편적 가치가 존재하고 이것을 인정해야 한다고 주장한다. 이와 달리 가치의 상대성을 강조하는 학자들은 가치에 위계나 서열은 없으며, 지역이나 시대에 따라 가치는 상대적이라고 본다.

문제 1

제시문 (가)와 (나)에 나타난 문화에 대한 관점을 비교하고, 제시문 (나)의 입장에서 제시문 (가)의 관점을 평가하시오.

문제 2

제시문 (다)를 참고하여 순장 또는 식인 문화에 대해서도 제시문 (나)의 입장을 적용할 수 있는지 답변하시오.

문제 1 예시 답안

 제시문 (가)와 (나)는 사람들이 자기 문화가 아닌 다른 문화를 접했을 때 나타나는 상반된 반응을 제시합니다. 제시문 (가)는 전형적인 '자문화 중심주의'의 태도입니다. 문화라는 것은 한 사회에서 선악과 우열을 판단하는 평가 기준을 포함하고 있기 마련인데, 만약 자기 사회의 평가 기준을 다른 사회의 현상에 그대로 확장해서 적용할 경우 자문화 중심주의라는 지적을 받을 수 있습니다. 제시문 (가)에서 프랑스 배우가 한국의 개고기 음식 문화를 야만적이라고 규정한 이유는 개를 인간에 버금가는 존재로 여겨 식용 대상에서 제외하는 프랑스 문화의 평가 기준을 외부 문화인 한국에 그대로 적용했기 때문입니다. 역으로 한국의 평가 기준에서 거위에게 사료를 강제 급식하는 프랑스의 방식을 야만적이라 부르는 것도 자문화 중심주의에 해당합니다.

 제시문 (나)에는 '문화 상대주의'의 태도가 나타나 있습니다. 제시문 (가)에 비해 제시문 (나)는 인도 문화에 대해 훨씬 넓은 관용과 인정을 나타내며, 타 문화권 구성원의 사고방식을 이해하는 역지사지의 자세를 권장하고 있습니다. 자기 문화의 평가 기준에 익숙한 사람에게 갠지스강물은 불결하고 비위생적인 흙탕물로만 보일 수도 있습니다. 그러나 물질주의적인 기준 대신 정신주의적인 인도 힌두교의 기준으로 바라볼 경우, 갠지스강물은 영적인 속죄를 베푸는 성스러운 물입니다. 이처럼 다른 문화에는 그에 합당한 다른 평가 기준이 존재한다는 사실을 이해하고 받아들일 때 문화 상대주의적인 입장을 가질 수 있습니다.

 제시문 (나)의 문화 상대주의적 입장에서 제시문 (가)의 자문화 중심주의는 부정적으로 평가받을 것입니다. 첫 번째는 내면적 성장을 방해하기 때문입니다. 문화 상대주의자가 보기에 자문화 중심주의자는 자기 문화의 잣대에 어긋나는 타문화를 이해하려 노력하지 않기에, 개인의 정신적 성장을 가로막는 장애물로 작용할 수 있습니다. 두 번째는 외면적 갈등을 조장하기 때문입니다. 문화 상대주의자가 보기에 자문화 중심주의는 서로 다른 문화에 속한 사람들끼리 갈등하고 대립하게 만드는 원인을 제공한다고 비판받을 수 있습니다.

개요

1. 제시문 (가)와 (나) 공통점: 소재 (다른 문화를 접했을 때의 반응)

2. 제시문 (가)와 (나) 차이점: (가) = 자문화 중심주의

3. 제시문 (가)와 (나) 차이점: (나) = 문화 상대주의

4. 제시문 (나)의 입장에서 (가) 평가 1: 내면적 성장 방해

5. 제시문 (나)의 입장에서 (가) 평가 2: 외면적 갈등 조장

Tip & Advice

1. [문제 1]을 풀기 위해서는 제시문의 요점을 파악하고 논리적으로 비교하는 능력을 갖추어야 하며, 고등학교 교육과정에서 학습하는 주요 개념인 자문화 중심주의, 문화 상대주의, 절대주의(보편주의) 등을 숙지하고 있어야 합니다.

2. 교육과정을 바탕으로 한 주요 개념에는 야만, 자기 문화, 자문화 중심주의, 인도인들의 사고, 문화 상대주의, 윤리의 영역, 보편적 가치, 절대주의, 상대주의 등이 있습니다.

3. 평가하기 유형은 '긍정적으로 평가한다', '부정적으로 평가한다' 등 평가의 방향성을 뚜렷하게 제시하는 것이 좋습니다.

4. 평가의 근거는 가능하면 두 가지 이상 제시하면 다른 응시자와 차별화되고 창의적인 답변이라는 평가를 받을 수 있을 것입니다.

이 답안의 강점은 무엇인가?

제시문 (다)는 문화적 차이를 초월한 보편적·윤리적 가치를 상정할 수 있는지를 묻는 글입니다. 제시문 (다)는 두 가지 상반된 견해를 제시하고 있는데, 하나는 윤리적 절대주의이고 다른 하나는 윤리적 상대주의입니다. 윤리적 절대주의는 어떤 시대와 문화에서건 반드시 존중되어야 하는 보편적 가치로, 인간 존엄, 자유, 평등, 인권 등이 여기에 해당합니다. 윤리적 상대주의는 보편적 가치를 인정하지 않고 오로지 지역과 시대 특수적인 가치만을 인정할 수 있다고 주장합니다.

제시문 (나)의 문화 상대주의의 주장대로 문화에 따라 서로 다른 평가 기준을 갖는 것이 당연하다면 얼핏 보았을 때 윤리적 기준에 있어서도 문화에 따라 서로 다른 기준을 갖는 것이 타당해 보입니다. 문제는 순장, 식인 문화 등 누군가의 생명과 안전에 위해를 가하는 윤리적 사안에서조차도 타 문화라는 이유로 상대주의를 따라 존중해야 하는가입니다. 과연 문화적 상대주의는 윤리적 상대주의로 연장될 수 있을까요?

제시문 (다)의 논쟁을 참고하여 저는 제시문 (나)의 문화 상대주의적 입장이 윤리 상대주의를 정당화하지 못하며, 순장이나 식인과 같은 풍습은 상대주의가 적용되어서는 안 된다고 생각합니다. 문화는 취향, 풍습, 예절, 의식주 등 다양한 사회적 관계에서 자주 관찰되는 패턴을 폭넓게 아우르는 개념입니다. 이에 반해 윤리는 사람으로서 해야만 하거나 해서는 안 되는 것들을 다루는 좁은 영역에 관계된 개념입니다. 제시문 (나)에서 '갠지스강물'이 깨끗한지에 대한 '문화적' 판단은 문화에 따라 상대적으로 달라졌지만, '죄'가 깨끗한지에 대한 '윤리적' 판단은 우리 문화에서나 인도 문화에서나 전혀 달라지지 않았다는 점에 주목할 필요가 있습니다. 갠지스강물이 깨끗하다고 믿는 인도인의 문화적 판단이 그것을 더럽다고 믿는 우리의 문화적 판단과 다름에도 인도인의 판단을 상대주의적으로 이해하고 인정할 수 있는 이유는, 죄가 없는 상태가 깨끗하다는 인도인의 윤리적 판단만큼은 우리와 절대적으로 다르지 않기 때문입니다. 우리의 노력에 따라 개인의 문화적 사고를 넘어 다른 문화적 사고를 이해할 수 있는 까닭은, 궁극적으로 문화를 넘어서는 보편적·절대적·윤리적 기반이 공감할 만한 것이기 때문입니다. 결국 문화적 상대주의는 윤리적 절대주의를 인정함으로써만 성립합니다. 순장과 식인처럼 타인에게 위해를 가하는 행위는 윤리적 절대주의에 위배되므로 문화적 상대주의로써 인정할 수 없는 범위에 해당합니다.

개요

1. 제시문 (다) 내용 정리: 윤리적 절대주의 vs 윤리적 상대주의
2. 제시문 (나)와 (다) 관계: 문화적 상대주의와 윤리적 상대주의
3. 제시문 (나)의 입장을 (다)에 적용할 수 없음
4. 근거: 문화적 상대주의는 그 바탕에 윤리적 절대주의를 인정해야 성립함

1. [문제 2]을 풀기 위해서는 주어진 자료를 새로운 사례에 유추하여 적용할 수 있는 능력이 필요합니다.

2. 교육과정을 바탕으로 한 주요 개념에는 가치의 절대성, 보편적 가치, 가치의 상대성, 윤리 등이 있습니다.

3. 만약 문화적 상대주의를 순장이나 식인 문화에도 적용할 수 있다는 윤리적 상대주의의 방향으로 답변하고 싶다면, 예시 답안과는 다른 근거를 통해 입장을 논리적으로 구술해야 합니다. 우리의 윤리적 가치관 역시 문화적 맥락에 따른 영향을 많이 받으며, 순장이나 식인 문화에는 외부 문화권 사람들이 이해하지 못하는 사람들의 정신적 가치와 의미가 있을지도 모른다는 것을 근거로 제시해야 할 것입니다.

이 답안의 강점은 무엇인가?

출제 의도

연세대는 23년도에 해당 문항 채점 기준과 문항 해설을 제공하지 않았음

문항 해설

연세대는 23년도에 해당 문항 채점 기준과 문항 해설을 제공하지 않았음

PART 2

※ 제시문을 읽고 물음에 답하시오.

(가)

조선 시대의 한 선비가 자식들에게 말했다. 부지런함이란 무얼 뜻하겠는가? 오늘 할 일을 내일로 미루지 말며, 아침때 할 일을 저녁때로 미루지 말며, 맑은 날에 해야 할 일을 비 오는 날까지 끌지 말도록 하고, 비 오는 날 해야 할 일도 맑은 날까지 끌지 말아야 한다. 늙은이는 앉아서 감독하고, 어린 사람들은 직접 행동으로 어른의 감독을 실천에 옮기고, 젊은이는 힘든 일을 하고, 병이 든 사람은 집을 지키고, 부인들은 길쌈*을 하느라 한밤중이 넘도록 잠을 자지 않아야 한다. 요컨대, 집안의 상하 남녀 간에 단 한 사람도 놀며 지내는 사람이 없게 하고, 또 잠깐이라도 한가롭게 보여서는 안 된다. 이런 걸 부지런함이라 한다.

* 길쌈: 실을 내어 옷감을 짜는 모든 일.

(나)

우리 세대 사람들 대부분처럼 나도 부지런하게 일하는 것이 최고의 미덕이고 게으름은 죄악이라는 말을 들으며 자랐다. 그러나 근면이 미덕이라는 믿음은 현대 사회에 엄청난 해악을 일으킨다는 것이 나의 일관된 신념이다.

문명이 시작된 이후 산업 혁명에 이르기까지 줄곧 인간은 열심히 일해도 자신과 가족의 생계에 필요한 정도밖에 생산할 수 없었다. 하지만 8시간 이상의 과도한 노동을 강요했던 예전과 달리 현대 사회는 과학 기술을 활용함으로써 4시간의 노동만으로도 행복한 삶을 누릴 수 있을 만큼 발전되었다. 그럼에도 우리는 기계가 없던 예전과 마찬가지로 계속 쉴 새 없이 일하고 있다. 이 점에서 우리는 어리석었다. 그러나 이러한 어리석음을 지속시킬 이유는 전혀 없다.

여가란 문명에 필수적인 것이다. 예전에는 다수의 노동이 있어야만 소수의 여가가 가능할 수 있었다. 그러나 다수의 노동이 가치 있는 이유는 일이 좋은 것이어서가 아니라 여가가 좋은 것이기 때문이었다. 이제 현대 사회는 기술의 발전으로 문명에 피해를 주지 않고도 얼마든지 공평하게 여가를 분배할 수 있게 되었다. 누구도 하루 4시간 이상 일하도록 강요받지 않는 세상에서는 과학적 호기심에 사로잡힌 사람이라면 누구든 그 호기심을 맘껏 탐닉할 수 있을 것이고, 어떤 수준의 그림을 그리는 화가든 배곯지 않고 그림을 그릴 수 있을 것이다.

(다)

무더운 여름날 온몸이 햇볕에 까맣게 탄 개미들이 땀을 뻘뻘 흘리며 일을 하고 있었습니다. 그런데 서늘한 풀잎 그늘에서 기타를 치면서 노래를 부르던 베짱이가 개미들에게 말했습니다.

"얘들아, 같이 놀면서 쉬엄쉬엄 하지 그래? 왜 이렇게 더운 날까지 열심히 일을 하고 있어?"

"우리는 추운 겨울에 먹을 양식을 준비하는 거야."

어느덧 여름이 가고 가을이 왔습니다. 산과 들은 누렇게 물들고 날씨는 점점 추워졌습니다.

"어이구 추워, 벌써 겨울이 오는 건가?"

베짱이는 추워서 오들오들 떨며 따뜻한 양지쪽만 찾아다녔습니다.

그러나 본격적인 추위는 금방 닥쳐왔습니다.

"큰일 났구나. 이러다가는 얼어 죽거나 굶어 죽겠는걸."

추위와 배고픔에 지친 베짱이는 할 수 없이 도움을 청하러 개미들을 찾아갔습니다. 하지만 개미들은 그런 베짱이에게 소리쳤습니다.

"우리가 힘들게 일할 때 놀며 즐긴 너는 우리 사회에 쓸모없는 존재야!"

결국 잠자리와 먹을 음식을 개미들에게서 얻지 못한 베짱이는 이곳저곳을 떠돌며 이루 말할 수 없이 힘든 겨울을 보내게 되었습니다.

(라)

영국의 한 연구소는 열심히 일하는 사람과 열심히 일하지 않는 사람의 비율이 노동의 생산성과 효율성에 미치는 영향을 살펴보고자 했다. 이를 위해, 열심히 일하는 사람과 그렇지 않은 사람의 비율이 노동의 생산성과 효율성에 어느 정도 영향을 미치는지, 그리고 그 비율이 각각 단기적으로 그리고 장기적으로 어떠한 효과가 있는지를 조사했다. 아래의 〈표〉는 서로 다른 세 집단에서의 열심히 일하는 사람과 열심히 일하지 않는 사람의 비율을 보여준다. 〈그림 1〉은 열심히 일하는 사람과 열심히 일하지 않는 사람의 비율을 관찰한 지 2개월 후 생산성과 효율성을 측정한 것이고, 〈그림 2〉는 3년 후에 다시 측정한 것이다.

	열심히 일하는 사람의 비율(%)	열심히 일하지 않는 사람의 비율(%)
A 집단	100	0
B 집단	80	20
C 집단	30	70

〈표〉 A, B, C 집단의 열심히 일하는 사람과 열심히 일하지 않는 사람의 비율

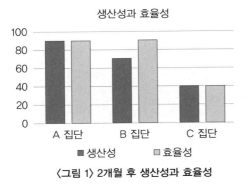

〈그림 1〉 2개월 후 생산성과 효율성

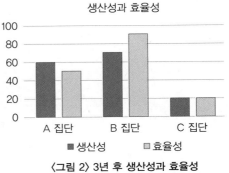

〈그림 2〉 3년 후 생산성과 효율성

문제 1

제시문 (가), (나), (다)에는 근면에 대한 다양한 관점이 포함되어 있다. 제시문 (나)의 관점에서 제시문 (가)와 (다)를 각각 평가하시오.

문제 2

제시문 (라)의 조사 결과를 분석하고, 그 결과를 통해 제시문 (가)와 (다)를 평가하시오.

제시문 (나)는 근면이 미덕이라는 믿음을 비판하면서, 여가의 중요성을 강조합니다. 제시문 (나)에 따르면 과거 많은 양의 노동이 가치 있었던 이유는 여가가 좋은 것이기 때문이었습니다. 반면에 현대 사회는 기술 발전으로 인해 최소한으로 필요한 양만큼 노동하고 나머지 시간은 여가로 활용할 수 있게 되었습니다. 요컨대 노동과 여가의 적절한 배분 및 조화를 강조하고 있는 것입니다.

이러한 관점에서 제시문 (가)의 논지는 비판의 여지가 있습니다. 제시문 (가)는 해야 할 일을 미루는 것을 금기시하며, 잠깐이라도 한가롭게 보여서는 안 된다고 말합니다. 또한, 단 한 사람도 놀며 지내지 않고, 부인들이 밤을 지새워가며 일하는 것을 '부지런함'이라고 주장합니다. 이러한 제시문 (가)의 주장은 오직 노동의 필요성만을 강조하는 것으로, 여가의 중요성을 간과한다는 한계가 있습니다.

마찬가지로 제시문 (다)의 논지도 비판의 대상이 된다고 생각합니다. 제시문 (다)는 열심히 일한 개미들을 칭송하고, 여유를 즐기는 베짱이를 게으른 존재로 치부합니다. 또한, '게으르기만 한' 베짱이를 우리 사회에 쓸모없는 존재로 여기는 모습을 보여줍니다. 이와 같은 제시문 (다)의 내용은 오직 노동만을 가치 있는 것으로 보고, 삶의 여유나 여가는 게으름으로 취급한다는 점에서 한계가 있습니다.

개요

1. 제시문 (나)의 요지 제시: 노동과 여가의 균형
2. 제시문 (가) 비판
3. 제시문 (다) 비판

PART 2

Tip & Advice

1. 제시문 (나)는 여가의 중요성을 강조하는 글입니다. 그러나 그렇다고 해서 노동의 필요성, 중요성을 극단적으로 부정하는 글은 아니라는 점을 놓쳐서는 안 됩니다.

2. 제시문 (가)와 (다)는 여가, 여유를 단지 게으름으로 취급하고 불필요한 제거의 대상으로 본다는 점에서 비판의 여지가 있습니다.

이 답안의 강점은 무엇인가?

제시문 (라)의 〈그림 1〉에 따르면, 단기적으로는 집단 내 열심히 일하는 사람의 비율이 높을수록 노동의 생산성과 효율성이 높은 것으로 나타납니다. 다만 효율성의 경우 열심히 일하는 사람의 비율이 100%일 때와 80%일 때가 동일하다는 점이 특정적입니다. 한편 장기적 효과를 나타내는 〈그림 2〉에 따르면, 열심히 일하는 사람들로만 이루어진 A 집단과 열심히 일하지 않는 사람의 비율이 높은 C 집단의 생산성과 효율성은 모두 초기에 비해 크게 감소했음을 알 수 있습니다. 이와 대조적으로 열심히 일하는 사람의 비율이 80%인 B 집단은 단기에 나타난 생산성과 효율성 수준을 장기적으로도 유지하고 있습니다. 이러한 내용을 종합한다면, 단기적 차원에서는 열심히 일하는 사람의 비율이 높을수록 노동의 생산성과 효율성이 제고될 수 있으나, 장기적 차원에서는 열심히 일하지 않는 사람이 어느 정도 섞여 있는 것이 노동의 생산성 및 효율성 유지에 기여한다는 결론을 도출할 수 있습니다.

이와 같은 제시문 (라)의 내용을 바탕으로 할 때, 제시문 (가)의 주장은 한계가 있다고 생각합니다. 제시문 (가)는 단 한 사람도 놀며 지내지 않는 사회를 지향하고 있는데, 이는 제시문 (라)의 A 집단에 해당합니다. 이 경우 단기적으로는 높은 생산성과 효율성을 기대할 수 있으나, 이는 장기적으로 유지되기 어려울 것입니다. 제시문 (다)의 경우, 개미와 베짱이의 비율에 따라 평가가 달라질 수 있다고 생각합니다. 만약 열심히 일하지 않는 베짱이의 비율이 높으면 이는 제시문 (라)의 C 집단에 해당합니다. 이 경우 단기적으로도 노동의 생산성과 효율성이 저조할 뿐만 아니라, 장기적 차원에서 그것이 더욱 감소한다는 점에서 부정적으로 평가될 가능성이 큽니다. 다른 한편, 베짱이가 집단에서 소수만을 차지한다면 이는 제시문 (라)의 B 집단으로 볼 수 있습니다. 이 경우 단기적 차원에서도 준수한 생산성과 효율성을 보일 뿐만 아니라, 장기적으로도 생산성과 효율성이 유지된다는 점에서 긍정적으로 평가될 수 있다고 생각합니다.

개요

1. 제시문 (라) 분석: 단기와 장기
2. 제시문 (가) 평가
3. 제시문 (다) 평가

1. 제시문 (라)의 내용을 분석할 때, 단기와 장기로 나누는 것이 중요합니다. 또한, 그 변화 추이를 집단 별로 비교·대조해 주어야 합니다.

2. 제시문 (가)의 경우 '단 한 사람도 놀며 지내는 사람이 없'어야 한다는 표현을 통해, 제시문 (라)의 A 집단에 해당함이 자명합니다. 그러나 제시문 (다)의 경우, 얼핏 보기에 배짱이가 소수인 것처럼 느낄 수 있으나, 그 정확한 비율에 대한 명확한 언질이 없습니다. 따라서 예시 답안에서는 그 비율이 다수인 경우와 소수인 경우로 나누어 평가했습니다.

이 답안의 강점은 무엇인가?

출제 의도

오늘을 살아가는 우리에게 노동과 여가는 삶의 필수적인 부분임. 그런데 노동과 여가는 예로부터 부지런함과 게으름이라는 주제와 밀접하게 연관되어 옴. 이번 문제는 수험생들이 부지런함과 게으름에 대한 다양한 관점을 파악하고, 이를 바탕으로 부지런함과 게으름이라는 개념을 단기 또는 장기적으로 노동의 생산성과 효율성을 측정하는 현실적 주제에 적용할 수 있는지 평가하는 데 주안점을 둠

문항 해설

⊙ 제시문 (가)는 다산 정약용의 유배지에서 보낸 편지에서 발췌한 것임. 자식들에게 부지런하게 살기를 권하는 정약용은 해야 할 일을 미루지 말고, 놀고먹는 사람이 없어야 한다는 점을 강조함. 이 제시문은 자급자족의 시대에 가족 구성원 전체가 생계유지를 위해 모두 근면해야 할 필요성을 역설함

⊙ 제시문 (나)는 버트란드 러셀(Bertrand Russell)의 『게으름에 대한 찬양』(사회평론, 2005)에서 발췌한 것임. 20세기 초 열심히 일하는 당시 사회와 근면의 미덕에 대해 비판하고 여가를 즐기며 살기를 권장함

⊙ 제시문 (다)는 이솝 우화 「개미와 베짱이」에서 발췌하여 출제 의도에 맞게 수정을 가한 것임. 부지런하게 일한 개미를 칭송하고 그늘에서 기타를 치면서 여름을 보낸 베짱이는 게으르다는 비판을 담고 있는 이 우화에는 오늘 열심히 일해야 내일 먹을 수 있다는 교훈을 드러냄

⊙ 제시문 (라)는 수험생들이 부지런함과 게으름이라는 개념을 단기 또는 장기적으로 노동의 생산성과 효율성을 측정하는 현실적 주제에 적용할 수 있는지 평가하기 위해 가상의 조사를 만든 것임

※ 제시문을 읽고 물음에 답하시오.

(가)

정신분석학자 프로이트(Freud)는 어떤 대상을 상실했을 때 상실한 대상에게 쏟아부었던 리비도(libido)*
를 서서히 거두어들여서 새로운 대상에게 쏟아붓는 과정을 애도(mourning)라고 말한다. 그런데 상실한
대상이 무엇인지 모르거나 상실 자체를 인지하지 못할 때 애도는 불가능해진다. 이처럼 애도가 원천적으
로 봉쇄된 상태를 프로이트는 우울(melancholy)이라고 말한다. 프로이트는 무의식에 억압된 것들이 사
라지지 않고 언제든지 귀환할 수 있다고 말한다. 애도되지 않은 상실도 우울로 남아 우리 안에 머문다.
애도와 우울은 흔히 개인적인 사건으로 인식되지만 여러 학자들은 이것이 사회적인 일이며, 때로는 정치
적인 사건이 될 수 있다고 말한다. 상실과 애도는 사회적인 층위에서 다양한 계기들과 연결되며, 때로는
'애도할 수 있음'과 '애도할 수 없음' 사이에서 해당 사회의 다양한 수준과 경계가 드러난다. 한 학자는 대
부분의 사회가 저마다의 고유한 애도 방식을 갖고 있는데 '애도할 수 없음'의 상황에 직면할 때 큰 문제를
겪게 된다고 지적하기도 했다.

* 리비도(libido): 좁은 의미로는 성적 본능이나 욕구, 충동 등을 가리키지만 넓은 의미로는 인간 개개인에 내재한 정신적 에너지를 뜻하는
말. 여기서는 후자의 의미로 해석함.

(나)

인간은 누구나 죽는다. 인간은 어떤 의존 없이 죽음에 이를 수 없고, 죽음 이후에도 누군가의 도움을 필
요로 한다. 사회적 동물로서 인간은 공동체 내 관계와 이 관계에 기반한 의존 속에서 죽음을 맞이한다. 사
람이 공동체 안에서 더불어 산다는 것은 물리적으로 가까이 모여 사는 것만을 뜻하는 게 아니라, 타고난
상호 의존성과 구성원들 사이의 상호 책임을 인정한다는 것을 의미한다. 이러한 사실을 뒷받침하는 가장
구체적인 예로 사회 보장 정책을 펴서 국민을 보살피겠다는 정부의 약속을 들 수 있다. 하지만 공동 책임
의 원칙이 국가에만 있는 것은 아니며, 도시와 지역 사회, 직장, 사교 단체, 종교 단체 등에도 이 책임과
연관된 다양한 역할 규범과 기대가 존재한다. 이런 맥락에서 볼 때 나와 상관없는 죽음이란 존재하지 않
는다. 상호 의존과 상호 책임의 관점에서는 내가 알지 못하는 이의 죽음조차도 나의 애도 대상이 된다.

(다)

뉴욕시는 'COVID-19' 희생자들의 시신을 보관하기 위해 냉장 트럭을 사용하고 있는데, 대유행의 절정
기에 사망자가 급증하면서 시신들이 감당할 수 없을 정도로 늘어나자 이 트럭들을 1년 전부터 임시 영안
실로 사용해 왔다. 뉴욕시 검시국은 '750구의 시신을 브루클린 부두의 냉장 트레일러에 장기간 보관하고
있다.'고 말했다. 그런데 수석 검시관실의 부청장은 시의회 위원회에서 '39번가 부두에 안치된 시신들 중
상당수가 하트 섬의 도시 공장에 묻힐 수도 있다.'고 말했다. 뉴욕시는 무연고 유해를 하트 섬에 묻기 전
에 유해 보관 기간을 14일로 단축하고, 무연고 유해를 나중에 옮길 수 있도록 일시적으로만 섬에 묻는 방
안을 모색하고 있다고 말했다.

(라)

  다음 그래프는 A 국가의 복지 관련 부서에서 조사한 무연고 사망자에 관한 자료를 바탕으로 무연고 사
망자 중 시신 인수 포기자의 비중과 장애인의 비중(2016년~2018년, 〈그림 1〉), 그리고 무연고 사망자의
연령대별 비중(2018년, 〈그림 2〉)을 표시한 것이다. 무연고 사망자는 2016년에 1,820명, 2017년에
2,008명, 2018년에 2,447명이었다.

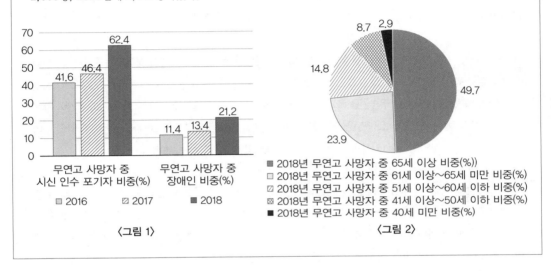

〈그림 1〉   〈그림 2〉

문제 1

제시문 (가)와 (나)를 바탕으로, 제시문 (다)가 제시하는 사회적 상황을 분석하고 이에 대한 대응 방안을 설명하
시오.

문제 2

제시문 (가)와 (나)를 바탕으로, 제시문 (라)의 그래프를 통해 드러나는 사회 현상을 '애도'의 관점에서 분석하시오.

제시문 (가)는 '애도'의 의미와 가치를 새로운 관점에서 보여주고 있습니다. 애도가 사전적으로 가지는 단순하고 개인적인 의미를 넘어 사회적인 연대가 함께하는 집단적인 성질의 것이 될 수 있음을 밝힙니다. 특히 이러한 애도가 제대로 이루어지기 어려운 상황의 경우, 애도하지 못하는 데서 오는 고통이나 상처와 같은 문제를 겪게 됩니다. 이를 사회적으로 확장하면 공동체의 트라우마가 될 수 있습니다.

제시문 (나)는 인간이 본래 사회적 동물임을 지적하며 모든 인간에게 자연스럽게 찾아오는 죽음 또한 사회적인 성질을 가진다고 말하고 있습니다. 한 개인이 죽는 것은 단순히 그 개인 혼자 존재하지 않게 되는 것이 아니라 그 개인과 연계된 주변인들, 그 개인이 사회에 미친 영향과 닿아있는 사람들, 또 그 개인이 죽음에 이르게 된 맥락 등을 모두 포함한 현상이라고 주장합니다. 따라서 여러 가지 형태의 공동체로 엮인 현대인들은 내가 아닌 타인의 죽음에 사회적, 윤리적으로 연대 의식을 가지게 됩니다.

앞서 말씀드린 제시문 (가)와 (나)의 관점에서 제시문 (다)를 바라보겠습니다. 코로나 바이러스로 인해 기존의 보건 체계가 무너진 상태에서 뉴욕시는 시체를 냉동 창고에 보관하거나 급박하게 이송해 묻어 처리했습니다. 이는 죽음에 대해 인간적인 태도를 포기한 모습입니다. 애도의 기회 없이 시체를 물건처럼 대하는 행태는 뉴욕시뿐만 아니라 세계 곳곳 비슷한 상황에 처한 이들에게 충격을 주었습니다. 제시문 (가)에서 말한 것처럼 인간은 죽음과 상실 등의 조건에서 애도의 시기를 가져야 합니다. 그러나 그러지 못하는 상황 속 애도의 기회를 박탈당한 사람들은 큰 상처를 안고 살게 됩니다. 특히, 죽음에는 공동체 연대 의식이 내재되어 있다고 보며 죽음과 애도를 사회적으로 확장하여 바라보는 제시문 (나)의 입장에서 이러한 상처는 단순히 죽음과 관련되어 있는 자들뿐 아니라 공동체 전체에 큰 트라우마로 남게 될 것입니다.

개요

1. 제시문 (가) 요약: 애도의 성격, 조건, 효과 등
2. 제시문 (나) 요약: 사회적으로 확장하여 파악하는 죽음
3. 제시문 (다) 분석

Tip & Advice

1. 굉장히 시의적인 문제로 감염병 이슈가 출제되었습니다. 코로나 바이러스로 시끄러웠던 2020년 이후 어느 정도 적응 기간을 가진 뒤 두 번째로 맞는 입시이므로 이전의 문제와는 다르게 조금 더 깊이 있는 사고를 요구하는 문제가 출제되었습니다. 감염병 자체보다 감염병이 사회적으로 미치는 영향을 이전 시대의 철학으로 바라보는 문제입니다. 제시문을 꼼꼼히 읽어 놓치는 부분이 없도록 해야 합니다.

2. 제시문을 분석할 때 제시문 (가)와 (나)의 내용을 전부 연결하여 구술할 수 있도록 신경 써야 합니다. 제시문 (가)와 (나)의 내용을 잘 이해하는 것부터 중요한 시작이며 이는 [문제 2]까지 연결되는 일관된 논지를 도출하는 데에도 필요하므로 이후 문항을 고려하며 내용을 구성해야 합니다.

이 답안의 강점은 무엇인가?

제시문 (라)의 도표를 보면 무연고 사망자 중 시신 인수 포기자가 2016년부터 2018년까지 약 20% 정도로 크게 증가했음을 알 수 있습니다. 무연고 사망자 중 시신 인수 포기자가 늘었다는 것은 시신을 찾으러 와 줄 가족이나 친지, 지인 등의 사람이 아무도 없는, 사회 주변부로 밀려난 사람이 늘었다는 뜻입니다. 또한, 무연고 사망자 중 장애인의 비중과 65세 이상의 노인 비중도 같은 기간 동안 크게 늘었는데, 이는 가족이나 친지의 도움 없이 복지의 사각지대에서 홀로 지내는 장애인이나 노인들이 늘고 있다는 의미입니다. 장애인이나 노인의 경우, 신체적·정신적으로 비장애인이나 청장년층에 비해 질병이나 사고에 노출되기 쉬우므로 무연고 사망에 이르기 쉽기 때문입니다.

앞서 말씀드린 것처럼, 제시문 (라)의 도표에 등장하는 사람들은 사회적인 활동이 거의 없고 경제적으로 빈곤하며 복지 제도의 혜택을 받기 어려워 사회 주변부로 밀려나는 경우가 많습니다. 제시문 (가)와 (나)의 관점에서 이들의 죽음은 공동체 구성원 모두의 연대를 필요로 하는 사회적 현상입니다. 가끔 마주칠 때 식사는 제대로 하는지, 아픈 곳은 없는지 확인하는 등 소외된 이웃에게 따뜻한 눈길을 주는 것만으로도 예방할 수 있기 때문입니다. 따라서 제시문 (가)와 (나)의 관점처럼 죽음을 사회적인 현상으로 확장해서 파악할 필요가 있으며 애도를 개인적인 것이 아닌, 공동체에 연결된 것으로 인식하여 제시문 (라)의 사회 현상에 접근해야 할 것입니다.

개요

1. 제시문 (라) 도표 분석: 무연고 사망자 증가 및 취약 계층
2. 제시문 (가)와 (나)로 바라보는 제시문 (라): 죽음과 애도를 사회적으로 확장하여 파악

1. 도표를 분석할 때 도표에 적힌 구체적인 수치를 직접 활용하는 것은 좋지 않습니다. 배수나 퍼센트를 활용하여 상댓값을 비교하고 듣는 사람이 규모를 짐작할 수 있게끔 바꾸어 말하는 것이 훨씬 좋을 것입니다.

2. [문제 2]는 [문제 1]과 따로 출제된 문제가 아니기 때문에 [문제 1]에서 이어지는 논지로 일관되게 적용하여 구술할 필요가 있습니다. 내용을 구성할 때 [문제 1]에서 본인이 도출한 논지가 그대로 이어지는지 확인하며 동시에 동어를 반복하지 않는지 살피는 것이 좋습니다.

이 답안의 강점은 무엇인가?

출제 의도

본 문제는 인간이라면 누구나 경험하는 '죽음'이라는 사건을 상실과 애도의 관점에서 조망하고 이를 사회적인 현상으로 확장하여 사회적 애도의 필요성과 가치, 그리고 구체적 애도의 방향과 내용 등을 질문하는 데 초점을 두고 구성됨. 수험생들은 먼저 정신 분석학의 상실, 애도, 우울 등의 개념을 이해하고 이를 사회 현상으로 확대 해석한 후 사회적 상호 의존과 상호 책임, 사회적 연대의 관점에서 사회적 애도의 필요성과 애도의 효과, 애도의 조건 등을 분석할 수 있어야 함. 그리고 분석 내용을 바탕으로, 'COVID-19'의 세계적 대유행과 이로 인한 죽음의 급격한 증대, 그리고 이 죽음을 제대로 애도할 새 없이 흘러가는 사회 분위기를 비판적으로 성찰하고 이에 대한 사회적 대응 방안을 제안할 수 있어야 함. 또한, 무연고 사망자 중 시신 인수 포기자의 증대와 65세 이상자 및 장애인 비중의 증대 상황 등에 관한 자료를 바탕으로, 애도 가능성과 불가능성 사이의 경계와 사회적 애도의 필요성 및 가치 등을 설명할 수 있어야 함

문항 해설

● 제시문 (가)는 프로이트(Freud)의 「애도와 우울(Mourning and Melancholy)」이라는 에세이에 나오는 상실, 애도, 우울의 개념을 고등학교 교육과정을 성실하게 이수한 학생들이 이해할 수 있는 수준으로 풀어서 쓴 글임. 그리고 여기에, '애도'의 사회적 측면들을 강조한 주디스 버틀러(Judith Butler)의 논의와 '애도'에 관한 롤랑 바르트(Roland Barthes)의 짧은 문장을 고등학교 교육과정을 이수한 학생들이 이해할 수 있는 언어로 재기술하여 덧붙임. 이 글을 통해 학생들은 상실이 부인되거나 애도가 불가능한 상황에서 우울이 발생할 수 있으며, 이 애도와 우울의 문제가 개인의 심리만이 아니라 사회적이고 정치적인 계기들과 맞닿아 있음을 발견하게 됨. 이 글은 학생들로 하여금 애도와 우울의 개념을 이해하고 애도의 필요성과 효과, 애도의 사회 정치적 국면과 애도 불가능성을 둘러싼 조건들을 성찰하고 추론하게 하는 데 목표를 두고 구성됨

● 제시문 (나)는 아이라 바이오크(Ira Byock)가 쓴 글을 수험생들이 읽기 편하도록 편집하여 재기술한 글임. 이 글은 인간이 죽음에 이르는 과정이나 죽음 이후의 사후 처리 및 애도의 과정이 상호 의존과 협력, 상호 책임과 연대의 사회적 맥락 위에 놓여 있음을 역설함. 국가뿐 아니라 지역 사회와 종교 단체 등 각종 공동체 단위와 다양한 사회적 관계망이 누군가의 죽음을 애도하고 죽음과 죽음 이후의 과정을 처리해 나가는 데 있어 윤리적 책임과 사회적 역할을 나누어 갖고 있음을 설득하는 글임. 이 글을 통해 학생들은 직접적 연관이 없는 죽음에 대해서조차 사회적 애도의 연대감을 가져야 할 필요성에 대해 성찰하게 됨

◐ 제시문 (다)는 The New York Times(2020년 12월 27일) 기사에서 발췌, 번역하여 고등학교 교육과정을 이수한 학생들이 이해하기 쉽도록 재기술한 글임. 제시문의 내용은 최근 'COVID-19'의 확산으로 인해 급작스러운 죽음들이 대규모로 늘어나고 사회적 관심과 자원이 감염병을 막고 치료하는 데 집중되는 과정에서 죽음과 죽음 이후의 과정에 대한 대응이 미흡한 상황을 보여줌. 갑작스러운 죽음과 대규모 시신의 목도는 가족이나 지인을 잃은 개인뿐 아니라 사회 전반에 그 자체로 사회적 트라우마를 유발하는 일대 사건일 수 있음. 이 과정에서 다양한 종류의 상실이 발생할 수 있으며 이 상실이 애도되지 못한 채 부인되거나 애도가 지연될 때 사회적 우울이 심화될 수 있고 이에 대해 다양한 층위의 사회적 대응 노력이 요구됨. 이 글은 이와 같은 추론과 사고의 확장을 통해, 학생들이 'COVID-19'의 확산과 대유행 이후 '애도가 왜 필요하고 그 가치는 무엇이며 어떤 사회적 애도가 수행되어야 하는가?'라는 질문에 답변할 수 있도록 사고를 촉진하는 데 초점을 두고 구성됨

◐ 제시문 (라)는 2018년 보건복지부 자료를 기반으로 만들어진 무연고 사망자의 숫자와 무연고 시신 중 시신 인수 포기자의 비중, 무연고 시신 중 장애인의 비중, 무연고 사망자의 연령별 비중 관련 데이터를 수험생들이 이해하기 쉬운 그래프로 변형하여 제시한 것임. 제시된 그래프를 보면, 2016년부터 2018년 사이에 무연고 사망자 중 시신 인수 포기자의 비중은 급격한 비율로 높아져서 2016년에 비해 2018년에는 20.8%p* 증가함. 이는 1.5배에 육박하는 수치라고 할 수 있음. 무연고 사망자 중 장애인의 비중 또한 같은 형태로 높아졌는데, 2016년에 비해 2018년의 수치는 9.8%p 높아져 거의 두 배 가까이 증대함. 또한, 무연고 사망자의 비중은 높은 연령으로 올라갈수록 급격한 차이로 높아지고 있는데, 특히 사회적 관계가 줄어들고 경제적 역량이 약화될 뿐 아니라 각종 사회적 자원이 급격하게 유리, 박탈되는 65세 이상자의 비율이 50%에 육박하는 것으로 나타나고 있음. 이를 통해 사회적으로 주변부화되거나 소외된 대상들의 죽음이 공적 애도의 경계 바깥으로 밀려나고 있는 현상을 파악할 수 있음. 학생들은 이러한 자료 분석을 통해 사회적 애도의 필요성과 가치, 사회적 애도를 둘러싼 개인의 책임과 윤리 문제를 다양한 방식으로 제기할 수 있을 것임

* %p(퍼센트 포인트): 백분율로 나타낸 수치가 이전 수치에 비해 증가하거나 감소한 양.

※ 제시문을 읽고 물음에 답하시오.

(가)

불확실한 상황에 놓여있는 것은 누구에게나 불편하고 괴로운 일이다. 자신이 처해 있는 상황에 대해 정확하게 알고 있다면 가장 적절하다고 생각하는 행동으로 대처하면 된다. 그러나 불확실한 상황에서 우리는 미래를 예측하기 어렵고, 상황을 통제할 수 없다고 느끼게 되고, 이는 곧 심리적 불편과 스트레스를 유발한다.

물론 어떤 사람들은 다른 사람들에 비해 더 많이 걱정하고 불안해한다. 불확실한 상황에 대해 얼마나 불편하게 느끼는지는 개인마다 다를 수 있기 때문이다. 심리학에서는 이처럼 예측할 수 없는 미래로 인해 경험하게 되는 불안을 피하려고 하는 경향성을 '불확실성 회피'라고 정의한다.

불확실성 회피 성향이 높은 사람들은 모호한 상황을 싫어하고 결과를 예측할 수 없을 때 위험을 무릅쓰지 않는다. 또 그런 사람들은 변화나 혁신에 대해 저항감을 느끼며 개성이나 재능을 마음껏 펼치기보다는 안정적인 직업에 높은 가치를 부여하기도 한다. 예를 들어, 불확실성 회피 성향이 높은 사람이라면 여행을 준비하면서도 미리 꼼꼼하게 계획을 세우고, 여행에서 일어날 수 있는 모든 일을 예측 가능하게 만들려고 할 것이다. 만약 미리 알아본 식당이 하필이면 문을 닫았다거나, 여행 중 예상하지 못했던 일이 생긴다면 상당히 강한 스트레스를 받을 것이다. 이런 불확실성 회피 성향은 개인마다 차이가 있지만, 나이가 들수록 그 성향은 점차 높아지게 된다고 한다.

(나)

슘페터는 기업가들이 새로운 경영 조직을 만들고, 새로운 시장을 개척하고, 새로운 제품을 개발하는 창조의 과정을 '창조적 파괴'라고 부르면서, 창조적 파괴가 경제 발전의 본질이라고 보았다. 그가 말하는 창조적 파괴 과정은 기술 혁신을 의미한다. 기술 혁신은 새로운 상품, 새로운 원료, 새로운 시장, 새로운 경영 조직 등이 등장하는 과정이다.

혁신을 주도하는 기업가에게는 손해를 보거나 망할지도 모른다는 위험이 뒤따르기 마련이다. 그런 위험을 무릅쓰고 새로운 분야에 진출하여 성공할 때 비로소 독점적 이익을 확보하게 된다. 미래가 불확실하고 위험 부담이 큰 새로운 영역에 도전하는 모험적이고 창의적인 속성을 '기업가 정신'이라고 한다. 애플사를 창업한 스티브 잡스는 창의성과 새로운 시장을 보는 안목, 강한 성취 욕구 등을 통해 오늘날까지 변화에 대해 두려워하지 않으며 위험을 극복하고자 했던 기업가 정신의 본보기를 보여 주고 있다.

(다)

사람은 살아가면서 여러 가지 상황을 마주하게 되는데, 각 상황에서 어떻게 생각하고 행동해야 하는지에 대해 모호하거나 불확실하다고 느끼는 경우가 많다. 이때 대부분의 사람은 상황을 더 잘 파악하기 위해 타인의 행동을 관찰하고, 이를 정보의 원천으로 삼아 자신이 할 행동을 결정한다. 왜냐하면 상황에 대한 타인의 해석이 더 정확해서 적절한 행동을 할 수 있을 것이라고 믿기 때문이다. 심리학자 셰리프의 실험에 따르면, 어두운 방에서 촛불 한 점을 바라보도록 하고 불빛이 움직인 거리를 추정하도록 했을 때, 피험자들은 혼자서 불빛을 보았을 때는 서로 다른 추정치를 제시했지만, 집단으로 함께 모여서 타인들의 추정치를 들었을 때는 그 말에 근거하여 자기 자신의 판단을 포기하고 모두 비슷한 추정치를 제시했다. 이러한 결과는 사람들이 불확실한 상황에 처했을 때 타인을 정보의 원천으로 삼아 자기 행동을 결정한다는 점을 말해 준다.

(라)

 사람들의 불확실성 회피 성향과 선호하는 직업과의 연관성이 연령별로 차이가 있는지를 알아보기 위해 다음과 같은 설문조사를 실시했다. 100명의 초등학교 5학년 학생들과 100명의 고등학교 2학년 학생들 각각에게 장래에 어떤 직업을 선택할지 물어보고 아래의 그래프와 같은 결과를 얻었다(연령 외에 부모의 직업, 학력 수준, 소득 등의 다른 조건들은 모두 동일한 것으로 가정한다).

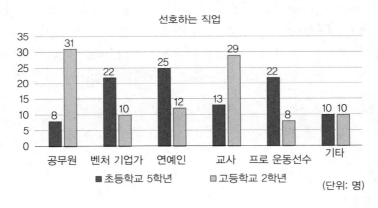

선호하는 직업

문제 1

제시문 (가), (나), (다)에는 불확실성을 바라보는 다양한 관점이 들어있다. 각 제시문을 비교 · 분석하시오.

문제 2

제시문 (라)의 설문조사 결과를 분석하고, 이를 제시문 (가)와 (나)에 연결하여 설명하시오.

 제시문 (가)는 심리학적 관점에서 불확실성을 다루며, 사람들은 불확실성을 불편해한다고 주장합니다. 예측 가능성과 통제 가능성이 낮은 상황에서는 불확실성이 커지는데, 이를 피하려는 사람들의 경향을 '불확실성 회피'라고 정의합니다. 제시문 (가)에 따르면 불확실성 회피 성향은 사람마다 정도가 상이하며, 그 성향이 높을수록 변화와 혁신보다는 안정을 추구합니다. 또한, 나이가 들수록 이 성향이 높아지게 됩니다.

 제시문 (가)와 마찬가지로 제시문 (다) 또한 심리학적 관점에서 불확실성을 바라보고 있습니다. 그러나 제시문 (가)는 불확실성을 회피하는 개인의 성향을 분석한 반면에 제시문 (다)는 불확실한 상황 속 개인의 선택에 대해 집중하고 있습니다. 제시문 (다)의 실험에 따르면 불확실한 상황에서 사람들은 타인의 의견을 자기 행동 결정의 기준으로 삼는 경향이 있으며, 그 결과 사람들의 선택이나 결정은 유사하게 나타나게 됩니다.

 한편, 심리학적으로 불확실성을 바라본 제시문 (가), (다)와 달리 제시문 (나)는 기업가 정신이라는 차원에서 불확실성을 바라보고 있습니다. 제시문 (나)에 따르면 새로운 시장을 개척하여 제품을 개발하는 창조의 과정은 창조적 파괴라고 명명되며, 이 과정은 곧 기술 혁신을 의미합니다. 기술 혁신을 주도하는 기업가는 미래가 불확실하고 위험 부담이 큰 새로운 영역에 도전하는데, 이러한 속성을 '기업가 정신'이라고 말합니다. 즉, 제시문 (나)는 기업가 정신을 바탕으로 불확실성을 받아들일 때, 기술 혁신과 발전이 나타날 수 있다고 주장합니다.

개요

1. 제시문 (가)의 논지
2. 제시문 (다)의 논지
3. 제시문 (나)의 논지

1. 연세대 기출문제를 보면 '비교'를 요구하는 경우가 꽤 있습니다. 구술 답변에서 비교의 구조에 대해 너무 고민할 필요는 없습니다. 그보다는 각 제시문에 대한 정확한 분석이 이루어졌는지를 드러내는 것이 중요합니다. 그 과정에서 어떤 차이가 있는지를 짚어주는 것만으로도 좋은 답변이 될 수 있습니다.

2. 제시문 (가)와 (다)는 모두 심리학을 활용하여 불확실성 개념을 다루고 있다는 공통점에 주목했습니다. 이러한 비교 기준을 설정하는 것은 제시문 (나)와의 차이점이 되기도 한다는 점에서 유용합니다.

이 답안의 강점은 무엇인가?

제시문 (라)에 나타나는 직업 중 공무원과 교사는 상대적으로 안정적인 직업이며, 벤처 기업가, 연예인, 프로 운동선수는 불확실성이 상대적으로 큰 직업이라고 생각합니다. 공무원이나 교사의 경우, 수입의 변동성이 적을 뿐만 아니라 직업을 잃을 가능성이 다른 직업군에 비해 높지 않기 때문에 안정적이라고 생각합니다. 반면에 벤처 기업가, 연예인, 프로 운동선수는 그 자신의 성과에 따라 수입이 매번 달라질 수 있다는 점에서 미래에 대한 예측 가능성이 낮습니다. 또한, 자신의 성과 정도가 곧 그 직업의 수명과 직결되어 있다는 점에서도 불확실성이 높은 직업이라고 생각합니다. 한편, 제시문 (라)에 따르면, 다른 모든 조건이 동등한 학생들 중 초등학교 5학년 학생들은 벤처 기업가, 연예인, 프로 운동선수와 같은 불확실성이 높은 직업을 선호하며, 고등학교 2학년 학생들은 공무원, 교사와 같은 안정적인 직업을 선호하는 것으로 나타납니다.

이와 같은 양상은 제시문 (가)가 언급한 바와 유사하다고 생각됩니다. 제시문 (가)에 따르면, 불확실성 회피 성향은 사람마다 그 정도가 상이하지만, 나이가 들수록 점차 높아지게 됩니다. 이를 바탕으로 제시문 (라)의 표를 보면 초등학생들은 불확실성이 높은 직업을 선호하는 반면에 상대적으로 나이가 든 고등학생들은 불확실성을 회피하려는 성향이 높아져서 안정적인 직업을 선호하는 것으로 해석할 수 있습니다.

한편, 제시문 (나)의 관점에서 볼 때 제시문 (라)와 같은 그래프의 양상은 '창조적 파괴'의 가능성을 저해할 수 있습니다. 제시문 (나)에 따르면, 불확실성과 위험을 적극적으로 감수하려는 기업가 정신이 발휘될 때 기술 혁신이 추동됩니다. 그러나 제시문 (라)의 그래프가 시사하는 것처럼, 나이를 먹을수록 학생들이 불확실성을 회피하려는 경향이 강화된다면, 사회 내 혁신과 발전이 나타날 가능성이 작아지게 될 것입니다.

개요

1. 제시문 (라) 분석: 직업과 불확실성 연결
2. 제시문 (가)와 연결
3. 제시문 (나)와 연결

---

1. 제시문 (라)를 분석할 때, 불확실성이 높은 직업과 안정성이 높은 직업으로 분류하는 작업이 이루어져야 합니다. 이를 통해 연령별 불확실성 회피 경향을 알 수 있습니다.

2. 제시문 (가)는 나이와 불확실성 회피 경향의 비례 관계를 다루었으므로 이를 제시문 (라)의 표와 연결했습니다. 한편 제시문 (나)는 불확실성을 감수하려는 자세가 기술 혁신에 기여한다는 견해를 제시했는데, 이러한 관점에서 제시문 (라)의 양상을 해석했습니다.

이 답안의 강점은 무엇인가?

출제 의도

'COVID-19'라는 신종 위협 속에서 살아가는 우리는 언제 닥칠지 모를 불확실한 상황을 불편해하고 있음. 미래에 전개될 상황에 대해 정확한 정보를 얻을 수 없거나 어떤 상황이 발생할 가능성을 명확히 추정할 수 없는 이러한 불확실성에 어떻게 대처해야 하는지에 대한 물음은 이제 현대를 살아가는 우리의 일상에 매우 중요한 부분을 차지하게 됨. 이번 문제는 수험생들이 불확실성에 대처하는 다양한 행동 방식들에 대해 파악하고, 이를 바탕으로 불확실성을 회피하는 성향이 직업의 선택에 영향을 미치는지, 그리고 연령별로 차이가 있는지를 파악하는 능력을 평가하는 데 주안점을 두었음

문항 해설

❍ 제시문 (가)는 권영미의 『내 삶의 심리학 mind』(전자저널, 2020), '불확실성으로 인한 공포에 대처하는 법'에서 발췌하여 수정한 글임. 심리학의 관점에서 불확실한 상황을 피하려는 개인의 특성을 '불확실성 회피'라고 설명하는 이 제시문에 따르면, 불확실성 회피 성향은 개인마다 다르지만, 상대적으로 회피 성향이 높은 사람들은 미래에 대해 예측 가능하지 않을 때 더 불안해하고 위험을 감수하기보다는 안전(안정)을 추구한다는 것임

❍ 제시문 (나)는 고등학교 『경제』(씨마스, 2016)의 '기업가 정신과 혁신', 고등학교 『경제』(비상교육, 2016)의 '기업가 정신'에서 각각 발췌하여 출제 의도에 맞게 수정된 글임. 이 제시문은 미지의 영역을 개척하여 혁신을 이끄는 '창조적 파괴'가 경제 성장과 발전에 미치는 역할에 대한 슘페터의 주장을 토대로 미래가 불확실하고 위험 부담이 큰 새로운 영역에 도전하는 '기업가 정신'에 대해 말함

❍ 제시문 (다)는 고등학교 『심리학』(세종특별시자치시교육청, 2018)에서 발췌하여 출제 의도에 맞게 재구성한 글임. 이 제시문은 심리학자 셰리프의 실험을 토대로 자신의 판단이 불확실한 상황에서는 타인의 의견을 하나의 정보로 활용하여 개인의 의사 결정이 이루어진다는 동조(conformity) 현상에 대해 설명함

❍ 제시문 (라)는 초등학생과 고등학생의 불확실성 회피 성향이 직업의 선택에 영향을 미치는지, 그리고 연령별로 차이가 있는지를 파악하는 능력을 평가하기 위해 가상의 설문 조사를 만든 것임

※ 제시문을 읽고 물음에 답하시오.

(가)

연결(Connectivity)은 사람이 갈구하는 가장 크고 근원적인 욕구 중 하나다. 아리스토텔레스(Aristoteles)는 일찍이 사람을 규정하면서 상호 연결에 의한 휴먼 네트워크(Human Network)를 필수적인 요소로 밝혔다. 연결은 인간의 본능이며 삶의 질을 결정짓는 핵심 동력 중 하나이기에 관계가 단절된 사람은 인간다운 삶을 살기 어렵다.

연결의 중요성을 인식하게 되면서 연결 매체도 함께 진화했다. 과거 최소 구성 집단인 가족과 같은 작은 공동체에서는 면대면(face to face) 커뮤니케이션만으로도 충분한 의사소통이 가능했다. 추가적인 수단과 매체가 필요하지 않았다. 하지만 시간이 흐르면서 공동체의 규모는 '가족-마을-국가' 단위로 확장되었다. 소통해야 하는 지역이 확대되면서 연결 수단도 진화했다. 미디어 학자 마셜 매클루언(Marshall McLuhan)은 '미디어는 단순한 수단이 아니며, 감각의 확장으로 연결된다.'라고 정의했다. 가상 현실도 감각을 확장하는 매체 가운데 하나다. 가상 현실을 통해 확장된 감각은 몸이 불편한 이들에게 새로운 경험을 안겨 주기도 한다.

(나)

뉴욕타임스는 2015년 정기 구독자 100만여 명에게 가상 현실 체험 기기를 배송했다. 그리고 가상 현실 체험 기기를 통해 신문 기사 속 현장을 체험할 수 있는 가상 현실 콘텐츠 플랫폼을 개발하여 배포했다. 이 플랫폼을 통해 배포된 대표적인 가상 현실 콘텐츠는 내전으로 고통받는 아이들의 삶을 다룬 「난민(The Displaced)」이었다. 독자들은 뉴욕타임스가 배송한 가상 현실 체험 기기를 활용하여 활자와 사진으로 보았던 이슈의 현장을 접할 수 있게 되었다.

그런데 가상 현실 체험에 참여한 사람이 가상의 현장에 있다고 믿도록 만들기 위해서는 사람이 느낄 수 있는 시각, 청각, 후각, 미각, 촉각 등 인체의 오감이 일치되어야 한다. 만약 참여자가 빵집에서 전쟁 관련 가상 현실을 체험한다면 그가 눈으로 보는 것은 전쟁터의 모습인 반면에 코로 맡는 냄새는 빵집에서 갓 만들어낸 빵 냄새일 것이다. 이렇게 될 때 참여자는 완벽하게 가상의 공간에 있다는 느낌을 받을 수 없고, 인지 불일치를 경험하게 된다. 시각 정보와 실제 신체 정보의 불일치에서 일어나는 이와 같은 현상을 가상 현실 멀미라고 한다.

(다)

한 철학자는 이라크 전쟁을 두고 '이라크전은 일어나지 않았다.'고 말했다. '이라크전이 일어나지 않았다.'고 말한 것은 미디어를 통해 전 세계에 보도된 이미지로서의 전쟁이 이라크에서 사람들이 경험한 전쟁과는 판이하게 다른 것이었기 때문이다. 세계인들이 본 것은 방송을 통해 중계된 전폭기 조종사의 모니터 영상일 뿐이다. 폭격기 모니터를 통해 이라크 지상에 폭탄이 투하되는 것을 본 사람들은 이라크 전쟁을 컴퓨터 게임 속의 장면들과 다르지 않은 것으로 인식하기 쉽다. 이 화면상의 '깨끗한 전쟁'을 지켜본 사람들은 전쟁의 참상 속에서 피 흘리며 죽어간 이들이나 고통에 몸부림치는 이들을 상상하기 어렵다. 방송을 통해 생중계된 전쟁을 보면서, 사람들은 전쟁의 참혹함과 잔인함에 경악하는 대신 영화 속의 장엄한 광경 같은 장면들에 빠져들게 되는 것이다.

(라)

가상 현실 기술은 의학 분야에서도 다양하게 활용되고 있다. 아래 두 개의 그래프는 전쟁터에서 돌아온 참전 군인들을 대상으로, 가상 현실 기술을 활용하여 외상 후 스트레스 장애 치료를 시행한 후 치료 전후의 효과 변화를 비교하여 나타낸 것이다. 치료 과정에 참여한 200명의 참전 군인들은 외상 후 스트레스 정도에 따라 경증과 중증 그룹으로 나뉘어 가상 현실 기술을 활용한 동일 내용의 치료를 받았다. 이들은 신체 조건, 사회적 환경, 가족 관계 등 외상 후 스트레스 정도를 제외한 나머지 조건이 모두 동일한 것으로 설정되었다. 여기서 〈그림 1〉은 경증 환자 그룹에 나타난 치료 효과를, 〈그림 2〉는 중증 환자 그룹에 나타난 치료 효과를 표시한 것이다. 그래프의 수치는 사람 수를 나타낸다.

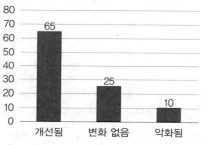
〈그림 1〉 경증 환자 그룹의 치료 효과 (총 100명)

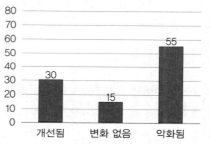
〈그림 2〉 중증 환자 그룹의 치료 효과 (총 100명)

문제 1

제시문 (가), (나), (다)를 '연결'의 관점에서 비교, 분석하여 논하시오.

문제 2

제시문 (라)의 그래프를 분석한 후, 이를 제시문 (가), (나), (다)의 핵심 내용과 연결하여 설명하시오.

제시문 (가)는 아리스토텔레스의 말을 빌려 인간에게 있어 사회적인 연대가 중요함을 역설하고 있습니다. 이에 따라 인간은 대면 관계를 넘어서 공동체의 규모에 따라 연결을 더 확장할 수 있도록 매체를 발전시켰고 전자 기기 발전과 함께 현대의 가상 현실, 증강 현실 기술까지 이르게 되었습니다. 가상 현실 기술은 시간과 장소에 구애받지 않고 의사소통을 하게 해 주는 것을 넘어서 직접 특정 상황을 경험할 수 있게 합니다. 즉, 연결이라는 개념에서 가상 현실 기술은 개인과 개인, 개인과 공동체, 공동체와 공동체를 묶어 사회적 소통을 확대한다는 의의가 있습니다.

제시문 (나)와 (다)는 이러한 제시문 (가)에 대해 비판적인 입장으로 접근합니다. 제시문 (나)에 의하면 가상 현실 기술은 단순히 말이나 영상으로 전달받아야만 했던 해외의 화제들을 직접 시각적으로 체험할 수 있도록 하며 사회적 연대 의식을 가지게 합니다. 하지만 기술이 아직 완전하지 않아 신체로 느끼는 현실의 감각을 모두 만족시키지 못하며 이로 인해 가상 현실 멀미가 일어날 수 있고, 반쪽짜리 체험에 불과하다는 비판을 받고 있습니다.

제시문 (다)에 의하면 뉴스를 통해 국제 사회 이슈를 접할 때 대부분 피해자의 입장보다 그 이슈를 전달하는 매체의 입장에서 수용하기 때문에 사회적으로 왜곡된 인식을 가지게 된다고 합니다. 이는 제시문 (나)의 논지와 연결되는데, 매체가 아무리 발달하여 가상 현실 기술까지 이르렀어도 아직 주 전달 매체의 관점에서 벗어나기 힘들며 기술적 한계 이상을 극복하지 못한다는 것을 보여줍니다.

개요

1. 연결의 관점에서 본 제시문 (가): 가상 현실 기술
2. 제시문 (나)의 비판점: 기술적 한계
3. 제시문 (다)의 비판점: 사회적 인식 왜곡

1. 제시문들은 가상 현실, 매체 등의 익숙한 소재를 다루고 있지만 문항은 '연결(connectivity)'이라는 추상적 개념으로 문제에 접근하기를 바라고 있습니다. 다소 모호한 발문에 당황하지 말고 제시문들이 공통적으로 이야기하는 소재인 가상 현실, 매체를 통해 논지를 도출해 내는 것이 좋습니다.

2. 하나의 소재에 대해 각기 다른 내용, 입장을 제시하는 제시문들이기 때문에 제시문마다 구조를 명확하게 하여 내용을 전달하는 것이 중요할 것입니다. 모두 일관되게 같은 키워드로 내용을 구성하되 제시문의 차이가 드러날 수 있도록 해야 합니다.

이 답안의 강점은 무엇인가?

제시문 (라)의 도표를 보면 가상 현실 기술로 외상 후 스트레스 장애 치료를 시행한 결과를 알 수 있습니다. 경증 환자 그룹의 경우 개선된 환자가 전체 100명 중 65명으로 절반 이상이 개선 효과를 보았습니다. 악화된 경우는 전체의 10%로 최소 90%의 환자에게는 부정적 영향이 없었거나 긍정적이었다는 것을 알 수 있으며 따라서 치료 도구로서 기능했다고 볼 수 있습니다. 반면 중증 환자 그룹의 경우 개선된 환자가 전체 100명 중 30명으로 3분의 1에 그쳤으며 악화된 환자는 55명으로 절반 이상에 이릅니다. 즉, 절반 이상의 환자에게 부작용이 있었으며 치료 도구로서 기능할 수 없다는 것을 알 수 있습니다.

트라우마가 심각하지 않은 경증 환자의 입장에서 가상 현실 기술은 제시문 (가)에서 말한 것처럼 감각의 확장을 일으켜 과거의 정신적 상처를 다시 체험하고 극복하는 계기가 될 수 있습니다. 이는 가상 현실 기술이 단순히 시간과 공간, 인간만 연결하는 것이 아니라 한 개인의 과거와 현재, 미래를 연결하는 매체로서 기능한다는 점을 시사합니다. 하지만 중증 환자 입장에서는 감각의 확장으로 과거의 경험을 체험한다는 것은 오히려 상처를 더욱 악화하는 결과로 이어질 수 있습니다. 또한, 제시문 (나)에서처럼 기술적 한계로 환자를 실제 과거 경험으로 생생히 연결하지 못하여 치료 효과가 없거나 제시문 (다)에서처럼 전쟁을 피상적으로만 재현한 매체를 경험하고 실망한 경우도 있을 수 있습니다. 즉, 가상 현실 기술이 경증 환자에게는 큰 부작용을 낳지 않으며 가벼운 체험 치료의 계기가 될 수 있지만, 중증 환자에게는 치료의 효과가 덜하며 심지어는 큰 부작용을 일으킬 수 있다는 것입니다. 그러므로 아직 가상 현실 기술은 우리 생활 전반의 중요한 부분에서 모두 활용되기에는 이르며 조금 더 발전할 필요가 있을 것입니다.

개요

1. 제시문 (라) 도표 분석
2. 도표와 제시문 (가), (나), (다) 연결

1. 도표 자체는 크게 어렵지 않으나 제시문들과의 연결이 쉽지 않을 수 있습니다. 도표에서 제시문과 연결하기 좋은 부분만을 따로 떼어 간결하게 구술할 수 있도록 내용을 구성하는 것이 필요합니다.

2. 제시문 (가), (나), (다)를 모두 연결해야 해서 분량을 가늠하기 어려울 수 있습니다. 제시문 (가), (나), (다)의 핵심 내용을 먼저 생각하고 그것을 중심으로 구상한 뒤 도표의 결과와 연계하면 구조적인 안정성을 얻을 수 있을 것입니다.

이 답안의 강점은 무엇인가?

학교 측 출제 의도 및 평가 지침

출제 의도

본 문제는 가상 현실 기술의 효과를 '연결(connectivity)'의 관점에서 살펴보고 실제 이 기술을 적용했을 때 나타날 수 있는 결과를 추론하고 분석하는 수험생들의 역량을 측정하는 데 초점을 두고 설계되었음. 제시문은 고등학교 교육과정을 성실하게 이수한 학생이라면 누구나 독해할 수 있는 수준의 것들로 구성됨. 제시문 세 개는 교과서의 내용과 가상 현실 관련 개론서의 내용 일부를 발췌하고 이를 재기술한 내용으로 구성됨. 제시문 한 개는 가상 현실 기술을 외상 후 스트레스 치료에 적용한 결과를 나타낸 그래프로 구성됨. 수험생들은 앞선 세 개의 제시문을 읽고 핵심 논지를 파악한 후 이를 분석하여 추론하고, 추론한 결과를 그래프 해석에 적용하여 두 개 문제에 대한 답을 구술하면 됨

문항 해설

◉ 제시문 (가)는 민준홍의 『가상 현실과 증강 현실의 현실』(커뮤니케이션북스, 2016)에서 일부 내용을 인용하여 이를 수험생들이 이해하기 쉬운 문장으로 재기술한 것. 이 제시문은 '연결(connectivity)'의 관점에서 사회적 소통의 확대와 이에 연동된 미디어의 확장을 이해하고, 가상 현실이 만들어내는 감각의 확장이라는 효과를 이 맥락 위에서 사유하도록 유도하는 글임

◉ 제시문 (나)는 민준홍의 『가상 현실과 증강 현실의 현실』과 '가상 현실' 관련 개론서의 몇몇 문장들을 활용하여 재기술하고, 고등학교 「언어와 매체」 교과서에 수록된 '가상 현실' 관련 내용을 활용하여 재기술한 문장으로 구성함. 제시문 (나)에 따르면, '가상 현실'은 뉴욕타임스 콘텐츠 「난민(The Displaced)」의 사례를 통해 볼 수 있듯이 사회적 관계의 확장과 연대를 가능하게 하는 상상력과 공감력을 촉진할 수도 있음. 그러나 이 과정에서 가상 현실 기술은 감각과 인지의 불일치로 인한 한계를 드러내기도 함

◉ 제시문 (다)는 최효찬의 『보드리야르 읽기』(세상출판사, 2019)에서 일부 내용을 인용하여 이를 수험생들이 이해하기 쉬운 문장으로 재기술한 것. 이 제시문은 미디어를 통해 구축된 '전쟁'의 이미지가 전쟁터에서 사람들이 경험하는 고통의 참상을 배제하거나 왜곡하는 현실을 지적함. 스펙터클의 장면으로 구성된 전쟁 관련 영상을 접한 이들은, 참혹한 전쟁터에서 고통받는 사람들의 삶과 그들의 감정을 상상하거나 이에 공감할 기회를 갖지 못하게 됨

◉ 제시문 (라)는 가상 현실 기술을 의학 분야에 응용한 여러 연구 성과를 참고하여, 가상 현실 기술을 외상 후 스트레스 장애 치료에 적용한 사례의 데이터를 그래프로 구성한 것임. 제시문의 두 그래프는 각각 외상 후 스트레스 장애 정도를 제외한 나머지 조건이 동일한, 경증과 중증 두 그룹(각 100명, 총 200명)의 환자에

관한 데이터를 바탕으로 구성됨. 〈그림 1〉과 〈그림 2〉는 가상 현실 기술을 적용한 동일 내용의 치료를 받은 외상 후 스트레스 장애 환자들이 치료 전후 보인 변화를 막대그래프로 표시한 것임

● 고등학교 「언어와 매체」 교과에서는 '미디어'에 관한 내용을 주요 학습 내용으로 다룸. 교육과정에서 사회적 소통과 연결의 관점에서 '미디어'를 조망하고 현대 사회의 주요 특징 가운데 하나로 '미디어의 확장'을 살펴보는 것을 중점적으로 함. 이 과정에서 '가상 현실'을 주요 사례로 언급하고, 가상 현실 기술이 만들어낸 '연결'과 '확장'의 효과 및 한계를 탐색하는 학습 활동을 학생들이 수행하도록 안내하고 있다. 특히 「언어와 매체」 (미래엔, 2020) 교과서에서는 현대 사회 매체의 발달이 사회적 소통의 확산을 불러온 대표적인 사례로 '가상 현실'을 언급하고, 이에 관한 학습 활동으로 '현실과 가상 현실의 경계를 사라지게 하는 매체의 발달은 우리의 삶을 풍요롭게 할 것인가?', '매체의 발달로 인해 인간의 감각은 확장되는가, 아니면 오히려 매체에 의해 감각이 통제되는가?' 등의 질문에 답할 것을 요구하고 있음. 또한, 다른 「언어와 매체」(창비, 2020) 교과서에서도 미디어 학자 마셜 매클루언(Marshall McLuhan)의 미디어 이론, 가상 현실 기술이나 구축된 이미지의 세계가 만들어내는 사회적 인식의 확장과 굴절에 대한 내용 등을 주요 학습 내용으로 소개하고 있음

● 이번 면접 문제는 이와 같은 고등학교 교육과정의 학습 방향과 내용에 맞추어, [문제 1]을 통해 '연결'의 관점에서 ① 가상 현실 기술이 만들어내는 미디어의 확장과 사회적 소통 및 연대의 확산을 살펴보고, ② 이 과정에서 발생하는 인지 불일치와 사회적 인식의 굴절 및 왜곡 양상을 탐색할 것을 제안함. [문제 2]는 제시문 (가), (나), (다)에 대한 분석 내용을 바탕으로 두 그래프를 해석하여, 외상 후 스트레스 장애를 겪고 있는 참전 군인을 대상으로 한 가상 현실 기술 적용 치료 행위가 경증과 중증 환자들에게서 긍정적 효과를 낳는 동시에 증상을 악화시키는 결과를 만들어내기도 한다는 사실을 분석하고 추론할 것을 요구함

※ 제시문을 읽고 질문에 <u>한국어로</u> 답하시오.

(가)

민주 사회에서 시민들은 자유롭게 의견을 발표할 권리를 가진다. 그러나 각자가 처한 입장과 가치관이 다르기 때문에 의견이 상충하고 갈등이 발생하기도 한다. 대화와 합의를 통해 만장일치에 도달하면 모두가 만족하는 결과를 얻을 수 있다. 그런데 이것이 여의치 않을 경우 불가피하게 다수의 의견을 물어 집단의 의사를 결정하는 것이 다수결의 원칙이다. 모두의 동의를 이끌어 내는 만장일치가 가장 이상적이기는 하지만, 현실적으로 불가능하기 때문에 보다 많은 사람이 동의하는 의견이 더 합리적일 것이라는 전제하에서 다수결의 원칙을 따르는 것이다. 다수결 원칙이 가장 잘 드러나는 것은 투표. 의견이 충돌하고 이해관계가 상충할 때 다수결에 의한 결정은 문제를 해결하는 가장 민주적인 방법으로 인식된다. 대의 민주주의에서는 투표로 선출된 대리인을 통해 자신의 이익과 주장을 관철한다. 대통령과 국회의원 등을 뽑는 선거는 물론이고, 학교에서의 반장 선거와 학급 회의의 의사결정 과정도 다수결의 원칙을 따른다.

(나)

Plato frequently used stories to teach people how to think. One story Plato used to teach about the limitations of democracy was about a ship in the middle of the ocean. On this ship was a captain who was rather shortsighted* and slightly deaf. He and his crew followed the principles of majority rule on decisions about navigational direction. They had a very skilled navigator who knew how to read the stars on voyages, but the navigator was not very popular and was rather introverted**. As you know, it's not easy to communicate with introverted people, in particular, on the ship. In the panic of being lost, the captain and crew made a decision by voting to follow the most charismatic and persuasive of the crew members. They ignored and ridiculed the navigator's suggestions, remained lost, and ultimately starved to death at sea.

* shortsighted: 근시의, 근시안적인   ** introverted: 내향적인

(다)

미국은 코로나19와의 전쟁이 종반전에 접어들었다. 그렇지만 종반전이 쉽지만은 않아 보인다. 백신 접종을 거부하거나 주저하는 이들 때문이다. 바이든 대통령은 독립기념일까지 18세 이상 성인 70%에게 최소 한 차례 이상 백신을 접종한다는 목표를 세웠지만 상당 기간이 지난 지금도 이 수치는 67.7%에 머물러있다. 백신이 남아도는 상황에서도 백신을 맞지 않은 30% 이상의 시민들을 어떻게 백신을 맞도록 유도할 것인지가 미국이 안고 있는 최대 숙제다.

물가까지 왔지만, 물을 먹지 않고 버티는 소에게 물을 먹이는 방법은 두 가지다. 스스로 물을 먹도록 설득하는 방법, 아니면 억지로 물을 먹이는 강압적인 방법이다. 설득은 정보 제공자가 상대방에게 어떤 정보를 제공하여 자신이 의도한 방향으로 상대방이 행동하게끔 하는 것을 말한다. 이때 설득은 상대방의 의사 결정에 도움을 줄 뿐, 그 결정은 상대방의 자유에 맡기는 것이다. 반면에 지배자가 피지배자를 설득할 수 없을 경우나 아주 짧은 시간 내에 피지배자의 행동을 일정한 방향으로 규제해야 할 필요가 있을 경우에는 강압적 수단에 의존하는 수밖에 없다.

(라)
집단 내에서 다수의 의견이 개인의 태도와 견해에 변화를 가져오는지를 알아보기 위해 다음과 같은 실험을 했다. 두 단계로 진행된 실험에서 첫 번째 단계에서는 실험 참가자 한 명이 혼자 실험실에서 아래의 〈그림〉과 같이 A, B, C의 세 개의 선분 가운데 어떤 것이 '보기'의 선분과 길이가 같은지 대답하도록 했다. 실험 참가자들은 99% 이상이 B를 답으로 선택했다. 두 번째 단계에서는 8명의 실험 참가자가 실험실에 함께 있는 상황에서 같은 질문에 대답하도록 했다. 그러나 실험 참가자 8명 중 진짜 실험 대상자는 1명뿐이었고, 나머지 7명은 일부러 A를 답으로 선택하는 연기자들이었다. 이 실험은 B가 정답이라는 것이 뻔히 보이기 때문에 누구라도 쉽게 맞힐 수 있는 것이었지만, 실험 결과 50%가 넘는 실험 참가자들이 다수의 의견을 따라 A를 답으로 선택했다. 또한, 실험 참가자들에게 이 실험을 여러 차례 반복하자 이들의 75%가 적어도 한 번은 A를 답으로 선택했다. 그러나 이 실험에서 누구도 실험 참가자에게 다수의 의견을 따르라고 강요하지 않았다.

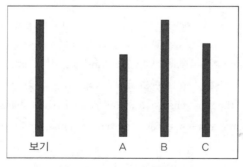

〈그림〉 실험에 사용된 선분

문제 1
제시문 (가), (나), (다)에는 집단의 의사를 결정하는 다양한 방식들이 포함되어 있다. 그 방식들을 각각 설명하시오.

문제 2
제시문 (라)의 실험 결과를 설명하고, 이를 토대로 제시문 (가)와 (나)를 평가하시오.

제시문 (가)는 의사 결정의 방식으로 다수결의 원칙을 제시합니다. 제시문 (가)에 따르면, 대화와 합의를 통한 만장일치가 가장 이상적인 방식이지만, 민주 사회에서 그것은 현실적으로 불가능합니다. 따라서 현실적이면서도 합리적인 대안으로 다수결의 원칙을 제시하고 있습니다.

한편 제시문 (나)는 플라톤의 이야기를 통해 다수결의 원칙의 한계를 드러내고 있습니다. 이에 따르면, 배에서 민주적인 다수결의 원칙으로 지도자를 선출했지만, 항해사와 같은 전문가는 단지 인기가 없고 내성적이라는 이유로 배척되었으며, 그 결과 모두가 바다 위에서 죽음을 맞이하게 됩니다. 즉, 다수결의 원칙이 반드시 최선의 결과로 이어지지 않는다는 점을 시사하고 있습니다.

끝으로 제시문 (다)는 의사 결정 방식으로 설득과 강압 두 가지를 제시하고 있습니다. 제시문 (다)에 따르면, 의사 결정 과정에서 설득은 특정 정보를 제공하여 의도한 방향으로 행동하도록 유도하는 방식입니다. 이때 개인의 의사 결정은 오롯이 그 개인의 자유에 달려 있습니다. 반면에 강압은 설득이 어렵거나 특정 의사 결정이 반드시 요구되는 경우에 선택되는 방식입니다.

개요

1. 제시문 (가)의 의사 결정 방식
2. 제시문 (나)의 의사 결정 방식
3. 제시문 (다)의 의사 결정 방식

1. 제시문의 난이도도 높지 않은 편에 속하며, 문제가 요구하는 바 또한 비교적 간단합니다. 각 제시문에 나타나는 의사 결정 방식을 모두 언급해 주면 됩니다.

2. 제시문 (다)의 경우 개인의 의사 결정이 모여 집단의 의사 결정을 구성한다고 이해하면 문제의 요구에 답하기가 조금 더 수월할 것입니다.

이 답안의 강점은 무엇인가?

　제시문 (라)에 따르면, 개인은 강요가 없을지라도 집단 내 다수의 의견에 크게 좌우되는 것으로 나타납니다. 주어진 〈그림〉에서 '보기'와 같은 길이의 선분은 명확하게 B임에도 불구하고, 실험 참가자들 다수가 A라고 주장하자, 이를 따라 A를 답으로 선택하는 모습을 보이고 있습니다. 이는 개인의 의사 결정이 반드시 합리적인 것은 아니며, 오히려 집단 내 다수의 견해를 무비판적으로 추종할 수 있음을 시사합니다.

　이를 바탕으로 할 때, 제시문 (가)의 내용은 비판의 여지가 있습니다. 제시문 (가)는 대화와 합의를 통한 만장일치 제도가 민주 사회에서 실현 불가능하다고 보며, 그에 대한 합리적 대안으로 다수결의 원칙을 내세우고 있습니다. 그러나 제시문 (가)는 개인의 의사 결정이 그저 집단 내 다수 의견을 수동적으로 받아들인 결과일 수도 있다는 점을 간과하고 있습니다. 이러한 경우 다수결의 원칙은 민주주의 원리를 반영하고자 한 방법이지만, 동시에 비합리적인 의사 결정이 이루어질 수 있다는 문제가 있습니다.

　이와 같은 문제점은 제시문 (나)가 지적하는 바와 일맥상통합니다. 제시문 (나)는 다수결 원칙에 입각한 결정이 정작 전문가의 의견을 배제하여, 모두에게 비극적인 결과를 야기할 수 있다고 말합니다. 특히 배의 선원들이 전문가인 항해사가 아닌 다른 이에 투표하는 것은, 제시문 (라)가 지적하는 것처럼 집단 내 다수의 견해에 휘둘린 결과로도 해석할 수 있습니다. 요컨대 제시문 (나)는 의사 결정 과정에서 개인의 합리성에 의구심을 제기하고, 다수결 원칙의 문제점을 지적한다는 점에서 제시문 (라)와 유사하다고 생각합니다. 따라서 제시문 (라)의 관점에서 제시문 (나)는 타당한 것으로 평가될 수 있습니다.

개요

1. 제시문 (라)의 함의
2. 제시문 (가) 평가
3. 제시문 (나) 평가

1. 제시문 (라)는 개인이 의사 결정 과정에서 집단 내 다수 의견에 휘둘릴 수 있음을 드러냅니다. 이는 개인이 항상 합리적인 의사 결정을 내리는 것은 아님을 시사합니다.

2. 이러한 제시문 (라) 내용에 근거할 때, 제시문 (가)의 다수결의 원칙은 개인의 합리성을 전제한 방식이라는 점에서 비판할 수 있습니다. 제시문 (나)의 경우, 제시문 (라)의 실험과 구체적인 면에서 다소 차이가 있으나, 결국 개인의 의사 결정이 합리적이지 않을 가능성을 지적한다는 점에서 공통적입니다. 그렇다면 제시문 (나)의 지적은 타당한 것으로 평가될 수 있습니다.

이 답안의 강점은 무엇인가?

출제 의도

자유롭게 의견을 피력할 수 있는 민주 사회에서 의견이 상충되는 경우 집단의 의사를 결정하는 다양한 방식을 보여주는 제시문들을 통해 수험생들의 독해력, 논리적 분석력, 표현력, 독창적 사고력을 평가하고자 함. 고등학교 교육과정을 최대한 반영하여 구성한 이번 문제는 고등학교 사회과 교육과정에서 다루는 의사 결정 과정, 민주주의의 운영 원리, 사회적 갈등 해결에 관한 주제를 반영했고, 교육과정에서 배우는 내용을 이해하고 구체적 현실 문제에 응용할 수 있는 능력을 평가하고자 함

문항 해설

● 제시문 (가)는 고등학교 「윤리와 사상」 교과서에서 발췌하여 출제 의도에 맞게 수정을 가한 것임. 이 제시문은 자유롭게 의견을 말할 권리를 갖고 살아가는 민주 사회에서 의견이 상충될 경우 대화와 합의를 통해 만장일치를 도출하는 것이 가장 이상적이기는 하지만 현실적으로 불가능함을 지적하면서, 가장 현실적이면서도 민주적인 방법으로 다수결의 원칙을 제안함

● 제시문 (나)는 아네트 시몬스(Annette Simmons)의 『The Story Factor: Inspiration, Influence, and Persuasion through the Art of Storytelling』(Basic Books, 2006)에서 발췌한 것으로, 다수결의 원칙의 한계를 드러내는 하나의 일화임 전문적인 지식과 기술을 가진 항해사가 인기가 없고 내향적이라는 이유로 그의 조언을 무시하고, 성격이 좋고 인기 있는 선원의 의견을 따르기로 다수결로 결정하고 결국에는 비극적인 결말을 맞았다는 내용을 서술하고 있음

● 제시문 (다)는 경향신문 기사(2021년 7월 14일 자)에서 발췌하여 출제 의도에 맞게 재구성한 것임. COVID-19 감염 예방을 위한 백신 접종을 거부하거나 주저하는 시민들로 인해 처한 상황에서 바이든 정부가 취할 수 있는 두 가지 선택지인 선택과 강압을 설명하고 있음

● 제시문 (라)는 고등학교 「심리학」 교과서에서 심리학자 솔로몬 애쉬(Solomon Asch)의 실험을 발췌하여 수정한 것으로, 개인이 집단이 기대하는 방향으로 무언의 압력에 의해 생각과 행동을 바꾼다는 내용임

PART 2

※ 제시문을 읽고 물음에 답하시오.

(가)

약한 동물은 무리 생활이 필수다. 누가 해코지하러 오지는 않는지, 주위에 천적이 있는지 늘 살펴야 하는데 동료가 많으면 각자 망볼 시간이 줄어든다. 천적에게 습격을 당해도 개체 수가 많으면 공격당할 확률이 줄어든다. 홍학도 서식지에서 무리를 지어 산다. 적게는 50여 마리, 많게는 1,000여 마리가 모여 산다. (중략) 무리를 지어 살면 천적으로부터 살아남을 확률이 높지만, 먹이 경쟁을 해야 하고 질병에 걸릴 가능성도 높다. 그래서 무조건 많이 모여서 사는 건 좋지 않다. 적절한 수는 종마다 다르고, 먹이의 양과 천적의 유무에 따라 달라진다. 대체로 기린은 약 2~10마리, 산양은 4마리(겨울에는 더 많아진다), 말은 20마리, 얼룩말은 20~50마리, 코끼리는 20~50마리 정도다.

(나)

에드워드 홀은 공간을 물리적으로 인식하는 데서 나아가 사회 문화적 개념으로 이해하고자 한다. 그는 공간을 인식하거나 활용하는 방식이 사회 문화적 조건에 따라 달라지는 경향을 탐구했다.

그는 공간 인식의 한 예로 '거리'에 대한 문화적 관념을 다음과 같은 도식으로 설명했다.

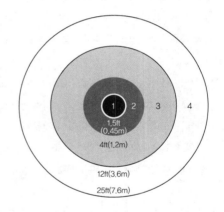

1. 친밀성의 거리(1~2cm부터 15cm~1.5피트* 사이)
2. 개인성의 거리(1.5~2.5피트부터 2.5~4피트 사이)
3. 사회성의 거리(4~7피트부터 7~12피트 사이)
4. 공공성의 거리(12~25피트부터 25피트 사이)

　* 1피트(feet): 30.48cm

에드워드 홀은 공간과 거리에 대한 인간의 감각이 정적이지 않다고 말한다. 그에 따르면 공간에 대한 인간의 지각은 역동적이며, 그들의 행위에 연관된다.

(다)

A: 최근 사회적 거리두기에 대한 관심이 높아졌는데요. 문제는 거리두기를 하고 싶어도 할 수 없는 사람들이 존재한다는 사실입니다. 예를 들어, 택배 물건을 분류하는 물류센터나 콜센터 사무실, 장기 입원 환자들이 존재하는 정신 병원이나 주거 환경이 불안정한 쪽방촌이 그런 경우라고 할 수 있겠습니다.

B: 네. 일자리를 포기하거나 주거 환경을 바꿀 수 있는 경제적 여건이 갑작스레 마련되지 않는 한 어쩔 수 없는 분들이 계신 거지요. 그런데 또 어떤 사람들은 자신이 가진 경제력으로 완벽하게 사회적 거리 두기를 실천하기도 합니다.

A: 네. 태평양 섬을 통째로 사들인 사람들도 있다고 하지요? 최근 수억대에 달하는 지하 벙커 상품이 날 개 돋친 듯 팔렸다는 소식도 들었습니다.

B: 네. 그 정도까지는 아니라 하더라도 사회적 거리두기가 가능하도록 근무 환경을 조정하거나 사회적 거리두기가 가능한 주거 환경에서 살아갈 수 있는 사람들이 있는 반면에 애초에 그런 '선택' 자체가 불 가능한 사람들이 있다는 사실에 주목해야겠습니다.

(라)

다음은 4개 국가의 문화 영역 지표별 지수와 'COVID-19' 감염병의 확산에 따른 확진자 수를 나타낸 그 래프이다. **아래 그림에서 4개 국가는 모두 '사회적 거리두기' 관련 정책을 시행 중인데, A국가와 C국가의 '사회적 거리두기' 기준 거리는 3피트이고 B국가와 D국가의 '사회적 거리두기' 기준 거리는 6피트이다.** 〈그림 1〉에 나타난 문화 영역별 지표는 '개인적 삶의 우선 추구'와 '권력 거리' 이다. 여기서 **'개인적 삶의 우선 추구'는 공동체나 집단의 이익보다는 개인의 이익과 행복을 우선시하는 태도와 지향**을 의미하고, **'권력 거리'는 한 사회 내 구성원들이 위계적 권력에 순응하는 정도**를 나타낸다. 〈그림 2〉에서 확진자 수 는 인구 100만 명당 확진자 수를 가리킨다. 그 밖의 제반 상황과 조건은 4개 국가에서 모두 동일한 것으 로 가정한다.

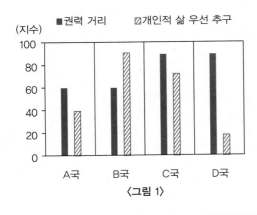

〈그림 1〉

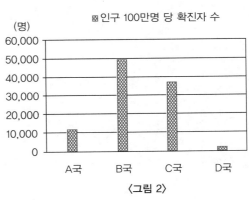

〈그림 2〉

문제 1

| 1-1 ▶ 제시문 (가)와 (나)의 핵심 논지를 요약하고 상호 비교하여 설명하시오.

| 1-2 ▶ 제시문 (가)와 (나)의 내용을 바탕으로 'COVID-19'에 의한 감염병 확산 현상을 분석하여 설명하시오.

문제 2

| 2-1 ▶ 제시문 (가)와 (나)의 내용에 연계하여 제시문 (다)와 (라)를 각각 해석하시오.

| 2-2 ▶ 문제 [2-1]의 해석 내용을 바탕으로, 'COVID-19'에 의한 감염병 확산 방지 관련 사회 정책의 쟁점을 분석하시오.

문제 1-1 예시 답안

제시문 (가)는 동물 생태계에서 생존에 적절한 개체군의 규모와 개체 간 생물학적 거리가 동물마다 다르게 나타날 수 있다는 점을 보여 주고 있습니다. 한편, 제시문 (나)는 사람 간의 거리와 그 사이의 공간에 대한 인식이 사회 문화적 요인에 따라 달라질 수 있다는 점을 주장하고 있습니다.

제시문 (가)와 (나)는 모두 사회 혹은 집단을 이루고 있는 개체들 간 거리의 문제에 대해 논하고 있습니다. 그러나 해당 제시문들은 그 내용 속에서 다루고 있는 개체 간 거리의 성격에서는 차이점을 보이고 있기도 합니다. 우선 제시문 (가)에 나타난 거리 개념은 객관적·과학적 논의를 바탕으로 하고 있습니다. 각 생물 종 무리의 존재 형태를 고려하여 생존에 적합한 개체군의 규모와 개체 간 거리를 제시하고 있기 때문입니다. 반면에 제시문 (나)에 나타난 거리 개념은 사회 문화적 속성을 반영하고 있습니다. 제시문 (나)는 각각의 사회에서 거리에 대한 관념이 문화적 조건에 따라 상이하게 나타날 수 있다고 주장합니다.

개요

1. 제시문 (가)와 (나)의 핵심 논지 요약
2. 비교: 객관적·과학적 논의 vs 사회 문화적 논의

Tip & Advice

서두에서 각 제시문의 논지를 요약할 때, 단순 병렬적 구성에 그치지 않고 두 지문을 관통하는 키워드를 제시해 주면 보다 일관적이고 명확한 답변을 제시할 수 있습니다. 이후 두 제시문을 비교할 때에도 앞서 제시한 키워드를 중심으로 답변을 구성한다면 보다 간결하고 명확한 느낌을 줄 수 있습니다.

이 답안의 강점은 무엇인가?

　제시문 (가)와 (나)를 바탕으로 하여 국가별로, 혹은 각각의 국가 내에서도 사회 집단별로 상이하게 나타나고 있는 코로나 바이러스의 전파 양상을 분석해 보도록 하겠습니다. 우선 제시문 (가)의 관점으로는 인구 규모 및 밀도에 따라 국가별로 다르게 나타나는 코로나 바이러스 감염증 전파 양상을 설명할 수 있을 것입니다. 중국이나 인도와 같이 인구 규모가 크고 인구 밀도가 낮은 나라에서는 감염병 확산이 급격하게 증가한 반면에 인구 규모가 작고 인구 밀도가 희박한 나라에서는 비교적 낮은 속도로 감염병이 확산되었습니다. 이러한 전파 양상의 차이는 인구 규모나 밀도에 따른 차이라고 할 수 있을 것입니다.

　문화적 요인에 따른 감염병 확산 속도의 차이는 제시문 (나)의 내용을 바탕으로 하여 분석할 수 있습니다. 하나의 사회 내에서도 각 집단은 사회적 거리에 대한 인식에서 차이를 보였고, 이는 상이한 감염 확산 추이로 이어졌습니다. 대표적인 사례로 종교 집단 내 감염 전파가 있습니다. 구성원 간 좁은 거리를 유지하는 것에 대해 거부감이 없는 일부 종교 집단에서는 감염 확산 상황에도 종교 행사를 진행했고, 그 결과 신도 간 접촉이 빈번하게 이루어졌습니다. 이는 곧 종교 집단 내 집단 감염 발생으로 이어졌는데, 이러한 과정 속에서는 해당 집단의 문화적 요인에 따른 거리 인식이 중요하게 작용하고 있습니다.

개요

1. 제시문 (가)와 관련한 분석: 물리적 요인
2. 제시문 (나)와 관련한 분석: 사회 문화적 요인

Tip & Advice

COVID-19 확산 현상에 대한 분석을 요구하고 있지만, 제시문 (가)와 (나)의 내용은 서로 다른 차원의 논의를 담고 있는 만큼, 서로 다른 논점을 설정한 후 다각적으로 답변을 구성할 필요가 있습니다.

 이 답안의 강점은 무엇인가?

제시문 (가)에 따르면 생존, 즉 감염병 확산 방지를 위해서는 일정 수준의 생물학적 거리가 필요합니다. 그러나 제시문 (다)에 나타난 사례에서는 그러한 최소한의 사회적 거리를 확보할 수 없는 여건에 놓인 사람들의 사례가 제시되고 있습니다. 이는 생계유지가 어려운 상황에서 불가피한 선택이라고 할 수 있는데, 이러한 상황을 제시문 (나)를 바탕으로 해석할 수 있습니다. 제시문 (나)에 따르면 공간 혹은 거리에 대한 인간의 인식은 그들이 놓인 사회 문화적 여건, 그들이 수행하는 행위와 연관되는데, 생계유지가 곤란한 상황에서 감염 방지를 위한 거리 확보에 대한 인식은 후순위로 밀려나게 되는 것입니다.

제시문 (라)에서는 다양한 사회 문화적 요인에 의해 감염병 확산 추이가 다르게 나타나는 모습을 살펴볼 수 있습니다. 정책적 요인만 고려해 본다면 높은 강도의 사회적 거리두기 정책을 실시한 B국과 D국의 확진자 수가 비교적 약한 사회적 거리두기 정책을 실시한 A국과 C국의 확진자 수보다 낮게 나타나야 할 것입니다. 그러나 정책적 요인에 더해 권력 거리 및 개인적 삶에 대한 인식 등 사회 문화적 요인들도 함께 작용한 결과, 정책적 요인으로만 설명할 수 없는 확진자 수치가 나타나고 있습니다. 이는 제시문 (가)에 나타난 것과 같은 물질적·유형적 요인과 제시문 (나)에서 언급한 바와 같은 사회 문화적 요인이 복합적으로 작용한 결과라고 할 수 있을 것입니다. 높은 강도의 사회적 거리두기 정책을 시행한 국가들 중 D국에서는 정책적 요인에 더하여 개인적 삶에 대한 약한 지향과 높은 정도의 권력 거리가 함께 작용하면서 인구 대비 확진자 수가 최소로 유지되고 있는 것이고, B국에서는 유사하게 높은 강도의 사회적 거리두기 정책을 시행했음에도 낮은 정도의 권력 거리와 개인적 삶에 대한 강한 지향이 복합적으로 작용하여 인구 당 확진자 수가 가장 높게 나타난 것이라고 볼 수 있습니다.

> **개요**
>
> 1. 제시문 (다) 해석: 생계유지를 위해(사회 문화적 요인) 거리두기 실천(물리적 요인)이 어려운 경우
> 2. 제시문 (라) 해석: 유사한 거리두기 기준(물리적 요인)에도 불구하고 상이한 양상(사회 문화적 요인)이 나타나는 이유

각각의 제시문을 해석함에 있어서 제시문 (가)와 (나)의 내용을 유기적으로 연결하여 해석할 필요가 있습니다. 하나의 관점에만 의거하여 해석하거나, 혹은 두 가지 관점을 모두 적용하더라도 유기적 연결이 이루어지지 않는다면 단편적인 답변에 그치게 됩니다.

이 답안의 강점은 무엇인가?

문제 2-2 ｜ 예시 답안

우선, 큰 틀에서는 제시문 (라)의 연구 결과가 시사하는 바를 참고하여 사회 정책을 입안해야 할 것입니다. 객관적·과학적 요인과 사회 문화적 요인을 두루 고려하여 정책을 도입함으로써 정책 효과를 극대화하여야 한다는 것입니다. 예컨대, 과학적 연구를 바탕으로 감염병 확산을 방지할 수 있는 최적의 물리적 거리를 도출해 내는 한편, 각종 사회 문화적 요인을 함께 고려하여 해당 사회적 거리를 유지할 수 있도록 효과적으로 유도하는 방안을 강구해 내야 할 것입니다.

동시에 사회적 거리두기 정책의 효과가 미치지 않는 소외 계층에 대한 지원책도 함께 고려해야 합니다. 제시문 (다)에 언급된 바와 같이 소외 계층에서는 생계유지의 문제 앞에서 감염 방지의 문제가 후순위로 밀려나게 됩니다. 소외 계층에 대해서도 사회적 거리두기 정책이 효과적으로 미칠 수 있도록 하기 위해서는 기존의 거리두기 정책에 더하여 별도의 지원 대책을 함께 수립해야 할 것입니다.

개요

1. 쟁점 1: 과학적 요인과 사회 문화적 요인 모두 고려
2. 쟁점 2: 사회 취약 계층 지원 방안 마련

Tip & Advice

논제에서는 감염병 확산 방지와 관련된 쟁점을 제시할 것을 요구하고 있는데, 앞선 논의를 고려할 때 단순히 하나의 쟁점만을 제시하기보다는 두 개 이상의 쟁점을 제시하여 다각적으로 답변을 구성해야 합니다. 그리고 각각의 쟁점을 제시할 때 앞선 문제의 내용을 참조한다면 보다 일관적이고 유기적으로 답변을 구성할 수 있습니다.

이 답안의 강점은 무엇인가?

학교 측 출제 의도 및 평가 지침

출제 의도

본 문제는 'COVID-19'에 의한 대규모 감염병 확산이라는 사회 문제에 직면하여 '사회적 거리'에 대한 담론이 확산되는 국면에서 이와 같은 '거리'가 각 문화권에 따라 상이하게 인식, 조정될 수 있으며 이에 따라 '사회적 거리두기'와 같은 정책을 실행할 때 이런 사회 문화적 조건들을 고려해야 할 필요가 있음을 암시함. 수험생들은 'COVID-19'에 의한 감염병 확산이라는 문제를 해결하기 위해 사회적 대안을 모색하는 과정에서 고려해야 할 다양한 사회 문화적 조건과 변인들에 대해 자신의 생각을 논리적이고 입체적으로 구성하여 답변할 수 있어야 함. 수험생들은 고등학교 교육과정을 성실하게 이수한 학생이라면 누구나 독해할 수 있는 수준의 제시문 네 개를 읽고 이를 분석한 후 총 4개의 문제에 대한 답을 구술하면 됨. 학생들이 면접관 선생님 없이 비대면 방식으로 구술면접을 진행하는 상황을 고려하여 2개 문제의 내용을 세부적으로 구체화하고, 좀 더 명시적인 문장으로 서술함

문항 해설

❯ 제시문 (가)는 노정래의 『동물원에 동물이 없다면』(다른, 2019, 76~82쪽)에서 인용한 글로, 동물 생태계에서 생존에 적절한 생물학적 '거리'가 동물들마다 어떻게 다른지, 그리고 이와 같은 '거리'와 무리의 규모가 동물들의 생활과 생존을 위한 생태 환경에 얼마만큼 핵심적인 요소인지 설명하고 있음

❯ 제시문 (나) 문화 인류학자 에드워드 홀이 창안한 개념인 프록세믹스(proxemics)를 통해 '거리'에 대한 사회 문화적 인식과 관념을 보여 준 글임. (에드워드 홀, 『숨겨진 차원』, 최효선 옮김, 한길사, 2002, 185~186쪽: '거리'에 대한 그림은 위키피디아의 프록세믹스(proxemics) 항목에서 인용하여 재조정한 것임) 에드워드 홀은 '공간'을 사회 문화적 개념으로 인식하고 이와 같은 공간 인식의 한 예로 '거리'에 대한 관념을 문화적 조건에 따라 그림과 같이 구분함

❯ 제시문 (다)는 '사회적 거리두기'와 같은 정책이 시행된다 하더라도 감염을 막는 데 효과적인 최소한의 거리를 확보하기 어려운 노동 및 생활 · 거주 환경에 처한 사람들의 실태를 두 사람의 대화를 통해 보여 주는 글임. 사회 경제적 지위와 조건에 따라 어떤 사람들은 '사회적 거리두기' 정책이 지시하는 최소한의 거리, 혹은 최대한의 거리를 확보할 수 있지만, 어떤 사람들은 애초에 이와 같은 '선택'을 할 수 없이 밀접, 밀집, 밀폐 환경에 처하게 되는 현실을 보여 준 것임

❍ 제시문 (라)는 'COVID-19'에 의한 감염병 확산을 막기 위해 '사회적 거리두기' 정책을 실행 중인 4개 국가의 문화적 조건('권력 거리'와 '개인적 삶 우선 추구')과 인구 100만 명당 확진자 수를 그래프로 제시하고, 이 두 가지 데이터를 각각 3피트(A와 C 국가)와 6피트(B와 D 국가)라는 '사회적 거리두기' 정책의 기준 거리와 연동하여 읽어 낼 것을 요구함. 감염을 막기 위한 사회적 거리두기 정책의 통제 효과만을 고려한다면 강화된 거리 기준을 제시한 B와 D 국가의 확진자 수가 A와 C 국가의 확진자 수보다 적어야 하지만 '권력 거리'와 '개인적 삶 우선 추구' 등의 사회 문화적 변인으로 인해 각 국가의 확진자 수는 다양한 양상을 드러낸다. 제시문 (라)의 그래프는 WHO와 WORLD BANK의 데이터베이스, 비교 문화 심리학자 Geert Hofst-ede(2015 개정 고등학교 「독서」 교과서에 '권력 거리'에 관한 그의 글이 수록되어 있음. '권력 거리'는 그가 고안한 주요 개념임)의 홈페이지가 제공하는 데이터베이스를 참고하여 고등학교 정규 교육을 받은 학생들이 이해하기 쉬운 2개의 막대그래프로 구성한 것임

※ 제시문을 읽고 물음에 답하시오.

(가)

임금이 말하기를, "지금 한성(漢城) 안에 전염병이 크게 유행하는 것을 알 수 있으니, 조정의 각 부처는 백성들을 구호하고 치료하는 데 힘쓰라. 또 성(城) 안의 공사가 한두 가지가 아니어서 경기(京畿)에 사는 부역 의무를 진 자들도 와서 일을 해야 하니, 이 무리들이 집을 떠난 채 전염병에 걸린다면 반드시 죽음을 면하지 못할 것이다. 그 가운데 다음 달에도 일을 하러 올라오는 이들이 있다면 통첩을 내어 도중에 돌아가게 하는 것이 어떠할까 하노라." 하니, 종서 등이 아뢰기를, "전염병은 여러 사람들이 모인 가운데서 잘 퍼지는 것입니다. 신 등의 생각이 이에 미치지 못하였는데, 주상의 말씀이 옳습니다." 하였다.(세종실록 56권, 세종 14년(1432년) 4월 22일 기사)

임금이 전염병에 걸린 자를 구호하지 못하고, 혹 생명을 상하게 하는 데에 이를 것을 염려하여 사람을 시켜서 거리를 돌아보게 하였더니, 소격전(昭格殿)의 종인 눈 먼 여자 복덕(福德)이 아이를 안은 채 식량이 끊어져서 거의 죽게 되었다 하므로 임금이 놀라서 즉시 형조에 명을 내려 소격전의 전지기[殿直] 선숭렬(宣崇烈)과 북부령(北部令) 유열(柳悅)을 추국(推鞫)*하게 하고, 복덕에게는 쌀과 콩 각 1석(石)을 주게 하였다.(세종실록 56권, 세종 14년(1432년) 4월 23일 기사)

* 추국(推鞫): 조선시대 임금의 명에 따라 의금부(義禁府)에서 중죄인을 불러 심문하던 일.

(나)

조르조 아감벤은 "또 다른 유행성 독감의 변종에 불과한, 감염병으로 추정되는 코로나 바이러스를 막기 위해 취해진 광적이고 비합리적이며 전혀 근거 없는 비상조치들"을 개탄했다. 그는 "예외 조치들을 정당화하는 데 테러리즘의 쓸모가 바닥나자, 감염병을 발명함으로써 어떤 제약도 받지 않고 그러한 조치들을 확장할 수 있는 이상적인 구실을 찾아냈다"고 말한다. 아감벤은 이 "터무니없이 과도한 대응"이 벌어진 주된 이유가 "예외 상태를 일상적인 지배의 패러다임으로 삼으려는 경향"에 있다고 본다. 비상 상황에서 내려진 조치들 덕분에 정부는 행정 명령을 통해 우리의 자유를 심각하게 제한할 수 있다.

(다)

A(뉴스 앵커): ○○국가 ○○○재단에서 'COVID-19' 관련 보고서가 나왔다고요.

B(기자): 네. 학술 보고서, 보험 자료, 국가 기관의 통계를 바탕으로 작성한 보고서입니다.

A: 보고서의 핵심 내용은 뭡니까?

B: 네. 'COVID-19' 대유행으로 인해 아동 복지에 어떤 변화가 나타났는지 분석한 내용입니다.

A: 어떤 변화가 있었다고 하나요?

B: 네. 보고서에서는 직접적인 질병의 위험 외에도 'COVID-19'에 의한 감염병 확산이 학교 교육, 의료 서비스 제공 및 기타 정상적인 일상의 중단을 초래하여, 감염 여부에 관계없이 어린이의 건강과 복지에 영향을 미칠 수 있다고 말하고 있습니다. 위험 요인은 생각보다 광범위합니다. 예를 들어, 학교 급식이 아니면 끼니를 챙길 수 없는 아동들이 있는데요, 이 아이들이 영양 결핍에 시달릴 우려가 있습니다. 장애나 중증 만성 질환을 앓고 있는 아동의 경우 의료와 기타 복지 서비스를 제때 제공 받지 못해 건강상 심각한 문제를 안게 될 수도 있습니다. 또한, 부모의 실직이나 스트레스 증가 등이 아동에게 미치는 부정적 영향 또한 매우 직접적이고 중대하다는 보고 내용도 있습니다. 주거 복지 상황이 좋지 않은 가정의 경우 사회적 거리두기 기간 동안 아동 학대의 가능성이 높아진다는 보고 내용도 포함되어 있습니다.

A: 그렇군요. 그런데 감염병이 급속도로 확산되고 있는 상황에서 섣불리 사회적 거리두기 완화 조치를 내놓을 수도 없는 것이 현실인데요.

B: 물론 그렇습니다. 하지만 사회적 거리두기가 강화되고 이 강화 조치가 지속될 때 어떤 문제들이 생길 수 있는지 잘 살펴보고 대응책을 마련할 필요가 있겠습니다.

A: 네. B 기자 수고 많으셨습니다.

(라)

 다음 그래프는 'COVID-19' 감염병의 사회적 확산이 '심각하지 않은 상황'과 '심각한 상황'에서 통제 수준에 따라 사회 구성원들이 느끼는 불안의 정도를 나타낸다. 이 그래프에서 '사회 불안 정도'의 지수는 숫자가 커질수록 높은 수준을 의미하며 불안, 감염병의 확산, 통제 수준을 제외한 제반 상황은 동일한 것으로 가정한다.

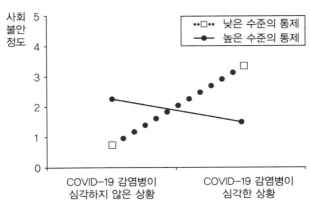

문제 1

▌1-1▶ 제시문 (가)와 (나)를 비교 분석한 후 '감염병 관리'에 대한 입장의 차이를 설명하시오.

▌1-2▶ 'COVID-19'에 의한 감염병 확산이라는 현상에 관련하여, 제시문 (가)와 (나)를 비판하시오.

문제 2

▌2-1▶ 제시문 (다)와 (라)를 연결하여, 핵심 논지를 설명하시오.

▌2-2▶ 제시문 (가)와 (나)에 대한 분석 내용을 바탕으로, 제시문 (다)와 (라)를 통해 드러난 사회 문제의 대안을 제시하시오.

　제시문 (가)와 (나)에서는 개인의 자유와 공동체의 안전 보장, 두 가지 가치 간의 관계를 바라보는 상반되는 관점이 나타나고 있습니다. 우선 제시문 (가)에서는 공동체의 안전 보장을 보다 중시하면서 이를 위해 국가 권력으로써 개인의 자유를 통제하고자 하는 입장이 나타나고 있습니다. 전염병 확산 문제에 대처하기 위해 조정의 명령으로써 백성들의 이동 및 모임을 제한하는 조치를 취하고 있기 때문입니다. 통제의 결과 초래된 경제적 궁핍에 대처하는 과정에서도 국가 주도로 식량을 배급하는 방안이 실시되고 있습니다. 반면에 제시문 (나)는 개인의 자유를 우선시하며 이를 제한하는 국가 권력의 각종 조치들을 비판합니다. 감염병 확산 방지라는 명분 아래 개인의 자유에 대한 국가 권력의 통제가 정당화되고 있다는 것입니다.

　이러한 차이는 감염병 확산이 공동체에 가져오는 해악을 인식하는 관점의 차이로부터 유래하는 것입니다. 제시문 (가)에서는 감염병의 확산이 공동체의 안전을 유지하는 데 실질적인 위협이 된다고 보아 개인의 자유에 대한 희생을 감수하고서라도 이를 방지해야 한다고 보고 있습니다. 그러나 제시문 (나)는 코로나 바이러스의 확산이 여타 통상적인 감염병과 다를 바 없는 것으로서 공동체의 안전에 실질적인 위협이 되지 않는 것이라고 보고 있습니다. 요컨대, 각각의 제시문 (가)는 감염병 확산을 예외적인 상황으로 간주하여 이를 방지하는 것을 최우선 과제로 인식하고 있다면, 제시문 (나)는 감염병 확산이 일상적인 사건에 불과하다고 보고 있는 것입니다.

개요

1. 제시문 (가)와 (나) 비교: 공동체의 안전 중시 vs 개인의 자유 중시
2. 감염병 확산에 대한 입장 차이: 예외적 사건으로 인식 vs 일상적 사건으로 인식

1. 두 제시문을 '비교 · 분석'할 것을 요구하고 있기 때문에, 단순히 해당 내용을 요약하여 나열하는 것만으로는 부족합니다. 두 제시문을 관통하는 주제를 키워드화하여 제시한다면 보다 명확하고 간결한 논의 전개가 가능합니다.

2. 첫 문단에서 보다 일반적이고 넓은 범위에서 두 제시문을 분석했다면, 두 번째 문단에서는 논제에 제시된 '감염병 관리'의 측면에 초점을 맞추어 각각의 제시문에 대해 설명해 봅시다.

이 답안의 강점은 무엇인가?

문제 1-2 예시 답안

최근 이슈가 되고 있는 코로나 바이러스의 확산이 공동체의 안전에 실질적인 위협이 되고 있다는 점은 분명해 보입니다. 감염병 확산에 따라 중증 호흡기 환자들의 숫자가 급격히 증가하고 이것이 의료 체계의 과부하, 심지어는 붕괴로 이어지는 사례들이 세계 각국에서 발생하고 있기 때문입니다. 그럼에도 불구하고 이를 방지하기 위한 각국의 통제 조치는 심각한 정도로 개인의 자유를 침해하는 한편 각종 부작용을 초래하기도 합니다. 이러한 각각의 문제점들을 근거로 하여 제시문 (가)와 (나)를 비판할 수 있습니다.

우선 제시문 (가)는 감염병 확산의 위험을 인지하고 이를 방지하기 위해 각종 통제 조치를 실시했습니다. 그러나 이는 개인의 자유에 대한 과도한 침해로 이어졌습니다. 감염병 확산 상황을 고려하더라도, 전면적인 셧다운 조치가 과연 적절한 것인지에 대해서는 재고의 여지가 있습니다. 또한, 그로 인해 사회 취약 계층의 경제적 어려움이 심화되었다는 문제점도 찾아볼 수 있었습니다. 물론 제시문에서도 이에 대한 대책이 마련되고는 있지만, 적절한 수준의 통제 조치를 통해 이러한 문제의 발생을 선제적으로 방지할 수도 있었을 것입니다.

한편, 제시문 (나)에 대해서는 감염병 확산의 위험을 과소평가하고 있다는 비판을 제기할 수 있습니다. 개인의 자유만을 강조하게 된다면 감염병 확산의 실질적인 위협에 적절히 대처할 수 없게 될 수 있기 때문입니다. 이러한 태도는 앞서 언급한 바와 같이 감염병 확산으로 인한 사망자의 급증과 의료 체계의 붕괴로 이어질 수 있습니다.

이상의 논의를 고려할 때, 두 제시문 모두 개인의 자유와 공동체의 안전이라는 두 가지 가치 중 하나만을 중시하고 다른 한 편은 도외시한다는 문제점을 내포하고 있다고 볼 수 있습니다. 따라서 감염병 확산의 실질적인 위협 수준에 대한 정확한 인식을 바탕으로 하여 개인의 자유와 공동체의 안전 두 가지 가치 사이의 적절한 균형을 이끌어 낼 수 있도록 노력해야 할 것입니다.

개요

1. 코로나 바이러스 확산에 따른 문제점 제시
2. 제시문 (가) 비판: 개인의 자유에 대한 과도한 침해
3. 제시문 (나) 비판: 감염 확산에 대처하기 어려움
4. 대안 제시: 두 가지 가치 간 적절한 비교 형량 및 균형 도출의 필요성

1. 논제에서 'COVID-19' 현상에 대해 언급하고 있는 만큼, 제시문에 언급된 사항이 아니더라도 상식에 입각하여 논점을 정립한 후 이후의 논의를 전개해야 합니다.

2. 각 제시문을 비판한 후, 각각의 대안을 간단히 언급해 주면 보다 풍성한 논의가 가능합니다.

이 답안의 강점은 무엇인가?

제시문 (라)의 그래프는 감염병의 확산 정도에 따라 적절한 통제 수준이 달라질 수 있음을 보여 주고 있습니다. 높은 수준의 통제는 감염병의 확산 정도가 심각한 상황에서 사회 불안 정도를 경감시킬 수 있지만, 확산 정도가 심각하지 않은 상황에서는 오히려 사회 불안 정도를 증대시킬 수 있음을 알 수 있습니다. 반대로 감염병 확산 정도가 심각하지 않은 상황에서는 낮은 수준의 통제를 통해 사회 불안 정도를 낮게 유지할 수 있는 반면에 감염병 확산 정도가 심각한 상황에서는 낮은 수준의 통제가 높은 사회 불안 정도를 유발하는 요인이 된다는 점이 나타나고 있습니다.

제시문 (다)에 나타난 상황은 감염병 확산 정도가 심각하지 않은 상황에서 높은 수준의 통제가 이루어지는 경우의 문제점을 보여 주고 있는 것이라고 할 수 있습니다. 감염병 관리의 목적 하에 높은 수준의 통제가 이루어진 결과 일상적 복지 서비스 제공의 중단으로 여러 문제점이 발생하게 된 것입니다. 이를 제시문 (라)와 관련지어 해석하자면, 높은 수준의 통제로 인해 사회 불안 정도가 증대된 상황이라고 할 수 있을 것입니다.

제시문 (다)와 (라)의 내용을 종합적으로 고려할 때, 감염병 확산 정도를 정확히 파악하고 그에 따라 차등적인 통제가 이루어져야 한다는 점을 알 수 있습니다. 감염병 관리와 복지 서비스 제공이라는 두 가지 목적이 가져다주는 사회적 효용을 면밀히 고려하여 적절한 수준의 통제를 실시할 수 있도록 해야 할 것입니다.

PART 2

개요

1. 실험 결과 해석: 감염병 확산 정도와 통제 수준, 사회 불안 정도 사이의 관계
2. 제시문 (다)의 내용에 적용: 높은 수준의 통제로 인해 발생한 높은 사회 불안 정도
3. 핵심 논지 제시: 감염병 확산 정도에 맞추어 차등적 수준의 통제 적용 필요

1. 제시문 '(다)와 (라)를 연결하여'라는 요구 사항을 고려할 때, 단순히 제시문 (다)와 (라)의 내용을 요약 제 시하는 것은 부족합니다. 일반론적인 내용의 제시문 (라)에 대해 먼저 논의한 후, 그 구체적 사례로서 제 시문 (다)의 내용을 제시한다면 답변을 보다 유기적으로 구성할 수 있습니다.

2. '차등적' 혹은 그와 유사한 키워드들을 제시하여 개념화된 답변을 제시합시다. '감염 확산 정도가 낮을 때에는 낮은 수준의 통제, 확산 정도가 심각할 때에는 높은 수준의 통제'라는 내용을 '차등'이라는 키워 드를 통해 직관적이고 간결하게 제시한다면 보다 명확한 답변이 될 수 있습니다.

이 답안의 강점은 무엇인가?

 제시문 (가)와 (나)에 대한 분석 결과, 감염병 확산 방지 정책을 실시함에 있어서는 감염병 확산 방지의 목적 그 자체 외에도 다양한 사회적 가치를 함께 고려해야 한다는 점을 알 수 있었습니다. 또한, 정책 실시 과정에서 발생할 수 있는 부작용에 대한 면밀한 검토도 함께 이루어져야 한다는 시사점을 얻을 수 있었습니다. 그리고 그러한 과정은 감염병 확산 정도에 대한 객관적·과학적 조사 결과에 기반하여 이루어져야 할 것입니다.

 제시문 (다)와 (라)를 통해 드러난 사회 문제는 바로 감염병 확산의 정도와 감염병 확산 방지를 위한 통제 정책의 수준이 정확히 일치하지 않았기에 발생한 것이었습니다. 제시문 (라)에서 나타난 바와 같이 감염병 확산 정도에 따라 적절한 수준의 통제가 이루어지지 않으면 통제 정책이 오히려 사회 불안 정도를 증대시킬 수 있고, 그 대표적인 예로서 제시문 (다)와 같은 상황을 들 수 있을 것입니다.

 따라서 이러한 문제점들의 발생을 사전에 방지하기 위해서는 감염병 확산 정도를 객관적·과학적으로 검토하여 정확히 파악한 후, 그에 부합하는 적절한 수준의 통제 정책을 실시할 수 있도록 해야 할 것입니다. 또한, 감염병 확산 방지를 위한 통제 정책의 결과 나타날 수 있는 복지 서비스 중단 등의 부작용에 대한 사전적인 검토도 함께 이루어져야 할 것입니다.

개요

1. 논의의 전제: 제시문 (가), (나) 분석 내용 간단히 재서술

2. 제시문 (다), (라)에 나타난 문제점 지적 및 그 원인 서술

3. 대안 제시: 통제 정책의 부작용에 대한 대응책 마련＋감염병 확산 정도에 대한 정확한 파악 필요

주어진 논제에서 주된 요구 사항은 '대안 제시'입니다. 그러나 논리적으로 답변을 구성하기 위해서는 해당 논의의 전제가 되는 사항들을 먼저 제시해야 합니다. 따라서 제시문 (가)와 (나)에 대한 분석 내용, 제시문 (다)와 (라)에서 나타난 사회 문제의 양상을 간략하게 재서술한 후 이를 바탕으로 적절한 대안을 제시해 주어야 합니다.

이 답안의 강점은 무엇인가?

학교 측 출제 의도 및 평가 지침

출제 의도

본 문제는 'COVID-19'에 의한 대규모 감염병 확산이라는 사회 문제에 직면하여 국가의 역할과 위상이 어떠해야 하는지, 또한, 국가의 여러 행정적 조치들이 어떤 새로운 문제를 낳을 수 있는지 살펴본 후 이에 관한 쟁점을 분석하고 대안을 모색하는 사고 역량을 측정하는 데 초점을 두고 구성되었음. 수험생들은 고등학교 교육과정을 성실하게 이수한 학생이라면 누구나 독해할 수 있는 수준의 제시문 4개를 읽고 이를 분석한 후 총 4개의 문제에 대한 답을 구술하면 됨. 학생들이 면접관 선생님 없이 비대면 방식으로 구술 면접을 진행하는 상황으로 고려하여 두 개 문제의 내용을 세부적으로 구체화하고, 좀 더 명시적인 문장으로 서술함

문항 해설

❍ 제시문 (가)는『세종실록』에 실려 있는 두 가지 기사를 고등학교 정규 교육을 받은 학생들이 이해할 수 있는 수준의 문장으로 재기술한 것임. 수록된 기사에는 전염병 확산을 막기 위해 조정에서 백성들의 부역을 중지시키고 이동을 제한하는 조치를 취하는 한편, 감염병 확산으로 인해 굶주림에 시달리는 백성을 구호하는 조치를 취하는 내용이 담겨 있음

❍ 제시문 (나)는 슬로보에 지젝이 쓴『펜데믹 패닉』(강우성 옮김, 북하우스, 2020, 75~97쪽)에 인용된 조로조 아감벤의 주장을 인용하여 고등학교 정규 교육을 받은 학생들이 읽기 쉽도록 재기술한 글임. 이 글에서 아감벤은 'COVID-19'에 의한 감염병 대확산 국면을 맞이하여 전 세계 국가들이 내놓은 조치를 국가 통제와 지배를 정당화하고 이와 같은 통제가 만들어 내는 개인 자유 억압 등의 문제를 은폐하는 통치 행위에 불과한 것으로 비판하고 있음

❍ 제시문 (다)는『코로나로 아이들이 잃은 것들』(김현수, 덴스토리, 2020)이라는 책에 인용된 미국의 한 재단 코로나19 보고서의 내용을 참조하여 코로나19 바이러스에 의한 감염병 확산에 대응하는 과정에서 이동 통제 등 각종 관련 정책이 시행될 때 이로 인해 복지 사각지대가 발생하고 가정 내 폭력과 학대 등 사회 안전망 밖으로 내몰리는 상황을 가정하여 TV 뉴스 보도 프로그램 앵커와 방송기자 사이의 대화로 구성한 글임

❍ 제시문 (라)는 'COVID-19'에 의한 감염병 확산 정도에 따라 낮은 수준의 정부 통제와 높은 수준의 정부 통제가 사회 구성원들이 느끼는 불안의 정도에 어떤 영향을 미치는지 나타낸 그래프임. 이 그래프는 'COVID-19'에 의한 감염병의 확산이 심각한 상황과 심각하지 않은 상황에서 지원과 통제를 포함하는 정부의 대응이 불안, 우울 등 사회 구성원들의 정동(情動)에 어떤 영향을 미치는지 실험하고 그 결과를 보고한 학술 논문에 실린 그래프를 고등학교 정규 교육을 받은 학생들이 이해하기 쉽도록 재조정한 그림임

※ 제시문을 읽고 물음에 답하시오.

대부분의 사람들은 T 호르몬은 이기적이고 반사회적인 행동을 유도한다고 믿고 있다. T 호르몬과 관련된 다음과 같은 실험이 시행되었다.

1) 사전 조사를 통해 T 호르몬 수준이나 성격, 또는 믿음의 차이가 없는 두 집단을 피험자로 선정
2) 두 집단 중 한 집단에게는 일정량의 T 호르몬을 주입. 다른 집단에게는 T 호르몬이 아닌 위약(가짜 물질, placebo)을 주입. 피험자들에게는 주입된 물질이 T 호르몬인지 위약인지를 알려주지 않음
3) 피험자는 일정한 금액의 돈을 수령하고, 이 돈을 어떤 비율로 나눌지를 다른 참가자에게 제안하게 됨. 제안 금액은 수령한 금액의 0%에서 100%까지 가능. 그 제안을 받게 된 [응답자]는 제안을 받아들이거나 거부하게 되며, 제안을 수락하면 제안 받은 대로 금액이 나누어지지만, 제안을 거부하면 [제안자]와 [응답자] 모두 어떠한 금액도 받지 못하게 됨
4) 실험이 끝난 후에, 피험자들에게 본인에게 주입된 것이 T 호르몬이라고 믿었는지, 아니면 위약이라고 믿었는지를 설문을 통해 확인. 실험 결과는 아래의 표로 정리

구분	주입 물질이 위약이라고 믿음	주입 물질이 T 호르몬이라고 믿음
실제로 주입된 물질이 위약	32.2%	22.5%
실제로 주입된 물질이 T 호르몬	42.3%	32.5%

* 예를 들어, 피험자에게 실제 주입된 물질이 위약이고, 피험자 본인도 위약이라고 믿었던 그룹은 평균적으로 본인이 수령한 금액의 32.2%를 상대방에게 제안했다.

문제

표를 근거로 하여 'T 호르몬'과 'T 호르몬 속설에 대한 믿음'이 [제안자]의 행동에 어떻게 작용하고 있는지를 설명하시오. 또한, 이 결과는 "인간 행동은 호르몬과 같은 생물학적 요인에 따라 결정된다."는 주장에 대해 어떠한 함의를 가지고 있는지를 논의하시오.

주어진 실험 결과를 해석하기에 앞서, 논의의 전제로서 몇 가지 사항을 살펴보도록 하겠습니다. 우선 제시문 서두에 언급된 바를 고려할 때, 피험자들은 T 호르몬이 이기적이고 반사회적인 행동을 유도한다는 믿음을 가지고 있는 상태라고 할 수 있습니다. 또한, 실험 결과에 나타난 수치는 곧 '이기적이고 반사회적인 행동'을 보인 수치라고 해석할 수 있을 것입니다. 이러한 점들을 전제로 하여 실험 결과가 시사하는 바에 대해 살펴보도록 하겠습니다.

먼저 'T 호르몬'이 인간의 행동에 미치는 영향에 대해 살펴보도록 하겠습니다. 이는 피험자들이 주입 물질을 위약이라고 믿은 경우와 실제 T 호르몬이라고 믿은 경우 각각에 대해 각각 위약이 주입된 경우와 실제로 T 호르몬이 주입된 경우 나타난 결과를 비교 분석하여 살펴볼 수 있습니다.

우선 주입 물질이 위약이라고 믿은 경우에서, 실제 T 호르몬이 주입된 경우 피험자들은 수령 금액의 42.3%를 제안하고 있는데, 이는 위약이 주입된 경우 나타난 결과인 32.2%보다 높은 수치입니다. 통념과는 달리 T 호르몬이 주입된 경우 위약이 주입된 경우에 비해 오히려 더 이타적인 경향이 나타나고 있는 것입니다.

주입 물질이 실제 T 호르몬이라고 믿는 경우에도 유사한 결과가 나타나고 있습니다. 이 경우에도 실제 T 호르몬이 주입된 경우 그렇지 않은 경우에 비해 10% 가량 높은 수치가 나타나, 위약이 주입된 경우에 비해 이타적인 경향을 보이고 있습니다.

따라서 T 호르몬은 실제로는 해당 호르몬에 대한 속설과 정반대의 효과를 유발하고 있다는 점을 알 수 있습니다. 실험 결과로써 나타난 수치를 분석할 때 T 호르몬은 이기적 행동을 유발하기보다는 오히려 이타적인 행동을 유발하는 것이라고 볼 수 있기 때문입니다.

다음으로는 'T 호르몬 속설에 대한 믿음'이 인간의 행동에 미치는 영향에 대해 살펴보겠습니다. 위약이 주입된 경우와 실제 T 호르몬이 주입된 경우에 대해 각각 그것이 위약임을 믿은 경우와 믿지 않은 경우를 비교해 보면, 'T 호르몬 속설에 대한 믿음'이 인간의 행동에 미치는 영향을 도출해 낼 수 있습니다.

우선 위약이 주입된 상태에서 주입 물질이 T 호르몬이라고 믿은 경우에는 수령한 금액의 22.5%를 상대방에게 제안했는데, 이는 주입 물질이 위약이라고 믿은 경우 상대방에게 제안한 수치인 32.2%에 비해 낮은 수치입니다. 즉, 주입 물질이 T 호르몬이라고 믿은 경우에는 그렇지 않은 경우에 비해 '이기적이고 반사회적인 행동'을 보이는 경향이 높게 나타났다고 할 수 있습니다.

한편, 실제로 T 호르몬이 주입된 경우에도 위 사례와 유사한 결과가 나타나고 있습니다. 주입 물질이 위약이라고 믿은 경우에는 상대방에게 수령 금액의 42.3%를 제안하고 있는데, 이는 주입 물질이 T 호르몬이라고 믿은 경우에 나타난 수치인 32.5%에 비해 높은 수치이기 때문입니다. 즉, 실제 T 호르몬이 주입된 경우에도 그것이 실제 T 호르몬이라고 믿은 경우 그것이 위약이라고 믿은 경우에 비해 '이기적이고 반사회적인 행동'을 보이는 비율이 높게 나타난 것입니다.

따라서, 'T 호르몬 속설에 대한 믿음'은 실제 T 호르몬이 주입된 경우와 그렇지 않은 경우 모두에 있어서 '이기적이고 반사회적인 행동'을 유도하는 결과를 보이고 있다고 할 수 있습니다.

이상의 논의를 고려해 보건대, 인간 행동이 호르몬과 같은 생물학적 요인에 따라 결정된다는 주장은 설득력을 갖지 못한다고 할 수 있습니다. 생물학적 요인 그 자체보다는, 인간의 행위가 생물학적 요인에 따라 결정된다는 믿음이 오히려 인간의 행위에 더 큰 영향을 미치고 있음을 확인할 수 있었기 때문입니다.

개요

1. 호르몬의 작용: 속설과 반대되는 방향의 작용 – 속설이 사실에 부합하지 않는다는 점
2. 속설의 작용: 호르몬보다는 속설 그 자체가 인간의 행위를 유도, 정당화한다는 점
3. 주어진 주장의 평가: 이상의 논의를 고려할 때, 주어진 주장은 사실이 아님

1. 실험 결과를 해석할 때에는 먼저 각각의 수치가 의미하는 바, 혹은 이미 전제되어 있는 바에 대해 간단히 언급해 주고 논의를 시작한다면 보다 논리적으로 답변을 구성하고 있다는 인상을 줄 수 있습니다.

2. 당연한 이야기지만, 실험 결과를 해석하고 그를 바탕으로 주어진 변인의 영향을 평가할 때에는 그에 부합하는 수치를 적절히 활용할 줄 알아야 합니다. 면접에 들어가서는 긴장한 나머지 가로축과 세로축의 변인들을 혼동하여 반대로 언급하게 될 수 있습니다. 이는 매우 기본적인 사항인 만큼 실수하지 않도록 항상 주의해야 합니다.

이 답안의 강점은 무엇인가?

출제 의도

연세대는 20년도에 해당 문항 채점 기준과 문항 해설을 제공하지 않았음

문항 해설

연세대는 20년도에 해당 문항 채점 기준과 문항 해설을 제공하지 않았음

※ 제시문을 읽고 물음에 답하시오.

[제시문 1]

 아무리 이기적인 사람이라고 할지라도 다른 사람들의 행복이나 불행에 관심을 가지며, 그들의 행복을, 단지 그들의 행복을 보는 것 말고는 얻는 게 없음에도 불구하고, 자신의 행복으로 삼는 어떤 원리들이 분명히 존재한다. 우리가 다른 사람의 불행을 보거나 매우 생생하게 느끼게 될 때 느끼는 연민이나 동정은 이러한 종류의 것이다. 우리가 종종 다른 사람의 슬픔에서 슬픔을 느끼는 것은 너무나 명백한 사실이기 때문에 구태여 증명할 필요가 없다. 인간 본성의 다른 본래적인 감정과 같이 이 감정은 덕이 많거나 인정이 많은 사람들만, 이들이 아마도 이 감정을 더 강렬하게 느끼겠지만, 갖는 게 아니다. 사회의 제일가는 악당 또는 최악의 범법자도 역시 이 감정을 가지고 있다.

[제시문 2]

 참가자들은 네 명이 한 조를 이루어 게임을 했다. 게임의 규칙은 다음과 같았다. 각 조원들은 미리 지급받은 2만 원 중 일부를 공동 프로젝트에 기부하고 남은 돈은 본인이 가진다. 조원들이 공동 프로젝트에 기부한 총 금액은 두 배 불어나서 네 명의 조원들에게 똑같이 분배된다. 예를 들어, 조원 모두 전액을 기부하면(합계 8만 원), 각 조원은 4만 원씩(=16만 원/4명) 돌려받게 된다. 만약 세 명이 만 원씩 기부하고 한 명이 전혀 기부하지 않으면, 공동 프로젝트의 결과로 6만 원이 적립되고, 모든 조원에게 만 5천 원씩 (=6만 원/4명) 배당된다. 아래 그림은 참가자가 다른 조원들의 기부 금액을 미리 알 수 있는 경우에 얼마를 기부하는지 관찰한 결과이다.

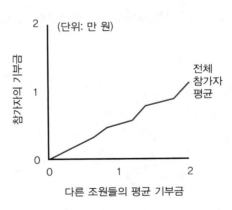

[제시문 3]

참가자들은 [제시문 2]에 기술된 게임에 참여했다. 단, 다른 조원들의 기부액을 미리 알 수는 없었다. 참가자들 중 1/3은 자신이 기부할 금액을 깊은 생각 없이 10초 안에 결정해야 했고('빠른 판단 집단'), 다른 1/3의 참가자들은 곰곰이 심사숙고하여 10초 이후에 결정했다('느린 판단 집단'). 나머지 참가자들은 아무런 제약 없이 기부 금액을 결정했다('비교 집단'). 아래 그림은 각 집단에 속한 참가자들의 평균 기부액을 보여 주고 있다.

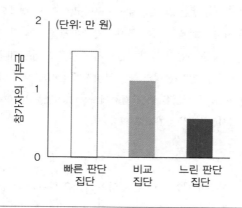

문제 1

[제시문 1]의 주장과 [제시문 2]의 실험 결과를 비교하시오.

문제 2

[제시문 3]의 실험 결과를 바탕으로 [제시문 1]과 [제시문 2]의 입장을 평가하시오.

[제시문 1]의 주장과 [제시문 2]의 실험 결과는 큰 틀에서 유사한 시사점을 보여 주고 있습니다. 우선 [제시문 1]은 사람이라면 누구나 본인의 이해관계와 상관없이 타인의 감정에 공감하게 되는 속성을 가지고 있다고 주장하고 있습니다. [제시문 2]의 실험 결과에 나타난 큰 추세는 이러한 주장을 뒷받침하는 것이라고 할 수 있습니다. 해당 실험 결과에 따르면, 참가자들은 본인의 이익과 상관없이 타인의 행위와 유사한 방향으로 행동하는 경향을 보이고 있기 때문입니다. 타인의 기부 금액을 알고 있는 상황에서 본인의 이익을 극대화할 수 있는 선택은 기부금을 내지 않는 것이지만, 그럼에도 불구하고 참가자들은 타인의 기부 금액이 증가함에 따라 더 많은 금액을 기부하는 모습을 보여 주고 있습니다.

그러나 [제시문 2]의 실험 결과에서는 타인의 감정에 대한 공감이라는 주제와 관련하여 [제시문 1]에 나타난 주장에 비해 보다 다각적인 결론을 이끌어 낼 수 있습니다. [제시문 1]에서는 인간이라면 누구나 타인의 감정에 공감한다는 하나의 주장만이 드러나고 있습니다. 반면에 [제시문 2]의 실험 결과에서는 인간이 타인에 감정에 공감한다는 결론에 더하여, 본인의 이익을 고려하는 이기적인 성향도 함께 가지고 있다는 결과도 도출해 낼 수 있습니다. 타인의 기부 금액에 비례하여 참가자들의 기부 금액이 증가하기는 했지만, 타인의 기부 금액에 정확히 정비례하는 금액을 출연하기보다는 본인의 몫을 일부 남겨 두는 모습이 나타나고 있기 때문입니다. 요컨대 [제시문 1]은 인간이란 타인의 감정에 공감하는 속성을 가지고 있다는 단선적인 주장을 펼치고 있다면, [제시문 2]의 실험 결과로부터는 타인의 감정에 공감하는 속성과 자신의 이익을 고려하는 이기적 속성이 양립하고 있다는 결론을 이끌어 낼 수 있습니다.

개요

1. 제시문 간 공통점 서술: 타인의 감정에 공감하는 인간의 속성
2. 제시문 간 차이점 서술: [제시문 2]는 [제시문 1]과 달리 두 가지 속성 모두 언급

1. 두 제시문을 비교하는 논제라 하여 차이점에만 집중할 필요는 없습니다. '비교하시오.'라는 요구 사항은 '공통점과 차이점을 논하시오.'라는 요구 사항과 같은 의미라고 할 수 있습니다. 따라서 여러 가지 차이점을 포착하기 어려울 때에는 먼저 양자 간 공통점에 대해 언급해 주는 것도 좋습니다.

2. 단, 공통점에 대해 논의할 때에는 간결하고 명확한 키워드를 통해 개념화하여 답변을 구성하는 편이 좋습니다. 이는 차이점에 대해 논의할 때에도 마찬가지이기는 하나, 공통점에 대해 언급할 때에는 키워드 없이 답변을 구성할 경우 더욱 두루뭉술한 느낌을 줄 수 있기 때문입니다.

이 답안의 강점은 무엇인가?

예시 답안

 우선 [제시문 3]에 나타난 실험 결과를 간단히 분석해 보도록 하겠습니다. 빠른 판단 집단에서는 비교적 높은 액수의 금액을 기부하는 경향이 나타난 반면에 느린 판단 집단에서는 상대적으로 낮은 액수를 기부하고 있다는 점을 알 수 있습니다. 이를 통해 추론해 보건대, 인간의 본능적인, 혹은 감정적인 판단은 타인에 대한 공감 혹은 이타적 경향을 강하게 보이는 반면에 인간의 이성적 사고는 본인의 이익을 극대화하고자 하는 이기심이 강하게 반영되는 것이라는 점을 보여 주는 것이라고 할 수 있습니다.

 인간은 이성과 감정 모두를 갖추고 있는 존재라고 할 수 있을 것입니다. 그리고 그러한 두 가지 요인이 양립하고 있다는 점을 [제시문 3]의 실험 결과가 보여 주고 있습니다. 이를 바탕으로 [제시문 1]을 평가해 보도록 하겠습니다. [제시문 1]은 인간의 감정에 대해서는 적절히 설명하고 있지만, 인간이 갖추고 있는 이성에 대해서는 고려하지 못했다는 한계를 보이고 있다고 평가할 수 있습니다.

 반면에 [제시문 2]의 실험 결과는 타인의 감정에 공감하는 인간의 감정과, 본인의 이익을 고려하는 이성이 양립하고 있는 양상을 보여 주고 있다는 점에서 [제시문 3]의 실험 결과로부터 도출해 낼 수 있는 결론과 유사한 함의를 가진 것이라고 생각합니다.

> **개요**
>
> 1. [제시문 3] 실험 결과 분석: 감정−이타심 vs 이성−이기심
> 2. [제시문 1] 평가: 감정에 대해서는 적절. 그러나 이성에 대한 고려 부족
> 3. [제시문 2] 평가: [제시문 3]의 입장과 부합하는 결과

Tip & Advice

1. '공감', '기부' 등의 내용을 '이타심', 나아가 '감성' 등의 키워드로서 개념화하여 제시하고, 이에 대비되는 키워드로서 '이성'을 제시한 후 양자 간 비교를 중심으로 답변을 구성한다면 보다 간결하고 명확한 답변이 될 수 있습니다.

2. 이후 각각의 제시문을 평가할 때에도 앞서 언급한 키워드를 활용하여 답변을 구성한다면 일관적이고 논리적인 답변을 제시한다는 인상을 줄 수 있습니다.

이 답안의 강점은 무엇인가?

학교 측 출제 의도 및 평가 지침

출제 의도

연세대는 20년도에 해당 문항 채점 기준과 문항 해설을 제공하지 않았음

문항 해설

연세대는 20년도에 해당 문항 채점 기준과 문항 해설을 제공하지 않았음

연세대 2019학년도 활동우수형 오전

※ 제시문을 읽고 물음에 답하시오.

아래는 유럽의 한 국가에서 첫 자녀를 출산한 부모의 소득을 분석한 결과이다. 〈그래프 1〉은 첫 번째 자녀가 태어나기 1년 전을 기준으로 부모의 소득이 이후에 어떻게 변하는지를 보여 주고 있다. 〈그래프 2〉는 할머니와 할아버지의 소득 비율이 〈그래프 1〉에서 빗금으로 표시한 영역의 넓이와 어떤 관계에 있는지를 제시하고 있다. 〈그래프 2〉에서 '친가'는 친할머니와 친할아버지의 소득 비율을 뜻하고, '외가'는 외할머니와 외할아버지의 소득 비율을 뜻한다. '소득 비율 = 0'은 할머니가 전업주부이고 소득이 없음을 의미한다.

〈그래프 1〉

〈그래프 2〉

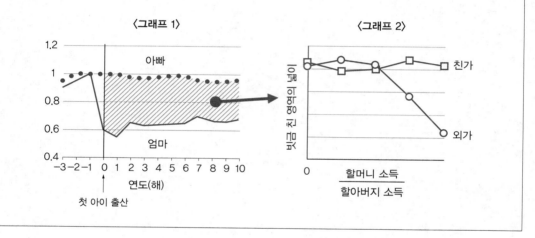

문제 1

〈그래프 1〉이 의미하는 바를 설명하시오. 왜 이런 결과가 나왔다고 생각하는지 말하시오.

문제 2

〈그래프 2〉가 의미하는 바를 설명하시오. 왜 이런 결과가 나왔다고 생각하는지 말하시오.

문제 1 **예시 답안**

〈그래프 1〉은 출산에 따른 여성의 경력 단절 문제를 시사하고 있습니다. 그래프 전반에 걸쳐 아빠의 소득은 비슷한 수준으로 유지되는 반면에 엄마의 소득은 출산을 기점으로 급락하여 저조한 수준을 보여 주고 있습니다. 이는 출산 이후 육아 및 가사 노동이 여성에 전가됨에 따라 여성의 경력 단절 문제로 이어진다는 점을 의미하는 것이라고 할 수 있습니다.

〈그래프 1〉에서 빗금 친 영역의 넓이, 즉 아빠와 엄마의 소득 격차가 가장 크게 나타나는 시점은 바로 첫아이 출산 직후입니다. 이는 출산 및 수유 등 생물학적 요인에 의한 것으로서 불가피한 결과라고도 할 수 있을 것입니다. 그러나 해당 시기 이후에도 지속적으로 엄마의 소득 수준이 아빠에 비해 저조하게 유지되고 있는 점은 사회 구조적 요인에 의한 것으로 보아야 합니다. 앞서 언급한 바와 같이 여성에 대한 육아 및 가사 노동의 전가, 그리고 그로 인한 여성의 경력 단절에 따른 것이라고 할 수 있을 것입니다.

한편, 미약한 추세이기는 하나 엄마의 소득 수준이 점차 증가하면서 아빠의 소득 수준과의 격차가 줄어드는 경향이 나타나고 있기도 합니다. 그리고 이러한 경향은 아이들의 취학 연령, 즉 어린이집에 가게 되는 2~3세, 초등학교에 입학하게 되는 7~8세의 시점을 기준으로 두드러지게 나타나고 있습니다. 이러한 점을 고려할 때, 해당 시기를 전후하여 일부 여성의 사회 활동 복귀가 이루어지는 것으로 짐작할 수 있습니다. 그러나 이러한 경우는 일부에 불과한 것으로, 대다수 여성이 여전히 경력 단절 상태에 놓여 있는 큰 추세를 전환시킬 수 있을 만큼의 영향력을 발휘하지는 못하고 있습니다.

개요

1. 주제 의식 제시: 여성의 경력 단절
2. 거시적 추세 설명: 가사 노동의 여성 전가로 인한 기혼 여성의 경력 단절
3. 미시적 변화 설명: 2~3세, 7~8세 시점에서 나타나는 추세 변화 언급

1. 답안을 구성함에 있어서 가장 큰 주제 의식을 먼저 언급하는 편이 좋습니다. 그리고 단순히 제시문에 언급된 표현만을 활용하여 답변을 구성하기보다는 '여성의 경력 단절'과 같이 자신만의 언어를 활용하여 답변을 구성한다면 보다 수준 높은 답변이라는 인상을 줄 수 있습니다.

2. 거시적인 주제 의식에 대해 언급하되, 그래프에서 나타나는 미시적 추세 변화에 대해서도 언급해야 합니다. 보다 면밀하고 세부적으로 그래프를 분석했다는 인상을 줄 수 있기 때문입니다. 또한, 그렇게 답변을 구성하지 않는다면 단편적인 논의에 머무르게 되므로 좋은 평가를 받을 수 없게 됩니다.

이 답안의 강점은 무엇인가?

문제 2 **예시 답안**

〈그래프 2〉는 친가 및 외가의 조부모 소득 격차와 자식 부부의 소득 격차 간의 관련성을 보여 주고 있습니다. 여기서 조부모의 소득 격차는 곧 자식 부부의 경제 활동을 반영하는 것이라고도 볼 수 있을 것입니다. 앞서 〈그래프 1〉에서 엄마의 소득 수준이 점차 증가해 아빠의 소득 수준과의 격차가 줄어드는 경향을 확인할 수 있었습니다. 이는 여성의 사회 활동 복귀가 이루어지는 시점으로, 〈그래프 2〉와 함께 비교해 보면 외가의 소득 격차가 감소하는 시점과 밀접한 관련이 있습니다.

〈그래프 2〉를 보다 자세히 분석해 보도록 하겠습니다. 친가의 경우, 할아버지 소득 대비 할머니 소득 비율은 비교적 일정하게 유지되고 있습니다. 반면에 외가의 경우, 외할아버지와 외할머니의 소득 비율은 점점 벌어져 외할머니의 소득이 없음을 알 수 있습니다. 〈그래프 1〉의 빗금 친 영역의 격차는 시간이 지나도 크게 줄어들지 않고, 〈그래프 2〉는 시간이 지날수록 격차가 벌어집니다. 이 그래프의 변화로 파악할 수 있는 것은 첫 아이 출산을 기점으로 부부 이외의 다른 가족 구성원에게 육아의 부담이 넘어간다는 것입니다. 엄마의 사회 활동 복귀로 첫 아이의 육아가 외할머니에게 넘어갔기 때문에 사회적 불평등, 즉 성차별적 피해가 외가에서 나타나게 됩니다.

이상의 논의를 정리해 보면, 출산과 육아가 온전히 한쪽 성별에만 부담이 되는 사회 구조와 더불어 여성의 사회 활동으로 인해 육아 부담이 외가, 즉 외할머니에게까지 영향을 주는 사회적 차별이 존재함을 알 수 있습니다. 이는 성차별적 피해가 특정 집단(부부)과 또 다른 집단(친가·외가)에까지 미치고 있다는 것입니다. 따라서 이런 성차별적 문제를 해결하고 성평등 사회로 나아가기 위한 방안으로는 가정 안팎에서 육아를 뒷받침할 수 있도록 사회·제도적으로 보완하여 육아의 역할을 집단 모두가 공유하는 인식 개선이 필요합니다.

개요

1. 조부모의 소득 격차: 자식 부부의 경제 활동을 나타내는 지표
2. 여성의 경제 활동 복귀로 인한 육아의 부담 이동: 외가에서 나타나는 성차별
3. 대안 제시: 성평등을 위한 사회·제도적 방안 마련과 인식 고취 노력

Tip & Advice

1. 조부모의 소득 격차가 의미하는 바가 무엇인지 개념화하여 제시할 필요가 있습니다. 이를 바탕으로 사회적 불평등 속에서 여성의 사회 활동 복귀가 이후 조부모에게까지 차별적 영향을 미친다는 논의로 발전시켜야 합니다.

2. 명시적인 요구 사항은 아니지만, 문제점의 원인을 제시했을 때 그에 대한 대안에 대해서도 간단히 언급하면서 답변을 마무리한다면 보다 고차원적인 사고 과정을 거쳐 구성된 답변이라는 인상을 줄 수 있습니다.

이 답안의 강점은 무엇인가?

학교 측 출제 의도 및 평가 지침

출제 의도

연세대는 19년도에 해당 문항 채점 기준과 문항 해설을 제공하지 않았음

문항 해설

연세대는 19년도에 해당 문항 채점 기준과 문항 해설을 제공하지 않았음

※ 제시문을 읽고 물음에 답하시오.

연말을 맞이하여 자원봉사자 120명과 함께 불우한 이웃을 돕는 연탄 나르기 행사를 진행했다. 이들을 40명씩 세 집단으로 나누어 다음과 같은 실험을 실시했다.

- **집단 1**: 이 집단의 자원봉사자들은 최저 임금에 해당하는 수고비를 행사 전에 지급받았다.
- **집단 2**: 이 집단의 자원봉사자들은 도움을 받는 이웃들이 고마움을 담아 적은 손 편지와 소정의 선물을 활동 전에 전달받았다.
- **집단 3**: 세 번째 집단에게는 아무런 조치를 취하지 않았다.

아래의 〈그래프 1〉은 이번 행사에서 각 집단이 3시간 동안 배달한 연탄의 총 합계를 보여 주고 있다. 한편, 1년 후에도 같은 집단의 자원봉사자들을 다시 불러서 연탄 나르기 행사를 진행했다. 이 때는 아무 집단에게도 수고비나 선물을 지급하지 않았다. 그 결과는 〈그래프 2〉에 제시되어 있다.

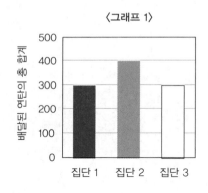

〈그래프 1〉

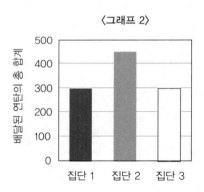

〈그래프 2〉

문제 1

위 〈그래프 1〉로부터 추론할 수 있는 내용은 무엇인가? 왜 이러한 결과가 나왔다고 생각하는지 말하시오.

문제 2

〈그래프 1〉과 〈그래프 2〉를 비교할 때 추론할 수 있는 내용은 무엇인가? 이러한 결과를 어떻게 실제 봉사 활동 현장에 적용할 수 있겠는지 말하시오.

문제 1 예시 답안

주어진 그래프에서 y축, 즉 배달된 연탄의 총 합계는 자원봉사자들의 동기 부여 정도를 보여 주는 척도라고 이해할 수 있습니다.

우선 집단 2의 경우, 세 집단 중 가장 높은 동기 부여 정도를 보이고 있습니다. 활동 전에 받은 편지와 선물, 즉 봉사 활동에 대한 감사의 표시가 동기 부여에 긍정적인 영향을 미쳤다는 점을 알 수 있습니다.

한편, 집단 1과 집단 3은 집단 2에 비해 낮은 동기 부여 정도를 보이고 있습니다. 집단 3의 경우는 아무런 조치를 취하지 않은 집단인데, 해당 집단의 동기 부여 정도를 앞서 살펴본 집단 2의 동기 부여 정도와 비교함으로써 봉사 활동에 대한 감사의 표시가 동기 부여에 긍정적 영향을 미친다는 점을 재확인할 수 있습니다.

집단 1의 경우는, 봉사 활동 행사 이전에 수고비를 지급받았음에도 아무런 조치를 취하지 않은 집단 3과 유사한 수준의 동기 부여 정도를 보이고 있습니다. 이는 봉사 활동에 대한 경제적 보상이 봉사 활동의 동기 부여에 대해 긍정적인 영향을 미치지 못한다는 점을 보여 주는 근거라고 할 수 있습니다.

이러한 결과는 봉사 활동의 목적에 부합하는 형태의 보상 제공 여부가 동기 부여에 미치는 영향을 보여 주는 것이라고 생각합니다. 봉사 활동은 경제적 보상을 목적으로 하는 행위가 아니라 심적 만족을 추구하는 이타적 행위라고 할 수 있을 것입니다. 집단 2의 경우는 이처럼 봉사 활동의 목적에 부합하는 보상, 즉 이타적 행위에 대한 감사의 표시를 받게 될 경우 높은 동기 부여 정도를 보이게 된다는 점을 잘 보여 주는 것이라 할 수 있습니다. 반면에 집단 1의 경우는 봉사 활동의 목적에 부합하지 않는 경제적 보상을 제공받았기에 봉사 활동의 동기 부여에 어떠한 긍정적 영향도 받지 못한 것이며, 따라서 아무런 조치를 취하지 않은 집단 3과 같은 수준의 동기 부여를 보여 주고 있는 것이라고 할 수 있습니다.

> **개요**
>
> 1. 집단 1, 2, 3 각각의 수치가 나타난 원인 분석
> 2. 각각의 원인 모두를 관통하는 키워드를 바탕으로 재서술

집단 1, 2, 3에서 나타난 각각의 수치들을 분석해 준 후, 이들을 관통하는 하나의 원인을 제시하면서 이를 바탕으로 논의를 정리할 필요가 있습니다. 각각의 논의를 전개한 후 이를 하나로 묶어 주지 않으면 전 문제를 관통하는 핵심 키워드를 놓쳤다는 인상을 줄 수 있습니다.

이 답안의 강점은 무엇인가?

집단 1의 경우는 이전 해에 비해 동기 부여 정도가 낮아진 결과를 보이고 있습니다. [문제 1]에서 〈그래프 1〉을 독자적으로 분석한 결과 금전적 보상은 봉사 활동의 목적에 부합하는 적절한 보상이 아니라는 점으로 인해 동기 부여에 긍정적 영향을 미치지 못한다는 점을 알 수 있었는데, 이러한 결과를 〈그래프 2〉와 비교 분석한 결과 금전적 보상은 지속적으로 제공되지 않는 경우 도리어 동기 부여를 저해하는 요인으로 작용할 수도 있다는 점 또한 추가적으로 알 수 있었습니다.

한편, 집단 2의 경우에는 두 번째 봉사 활동에서 감사의 표시를 받지 않았음에도 더 높아진 동기 부여 정도를 보이고 있습니다. 이는 첫 번째 봉사 활동 당시 받았던 감사 표시의 기억이 두 번째 봉사 활동에도 긍정적 영향을 미친 것이라고 이해할 수 있을 것입니다. 즉, 봉사 활동에 대한 감사의 표시가 동기 부여에 미치는 긍정적 영향은 일회성에 그치지 않고 장기적 효과를 갖는 것이라고 할 수 있습니다. 또한, 〈그래프 1〉에서 나타난 결과를 고려할 때, 두 번째 봉사 활동에 앞서서도 자원봉사자들에게 감사 표시를 전달했다면 〈그래프 2〉에 나타난 수치를 상회하는 수치가 나타났으리라 예상할 수도 있습니다.

이상의 논의를 실제 봉사 활동 현장에 적용해 보면, 자원봉사자들에게 금전적 보상보다는 감사 표시를, 일회성보다는 지속적으로 제공하는 것이 동기 부여를 이끌어내는 데 보다 효과적인 방안이 될 것이라 여겨집니다.

개요

1. 〈그래프 1〉, 〈그래프 2〉 비교: 변화가 나타난 집단인 1, 2의 양상을 각각 비교
2. 실제 봉사 활동에 적용: 금전적, 일회성 보상보다는 감사 표시를 지속적으로 제공

1. 두 개의 그래프를 비교할 것을 요구하고 있는데, 각각의 그래프 내에 여러 집단이 존재하고 있는 만큼 각각의 집단에 대한 비교를 모두 수행해 주어야 합니다.

2. 여러 차례 비교가 이루어지고 있는 만큼 비교 기준에 있어서도 두 개 이상의 키워드를 설정하여 비교를 시도하는 편이 좋습니다. 여러 사안에 대해 비교하면서 하나의 비교 기준만을 제시한다면 다소 지루하고 단순한 논의라는 인상을 줄 수 있습니다.

이 답안의 강점은 무엇인가?

학교 측 출제 의도 및 평가 지침

출제 의도

연세대는 19년도에 해당 문항 채점 기준과 문항 해설을 제공하지 않았음

문항 해설

연세대는 19년도에 해당 문항 채점 기준과 문항 해설을 제공하지 않았음

※ 제시문을 읽고 아래 문항들에 답하시오.

(가)

싱가포르는 공공 시설물 파손을 엄격하게 처벌하는 것으로 유명하다. 싱가포르 정부는 지난 1994년 미국의 10대 소년인 마이클 페이에게 자동차와 공공 자산을 파손한 혐의로 **태형** 6대를 집행하였다. 당시 미국의 대통령은 싱가포르 정부에 선처를 호소하였고, 여러 인권 단체가 태형이 인간 존엄성을 훼손하는 처벌 방법이라고 항의하였다. 그러나 싱가포르는 법원의 명령에 따라 태형을 집행하여 국제적 논란이 일어났다.

(나)

흥보 아내 이른 말이, "그 돈은 웬 돈이며 삼십 냥은 웬 돈이오?"

흥보 이른 말이, "천기누설이라, 말부터 앞세우면 이뤄질 일 없으니, 그 돈으로 양식 팔아 배불리 질끈 먹고."

흥보 아내 이른 말이,

"먹으니 좋소만 그 돈은 어디서 났소?"

흥보 이른 말이,

"본읍 죄수 대신으로 병영 가서 곤장 맞기로 삼십 냥에 결단하고 마삯* 돈 닷 냥 받아 왔네."

흥보 아내 이 말 듣고 기가 막혀 이른 말이,

"그놈의 죄상**도 모르고 병영으로 올라갔다가 저 모습 저 몰골에 곤장 열을 맞으면 곤장 아래 혼백 될 것이니 제발 덕분 가지 마오."

흥보 이른 말이, "볼기의 구실이 있나니."

"볼기가 구실이 있단 말이오?"

"그렇지. 볼기 구실 들어 보소. (중략)

쓸데없는 이내 볼기 놀려 무엇한단 말인가. **매품**이나 팔아먹세." (중략)

흥보 가슴이 끔쩍하여, "거기는 무엇하러 왔소?"

"나는 평안도 사방동 동팔풍촌서 사는 솔봉 애비 모르시오. 이십오 대 가난으로 매품 팔러 왔소."

또 한 놈 나 앉으며,

"나는 경상도 문경 땅의 제일 가난으로 사십육 대 호적 없이 남의 곁방살이로 내려오는 김딱직이란 말 듣도 못하였소."

* 마삯: 말을 타는 데 대한 삯. 흥보가 매품을 팔기 위해 병영으로 갈 때 드는 비용
** 죄상(罪狀): 범죄의 구체적인 사실

(다)

　프로타고라스는 상대주의적 윤리관을 잘 보여 준다. 그는 인간의 모든 판단이 상대적이고, 우리가 진리라고 믿는 것도 오로지 개인의 의견일 뿐 보편적이지 않다고 주장한다. (중략) 이를 삶의 문제에 적용하면 윤리적 상대주의가 된다. 이러한 관점에서는 바람직한 삶의 태도와 방식에 관해 사람마다 의견이 다르며, 공동체의 법과 관습, 윤리적 원칙도 사회나 시대마다 달라서 모두 상대적일 뿐이며 절대적이고 보편적인 것은 없다고 주장하기 때문이다. 프로타고라스에 따르면, 최선의 삶은 다른 사람을 설득하고 이해시켜 자신의 관점과 의견을 최대한 인정받고, 자신의 공동체가 지키는 관습과 규범에 충실하게 사는 삶이다. 더 나아가 다른 사람을 인정하고 다른 사회를 존중하면서 최대한 평화로운 공존을 모색해야 한다. (중략) 하지만 이러한 태도를 따르면 윤리적 허무주의에 빠질 위험이 있다. 윤리적 문제에 관해 무엇이 옳고 참된 것인지를 판단하거나 공동체의 합의를 이끌어 내려는 노력이 의미가 없기 때문이다. 더 나아가 자신의 주장만을 내세우고, 다른 사람을 그럴듯하게 속여 이익과 권력을 얻으려는 경향까지 나타나면 정치적·도덕적 질서가 무너져 사회가 혼란에 빠질 수도 있다.

(라)

　모든 인간은 인간이라는 이유만으로 국가나 다른 사람으로부터 존중받아 마땅하며, 어떤 목적을 위한 수단으로 취급될 수 없는 존엄한 존재이다. 이러한 **인간 존엄성**을 실현하기 위해 반드시 보장되어야 하는 것이 바로 인권이다. 하지만 한 사람의 권리는 다른 사람의 권리와 충돌할 수 있으므로 인간이 자율적으로 상호 간의 인권을 동등하게 보장하기는 쉽지 않다. 또한 통치자나 국가 기관들이 자신들에게 부여된 권력을 남용하여 국민의 권리를 부당하게 침해하는 경우도 나타날 수 있다.

문제 1

제시문 (가) 싱가포르의 '태형'과 제시문 (나) 흥보전의 '매품'을 서로 비교하시오.

문제 2

제시문 (다)를 바탕으로 제시문 (나) 흥보의 행위에 대해 평가하시오.

문제 3

제시문 (가), (나), (다)를 참조해서 제시문 (라)의 '인간 존엄성' 실현을 위해 어떤 노력이 필요한지 말해 보시오.

제시문 (가)에 나타난 싱가포르의 '태형'과 제시문 (나)에 나타난 흥보의 '매품'은 둘 다 위법 행위에 관한 처벌, 그중에서도 신체를 훼손할 수 있는 태형과 관련된 개념이라는 공통점이 있습니다. 그러나 두 개념은 크게 두 가지 측면에서 차이점을 보여 주고 있습니다.

먼저 해당 개념의 성격은 다음과 같은 차이가 있습니다. 태형은 법원의 명령에 의해 처벌하는 제도인 반면, 매품은 자발적으로 매를 맞고 돈을 받는 행위입니다. 제시문 (가)에서 싱가포르는 미국의 대통령과 여러 인권 단체의 항의와 호소에도 불구하고 법원의 명령에 따라 마이클 페이에게 태형을 집행했습니다. 반면 제시문 (나)의 흥보는 가족을 먹여 살릴 돈을 벌기 위해 매를 맞을 것을 자처했습니다. 즉, 태형은 강제적인 반면, 매품은 자발적입니다.

이러한 두 개념의 성격 차이는 태형과 매품의 상이한 목적에서 비롯되었습니다. 태형의 목적은 사법을 집행하는 것입니다. 여러 반대가 있었음에도 불구하고 싱가포르가 태형을 집행한 이유는 그것이 법원의 명령이었기 때문입니다. 반면 흥보가 매품을 파는 목적은 가족의 생계를 책임지기 위함입니다. 흥보는 자신의 볼기가 구실이 있다는 말을 통해, 가족을 위해서라면 몸을 팔아서라도 돈을 벌어야 한다는 의식을 보여 주고 있습니다.

개요

1. 제시문 (가)와 (나)의 공통점
2. 제시문 (가)와 (나)의 차이점 1 ('태형'과 '매품'의 개념의 성격)
3. 제시문 (가)와 (나)의 차이점 2 ('태형'과 '매품'의 목적)

1. 고려대 학업우수형의 경우, 약 6분에 해당하는 시간 동안 3개의 문항에 대한 답변을 완료해야 합니다. 이 때 각 문항별로 할당된 제시문의 수를 고려하여 각 답변의 길이나 분량을 조절해야 하므로 1번부터 각 문항에 적절한 답변은 2분([문제 1]), 2분([문제 2]), 2분([문제 3])으로 기획할 수 있습니다. 그러나 [문제 3]에서 활용되어야 하는 제시문의 수가 더 많다는 점을 함께 고려한다면, [문제 1]에 대한 답변 시간은 최대 1분 30초 정도로 제한하면 더 좋습니다.

2. 이번 문제는 논술이나 구술에서 흔히 찾아볼 수 있는 비교하기 유형으로, 이런 유형을 풀 때는 반드시 비교를 위한 공통 기준(비교 기준)을 찾아내야 합니다. 이번 답변에서는 태형과 매품의 '성격/목적'이라는 비교 기준을 활용했습니다. 만약 공통된 기준이 부재한 채 두 제시문을 일방적으로 설명할 경우, 채점자(즉 면접관)에게는 단순한 요약이나 나열에 불과한 말로 들릴 수 있다는 점에 유의해야 합니다.

이 답안의 강점은 무엇인가?

1) 흥보의 행위를 긍정적으로 평가하는 경우

제시문 (다)를 바탕으로 볼 때, 제시문 (나)의 흥보의 행위는 충분히 허용 가능한 행위라고 평가할 수 있습니다. 제시문 (다)는 도덕이란 사람마다 혹은 사회나 시대마다 달라서 모두 상대적일 뿐 절대적이고 보편적이지 않다는 상대주의 윤리관을 보여 주고 있습니다. 이에 따르면 인간은 자신이 속한 공동체의 규범과 관습을 충실히 따르며 평화로운 공존을 추구해야 합니다.

그렇다면 제시문 (나)의 흥보를 비난할 만한 절대적인 기준이나 근거는 존재하지 않는다고 볼 수 있습니다. 그는 단지 그가 속한 공동체의 관습 중 하나인 매품을 충실히 따르고 있을 뿐이며, 나아가 가족의 생계를 책임지고 돈을 벌기 위해 자신의 몸을 사용하고 있을 뿐입니다. 그러므로 흥보의 행위를 부정적으로 평가할 수는 없습니다.

정리하면, 흥보의 행위를 평가할 기준이 부재한 상황에서는 그의 '죄'가 성립하기 어려울뿐더러 그 행위의 목적 또한 가족을 위한 것이었다는 점에서 흥보의 행위는 충분히 허용 가능하다고 평가할 수 있습니다.

2) 흥보의 행위를 부정적으로 평가하는 경우

제시문 (다)를 바탕으로 볼 때, 제시문 (나)의 흥보의 행위는 부정적으로 평가할 수 있습니다. 제시문 (다)에 의하면 윤리적 상대주의는 무엇이 옳고 그른 것에 대한 공동의 합의를 무위로 돌리고 윤리적 허무주의로 이끌 수 있으며, 나아가 질서를 무너뜨려 사회적 혼란을 야기할 수 있습니다.

따라서 제시문 (나)의 흥보의 행위를 윤리적 상대주의라는 명목으로 허용할 경우, 윤리적 허무주의와 사회적 혼란이 야기될 수 있으므로 주의해야 합니다. 그의 행위는 범죄를 저지른 자에게 마땅한 처벌을 내리고자 하는 사회적 규준을 어지럽히고, 나아가 빈부 격차에 따라 죄를 짓고도 처벌을 받지 않는 모습을 보여줌으로써 상대적 박탈감과 허무주의를 야기할 수 있습니다.

그러므로 공동체의 사회적 기준을 바로 세우고 도덕의 유의미성을 보여 주기 위해 흥보의 매품 행위는 허용되어서는 안 되며, 부정적으로 평가해야 합니다.

1) 흥보의 행위를 긍정적으로 평가하는 경우

 1. 흥보의 행위 평가 (두괄식 구성) + 제시문 (다)의 윤리적 상대주의 요약

 2. 제시문 (다)를 바탕으로 제시문 (나)의 흥보의 행위를 허용할 수 있는 근거 서술

 3. 전체 답변 요약

2) 흥보의 행위를 부정적으로 평가하는 경우

 1. 흥보의 행위 평가 (두괄식 구성) + 제시문 (다)의 윤리적 상대주의 비판 요약

 2. 제시문 (다)를 바탕으로 제시문 (나)의 흥보의 행위를 비판할 수 있는 근거 서술

 3. 전체 답변 요약

1. 앞서 [문제 1]의 첫 번째 답변 'Tip & Advise'에서 언급한 바와 같이, [문제 2]에 대한 적절한 답변 시간은 1분~1분 30초가량으로 파악할 수 있습니다. 이를 고려하여 1분 내로 답변할 수 있는 분량으로 답변을 구성했습니다.

2. 구술면접에서 답변의 형식적인 요소 중 중요한 점을 하나 꼽으라면, 두괄식 구성을 꼽을 수 있습니다. 특히 고려대 구술 학업우수형 면접의 경우 문항이 3개로 구성되어 있으며, 각 문항은 개별적으로 분리되어 있습니다. 이처럼 복잡한 답변을 준비할 때 두괄식으로 구성하지 않으면 답변하다가 논점이 이탈되는 경우가 많으므로 면접자는 의식적으로 각 문항에 대한 답을 두괄식으로 구성하도록 준비해야 합니다. 우선 첫 문장이나 도입부에서 막힘없이 말을 꺼내고 나면, 이후 흐름은 좀 더 쉽게 따라갈 수 있습니다. 미괄식으로 구성하는 답변은 구술에서 가능한 지양하는 것이 좋습니다.

3. 이번 문제는 평가하기 유형의 전형적인 모습이 담긴 문제에 해당합니다. 평가하기 유형을 풀 때는 가장 먼저 평가 기준과 평가 대상을 정확히 정리해야 하고, 평가 대상을 평가하는 내용에서 평가 기준이 어떻게 구체적으로 적용될 수 있는지 고민하면서 답변을 준비해야 합니다. 특히 평가하기를 풀 때 주의할 점은, 평가 기준이 오로지 제시문으로부터 도출되어야 한다는 점입니다. 문항에서 직접 학생 자신의 견해를 덧붙이라는 서술이 등장하지 않는 한, 면접자는 주어진 제시문에서 평가의 기준이 되는 문장을 정리해 두어야 합니다.

제시문 (라)는 인간은 누구나 그 존재 자체만으로 존중받아 마땅하며, 단순히 수단으로 취급될 수 없는 존엄한 대상이라고 주장하고 있습니다. 이러한 인간 존엄성을 실현하기 위해 확보해야 하는 것이 바로 인권입니다. 따라서 제시문 (가), (나), (다)를 바탕으로 인권이 보장되고 인간 존엄성이 실현될 수 있는 방안에 대해 말씀드리겠습니다.

먼저 제시문 (가)는 싱가포르의 태형 집행 사례를 통해 국가 기관이 인권을 보장하기 위해 지켜야 하는 제한선을 시사하고 있습니다. 사법적 권한을 보장하는 것은 그 사회의 질서와 치안 유지를 위해 필수적이지만, 그 권한이 개인의 인권을 훼손하는 방식의 처벌까지 용납해서는 안 됩니다. 왜냐하면 사법적 권한 또한 사회와 사회 구성원을 지키기 위해 부여한 것이기 때문입니다. 특히 육체적 체벌은 개인의 신체에 대한 권리를 침해하는 것이므로, 인권을 보장하고 인간 존엄성을 실현하기 위해서는 법에 의해 집행되는 것일지라도 태형과 같이 심각한 물리적 폭력을 동반한 처벌은 금지되어야 합니다.

다음으로 제시문 (나)는 흥보의 매품 사례를 통해 인간이 다른 인간을 위한 수단으로 취급되어서는 안 된다는 점을 보여 주고 있습니다. 흥보는 가난한 처지에 가족을 먹여 살리기 위해 자신의 몸을 희생하여 매품을 팔려 하고 있습니다. 매품을 파는 사람이 있다면 사는 사람도 있어야 하는데, 본읍 좌수를 그러한 사람으로 이해할 수 있습니다. 이때 본읍 좌수는 자신의 안위를 위해 흥보의 몸을 돈으로 사고 있습니다. 이러한 본읍 좌수의 행위는 흥보를 자신의 목적을 위한 수단으로 취급하는 행위로서 인권을 심각하게 훼손합니다. 그러므로 인권을 보장하고 인간 존엄성을 실현하기 위해서는 신체나 생명에 대한 자기 결정권과 같은 중요한 권리를 매매할 수 없도록 해야 합니다.

마지막으로 제시문 (다)는 윤리적 상대주의와 그 한계를 보여 주는데, 이는 인권이 상대주의 윤리관에 의해 평가될 수 있는 대상인지 생각해 보아야 함을 시사합니다. 상대주의 윤리관에 의하면 모든 도덕적 판단과 가치관은 상대적입니다. 그리고 이로 인해 사회적 혼란이 야기될 수도 있습니다. 그러나 인권과 인간 존엄성이라는 가치는 상대화될 수 없으며, 보편적이고 절대적으로 지켜야 하는 가치입니다. 다만 인권이 보장되는 구체적인 방식에 있어서는 각 공동체의 관습과 규범의 상대적 특징이 반영될 수 있도록 해야 합니다. 그러므로 인권을 보장하고 인간 존엄성을 실현하기 위해서는 그 절대적 가치는 지키되 구체적인 방법은 상대적으로 허용할 수 있도록 규준을 마련해야 합니다.

1. 제시문 (라) 요약

2. 제시문 (가)의 사례를 통한 인간 존엄성 실현 방안 1 (신체적 처벌 금지)

3. 제시문 (나)의 사례를 통한 인간 존엄성 실현 방안 2 (신체나 생명에 대한 자기 결정권 등 매매 금지)

4. 제시문 (다)의 논점을 통한 인간 존엄성 실현 방안 3 (가치 보장 + 구체적 방법 상대화 허용)

Tip & Advice

1. [문제 3]은 3분 정도의 길이로 답변할 수 있도록 다른 문항들에 비해 좀 더 길게 구성했습니다. 다만 답변의 논리적 양상을 좀 더 정확히 드러내기 위해 세세하게 문장을 서술하다 보니 분량이 조금 많게 느껴질 수 있습니다. 학생들은 이 답변에 해당하는 분량으로 구술하기 어려울 수 있으므로, 이번 답변에서는 답변의 구조를 중심으로 그 특징과 강점을 파악해 두면 좋습니다.

2. 이번 문제는 제시문 (가), (나), (다)로부터 인간 존엄성 실현의 구체적인 방안을 도출하도록 요구하고 있습니다. 이러한 유형을 마주했을 때 학생들이 자주 저지르는 실수 중 하나는, '단어 하나'에 의존하여 제시문의 내용과 구체적 방안의 연결성을 만들어 내려 한다는 점입니다. 따라서 단순히 단어가 아니라, 제시문의 핵심 '논리'에 기반하여 구체적인 방안이 도출되어야 한다는 점에 유의해야 합니다. 이를 연습하는 방법은 어떤 구체적 방안을 떠올린 후, 그 방안이 제시문에 의해 어떻게 뒷받침될 수 있는지 고민해 보는 것입니다. 즉 제시문으로부터 그 구체적 방안을 뒷받침할 수 있는 근거를 함께 마련함으로써, 단순히 단어 하나에 의존하여 해결 방안을 제시하는 실수를 방지할 수 있습니다.

이 답안의 강점은 무엇인가?

학교 측 출제 의도 및 평가 지침

출제 의도

- [문제 1] 제시문 (가)의 싱가포르에서 시행되고 있는 범죄에 대한 처벌인 '태형'과 제시문 (나)의 홍보가 가난을 해결하고자 자발적으로 선택한 하나의 방편인 '매품'을 서로 비교하는 과정을 통해 분석력을 평가하고자 함

- [문제 2] 제시문 (다)의 윤리적 상대주의 관점을 제시문 (나) 홍보의 '매품' 행위에 잘 적용하는지를 평가하고자 함

- [문제 3] 제시문 (가), (나), (다)를 참조하여 제시문 (라)에 소개된 인간 존엄성 실현을 위해 고려되어야 할 요소들을 밝히게 함으로써 종합적 사고력을 평가하고자 함

문항 해설

- [문제 1]은 제시문 (가)의 싱가포르에서 시행되는 범죄에 대한 처벌인 '태형'과 제시문 (나)의 홍보가 가난을 해결하고자 자발적으로 선택한 하나의 방편인 '매품'의 공통점과 차이점을 논리적으로 설명해야 함

- [문제 2]는 제시문 (다)의 윤리적 상대주의 관점을 제시문 (나) 홍보의 '매품' 행위에 잘 적용해서 설명해야 함

- [문제 3]은 제시문 (가), (나), (다)를 참조하여 제시문 (라)에 소개된 인간 존엄성 실현을 위해 고려되어야 할 요소들을 논리적으로 설명해야 함

※ 제시문을 읽고 물음에 답하시오.

(가)

복지 제도는 모든 국민이 인간다운 생활을 유지할 권리를 실질적으로 보장하는 것이 목적이다. 즉 인간이 인간다움을 유지하며 살아갈 수 있도록 국가는 그들에게 필요한 도움을 주고 문제를 해결하도록 도와야 한다. 더불어 국가의 개입을 통하여 계층 간의 갈등과 사회 불안을 야기하는 빈곤이나 사회 불평등 문제를 해결해야 한다. 오늘날 전 세계 시장을 주도하고 있는 자유 무역과 무한 경쟁은 이른바 20 대 80의 사회*를 만들어 내고 있다. 이에 따라 소수에 대한 부의 집중과 상대적 박탈감의 확산, 그리고 양극화 현상의 심화로 인하여 사회의 안정과 통합이 저해되고 있다. 이런 상황에서 복지 제도는 사회 불평등 현상을 극복하고 실질적 평등의 원리를 실현할 수 있는 좋은 대안이 될 수 있다. 또한 사회 문제에 대한 사회적 책임을 강조함으로써 **복지 사회**가 지향하는 가치인 인간의 존엄성을 실질적으로 보장해 줄 수 있다.

* 20 대 80의 사회: 세계화 시대에서 세계 인구 중 20%만이 안정적인 생활을 할 수 있고, 80%의 빈곤층과 20%의 부유층으로 사회가 양분될 것이라 보는 이탈리아의 경제학자 빌프레도 파레토의 주장

(나)

도가 윤리는 자연의 순리에 따르는 삶을 강조한다. 노자는 "도(道)는 자연을 본받아 어긋나지 않는다."라고 하여, 천지 만물의 근원인 도의 특성이 인위적으로 강제하지 않고 자연스러움을 따르는 무위자연(無爲自然)이라고 주장하였다. 도가 윤리는 이러한 무위자연을 이상적 삶의 모습으로 제시하며, 무위의 다스림이 이루어지는 소국 과민**을 **이상 사회**로 본다. (중략) 도가 윤리는 내면의 자유로움을 추구함으로써 부와 명예 등 세속적 가치에서 벗어나 진정한 행복에 이를 수 있게 한다.

** 소국 과민(小國寡民): 영토가 작고 인구가 적은 나라

(다)

나 홀로
그렇게 숲속을 걸었지.
아무것도 찾지 않으리라.
그런 생각에 잠긴 채.

그늘 속에서
나는 한 떨기 꽃송이를 보았어.
별처럼 반짝이며
작은 눈동자처럼 아름다웠지.

나는 그 꽃을 꺾으려 했지.

그러자 꽃은 속삭였어.

난 꺾여

시들어 버릴 테죠?

나는 그것을

아름다운 정원에다 심으려고

뿌리째 파내어

집으로 가져왔지.

그러자 그 꽃은 조용한 구석에서

다시 살아났어.

이제 가지가 뻗어 나가고

자꾸자꾸 꽃을 피우고 있네.

(라)

　지방 자치 단체가 수행하는 사무에는 중앙 정부로부터 위임을 받은 국가 사무와 지방 자치 단체 스스로 결정하는 지방 사무가 있다. 그중 국가 사무가 차지하는 비중이 높아(80% 내외) **실질적인 지방 분권**이 이루어지지 못하고 있다. 국가 사무의 경우 국가의 지도 · 감독이 중심을 이루지만 조례 제정을 비롯한 지방 의회의 개입이 쉽지 않아 지역 자율성이 제대로 실현되지 못하는 결과를 가져온다. 지방 재정법 제21조는 위임 사무 처리 비용을 국가가 부담하도록 규정하고 있으나 실제로는 위임 사무 처리 비용을 지방 자치 단체가 부담하는 경우가 적지 않다. 그뿐만 아니라 주민의 삶의 질과 직결된 지방 자치 단체의 정책이 국가 사무에 가로막혀 좌절되는 경우도 있다.

문제 1
제시문 (가)의 '복지 사회'와 제시문 (나)의 '이상 사회'를 비교하시오.

문제 2
제시문 (나)의 관점에서 제시문 (다)의 화자인 '나'의 행위를 평가하시오.

문제 3
제시문 (가), (나), (다)를 두루 참고하여 제시문 (라)의 '실질적인 지방 분권'을 위해 필요한 요건을 말해 보시오.

제시문 (가)의 '복지 사회'와 제시문 (나)의 '이상 사회'는 모두 특정한 사회상을 제시함으로써 각 사회가 나아가야 할 이상향을 그려내고 있다는 공통점이 있습니다. 그러나 두 제시문에서 드러나는 사회상에는 두 가지 차이가 있는데, 하나는 각 사회에서 추구하는 가치가 다르다는 것이고, 다른 하나는 부와 같은 세속적 가치에 대한 태도가 다르다는 것입니다.

먼저 (가)의 복지 사회는 모든 국민이 빈곤이나 사회적 불평등으로부터 벗어나 생활에 필요한 여건이 실질적으로 보장되고 인간적으로 살아갈 수 있는 사회를 이상적인 사회로 그려내고 있습니다. 이는 (가)의 사회에서 추구하는 가치가 평등과 인간 존엄성이라는 점을 보여 줍니다. 반면 (나)의 이상 사회는 도가 윤리의 무위자연으로서의 삶을 수용하고 이를 실현할 수 있는 소국 과민 사회를 이상적인 사회로 그려내고 있습니다. 이는 (나)의 사회에서 추구하는 가치가 도(道)와 내면의 자유로움(혹은 자연스러움)이라는 점을 보여 줍니다.

각 사회가 추구하는 이상적인 가치가 다르기 때문에, 부와 같은 세속적 가치에 대한 각 사회의 태도 또한 상이합니다. 먼저 (가)의 복지 사회는 부 자체를 부정적으로 취급하기보다는 그것의 집중 현상과 그에 따른 불평등을 지양합니다. 반면 (나)의 이상 사회는 인위적으로 형성된 부와 같은 세속적 가치 자체를 부정적으로 취급하면서 그로부터 벗어나는 것이 진정한 행복이라고 주장합니다.

개요

1. 제시문 (가)와 (나)의 공통점: 이상적 사회상
2. 제시문 (가)와 (나)의 차이점 1: 각 사회가 추구하는 가치
3. 제시문 (가)와 (나)의 차이점 2: 세속적 가치에 대한 태도

Tip & Advice

1. 고려대 학업우수형의 경우, 약 6분에 해당하는 시간 동안 3개의 문항에 대한 답변을 완료해야 합니다. 이 때 각 문항별로 할당된 제시문의 수를 고려하여 각 답변의 길이나 분량을 조절해야 하므로 1번부터 각 문항에 적절한 답변은 2분([문제 1]), 2분([문제 2]), 2분([문제 3])으로 기획할 수 있습니다. 그러나 [문제 3]에서 활용되어야 하는 제시문의 수가 더 많다는 점을 함께 고려한다면, [문제 1]에 대한 답변 시간은 최대 1분 30초 정도로 제한하면 더 좋습니다.

2. 이번 문제는 논술이나 구술에서 흔히 찾아볼 수 있는 비교하기 유형으로, 이런 유형을 풀 때는 반드시 비교를 위한 공통 기준(비교 기준)을 찾아내야 합니다. 이번 답변에서는 복지 사회와 이상 사회에서 각각 '추구하는 이상적인 가치'와 '세속적 가치에 대한 태도'라는 비교 기준을 활용했습니다. 이 같은 견해를 일종의 '이상 사회론'이라고 말하는데, 제시문 내에서 이상적인 사회가 제시될 경우 그 사회가 이상적으로 그려내는 모습이 어떠한 모습인지 좀 더 구체적으로 상상한다면 비교 기준을 찾아내기 어렵지 않을 것입니다. 물론 만약 공통된 기준이 부재한 채 두 제시문을 일방적으로 설명한다면, 채점자(즉 면접관)에게는 단순한 요약이나 나열에 불과한 말로 들릴 수 있다는 점에 유의해야 합니다.

이 답안의 강점은 무엇인가?

1) '나' 행위를 부정적으로 평가하는 경우

 제시문 (나)는 세속적인 욕망과 더불어 그에 입각한 인위적인 개입을 지양하고, 내면의 자유로움과 자연스러움을 추구해야 한다고 주장합니다. 이러한 제시문 (나)의 관점에서 볼 때, 제시문 (다)의 '나'의 행위는 부정적으로 평가할 수 있습니다. 왜냐하면 '나'는 세속적 욕망에 의해 숲속에 있던 꽃에 인위적으로 개입했기 때문입니다.

 먼저 제시문 (다)에 의하면, 시적 화자인 '나'는 숲속에서 마주친 아름다운 꽃을 꺾으려 했습니다. 이때 먼저 '나'가 본래 아무것도 찾지 않으리라는 다짐을 한 채 숲속을 걷다가 꽃을 마주치고 이를 꺾으려 한 모습은, 아름다움을 추구하는 세속적 욕망에 휘둘린 행위라고 이해할 수 있습니다. 다행히 그 꽃을 꺾지 않았지만, '나'는 거기서 그치지 않고 꽃을 뿌리째 자신의 집 정원에 옮겨 심었습니다. 이는 결국 '나'가 세속적 욕망에 굴복하고 나아가 꽃의 자연스러움에 인위적으로 개입한 행위라고 말할 수 있습니다. 특히 꽃이 다시 살아났다는 말은, '나'의 행위가 꽃을 시들게 만들 수도 있었다는 위험성을 시사합니다. 즉 '나'는 자신의 욕망 때문에 꽃을 해칠 뻔했으며, 결국 자연을 훼손하고 꽃에 인위적으로 개입했습니다. 이러한 '나'의 행위는 무위자연을 강조하는 제시문 (나)에 의하면 부정적으로 평가되어야 합니다.

2) '나'의 행위를 긍정적으로 평가하는 경우

 제시문 (나)는 인위적인 개입과 세속적 가치를 부정하고, 내면의 자유로움과 무위자연을 추구해야 한다고 주장합니다. 이러한 제시문 (나)의 관점에서 볼 때, 제시문 (다)의 '나'의 행위는 충분히 허용되는 행위로 평가할 수 있습니다. 왜냐하면 '나'는 꽃의 자연스러움을 최대한 보존하고자 했고, 꽃을 옮겨 심은 이유 또한 부와 같은 인위적인 세속적 가치를 추구한 것이 아니었기 때문입니다.

 먼저 제시문 (다)에 의하면, 시적 화자인 '나'는 숲속에서 마주친 아름다운 꽃을 꺾을 뻔했으나 이를 꺾지 않고 뿌리째 옮겨 자신의 집 정원에서 살게 했습니다. 이때 꽃을 꺾으려 한 행위는 자연을 해치는 인위적인 개입이 맞지만, 결과적으로는 시행되지 않았으며, 오히려 화자는 꽃 전체를 온전히 옮겨 그 생명과 자연을 유지하게 두었습니다. 이는 본래의 자연적인 조건을 해하지 않은 채 최대한 꽃의 본래 모습을 보존하고자 한 시도로 이해됩니다. 나아가 화자인 '나'가 꽃을 옮겨 심고자 한 이유는 부와 명예와 같은 세속적 가치 때문이 아니라, 꽃이 보여 주는 자연의 아름다움 때문입니다. 또한 '나'의 행위는 비록 인위적이었지만, 그 개입은 최소화되었습니다. 따라서 제시문 (나)에 의해 '나'의 행위는 허용 가능한 행위로 평가될 수 있습니다.

1) '나'의 행위를 부정적으로 평가하는 경우

    1. '나'의 행위 평가 (두괄식 구성) + 제시문 (나)의 도가 윤리 요약

    2. 제시문 (나)의 관점에서 제시문 (다)의 '나'의 행위를 비판할 수 있는 근거

2) '나'의 행위를 긍정적으로 평가하는 경우

    1. '나'의 행위 평가 (두괄식 구성) + 제시문 (나)의 도가 윤리 요약

    2. 제시문 (나)의 관점에서 제시문 (다)의 '나'의 행위를 허용할 수 있는 근거

Tip & Advice

1. 이번 문제는 평가하기 유형의 전형적인 모습이 담긴 문제에 해당합니다. 평가하기 유형을 풀 때는 가장 먼저 평가 기준과 평가 대상을 정확히 정리해야 하고 평가 대상을 평가하는 내용에서 평가 기준이 어떻게 구체적으로 적용될 수 있는지 고민하면서 답변을 준비해야 합니다. 이번 답변에서는 제시문 (나)의 도가 윤리를 어떻게 유연하게 적용할 수 있는지가 주안점이 됩니다. 특히 도가 윤리에서 지향하는 '자연스러움'과 지양하는 '세속적 욕망', '인위적 개입'이라는 개념들이 추상적이므로, 그 의미를 제시문 내에서 구체화함으로써 근거를 풍부하게 만들 수 있습니다. 예컨대 '긍정적으로 평가하는 경우'의 답변에서는 '세속적 욕망'을 '아름다움을 추구하는 욕망'까지 포함하는 것으로 구체화한 반면, '부정적으로 평가하는 경우'의 답변에서는 '부나 명예와 같은 인위적 가치를 추구하는 욕망'만을 지칭하는 것으로 구체화했으며, 각각이 평가의 근거로 제시될 수 있게 했습니다. 또한 '부정적으로 평가하는 경우'의 답변에서는 '인위적 개입'과 대비되도록 '자연스러움 보존'이라는 개념을 만들어 (다)의 화자의 행위를 허용할 수 있는 근거로 제시했습니다.

2. 이번 문제에서 주의할 점은 도가 윤리 사상의 본래 주장과 견해를 고려해 볼 때, '세속적 욕망'은 단지 부나 명예와 같은 인위적 가치를 추구하는 욕망만으로 제한되지 않는다는 점입니다. 즉 실제 학부 전공 시험이었다면 [문제 2]의 답변은 좋지 않은 답으로 채점될 수 있습니다. 그러나 중등 교육과정 상으로는 이를 정확히 알 수 없으며, 따라서 학교 측 채점 기준에서 말하는 바와 같이 '긍정/부정 평가 모두 좋은 점수 부여'가 가능합니다.

제시문 (라)에 의하면 지방 자치 단체가 위임 받은 국가 사무로 인해 실질적인 지방 분권이 이루어지지 않고 있습니다. 그러므로 실질적인 지방 분권이 이루어지기 위해서는 국가 사무가 차지하는 비중을 줄여 지방 자치 단체가 지방 사무에 좀 더 집중할 수 있도록 해야 합니다. 이와 관련된 구체적인 방안을 제시문 (가), (나), (다)를 참고하여 말씀드리겠습니다.

국가 사무가 차지하는 비중을 줄이기 위한 첫 번째 방안은 국가 사무에 있어 지방 의회의 개입을 인정하고 지역 자율성을 보장하는 것입니다. 제시문 (라)에 따르면 국가 사무의 경우 국가가 직접 지도·감독하기 때문에 지방 의회의 자율성이 보장되지 않습니다. 이를 제시문 (나)에 비추어 보면, 지역 내에서 자연스럽게 해결될 수 있는 문제까지 국가가 인위적으로 개입하는 행위로 이해됩니다. 그러므로 제시문 (나)에서 강조하는 무위의 중요성에 근거하여 지역 내의 자율성과 자생성을 충분히 인정하고 허용하는 방안이 필요합니다.

다음으로 두 번째 방안은 위임 사무 처리 비용을 지방 자치 단체가 부담하지 않도록 하는 것입니다. 제시문 (라)에 따르면 해당 비용은 본래 국가가 부담하게 되어 있으나 지방에 떠넘기는 경우가 적지 않습니다. 이를 (다)에 비추어 보면, 지방 예산이 뿌리까지 온전히 보장되지 않고 쉽게 국가에 의해 꺾이는 모습으로 해석됩니다. 그러므로 제시문 (다)에서 뿌리까지 옮긴 꽃이 다른 장소에서도 번성하듯이, 지방 자치에 필요한 예산이 충분히 보장되는 방안이 필요합니다.

마지막 세 번째 방안은 주민의 삶의 질과 직결된 정책과 관련하여서는 지방 자치 단체의 권한을 보장하는 것입니다. 제시문 (라)에 따르면 국가 사무에 가로막혀 주민의 삶의 질을 증진하는 정책임에도 좌절되는 경우가 있습니다. 이를 (가)에 비추어 보면, 중앙 정부와 지방 정부 간 권한 불평등으로 인해 지방 주민들의 삶의 질이 충분히 보장되지 않는 상황으로 이해할 수 있습니다. 그러므로 해당 불평등 구조를 해소하고 주민들의 생활과 존엄성을 보장하기 위해서 지방 정부가 사회적 책임을 다할 수 있도록 충분한 권한이 보장되어야 합니다.

이러한 세 가지 방안을 바탕으로 지방 자치 단체에서 수행하는 업무 내 국가 사무의 비중이 줄어든다면, 비로소 지방 분권이 실질적으로 이루어질 수 있을 것입니다.

개요

1. 제시문 (라) 요약 + 핵심 원인 분석: 국가 사무의 비중

2. 제시문 (나)를 참고한 국가 사무 비중 감소 방안 1: 지역 자율성 보장

3. 제시문 (다)를 참고한 국가 사무 비중 감소 방안 2: 지방 예산 보장

4. 제시문 (가)를 참고한 국가 사무 비중 감소 방안 3: 지방 정부의 권한 보장

5. 종합 정리

1. [문제 3]은 3분 정도의 길이로 답변할 수 있도록 다른 문항들에 비해 좀 더 길게 구성했습니다. 다만 답변의 논리적 양상을 좀 더 정확히 드러내기 위해 세세하게 문장을 서술하다 보니 분량이 조금 많게 느껴질 수 있습니다. 학생들은 이 답변에 해당하는 분량으로 구술하기 어려울 수 있으므로, 이번 답변에서는 답변의 구조를 중심으로 그 특징과 강점을 파악해 두도록 합니다.

2. 이번 문제는 제시문 (가), (나), (다)로부터 실질적인 지방 분권에 필요한 요건을 도출하도록 요구하고 있습니다. 이러한 문제를 마주했을 때 학생들이 빠뜨려서는 안 되는 과정은, 문제의 원인들 중에서도 핵심적이고 결정적인 원인을 찾아내는 것입니다. 이번 문제의 경우 명시적으로 국가 사무가 차지하는 비중이 높은 것을 핵심 원인으로 제시하고 있으며, 뒤에 제시되는 세부 문제들 모두 이 핵심 원인과 관련되어 있습니다. 이처럼 해소되어야 하는 문제가 명료할수록 답변의 방향도 명확해질 수 있는데, 그 이유는 문제의 원인을 해결하는 방법을 각 제시문에 근거하여 제시하면 되기 때문입니다. 다만 이번 문제에서는 특히 제시문 (다)의 논점이 애매하기 때문에, 이를 어떻게 구체적으로 적용할 수 있을지에 대해서 좀 더 많이 고민해 보아야 합니다. 따로 답이 정해진 경우는 아니므로, 가능한 개연적인 인과 관계/상관관계를 설정하여 구체적으로 답을 구상해 보면 더 좋습니다.

이 답안의 강점은 무엇인가?

출제 의도

● [문제 1] 제시문 (가)와 (나)가 추구하는 바람직한 사회상을 비교 분석하는 능력을 평가하고자 함

● [문제 2] 자연의 순리를 따르는 삶을 강조하는 제시문 (나)의 입장에서, 제시문 (다)의 '나'의 행위를 어떻게 판단할 수 있는지 평가하고자 함

● [문제 3] 제시문 (가), (나), (다)에 나타나는 복지 제도의 역할, 무위의 다스림, 그리고 개인적 행위에 대한 윤리적 판단을 바탕으로 실질적인 지방 분권을 위해 필요한 요건을 도출해 낼 수 있는지 평가하고자 함

문항 해설

● [문제 1]은 〈사회·문화〉 교과서 '복지 제도의 역할과 한계' 단원에서의 '국가의 개입', 그리고 〈생활과 윤리〉 교과서 '동양 윤리의 접근' 단원에서의 '무위의 다스림' 개념을 비교함으로써 제시문 (가)와 (나)가 추구하는 바람직한 사회상을 분석하는 문제임

● [문제 2]는 자연의 순리를 따르는 삶을 강조하는 제시문 (나)의 입장에서, 꽃의 아름다움을 소유하면서도 꽃의 생명과 안위를 존중하고자 하는 제시문 (다)의 '나'의 행위를 어떻게 판단하는지 논리적으로 설명하는 문제임

● [문제 3]은 제시문 (가), (나), (다)에 나타나는 복지 제도의 역할, 무위의 다스림, 그리고 개인적 행위에 대한 윤리적 판단을 바탕으로 실질적인 지방 분권을 위해 필요한 요건을 설명하는 문제임

PART 2

※ 제시문을 읽고 물음에 답하시오.

(가)

형이 말했다. 형은 말을 근사하게 했다.

"우리는 우리가 받아야 할 최소한도의 대우를 위해 싸워야 돼. ㉠ 싸움은 언제나 옳은 것과 옳지 않은 것이 부딪쳐 일어나는 거야. 우리가 어느 쪽인가 생각해 봐."

"알아."

형은 점심을 굶었다. 점심시간이 삼십 분밖에 안 되었다. 우리는 한 공장에서 일했지만 격리된 생활을 했다. 노동자들 모두가 격리된 상태에서 일만 했다. 회사 사람들은 우리의 일 양과 성분을 하나하나 조사해 기록했다. 그들은 점심시간으로 삼십 분을 주면서 십 분 동안 식사하고 남은 이십 분 동안은 공을 차라고 했다. 우리들은 좁은 마당에 나가 죽어라 공만 찼다. 서로 어울리지 못하고 간격을 둔 채 땀만 뻘뻘 흘렸다. (중략) 사장은 종종 불황이라는 말을 사용했다. 그와 그의 참모들은 우리에게 쓰는 여러 형태의 억압을 감추기 위해 불황이라는 말을 이용하고는 했다. (중략) 옆에 있는 동료도 믿기 어려웠다. 부당한 처사에 대해 말한 자는 아무도 모르게 쫓겨났다.

(나)

조선 초기 지방 양반은 향촌의 자치를 실현하기 위해 유향소를 설치하였다. 유향소에서는 수시로 지방 양반들의 총회인 향회를 소집하여 여론을 수렴하였다. 또한 수령을 보좌하고 향리를 감찰하였다. 사림은 향촌의 자치 규약인 향약을 보급하였다. 유교적인 덕목을 강조하는 향약은 풍속 교화는 물론 질서 유지에도 큰 역할을 하였다. 하지만 지방의 유력자가 주민을 수탈하기 위해 향약을 악용하기도 하였다. 경제 환경이 변하고 신분제가 동요하자 양반은 점차 향촌 내에서 영향력을 잃어 갔다. 한편 부농층은 수령과 결탁하여 향안에 이름을 올리고 향회에 참석하였다. 이에 구향과 신향(구향은 전통적인 사족을, 신향은 새롭게 양반이 된 부농층을 의미함) 사이에서 향촌 주도권을 둘러싼 다툼인 ㉡ 향전(鄕戰)이 발생하였다. 그 결과 구향의 영향력은 점차 약화되었다. 그러나 신향도 향촌 사회를 완전히 장악하지 못하였다. 이러한 상황에서 수령과 향리 등 관권의 힘이 강화되었다.

(다)

시민 ㉢ 불복종은 시민 참여의 한 형태로, 정의롭지 못한 법을 개정하거나 정부 정책을 변혁하려는 목적으로 행하는 의도적인 위법 행위이다. 시민 불복종을 하는 사람은 자신이 생각하는 정의에 관한 규범적 · 윤리적 근거를 널리 알리기 위해 법을 공개적 · 의식적으로 위반한다. 시민 불복종은 자연법이나 양심 등의 도덕률에 의해 지지된다. 인간이 만든 실정법은 상위의 자연법이나 도덕률을 바탕으로 해야 하는데,

만약 이에 위배될 때 시민 불복종이 요구될 수 있다는 것이다. 특히 어떤 법이 인간의 존엄성이나 사회 정의를 훼손하는 경우 이러한 법을 시정하기 위한 노력은 정당하다고 본다. 반면에 <u>시민 불복종을 반대하는 주장</u>도 존재한다. 시민 불복종 행위는 법에 대한 존중심의 토대를 파괴하고, 민주적 절차를 무시한다는 것이다. 또한 이러한 행위가 무정부 상태를 초래하여 사회 질서가 무너질 수 있다는 것이다.

(라)

물론 역감시의 기능을 하는 것도 있다. 의회와 언론이 그러하다. 그렇지만 지금 사회에서는 의회와 언론이 비대해지면서 스스로가 권력화하는 경향을 보인다. 이런 상황에서 정부와 행정 기관은 물론 의회와 언론을 포함해서 사회의 권력 집단을 감시하고 대안적인 정책을 제시하기 위해 등장한 것이 다양한 시민운동이다. 우리나라의 시민운동은 정치권의 부패, 권력의 남용, 선거, 대기업, 언론에 대한 감시를 유지해 왔는데, 이러한 시민운동에 필수 불가결한 것이 권력 단체에 대한 정보 공개이다. 강력한 정보 공개 법은 국민의 역감시의 권리를 적극 보장하고 행정의 투명성을 감시하는 중요한 법률적 장치이며, 정보 공개를 통한 역감시는 투명한 사회를 향한 첫발이다. 또 시민운동은 신문, 라디오, 텔레비전과 같은 기존의 언론은 물론, 인터넷을 통해서 자신의 활동을 알리고 성과를 공유하며 연대를 강화하고 있다. 특히 인터넷과 같은 쌍방향의 분산된 통신망은 "빅 브라더가 당신을 감시하고 있다."라는 전통적인 감시를 "당신이 바로 감시하는 빅 브라더이다."라는 역감시의 기제로 바꾸기 용이하다.

문제 1

제시문 (가)의 ㉠ '싸움', 제시문 (나)의 ㉡ '향전', 그리고 제시문 (다)의 ㉢ '불복종'의 공통점과 차이점에 대해서 말해 보시오.

문제 2

제시문 (다) 내의 '시민 불복종을 반대하는 주장'의 관점에서 제시문 (가)의 '사장'과 제시문 (나)의 '지방의 유력자'의 행위를 평가하시오.

문제 3

제시문 (라)가 지향하는 사회를 만들기 위해 어떠한 노력이 필요한지 제시문 (가), (나), (다) 모두를 활용하여 설명하시오.

　제시문 (가)와 (나), 그리고 (다)에는 다양한 형태의 갈등과 대립이 나타나 있습니다. (가)에는 노사 간의 대립이, (나)에는 지역 내 정치 권력 간 대립이, 그리고 제시문 (다)에는 시민과 정부의 갈등 양상이 각각 나타나 있습니다. 이러한 갈등 양상을 압축적으로 보여 주는 단어가 각각 '싸움'과 '향전', 그리고 '불복종'입니다. 즉 세 단어의 공통점은 모두 갈등과 대립의 양상을 보여 준다는 점입니다.

　그러나 세 갈등의 양상이 조금 다른 만큼 각 단어의 차이점도 두드러지게 나타납니다. 먼저 강자에 대한 약자의 저항을 보여 주는 싸움이나 불복종과 달리, 향전에는 동등한 힘을 가진 두 집단이 지역 내 정치적 권력과 이익을 위해 싸우는 모습이 나타납니다. 이는 싸움과 불복종의 목적이 정의와 공공선을 실현하기 위한 것인 반면, 향전의 목적이 사익을 위한 것이라는 차이를 보여 줍니다.

　한편 싸움과 불복종은 모두 강자에 대한 약자의 저항이지만, 그 저항의 양상과 목적이 다르다는 차이가 있습니다. 먼저 싸움은 노동자의 부조리한 처우를 개선하기 위해 상대 집단을 적으로 간주하고 모략을 준비하면서도 이를 숨기는 양상을 보여 줍니다. 반면 불복종은 부정의한 법을 개정하기 위해 공개적으로 위법 행위를 저지르는 양상을 보여 줍니다. 즉 싸움은 비공개적인 갈등 양상이, 불복종은 공개적인 갈등 양상이 나타난다는 차이가 있습니다.

개요

1. 제시문 (가), (나), (다)의 공통점
2. 제시문 (가), (다)와 제시문 (나)의 차이점
3. 제시문 (가)와 (다)의 차이점

세 제시문을 비교하는 문제 유형은 종종 찾아볼 수 있는데, 이를 비교할 때에는 주의를 기울여야 합니다. 주요 원리는 비교하기와 마찬가지로 '공통 비교 기준'을 찾아내는 것이지만, 이번 답변을 작성할 때에는 조금 다른 방법을 사용했습니다. 이는 '이단 구분'입니다. 즉 세 제시문을 하나와 둘로 먼저 나누어 그 하나의 차이를 두드러지게 보여준 다음, 묶어 두었던 나머지 두 제시문의 차이를 보여 주는 방법입니다. 순차적으로 글을 전개하거나 말을 할 때 상대방에게 제시문 간 차이를 확인시켜 주는 효과적인 방법이므로 알아 두면 좋습니다.

이 답안의 강점은 무엇인가?

제시문 (다)에는 '시민 불복종'을 동의하는 입장과 더불어 이에 반대하는 입장도 제시되어 있습니다. 이때 시민 불복종에 반대하는 이유는 시민 불복종 행위가 법에 대한 존중을 파괴하고 민주적 절차를 무시하며, 사회 질서에 혼란을 야기할 수 있기 때문입니다. 그렇다면 이러한 제시문 (다)의 '시민 불복종을 반대하는 주장'의 관점에서 볼 때, 제시문 (가)의 '사장'과 제시문 (나)의 '지방의 유력자'의 행위는 모두 부정적으로 평가할 수 있습니다.

먼저 제시문 (가)의 사장의 행위는 사내 노동자들을 억압하는 행위로 이해할 수 있습니다. 특히 노동자들에게 부당한 처사를 일삼으면서도 이를 교묘하게 감추고자 불황이라는 핑계를 대는 모습에서 사장이 의도적으로 노동자를 억압했다는 것을 추론할 수 있습니다. 이는 민주적 절차가 결여된 행위이자, 나아가 노동자들의 저항 운동을 야기할 수 있는 행위입니다. 따라서 제시문 (다)의 시민 불복종을 반대하는 입장에서 사장의 행위는 비판받을 수 있습니다.

한편 제시문 (나)의 지방 유력자의 행위는 주민들을 수탈하고 향약을 악용하여 권력을 남용하는 행위로 이해할 수 있습니다. 이는 사회적 규범이라는 명목하에 사익을 추구하고 타인에게 해를 끼치는 행위로, 사회 질서를 유지하기 위해 만들어진 법과 규범을 전혀 존중하지 않는 행위입니다. 혹자는 지방 유력자들이 향약을 악용하는 것은 윤리적으로 비판 받을 만한 행위이지만, 향약 자체를 위반한 것은 아니지 않느냐고 반문할 수 있습니다. 그러나 질서 유지를 위해 만들어진 향약이 본래의 목적대로 사용되지 않고 단지 일부의 사익을 위해 악용되었습니다. 이는 주민들이 집단적인 불만을 품게 하고, 기존 규범에 대한 저항을 야기하며, 나아가 사회적 규범인 향약에 대한 냉소까지 불러일으킬 수 있습니다. 따라서 (다)의 시민 불복종을 반대하는 주장의 관점에서 볼 때, (나)의 지방 유력자의 행위는 (가)의 사장의 행위보다도 더 비난받아야 할 행위로 평가될 수 있습니다.

개요

1. 제시문 (다)의 관점에서 '사장'과 '지방 유력자'의 행위 평가 (두괄식 구성)
2. 제시문 (다)의 관점에서 제시문 (가) 평가
3. 제시문 (다)의 관점에서 제시문 (나) 평가

1. 구술면접에서 답변의 형식적인 요소 중 중요한 점을 하나 꼽으라면, 두괄식 구성을 꼽을 수 있습니다. 특히 고려대 구술 계열적합형 면접의 경우 문항이 3개로 구성되어 있으며, 각 문항은 개별적으로 분리되어 있으므로 이처럼 복잡한 답변을 준비할 때 두괄식으로 구성하지 않으면 답변하다가 논점이 이탈되는 경우가 많습니다. 그러므로 면접자는 의식적으로 각 문항에 대한 답을 두괄식으로 구성하도록 준비해야 합니다. 특히 문제가 평가하기 유형에 해당할 경우, 그 평가의 방향성을 서두에 먼저 제시해 자신의 답변이 띠고 있는 방향성을 각인시켜야 합니다. 미괄식으로 평가하는 경우, 채점자(즉 면접관)는 발화자의 어떤 말이 평가를 위한 근거인지 확인해야 하므로 듣는 내내 집중하느라 불편해 할 수 있다는 점에 유의해야 합니다.

2. 이번 답변에서는 학교 측 답변과 조금 다른 방향으로 답을 제시했습니다. 그 차이는 제시문 (나)의 지방 유력자들의 행위에 대한 평가에서 나타나는데, 학교 측에서는 그들의 행위가 긍정적으로 평가될 요소가 있다고 본 반면, 제시한 답변에서는 그들의 행위가 오히려 더 비난받는 행위일 수 있다고 평가했습니다. 이를 효과적으로 뒷받침하기 위해 기각 논의를 활용했는데, 어느 답을 제시하더라도 이와 같은 '충분한 근거'가 중요하다는 점을 기억해 두도록 합니다.

이 답안의 강점은 무엇인가?

제시문 (라)가 지향하는 사회는 시민 참여로 역감시가 이루어지고, 정보에 의한 권력 불균등이 야기되지 않는 투명한 사회로 이해할 수 있습니다. 이를 위해 제시문 (라)는 법적으로 정보를 모두에게 공개하여 국민이 권력 기구를 역감시할 수 있어야 하며, 나아가 이를 위해 시민들이 연대하고 비판 의식을 키워야 한다고 주장합니다. 제시문 (라)가 지향하는 이러한 투명한 사회로 나아가는 데 필요한 노력은 제시문 (가), (나), (다)를 바탕으로 좀 더 구체화하여 말씀드리겠습니다.

먼저 제시문 (가)에는 자신들의 부당한 처우를 인식하고 이를 개선하기 위해 비판적으로 사고하는 노동자들의 모습이 나타나 있습니다. 특히 사장이 억압을 정당화하는 '불황'이라는 용어에 대해 노동자들이 비판적으로 의식하는 모습은 투명한 사회가 유지되기 위해 시민들이 비판 의식과 더불어 현실 개선 의지와 현실 참여 의식을 키워야 함을 시사합니다. 그러므로 교육을 통해 시민들이 자발적으로 권력 기구를 감시하고 비판할 수 있도록 도와야 합니다.

다음 제시문 (나)에는 지역 내 세력 다툼과 더불어 관습을 악용하는 기득권들의 모습이 나타나 있습니다. 이 같은 모습은 권력 기구는 감시하지 않으면 쉽게 부패할 수 있다는 점과 권력자들은 자신의 사익을 위해 권력과 법을 남용할 수 있다는 점을 시사합니다. 그러므로 투명한 사회로 나아가기 위해서 시민이 권력 기구를 감시하고 제한할 수 있는 법적·사회적 제도가 마련되어야 합니다. 예컨대 시민 중심의 의회 기구나 공익 신고 제도 등을 고려해 볼 수 있습니다.

마지막으로 제시문 (다)에는 부정의한 법을 개정하고자 하는 시민 불복종에 관한 논의가 나타나 있습니다. 이를 고려할 때 투명한 사회가 되기 위해서는 시민이 자발적으로 사회 정의를 유지하는 데 필요한 적법한 절차와 법을 인지하고, 이를 지켜야 한다고 말할 수 있습니다. 나아가 시민이 입법 과정과 사법 절차에 관한 정보를 모두 볼 수 있도록 정보가 공개된다면, 시민들은 법을 지키고 사회를 투명하게 유지해 나갈 수 있을 것입니다.

개요

1. 제시문 (라) 요약: 투명한 사회 지향
2. 제시문 (가)를 활용한 투명한 사회 형성 방안
3. 제시문 (나)를 활용한 투명한 사회 형성 방안
4. 제시문 (다)를 활용한 투명한 사회 형성 방안

Tip & Advice

1. [문제 3]은 고려대 구술면접 문제에서 자주 등장하는 유형으로, 제시문들을 종합적으로 고려하여 대안을 제시하는 '대안 논증' 유형에 해당합니다. 대안 논증 유형의 문제를 풀 때 가장 중요한 점을 꼽으라면, 특정 대안을 제시하는 이유나 그 방향성이 제시문에서 주어진 문제 상황과 잘 부합해야 한다는 점입니다. 이번 문제의 경우에는 주어진 문제 상황을 제시문 (라)의 투명한 사회로 나아가는 데 필요한 노력이 무엇인지 제시해야 하는 것으로 이해할 수 있습니다. 그러므로 제시문 (가)~(다)를 참고하여 어떤 노력을 제시할 때는, 그 노력들이 투명한 사회로 나아가는 데 왜 필요한지 혹은 어떻게 투명한 사회로 나아가는 데 기여할 수 있는지를 보여 주어야 합니다.

2. 대안 논증 유형에서 학생들이 신경 써야 할 점은 그 대안이 '구체적'이어야 한다는 것입니다. 모든 노력을 세세하게 구체화할 수는 없겠지만, 학생 스스로 떠올렸을 때 실현 가능한 구체화된 노력을 언급하고 이를 정당화한다면 가산점을 획득할 수 있습니다. 노력의 방향성을 정당화하는 데 더 심혈을 기울여야 하는 것은 맞지만, 문제에서 직접 '구체적으로 어떠한 노력이 필요한지' 제시하라고 요구하지는 않았으므로 학생이 제시하는 노력이 구체화된 형태라면 채점자(즉 감독관)에게 설득력 있게 들릴 수 있습니다. 추상적인 방향을 제시하는 데 그치지 않고, 이를 구체적으로 실현할 수 있는 방안까지 함께 제시할 수 있도록 평소에도 다양한 생각을 많이 하도록 노력해야 합니다.

이 답안의 강점은 무엇인가?

학교 측 출제 의도 및 평가 지침

출제 의도

● 고등학교 〈문학〉, 〈독서〉, 〈한국사〉, 〈생활과 윤리〉 교과가 다루는 '문학의 시대 상황', '비판적 읽기', '시민의 윤리', '조선시대 지배 체제' 등을 바탕으로 권력에 대한 감시와 사회 구성원의 참여를 다각적으로 이해하는 능력을 평가하고자 함

● [문제 1] 공동체 내 다양한 형태의 갈등을 비교하는 능력을 갖추고 있는지 평가하고자 함

● [문제 2] 시민 불복종을 반대하는 사람의 입장에서 제시문 (가)의 '사장'과 제시문 (나)의 '지방의 유력자'의 행위를 어떻게 판단할 수 있는지 평가하고자 함

● [문제 3] 제시문 (가), (나), (다)에 나타나는 부당한 대우에 대한 저항, 감시 집단의 부패와 분열, 불의한 법에 대한 불복종을 통해 시민이 권력 기관을 감시하는 시민 참여를 설명할 수 있는지 평가하고자 함

문항 해설

● [문제 1]은 제시문 (가)의 '싸움', 제시문 (나)의 '향전', 그리고 제시문 (다)의 '불복종'의 공통점과 차이점을 파악하는 능력을 갖추고 있는지를 통해 분석력을 평가하고자 함

● [문제 2]는 제시문 (다) 의 '시민 불복종을 반대하는 주장'의 관점에서 제시문 (가)의 '사장'과 제시문 (나)의 '지방의 유력자'의 행위를 평가하게 함으로써 적용력을 평가하고자 함

● [문제 3]은 제시문 (라)가 지향하는 사회를 만들기 위해 어떠한 노력이 필요한지 제시문 (가), (나), (다) 모두를 활용하여 설명하게 함으로써 종합적 사고력을 평가하고자 함

※ 제시문을 읽고 물음에 답하시오.

(가)

아랍 산유국 국민에게 석유는 축복일까? 아랍 산유국 대부분에서는 국민의 납세 의무가 없어서 축복일 수 있다. 하지만 천연자원 수입으로 국가 운영이 가능한 나라에서는 정치 권력이 한곳에 모이게 된다. 정부가 국민 세금에 의존하지 않기 때문에 국가 지도자는 여론을 신경 쓰지 않고 모든 것을 결정할 수 있다. 또한 아랍 산유국에서는 대개 국내 총생산(GDP) 대비 국방비가 상당한 비중을 차지한다. 자원을 지키고 국민의 불만을 억압하기 위해서이다. 강력한 군대를 두는 것이 채찍이라면, 선심성 정책을 펼치는 것은 당근 역할을 한다. 막대한 양의 지원금과 복지 정책으로 국민의 충성심을 사고 있다. 예를 들어 A 국가는 모든 국민에게 14개월간의 무료 급식권과 현금 3,600달러를 지원하였고, B 국가는 치과 및 약값 일부를 제외한 의료비 전액을 모든 국민에게 지원하고 있다.

(나)

다음 표는 석유 생산 여부와 정치 체제 유형에 따른 세계 180개국의 분포를 보여준다.

	민주주의 국가	권위주의 국가	전체
산유국	14	16	30
비(非)산유국	120	30	150
전체	134	46	180

(다)

인도의 경면왕이 시각 장애인들에게 코끼리라는 동물을 가르쳐 주기 위해 이들을 궁중으로 불러 모았다. 왕은 신하를 시켜 코끼리를 끌어오게 한 다음 그들에게 만져 보라고 했다. 그들이 코끼리를 다 만져 보고 나자 경면왕이 물었다. "이제 코끼리가 어떻게 생겼는지 알았느냐?" 그러자 이들은 이구동성으로 입을 모아 대답했다. "예, 알았나이다." "그럼, 어디 한 사람씩 말해 보아라." 상아를 만져 본 사람이 먼저 대답했다. "무와 같사옵니다." 머리를 만져 본 사람이 말했다. "돌과 같사옵니다." 코를 만져 본 사람이 말했다. "절굿공이 같사옵니다." 이처럼 사람들은 자신이 만져 본 부위만을 가지고 코끼리 전체 모습을 다 본 것처럼 말했다.

(라)

테슬라가 오늘날 세계 1위 전기차 업체가 된 배경에는 목표를 향해 앞만 보고 달려온 머스크의 몰입이 크게 작용했다. 테슬라뿐만 아니라 애플, 아마존, 우버 등 초고속 성장으로 주목받고 있는 공룡 기업들의 공통점은 대담한 비전을 실현하기 위해 집요하고 지독하게 일에 몰두한 리더가 존재했다는 점이다. 머스크뿐만 아니라 고(故) 스티브 잡스 애플 창업자, 제프 베이조스 아마존 창업자, 트래비스 캘러닉 우버 창업자는 모두 일에 미쳐 자기 삶을 바친 일 중독자들이었다. 따라서 성공한 기업의 비결은 강박적으로 일에 몰두한 리더들에 있다.

(마)

 누군가 타인에게 직접적인 피해를 주지 않으면서 노동을 통해 어떤 재화를 소유하게 되었다면, 그는 그 재화에 대해 배타적인 권리를 가진다. 개인의 재산이 적법한 과정을 통해 취득된다면, 그 결과가 비록 현저한 불평등으로 나타나더라도 그것은 정의를 위하여 치러야 할 대가로 보아야 한다. 그 결과가 불평등으로 나타난다고 해서 이를 정의롭지 않다고 느끼는 것은 타당하지 않다. 개인의 권리를 부당하게 간섭하여 정의를 침해하면 삶의 만족감은 떨어질 수밖에 없다.

(바)

 정의롭지 않은 사회에서는 시민들이 삶에 대한 만족감을 느끼기 힘들기 때문에 불평등은 해소되어야 한다. 불평등은 사회적 지위나 가정 환경 등에서 오는 불평등과 타고난 재능에서 오는 불평등으로 구분할 수 있다. 흔히 재능에서 오는 불평등은 자연스러운 것으로 여기기 쉽지만, 분배의 문제에 큰 영향을 끼칠 수 있다. 예컨대 100의 재능을 갖고 태어난 사람과 10의 재능밖에 타고나지 못한 사람이 자유 경쟁을 하면 대부분 100의 재능을 타고난 사람이 이길 것이다. 따라서 정의를 실현하기 위해서는 불리한 사회적 지위를 가진 사람뿐만 아니라 천부적 재능을 적게 가진 사람에게도 많은 관심을 가져야 한다. 이는 천부적 재능을 한 사회의 공동 자산으로 생각하고 이 재능이 산출하는 이익을 구성원들이 함께 나누어야 한다는 것을 의미한다.

(사)

 A 연구소는 시민들의 정의에 관한 인식이 삶에 대한 만족도에 어떤 영향을 미치는지 알아보기 위해 설문 조사를 실시하였다. 결과는 다음과 같다.

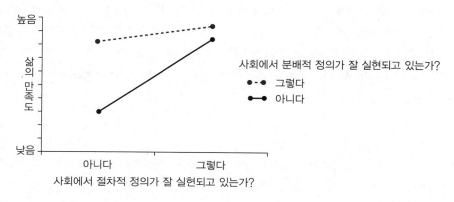

문제 1

제시문 (나)의 표가 제시문 (가)의 핵심 주장을 지지하는지 설명하시오.

문제 2

제시문 (다)의 관점을 바탕으로 제시문 (라)의 주장을 평가하시오.

문제 3

제시문 (사)의 결과를 활용하여 제시문 (마)와 (바)의 견해를 각각 뒷받침하시오.

제시문 (나)의 표는 제시문 (가)의 주장을 뒷받침합니다. 왜냐하면 (나)의 표에 의하면 석유 생산과 민주주의는 부정적 상관관계를 가지기 때문입니다.

제시문 (가)에 의하면, 석유와 같은 천연자원으로 운영되는 국가가 민주주의 체제를 갖기는 어렵습니다. 국민 세금에 의존하지 않으므로 정치 권력자는 민주주의 제도보다는 자신의 권력을 강화할 수 있는 정치 체제를 선호할 것이며, 오히려 국민에게 아낌없이 지원하여 자신의 권력을 정당화할 수 있기 때문입니다.

이 같은 제시문 (가)의 주장은 제시문 (나)의 표에 의해 뒷받침됩니다. 해당 표에 따르면 산유국이 민주주의 체제를 채택한 비율은 14/30으로 50%가 되지 않는 반면, 비산유국이 민주주의 체제를 채택한 비율은 120/150으로 80%입니다. 이는 산유국이 민주주의 체제보다 권위주의 체제를 선호하며, 천연자원을 가진 국가와 민주주의 체제가 서로 부정적 상관관계를 가진다는 점을 시사합니다. 그러므로 해당 상관관계는 산유국이 민주주의 체제를 갖기 어렵다는 (가)의 주장을 뒷받침합니다.

개요

1. 답 제시 (두괄식 구성)
2. 제시문 (가)의 주장 요약
3. 제시문 (나)에 대한 해석을 통한 제시문 (가)의 주장 뒷받침 설명

Tip & Advice

1. 고려대 계열적합형의 경우, 약 7분에 해당하는 시간 동안 3개의 문제에 대한 답변을 완료해야 하므로 각 문제별로 할당된 제시문의 수를 고려하여 각 답변의 길이나 분량을 조절해야 합니다. 이번 논제의 경우, 세 문제 중 1번과 2번 문제가 각각 두 제시문씩 활용하도록 구성되어 있으므로 1번부터 각 문제에 적절한 답변은 2분([문제 1]), 2분([문제 2]), 3분([문제 3])으로 기획할 수 있습니다. 이를 고려하여 [문제 1]에 대한 답변은 2분 내로 소화할 수 있는 분량으로 작성했습니다.

2. 이번 문제는 논술이나 구술에서 흔히 찾아볼 수 있는 자료 해석하기 유형의 문제로, 이 유형의 문제를 풀 때는 반드시 자료와 제시문의 관계를 정확히 설정해 두어야 합니다. 만약 답변에서 '제시문 (가)의 주장을 근거로 볼 때 제시문 (나)의 표를 평가하거나 타당하다'는 표현이 나타날 경우 가차 없이 감점될 것임을 유의해야 합니다. 문제의 요구 사항은 제시문 (나)의 표를 바탕으로 제시문 (가)의 주장을 지지하는 설명을 해내는 것임을 기억해 두어야 합니다.

이 답안의 강점은 무엇인가?

제시문 (다)의 관점에서 볼 때, 제시문 (라)의 주장은 편협하고 제한적이라고 비판할 수 있습니다. 왜냐하면 제시문 (라)는 제한된 일부 사례만을 바탕으로 일반화된 결론을 이끌어 내고 있기 때문입니다.

제시문 (다)는 시각 장애인들이 코끼리의 제한된 부위만을 만진 후 코끼리의 전체 모습을 상상하는 사례를 보여 줍니다. 누군가는 상아만을 만진 후 무와 같다고 답하고, 누군가는 머리만을 만진 후 돌과 같다고 답하는데, 이 같은 모습은 제한된 일부 지식만으로 전체 모습을 추론하거나 상상해서는 안 된다는 점을 시사합니다. 따라서 제시문 (다)는 전체를 파악하기 위해 다각도의 시각이 필요하다는 것을 보여준다고 이해할 수 있습니다.

이 같은 제시문 (다)의 관점에서 고려할 때, 제시문 (라)의 주장은 부분만으로 전체를 추론한 잘못된 결론에 해당합니다. 제시문 (라)는 테슬라나 애플, 우버와 같이 성공한 기업 사례만을 조사하여 그 기업의 성공 원인이 리더의 일에 대한 강박적인 몰두에 있다고 주장합니다. 그러나 이 같은 주장은 리더가 일에 몰두하였음에도 실패한 기업 사례나 리더가 일에 몰두하지 않았음에도 성공한 기업 사례 등 다각적인 시각이 담긴 다른 사례들은 조사하지 않은 채 부분만으로 전체를 일반화한 주장에 해당합니다. 그러므로 (라)의 주장은 타당하지 않습니다.

개요

1. 제시문 (다)의 관점으로 제시문 (라) 평가 (두괄식 구성)
2. 제시문 (다)의 관점 요약
3. 제시문 (다)의 관점에서 제시문 (라)의 주장 비판

Tip & Advice

1. 앞서 [문제 1]의 'Tip & Advise'에서 언급한 바와 같이, [문제 2]에 대한 적절한 답변 시간은 2분가량으로 파악할 수 있습니다. 이를 고려하여 2분 내로 답변할 수 있는 분량으로 구성했습니다.

2. 구술면접에서 답변의 형식적인 요소 중 중요한 점을 하나 꼽으라면, 두괄식 구성을 꼽을 수 있습니다. 특히 고려대 구술 계열적합형 면접의 경우 문항이 3개로 구성되어 있으며, 각 문항은 개별적으로 분리되어 있으므로 이처럼 복잡한 답변을 준비할 때 두괄식으로 구성하지 않으면 답변하다가 논점이 이탈되는 경우가 많습니다. 그러므로 면접자는 의식적으로 각 문항에 대한 답을 두괄식으로 구성하도록 준비해야 합니다. 우선 첫 문장이나 도입부에서 막힘없이 말을 꺼내고 나면, 이후 흐름은 좀 더 쉽게 따라갈 수 있습니다. 미괄식으로 구성하는 답변은 구술에서 가능한 지양하도록 합니다.

3. 이번 문제의 경우에는 제시문 (라)의 주장을 정확히 파악하는 것이 중요합니다. 자칫 제시문 (라)의 주장을 '성공하기 위해서는 일에 몰두해야 한다'로 이해하는 경우, 제시문 (다)의 관점을 잘못 적용할 가능성이 높습니다. 심지어 이렇게 제시문 (라)를 이해해도 답이 어느 정도 구성될 수 있는 것처럼 보이기 때문에, 스스로 잘 이해하고 있는지 반복적으로 검토하지 않으면 어느새 학교 측에서 설계해 놓은 함정에 빠질 수 있습니다.

이 답안의 강점은 무엇인가?

　제시문 (사)에는 정의에 관한 두 가지 인식이 삶의 만족도에 끼치는 영향을 그래프로 제시하고 있습니다. 먼저 절차적 정의에 관한 인식과 관련된 그래프를 보면, 절차적 정의가 잘 실현되고 있다고 인식한 시민들의 삶의 만족도가 전부 높게 나타나 있습니다. 다음으로 분배적 정의에 관한 인식과 관련된 그래프를 보면, 마찬가지로 분배적 정의가 잘 실현되고 있다고 인식한 시민들의 삶의 만족도가 전부 높게 나타나 있습니다. 이와 같은 결과는 절차적 정의나 분배적 정의의 실현이 삶의 만족도를 높인다는 사실을 보여준다고 이해할 수 있습니다.

　그렇다면 제시문 (사)의 정의에 관한 두 가지 인식을 바탕으로 볼 때, 제시문 (마)와 (바)의 견해는 각각 뒷받침될 수 있습니다. 먼저 제시문 (마)는 절차적 정의의 중요성을 강조합니다. 적법한 절차를 거친다면 그 결과에 상관없이 정의가 실현된다고 보기 때문입니다. 결과에 부당하게 간섭한다면 오히려 삶의 만족감이 떨어질 수 있다는 제시문 (마)의 설명은 절차적 정의가 실현될 때 삶의 만족도가 보장된다는 견해를 보여 줍니다. 그리고 이는 제시문 (사)의 절차적 정의가 잘 실현되고 있다고 믿는 집단의 그래프 양상에 의해 뒷받침됩니다. '그렇다'고 답한 집단의 만족도가 '아니다'라고 답한 집단의 만족도보다 높기 때문입니다. 특히 분배적 정의가 실현되지 않았다고 보는 집단일지라도 절차적 정의가 잘 실현되고 있다고 인식한다면 삶의 만족도가 높게 측정된다는 결과를 통해, 결과에 관계없이 절차에 의한 정의 실현을 강조하는 제시문 (마)의 견해가 뒷받침된다는 점을 알 수 있습니다.

　다음으로 제시문 (바)는 분배적 정의의 중요성을 강조합니다. 불리한 사회적 지위와 천부적 재능으로 인해 나타나는 불평등한 결과를 조정해야 한다고 보기 때문입니다. 사회적 지위와 천부적 재능이 절차에 영향을 끼쳐 정의롭지 않은 결과가 발생하면 삶의 만족감을 느끼기 힘들다는 제시문 (바)의 설명은 분배적 정의가 실현될 때 삶의 만족도가 보장된다는 견해를 보여 줍니다. 그리고 이는 제시문 (사)의 분배적 정의가 잘 실현되고 있다고 믿는 집단의 그래프 양상에 의해 뒷받침됩니다. '그렇다'라고 답한 집단의 만족도가 '아니다'라고 답한 집단의 만족도보다 높기 때문입니다. 특히 절차적 정의가 실현되지 않았다고 보는 집단일지라도 분배적 정의가 잘 실현되고 있다고 인식한다면 삶의 만족도가 높게 측정된다는 결과를 통해, 절차에 간섭하더라도 결과의 불평등을 조정하는 분배적 정의 실현을 강조하는 제시문 (바)의 견해가 뒷받침된다는 점을 알 수 있습니다.

개요

1. 제시문 (사)의 결과 요약: 절차적 정의 + 분배적 정의
2. 제시문 (사)의 '절차적 정의'를 활용한 제시문 (마)의 견해 뒷받침
3. 제시문 (사)의 '분배적 정의'를 활용한 제시문 (바)의 견해 뒷받침

Tip & Advice

1. [문제 3]은 앞서 언급한 바와 같이 3분 정도의 길이로 답변할 수 있는 분량으로 구성했습니다. 다만 제시한 답변의 경우 답변의 논리적 양상을 좀 더 정확히 드러내기 위해 세세하게 문장을 서술하다 보니 분량이 조금 많게 느껴질 수 있습니다. 학생들은 이 답변에 해당하는 분량으로 구술하기 어려울 수 있으므로, 이번 답변에서는 답변의 구조를 중심으로 그 특징과 강점을 파악해 두도록 합니다.

2. 문제의 요구 사항이 크게 세 가지로 구성되어 있음을 우선 파악해야 합니다. 첫째는 제시문 (사)의 결과를 요약할 것, 둘째는 제시문 (사)를 바탕으로 제시문 (마)의 견해를 뒷받침할 것, 셋째는 제시문 (사)를 바탕으로 제시문 (바)의 견해를 뒷받침할 것입니다. 이를 고려하여 크게 세 문단으로 답변을 구성했습니다.

3. 두 번째 문단과 세 번째 문단은 각각 제시문 (마)와 (바)의 견해를 뒷받침하는 내용으로 구성했습니다. 이때 두 문단의 구성은 형식상 거의 동일하며, 따라서 학생들은 답변이 전개되는 흐름과 구성을 잘 분석해 둘 필요가 있습니다. 여기서 한 가지 주의할 점은, 제시문 (마)와 (바)의 견해가 뒷받침되는 이유는 제시문 (사)의 그래프를 통해 제시된다는 점입니다. ('그렇다'라고 답한 집단의 만족도가 '아니다'라고 답한 집단의 만족도보다 높기 때문입니다.) 문제의 요구 사항을 고려하여 자료와 제시문의 관계를 정확히 설정한 후 답변할 수 있도록 주의해야 합니다.

이 답안의 강점은 무엇인가?

출제 의도

- 고등학교 〈통합사회〉 교과가 다루는 '민주주의', '정의', '불평등' 등의 내용을 바탕으로, 〈사회 · 문화〉 교과가 다루는 '자료 분석과 해석', '자료 수집 방법', '대표성과 표본 추출', '연구 설계' 능력을 평가함

- 석유 자원과 민주주의 간의 관계에 관한 제시문의 내용을 이해하고, 그 관계를 보여 주는 자료를 해석할 수 있는 능력을 평가함

- 제시문 내용을 이해하고 대표성 없는 표본에 근거한 추론의 문제점을 파악하는 능력을 평가함

- 제시문의 주장을 이해하고 설문 조사 결과를 해석하여 주장을 뒷받침하는 종합적 사고 능력을 평가함

문항 해설

- [문제 1]은 고등학교 〈통합사회〉 교과가 다루는 '민주주의'와 〈사회 · 문화〉 교과가 다루는 '자료 분석과 해석' 내용을 바탕으로, 석유 자원과 민주주의 간의 관계에 관한 제시문의 내용을 이해하고, 그 관계를 보여 주는 자료를 해석해야 함

- [문제 2]는 〈사회 · 문화〉 교과가 다루는 '자료 수집 방법', '대표성과 표본 추출', '연구 설계' 내용을 참조하여, 대표성 없는 표본에 근거한 추론의 문제점을 파악해야 함

- [문제 3]은 고등학교 〈통합사회〉 교과가 다루는 '정의', '불평등'과 〈사회 · 문화〉 교과가 다루는 '자료 분석과 해석' 내용을 토대로, 제시문의 주장을 이해하고 설문 조사 결과를 해석하여 주장을 뒷받침해야 함

※ 제시문을 읽고 물음에 답하시오.

(가)

아리스토텔레스는 국가가 단지 개인의 사적 이익을 위해 만들어진 결사체가 아니라 공공선과 가치 있는 삶을 위해 만들어진 공동체라고 보았다. 그는 국가가 단순한 공동생활이 아니라 정치 도덕 공동체로서 고귀한 가치를 위해 존재한다고 주장했다. 한편 노직은 개인이 가진 권리와 재산을 보호하는 선에서만 행동하는 최소 국가를 정의롭다고 보았다. 국가가 특정한 사람에게 더 많은 세금을 거두어 복지 정책을 펼치는 것을 개인 재산권의 침해라고 간주했다. 국가는 가난한 사람들을 돕기 위해 소득 재분배 정책과 같은 강제적인 수단을 사용해서는 안 된다고 주장했다.

(나)

시장 경제의 운영 원리를 전통적으로 신봉하던 미국 정부는 1930년대 대공황을 해결하기 위해 뉴딜 정책(New Deal, 소외된 이들을 위한 새로운 정책)을 펼친 바 있다. 루스벨트 대통령은 대공황이 발생하자 시장의 가격 조정 기능에만 맡겨두는 것으로는 경기 침체가 해결되지 않는다는 것을 깨달았다. 그는 "정치에서 우연히 일어나는 일이란 건 없다. 만약 우연히 일어났다면 그건 그렇게 계획된 것이라고 봐도 무방하다"라고 말했다. 1933년에 전국 산업 부흥법을 제정했는데, 이는 산업에서 일어나는 과잉 생산, 지나친 경쟁, 실업 사태를 막기 위해 정부가 산업을 통제한 것이었다.

(다)

세상에 금지하는 것이 많으면 백성들은 더욱 가난해지고
백성이 이로운 기물을 많이 가지게 되면 국가는 더욱 혼미해지고
사람들이 재주가 많아지면 기이한 일들이 더 불어나며
법령이 복잡해질수록 도둑이 더 많아진다.
그러므로 성인께서 말씀하셨다.
내가 무위하니 백성들이 절로 교화되고
내가 고요함을 좋아하니 백성들이 절로 바르게 되고
내가 일을 만들지 않으니 백성들이 절로 부유해지며
내가 무욕하니 백성들이 절로 소박해진다.

(라)

세계 보건 기구에서는 2016년 설탕이 함유된 제품 가격의 20퍼센트 정도를 세금으로 부과하도록 하는 설탕세(Sugar Tax) 도입을 각국에 공식적으로 권고한 바 있다. 1922년 노르웨이가 최초로 도입한 설탕

세는 비만 등을 예방하기 위해 초콜릿이나 설탕이 들어간 제품에 부과하는 세금이다. 최근 한국에도 도입이 논의되고 있으며, 다른 나라의 경우 도입 초기 실제로 설탕 섭취량을 줄이는 효과를 낳기도 했다. 하지만 가격 상승에 대한 불만을 표출하는 개별 소비자들도 있었다.

문제 1

제시문 (가)의 내용을 참고하여 제시문 (나)와 (다)를 비교하시오.

문제 2

제시문 (다)의 관점에서 제시문 (나)를 평가하시오.

문제 3

제시문 (나)와 (다)의 관점에서 제시문 (라)의 설탕세를 설명하고 설탕세 도입에 대한 자신의 견해를 밝히시오.

제시문 (가)는 아리스토텔레스의 공동체주의적 '큰 정부론'과 노직의 자유주의적 '작은 정부론'을 대조하여 설명한 글입니다. 두 가지 정부론은 국가와 정부가 존재해야 하는 목적과 사용 가능한 수단에 대해 입장을 달리합니다. 우선 '목적' 면에서 큰 정부론은 국가가 사익을 넘어선 '공공선'을 다함께 추구하는 '공동체'라고 봅니다. 반면에 작은 정부론은 국가가 공익이 아닌 '개인'의 '자유'를 보장해 주는 기구일 뿐이라고 봅니다. 또한, '수단' 면에서도 큰 정부론은 공동체의 공공선을 위해 '강제적인 수단'을 사용해도 된다고 보지만, 작은 정부론은 타인을 위해 누군가의 희생을 강제하는 건 '개인의 자유와 권리 침해'라고 여기므로 그러한 정책 수단의 사용에 반대합니다.

제시문 (가)의 내용을 참고할 때 제시문 (나)는 큰 정부론, 제시문 (다)는 작은 정부론에 해당합니다. 제시문 (나)는 공공선과 가치 있는 삶을 위해서는 국가가 주도적으로 과잉 생산, 지나친 경쟁, 실업 사태 등을 예방해야 한다고 규정하고 있습니다. 이에 따라 정부는 전국 산업 부흥법이라는 강제적 수단을 활용하여 시장에 개입하고 산업을 통제했습니다. 이와 달리 제시문 (다)는 국가가 나서서 무엇을 금지하거나, 이로움을 추구하거나, 재주를 가르치거나, 법령을 만드는 등의 적극적 공공선 추구를 하지 말 것을 권고하고 있습니다. 오히려 이러한 강제적 수단을 활용하지 않을 때 개인들은 '절로', 즉 자치와 자율을 통해 스스로 선을 달성할 것이라고 보았습니다.

개요

1. 제시문 (가)의 내용: 공동체주의적 '큰 정부론' vs 자유주의적 '작은 정부론'
2. 제시문 (가)의 내용에 기초한 제시문 (나)와 (다)의 입장 규정
3. 제시문 (나)가 큰 정부론에 해당하는 이유: (목적 = 공동체의 공공선, 수단 = 강제)
4. 제시문 (다)가 작은 정부론에 해당하는 이유: (목적 = 개인의 자유, 수단 = 비강제)

PART 2

1. [문제 1]을 풀기 위해서는 제시문 (가)를 통해 국가관의 개념과 그 특성을 파악한 뒤, 국가와 정부에 대한 제시문 (나)와 (다)의 상이한 관점을 큰 정부와 작은 정부, 공동체주의와 자유주의의 개념에 따라 비교해 야 합니다.

2. 비교하기 유형의 구술면접에서는 답안의 키워드가 될 수 있는 '공동체' vs '개인', '공공선' vs '자유', '큰 정부' vs '작은 정부' 등을 사용하면 좋습니다.

이 답안의 강점은 무엇인가?

 작은 정부를 지향하는 제시문 (다)의 관점에서 제시문 (나)에 그려진 미국의 변화는 비판적으로 평가될 것입니다. 정책적인 변화 측면에서 제시문 (나)에 그려진 1930년대 미국은 자율적 시장 경제 원리를 벗어나 정부가 생산, 경쟁, 고용 부문에 대해 강제적 '산업 통제'를 도입하고 있습니다. '산업 부흥'이라는 명목은 제시문 (다)가 비판한 이로운 기물을 늘리려는 '개입'에 해당하고, '산업 통제'는 제시문 (다)가 비판한 '금지'에 해당하며, '전국 산업 부흥법'은 '복잡한 법령'의 실례에 해당할 것입니다. 제시문 (다)는 이러한 조치들이 설사 좋은 의도를 가졌더라도 역효과 또는 부작용이 생길 수도 있다고 우려합니다. 오히려 시장 원리에 기반을 둔 전통적 운영 방식을 제시문 (다)는 더 높이 평가할 것입니다.

 제시문 (다)의 관점에서 루즈벨트의 통치 철학 또한 비판의 여지가 많습니다. 루즈벨트는 '정치에 우연은 없으며, 우연도 계획의 일부'라고 주장했는데, 이는 시장 자율도 정부의 계획 가능한 선택지 중 하나일 뿐이라는 생각과 더불어 정부의 영향력이 전지전능하다는 시각을 드러내고 있습니다. 반면에 제시문 (다)의 성인은 올바르고 현명한 지도자의 모습인데, 그는 자신의 한계를 바르게 인식하고 자제하는 미덕을 갖고 있습니다. 정부의 능력에는 한계가 있으므로 의도와 달리 역효과와 부작용을 낼 수 있습니다. 그렇다면 차라리 무위 무욕의 소극적 통치를 펼치면서 혼란이 스스로 가라앉기를 바라는 것이 낫습니다. 제시문 (다)의 관점에서 보면 제시문 (나)의 통치 철학은 자유로운 개인들의 역량은 과소평가하면서 정부와 지도자 자신의 능력은 과신하는 자세라고 비판할 수 있습니다.

개요

1. 제시문 (다)의 관점에서 제시문 (나)의 평가 기조: 비판

2. 제시문 (나)의 정책 변화에 대한 제시문 (다) 비판

3. 제시문 (나)의 통치 철학에 대한 제시문 (다) 비판

Tip & Advice

1. [문제 2]를 풀기 위해서는 제시문 (다)의 자유주의 성향, 위정자의 정치적 개입 최소 지향 등의 관점을 파악한 뒤 이를 제시문 (나)에 잘 적용해야 합니다.

2. 제시문 (다)는 (나)와 반대되는 정부론을 대변하므로 제시문 (나)에 대해 비판적으로 평가할 것임을 먼저 밝히고, 비판점을 두 가지 이상 찾아보아야 합니다. (㉠ 정책 변화에 대한 비판, 통치 철학에 대한 비판)

이 답안의 강점은 무엇인가?

큰 정부를 지향하는 제시문 (나)의 관점에서 제시문 (라)의 설탕세는 바람직한 정책입니다. 그 이유는 첫째, 제시문 (나)는 정부의 목적이 공공선과 가치 있는 삶의 형태를 추구하는 것이기 때문입니다. 비만은 보편적으로 나쁜 건강 상태이므로 제시문 (나)가 생각하는 공동체주의적 큰 정부는 이를 예방할 권위와 책임이 있습니다. 둘째, 정부의 수단에 있어 제시문 (나)는 강제성을 인정하므로 설탕세처럼 가격을 통해 행동을 강제하는 데에 찬성할 것입니다.

반면에 작은 정부를 지향하는 제시문 (다)의 관점에서 설탕세는 바람직한 정책이 아닙니다. 그 이유는 첫째, 제시문 (다)는 가치의 결정을 정부보다 개인이 자유롭게 내려야 한다고 믿는 자유주의적 관점이기 때문입니다. 정부는 그런 자유를 보호하기 위한 목적을 지닌 기구인데, 제시문 (라)의 정부는 자유 보호라는 소극적 역할을 넘어 가치를 적극적으로 규정하는 잘못을 저지르고 있습니다. 둘째, 정부의 수단에 있어 제시문 (다)의 자유주의는 강제성을 인정하지 않습니다. 설탕세는 개인의 자유로운 구매 결정을 정부가 제약하는 것이므로 용납되기 어렵습니다.

저는 설탕세 도입에 반대합니다. 우선, 오늘날과 같이 세계화되고 다양한 사람들이 함께 살아가게 된 현대 사회에서는 사람들의 가치관도 다원화되었으므로 정부가 일괄적인 판단을 강제해서는 안 된다고 생각합니다. 또한, 대중 교육의 발달로 현대인 개개인의 지적 판단 능력이 높아졌으므로 정보는 전달하되 강제적 수단은 자제해야 할 것입니다.

개요

1. 제시문 (나)의 관점에서 설탕세: 공동체주의적 큰 정부의 시각에서 바람직함
2. 제시문 (다)의 관점에서 설탕세: 자유주의적 작은 정부의 시각에서 바람직하지 않음
3. 입장 제시 및 이유

1. [문제 3]을 풀기 위해서는 제시문 (라)에 소개된 설탕세의 취지를 파악하고, 제도의 실행에 따른 순기능과 역기능을 추론해야 합니다. 이 사례를 큰 정부와 작은 정부의 관점을 바탕으로 분석한 후 자신의 견해를 밝혀야 할 것입니다.

2. 제시문 (나)의 정부 개입의 타당성과 제시문 (다)의 인간의 기본권 침해를 모두 설명하고 자신의 의견을 논리적으로 설명해야 하는 문제입니다.

이 답안의 강점은 무엇인가?

출제 의도

● 고등학교 「통합 사회」, 「경제」, 「윤리와 사상」 교과가 다루는 '공동체주의', '자유주의', '복지 국가' 등의 키워드를 바탕으로 출제함

● [문제 1]은 제시문 (가)를 통해 국가관의 개념과 그 특성을 파악한 뒤, 국가와 정부에 대한 제시문 (나)와 (다)의 상이한 관점을 큰 정부와 작은 정부(최소 국가), 공동체주의와 자유주의 개념에 따라 비교할 수 있는 지를 평가함

● [문제 2]는 제시문 (다)의 자유주의 성향, 위정자의 정치적 개입 최소 지향 등의 관점을 파악한 뒤 이를 제시문 (나)에 잘 적용하는지를 평가함

● [문제 3]은 제시문 (라)에서 소개된 설탕세의 취지를 파악하고, 제도의 실행에 따른 순기능과 역기능을 추론할 수 있는지 평가함. 이 사례를 큰 정부의 관점과 작은 정부의 관점에서 자신의 견해를 밝히게 함으로써 종합적 사고력을 평가함

문항 해설

● [문제 1]은 제시문 (가)를 통해 국가관의 개념과 그 특성을 파악한 뒤, 국가와 정부에 대한 제시문 (나)와 (다)의 상이한 관점을 큰 정부와 작은 정부(최소 국가), 공동체주의와 자유주의 개념에 따라 비교해야 함

● [문제 2]는 제시문 (다)의 자유주의 성향, 위정자의 정치적 개입 최소 지향 등의 관점을 파악한 뒤 이를 제시문 (나)에 잘 적용해야 함

● [문제 3]은 제시문 (라)에서 소개된 설탕세의 취지를 파악하고, 제도의 실행에 따른 순기능과 역기능을 추론할 수 있는지 평가함. 이 사례를 큰 정부의 관점과 작은 정부의 관점에서 자신의 견해를 밝혀야 함

PART 2

하위 문항	채점 기준
1	• 두 가지 비교의 차원(큰 정부와 작은 정부, 공동체주의와 개인적 자유주의)를 모두 포착해서 설명할 수 있으면 최고점을 부여함 • 두 가지 비교 차원 중에서 한 가지만 활용하면 중간점을 부여함
2	• 정책과 통치의 입장을 함께 평가하고, 변화에 관한 분석을 언급하면 최고점을 부여함 • 일부만 평가하면 중간점을 부여함
3	• 제시문 (나)의 정부 개입의 타당성과 제시문 (다)의 인간의 기본권 침해를 모두 설명하고 자신의 의견을 논리적으로 설명하면 최고점을 부여함 • 설탕세에 대한 설명 혹은 자신의 의견 하나만 언급하면 중간점을 부여함

※ 제시문을 읽고 물음에 답하시오.

(가)

자연 생태계가 시사하는 바에 따르면 모든 생물은 상호 연결되어 있으며, 서로 영향을 주고받는 네트워크를 통해 존재한다. 하나의 생태계 내에 있는 어떠한 요소라도 손상을 입으면 전체 시스템이 위험에 빠질 수 있다. 이것은 언어에도 그대로 적용될 수 있다. 가장 튼튼한 생태계는 가장 다양한 생태계이며, 언어의 네트워크도 생태계와 같다. 언어 생태계의 다양성이 무너지면 인류가 참조할 지적 기반이 점점 줄어들고 결국 인류의 적응력을 감소시키는 결과를 낳을 것이다. 그러나 안타깝게도 수많은 소수 언어들이 사멸하면서 다양성이 약화되고 있다. 소수 언어의 사멸은 그 언어로 표현되던 지식의 소멸로 이어질 수 있다. 소수언어를 보존해야 할 결정적 이유는 실제로 엄연히 존재하는 어떤 대상이 그 언어의 사멸로 인해 존재할 수 없게 된다는 점이다.

유네스코에 따르면 세계에 존재하는 약 6천 개의 언어 중에서 거의 절반이 소멸 위기에 처해 있다고 한다. 1950년 이후부터 지금까지 이미 약 230개 언어가 소멸했고, 현재 소멸 위기에 처한 언어의 상당수도 다음 세기면 사라질 것으로 예상하고 있다. 한편, 어떤 지역에서는 정부가 사회 통합을 이유로 학교 교육에서 소수 민족 언어의 사용을 금지하는 등 단일 공용어 사용을 강제하고 있기도 하다. 소수 언어 보존을 위해 유엔(UN)은 2019년을 '국제 토착어의 해'로 지정하는 등 국제 사회의 공동 노력을 촉구하고 있으며, 국제단체 등에서 언어 보존을 환경 보호 운동에 포함시키거나 '언어 인권' 구현을 위한 국제적 차원의 언어 정책 수립을 추진하는 등 여러 방안을 모색하고 있다.

(나)

다음은 'G. M. 홉킨스(G. M. Hopkins, 1844~1889)'의 시(詩) 한 편의 일부를 발췌한 것이다.

얼룩무늬 만물을 지으신 신께 영광을—
얼룩빼기 암소 같은 두 가지 색깔의 하늘,
헤엄치는 송어 등에 빼곡히 점각한 장밋빛 점들,
땅에 떨어져 갓 피운 석탄처럼 열매를 드러내는 밤,
피리새의 날개들, 구획되고 결합한 풍경—방목지와 휴경지와 경작지,
그리고 온갖 교역, 의복과 연장과 배의 장비들에 대해.
만물은 상반되고 색다르고 희귀하고 낯설다.
무엇이든 변하기 쉽고 반점들 생기니 (누가 연유를 알리?)
빠르거나 느리고, 달거나 시큼하고, 눈부시거나 흐릿하다.
이 모든 것을 변치 않는 아름다움을 지닌 그가 낳으셨다.

(다)

　프랑스 남부 지역의 니스, 칸 등 30여 곳 지방 자치 단체가 부르키니 단속에 나섰다. 부르키니란 눈을 제외한 신체 전부를 덮는 무슬림 여성 의상 부르카와 비키니 수영복을 합한 말이다. 율법에 따라 온몸을 천으로 가려야 하는 무슬림 여성들은 더운 날씨에도 물놀이할 엄두를 못 냈는데, 디자이너 아헤다 자네티는 2003년 신체를 노출하지 않고도 물놀이를 즐길 수 있는 수영복 부르키니를 디자인했다. 일각에서는 부르키니를 부르카와 마찬가지로 '여성의 신체를 가두는 옷'이라고 비난하지만 디자이너 자네티는 '억압이 아닌 건강한 삶과 자유의 상징'이라고 강조했다. 프랑스는 2011년에 유럽국가 중 처음으로 공공장소에서 얼굴을 가리는 복장을 금지하는 '부르카 금지법'을 시행했다. 이러한 배경에는 프랑스의 엄격한 정교분리 · 세속주의 원칙인 '라이시테(Laïcité)'가 깔려 있다. 이는 사회 통합을 이루기 위해 공공장소에서 자신의 종교를 드러내는 걸 자제해야 한다는 취지로 마련된 법안이다. 프랑스 정부는 이 원칙에 따라 공공기관, 공립학교 등에서 종교적 상징물을 착용하는 것도 금지해 왔는데, 부르키니 역시 공공장소에서의 종교적 중립성을 위반할 뿐 아니라 여성의 권리를 억압하는 복장이라고 보고 부정적으로 여기는 것이다. 반면에 ㉠ 부르키니 규제를 반대하는 쪽에서는 자유를 억압하고 이슬람에 대한 차별을 노골적으로 드러내는 것이라며 반발하고 있다.

문제 1

제시문 (가)와 (나)의 다양성에 관한 관점을 비교하시오.

문제 2

제시문 (가)의 관점에서 제시문 (다)의 ㉠에 대해 평가하시오.

문제 3

다양성을 존중하기 위한 정책이 다른 가치와 충돌하는 구체적 사례를 들고, 제시문 (가)와 (다)의 내용에 기반하여 사례로 든 정책에 대한 찬성 또는 반대의 견해를 밝히시오.

문제 1 **예시 답안**

제시문 (가)와 (나)는 공통적으로 다양성을 옹호하는 입장입니다. 그런데 제시문 (가)는 다양성을 옹호하는 이유로 다양성의 '효용 가치'를 중시했고, 제시문 (나)는 다양성의 '심미적 가치' 자체를 중시했다는 차이가 있습니다.

제시문 (가)는 자연 생태계와 언어 네트워크를 나란히 비교하면서 다양성의 효용 가치를 역설합니다. 생태계를 이루는 부분들은 상이하고 다양하며, 그러한 부분들이 다양해질수록 서로의 관계가 중첩되어 전체가 튼튼해지는 '효용'이 발생합니다. 이와 마찬가지로 다양한 언어도 세계를 다른 방식으로 인식하고 표현합니다. 언어의 다양성 보존이 중요한 이유는 각 언어에 담긴 독특한 지식과 세계관을 보존할 수 있는 도구적 '효용' 때문입니다.

반면에 제시문 (나)에 실린 시는 다양성의 내재적 가치를 찬미합니다. 제시문 (나)는 신이 만물을 '상반되고 색다르고 희귀하고 낯설'게, 즉 다양하게 창조했기 때문에 위대하다고 노래합니다. 또한, 만물이 다양하게 변화하는 모습은 인간이 '연유를 알' 수 없더라도 그 다양성 뒤에는 그것들을 만든 '변치 않는 아름다움을 지닌' 신이 있기에 각자의 보편적인 가치가 보장됩니다. 즉, 인간에게 발견되는 쓸모 때문에 다양성이 가치 있다고 보는 제시문 (가)와 달리, 제시문 (나)는 신의 위대한 창조 능력이 그 자체로 가치 있다고 봅니다.

개요

1. 제시문 (가)와 (나)의 공통점(입장), 차이점(근거)
2. 제시문 (가)의 특징
3. 제시문 (나)의 특징

Tip & Advice

1. [문제 1]을 풀기 위해서는 다양성의 효용 가치를 중시하는 제시문 (가)의 관점과 다양성 그 자체에서 그 가치를 찾는 제시문 (나)의 관점을 비교할 수 있어야 합니다.

2. 비교하기 문항은 비교가 가능할 만큼의 공통점과 비교를 유의미하게 만드는 상세한 차이점이 존재하기에 출제됩니다. 그러므로 답변을 할 때는 기본적인 공통점을 간단히 밝힌 다음 차이점이 무엇인지, 그 근거는 어떤 것들이 있는지 면접관 선생님에게 자세히 설명해야 합니다.

이 답안의 강점은 무엇인가?

PART 2

제시문 (가)의 저자는 다양성의 가치를 옹호하는 입장입니다. 정부가 사회 통합을 명분으로 학교 교육에서 소수 민족 언어의 사용을 금지한다면 소수 언어의 사멸과 함께 소수 언어로 표현되던 지식도 소멸되는 결과로 이어질 것이라고 염려하고 있습니다. 그러한 제시문 (가)의 관점에서 제시문 (다)의 부르키니 금지는 소수 언어 사용 금지와 별반 다르지 않습니다. 프랑스 사회가 사회 통합을 이루기 위해 공공장소에서 종교 표현을 금지하는 것은 사회 통합을 위해 단일 공용어를 사용하도록 강제하는 것과 마찬가지이기 때문입니다. 부르키니가 종교적 신념의 표현이라면 이를 금지하는 것은 신념의 다양성을 억압하는 조치입니다. 그리고 종교적 중립성을 종교적 획일성으로 해석함으로써 다양한 신앙에 담긴 지혜를 무시했다는 비판을 받을 수 있습니다.

다만, 부르키니를 금지한 두 가지 이유 중 종교적 중립성이 아닌 여성 권리 억압 문제는 제시문 (가)의 관점에서 긍정적으로 해석될 여지도 있습니다. 부르키니는 율법으로부터 무슬림 여성을 해방해 준다고 주장하지만, 실제로는 수영장에서조차 여성들에게 부르카를 강요하는 억압적 율법의 연장선에 불과할 수도 있기 때문입니다. 이처럼 소수 종교가 그 내부에서 다양성을 억압하고 있을 경우, 국가가 종교적 억압을 금지함으로써 다양성을 해방하는 역할을 담당할 수도 있습니다. 따라서 정책의 양면적인 측면을 충분히 검토해야 할 것입니다.

개요

1. 제시문 (가)의 관점: 다양성 무시 정책에 대한 비판적 관점
2. 제시문 (가)의 관점에서 제시문 (다)의 ㉠에 대한 평가: 비판적(다양성 무시)
3. 반론: 다양성 억압하는 대상에 적용될 경우 다양성 증진 정책으로 볼 가능성도 있음

[문제 2]를 풀기 위해서는 제시문 (가)에 언급된 다양성의 효용 가치와 언어의 다양성을 이해하고, 부르키니 규제가 다양성과 어떠한 관련이 있는지 설명할 수 있는 능력이 필요합니다.

이 답안의 강점은 무엇인가?

다양성과 다른 가치가 충돌할 수 있는 정책의 사례로 '장애인 의무 고용률 제도'를 들어보겠습니다. 장애인 의무 고용률 제도란, 지방 자치 단체 및 공공 기관에서 일정 비율의 장애인을 고용할 의무를 지는 제도를 말합니다. 어느 사회나 상당 비율의 장애인이 살고 있음에도 불구하고 가시적·비가시적 차별로 인해 고용 기회를 얻지 못하는 경우가 있습니다. 따라서 국가가 인구 비례에 걸맞은 장애인 고용을 의무화해서 다양한 재능을 갖춘 비장애인과 장애인이 평등하게 존중받도록 돕는다면, 이는 제시문 (가)에서 논의하는 소수 언어 보존 정책과 마찬가지로 다양성을 존중하는 정책이 될 것입니다.

제시문 (다)에서 부르카 금지법이 종교적 다양성과 공공적 중립성의 충돌 때문에 문제를 낳은 것처럼, 특정 정책들은 다양성과 상반된 가치와 충돌하여 논란에 휘말리기도 합니다. 저는 특정한 장애를 가졌더라도 대부분은 공무를 할 능력이 충분하다고 믿습니다. 하지만 공공 기관 취업 선호도가 높고 경쟁이 치열한 현대 사회에서는 장애인 등 특정 사회 집단에 대한 의무 고용 제도가 능력주의라는 가치와 충돌하면서 형평성론, 역차별론 등을 낳을 수 있습니다.

그렇다 하더라도 저는 장애인 의무 고용률 제도에 찬성합니다. 왜냐하면 저는 공무 집행을 위해 필요한 능력을 가진 사람들을 한 줄로 세워 평가할 수 있다고 보는 능력주의의 가정에 반대하기 때문입니다. 공공 기관은 일반 국민의 요구에 민감히 반응하고 필요를 충족해야 합니다. 이때 우리나라 인구 중 장애인들의 요구와 필요는 특히 장애인 공무원들이 더 빠르고 정확히 파악할 수 있을 것입니다. 이처럼 능력이라는 기준만으로 평가할 수 없는 다양한 관점과 입장이 공직 안에 존재하게 된다면, 국가의 공공성에 귀중한 자원이 될 것입니다. 그러므로 저는 공공 기관에 장애인 의무 고용률 제도가 반드시 필요하다고 생각합니다.

개요

1. 제도의 예시: 장애인 의무 고용률 제도
2. 제시문 (가) 적용: 장애인과 비장애인의 다양성을 존중하도록 돕는 정책
3. 제시문 (다) 적용: 정책 안에서 다양성과 상반된 가치가 충돌하는 경우
4. 입장 제시: 장애인 의무 고용률 제도에 찬성하는 이유

1. [문제 3]을 풀기 위해서는 다양성을 위한 정책이 다른 가치와 충돌하는 구체적 사례를 적절히 들고, 제시문 (가)와 (다)의 내용을 종합적으로 파악하여 해당 사례에 대한 의견을 논리적으로 제시할 수 있는지를 평가하는 문항입니다.

2. 논의하고자 하는 사례가 면접관 선생님께 낯설 수도 있으므로 필요한 경우 그 사례가 어떤 내용인지 간략히 소개해 주는 것도 좋은 방법입니다.

이 답안의 강점은 무엇인가?

출제 의도

● 고등학교 「통합 사회」, 「사회·문화」 교과가 다루는 '문화 다양성', '문화 상대주의', '다문화 사회' 등을 바탕으로 문화와 다양성을 다각적으로 이해하는 능력을 평가함

문항 해설

● [문제 1]은 다양성의 효용 가치를 중시하는 제시문 (가)의 관점과 다양성 그 자체가 추구해야 할 가치임에 주목한 제시문 (나)의 관점을 비교할 수 있는지 평가함

● [문제 2]는 제시문 (가)에서는 다양성의 효용 가치를 중시하여 언어의 다양성이 필요하다는 점을 말하고 있고 ㉠ 부르키니 규제가 다양성과 어떤 관련을 맺는지 설명할 수 있는가를 평가함

● [문제 3]은 제시문 다양성을 위한 정책이 다른 가치와 충돌하는 구체적 사례를 적절히 들고 제시문 (가)와 (다)의 내용을 종합적으로 파악하여 해당 사례에 대한 자신의 의견을 논리적으로 제시할 수 있는지를 평가함

채점 기준

하위 문항	채점 기준
1	제시문 (가)와 (나)에서 공통적으로 다양성이 중요함을 파악했고, 제시문 (가)에서 다양성의 효용 가치를 중시하므로 소수 언어를 보존해야 한다는 점을 설명하며, 제시문 (나)에서 다양성 그 자체에 가치가 있다고 본 점을 논리적으로 설명한 경우 높은 점수를 부여함
2	제시문 (가)의 관점을 제대로 파악하고 ㉠ 부르키니 규제가 문화 다양성을 약화시킨다는 점을 논리적으로 비판하는 경우 높은 점수를 부여함
3	위에 제시된 사례를 적절히 들고 해당 사례가 다른 가치와 어떻게 충돌하는지를 설명한 후 제시문 (가)와 (다)를 토대로 자신의 입장을 논리적으로 제시하는 경우 높은 점수를 부여함

PART 2

※ 제시문을 읽고 물음에 답하시오.

(가)

 과학계는 가정, 기법, 방법론 등을 공유하는 동시에 동일한 전문 용어와 세계관을 지님으로써 작동한다. 이 모든 것을 통틀어서 패러다임이라고 부른다. 패러다임 내에서 행해지는 일은 정상 과학이라 부르며, 주로 세부 사항을 채우고 난제를 해결한다. 만일 해결할 수 없는 난제와 부합하지 않는 경험적 사실 등이 더 이상 견딜 수 없을 정도로 많아지면 과학 혁명이 일어난다. 정상 과학이 이행되고 있을 당시에는 모든 사람들이 같은 규정에 동의하며 같은 학술 용어를 쓰기 때문에 타당성을 결정하는 것은 비교적 간단한 일이다. 하지만 서로 다른 두 패러다임이 경쟁하며 과학 혁명이 일어나는 와중에는 단순히 경험적 비교만으로 타당성을 결정하는 것은 매우 어려운 일이 되고 만다. 왜냐하면, 과학자들이 서로 다른 학술 용어를 쓰고 세계관도 서로 다를 수 있기 때문이다. 하지만 그럼에도 불구하고 결국에는 새로운 패러다임이 정착하게 된다. 이 새 패러다임은 과학계의 합의에 의해 종래의 패러다임보다 나은 것임이 확정된다. 이러한 패러다임 변화를 추진하는 과정에는 경험적 기준(예 반증된 진술이 더 적다)과 비경험적 기준(예 새 패러다임이 활발한 활동과 진보를 이끈다)이 조합을 이룬다. 과학계에서 일하는 개인들이 이론에 부합하는 관찰 결과를 정리하려는 가운데 이치에 맞는 통일된 세계관이 나타나는 것이다. 결국에는 이 개별적인 결정들이 모여 통일된 새로운 형식이 나타나면서 전체 과학계의 합의된 결정으로 거듭난다. 여기에 설득되지 않는 사람들은 전체 과정의 가장자리에 남겨진 사람, 즉 소위 괴짜가 된다.

(나)

 예측 불가능성 앞에서 합리적인 행위자들이 해야 할 일은 명백하다. 위험에 대비해야 한다. 어느 탐구 노선이 결국 우리의 목표점에 도달할지 모른다는 점을 감안하여 우리는 (모두는 아니더라도) 다수의 노선들을 열어두어야 한다. 한 노선만을 충실하게 추구하다가 막다른 곳에 다다른 시점 후에야 다른 노선을 시도하면 안 된다. 사회, 문화, 정치, 경제적인 변수들을 고려해야 하는 기업의 경우가 그 좋은 예시이다. 기업 가치의 극대화라는 궁극적인 목표를 달성하기 위해, 기업은 기존 자원을 활용한 기존 사업 활동을 유지하는 동시에 미래의 수익을 확보하기 위한 새로운 도전을 끊임없이 추구해야 한다. 기존 사업에 중점을 두고 활동하면 현재의 성과를 높일 수 있다. 그러나 소비자의 기호는 시간의 흐름에 따라 달라지기 마련이며, 미처 예측하지 못한 대규모 재난의 발생으로 시장의 규모 또는 공급망의 특성이 급격히 변화할 수도 있고 경쟁 상품이나 서비스가 출현하기도 하는 등 기업의 이익에 부정적인 영향을 미칠 수 있는 다양한 요소가 상존한다. 이와 같은 환경의 변화에 능동적으로 대처하기 위해서는 신규 사업으로의 진출을 모색하여 사업을 다각화하는 등 새로운 도전의 준비와 실행이 필요하다. 하지만 도전이란 본질적으로 위험하기에 지나칠 경우 기업의 도산으로 이어질 수도 있다.

(다)

　알파고는 바둑 형세(환경 상태)에서 바둑을 잘 두는(행위) 방법을 배우기 위해 먼저 대량의 바둑 기보를 통해 인간 바둑 기사들의 행위를 모방 학습했다. 그러한 다음 복제한 자신을 상대로 수없이 많은 판의 바둑을 두면서 시행착오를 거쳐 경기력을 개선했다. 그러한 과정을 통해 알파고는 어떠한 환경 상태에서 어떠한 행위가 적절한지 지속적으로 학습하고 그에 따른 보상을 받는다. 보상은 즉각적으로 좋은 것을 나타내는데, 환경 상태에 따른 행위 선택은 즉각적인 보상뿐 아니라 앞으로 받게 될 보상의 예상된 합을 기반으로 이루어진다. 다시 말하면, 알파고는 일부 인간 기사들처럼 승리의 규모를 최대화하려고 하거나 즉각적인 형세를 최적화하려고 시도하지는 않는다. 대신, 알파고는 최종적인 승리의 가능성을 극대화하는 수를 선택한다. 한 집 차이로 이기든 50집 차이로 이기든 알파고에게는 아무런 상관이 없다. 알파고는 지금까지의 학습 내용을 바탕으로 최종적인 승리의 가능성을 가장 높다고 판단한 행위를 실행하면서 한편으로는, 다른 행위를 무작위적으로 선택하여 승리 가능성을 더 높일 수 있을지 탐색하기도 한다. 이러한 학습 과정을 통해 알파고는 이전까지 특정 환경 상태에서 최적이라고 여겼던 행위를 수정한다.

(라)

　소머필드의 가족은 대대로 미국 T주에서 농업에 종사해 왔다. 소머필드뿐 아니라 지역의 주민들 모두가 몇 년 전부터 지속된 유례없는 가뭄으로 인해 작물이 시들어가는 현상을 경험하고 있었다. 대부분의 지역 주민들이 이를 근년의 이상 기온 때문이라고 생각하고 있었으므로 소머필드도 별다른 생각 없이 그렇겠거니 했다. 결국, 날로 악화되는 작황을 견디다 못해 농사를 접은 그는 새 출발의 기회를 찾아 C주로 이사했다. 그러한데 그가 반복된 흉작 때문에 가업을 포기할 수밖에 없었다는 이야기를 꺼내자 인사 온 동네 사람들이 다들 입을 모아 C주도 지난 몇 년간 극심한 가뭄으로 인한 산불에 시달리는 등 기후 변화의 타격이 크다고 위로했다. 그 말을 들은 소머필드는 고향에서 경험했던 가뭄도 사실은 기후 변화 때문이 아니었는지 하는 생각이 들었다. 기후 변화 문제를 둘러싼 위의 사례와 같이 특정 사안에 대한 관점이 지역별로 극명하게 갈리는 현상을 볼 수 있다.

문제 1

제시문 (가)에 나타난 '과학'과 제시문 (나)에 나타난 '기업 활동'에 관한 관점을 비교하시오.

문제 2

제시문 (다)에서 설명한 알파고의 '학습 방법'이라는 관점에서 제시문 (가)의 '과학', 제시문 (나)의 '기업 활동'에 대해 설명하시오.

문제 3

제시문 (가), (나), (라)를 종합적으로 활용하여 제시문 (라)에서와 같이 의견이 나뉘는 상황이 발생하는 이유를 설명하시오.

제시문 (가)의 과학과 제시문 (나)의 기업 활동 사이에는 두 가지 공통점과 세 가지 차이점이 있습니다. 첫 번째 공통점은 과학과 기업 활동 모두 내부에 '주요 활동'과 '부수 활동'이 존재한다는 사실입니다. 과학에서 정상 과학은 주요 활동이고, 경쟁 패러다임은 부수 활동입니다. 기업의 경우, 기존 사업이 주요 활동에 해당하고, 사업 다각화는 부수 활동에 해당합니다. 두 번째 공통점은 장기적으로 보았을 때 부수 활동이 주요 활동을 '대체'한다는 사실입니다. 과학에서는 주요 패러다임이 신규 패러다임에 의해 대체되어 과학 혁명이 일어납니다. 기업은 전망이 어두운 기존 사업을 대체해 신규 사업으로 적극 진출할 수 있습니다.

과학과 기업 활동 사이에는 차이점도 많습니다. 첫 번째 차이점은 부수적 활동의 상시성입니다. 제시문 (가)에 따르면 과학에서 두 패러다임이 경쟁하는 일은 '이따금씩만' 일어나는 현상입니다. 그에 비해 제시문 (나)에서 기업은 상시적으로 발생하는 부수 활동에 능동적으로 대처하기 위해 하나의 노선이 아닌 다수의 노선을 열어놓고 위기에 대비합니다. 두 번째 차이점은 부수적 활동의 의도성입니다. 제시문 (가)에서 새로운 과학적 세계관은 의도적으로 창조되는 것이 아니라, 해결할 수 없는 난제와 부합하지 않는 경험적 사실 등이 축적된 결과에 대응하다가 '비의도적'으로 나타나는 것에 가깝습니다. 이와 달리 제시문 (나)에서 기업의 사업 다각화는 '의식적이고 선제적'인 스스로의 선택입니다. 세 번째 차이점은 과유불급이 나타나는 영역입니다. 제시문 (가)에서 새로운 패러다임은 과학자들이 의도적으로 추구하는 게 아니기에, 끝까지 설득되지 않고 '옛 영역'에 과도하게 집착하는 사람들이 생겨 '괴짜'라고 불리게 됩니다. 이와 반대로 제시문 (나)에서 새로운 사업은 기업이 의도적으로 추구하는 것이기에, 간혹 '새로운 영역'을 지나치게 추구하다가 '도산'을 맞게 되는 경우도 있습니다.

개요

1. 공통점 1: 주요 활동과 부수적 활동의 병행
2. 공통점 2: 주요 활동과 부수적 활동의 대체
3. 차이점 1: 부수적 활동의 상시성
4. 차이점 2: 부수적 활동의 의도성
5. 차이점 3: 과유불급이 나타나는 영역

Tip & Advice

[문제 1]을 풀기 위해서는 제시문 (가)와 (나)가 각각 제시하는 관점들의 공통점과 차이점을 비교하여 도출해 내는 분석력을 갖추고 있어야 합니다.

이 답안의 강점은 무엇인가?

제시문 (다)를 살펴보면 알파고의 학습 방법에는 세 가지 특징이 있습니다. 첫째, 알파고의 학습 목표는 단기 승률이 아니라 장기 승률을 높이는 것입니다. 알파고는 즉각적인 보상과 앞으로 받을 것으로 예상되는 보상의 합을 기준으로 바둑의 수를 선택합니다. 둘째, 알파고의 학습 과정은 승부와 탐색을 의도적, 상시적으로 병행합니다. 현재 경기의 승리를 노리면서도 미래 경기의 승률을 높이기 위해 여러 가지 경우의 수를 '일부러' 그리고 '계속' 시험해 봅니다. 셋째, 알파고의 탐색 방식은 '무작위와 반복'입니다. 알파고가 무작위로 선택한 행위들은 알파고가 자기 복제를 상대로 두는 수많은 경기에서 시행착오를 통해 효과가 검증됩니다.

'앞서 제시한 세 가지 특징을 제시문 (가)의 과학과 제시문 (나)의 기업 활동에도 적용해 보겠습니다. 첫째, 장기 승률 추구라는 특징은 과학 활동과 기업 활동에 모두 적용됩니다. 과학은 정상 과학과 새로운 패러다임의 경쟁을 통해 장기적으로 반증된 진술의 양을 줄이고 활발한 활동과 진보를 이끌어갑니다. 기업도 기존 사업과 신규 사업을 함께 추구함으로써 기존 수익과 미래 수익의 총합을 극대화합니다.

둘째, 알파고의 탐색은 의도적이고 상시적인데, 이는 제시문 (나)의 기업 활동에는 잘 들어맞습니다. 기업이 가치를 극대화하기 위해 신규 사업에 도전하는 것 또한 의도적이고 상시적인 과정이기 때문입니다. 그러나 제시문 (가)의 과학 활동은 의도적, 상시적으로 새로운 패러다임을 탐색하는 것이 아닙니다. 과학자들은 대부분의 기간 동안 정상 과학을 행할 뿐입니다. 그리고 어긋난 세부 사항과 난제가 축적되면서 부득이하게, 그리고 결과적으로 새로운 패러다임으로의 이행이 일어날 뿐입니다.

셋째, 알파고의 탐색은 무작위와 시행착오에 의거하는데, 이 특징만큼은 제시문 (가)의 과학 활동과도 제시문 (나)의 기업 활동과도 다릅니다. 과학자들은 이치에 맞는 설명을 최대한 합리적으로 시도할 뿐이지 무작위적인 설명을 하는 것은 아닙니다. 기업 또한 시행착오의 대가가 너무 크기 때문에 무작위적으로 반복할 수 없습니다. 그 대가는 치명적인 기업 도산이기 때문입니다. 알파고가 무작위적 시행착오에 의존할 수 있는 것은 비용을 거의 들이지 않고 자신과 수많은 경기를 반복할 수 있는 고유의 학습 조건 덕분입니다.

개요

1. 알파고 학습 방법 특징 1: 장기 승률 추구 – 과학과 기업 활동에 모두 적용

2. 알파고 학습 방법 특징 2: 탐색의 의도성과 상시성 – 과학에 적용되지 않으나 기업 활동에는 적용됨

3. 알파고 학습 방법 특징 3: 무작위적 시행착오 – 과학과 기업 활동 모두 적용되지 않음

[문제 2]를 풀기 위해서는 제시문 (다)가 설명하는 알파고의 학습 방식을 정확하게 이해하고 제시문 (가)와 (나)에 각각 적용하는 적용력이 필요합니다.

이 답안의 강점은 무엇인가?

　제시문 (라)의 소머필드 가족은 가뭄에 시달리다 C주로 이사하는데, 이사 간 지역에서 가뭄에 대한 새로운 관점을 접하게 됩니다. 전 동네 사람들 대부분은 가뭄을 일시적인 이상 기온 탓으로 돌린 반면에 새로운 동네 사람들은 모두가 가뭄을 장기적인 기후 변화 때문이라고 여기고 있었습니다. 이렇게 사안에 대한 관점이 지역별로 극명하게 갈리는 원인을 각각의 제시문을 통해 찾아볼 수 있습니다.

　우선 제시문 (라)에서는 '다수의 분위기에 동조하는 성향'이라는 원인을 발견할 수 있습니다. 소머필드 씨 본인이 대표적으로 예전 동네 지역 주민들의 의견에 '별다른 생각 없이' 동조했고, 새로운 동네에서 새로운 의견을 듣자 금세 '사실은 기후 변화 때문이 아니었는지' 하고 생각을 바꾸고 있습니다. 이처럼 뚜렷한 주관과 이성을 따르기보다 집단의 분위기에 휩쓸리는 비합리적이고 집단적 사고 성향이 있는 경우에 지역이나 집단별로 관점의 극명한 차이가 생겨날 수 있습니다.

　제시문 (가)에서는 '패러다임 경쟁'이라는 원인을 발견할 수 있습니다. 가뭄이라는 경험적 사실이 이상 기온설을 지지하는 것인지 기후 변화설을 지지하는 것인지 두 패러다임이 경쟁하고 있을 때는 판단을 내리기 매우 어렵습니다.

　제시문 (나)에서는 '예측 불가능성'이라는 원인을 발견할 수 있습니다. 날씨는 극히 복잡한 대상이므로 가뭄이 올해로 끝날지 앞으로도 이어질지 누구도 완전히 예측할 수가 없습니다. 그러한 상황에서는 가뭄이 단기적인 이상 기온 때문인지 장기적인 기후 변화 때문인지를 판단하기가 본질적으로 어렵습니다. 이처럼 합리적인 행위자들의 모임에서조차 패러다임이 경쟁하거나 예측이 불가능한 경우에는 지역이나 집단별로 관점의 극명한 차이를 마주하게 될 수 있습니다.

개요

1. 상황의 소개
2. 원인 1: 집단 사고 성향 (제시문 (라) – 비합리적 행위자 가정)
3. 원인 2: 패러다임 경쟁 (제시문 (가) – 합리적 행위자 가정)
4. 원인 3: 예측 불가능성 (제시문 (나) – 합리적 행위자 가정)

Tip & Advice

[문제 3]을 풀기 위해서는 제시문 (라)의 사례에 관한 지역 공동체별 의견의 차이가 발생하는 이유를 제시문 (가), (나), (라)의 내용을 바탕으로 다양하게 고찰할 수 있는 능력과 종합적 사고력이 필요합니다.

이 답안의 강점은 무엇인가?

학교 측 출제 의도 및 평가 지침

출제 의도

● 고등학교 「통합 사회」, 「사회·문화」 교과가 다루는 '다원주의', '패러다임', '학습 방법' 등의 키워드를 바탕으로 과학과 기업 활동의 시간 흐름에 따른 전개 과정을 다각적으로 읽고 이해하는 능력을 평가함

● 과학과 기업 활동에 대한 상이한 관점을 비교하는 능력을 갖추고 있는지를 평가함

● 제시문 (다)에 나타난 알파고의 학습 방법을 이해하고, 이를 토대로 제시문 (가) 과학과 (나) 기업 활동을 제대로 설명할 수 있는지를 평가함

● 제시문 (가), (나), (라)가 각각 보여주는 과학 발전사, 기업 활동, 지역 공동체 의견 형성 과정을 통해 기후 변화와 같은 특정 사안에 대한 입장 차이의 원인을 설명할 수 있는지를 평가함

문항 해설

● [문제 1]은 제시문 (가)와 (나)가 각각 제시하는 관점 간의 공통점과 차이점을 비교하여 도출할 수 있는지 봄으로써 분석력을 평가함

● [문제 2]는 제시문 (다)가 설명하는 알파고의 학습 방식을 적확하게 이해하고 그 내용이 제시문 (가)와 (나)의 경우에 각각 어떻게 적용 가능, 혹은 불가능한지 설명하라고 함으로써 적용력을 평가함

● [문제 3]은 제시문 (라)의 특정 사안에 관한 지역 공동체별 의견의 차이라는 상황이 발생할 수 있는 이유를 제시문 (가), (나), (라)의 내용을 바탕으로 다양하게 고찰해 볼 수 있는 능력을 봄으로써 종합적인 사고력을 평가함

하위 문항	채점 기준
1	• 제시문 (가)와 (나) 모두에서 공통점과 차이점을 다양하게 도출하여 비교할 경우 최고점을 부여함 • 제시문 (가)와 (나) 모두에서 공통점과 차이점을 일부만 도출한 경우 중간점을 부여함 • 제시문 (가)와 (나) 모두에서 공통점과 차이점을 도출하지 못한 경우 하위점을 부여함 • 제시문 (가)와 (나)의 공통점과 차이점을 도출하고, 일원주의와 다원주의, 공시적 그리고 통시적 측면에서 체계적으로 비교한 경우 가산점을 부여함
2	• 제시문 (다)에서 제시한 알파고의 학습 방식이 제시문 (가)와 (나)의 경우에 어떤 면에서 적용이 가능하거나 불가능한지 설명하면 최고점을 부여함 • 위의 내용에서 적용 가능한 측면과 불가능한 측면 중 한 가지만 설명한 경우 중간을 부여함 • 이외의 경우 하위점을 부여함
3	• 제시문 (가), (나), (라)를 종합적으로 활용하여 세 가지 이유를 제시한 경우 최고점을 부여함 • 제시문 (가), (나), (라)를 종합적으로 활용한 세 가지 이유 중 두 가지만 제시한 경우 중간점을 부여함 • 이외의 경우 하위점을 부여함

※ 제시문을 읽고 물음에 답하시오.

(가)

문학은 권력에의 지름길이 아니며, 그러한 의미에서 문학은 써먹는 것이 아니다. 그러나 역설적이게도 문학은 그 써먹지 못한다는 것을 써먹고 있다. 문학을 함으로써 우리는 서유럽 한 위대한 지성이 탄식했듯 배고픈 사람 하나 구하지 못하며, 물론 출세하지도, 큰돈을 벌지도 못한다. 그러나 그것은 바로 그러한 점 때문에 인간을 억압하지 않는다. 인간에게 유용한 것은 대체로 그것이 유용하다는 것 때문에 인간을 억압한다. 억압된 욕망은 그것이 강력하게 억압되면 억압될수록 더욱 강하게 부정적으로 작용한다. 그러나 문학은 유용한 것이 아니기 때문에 인간을 억압하지 않는다. 억압하지 않는 문학은 억압하는 모든 것이 인간에게 부정적으로 작용하는 것을 보여준다. 인간은 문학을 통해 억압하는 것과 억압당하는 것의 정체를 파악하고, 그 부정적 힘을 인지한다. 그 부정적 힘의 인식은 인간으로 하여금 세계를 주체적으로 개조하지 않으면 안 된다는 당위성을 느끼게 한다. 인간은 문학을 통해, 그것에서 얻는 감동을 통해, 자기와 다른 형태의 인간의 기쁨과 슬픔과 고통을 확인하고 그것이 자기의 것일 수도 있다는 것을 느낀다. 문학은 배고픈 거지를 구하지 못한다. 그러나 인간을 억누르는 억압의 정체를 뚜렷하게 보여준다. 그리고 그것은 인간의 자기기만을 되돌아보고 날카롭게 고발한다.

(나)

질문하는 일은 우리에게 지금도 여전히 중요합니다. 우리도 호모사피엔스이니까요. 묻는다는 것은 살아 있음을 뜻합니다. 아직, 기계는 많은 경우 입력된 정보를 질문 없이 받아들일 뿐입니다. 곧 질문하지 않는 사람은 기계에 불과하다고도 말할 수 있습니다. 질문한다는 것은 사람으로서 능동적으로 존재한다는 의미가 있습니다. 어린아이들이 왜, 뭔데, 하고 물으며 주위를 받아들이면서 한 명의 주체로 성장하는 것을 떠올릴 필요가 있습니다. 질문은 사유의 한 행위로, 이미 결정되어 있는 개념이나 미리 규정되어 내려오는 가치들을 선험적으로 무조건 수용하지 않기 때문에 발생합니다. 질문은 삶의 가능성을 제한하고 한계짓는 체제를 거스르면서 생명의 자연스러움을 회복하는 행위입니다. 세상의 단순 부속품이 되지 않으려면 질문해야 합니다. 또한, 질문하는 일은 반성한다는 의미입니다. 반성한다는 것은 판단의 조건들을 성찰하고 사유한다는 것으로 곧 돌이켜보는 일이죠. 반성은 모두가 확고하다고 여기는 현재의 질서에서 잠시 벗어나는 질문입니다.

(다)

장자가 산속을 거닐다가 가지와 잎사귀가 무성한 큰 나무를 보았는데 벌목하는 사람들이 그 옆에 머물러 있으면서도 그 나무를 베지 않았다. 그 까닭을 물었더니 "쓸 만한 것이 없다."고 했다. 장자가 말했다. "이 나무는 쓸모가 없기 때문에 천수를 다할 수 있구나."

장자가 산에서 나와 옛 친구의 집에서 묵게 되었다. 친구가 기뻐하며 아이 종에게 거위를 잡아서 요리하라고 시켰더니, 아이 종이 여쭙기를 "한 마리는 잘 우는데, 한 마리는 울지 못합니다. 어느 것을 잡을까요?" 했다. 친구가 말했다. "울지 못하는 놈을 잡아라."

다음 날 제자가 장자에게 물었다. "어제 산중의 나무는 쓸모없었기 때문에 천수를 다할 수 있었고 지금 주인집 거위는 쓸모없었기 때문에 죽었습니다. 선생께서는 장차 어디에 몸을 두시겠습니까?" 장자가 웃으면서 말했다. "나는 쓸모 있음과 쓸모없음의 사이에 머물 것이다. 그러한데 쓸모 있음과 쓸모없음의 사이에 머무는 것은 한편으로는 그럴 듯 하지만 아직 <u>완전한 올바름</u>이 아니기 때문에 세속의 번거로움을 면치 못할 것이다. 하지만 도(道)와 덕(德)을 타고 어디든 정처 없이 떠다니듯 노니는 사람은 그렇지 않다. 명예도 없고 비방도 없이 한번은 하늘에 오르는 용이 되었다가 또한 한번은 땅속을 기는 뱀이 되어 때와 함께 변화하면서 한 가지를 오로지 고집하는 것을 기꺼워하지 않는다. 한번 하늘 높이 올라가고 한번 땅속 깊이 내려감에 조화로움을 도량으로 삼아서 만물의 시초에 자유롭게 노닐며, 만물을 만물로 존재하게 하면서도 스스로는 외물(外物)에 의해 사물로 규정 받지 않으니 어떤 외물이 번거롭게 할 수 있겠는가! 이것이 옛날 신농과 황제가 지켰던 삶의 법칙이다."

(라)

과학 기술자는 과학의 양면을 제대로 파악하여 인류의 복지에 긍정적으로 기여하려는 선한 의도와 사회적 책임을 가져야 한다. 과학이 우리의 삶에 엄청난 영향을 미치고 있는 만큼 과학 기술자는 사회적 책임과 의무로부터 결코 자유로울 수 없으며, 전문가로서 그에 상응하는 윤리적 책임과 자기 정당화의 의무를 지니고 있어야 한다. 과학적 지식을 사회의 선을 위해 사용하고자 할 때 가장 중요한 것은 반성적 사고이다. 반성적 사고를 통해 과학 기술은 보다 바람직한 방향으로 나아갈 것이다. 따라서 반성적 사고는 과학 기술자들의 행위를 규제하고 억압하는 것이 아니라 과학 기술자들이 인류에 해악을 끼치지 않고 바른 방향으로 나아갈 수 있도록 해 주는 길잡이라고 할 수 있다.

소비에트 연방의 안드레이 사하로프는 20세기 후반 수소 폭탄 개발에 결정적으로 기여했다. 당시 그는 동서 냉전의 상황에서 조국의 군사적 열세를 만회하는 데 도움이 되고 싶다는 생각으로 개발에 매진하여 정부로부터 그 공로를 크게 인정받았다. 하지만 시간이 지날수록 자신의 판단과 행동이 옳았던가를 되짚어 보며, 나중에는 소비에트 체제에 대한 저항 운동에 적극적으로 나서게 되었다. 영국의 제너는 18세기 후반 천연두를 예방하기 위해 우두법(牛痘法)을 개발했다. 시행 초기에는 대중의 몰이해로 많은 반대에 부딪혔으나, 그는 우두법의 효능을 확신하고 설득에 나섰다. 이후 영국 과학계로부터 그 효능을 인정받아 우두법이 널리 보급되었다.

문제 1

제시문 (가)의 '문학'과 제시문 (나)의 '질문'의 유사성을 설명하시오.

문제 2

제시문 (다)의 밑줄 친 부분을 토대로 제시문 (가)를 평가하시오.

문제 3

제시문 (가), (나), (다)를 종합적으로 고려하여, 제시문 (라)의 '사하로프'와 '제너'의 행적에 대해 자신의 의견을 자유롭게 말하시오.

제시문 (가)와 (나)는 문학도, 질문도 얼핏 보기엔 비효율적이고 군더더기 같은 행동들이지만, 거기에는 우리를 인간답게 만드는 깊은 의미가 있다고 주장하고 있습니다. 문학과 질문은 두 가지 유사한 방식으로 우리를 인간답게 만들어 줍니다.

첫 번째 유사성은 문학과 질문이 우리를 능동적이고 주체적인 인간으로 만들어 준다는 점입니다. 제시문 (가)에서 저자는 문학이란 세상에 효율과 쓸모가 있는 행위가 아니기 때문에 인간을 억압하거나 착취하는 데도 가세하지 않는다고 말합니다. 오히려 문학은 '억압하는 것'의 실상을 독자에게 전달해 그동안 '수동적'으로 억압당하던 인간들이 세계를 '주체적'으로 개조하겠다는 능동적 결심을 하게 만든다는 것입니다. 제시문 (나)에서도 질문은 하나의 인간적 행위로서, 정보를 기계적으로 받아들이는 행위와 대조됩니다. 질문은 타인이나 체계가 미리 규정해 놓은 개념과 가치를 그대로 수용하기를 거부하는 저항의 행위, 능동적 주체성을 되찾는 행위입니다.

두 번째 유사성은 문학과 질문이 우리를 반성하는 인간으로 만들어준다는 점입니다. 제시문 (가)에 따르면 인간이 문학을 통해 억압의 정체를 뚜렷하게 바라보게 될 때, 인간은 외부에서만이 아니라 바로 개인의 내면에서도 억압의 일부를 발견할 수 있으며, 그를 통해 그동안의 자기기만을 반성할 수 있게 됩니다. 이와 마찬가지로 제시문 (나)에 따르면 인간은 질문을 하는 순간 자신의 판단이 어떠한 조건 위에서 내려진 것인지 멈추어서 성찰할 수 있는 기회를 얻게 됩니다. 이를 통해 현재의 질서와 관성을 벗어나 반성적으로 전환할 수 있게 된다는 것입니다.

개요

1. 제시문 (가)와 (나)의 요지: 인간다움의 회복
2. 유사성 1: 능동적, 주체적 활동(vs 수동성)
3. 유사성 2: 반성의 기회 제공

Tip & Advice

[문제 1]을 풀기 위해서는 각 제시문에 기술된 내용을 토대로 '문학'과 '질문' 간의 유사성을 유추해 내는 분석적 사고 능력과, 핵심어인 '문학'과 '질문'의 특징과 유사성을 적절하게 비교 · 분석하고 체계적으로 설명하는 능력이 필요합니다.

이 답안의 강점은 무엇인가?

제시문 (가)의 저자는 문학의 인간적 의의를 논하면서 '문학은 쓸모없기 때문에 인간에게 쓸모 있다'라는 하나의 역설을 제시하고 있습니다. 이 역설적 지혜를 '무용함의 유용함'이라고 부르겠습니다. 저자에 따르면 문학은 유용한 것이 아니기에 억압된 욕망을 발생시키지 않으며, 억압하는 것과 억압당하는 것을 담담히 보여줌으로써 인간이 눈을 뜨게 해 준다고 합니다. 이 과정을 통해 문학은 비록 실용적으로는 무용하나, 궁극적으로 인간 주체성에 유용한 것으로 거듭나게 됩니다.

흥미롭게도 제시문 (가)에 나타나는 '무용함의 유용함'은 제시문 (다)에서도 발견됩니다. 나무는 쓸모가 없었기 때문에 벌목 당하지 않고 천수를 누릴 수 있었습니다. 그런데 장자의 이야기는 더 나아가 거위의 사례를 보여줍니다. 울지 못하는 거위는 쓸모가 없다는 이유로 죽임을 당해 요리가 되는데, 이는 '무용함의 유용함'이라는 나무의 교훈과 상충되는 것처럼 보입니다. 이에 대해 장자는 '완전한 올바름'이라는 가치를 제시합니다. 이는 여러 세속적 구분을 벗어나서 어떠한 입장도 고집하지 않는 초월적 경지입니다. 완전한 올바름의 경지에서는 무용함과 유용함의 구분을 묻는 것 자체가 무용한 일이 됩니다.

따라서 제시문 (다)의 '완전한 올바름'의 경지에서 제시문 (가)의 '무용함의 유용함'의 논리를 살펴본다면, 여전히 무엇이 무용하고 무엇이 유용한지 시시콜콜 구분하려는 부분적 경지로 보일 것입니다. 즉, 제시문 (가)의 화자는 나무의 교훈까지는 깨달았지만 그를 초월한 '완전한 올바름'의 경지에는 아직 이르지 못했다고 평가할 것입니다.

개요

1. 제시문 (가): 무용함의 유용함
2. 제시문 (다): 무용함의 유용함(나무) → 무용/유용 구분 자체의 무용함(초월적 경지)
3. 결론: 제시문 (가)의 '무용함의 유용함'은 제시문 (다)의 '완전한 올바름'에 미치지 못함(부분적 경지)

[문제 2]를 풀기 위해서는 쓸모 있음과 쓸모없음을 넘어서는 제시문 (다)에 나타난 '완전한 올바름'이라는 장자의 사상을 명확하게 이해하고, 제시문 (가)에 나타난 문학의 무용/유용함에 타당하게 적용하고 분석하는 능력이 필요합니다.

이 답안의 강점은 무엇인가?

문제 3 예시 답안

제시문 (라)에 제시된 사하로프는 조국 소련을 위해 수소 폭탄을 개발하고 공로를 인정받았으나, 나중에는 후회를 거듭하여 소련 체제에 저항한 과학자입니다. 그리고 제너는 대중의 몰이해와 반대를 견디고 우두법을 개발하여 천연두를 퇴치한 과학자입니다.

제시문 (가), (나), (다)는 두 사람의 행적을 평가하기 위한 개념과 기준들을 제공합니다. 먼저 제시문 (가)에 실린 유용과 무용의 기준을 두 사람에게 적용해 볼 수 있습니다. 사하로프는 조국에 유용한 역할을 하고자 했지만, 그에 부수적으로 따라온 인정 욕구는 그를 체제의 어둠에 눈멀게 해 결국 그의 업적을 무용하게 만들고 말았습니다. 이러한 사하로프는 '유용함의 무용함'의 사례입니다. 한편, 제너는 유용함을 추구했으나, 다행히 억압된 욕망에 휩싸이지는 않은 덕분에 결과적으로도 유용한 업적을 남겼습니다.

이어서 제시문 (나)에 실린 질문과 반성의 기준을 적용해 보겠습니다. 사하로프가 늦게나마 체제의 억압에 눈을 뜨고 저항한 것은 '자신의 판단과 행동이 옳았던가?'라는 질문이 주는 반성의 힘 덕분이었습니다. 제너는 기술 발명의 초기부터 스스로에게 꾸준히 질문을 던진 덕분에 잘못을 예방할 수 있었으리라고 추측할 수 있습니다.

마지막으로 제시문 (다)에 실린 완전한 올바름의 기준을 적용해 보겠습니다. 사하로프는 정부의 인정을 추구하면서 세속의 번거로움에 붙들렸기에 완전한 올바름과는 거리가 멀었습니다. 제너는 대중의 몰이해와 많은 반대에 부딪혔는데도 우두법 개발에 힘썼는데, 이는 명성이나 비난에 얽매이지 않는 모습입니다. 이와 같은 자유로움은 완전한 올바름에 가까운 모습이라고 평가할 수 있습니다.

개요

1. 사하로프와 제너의 행적
2. 제시문 (가): 유용과 무용
3. 제시문 (나): 질문과 반성
4. 제시문 (다): 완전한 올바름

이 답안의 강점은 무엇인가?

학교 측 출제 의도 및 평가 지침

출제 의도

- 고등학교 「국어」, 「윤리와 사상」, 「생활과 윤리」 교과가 다루는 '독서', '학문', '유용함과 무용함', '과학과 윤리' 등을 바탕으로, 학문 연구와 사회적 책임에 대한 인식과 이해를 평가함

- 제시문에 기술된 내용에 기반을 두어, '문학'과 '질문' 간의 유사성을 유추해낼 수 있는 분석적 사고 능력을 갖추고 있는지를 평가함

- 쓸모 있음과 쓸모없음을 넘어서는 '완전한 올바름'이라는 장자의 생각을 토대로, 제시문 (가)에 나타난 문학의 무용/유용함에 대해 어떻게 이해하고 있는지를 평가함

- 제시문들에서 소개된 유용함과 무용함의 의미, 질문과 반성의 기능 등을 토대로 제시문 (라)에 소개된 구체적인 사례들을 종합적으로 이해하고 분석하는 능력을 알아봄

문항 해설

- [문제 1]은 각 제시문에 기술된 내용에 기반하여, '문학'과 '질문' 간의 유사성을 유추해 내고 분석적 사고 능력을 보여주어야 함

- [문제 2]는 쓸모 있음과 쓸모없음을 넘어서는 "완전한 올바름"이라는 장자의 생각을 이해하고, 제시문 (가)에 나타난 문학의 무용/유용함에 대해 올바로 적용시켜야 함

- [문제 3]은 제시문들에 소개된 유용함과 무용함의 의미, 질문과 반성의 기능을 종합적으로 유추해 제시문 (라)의 사례를 설명해 내야 함

채점 기준

하위 문항	채점 기준
1	각각 제시문에서의 핵심어인 '문학'(가)과 '질문'(나)의 특징과 유사성을 적절하게 비교, 분석, 체계적으로 설명할 수 있는지를 평가함
2	• 제시문 (다)인 장자의 글에서 "완전한 올바름"이 무엇인지 명확하게 이해하는지를 평가함 • 장자의 "완전한 올바름"을 제시문 (가)에 타당하게 적용해 분석해 내는지를 평가함
3	• 제시문 (가), (나), (다)를 종합적으로 고려, 판단해 제시문 (라)의 두 구체적 사례를 타당하고 적실하게 평가하는지를 평가함 • '자유롭게 말하라'는 문제의 지문에 대해 자신의 의견을 얼마나 설득력있게 표현하는지를 평가함

※ 제시문을 읽고 물음에 답하시오.

(가)

고전적 공리주의자 벤담과 밀은 행복은 곧 쾌락이고 불행은 고통이라는 인식을 공유하며, 인간 행위의 목적을 고통을 피하고 쾌락을 늘리는 것에 두었다. 특히 이들이 중시한 것은 최대 다수의 최대 행복이었는데 여기에서 공공선의 문제가 제기되기도 했다. 한편, 20세기 사상가 칼 포퍼는 불행의 최소화를 중시하며 ⊙ '소극적 공리주의'를 제시했다. 개인의 자유가 억압되는 일에 민감하게 반응한 그는 공공의 영역을 인정하되 최대 행복을 명분으로 개인의 자유가 침해받는 일을 경계했다. 세계사적 비극인 전체주의의 폐해를 떠올리면 그의 우려가 지나치다고 말하기는 어려울 것이다. 고전적 공리주의가 행복을 극대화하려 한다면, 소극적 공리주의는 행복이 아닌 불행을, 쾌락이 아닌 고통을, 선이 아닌 악을 제거하고 최소화하려 한다.

소극적 공리주의에 따르면, 행복이나 선이라는 목표는 항상 미래에 오는 것이므로 불확실하며 대체로 추상적이다. 반면에 고통이나 악을 제거한다고 할 때, 그 고통이나 악은 항상 현재에 존재하는 구체적인 것이다. 불확실한 미래의 추상적인 선을 추구하기보다는 확실한 현재의 구체적인 악을 제거하는 것이 우리가 해야 할 일이다. 또한, 행복이나 선은 사람들마다 서로 다른 것인 경우가 많아서 일률적으로 산출하기 어렵다. 무엇이 좋은 것인지는 지극히 주관적이기 때문에 사람들 간에 의견 일치가 쉽게 이루어지지 않는다. 반면에 고통이나 악은 사람들이 쉽게 합의할 수 있다는 것이 소극적 공리주의의 주장이다. 맛있는 음식에 대해서는 각각 의견을 달리하는 사람들도 배고픔의 고통에 대해서는 쉽게 의견 일치를 볼 수 있다.

(나)

일반적으로 국가를 평가할 때 국내 총생산(GDP) 등 경제적 지표를 사용하는 경향이 있으나 이것만으로 국민의 행복과 불행을 종합적으로 판단하는 데에는 한계가 있다. 이를 보완하기 위해 도입된 ⓒ 국가 행복 지수는 국내 총생산뿐만 아니라 건강 상태, 자유, 기대 수명, 부정부패 등을 바탕으로 집계된다. 국민소득이 2,000달러에도 미치지 못하는 작고 가난한 나라지만 국민의 97%가 '행복하다.'고 하는 부탄이 널리 알려진 것도, 선진국 대열에 합류한 나라의 국민이지만 한국인의 불행이 주목받게 된 것도 국가 행복 지수 때문이다. 2018~2020년 평균을 산출한 결과 한국은 국가 행복 지수 10점 만점에 5.85점으로 OECD 회원국 중 거의 끝자리를 차지했는데, 미세먼지 농도는 가장 높았고, 연간 근로 시간은 멕시코 다음으로 가장 길었다. 또한, 2020년 유니세프가 발표한 어린이 행복 지수에 따르면 한국은 OECD 및 EU 회원국 38개국 가운데 21위였다. 신체 건강(13위), 학업 및 사회 능력(11위)은 상위권이었지만 정신적 행복은 34위로 최하위권이었다.

(다)

　나는 이사하기를 좋아한다. 인간이라는 것은 크게 나누면 대충 두 가지 타입으로 나눌 수 있다. 즉, 이사하기를 좋아하는 인간과 싫어하는 인간이다. 특별히 전자는 행동적이고 진취성이 풍부하나 후자는 그 반대라는 식의 이야기가 아니다. 단순히 이사하기를 좋아하느냐 싫어하느냐라는 극히 단순한 차원의 이야기이다. 짐을 챙겨 동네에서 동네로, 집에서 집으로 옮겨 다니노라면, 정말로 ⓒ 행복한 기분이 든다. 그렇다고 해서 내가 적극적인 인간인가 하면 그렇지도 않다. 오히려 그 반대로, 생활 습관을 바꾸거나 사물에 대한 가치 판단을 바꾸거나 하는 걸 극단적으로 싫어하는 편이다. 양복만 해도 15년 전과 거의 같은 것을 입고 있다. 하지만 이사 가는 것만은 좋아한다. 이사의 좋은 점은 모든 것을 '무(無)'로 만들 수 있다는 것이다. 이웃과의 교제, 인간관계, 그 밖의 온갖 일상생활에서의 자질구레한 일, 그러한 것이 전부 한순간에 소멸해버리는 것이다. 이 쾌감은 한 번 맛보면 결코 잊어버릴 수가 없다. 야반도주야말로 이사의 기본적 원형이다. 나는 지금까지 굉장히 여러 번 이사를 하고, 여러 곳에 살았으며, 여러 종류의 사람들과 상종을 해 왔다. 그리고 그때마다 모든 것을 '무'로 만들고 지금에 이른 것이다.

문제 1
㉠의 특성을 바탕으로 ㉡, ㉢에 제시된 '행복'에 대한 관점을 평가하시오.

문제 2
제시문 (나)의 내용을 참고하여 ㉠의 견해를 비판하시오.

문제 3
제시문 (가)의 '소극적 공리주의'를 반영한 정책을 예로 들고 그것의 순기능과 역기능에 대해 설명하시오.

제시문 (가)의 ㉠ '소극적 공리주의'의 특성은 고전적 공리주의와 대조되어 잘 드러납니다. 소극적 공리주의는 고전적 공리주의와 마찬가지로 공공의 영역을 인정하고 최대 다수의 공리를 증진하기 위해 타자에게 관여한다는 특성이 있습니다. 다만, 공리를 증진하는 데 어떠한 목표를 세우는 지에 대해서는 차이를 보입니다. 고전적 공리주의와 달리 소극적 공리주의는 '최대 다수의 최소 불행'을 주된 목표로 추구합니다. 행복은 미래에서 오는 것이므로 예측 불가능하여 측정이 어렵고 고통은 항상 현재에 존재하여 측정이 쉽기 때문에 고통을 우선 제거해야 한다고 보는 것입니다.

이러한 특성은 ㉡과 ㉢에서 대조적으로 확인됩니다. ㉡ '국가 행복 지수'는 국가 차원에서 국민의 행복과 불행을 측정하여 정책적인 기준을 주는 지표입니다. 따라서 공공의 영역을 인정하는 특성은 소극적 공리주의와 맥을 같이합니다. 그러나 국가 행복 지수는 행복과 불행을 같은 층위에서 반비례 관계로 파악한 뒤, 행복과 불행을 종합적인 측면에서 측정하여 지수를 산출합니다. 이는 불행뿐 아니라 행복에도 구체적이고 합의할 수 있는 기준이 있다는 관점으로, 소극적 공리주의와 다르다고 볼 수 있습니다.

㉢ '행복한 기분'은 이사할 때 드는 해방감으로, 행동적, 진취적이고 적극적인 행복이 아니라 무언가 구애됨이 없다는 의미에서 소극적인 행복에 해당합니다. 이는 고통의 부재를 통해 공리를 측정하려는 소극적 공리주의의 관점과 맥을 같이 합니다. 그러나 이사의 해방감은 타자와의 관계를 단절하는 데에서 오는 사적인 쾌감일 뿐, 공공의 영역에 대한 고려는 전혀 없습니다. 이러한 점에서 공공의 영역을 인정하는 소극적 공리주의와 다르다고 볼 수 있습니다.

개요

1. 소극적 공리주의의 특성: (1) 공공의 영역 인정, (2) 최대 다수의 '최소 불행'
2. 국가 행복 지수의 행복관 평가: (1) 공공의 영역 인정, (2) 불행뿐 아니라 행복도 측정 가능하다는 관점
3. 이사의 해방감의 행복관 평가: (1) 쾌감 = 고통 없음, (2) 공공의 영역 고려 없음

Tip & Advice

1. 고등학교 「통합사회」 교과서에 제시된 행복의 의미 및 「윤리와 사상」 교과서에 제시된 공리주의의 개념을 참조하여, 제시문 (가)에 제시된 소극적 공리주의의 개념을 파악하고 이에 맞추어 제시문 (나), (다)에 소개된 '행복'의 차이를 정리해야 하는 문항입니다.

2. 소극적 공리주의의 특성을 제대로 파악하면 점수를 받을 수 있습니다. 더 나아가, 이를 기반으로 ⓒ과 ⓒ의 행복에 대한 관점의 차이를 체계적으로 설명하면 가산점을 받을 수 있을 것입니다.

3. ㉠에서 ⓒ과 ⓒ에 대한 평가의 공통 기준이 되는 특성을 두 가지 찾아내야 합니다.

☑ 이 답안의 강점은 무엇인가?

　제시문 (나)에 따르면 한 나라의 종합적 행복은 먼저 행복과 불행을 두루 측정한 후, 여러 분야를 종합해서 평가해야 합니다. 국가 행복 지수는 국내 총생산 같은 경제 분야뿐 아니라 정치적·사회적·개인적 영역에서 행복과 불행을 두루 포괄한 종합적 행복의 상태를 살핍니다.

　국가 행복 지수의 관점에서 보면 소극적 공리주의는 불행과 행복의 차이를 과장하고 있습니다. 첫째, 소극적 공리주의는 행복이 지나치게 추상적이고 다양해서 측정할 수 없다고 주장합니다. 그러나 실제로 사람들이 생각하는 행복의 내용은 어느 정도 유사성이 있으므로 측정 및 비교를 할 수 있습니다. 국가 행복 지수가 건강 상태, 자유, 기대 수명, 부정부패 등 몇 가지 공통된 보편적·구체적 기준을 바탕으로 세계 각국의 행복감을 비교한다는 사실이 이를 방증합니다.

　둘째, 소극적 공리주의는 불행에 사람들이 쉽게 합의할 수 있는 기준이 있다고 주장합니다. 그러나 실제로 이는 불행 역시 행복 못지않게 다양한 영역과 모습으로 존재한다는 사실을 간과하고 있습니다. 건강의 악화, 억압된 자유, 짧은 기대 수명, 부패한 사회에서 오는 불행은 각기 다른 성격입니다. 행복만큼 불행도 영역에 따라 다양합니다. 그러므로 한 나라의 공리 상태를 진정으로 알기 위해서는 모두가 동의하는 최소한의 영역만 보는 소극적 관점을 과감히 버려야 합니다. 오히려 국가 행복 지수와 같이 최대한 다양한 영역을 두루 살펴보는 종합적 관점을 지녀야 할 것입니다.

개요

1. 제시문 (나)의 특성: 국가 행복 지수는 행복/불행 모두 측정, 다양한 분야를 종합
2. 제시문 (나) 관점에서 ㉠ 비판 1: 불행처럼 행복도 측정할 수 있음
3. 제시문 (나) 관점에서 ㉠ 비판 2: 불행도 다양하므로 여러 분야 종합 필요

Tip & Advice

1. 일정 수치로 산출할 수 있는 국가 행복 지수의 속성과, 행복과 불행의 반비례 관계를 파악하여 소극적 공리주의의 내용을 비판하는 문항입니다.

2. 행복의 산출 가능성에 대한 이해와 같은 층위에 놓인 행복과 불행의 관계에 대해 답변하면 점수를 얻을 수 있습니다. 이를 바탕으로 ㉠에 거론된 행복의 산출 불가능성 및 다른 층위에 놓인 행복과 불행의 관계를 비판하면 가산점을 얻을 수 있을 것입니다.

3. 행복과 불행의 반비례 관계란, 행복을 늘리고 불행을 줄이면 둘을 같은 층위로 합하여 볼 수 있다는 의미입니다. 즉, 행복도 불행과 같은 차원에서 측정할 수 있습니다.

이 답안의 강점은 무엇인가?

소극적 공리주의의 중요한 특징으로 사회 구성원에게 무엇이 적극적 선인지를 외부에서 규정하려 들지 않는다는 점, 적극적 선을 규정할 자유를 개인에게 맡긴다는 점, 사회는 개인에게 악이나 결핍이 없는 상태만을 제공한다는 점을 꼽을 수 있습니다.

이러한 특징을 반영한 정책의 예로 기본소득제를 들고 싶습니다. 기본소득은 사람들에게 일자리를 가지는 것을 선으로 규정하거나, 반드시 일해야 한다는 선 관념을 강요하지 않습니다. 원하는 일자리를 고를 자유, 일을 하거나 하지 않을 자유도 개인에게 맡깁니다. 다만, 어떤 선택을 하더라도 빈곤과 결핍에 빠지지 않도록 최소한의 소득을 보장해 주기 때문에 소극적 공리주의를 반영한 정책이라고 생각합니다.

기본소득제가 현실화되면 순기능과 역기능이 모두 나타날 것입니다. 먼저, 순기능으로는 사회에서 가난으로 고통받는 사람들의 불행을 없앨 수 있습니다. 또한, 어쩔 수 없이 원하지 않는 직업에 종사하던 사람들도 자유를 갖고 자아를 찾아 나설 수 있을 것입니다. 반면에 역기능으로는 굳이 일하지 않으려는 사람들이 늘어나 사회의 생산성이 저하되고 무임승차 현상이 증가하게 될 것입니다. 또한, 열심히 일하는 사람에게 돌아오는 상대적 보상이 줄어들어 혁신이 정체될 수 있습니다.

개요

1. 소극적 공리주의의 중요한 특징
2. 소극적 공리주의에 해당하는 정책의 예: 기본소득 정책
3. 기본소득 정책이란 무엇이며, 왜 소극적 공리주의에 해당하는가 (1에서 든 세 가지 특징)
4. 기본소득 정책의 순기능/역기능

Tip & Advice

1. 고등학교 「윤리와 사상」 교과서에 소개된 공리주의를 바탕으로 확장된 '소극적 공리주의'의 개념을 활용하여 답변해야 하는 문항입니다.

2. 적절한 정책을 예로 들고 이에 대한 순기능과 역기능을 논리적으로 설명하면 점수를 얻을 수 있습니다. 제시한 정책의 예와 설명이 설득력이 있고 독창적일 경우 가산점을 받을 수 있습니다.

3. 어떤 정책을 논의할 것인지 두괄식으로 밝히는 것이 좋습니다. 논술고사도 그렇지만, 특히 구술면접은 답변 초반에 하고자 하는 말을 분명하게 밝히지 않으면 면접관 선생님이 점수를 줄 포인트를 놓칠 수 있습니다. 글을 두괄식으로 쓰는 연습도 필요하지만, 말은 더 그렇습니다. 친구들과 주장을 우선 제시하고 근거를 구술하는 방식을 계속 연습해야 합니다.

4. 예시로 제시한 정책이 어째서 소극적 공리주의에 해당하는지 설득할 수 있어야 합니다. 제시한 예시가 면접관 선생님께 와 닿지 않거나, 면접관 선생님이 생각하는 정책의 내용과 다를 수도 있습니다. 그러므로 해당 정책의 구체적 내용을 우선 언급하고, 소극적 공리주의의 본질과 해당 정책이 어떻게 같은 맥락으로 이해할 수 있는지 설명한 후에 순기능과 역기능을 논의하는 게 바람직한 답변 순서입니다.

이 답안의 강점은 무엇인가?

출제 의도

◗ 제시문 (가)에서 소극적 공리주의는 공공의 영역을 인정하되 인간이 누릴 수 있는 최대한의 자유를 보장하기 위해 국가의 최소 개입을 강조하며, 행복의 증진 요소보다는 불행의 최소화를 중시함. 행복과 선은 미래 지향적, 추상적, 주관적 특성을 지녀 그것이 무엇인지 합의에 이르기 어려운 반면에 고통과 악은 현실적, 구체적, 객관적 특성을 지녀 그것이 무엇인지 쉽게 합의에 이를 수 있음

◗ 제시문 (나)에서 국가 행복 지수는 산출 항목에 경제적 수치 이외에도 행복과 불행을 측정하는 여러 영역이 포함되어 종합적인 성격을 지녔음. 산출 가능한 행복과 불행의 영역이 제시되고 있으며 행복 지수에는 불행의 요소도 가미되어 있음. 행복과 불행은 현재화, 현실화의 특성을 지니며 같은 층위에서 반비례 관계를 형성함

◗ 제시문 (다)에서 '행복한 기분'은 공공의 영역을 중시하기보다는 작가의 개인적 쾌락의 차원에서 형성됨. '이사하기'는 작가에 따르면 사회적 관계를 무(無)로 만드는 것이며 따라서 소극적 공리주의가 전제로 하고 있는 사회적 관계를 부정하는 행위임

◗ ㉠은 '최대 다수의 최대 행복'의 공리주의를 전제로 하되 행복의 측정 불가능성으로 인해 불행의 최소화에 주목해야 한다는 입장, ㉡은 불행과 행복의 반비례 관계를 전제로 공리주의적 관점에서 행복의 측정 가능성을 중시한 입장, ㉢은 사회관계를 끊음으로써 발생하는 공리주의와 무관한 행복, 즉 개인의 쾌락을 중시한 입장임

◗ 제시문 (나)의 국가 행복 지수 산출 영역에는 불행의 요소와 행복의 요소가 포함되어 있음. 행복의 요소는 늘리고 불행의 요소를 줄이는 경우 국가 행복 지수가 상승함. 이를 통해 불행뿐만 아니라 행복도 미래가 아닌 현재적 관점에서 파악할 수 있다는 것을 추론할 수 있음

◗ ㉠에서 소극적 공리주의는 산출 불가능한 행복의 증진보다는 합의에 이르기 쉬운 불행의 최소화에 주목하며 '최대 다수의 최대 행복'을 추구함. 행복이나 선은 미래 지향적, 추상적, 주관적 특성을 지니는 반면에 고통과 악은 현실적, 구체적, 객관적 특성을 지녀 다른 층위에 있음

◗ 소극적 공리주의는 공공의 영역을 인정하되 인간이 누릴 수 있는 최대한의 자유를 보장하기 위해 국가의 최소 개입을 강조함. 소극적 공리주의는 행복의 증진 요소보다는 불행의 최소화를 중시함. 행복이나 선은 미래 지향적, 추상적, 주관적 특성을 지녀 산출하기 어려운 반면에 고통과 악은 현실적, 구체적, 객관적 특성을 지녀 그 정체에 대해 쉽게 의견 일치를 보임

● 소극적 공리주의를 반영한 정책의 예로는 사회 안전망, 빈곤 퇴치, 백신 접종, 기본 소득, 공공 의료, 의료 보험, 임대 주택, 학생 급식, 노숙자 쉼터 등이 있음. 이들의 순기능은 사회적 고통을 최소화하여 '최대 다수의 최대 행복'의 가치를 실현하는 것이며 이들의 역기능으로는 근로 의욕 저하, 도덕적 해이, 국민의 선택권 억압, 사회적 비용 증가 등을 꼽을 수 있음

문항 해설

● [문제 1]은 고등학교 「통합 사회」 교과서에 제시된 행복의 의미 및 「윤리와 사상」 교과서에 제시된 공리주의의 개념을 참조하여, 제시문 (가)에 제시된 소극적 공리주의의 개념을 파악하고 이에 맞추어 제시문 (나), (다)에 소개된 '행복'의 차이를 정리해야 함

● [문제 2]는 산출 가능한 국가 행복 지수의 속성과, 행복과 불행의 반비례 관계를 파악하여 이를 바탕으로 소극적 공리주의의 내용을 비판해야 함

● [문제 3]은 고등학교 「윤리와 사상」 교과서에 소개된 공리주의를 바탕으로 확장된 '소극적 공리주의'의 개념을 활용하여 답변해야 함

채점 기준

하위 문항	채점 기준
1	• 소극적 공리주의의 특성을 제대로 파악한 경우 점수를 부여함 • 이를 기반으로 ⓒ과 ⓒ의 행복에 대한 관점의 차이를 체계적으로 설명한 경우 가산점을 부여함
2	• 행복의 산출 가능성 여부 또는 행복과 불행의 층위에 대해 답변할 경우 점수를 부여함 • (나)에 나타난 행복의 산출 가능성을 이해하고 동일 층위에 놓인 행복과 불행의 관계를 바탕으로, ⊙에서 거론된 행복의 산출 불가능성 및 다른 층위에 배치된 행복과 불행의 관계를 비판하면 가산점을 부여함
3	• 문제가 요구한 합당한 정책의 예를 제시하고 이에 대한 순기능과 역기능을 논리적으로 설명할 경우 점수를 부여함 • 제안한 정책의 예와 설명이 설득력을 갖추고 독창적일 경우 가산점을 부여함

※ 제시문을 읽고 물음에 답하시오.

(가)

사람들은 살면서 여러 가지 선택을 해야 합니다. 오늘 무엇을 먹을지, 어떤 옷을 입을지 같은 사소한 결정을 하는 경우에는 자신의 선택에 대해 뒤돌아보지 않지만, 진로나 결혼 같은 중요한 결정을 내린 경우에는 자신의 선택이 적절했는지 반추하기도 합니다. 사람들이 어떤 것을 선택한 후에 '만약에 내가 다른 선택을 했더라면'하고 생각하는 것은 매우 흔하며, 대부분의 사람은 무의식적으로 이러한 ㉠ 반사실적(反寫實的) 사고를 하고 있습니다. 반사실적으로 생각한다는 것은 '사실과 반대' 혹은 '대안 선택 시 일어날 수 있었던 (현실에 대비되는) 상황'에 대해 상상하는 것과 같은 의미를 가집니다. 이 개념은 고대 그리스 철학자인 플라톤과 아리스토텔레스의 가정법 시제에 대한 논의에서 시작되었고, 대안 세계에 관해 쓴 17세기 독일 철학자 라이프니츠에 의해 더욱 발전되었습니다. '반사실적 사고'라는 용어는 1940년대 중반에 처음 사용되었는데, 이후 학자들은 1980년대 초에 사회 인지적 관점에서 이 주제를 체계적으로 연구하기 시작했고, 반사실적 사고 뒤에 후회나 만족과 같은 특정한 감정이 발생한다는 것을 발견했습니다. ㉡ 반사실적 사고는 현실과 대비해 상황이 더 나은 경우와 상황이 더 나쁜 경우를 생각하는 방향으로 나뉩니다. 상상할 수 있는 대안적 상황과 현실을 비교하면 후회, 수치심, 죄책감 또는 비난과 같은 감정이 발생할 수도 있고, 반대로 안도와 만족과 같은 감정이 생길 수도 있습니다.

(나)

노란 숲속에 두 갈래 길 나 있어,
나는 둘 다 가지 못하고
하나의 길만 걷는 것 아쉬워
수풀 속으로 굽어 사라지는 길 하나
멀리멀리 한참 서서 바라보았지.

그러고선 똑같이 아름답지만
풀이 우거지고 인적이 없어
아마도 더 끌렸던 다른 길 택했지.
물론 인적으로 치자면, 지나간 발길들로
두 길은 정말 거의 같게 다져져 있었고,

사람들이 시커멓게 밟지 않은 나뭇잎들이
그날 아침 두 길 모두를 한결같이 덮고 있긴 했지만.
아, 나는 한 길을 또 다른 날을 위해 남겨두었네!

하지만 길은 길로 이어지는 걸 알기에
내가 다시 오리라 믿지는 않았지.

ⓒ 지금부터 오래오래 후 어디에선가
나는 한숨지으며 이렇게 말하겠지.
숲속에 두 갈래 길 나 있었다고, 그리고 나는—
나는 사람들이 덜 지난 길 택하였고
그로 인해 모든 것이 달라졌노라고.

(다)

 A는 한 음료 업체의 마케팅 부서에서 근무하고 있는데, 현재 회사에서는 음료의 매출을 높이기 위해 광고를 띄우려고 한다. 어느 날 A는 상사로부터 과거에 회사에서 광고를 집행했을 때 음료 매출이 얼마나 올랐는지를 분석하라는 지시를 받고, 데이터를 살펴보았다. 그 결과 2020년에 회사가 음료를 광고했더니 2019년에 비해 음료 매출이 20% 상승했다는 사실을 알게 되었다. 이 사실을 발견한 A는 그 즉시 상사에게 음료를 광고한 덕분에 2020년 음료 매출이 전년도보다 20% 상승했으며, 따라서 올해도 광고를 하게 되면 음료 매출이 20%가량 증가할 것이라고 보고했다.

문제 1

제시문 (가)의 내용을 참고하여 제시문 (나)의 화자가 ⓒ과 같이 표현한 이유에 대해 이야기하시오.

문제 2

제시문 (가)의 내용을 바탕으로 제시문 (다)에 나타난 A의 주장을 평가하시오.

문제 3

제시문 (가)의 ⓛ에 제시된 두 가지 반사실적 사고가 사람들에게 어떠한 영향을 줄 수 있는지 구체적인 예시를 들어 설명하시오.

제시문 (나)의 화자가 ⓒ과 같이 말한 이유는, 자신이 먼 미래에 반사실적 사고를 하게 될 때 후회하지 않기 위함이라고 생각합니다. 제시문 (가)에 따르면 반사실적 사고는 사실과 반대되거나 대안 선택 시 발생 가능한 상황에 대해 상상하는 것을 말합니다. 사람들은 무의식적으로 반사실적 사고를 하는 경향이 있는데, 이를 통해 현실과 대안적 상황을 비교하며 더 나은 것에 따라 긍정적 · 부정적 감정을 느끼기도 합니다.

한편 제시문 (나)의 화자는 '똑같이 아름다운 두 길' 중 더 끌렸던 하나의 길을 선택했던 상황에 대해 이야기한 후, ⓒ에서 나타나듯 미래에 반사실적 사고를 하는 자신을 상상하고 있습니다. ⓒ에 따르면 화자는 '한숨지으며' 자신의 선택을 '후회'할 수도 있기 때문에, 이러한 후회의 감정을 예방하고자 '사람들이 덜 지나간 길'을 선택한 것이라며 자신의 선택을 정당화하고 있습니다.

개요

1. 반사실적 사고의 개념 제시
2. 제시문 (나)에 대한 적용

Tip & Advice

반사실적 사고의 개념을 정확히 파악하고, 이를 각각 문학과 특정 주장에 적용해야 한다는 점에서 쉽지 않은 문제입니다. 제시문 (나)의 화자는 현재 시점에서 미래를 상상하고 있는 것이므로, 현재 진행형으로 반사실적 사고를 하고 있는 것이 아닙니다. 반사실적 사고를 하게 될 미래의 자신을 예상한 것입니다. 요컨대, 반사실적 사고를 통해 후회하게 될 가능성을 현재 시점에서 차단하고자 한 것으로 이해할 수 있습니다.

이 답안의 강점은 무엇인가?

_____

_____

_____

제시문 (다)에서 A의 주장은 반사실적 사고를 하지 않은 한계가 있다고 생각합니다. 제시문 (가)에 나타나는 반사실적 사고는 대안적 상황과 현재를 비교할 수 있도록 합니다. 그러므로 어떤 선택의 결과로 현재의 상황이 나타났다면, 그러한 선택을 하지 않았을 경우에 예상되는 대안적 상황과의 비교를 통해 특정 선택과 결과 간 인과 관계를 유추할 수 있습니다.

하지만 A는 '2020년의 광고'라는 선택과 매출이 전년 대비 20% 상승한 현재 상황의 인과 관계를 성급하게 단정하고 있습니다. 이와 같은 주장은 광고 이외의 다른 요인이 매출 증대에 개입했을 가능성을 간과하게 된다는 점에서 오류가 있습니다. 광고의 매출 증대 효과를 정확하게 파악하기 위해서는 '광고'라는 선택을 하지 않았을 경우의 대안적 상황에서 매출이 어떠한지를 분석하는 반사실적 사고가 필요합니다.

개요

1. 반사실적 사고를 통한 인과성 검증
2. A의 주장 비판

Tip & Advice

제시문 (다)의 A는 전혀 무관할 수도 있는 두 사실관계, 즉 광고 시행과 매출 증대의 인과성을 단정하고 있습니다. 이 같은 오류는 '광고를 시행하지 않았더라도, 매출이 증가할 수 있었는가?'라는 물음을 던지지 않았기 때문에 발생한 것입니다. 광고 시행은 일종의 '선택'이 되며, 매출 증가는 그러한 선택을 한 '현재 상황'에 해당합니다. 그렇다면 반사실은 광고를 시행하지 않는 것입니다.

이 답안의 강점은 무엇인가?

먼저, 현실보다 대안적 상황이 더 좋았을 것이라고 생각하는 경우 사람들은 후회, 죄책감, 자기 비난과 같은 감정을 느끼게 됩니다. 예를 들어, 수험생들은 종종 수능 사회 탐구 영역에서 자신이 선택한 과목이 아닌 다른 과목을 선택했더라면 더 좋은 점수를 얻었을 것이라고 생각하는 경우가 있습니다. 이러한 경우에 나타나는 후회나 자기 비난은 자포자기하는 태도로 이어질 수도 있지만, 다른 한편으로는 같은 실수를 반복하지 않기 위해 더욱 노력하는 계기가 될 수도 있다고 생각합니다.

이와 반대로, 현실이 대안적 상황보다 더 좋다고 생각할 수도 있습니다. 이때 사람들은 안도와 만족을 느끼게 됩니다. 예를 들어, 합격한 여러 대학 중 특정 대학에 진학한 현재 상황이 대안의 나머지 대학에서의 생활보다 더 좋을 것이라고 생각할 수 있습니다. 이러한 만족은 자기 확신과 자신감으로 이어져, 추후에도 발전적인 학교생활을 해나갈 수 있는 힘이 될 수 있다고 생각합니다. 반면 자기 확신이 지나칠 경우, 자만하게 되어 자기 자신을 객관화하지 못하는 경우도 발생할 수 있습니다.

개요

1. 반사실적 사고의 각 경우 개괄
2. 각 경우의 사례 제시

Tip & Advice

학생들은 자신의 관점에서 더 합리적이라 생각하는 쪽에 무게를 두어 구술하는 경우가 있습니다. 그러나 두 가지 이상의 입장이 도출될 수 있는 문제는 모든 입장의 경우를 고려하여 답안을 구상해야 합니다.

이 답안의 강점은 무엇인가?

학교 측 출제 의도 및 평가 지침

문항 해설

◑ [문제 1]은 제시문 (가)의 반사실적 사고의 개념을 이해하고, 이를 토대로 구체적인 상황을 분석하고 설명할 수 있는지 평가함

◑ [문제 2]는 제시문 (가)의 반사실적 사고를 토대로 구체적인 상황에 대해 적용할 수 있는지 평가함

◑ [문제 3]은 제시문 (가)의 이해를 토대로 현실보다 더 나은 대안적 상황을 비교하는 방향과 더 나쁜 대안적 상황을 비교하는 방향의 반사실적 사고가 사람들의 감정에 미치는 영향에 대해 이해하고, 이러한 감정이 어떠한 영향을 줄 수 있는지 사고하는 능력을 평가함

채점 기준

하위 문항	채점 기준
1	제시문 (가)에서 제시된 반사실적 사고의 개념을 이해하고, (나)에서 화자가 ⓒ과 같이 표현한 심리 상태(후회와 자기 합리화)를 반사실적 사고와 연결 지어 설명한 경우 높은 점수를 부여함
2	제시문 (가)를 토대로 반사실적 사고가 인과 관계를 파악하는 데 사용될 수 있음을 이해하고, 이를 근거로 제시문 (다)의 A의 주장을 비판적으로 평가하는 경우 높은 점수를 부여함
3	두 방향의 반사실적 사고가 사람들에게 미치는 영향에 대해 모두 적절한 예를 들어 설명하는 경우 높은 점수를 부여함

※ 제시문을 읽고 물음에 답하시오.

(가)

유토피아(Utopia)는 1516년에 토마스 모어가 펴낸 책으로, 이 말은 '이루어질 수 없는 좋은 세상'이라는 의미의 일반 명사로 사용되고 있다. 본문을 보면, 초승달 모양의 섬 유토피아에는 같은 말과 비슷한 풍습, 제도, 법률을 가진 54개의 마을이 있다. 그곳의 시민들에게는 빈곤도 없고 사치나 낭비도 없다. 이 섬의 성인들은 남녀를 가리지 않고 생산적 노동에 종사한다. 시민이면 누구나 각기 특수한 기술을 배워서 농부, 직조공, 석공, 철공 또는 목공이 된다. 한 가지 기술을 충분히 익히고 난 다음에는 본인이 원하면 다른 기술을 배울 수 있으며, 본인의 기호에 따라 어느 기술에나 종사할 수 있다. 하루에 여섯 시간 일하는데, 오전에 세 시간 일하고 점심을 먹고 두 시간 휴식을 취한 후에 세 시간 일한다. 잠자고 남은 시간은 기호에 따라 자유롭게 보낼 수 있다. 하루에 여섯 시간을 일하지만 안락한 생활을 하는 데 필요한 물품이 전혀 부족하지 않다. 집집마다 열쇠를 채우거나 빗장을 거는 일도 절대로 없다. 왜냐하면 집 안에 들어간들 어느 개인의 소유물이란 없기 때문이다. 그곳의 시민들은 10년마다 제비를 뽑아 집을 교환할 수 있다.

(나)

규율 사회는 부정성의 사회이다. 이러한 사회를 규정하는 것은 금지의 부정성이다. '~해서는 안 된다.'가 규율 사회의 지배적인 조동사가 된다. '~해야 한다'에도 어떤 부정성, 강제의 부정성이 깃들어 있다. ㉠ 성과 사회는 이런 부정성에서 점점 더 벗어난다. 점증하는 탈규제의 경향이 부정성을 폐기하고 있다. 무한한 '할 수 있음'이 성과 사회의 긍정적 조동사이다. "Yes, we can."이라는 복수형 긍정은 이러한 사회의 긍정적 성격을 정확하게 드러내 준다. 규율 사회에서는 여전히 'No'가 지배적이며, 규율 사회의 부정성은 광인과 범죄자를 낳는다. 반면 노동의 긍정성을 강조하는 성과 사회는 우울증, 소진 증후군 등 사회 병리 현상을 가져오며, 이런 점에서 노동 사회, 성과 사회는 자유로운 사회가 아니며 계속 새로운 강제를 만들어낸다. 생산성의 향상을 위해 규율의 패러다임은 '성과의 패러다임' 내지 '할 수 있음'이라는 긍정의 도식으로 대체된다. 생산성이 일정한 수준에 도달하면 금지의 부정성은 그 이상의 생산성 향상을 가로막는 걸림돌로 작용하기 때문이다. 능력의 긍정성은 당위의 부정성보다 훨씬 더 효율적이다. 따라서 사회적 무의식은 당위에서 능력으로 방향을 전환하게 된다. 성과 주체는 규율 단계를 마치고 규율로 단련된 상태를 유지한다. 능력은 규율의 기술과 당위의 명령을 통해 도달한 생산성의 수준을 더욱 상승시킨다. 생산성 향상이란 측면에서 당위와 능력 사이에는 단절이 아니라 연속적 관계가 성립한다.

(다)

막스 베버는 『프로테스탄트 윤리와 자본주의 정신』에서 자본주의가 경제적 번영을 이루게 된 원인을 분석하며, 개신교의 직업 윤리관인 프로테스탄트 윤리가 근대 자본주의의 성립과 발달에 기여했다고 주장했다. 그는 노동을 인류 최초의 죄에서 비롯된 고통으로 보지 않고, 직업 노동을 통해 부를 축적하는 것이 신의 은총을 받는 방법이라고 말했다. 즉 자신의 직업에 최선을 다하고 완전함을 추구하는 것이 신의 소명이기 때문이다. 프로테스탄트 윤리에서 강조한 금욕주의는 사치와 낭비를 배격하고 근검절약을 실천하는 생활 윤리를 가리키며, 금욕주의를 실천하기 위한 가장 훌륭한 방법은 직업 노동을 하는 것이라고 했다. 따라서 사람들은 현세에서 사치와 향락을 누리는 생활을 멀리하면서 최대한 많은 시간 동안 직업 노동을 하는 것이 올바른 삶의 자세라고 생각하게 되었다. 이렇게 절제된 생활과 성실한 노동을 통해 얻은 사적인 이윤이 결국 신의 뜻이라는 인식이 ⓒ 근대 사회의 노동 윤리로 서서히 자리 잡기 시작했다. 이러한 프로테스탄트 윤리로 인해 사람들은 기업 경영과 상거래를 통한 이윤 추구를 탐욕적인 행위라기보다는 신의 소명에 따라 맡은 일을 성실하게 하는 행위로 인식하게 되었다.

(라)

많은 학자들이 AI 기술의 발달로 인한 일자리의 소멸을 예견하고 있다. 노동 시장의 노동력을 98% 이상 컴퓨터, 인터넷, 로봇이 대신하는 시대, 즉 '인간 없는 노동' 시대의 도래가 멀지 않았다는 것이다. 이것은 인간이 노동으로부터 벗어날 수도 혹은 소외될 수도 있다는 것을 의미한다. 이런 의미에서 ⓒ 노동 없는 사회에서 살게 될 인간은 이제까지 당연하게 여긴 노동, 이전보다 많아진 여분의 시간 등에 대해 생각해야 할 것이다. 즉 지금까지 생계 수단일 뿐 아니라 자아를 실현하고 삶의 의미를 찾는 원천으로 이해한 노동 그리고 남는 시간의 사용에 관한 논의가 어느 때보다 중요해졌다는 것이다. 가령 인간은 예술과 창조적 활동, 지식의 재창조 등으로 개인 삶의 질을 높일 수도 있고, 권태와 무기력에 대해 고민해야 할 수도 있다.

문제 1

제시문 (가), (나), (다)에 나타난 노동에 대한 관점을 그 목적과 결과의 측면에서 비교하시오.

문제 2

제시문 (나)와 (다)의 내용을 바탕으로 제시문 (라)에 나타난 상황을 평가하시오.

문제 3

제시문 (가)를 활용해서 제시문 (나)의 ㉠ '성과 사회', (다)의 ㉡ '근대 사회', (라)의 ㉢ '노동 없는 사회'에 대해 비판적으로 평가하시오.

제시문 (가), (나), (다)에 나온 세 가지 사회는 노동에 대해 다양하고 상이한 관점을 보여줍니다. 이를 목적 측면과 결과의 측면으로 나누어서 비교해 보겠습니다.

제시문 (가)의 유토피아 사회의 시민들에게 노동의 목적은 사적인 이익이나 개인적인 보람에 있지 않고, 공동체 구성원으로서의 기본적인 역할, 의무, 당위성에 있습니다. 이에 대한 노동의 결과로 물품이 사회 전체에 부족하지도, 사치스럽지도 않게 필요한 만큼만 공급됩니다.

제시문 (나)의 성과 사회를 살아가는 성과 주체에게 노동의 목적은 '~해야 한다'라는 당위에 있지 않고, 할 수 있다는 능력을 끝까지 긍정하고 추구하는 패러다임에 있습니다. 그러나 그러한 노동의 결과로 생산성은 향상되지만, 사회적 자유는 억압되며, 구성원들은 우울증, 소진 증후군 등에 시달립니다.

제시문 (다)의 근대 자본주의 사회를 출현시켰던 개신교인들에게 노동의 목적은 당위성이나 성과주의에 있지 않았고 신의 소명을 실천하는 데에 있습니다. 성실하게 직업 노동을 하면서도 동시에 사치와 낭비를 배격하고 금욕주의를 실천한 결과, 그들은 사적 이윤을 모을 수 있었고, 근대 사회의 노동 윤리와 자본주의 를 성립시킬 수 있었습니다.

비교하자면 노동의 목적 측면에서 제시문 (가)는 사회적 · 당위적 역할을 중시하고, 제시문 (나)는 개인적 · 비당위적 능력을 중시하며, 제시문 (다)는 개인적 · 당위적 신앙을 중시합니다. 한편, 노동의 결과 측면에서 제시문 (가)는 사회적 목적으로 노동하여 사회적으로 긍정적인 결과를 낳았고, 제시문 (나)는 개인적 목적으로 노동하여 개인적 차원의 부정적 결과를 낳았습니다. 특이하게도 제시문 (다)는 개인적 목적으로 노동했으나, 사회적 차원에서 긍정적인 결과를 낳았습니다.

개요

1. 제시문 (가)의 노동 목적과 결과
2. 제시문 (나)의 노동 목적과 결과
3. 제시문 (다)의 노동 목적과 결과
4. 비교

1. 이상 사회, 성과 사회, 신앙 기반의 근대 사회 속 노동에 대한 상이한 관점을 노동의 목적과 결과를 고려하여 비교하는 능력, 즉 분석력을 평가하는 문항입니다.

2. 제시문 (가), (나), (다)에 드러난 '노동의 목적', '노동의 결과'를 요약하고, 각 제시문에 나타난 노동의 특성을 도출하여 비교하면 높은 점수를 받을 수 있을 것입니다.

3. 단순히 각 제시문을 요약하는 데에 그치지 않고, 서로 어떤 점에서 비교될 수 있는지 생각해 본 후, '개인적/사회적', '당위적/비당위적', '긍정적/부정적' 등의 코드를 활용해서 답변을 정리해야 합니다.

PART 2

이 답안의 강점은 무엇인가?

제시문 (라)는 AI 기술이 발달하여 인간의 노동을 대체하는 미래 사회를 전망합니다. 인류는 그동안 노동에서 생계뿐 아니라 자아실현을 이루고 삶의 의미까지 구해 왔습니다. 그런데 더 이상 노동을 하지 않게 된 사회에서 인간에게는 두 가지 가능성이 주어진다고 이야기합니다. 낙관적 시나리오로 보았을 때는 인간이 남는 여가 시간을 활용하여 자아실현을 이루고 삶의 의미를 창조적으로 되찾을 수 있습니다. 반면에 비관적 시나리오로 보았을 때는 노동을 대신하여 자아 정체성 탐색이나 삶의 의미를 부여해 줄 활동을 찾아내지 못하고, 심리적 위축에 빠지게 됩니다.

제시문 (나)는 현대 사회의 노동이 개인에게 강박적일 정도의 성과주의를 주입한다고 주장합니다. 이러한 사회에서는 노동에 너무나 많은 삶의 의미가 부여되고 내면화되기에, 노동이 없어지면 사람들이 느끼는 일시적인 공허감은 그만큼 더 클 것입니다. 그러나 제시문 (나)의 관점에서 노동은 진정한 자아실현과 삶의 의미를 주는 것은 아니기에, 노동에서 해방된 사람들은 비로소 삶의 여유를 되찾고 강박에서 벗어나 진정한 자아 추구를 할 수 있게 될 가능성이 높습니다.

제시문 (다)는 성실한 노동과 금욕, 이윤 축적이라는 현대적 생활 윤리가 본래 특정한 종교적 신념에서 비롯되었다고 주장합니다. 기존의 종교적 신념과 생활 윤리를 고수하는 사람들은 노동이라는 대가 없이 부가 주어지는 미래 사회에서 자아와 세계에 대한 혼란에 휩싸이고, 기존의 종교는 그 대답을 줄 수 없게 될 것입니다. 다만, 노동과 자아, 그리고 삶의 의미에 대한 새로운 종교적 이해가 등장한다면 사람들이 미래 사회에서 지식의 재창조와 창조적 활동을 할 수 있도록 창조적 적응을 돕고 새로운 사회로 나아가는 바탕을 마련할 가능성도 있습니다.

개요

1. 제시문 (라)의 상황 분석: 낙관적 시나리오/비관적 시나리오
2. 제시문 (나)를 바탕으로 (라) 평가
3. 제시문 (다)를 바탕으로 (라) 평가
4. 비교

Tip & Advice

1. 노동에 대한 과잉 긍정과 생산성 제고를 위한 무한정하고 강박적 노동으로 인간이 우울증에 빠지는 제시문 (나)의 사회와 신의 소명에 의한 생활 윤리로 건강하고 성실한 노동이 이루어지는 제시문 (다)의 사회를 바탕으로 기술의 발달로 노동이 사라진 제시문 (라)의 상황을 분석하고 이해하는 능력, 즉 적용력을 평가하는 문항입니다.

2. 제시문 (나)와 제시문 (다)의 입장에서 제시문 (라)를 낙관적/비관적 시나리오로 분석한 내용을 모두 포함한다면 높은 점수를 받을 수 있을 것입니다. 제시문 (라)의 상황이 두 가지, 즉 긍정적 관점과 부정적 관점을 모두 다룬다는 것을 놓치지 말고 두 관점을 바탕으로 모두 평가해야 합니다. 제시문 (나)와 (다)의 입장을 하나로 뭉뚱그리기보다는 각각 논의하는 것이 좋습니다.

이 답안의 강점은 무엇인가?

제시문 (가)의 유토피아에 나타난 노동의 특징은 세 가지가 있습니다. 첫 번째는 적당한 노동의 강도입니다. 두 번째는 노동이 가진 공동체적 성격입니다. 세 번째는 노동의 규칙성입니다.

유토피아에서 시민들은 각자 특수한 기술을 배우지만, 외부로부터의 강박이나 강압 없이 본인의 기호에 따라 어느 기술이나 배우고 어느 분야에나 종사할 수 있습니다. 또한, 하루에 여섯 시간만 일하며, 나머지 시간은 자유롭게 보냅니다. 그에 반해 제시문 (나)의 성과 사회는 아무리 일해도 끝이 없으며, 한없이 개인을 생산 과정에 투입해야 합니다. 유토피아의 관점에서 보면 자유 시간 없이 강박에 시달리는 성과 사회의 사람들이 우울증과 소진 증후군을 겪게 된다는 사실은 놀랍지 않은 일입니다.

유토피아에서 시민들의 노동은 공동체성을 띠고 있었고, 생산된 물품은 공공의 것이 되어 모두가 함께 누렸습니다. 이와 달리 제시문 (다)의 프로테스탄트 윤리에서는 신의 은총이 사적 이윤으로 나타나고, 개인의 구원은 개인의 생활과 노동에만 달려 있어 공동체성이 결여되어 있습니다. 소외되는 구성원이 없는 유토피아의 관점에서 보면 프로테스탄트 윤리는 구원받는 사람과 그렇지 못한 사람을 분리하는 개인주의적인 사고방식이라고 비판할 수 있습니다.

유토피아에서 사람들은 하루를 오전, 점심, 휴식, 오후 시간으로 나누어 규칙적으로 노동합니다. 제시문 (라)의 미래 사회에서는 일과를 규칙적으로 구분해 주던 노동이 사라집니다. 이를 유토피아의 관점에서 보면 제시문 (라)의 사람들은 무질서하고 혼란스러운 생활을 할 가능성이 높은데, 이는 결국 시간을 제대로 사용하고 관리하지 못하는 권태, 무기력으로 이어질 것입니다.

개요

1. 제시문 (가)에 그려진 노동의 특징
2. 제시문 (가) 관점에서 (나) 비판
3. 제시문 (가) 관점에서 (다) 비판
4. 제시문 (가) 관점에서 (라) 비판

Tip & Advice

1. 제시문 (가)에서 소개하는 유토피아 사회를 기반으로 성과 사회, 근대 사회, 노동 없는 사회에서의 노동과 관련된 현상을 비판할 수 있는 종합적 사고력을 평가하는 문항입니다.

2. 제시문 (가)의 내용을 정확하게 이해하고, 이를 바탕으로 개별 사회를 분석하고 각각을 비판하면 좋은 점수를 받을 수 있습니다. 더 나아가 노동과 사회의 관계를 설득력 있게 연결하여 구술하면 가산점을 받을 수 있을 것입니다.

3. 평가 유형은 비교 유형을 기반으로 하지만, 조금 더 복합적입니다. 이는 마치 비교 유형이 요약 유형을 기반으로 하지만, 더 복합적인 경우와 마찬가지입니다. 평가 유형에서 중요한 점은 긍정적 · 부정적 관점과 같이 특정 가치 판단이 담긴 시점에서 이루어지는 비교라는 것입니다. 한 제시문이 비교의 '기준점'이 되어서 다른 제시문의 내용을 긍정적 · 부정적 관점으로 비교해야 합니다. 이 문항은 제시문 (나), (다), (라)를 제시문 (가)를 기준으로 비교하여 부정적인 특징들을 포착해야 함을 유념해야 합니다.

이 답안의 강점은 무엇인가?

출제 의도

◆ 제시문 (가), (나), (다)의 노동에 대한 관점을 '노동의 목적'과 '노동의 결과'라는 측면에서 비교해야 함

제시문	노동의 목적	노동의 결과
(가)	시민의 기본 활동	안락한 생활을 하는 데 필요한 물품 생산
(나)	생산성 수준의 상승	우울증, 소진 증후군 등의 사회 병리 현상
(다)	신의 소명 실현	사적 이익, 자본주의 경제 번영

◆ 제시문 (가)에서 최소한의 기본 활동으로 노동이 유토피아에 거주하는 시민에게 요구됨. 안락한 생활을 하는 데 필요한 물품이 농사, 직조, 목공, 석공 등의 노동을 통해 넉넉하게 생산됨

◆ 제시문 (나)에서 생산성 향상에 대한 본인 스스로의 과도한 요구로 인해 개인은 과도한 노동을 지속적으로 하게 되며, 이로 인해 노동 강제의 악순환에 빠지게 됨

◆ 제시문 (다)에서 개인은 신의 소명을 따르기 위해 성실하게 노동을 수행하고 이를 통해 부를 축적할 수 있음. 이 과정을 통해 노동은 생활윤리로 자리 잡게 됨

◆ 제시문 (라)의 상황은 노동이 사라진 사회, 그 결과 인간이 노동으로부터 벗어날 수도, 소외될 수도 있다는 것을 의미함

◆ 제시문 (나)의 내용을 바탕으로 제시문 (라)의 상황 평가
  - 자기 강박적 노동에서 벗어나 해방감을 느끼며 여가 시간에 대한 고민을 시작함. 개인의 휴식을 위한 여가를 고려할 수 있음
  - 생산성 확대라는 일상을 지배하던 노동의 목적이 사라지면서 삶의 방향성 상실과 불안감을 느낄 수 있음

◆ 제시문 (다)의 내용을 바탕으로 제시문 (라)의 상황 평가
  - 생활윤리로서의 노동의 부재로 정체성의 혼란이 올 수 있음
  - 신의 소명에 대한 확신의 부재로 삶의 방향성 상실과 불안감을 가질 수 있음

◆ 제시문 (가)에 나타난 노동의 필요성과 강도로 볼 때 ㉠ '성과 사회'에서 구성원은 생산성을 높여야 한다는 노동 강박증에 시달리고, 긍정의 과잉으로 유도된 강제 노동에 의해 우울증, 소진 증후군 등과 같은 사회적 병리에 노출될 수 있음

- ❍ 제시문 (가)에 나타난 노동의 필요성과 강도로 볼 때 ⓛ '근대 사회'에서 구성원은 소명에 따르지만, 과도한 노동 시간에 노출될 수 있으며, 신의 소명이라는 명분으로 사적 이윤을 지나치게 추구할 수 있음

- ❍ 제시문 (가)에 나타난 노동의 필요성과 규칙성으로 볼 때 ⓒ '노동 없는 사회'에서 구성원은 과도하게 남는 시간으로 인해 권태, 허무, 무기력

문항 해설

- ❍ [문제 1]은 이상 사회, 성과 사회, (신앙 기반) 근대 사회에서의 노동에 대한 상이한 관점을 노동의 목적과 결과를 고려하여 비교하는 능력을 갖추고 있는지를 통해 분석력을 평가함

- ❍ [문제 2]는 제시문 (나)의 요지, 노동에 대한 과잉 긍정과 생산성 제고를 위한 무한정한 강박적 노동으로 인간이 우울증에 빠질 수 있는 사회와 제시문 (다)의 요지, 신의 소명에 의한 생활 윤리로서의 건강하고 성실한 노동이 이루어지는 사회의 내용을 이해해야 함. 이를 바탕으로 제시문 (라)의 상황, 즉 기술의 발달로 노동이 사라진 상황을 어떻게 접근하고 이해하는지를 통해 적용력을 평가함

- ❍ [문제 3]은 제시문 (가)에서 소개하는 유토피아 사회를 기반으로 ⑤ '성과 사회', ⓛ '근대 사회', ⓒ '노동 없는 사회'에서의 노동과 관련된 현상을 비판할 수 있는지를 통해 종합적 사고력을 평가함

채점 기준

하위 문항	채점 기준
1	제시문 (가), (나), (다) 모두에서 '노동의 목적', '노동의 결과'를 요약하고, 각 제시문에 나타난 노동의 특성을 도출하여 비교할 경우 높은 점수를 부여함
2	제시문 (나)의 입장에서 제시문 (라)를 설명하는 두 가지, 제시문 (다)의 입장에서 제시문 (라)를 설명하는 두 가지를 모두 포함하는 경우 높은 점수를 부여함
3	• 제시문 (가)의 구체적인 내용을 정확하게 이해하고, 이를 바탕으로 개별 사회를 분석하고 각각을 비판한 경우 높은 점수를 부여함 • 기타 노동과 사회의 관계를 설득력 있게 언급하는 경우 가산점을 부여함

※ 제시문을 읽고 물음에 답하시오.

(가)

 신이 그대를 축복하기를! 나의 아들이여 그대에게 내가 가진 가장 귀중한 보물을 선사할까 합니다. 신을 공경하고 인류를 사랑하는 사람으로서 나는 그대에게 솔로몬 학술원에 대해 상세하게 이야기하겠습니다. 우리 학술원의 목적은 사물의 숨겨진 원인과 작용을 탐구하는 데 있습니다. 가령 저희는 온갖 종류의 짐승과 새들이 있는 공원을 보유하고 있습니다. 희귀한 동물을 보고자 하는 목적도 있지만, 이들을 해부하고 실험해서 인간 육체의 비밀을 밝히는 도구로 사용하는 데 더욱 큰 목적이 있습니다. 실험을 통해 우리는 귀중한 결과를 얻었습니다. 동물의 중요 부위가 어떻게 생명을 유지시키고 죽음에 이르도록 하는지에 대해 많은 지식을 얻었습니다. 이를테면 언뜻 보기에 기능하지 않는 듯한 부분을 재생하는 방법도 우리는 알게 되었습니다. 이들 동물들에게 실험적으로 독약이나 약을 투여하며 해부를 하기도 합니다. 그 결과 우리는 동물을 원래보다 크게 만들거나 작게 만들 뿐만 아니라 성장을 멈추게 하는 방법도 터득했습니다. 천연의 종보다 더욱 왕성하게 번식하도록 만들 수도, 아니면 아예 번식하지 못하도록 불임으로 만들어 놓을 수도 있습니다.

(나)

 지구 온난화에 대처하기 위해 당신은 무엇을 하고 있는가? 비닐봉지를 줄이려고 에코백을 샀는가? 페트병에 담긴 음료를 구입하지 않기 위해 텀블러를 들고 다니는가? 하이브리드 자동차를 구입했는가? 단언컨대, 당신의 그런 선의만으로는 무의미할 뿐이며, 오히려 유해하기까지 하다. 왜 그럴까? 온난화 대책으로 스스로 무언가를 한다고 믿는 당신이 진정 필요한 더 대담한 활동을 하지 않게 되기 때문이다. 오늘날 에코백과 텀블러 등을 구입하는 소비 행동은 양심의 가책을 벗게 해 주며 현실의 위기에서 눈을 돌리는 것에 대한 면죄부가 되고 있다. 그런 소비 행동은 그린 워시(green wash), 즉 기업이 실제로는 환경에 유해한 활동을 하면서도 환경을 위하는 척 소비자를 기만하는 행위에 너무도 간단히 이용되고 만다. 근대화에 의한 경제 성장은 분명 풍요로운 생활을 약속했다. 하지만 환경 위기로 인해 점점 명확해지는 사실은, 얄궂게도 경제 성장이야말로 인류의 번영을 기반부터 무너뜨리는 주범이라는 것이다. 기후 변화가 급격히 진행되어도 초부유층은 지금까지처럼 방만한 생활을 계속할 수 있을 것이다. 하지만 우리 같은 서민 대부분은 일상 자체를 잃어버리고 살아남을 방법을 필사적으로 찾아 헤매게 될 것이다. 그런 사태를 피하기 위해서는 더 이상 정치가나 전문가에게만 위기 대응을 맡겨서는 안 된다. '남에게 맡기면' 결국 초부유층의 배만 불릴 것이다. 더 좋은 미래를 선택하기 위해서는 시민 개개인이 당사자로서 일어나 목소리를 높이고 행동해야 한다. 다만 그저 무턱대고 소리를 지른들 귀중한 시간을 낭비하게 될 뿐이다.

(다)

지속 가능성이란 현재 세대의 필요를 충족하기 위해 미래 세대가 사용할 경제, 환경, 사회 등의 자원을 낭비하거나 여건을 저해하지 않고 서로 조화와 균형을 이루는 상태를 말한다. 그렇다면 지속 가능한 발전이 왜 필요할까? 지구촌에는 자원 고갈, 환경 오염, 생태계 파괴, 빈부 격차의 확대, 갈등과 분쟁 등과 같은 다양한 문제가 끊임없이 나타나고 있다. 한정된 지구의 자원을 지나치게 많이 사용하여 환경을 파괴하는 오늘날의 생활 방식은 현세대의 안정적인 생활을 어렵게 할 뿐만 아니라 미래 세대의 권리까지 빼앗고 있다. 이러한 문제를 해결하고자 총체적이면서도 포괄적으로 문제에 접근하는 '지속 가능한 발전'이 주목받았다. 지속 가능한 발전의 개념이 처음 등장했을 때에는 자연의 자정 능력을 초과하지 않는 범위 내에서의 발전을 강조했다. 그러나 이것으로는 심각해지고 복잡해지는 지구촌의 위기에 알맞은 해답을 제시해 줄 수 없었다. 따라서 지속 가능한 발전은 경제 성장, 환경 보호, 사회 안정을 통합하는 개념으로 발전했다. 지속 가능한 발전을 위해서는 생태계 수용 능력의 한계 내에서 경제를 개발하고, 사회적 통합과 안정을 위해 빈곤 문제를 해결하며, 질적인 성장과 공정한 배분을 통해 평등한 사회를 지향해야 한다.

(라)

우리는 생물학적 진화를 '진보'로 파악하는 데 너무나 익숙해져 있다. 어떤 종이 한 단계 진화할 때마다 더 많은 양의 에너지를 유용한 상태에서 무용한 상태로 변환시킨다. 진화의 과정에서 나중에 오는 종은 앞선 종보다 더 복잡하고, 따라서 더 많은 양의 에너지를 변환시키도록 진화되었다. 엔트로피 법칙에 따르면, 진화로 인한 생명체의 활동으로 인해 유용한 에너지의 전체 총량은 줄어들게 된다. 우리가 받아들이기 힘든 것은 진화하면 할수록 에너지 흐름의 값은 더욱 커지고 이로 인해 환경 전체에 더 큰 무질서가 발생한다는 사실이다. 그런데 오늘날 우리가 알고 있는 진화의 개념은 이와는 정반대이다. 우리는 ㉠ 진화가 어떤 마술처럼 더 큰 총체적 가치와 질서를 창출해낼 것이라고 믿지만, 우리가 살고 있는 환경이 너무도 분산되고 무질서해진 것은 눈으로 보아도 알 수 있다. 물질과 에너지의 흐름을 극대화하는 것은 어떤 생태계의 발전 초기, 즉 유용한 에너지가 아직 남아돌 때 흔히 보이는 현상이다. 진화는 한편으로 거대한 무질서의 바다를 만들면서 군데군데 점점 더 큰 질서의 섬을 만들어내는 과정이다. 그러나 주어진 생태계를 다양한 종의 생물들이 채우기 시작하면 이들은 에너지 흐름을 좀 더 효율화함으로써 환경이 갖는 용량의 한계에 적응한다. 우리는 처음으로 진화, 진보, 그리고 물질적 가치가 있는 것들의 창조 등에 대한 우리의 시각을 다시 한번 생각해 보기 시작했다.

문제 1

자연환경을 바라보는 인간의 시각에 대한 제시문 (가), (나), (다)의 관점을 비교하시오.

문제 2

제시문 (라)의 ㉠에 상응하는 개념을 제시문 (나)에서 찾고 그 이유를 기술하시오.

문제 3

제시문 (나)~(라)를 종합적으로 활용하여 지속 가능성을 위한 올바른 발전 방향을 제안하시오.

제시문 (가)는 인간 중심적으로, 제시문 (나)는 자연 중심적으로, 그리고 제시문 (다)는 두 관점을 절충하는 시각으로 자연환경을 바라보고 있습니다. 먼저 제시문 (가)는 실험을 통해 인간의 삶을 발전시키는 것을 '보물'이라고 생각하며, 이를 위해 자연환경의 일부인 동물들을 도구로 취급합니다. 또한, 그러한 행태가 자연환경에 끼치는 부정적 영향은 전혀 고려하지 않고, 인간의 발전을 자연환경보다 우위에 두는 인간 중심적 사고를 드러내고 있습니다. 반면에 제시문 (나)는 인류 번영의 기반이 다름 아닌 자연환경이며, 경제 성장은 자연환경을 파괴한다고 주장합니다. 나아가 자연환경을 우위에 두고 그것의 보호를 위해 인간의 경제 성장은 포기되어야 함을 강조합니다. 끝으로 제시문 (다)는 지속 가능한 발전이라는 개념을 언급하면서, 발전의 필요성과 환경 보호의 중요성을 강조하고 있습니다. 이 개념은 발전 과정에 환경 보호가 통합되는 것을 핵심 가치로 하고 있다는 점에서, 인간 중심적 사고와 자연 중심적 사고의 결합이라고 생각합니다.

개요

1. 제시문 (가), (나), (다) 관점 제시
2. 각 제시문 관점 비교

Tip & Advice

각 제시문의 관점을 비교할 때, 두괄식으로 각 제시문 관점을 요약하여 제시해 주는 편이 좋습니다. '인간 중심/자연 중심'과 같은 표현은 교육과정에서 접할 수 있는 표현이므로 사용하는 데 큰 무리가 없습니다. 또한, 해당 제시문의 관점이 가장 잘 드러나는 부분을 답변으로 활용하는 것이 좋을 것입니다.

이 답안의 강점은 무엇인가?

제시문 (나)에서 (라)의 ⊙ '진화'에 상응하는 개념은 '경제 성장'입니다. 왜냐하면 두 제시문은 공통적으로 사람들이 진화와 경제 성장에 대해 지나치게 낙관적인 믿음을 가지고 있음을 지적한 후, 두 개념이 실제로는 부정적인 결과를 야기할 수 있음을 드러내고 있기 때문입니다. 먼저 제시문 (라)에 따르면, 사람들은 진화가 마술처럼 더 큰 총체적 가치를 창출할 것으로 믿지만, 실제로 진화는 우리가 살아가는 환경을 더욱 무질서하게 만듭니다. 마찬가지로, 제시문 (나)에 따르면 근대화에 의한 경제 성장은 우리에게 풍요를 약속한 듯 했으나, 실상은 환경 위기를 초래하고 부의 양극화를 가속화합니다.

개요

1. ⊙ 상응 개념 제시
2. 근거 제시

Tip & Advice

진화와 경제 성장이 대응되는 개념이라는 점은 어렵지 않게 찾을 수 있습니다. 이 문항에서 중요한 것은 사람들의 낙관적 믿음, 그와 반대되는 실제 결과 모두를 지적해 주는 것입니다.

이 답안의 강점은 무엇인가?

　지속 가능한 발전의 올바른 방향으로 먼저 발전과 환경을 동등한 위치에 놓는 것을 꼽을 수 있습니다. 제시문 (다)에 따르면 지속 가능한 발전의 주된 가치는 경제 성장과 환경 보호가 통합되는 것입니다. 그러므로 발전을 강조하는 초기의 지속 가능한 발전 개념에서 벗어나, 발전과 환경을 동등하게 중시하는 태도가 필요하다고 생각합니다.

　다음으로 지속 가능한 발전을 추구하는 과정에서 동 개념이 내포하는 위험성을 끊임없이 경계해야 합니다. 제시문 (나)에 따르면 경제 성장 및 발전은 결국 환경 파괴를 야기하기 때문에, 발전과 환경 보호는 동시에 달성되는 것이 불가능합니다. 이 같은 제시문 (나)의 논지는 지속 가능한 발전이라는 개념이 발전과 환경이 양립할 수 있다는 과도한 믿음, 나아가 과학 기술의 발전을 통해 환경 위기를 극복할 수 있다고 보는 지나친 자신감에서 비롯된 위험성을 시사합니다. 그러므로 지속 가능한 발전을 추구하는 가운데 그것이 실제로 실현 가능한 범위를 정확하게 설정할 필요가 있다고 생각합니다.

　끝으로, 발전의 결과 야기될 수 있는 무질서와 낭비를 경계해야 합니다. 제시문 (라)에 따르면, 진화는 에너지 흐름의 값을 더욱 크게 만들고 환경 내 더 큰 무질서를 발생시킵니다. 따라서 지속 가능한 발전의 결과가 과도한 에너지 낭비로 이어지지 않도록 조절하고, 생태계의 무질서를 확산시키지 않도록 관리할 필요가 있다고 생각합니다.

개요

1. 제시문 (다)를 활용한 지속 가능한 발전 방향 제시
2. 제시문 (나)를 활용한 지속 가능한 발전 방향 제시
3. 제시문 (라)를 활용한 지속 가능한 발전 방향 제시

이 문항은 답변 구성에 있어 수험생에게 자율성이 꽤나 부여된 것으로 생각됩니다. 이러한 경우 제시문의 내용에 근거하면서도 그것을 자신만의 논리로 만들어낼 수 있는 능력이 중요합니다. 자신의 생각 중 어떤 부분이 학교 측 예시 답안과 다른지 비교해 본 후, 그와 다른 자신만의 논리를 만들어내는 연습이 필요할 것입니다.

이 답안의 강점은 무엇인가?

출제 의도

◐ 고등학교 「통합 사회」 교과에서 다루는 '지속 가능한 발전', '지속 가능한 사회', '자연환경', '환경 문제', '인간 중심주의' 등의 키워드를 바탕으로 출제함

◐ [문제 1]은 각 제시문에서 자연환경을 바라보는 인간의 관점을 파악하고, 이들 간의 관계를 추론할 수 있는지 평가함

◐ [문제 2]는 진화와 경제 성장이라는 개념 간의 유사성을 파악하기 위해 해당 개념을 확장하고 적용하는 능력을 알아보고자 함

◐ [문제 3]은 제시문들을 종합하고 이를 통해 도출된 논리적 근거에 기반하여 지속 가능성을 위한 올바른 발전 방향을 제안하는 능력을 알아봄

문항 해설

◐ 고등학교 「통합 사회」 교과서에서 다루는 지속 가능한 발전, 자연환경, 환경 문제, 인간 중심주의와 관련된 내용을 참조하여 각 제시문에서 소개된 인간과 자연환경 간의 관계에 대한 관점을 비교해야 함

◐ 제시문 (라)에 제시된 진화의 의미를 이해하며 해당 개념을 제시문 (나)의 경제 성장의 개념과 연결시켜 정리해야 함

◐ 고등학교 「통합 사회」 교과서에 소개된 지속 가능한 미래에 대한 이해를 바탕으로 확장된 '소극적 공리주의'의 개념을 활용하여 답변해야 함

채점 기준

하위 문항	채점 기준
1	• 자연환경을 바라보는 인간의 관점을 제대로 파악한 경우 점수를 부여함 • 이를 기반으로 세 관점의 차이를 체계적으로 설명한 경우 가산점을 부여함
2	경제 성장과 진화에 대한 사람들의 잘못된 낙관적인 믿음, 환경 위기와 무질서를 가속화시키고 빈부격차와 질서−무질서 간 격차를 심화시키는 경제 성장과 진화의 현실에 대해 모두 언급하면서 두 개념 간의 연결성을 답변할 경우 가산점을 부여함
3	문제가 요구한 바와 같이 제시문 (나), (다), (라)의 내용을 종합적으로 활용하여 논리적으로 지속 가능성을 위한 올바른 발전 방향을 제시할 경우 가산점을 부여함

PART 2

※ 제시문을 읽고 물음에 답하시오.

(가)

 인도에서 성립된 불교는 동북아시아로도 전해졌는데, 중국으로 넘어간 대승 불교는 경전에 대한 관점에 따라 다양한 종파로 나뉘었다. 중국 북조의 전진과 남조의 동진으로부터 불교를 받아들인 우리나라는 그와 달리 여러 종파를 통합하려는 경향을 보였다. 또한, 팔만대장경의 사례와 같이 신앙을 통해 국가를 보전하려는 호국 불교의 전통이 나타난 것도 우리나라 불교의 주체적 양상이다.

(나)

 아라비아 커피의 원산지는 아프리카 에티오피아의 고원 지대이다. 커피가 아라비아반도로 전해지자, 그 지역의 이슬람교도들이 계율에 따라 졸음을 쫓으며 명상을 하기 위해 커피를 마셨다. 커피를 마시는 전문점인 '카페하네'가 생겨났고, 아라비아반도 남부의 모카항을 통해 커피가 유럽 각지로 확산했다. 그 결과 영국에서는 인구 50만의 런던에만 3,000개의 커피 전문점이 들어설 정도로 성황을 이루었다. 이 커피 전문점들은 영국 시민사회의 태동기에 시민들이 커피를 마시며 정치적 의견을 교환하는 교류의 장소였다.

(다)

 문화 변동은 문화 동화, 문화 병존, 문화 융합의 세 가지 유형으로 나타난다. 문화 동화는 한 사회의 문화가 다른 사회의 문화로 흡수되거나 대체되는 경우이다. 문화 병존은 다른 사회의 문화가 한 사회 속에서 나란히 각각 존재하는 경우이다. 문화 융합은 서로 다른 사회의 문화 요소가 결합하여 기존의 두 문화 요소와는 성격이 다른 새로운 문화가 만들어진 경우이다.

(라)

 이른 봄이면 진달래가 / 천지꽃이라는 이름으로 / 다시 / 피어나는 곳이다 / 사래 긴 밭을 갈면 가끔씩 / 오랜 옛말이 기와 조각에 묻어 나오고 / 롱드레 우물가에 키 높은 버드나무가 늘 푸르다 / 할아버지는 마을 뒤 산에 낮은 언덕으로 누워 계시고 / 해살이 유리창에 반짝이는 교실에서 / 우리 아이들이 공부가 한창이다/ 백두산 이마가 높고 / 두만강 천 리를 흘러 / 내가 지금 자랑스러운 / 여기가 연변이다

– 중국 조선족 시인 석화의 「천지꽃과 백두산」

제시문 (가)의 '중국'과 제시문 (나)의 '아라비아반도'의 공통점과 차이점을 말하시오.

제시문 (다)의 관점에서 제시문 (가)의 '팔만대장경'과 제시문 (나)의 '커피 전문점'을 각각 설명하시오.

제시문 (가)~(다)를 참고하여 제시문 (라)에서 '연변'이 가지는 의미를 말하시오.

중국과 아라비아반도는 공통적으로 문화 전파의 중개지, 경유지의 역할을 담당하는 지역입니다. 중국은 인도의 대승 불교가 우리나라로 전파되는 경로였으며, 아라비아반도는 아프리카의 커피가 유럽으로 전파되는 통로였습니다. 반면 문화의 수용과 재전파 과정에서 두 지역은 차이를 보입니다. 중국으로 전파된 불교는 다양한 종파로 나뉘었으나, 아라비아반도로 전파된 커피는 명상이라는 하나의 기능만을 수행하게 되었습니다. 나아가 불교는 우리나라로 재전파될 때 남북조로 분산되어 전파된 반면에 커피는 유럽으로 재전파될 때 모카항이라는 하나의 출구를 통해 전파되었다는 차이가 있습니다.

개요

1. 공통점 제시: 문화 전파의 중개지
2. 차이점 제시: 문화 수용 방식 및 재전파 경로

Tip & Advice

중국과 아라비아반도의 차이점을 명확하게 표현하는 것이 어려울 수 있습니다. 그러나 '문화의 수용과 재전파 경로'라는 차이의 기준점이 떠오르지 않더라도 당황하지 말고, 말로 풀어서 어떤 차이가 있는지 답변해도 괜찮습니다.

이 답안의 강점은 무엇인가?

제시문 (다)에 따르면 문화 변동은 동화, 병존, 융합의 세 유형으로 나눌 수 있습니다. 이를 바탕으로 할 때, 제시문 (가)의 팔만대장경은 문화 융합의 사례에 해당합니다. 제시문 (가)에 따르면 팔만대장경은 중국으로부터 전파된 불교와 신앙을 통해 국가를 보전하려는 우리나라의 문화 요소가 결합되어 나타난 호국 불교라는 새로운 전통을 만들어냈기 때문입니다.

한편, 제시문 (나)의 커피 전문점은 런던에만 3,000개가 생기는 등 크게 유행했다는 점에서 영국 문화가 이슬람 문화에 동화된 사례로 이해할 수 있습니다. 그러나 동시에, 커피를 마시는 이슬람 문화 영국 시민 사회 문화와 결합하여 정치적 의견을 교류하는 장소가 되었다는 점에서 문화 융합의 사례로도 해석할 수 있습니다.

개요

1. 팔만대장경: 문화 융합 사례
2. 커피 전문점: 문화 동화 + 문화 융합 사례

Tip & Advice

커피 전문점의 경우, 기본적으로 영국의 문화가 이슬람 문화로 흡수/대체된 성격이 문화 융합의 성격보다 더 강합니다. 답변 시 이러한 점을 지적해 주면 좋은 점수를 받을 수 있습니다.

이 답안의 강점은 무엇인가?

연변은 한인의 문화가 전파된 지역이라는 의미를 갖습니다. 제시문 (라)에 따르면 연변에는 오랜 옛말이기와 조각에 묻어올 정도로 한인들이 이주하여, 그들의 문화가 크게 전파되었다는 것을 알 수 있습니다. 또한 연변으로의 한인 이주는 문화 병존과 융합이라는 의미를 갖습니다. 중국 국적의 조선족 시인이 한국어로 시를 창작하는 것은 중국 문화와 한국의 문화가 병존하고 있음을 보여준다고 생각합니다. 이러한 모습은 제시문 (나)에서 커피 전문점이 영국에서 성황을 이루었던 것과는 대조적이라고 생각합니다. 나아가, 시인은 연변을 '진달래가 천지꽃이라는 이름으로 다시 피어나는 곳'으로 표현하고 있는데, 이는 한민족의 정서를 담고 있는 '진달래'가 연변 현지의 표현으로 재탄생함을 의미합니다. 이것은 제시문 (가)의 팔만대장경과 같은 문화 융합으로 이해할 수 있으며, 연변은 문화 융합이 일어나는 지역이라는 의미를 가집니다.

개요

1. 문화 전파 지역의 의미
2. 병존 및 융합의 의미

Tip & Advice

연변의 의미를 답변함에 있어서, 연변은 문화 융합 및 병존을 의미하는 지역이므로, 제시문 (가)와의 유사성 및 제시문 (나)와의 대비를 드러내는 방식을 통해 제시문 (가)~(다)를 빠짐없이 활용할 수 있습니다.

이 답안의 강점은 무엇인가?

학교 측 출제 의도 및 평가 지침

출제 의도

- 이 문항은 문화와 다양성을 다룬 제시문을 읽고 문화 변동의 양상, 문화 교류의 중개자, 한국 문학의 공간적 전개 등에 대해 지원자의 의견을 정리해 보도록 하는 문항임

- 제시문 (가)는 고등학교 「윤리와 사상」에서 한국 불교의 윤리적 특징을 설명한 내용으로, 인도의 대승 불교가 경유지인 중국을 거쳐 한국으로 전래되는 과정에서 발생한 문화 융합의 양상을 살펴볼 수 있음

- 제시문 (나)는 에티오피아가 원산지인 커피가 아라비아반도를 거쳐 유럽에 전해진 과정을 설명한 내용으로, 고등학교 「통합 사회」에서 '인간, 사회, 환경의 탐구와 통합적 관점'의 사례로 커피를 든 것을 바탕으로 구성함

- 제시문 (다)는 문화 변동의 양상을 설명한 내용으로, 고등학교 「통합 사회」에서 정리한 부분으로 구성함

- 제시문 (라)는 중국 국적의 조선족 시인이 창작한 시를 인용한 것으로, 고등학교 「문학」에서 한국 문학의 공간적 전개를 설명한 내용으로 구성함

문항 해설

- [문제 1]은 문화의 전파와 변동 과정에서 중개지 또는 경유지가 수행하는 역할을 중심으로 주어진 제시문의 내용을 정확하게 이해하고 설명할 수 있는지 측정함으로써 분석력을 평가함

- [문제 2]는 문화 변동의 세 가지 유형을 정리한 제시문의 내용을 바탕으로 구체적인 사례를 정확하게 이해하고 설명할 수 있는지 측정함으로써 적용력을 평가함

- [문제 3]은 문화의 전파와 변동에 대해 이해한 내용을 정리하여 문학 작품에 담긴 작자의 의도를 정확히 파악할 수 있는지 측정함으로써 종합적 사고력을 평가함

하위 문항	채점 기준
1	• '중국'과 '아라비아반도'의 공통점으로 중개지 또는 경유지의 개념을 제시하는지를 살펴 평가함 • '중국'과 '아라비아반도'의 차이점으로 원산지에서 전파된 문화의 수용과 재전파 방식을 지적하는지 살펴 평가함
2	• '팔만대장경'의 경우 문화 융합의 성격이 강함을 설명하는지 살펴 평가함 • '커피 전문점'의 경우 문화 동화의 성격이 강함을 설명하는 가운데 문화 융합의 성격도 존재함을 지적하는지 살펴 평가함
3	• 문화 전파의 관점에서 한인의 연변 이주의 의미를 설명하는지 살펴 평가함 • 문화 병존의 관점에서 중국 국적의 조선족 시인이 한국어로 창작 활동을 하는 것의 의미를 설명하는지 살펴 평가함 • 문화 융합의 관점에서 '진달래'가 연변 사투리로 '천지꽃'으로 불리는 점을 지적하는지 살펴 평가함

※ 제시문을 읽고 물음에 답하시오.

(가)

 개개인에 대해 이야기한다고 해서 이 사람이나 저 사람을 콕 집어 이야기하려는 것이 아님을 알아야 한다. 이 말은 아주 많은 사람들을 살펴본 뒤에 남겨진 공통적인 특성에 집중해야 한다는 것을 뜻한다. 왜냐하면 개개인이 가진 특성을 제거해 내면 우발적인 요소가 모두 사라지기 때문이다. 특정 시대에 한 개인이 평균적 인간의 모든 특성을 지니고 있다면 그 사람은 위대함이나 훌륭함이나 아름다움 그 자체를 상징하는 셈이다. 반면 평균적 인간의 비율 및 몸 상태와 상이한 모든 측면들, 그리고 예상 범위를 벗어나는 모든 것은 기형과 질병에 해당될 소지가 있다. 물론 삶의 유형을 연구하다 보면 별로 대수롭지 않은 개개인의 특성에 관심을 갖게 되기 마련이다. 그러나 개개인의 특성도 평균을 통해 이해할 수 있는 것이다. 예를 들어, 체중의 백분위수 90번째인 사람을 이야기하는 것과 소극적 성격의 사람을 이야기하는 것은 차이가 있어 보이지만, 이 둘 모두 평균과의 비교를 통해 이해할 수 있다는 점에서 근본적으로 같은 것이다.

(나)

내가 그의 이름을 불러주기 전에는
그는 다만
하나의 몸짓에 지나지 않았다.

내가 그의 이름을 불러주었을 때
그는 나에게로 와서
꽃이 되었다.

내가 그의 이름을 불러준 것처럼
나의 이 빛깔과 향기에 알맞은
누가 나의 이름을 불러다오.
그에게로 가서 나도
그의 꽃이 되고 싶다.

우리들은 모두
무엇이 되고 싶다.
너는 나에게 나는 너에게
잊혀지지 않는 하나의 눈짓이 되고 싶다.

PART 2

(다)

네트워크화된 컴퓨터와 데이터 과학의 진보로 말미암아 오늘날 보험 업계는 근본적인 변화에 직면했다. 새로운 기술과 방대한 데이터를 바탕으로 보험사들은 개인별 위험을 계산하려고 시도하고 있다. 머지않아 보험 적용의 기준이 대규모 인구 집단에 근거한 일반론에서 벗어날 수 있을 것으로 기대된다. 이는 많은 사람들에게 환영받을 만한 변화다. 보험사들은 우리를 예전보다 더 소규모 집단으로 분류하고, 우리에게 각기 다른 제품과 서비스를 적정한 가격으로 제공하기 위해 다양한 데이터를 활용하려 노력하고 있다. 이를 고객 맞춤 서비스라고 부르는 사람도 있다. 그런데 이 서비스를 위해 사용하는 정보는 개개인이 아니라 가상의 집단에 초점이 맞춰져 있다. 보험사들이 사용하는 모형은 행동이 비슷해 보이는 사람들을 하나로 묶어 특정한 집단으로 분류한다. 달리 말하면 모형의 개발자들은 '당신은 과거에 어떻게 행동했을까?'라는 질문 대신 '당신 같은 사람들은 과거에 어떻게 행동했을까?'라는 질문을 던진다.

(라)

"루이자, 너에게 청혼이 들어왔다." 아버지가 말씀하셨다.

"아버지는 저에게 바운더비 씨를 사랑하라고 말씀하시는 건가요? 사랑이라는 표현 대신에 무슨 말을 사용하라고 충고하시는 건가요, 아버지?"

"그야 물론, 루이자야."

이때쯤에 그랫그라인드 씨는 완전히 정신을 차리고 말했다.

"네가 물어보니 말하겠는데, 다른 문제처럼 이 문제도 오로지 구체적인 사실이라는 측면에서 생각하도록 충고하는 거란다. 무식하고 경솔한 사람들은 이런 문제를 아무 상관도 없는 공상이나, 제대로 파악하면 존재하지도 않는—아무 실체가 없는—다른 기괴한 생각으로 혼란스럽게 만들 수 있겠지만, 멍청하게 굴지 말라고 하면 그건 너에 대한 예의가 아닐 것이다. 그렇다면 이 문제에서 사실은 무엇일까? 대충 계산하면 너는 스무 살이고 바운더비 씨는 쉰 살이니 나이 차이야 있지. 하지만 재산이나 사회적 지위로 보면 아주 적합한 거야. 그렇다면 나이 차라는 단 하나의 장애물 때문에 결혼하는데 지장을 받을 수 있는가 하는 문제가 대두하지. 이런 문제를 따질 때는 영국과 웨일즈에서 모은 결혼 통계 자료를 고려하는 게 중요하단다. 숫자상으로 볼 때 상당수의 결혼이 연령 차이가 심한 당사자 사이에 이루어졌으며 양측 중에 연장자는 네 명 중 세 명 이상이 신랑 쪽이란다. 이 현상이 보편적이라는 증거로 영국령 인도의 토착민들이나, 중국의 상당한 지역과 타타르 지방의 사람들 사이에서도, 여행자들이 우리에게 알려 주는 계산 자료가 비슷한 결과를 낳는다는 사실은 주목할 만한 일이지. 따라서 앞에서 말한 나이 차는, 더 이상 중요한 차이가 되지 않으며 사실상 거의 사라지는 셈이란다."

문제 1

제시문 (가), (나), (다)에서 대상을 이해하는 방식을 비교하여 설명하시오.

문제 2

제시문 (라)에 나타난 상황을 제시문 (가)와 (나)를 활용하여 평가하시오.

문제 3

제시문 (나)를 참조하여 제시문 (다)의 보험 서비스에서 발생할 수 있는 문제점을 들고, 이에 대한 해결 방안을 제시하시오.

문제 4

지원 계열 혹은 전공 분야에서 제시문 (가)의 사고방식을 극복하기 위한 노력을 예를 들어 설명하시오.

제시문 (가), (나), (다)는 대상을 이해할 때 개별성을 고려하는 정도에서 차이를 나타냅니다. 제시문 (가)와 (다)는 공통적 특징을 기준으로 대상을 이해하는 반면에 제시문 (나)는 대상의 개별적 특성, 주관적 의미 부여를 통해 대상을 이해합니다.

제시문 (가)에서는 '평균'이라는 개념을 통해 대상을 이해합니다. 개인이 지닌 특징의 '평균'을 규정하고, 이를 기준으로 대상을 이해합니다. 대상이 지닌 개별적인 특성은 배제하고, 공통적으로 나타나는 평균적 특성에 기반하여 대상을 규정한다는 것입니다. 평균에서 과하게 벗어나는 대상은 '부정적 예외'로 간주한다는 특징을 지닙니다.

제시문 (다)는 대상을 유사한 특징을 가진 집단으로 군집화하여 이해한다는 점에서 제시문 (가)와 유사한 측면을 지닙니다. 축적된 데이터를 바탕으로 집단을 세분화하여 각각의 특징을 추출하고, 이를 바탕으로 집단에 속한 개인에게 서비스를 제공합니다. 방대한 데이터가 쌓일수록, 분류 기준이 보다 상세할수록 다양한 집단으로 분류가 가능합니다. 하지만 일단 분류된 집단에 속하면, 집단의 특성과 부합하지 않는 개체의 특성은 배제된다는 점에서 개인의 개별성은 간과될 수밖에 없습니다.

이와 달리 제시문 (나)는 대상의 개별적 속성을 중심으로 이해하려는 방식을 보여 줍니다. 이름을 불러 준 후에야 꽃이 되었다는 표현에서 대상의 개별적 속성을 파악하고 이를 주관적으로 해석해 내는 과정을 나타냅니다. 개별 대상의 특징이 아닌 '집단'의 특징으로 대상을 이해하는 제시문 (가), (다)와 달리 대상을 개별적으로 이해하고, 주관적인 의미를 부여한다는 점에서 차이를 보입니다.

개요

1. 제시문 (가), (나), (다)에서 나타난 대상 이해 방식의 차이점
2. 제시문 (가)에서 나타난 대상 이해 방식
3. 제시문 (다)에서 나타난 대상 이해 방식
4. 제시문 (나)에서 나타난 대상 이해 방식

Tip & Advice

비교 문제에서는 서두에 차이점 혹은 공통점을 명확히 언급하고, 기준에 맞게 제시문을 정리하는 것이 중요합니다. 해당 답안에서는 대상의 집단적 특성과 개별적 특성을 기준으로 제시문 (가), (다)와 제시문 (나)로 분류하여 비교 답변을 진행했습니다. 이외에도 다른 기준이 있다면 기준에 맞게 제시문을 배치하여 정리하면 됩니다. 제시문 간의 관계를 고려하지 않은 단순한 요약은 지양해야 합니다.

이 답안의 강점은 무엇인가?

문제 2 **예시 답안**

제시문 (라)는 아버지가 딸에게 바운더비의 청혼이 들어왔음을 알리면서 통계에 기준한 '평균적' 측면에서 이 청혼을 받아들이는 것이 바람직하다는 의견을 제시합니다. 딸의 주관적 감정과 청혼자의 개별적 특성은 배제하고 사회적으로 이루어지는 결혼의 '평균적' 측면을 강조하는 모습이 나타납니다. 나이 차이는 통계적으로 보았을 때 그리 중요하지 않으며, 사회적 지위나 재산 등을 고려했을 때 매우 바람직한 결혼이라는 것입니다.

제시문 (가)의 입장에서 이러한 상황은 긍정적으로 평가할 수 있습니다. 한 시대에서 나타나는 결혼의 평균적 양상을 기준으로 상황을 판단하기 때문입니다. 제시문 (가)에서 개개인의 특성은 그 자체로 어떤 의미를 부여받는 것이 아니라 그가 속한 집단의 '평균'을 기준으로 평가됩니다. 개개인의 개별적 특성을 고려하는 것은 큰 의미가 없으며, 공통적인 특성에 집중하여 판단할 것을 강조하는 제시문 (가)의 입장에서 아버지의 조언은 타당하다고 볼 수 있습니다.

그러나 제시문 (나)의 입장에서 이러한 상황은 부정적으로 평가될 수밖에 없습니다. 제시문 (나)는 개인의 개별성과, 관계에 있어서의 주관적 의미 형성을 중요시하기 때문입니다. 이러한 관점에서는 어떤 공통적인 특성이 긍정적일지라도, 자신이 대상을 주체적으로 이해하고 관계를 형성하기 전에는 의미가 없습니다. '결혼'이라는 문제에 있어 딸의 개인적인 감정을 배제하고 '통계적 측면'에만 집중하여 결혼을 지지하는 모습을 보이는 것은 제시문 (나)의 관점에서 긍정적 평가를 받기 어렵습니다.

개요

1. 제시문 (라)의 상황 제시
2. 제시문 (가)의 관점에 기반한 (라)의 상황 평가
3. 제시문 (나)의 관점에 기반한 (라)의 상황 평가

해당 제시문에서는 개별성, 혹은 개개인에 대한 시각이 다른 두 제시문을 기준으로 제시문 (라)의 상황을 평가할 것을 요구하고 있습니다. 우선 제시문 (라)의 상황을 간략히 정리하되, 정리하는 과정에서 제시문 (가)와 (나)의 핵심 키워드를 활용해 줘야 합니다. '평균', '개별성' 등의 개념을 제시문 (라)의 내용과 연결시켜 제시한다면 두 관점에서의 평가가 보다 매끄럽게 진행될 수 있습니다.

이 답안의 강점은 무엇인가?

제시문 (다)는 온라인 네트워크와 데이터 과학을 이용하여 보다 세밀한 분류를 통해 개인에게 보험 서비스를 제공하는 모습이 나타납니다. 이전의 대규모 인구 집단 기준에서 벗어나 더 세부적인 기준으로 보험 가입 대상을 분류하고, 세부 집단의 특성에 맞는 보험 제품을 적절한 가격에 제공하기 위해 '데이터'를 활용하는 모습이 나타납니다.

그러나 이러한 보험 서비스는 집단의 특성에서 벗어난 개인의 특징이 반영되지 못한다는 한계점을 지니고 있습니다. 완전히 동일한 개인은 존재하지 않습니다. 유사한 특성이 많을 수는 있겠지만, 공통된 특성만으로는 한 개인을 온전히 이해할 수 없습니다. 개인의 특성을 정확히 반영하지 못하는 보험 서비스는 결국 소비자의 입장에서 분명한 한계를 갖습니다. 자신이 처한 상황보다, 같은 집단으로 분류된 타인들의 상황과 특징에 의해 서비스를 제공받을 수밖에 없기 때문입니다. 예를 들어, 건강한 노인이 단순히 질병 발생률이 높은 '연령대'에 속했다는 이유로 건강이 좋지 않은 청년보다 더 비싼 보험료를 지불하거나 보험 가입 자체를 거부당할 수도 있습니다.

이러한 문제를 해결하기 위해서는 행동이 비슷해 보이는 사람을 묶는 '집단'적 기준보다는, 개인의 특성과 상황을 반영하여 보험이 설계될 수 있도록 해야 합니다. 연령, 기저 질환 여부, 직업, 생활 습관 등 개인이 지닌 고유한 특성을 기준으로 서비스를 제공할 수 있는 시스템을 만들어야 합니다. 다양한 데이터 축적과 이를 처리하는 기술을 통해 개인에게 맞는 서비스를 제공할 수 있습니다. 이것이 가능해진다면, 보험사 입장에서도 집단으로 분류했을 때의 불확실성을 상쇄하여 수익을 안정화시킬 수 있다는 점에서 긍정적인 효과가 있을 것이라 생각합니다.

개요

1. 제시문 (다)에서 나타난 보험 서비스의 특징
2. 제시문 (다)에서 나타난 보험 서비스의 문제점
3. 문제점에 대한 해결 방안

제시문 (다)의 보험 서비스는 개인을 집단으로 분류하고, 분류된 '집단'의 특성에 따라 제공된다는 점에서 한계점이 있습니다. 이 부분을 '개별성'이라는 키워드를 활용하여 지적해야 합니다. 개인의 특성이 아닌, 집단의 특성으로 보험 서비스가 제공될 때 발생할 수 있는 문제점을 고려하여 언급하고, 이를 해결하기 위해 개인의 특성과 상황에 맞는 서비스의 제공 가능성을 논해 주면 됩니다.

이 답안의 강점은 무엇인가?

제가 지원한 '인문 계열'이 제시문 (가)에서 나타난 '평균 중심적 사고방식'을 가장 경계해야 하는 학문이라고 생각합니다. 인문학이 발전하려면 다양한 주장이 갖는 특징과 근거를 이해하고, 이를 바탕으로 한 치열한 토론이 필요하다고 생각하기 때문입니다. 평균에서 벗어나는 개인을 '예외, 괴짜'로 규정하는 사고방식은, 사회 내에서 '소수'에 속하거나, 소수 의견을 가진 구성원을 차별하는 기준이 될 수 있다는 위험성을 지닙니다. 다양한 의견을 포용하는 것을 어렵게 하고, 소통의 폭을 줄인다는 단점이 있습니다.

저는 이러한 사고방식을 경계하고 극복하기 위한 노력의 일환으로 학생회 활동을 하던 시절 다양한 소수 의견을 수렴하기 위한 절차를 만들었습니다. 기존 학생회에서는 주류를 이루는 3~4가지의 의견만 표결을 진행하는 경우가 많았습니다. 지지하는 학생이 적은 의견은 투표에 부쳐지기 전 비판받고 표결 대상에서 제외되다보니, 나중에는 학생들이 자신의 의견이 조금이라도 다수 의견에서 벗어날 것이라 생각하면 표현을 하지 않는 모습이 나타났습니다. 자신이 타인과 생각이 다르면 '낙인'이 찍힐 것을 두려워해 침묵하는 경우가 많아졌습니다. 저는 이러한 기존의 의견 수렴 과정이 의사 결정 과정의 효율성을 높인다는 명목으로 의견의 다양성이라는 중요한 가치를 배제한다고 생각했습니다.

이를 해결하기 위해 누구나 현안에 대한 의견을 제시할 수 있는 SNS 익명 게시판을 만들었습니다. 익명 게시판에 올라온 의견은 학생들 누구나 볼 수 있었고, 자유롭게 의견을 달 수 있도록 했습니다. 이 과정에서 '익명'으로 게시판을 운영한 것은 자신의 의견이 비웃음 당하거나 묵살될 것을 두려워하지 않고 의견을 제시할 수 있게 하기 위함이었습니다. 이 페이지에는 이전에 학생회에서 진행했던 설문조사보다 훨씬 다양한 의견들이 많이 올라왔고, 이에 대한 의견 공유도 활발하게 이루어질 수 있었습니다. 이러한 과정을 통해 다양한 의견을 수렴하고, 평균이 아닌 개개인의 다양한 특성을 보호할 수 있었습니다.

개요

1. 지원한 계열에서 '평균주의적 사고방식'을 경계해야 하는 이유
2. 이를 나타내는 경험: 문제 상황
3. 이를 나타내는 경험: 해결 과정

Tip & Advice

해당 문제에서는 지원 계열(학과)와 관련하여 제시문 (가)의 '평균주의적 사고방식'을 극복하기 위한 '노력'을 언급할 것을 요구합니다. 여기에서 핵심은 자신이 경험한 내용을 바탕으로 답변을 구성해야 한다는 것입니다. 자신이 지원한 계열과 경험을 연결시켜 평균주의적 사고방식을 극복하기 위한 노력을 구체적으로 설명하는 것이 좋습니다.

이 답안의 강점은 무엇인가?

학교 측 출제 의도 및 평가 지침

출제 의도

◆ 제시문을 통해 각 제시문의 대상을 이해하는 방식을 파악하고, 제시문 간의 관계를 추론할 수 있는 분석 능력을 평가함

◆ 각 제시문의 대상을 이해하는 방식을 구체적인 상황에 적용할 수 있는 능력을 평가함

◆ 문항이 의도한 바를 정확하게 이해하고 주장에 대한 근거를 종합적이고 합리적으로 추론할 수 있는 능력을 평가함

◆ 제시문의 요지와 관련된 상황을 지원 계열 혹은 전공 분야와 관련하여 설명할 수 능력을 평가함

문항 해설

◆ [문제 1]은 대상을 제시문 (가)에서 평균에서 벗어난 정도를 사용하여 개개인을 이해하고 있는 것과 제시문 (나)는 개별성 혹은 개개인성, 그리고 제시문 (다)는 대상을 특정한 집단으로 분류함으로써 대상을 이해하고자 하는 방식을 파악하여, 이들 간의 관계를 설명하는 문항임

◆ [문제 2]는 제시문 (라)의 아버지가 딸에게 바운더비 씨의 청혼 사실을 알리며 이 결혼이 바람직하다고 생각하는 대화를 제시문 (가)와 (나)의 개개인을 이해하는 방식을 적용하여 설명하는 문항임

◆ [문제 3]은 제시문 (나)의 대상을 개별성 혹은 개개인성으로 이해하는 방식을 적용하여 제시문 (다)의 보험 서비스에서 발생할 수 있는 문제점과 이를 해결할 수 있는 방안을 설명하는 문항임

◆ [문제 4]는 자신의 전공에 대한 이해와 제시문의 내용을 종합하여 제시문 (가)에 드러난 평균주의 사고를 극복하는 예시를 설명하는 문항임

하위 문항	채점 기준
1	세 제시문에서 제시된 대상을 이해하는 방식의 차이를 이해하고, 이에 대해 각 제시문의 세부 내용을 잘 정리해 이유를 설명하고, 세 제시문의 대상을 이해하는 방식 간의 관계를 잘 파악한 경우 높은 점수를 부여함
2	• 제시문 (라)의 상황을 설명하면서 제시문 (가)와 (나)의 핵심 개념과의 연결하는 능력을 평가함 • 제시문 (가)와 (나)의 주요 개념과 관련 지어 제시문 (라)의 상황을 비판적으로 독해하는 경우 높은 점수를 부여함
3	• 제시문과 문항이 의도한 바를 정확히 이해하고 주장에 대한 근거를 종합적이고 합리적으로 추론할 수 있는 능력을 평가함 • 제시문 (다)에서 발생할 수 있는 문제점을 제시문 (나)의 주요 개념과 관련 지어 설명하고, 이에 대한 해결 방안을 제시하는 경우 높은 점수를 부여함
4	• 제시문의 이해를 바탕으로 지원자가 제시문 (가)의 사고방식을 극복하려는 구체적인 상황에 대한 예를 제시하는지 평가함 • 과거에 존재한 평균주의 사고방식이 시대가 변화함에 따라 도전받고 극복되는 과정에 관한 예를 제시하면 높은 점수를 부여함

※ 제시문을 읽고 물음에 답하시오.

(가)

 독일의 한 고등학교에서 벵어라는 교사는 학생들에게 독재의 위험성을 알리는 수업을 진행하려 했다. 하지만 어려서부터 나치 독일의 문제점에 대해 지겹게 들어왔던 학생들은 벵어의 수업 내용이 지루하다면서 관심을 보이지 않았다. 이에 벵어는 학생들에게 독재 권력이 나타나게 되는 과정을 직접 체험시켜 주기로 했다. 먼저 벵어는 다수결로 교실의 대표를 정하자고 제안했다. 투표 결과 벵어가 대표로 선출되었다. 그 후 벵어는 대표의 자격으로 프로젝트 수업을 위한 세 가지 규칙을 정해서 발표했다. 첫째, 수업 중에는 대표가 호명한 사람만 대답할 수 있으며, 발표자는 일어서서 대답한다. 둘째, 흰 셔츠와 청바지 같은 단체복을 입는다. 셋째, 수업 중에 명령하면 모두가 일어나서 행진을 하듯 발을 맞추는 연습을 한다. 그 때부터 교실에서 단체 행동과 보조를 맞추지 않는 학생은 배척을 당했다. 시간이 흐를수록 학생들은 대표의 권위에 더욱 더 복종하는 동시에 정치 집단이 된 것처럼 행동했고, 스스로를 '디 벨레(Die Welle)'라고 불렀다. 학생들은 마치 나치식 경례 같은 인상을 주는 독특한 경례를 만들어 냈고, 디 벨레 경례를 하지 않는 학생들은 교실에 들어오지 못하도록 막았다. 결국 학교는 '디 벨레 학생들'과 '비(非) 디 벨레 학생들'로 분열되었다. 그리고 그들 사이에서는 공공연하게 집단 난투극이 벌어지기도 했다. 그러던 어느 날, 벵어는 학생들을 모두 강당에 모이도록 했다. 그 자리에서 벵어는 이 자리에 조직을 배신한 학생이 있다면서 영문 몰라 하는 한 학생을 강단으로 데려오라고 지시했다. 그러자 몇몇 디 벨레 학생들이 배신자로 지목된 학생을 강단으로 데려왔다. 이를 지켜본 벵어는 다음과 같이 말했다. "독재가 바로 이런 것이다. 여러분은 지금까지 어떤 일들이 일어났는지 알아차려야 한다." 그러고는 공식적으로 디 벨레의 해체를 선언했다.

(나)

 한 연구에서 모든 참여자에게 각자 지면 위에 찍힌 점의 개수를 세도록 했다. 그 후 참여자가 점의 개수를 정확하게 셌는지 여부와는 관계없이, 참여자 절반에게는 점의 수를 실제보다 초과하여 셌다고 알려 주면서 그들을 '과대평가자' 집단으로 분류하고, 나머지 절반은 '과소평가자' 집단으로 분류했다. 그런 다음, 몇몇 참여자들에게 돈이나 쿠폰을 주고서 다른 참여자들에게 나눠 주도록 했다. 이 때 돈이나 쿠폰을 나눠 주는 역할을 맡은 참여자가 다른 참여자들에 관해 알 수 있는 유일한 정보는 '과대평가자'와 '과소평가자' 중 어느 집단에 속하는가 하는 것뿐이었다. 그 결과, 연구자가 아무리 사소하거나 임의적인 기준으로 집단을 구분하더라도 사람들은 자신과 동일한 집단에 속하는 사람들에게 돈이나 쿠폰을 더 많이 나눠 주려는 경향을 보였다.
 기능적 자기 공명 영상(fMRI)을 이용한 또 다른 연구에서도 이와 비슷한 결과가 나타났다. 참여자들을 임의적으로 두 집단으로 나눈 후, 그들에게 다른 사람의 손을 바늘로 찌르는 영상을 보여 주고서 fMRI를 이용해 그들의 뇌를 관찰했다. 사람들은 자신과 다른 집단에 속한 것으로 표시된 사람의 손이 바늘에 찔릴 때보다 자신과 같은 집단에 속한 것으로 표시된 사람의 손이 바늘에 찔릴 때 두뇌의 활성화 정도가 분명하게 증가했다. ⊙ 인간은 '남'이라고 여겨지는 사람들에 대해서는 공감을 하는 데 어려움을 겪는 것이다.

(다)

큰 도(道)가 행해진 세상에서는 천하가 모두의 것이 된다. 현명하고 유능한 사람을 뽑아 나라를 다스리게 하면 신의가 존중되고 화목이 두터워진다. 그러므로 사람들은 자기 부모만 부모로 여기지 않고, 자기 자식만 자식으로 여기지 않는다. 노인은 안락하게 여생을 마칠 수 있고, 장년에게는 일할 자리가 있다. 어린이는 안전하게 자랄 수 있고, 배우자를 잃은 사람, 부모가 없는 아이, 자식이 없는 노인, 병든 사람도 모두 보살핌을 받을 수 있다. 재화가 헛되이 땅에 버려지는 것을 싫어하지만 그렇다고 그것을 결코 자기 것으로 숨겨 두지 않으며, 스스로 일하는 것을 싫어하지 않지만, 또한, 자기 자신만을 위해 일하지 않는다. 그래서 음모를 꾸미는 일이 생기지 않고, 훔치거나 해치는 일도 일어나지 않는다. 그러므로 집마다 문이 있어도 잠그지 않는다. 이러한 세상을 '대동(大同)'이라 한다.

(라)

인간의 집합 생활은 그저 우연한 사건에 의해 탄생하는 것이 아니라, 우리의 삶을 고양시켜 주는 집합 의식에서 비롯되는 것이다. 사회 구성의 핵심 원리는 집합 의식의 내재화이며 이러한 과정은 기계적 연대와 유기적 연대 두 가지로 구분할 수 있다.

기계적 연대에서는 집단을 이루는 목적이나 과정보다는 동질성 그 자체가 유대의 기초를 형성한다. 여기에서는 무엇보다도 오직 '같다'는 이유 때문에 강력한 유대가 나타나게 되며 집합 의식이 개인의 의식을 지배하게 된다. 그 결과, 기계적 연대 속에서 개인은 주체적인 존재로 기능하기보다는 억압적 규율 하에서 집단에 예속되는 모습을 보이거나 다른 집단에 대해 배타적인 태도를 보일 수 있다.

대조적으로, 유기적 연대에서는 구성원이 사회적 규율의 권위를 자율적으로 수용하는 동시에 구성원들 간 기능적 상호 의존성과 공감에 기초한 결속이 이루어진다. 유기적 연대는 이질성에 기초한 연대라는 점에서 집합 의식이 개인의 의식을 지배하지 않으며 개인의 주체성이 훼손되지 않는다. 따라서 유기적 연대에서는 배타성의 위험이 상대적으로 적으며 다른 집단에 대한 공감의 가능성도 열려 있다.

집합 의식의 내재화 과정에서 인간은 자기 집단과 관계된 것들에 특별한 의미를 부여하기도 하는데, 그 과정에서 이상 사회에 대한 관념이 싹트기도 한다. 때때로 사람들은 완전한 이상 사회를 떠올리기도 한다. 하지만 이러한 사회는 환상에 불과하며 실제로 존재했던 적은 없다. 그럼에도 불구하고 이상 사회 역시 사회생활의 자연적인 산물이다. 이상 사회와 현실 사회는 둘 중 하나가 없으면 나머지 하나도 존재할 수 없을 만큼 상호 간에 긴밀하게 결합되어 있다. 현실 사회 없이는 이상 사회가 존재할 수 없고 이상 사회 없이는 현실 사회도 존재할 수 없다.

문제 1

제시문 (나)의 연구 결과를 바탕으로 제시문 (가)의 '디 벨레' 현상에 관해 설명하시오.

문제 2

제시문 (나)의 연구 결과에서 도출된 주장 ㉠에 대해 제시문 (다)의 관점에서 평가하시오.

문제 3

제시문 (라)를 활용하여 제시문 (가)의 '디 벨레' 현상, 제시문 (나)의 주장 ㉠, 제시문 (다)의 이상 사회론에 대해 비판적으로 평가하시오.

문제 4

한국 사회를 지금보다 이상적인 사회로 변화시켜 나가는데 자신이 지원한 전공 분야가 기여할 수 있는 방안을 구체적으로 제시하시오.

문제 1 예시 답안

제시문 (나)는 집단이 형성되면 외부인에 대한 배타성이 형성되고 공감 능력이 떨어진다는 연구 결과를 보여 줍니다. 실험에서 실제 수행 결과의 정확성과는 무관하게 집단을 과소평가자와 과대평가자로 나누었을 때, 동일한 집단에 속한 사람들에게 돈과 쿠폰을 더 나누어 주려는 경향이 나타나는 것은 동일 집단 구성원에 대한 공감 능력이 형성되었음을 보여 줍니다. fMRI 실험에서 다른 집단에 속한 사람들의 손을 바늘로 찌를 때 두뇌 활성도가 떨어지는 것은 외집단에 대한 공감 능력이 떨어지는 것을 의미합니다.

이러한 관점에서 제시문 (가)의 '디 벨레' 현상은 구성원의 성찰이 부족할 때 집단에서 나타날 수 있는 '공감 능력 부족' 문제를 나타내는 사례라고 할 수 있습니다. 학생들은 단순히 대표를 선출하고, 정해진 세 가지 규칙만 따랐음에도, 시간이 지날수록 자신들의 내집단 의식을 강화하고 이에 벗어나는 학생들을 배척하는 모습을 보였습니다. 자신이 속한 집단에 대한 소속 의식을 갖는 것 자체는 나쁜 것이 아니지만, 집단의 결속을 강화하는 과정에서 합리적 이유 없이 '어울리지 못하는 존재'들을 배척하는 것은 개인들이 집단화되었을 때, 집단 외부의 타인에 대한 공감 능력이 떨어진다는 것을 의미합니다. 즉, 제시문 (가)의 '디 벨레' 현상은 성찰 없는 '집단화'와 권위에 대한 맹목적 수용이 갖는 위험성을 명확하게 보여 줍니다.

개요

1. 제시문 (나)의 실험 결과 분석
2. 제시문 (가)의 '디 벨레' 현상 설명

Tip & Advice

제시문 (가)의 디 벨레 현상은 스토리텔링 형식의 제시문으로 나타납니다. 이를 설명할 때는 제시문의 내용을 그대로 인용하기보다 제시문 (나)에서 제시된 개념어들을 통해 의미를 재구성하여 답변하는 것이 좋습니다. 제시문 (가)의 내용을 그대로 인용하면 제시문에 대한 이해도가 떨어져 보일 수 있습니다.

 이 답안의 강점은 무엇인가?

제시문 (다)는 '대동 사회'라는 유교적 이상 사회의 모습을 나타냅니다. 현명한 정치가 이루어지면 사람들은 자신의 집단만이 아니라 집단 외에 있는 타인에게도 공감하고 배려할 수 있다는 것입니다. 이러한 사회에서는 자기 자신, 자기 집단만을 위한 이기심이 사라지고, 구성원들이 사회적으로 연대하여 더불어 살아가게 됩니다.

이러한 관점에서 보면 ㉠의 주장은 부정적인 것으로 평가될 수 있습니다. 집단을 구별하고 타 집단에 공감하지 못하는 것은, 인간의 본성적 특성이 아니라 더 나은 사람이 되기 위한 '수양'이 부족하기 때문이며, 동시에 이를 방조하는 '정치'의 문제라고 보기 때문입니다. 그 가능성을 간과한다는 점에서 ㉠의 주장은 한계를 갖습니다. 집단화된 사람들이 '남'이라고 여기는 존재에 대해 공감하는 데 어려움을 겪는다는 것은, 스스로가 속한 집단에 맹목적으로 동질감을 느끼고 있음을 보여 줍니다. 이것이 확장되면 자신과 다른 집단에 속했다는 이유만으로 타인을 배척하고, 때로는 공격의 대상으로 삼는 원인이 됩니다.

현대 사회에서 일어나는 다양한 차별은 이러한 모습을 극명하게 보여 줍니다. 단순히 자신과 다른 피부색을 가졌다는 이유로, 더 가난한 나라에서 왔다는 이유로, 다른 성적 지향성을 가졌다는 이유로 차별이 나타납니다. 이러한 특성은 그 누구도 선택하여 얻은 특성이 아님에도, 그저 그렇게 태어났다는 이유로 많은 어려움을 겪어야 합니다. 제시문 (다)의 관점에서 이러한 사회에서는 '현명한 정치'가 이뤄지지 않고 있다고 볼 것입니다. 즉, 자기 집단과 타 집단을 구분하고 배척하지 않는 이상적 사회가 되기 위해서는, 이를 해결하기 위한 정치적 측면에서의 행동이 필요하다고 할 수 있습니다.

개요

1. 제시문 (다)의 관점 정리
2. ㉠의 상황에 대한 평가 1
3. ㉠의 상황에 대한 평가 2 – 사례 포함

해당 문제는 집단 간의 구별, 차별이 없는 제시문 (다)의 대동 사회를 기준으로 ㉠의 주장을 평가할 것을 요구합니다. '집단'을 형성하고 구별하는 것이 '차별'의 원인이 될 수 있다는 점, 집단에 대한 맹목적 동질 의식이 상황을 악화시키는 원인이 될 수 있다는 점 등 연관된 측면을 개념적 키워드로 설명하고, 적절한 사례를 덧붙여 주면 더 좋습니다.

이 답안의 강점은 무엇인가?

　제시문 (라)는 사회 구성의 핵심 원리로 집합 의식의 내재화를 언급합니다. 집합 의식의 내재화란, 개인이 모여 집단을 이루고 이루어진 집단에 대한 소속감을 갖게 됨을 의미합니다. 집합 의식의 내재화는 단순한 '동질성'을 유대의 기초로 하는 '기계적 연대'와 기능적 상호 의존, 공감을 기초로 한 '유기적 연대'로 나누어집니다. 동질성만을 강조하는 기계적 연대 하에서는 개인의 의식이 집합 의식에 잠식되고, 이로 인해 억압적 규율을 수용하고 타 집단에 배타적 태도를 보입니다. 이와 달리 유기적 연대에서는 규율의 권위를 자율적으로 수용하며, '이질성'을 유지하기에 개인의 의식이 집합 의식과 독립적으로 존재할 수 있습니다. 따라서 배타성이 상대적으로 낮고, 공감의 가능성이 높습니다.

　이러한 관점에서 제시문 (가)의 디 벨레 현상은 기계적 연대의 사례로 평가할 수 있습니다. 집단 형성의 목적이 없고, 과정에 대한 관심도 없이 단순한 결집과 의식을 통해 집합 의식이 강화된다는 점에서 기계적 연대의 특성이 드러납니다. 구성원들이 집단 내에서 무의미한 규율에 순응하고, 여기에서 벗어나는 존재를 억압하는 모습은 이질성을 지닌 집단이나 개인에 대한 배타성이 강화되는 것으로 해석할 수 있습니다.

　이와 유사하게 제시문 (나)의 주장 ㉠은 동질성만을 기초로 하는 집단 형성을 통해 자기 집단에 대한 호감을 증가시키는 모습에서 기계적 연대의 사례로 평가할 수 있습니다. 실제 수행 결과와 관계없이 집단을 분류했음에도 분류 자체에 대한 의문 없이 역할에만 충실한 모습은 집합 의식에 예속되어 주체성을 상실해 가는 모습을 보여 줍니다. 하지만 주체적 의식을 유지하는 상태의 유기적 연대처럼, 집단 형성 과정에 따라 개인의 행동이 달라질 수 있음을 간과한다는 한계를 지닙니다.

　제시문 (다)의 이상 사회론은 인간의 지혜로운 노력을 통해 이상 사회를 구현할 수 있다고 본다는 점에서 제시문 (라)와 차이점을 나타냅니다. 제시문 (라)는 이상 사회가 실존할 수 없다고 보기 때문입니다. 하지만 이상 사회는 현실 사회의 대응물이자 지향점으로서의 역할을 한다는 점에서 의미가 있습니다. 이런 맥락에서 제시문 (다)의 이상 사회론은 집합 의식에 매몰되지 않고 개인의 주체성을 지키며 유기적으로 연대할 수 있는 가능성을 보여 준다는 점에서 긍정적 평가가 가능할 것으로 보입니다.

개요

1. 제시문 (라)의 요지 요약
2. 제시문 (가)의 디 벨레 현상 평가
3. 제시문 (나)의 주장 ㉠ 평가
4. 제시문 (다)의 이상 사회론 평가

각 주장을 평가할 때 주의할 점은, 단순히 긍정적/부정적으로 평가해서는 안 된다는 것입니다. 물론 긍정/부정의 대립적 평가가 가능한 경우도 있겠으나, 해당 문제의 경우 비판적으로 '평가'하라는 것은 제시문 (라)의 개념을 활용하여 세 가지 평가 대상을 비판적으로 분석한 후 평가를 진행하라는 의미를 강하게 내포합니다.

이 답안의 강점은 무엇인가?

　현재 한국 사회에는 나와 다른 주장, 이질적 존재에 대한 '관용'이 부족하다는 문제점이 있다고 생각합니다. 각자 다른 삶을 살아온 개인이 서로 다른 의견을 갖게 되는 것은 자연스러운 일이지만, 언론이나 온라인상에서 흔히 볼 수 있는 사람들의 소통은 대체로 다른 의견에 대해 공격적이고, 때로는 차별로 이어지기도 합니다. 몇몇 인터넷 커뮤니티에서는 여성, 성적 소수자, 다른 인종, 특정 지역 출신에 대한 무분별한 공격과 비하가 자행되고 있습니다. 이는 나와 다름을 받아들이지 못하는 '관용'의 부족에서 발생하는 문제라고 생각합니다.

　한국 사회가 더 발전하기 위해서는 다양한 의견이 공유되는 과정에서 새로운 발전의 원동력을 찾아야 합니다. 즉, 개인적 차원에서 타인의 이질성, 나와 다른 의견에 대한 포용력을 키워야 합니다. 다양한 사람들과 소통하는 경험을 통해 이질성에 대한 막연한 두려움을 버리고, 동시에 동질성에 대한 맹목적 신뢰를 버려야 합니다. 제가 전공으로 선택한 '철학'은 다양한 의견을 비판적으로 나누고, 이를 통해 사회에 윤리적 기준을 제시하는 방향으로 활용될 수 있습니다. 저는 전공을 통해 다양한 이들과 소통하는 방법, 역사적으로 사람들이 제시한 서로 다른 의견들에 대해 공부할 계획입니다.

　또한, 이러한 공부를 바탕으로 사회적 차원에서 '관용'의 중요성을 알릴 수 있는 시민 단체에서 일하고 싶습니다. 구체적으로 국내에서 차별받는 '외국인 노동자'들의 처우를 개선하고, 이들이 한국 사회의 일원으로 녹아들 수 있도록 돕고 싶습니다. 세계적으로 교류가 활성화되는 이 시기에 국적, 인종, 성별과 같은 우연적 요소에 묶여 타인을 배척하는 것은 어리석은 일입니다. 국적이라는 단순한 동질성에서 벗어나, 저출산과 고령화로 성장 동력을 잃어가는 한국 사회에서 외국인들이 기능적으로 정착할 수 있는 환경을 만들고, 이러한 경험을 통해 소통의 폭을 넓히고 발전의 방향을 찾아갈 수 있는 사회가 될 수 있었으면 합니다.

개요

1. 한국 사회에서 나타나는 문제점
2. 한국 사회를 이상적으로 발전시키기 위한 전공 기여 방안 1
3. 한국 사회를 이상적으로 발전시키기 위한 전공 기여 방안 2

Tip & Advice

전공 적합성을 알아보는 문제는 고려대에서 꾸준히 출제했던 문제이므로 원서를 접수한 뒤부터 자신의 전공에 대해 생각해 보는 시간을 가지는 것이 좋습니다. 하지만 무리하게 전공 지식을 활용하려는 시도를 하는 것을 학교 측에서 좋아하지 않을 수 있으므로 이 부분은 주의하도록 합니다.

이 답안의 강점은 무엇인가?

학교 측 출제 의도 및 평가 지침

출제 의도

◉ 제시문의 주제와 논지를 정확하게 이해하여 문항에서 요구하고 있는 답변을 논리적으로 구성해 낼 수 있는 지를 평가함

◉ 각 제시문의 주장과 근거를 비판적인 시각에서 검토하고 제시문 간의 관계를 파악하여 비교·분석할 수 있는지를 평가함

◉ 지원 전공 계열에 대한 이해를 바탕으로 사회 발전에 기여할 수 있는 방안을 제시할 수 있는지를 평가함

문항 해설

◉ [문제 1]은 인간이 자신이 속한 집단에게는 공감하고 자신이 속한 집단과는 다른 집단에 대해 배타성을 보이는 것에 대한 제시문 (나)의 연구 결과를 제시문 (가)에 나타난 '디 벨레' 현상, 즉 임의적으로 설정된 규칙에 대해 자신들과 다른 입장과 태도를 취하는 학생들을 배척하는 상황에 적용하여 설명하는 문항임

◉ [문제 2]는 제시문 (다)의 요지, 즉 인간이 지혜로운 노력을 통해 궁극적으로 대동 사회를 구현할 수 있다는 관점에서 제시문 (나)의 주장, 즉 "인간은 '남'이라고 여겨지는 사람들에 대해서는 공감을 하는 데 어려움을 겪는다."는 견해를 설명하는 문항임

◉ [문제 3]은 제시문 (라)에서 소개하는 개인과 사회의 관계에 대한 이해를 바탕으로 제시문 (가), (나), (다)의 한계점을 비교·분석하여 설명하는 문항임

◉ [문제 4]는 자신의 전공에 대한 이해와 제시문의 내용을 종합하여 '이상 사회'를 바탕으로 한국 사회가 발전하는 데 기여할 수 있는 방안을 제시하는 문항임

하위 문항	채점 기준
1	• 제시문 (나)의 연구 결과와 제시문 (가)의 '디 벨레' 현상을 잘 정리하고, 제시문 (나)의 연구 결과를 적용하여 제시문 (가)의 '디 벨레' 현상을 설명하고 있는지 평가함 • 사소하거나 임의적인 기준에 의한 집단 구분에 따라서도 공감의 부족 및 배타성의 문제가 나타날 수 있다는 내용을 포함하여 답변하는 경우 높은 점수를 부여함
2	제시문 (나)와 (다)의 논지를 파악하고, 제시문 (다)의 관점에서 제시문 (나)를 비판적으로 평가하고 있는지 평가함
3	• 제시문에 대한 정확한 이해를 바탕으로 기계적 연대를 비판하고 유기적 연대의 중요성을 제시하는지 평가함 • (라)의 구체적 내용을 활용하여 제시문 (가), (나), (다)를 각각 비판한 경우 높은 점수를 부여함 • 의도적으로 설정된 규칙에 대한 복종 여부에 따라 구분된 제시문 (가)의 집단과 실험과 같이 자의적으로 구분된 제시문 (나) 집단의 차이를 설명하면 높은 점수를 부여함
4	지원자가 자신의 전공이 실제로 사회 발전에 기여한 사례를 제시하거나 미래에 기여할 수 있는 방안을 예를 들어 구체적으로 제시하는지 평가함

PART 2

※ 제시문을 읽고 물음에 답하시오.

(가)

유교는 인간의 몸과 마음에 하늘과 우주의 이치가 내재되어 있어서 천지 만물 중 인간을 가장 중요한 존재로 여기는 인본주의적 성격을 지닌다. 유교의 인본주의는 초월적 존재나 정해진 운명의 힘을 믿기보다는 인간이 자기 삶의 주인으로서 현재를 성실하게 살아갈 것을 강조한다. 유교 사상은 인본주의를 바탕으로 현실에 있어서 인간관계를 중시하고 사랑을 실천할 것을 강조했다. 그리고 인격을 완성하고자 끊임없이 노력하며, 또 도덕적으로 완성된 인간을 성인으로 대우하며 이상적인 인간상으로 삼았다. 이런 도덕적 실천에 기초한 조화로운 인간관계를 강조한 유교의 경향을 볼 때 유교 사상은 공동체를 중시하는 강한 사회성을 지니고 있음을 짐작할 수 있다. 유교에 따르면, 가족은 사회를 구성하는 기본 단위이며 사회나 국가는 가족이 확대된 것이다. 그래서 국가의 원리를 축소하면 가족의 원리가 되는데, 이것이 이른바 '천하일가(天下一家)'의 관점이다.

(나)

근대에 들어 자본주의는 칼뱅의 직업 소명설과 금욕 정신을 통해 더욱 체계화되었다. 칼뱅은 개인의 운명은 신의 섭리에 의해 예정되어 있으며, 신이 부여한 자신의 직업에 성실하게 임하여 얻은 부는 신이 주신 구원의 징표라고 생각했다. 따라서 인간은 신의 은총을 확인하기 위해 일을 열심히 하여 부를 쌓아야 한다고 보았으며, 이러한 자본의 축적이 신의 뜻에 어긋나지 않음을 주장했다. 그리하여 이윤 추구를 위한 개인의 노력을 도덕적·종교적으로 합리화했으며, 나아가 근면하고 검소한 금욕적 생활 자세도 중요하게 생각했다. 베버는 후에 칼뱅의 프로테스탄트 윤리가 '자본주의 정신'의 출발임을 강조해서 노동을 중시했으며, 규율에 따라 직업에 헌신할 것을 주장했다. 그뿐만 아니라 낭비를 비윤리적인 것으로 간주하여 근검·절약과 저축 정신을 높이 평가했다. 그는 이러한 합리적인 이윤 추구 행위와 금욕주의 정신을 자본주의 정신의 바탕이라고 보았다.

(다)

미국의 하버드대학교 교수인 두웨이밍(杜維明)은 "역사적으로 유교 문화와 밀접한 관련이 있는 동아시아의 산업화와 경제 발전은 서양의 산업화, 경제 발전과는 다른 양상을 띱니다."라고 말했다. 그가 자신의 책 『문명의 대화』에서 지적한 내용은 바로 유교 문화와 서양의 자본주의가 결합하여 형성된 새로운 형태의 자본주의, 즉 유교 자본주의이다. 그는 효율과 이익을 추구하여 경제 발전을 이룬 서양의 산업과는 달리 혈연·학연·지연을 중시하는 가족주의, 가부장적 권위, 높은 교육열, 개인보다는 집단을 중시하는 공동체 의식, 도덕과 윤리를 중시하는 사회의식, 유교 문화의 동질감 등 유교 문화의 영향으로 동아시아가 성공적인 산업화와 경제 발전을 이루었다고 주장했다.

(라)

　자본주의에서 재산은 개인의 노력 이외에도 타고난 환경이나 지능, 상속, 복권과 같은 우연적 요인들에 의해 형성된다. 문제는 이러한 우연적 요인이 자본주의 사회에서 부의 분배를 불균등하게 만들기 쉽다는 것이다. 특히, 사회 구조적으로 생산 수단과 교육의 정도를 대물림하면서 부자와 가난한 사람의 격차가 커지는 경제 불평등이 심해지고 있다. 이는 빈곤한 사람들의 인간 존엄성을 해치기도 하며, 계층 간의 위화감을 조성해서 사회 통합을 저해하는 등 심각한 부작용을 유발한다. 자본주의에서는 개인 또는 집단 간의 지나친 경쟁을 유발하여 인간성을 해치는 경우나 경쟁에서 이기기 위해 도덕적 타락을 용인하는 일이 적지 않다. 또, 목적을 달성하기 위해 수단과 방법을 가리지 않거나 인간을 물질적 가치로만 평가하기도 한다. 이는 개인의 삶을 피폐하게 할 뿐만 아니라 사회 전체의 연대와 공동체 의식을 약화한다.

문제 1
제시문 (가)에서 설명한 유교의 입장에서 제시문 (나)의 '자본주의 정신'에 대해 말해 보시오.

문제 2
제시문 (나)와 (다)를 참고해서 사회에 미치는 윤리 사상의 영향에 대해 말해 보시오.

문제 3
제시문 (가)~(다)를 종합해서 제시문 (라)에 제기된 문제의 해결 방안을 말해 보시오.

제시문 (가)는 유교의 인본주의적 사상을 드러냅니다. 인간은 하늘의 이치를 내장하고 있는 존재이며, 이를 실현하기 위한 주체적 노력이 중요하다는 것입니다. 초월적 존재에 의존한 믿음이나, 삶을 운명에 맡기는 것에서 벗어나 자신을 끊임없이 수양하고 이상적 인간상을 실현해야 한다고 보았습니다. 이러한 개인의 도덕적 실천이 사회 내에서 보다 넓은 공동체의 단위에서 확장될 때 이상적 사회가 구현된다는 것입니다.

이러한 관점에서 제시문 (나)의 자본주의 정신은 행위의 과정은 유사하나 도덕적 행위의 목적이 다릅니다. 자본주의 정신의 기초를 이루는 프로테스탄트 윤리는 개인의 운명이 이미 신에 의해 정해졌다고 가정합니다. 자신이 구원받을 것인지 확인하는 방법은 직업적 성실을 통해 '부'를 축적하는 것입니다. 즉, 현세에서의 직업적 성공과 부의 축적이 도덕적 측면을 드러내는 징표라고 본 것입니다. 근검절약, 저축 등의 '절약 정신'과 합리적 이윤 추구를 종교적으로 정당화했고, 이것이 자본주의 정신의 기반이 되었습니다. 이를 고려하면 현세에서 자신의 최선을 다하여 삶을 살아간다는 점에서는 유교적 관점과 유사하지만, 행위의 목적이 수양을 통한 이상 사회의 실현이 아닌, 이미 정해진 개인의 구원을 '확인'하기 위한 수단이라는 점에서 차이가 난다고 볼 수 있습니다.

개요

1. 제시문 (가)에서 나타나는 유교의 인본주의적 사상
2. 제시문 (나)의 자본주의 정신과 (가)의 유교 사상의 공통점과 차이점

Tip & Advice

해당 답안에서는 유교적 관점을 정리하고 이를 바탕으로 제시문 (나)의 자본주의 정신과의 공통점, 차이점을 중심으로 답변을 전개했습니다. 명시적으로 '비교'나 '비판'을 요구하지는 않으므로 두 방식 중 하나를 선택하여 답변을 전개하는 것이 가능합니다.

 이 답안의 강점은 무엇인가?

제시문 (나)와 (다)는 공통적으로 윤리적 변화가 초래한 사회적 현상을 다루고 있습니다. 제시문 (나)는 프로테스탄트 윤리가 자본 축적을 도덕적, 종교적으로 정당화하는 과정에서 근대 자본주의 발전의 원동력이 탄생했다고 봅니다. 제시문 (다)는 동아시아 지역의 경제적 발전이 '유교'와 '자본주의'가 결합된 '유교 자본주의'에 의해 큰 영향을 받았다고 봅니다. 공동체를 중시하는 의식, 높은 교육열, 사회의식 등이 복합적으로 작용하여 타 지역보다 두드러지는 경제 발전을 단시간에 이룩했다는 것입니다. 서구 자본주의와 구별되며, 동시에 다른 지역의 자본주의 발전과 다른 양상을 보이는 원인이 동아시아 지역의 유교 문화에 있다는 것이죠.

이처럼 윤리 사상은 사회 변화의 '원동력'이 되기도 하며, 때로는 사회 갈등의 원인이 되기도 합니다. 이스라엘에서 벌어지고 있는 가자 지구 분쟁은 종교 윤리가 사회적 갈등의 원인이 되는 대표적 사례라고 할 수 있습니다. 서로 다른 종교를 가진 두 민족이 삶의 터전을 두고 전쟁을 벌이고 있죠. 윤리 사상의 충돌이 사회적 갈등의 중요한 원인이 된 것입니다. 하지만 윤리 사상은 '분쟁' 뿐만 아니라 사회 발전의 원동력이 되기도 합니다. 불과 100여 년 전만 해도 미국에서 유색 인종은 백인과 구분된 대중교통을 이용해야 했습니다. 하지만 인간은 누구나 존엄하며 평등한 존재라는 윤리적 인식이 확대되면서 유색 인종에 대한 차별에 저항하는 사회 운동이 일어났고 인종 차별 문제에 대한 사람들의 인식이 변화했습니다. 이처럼 윤리 사상의 변화는 사회 변화를 추동하는 원동력으로 작용하기도 합니다. 따라서 윤리 사상의 사회적 영향력을 고려하는 것이 정치적 과정에서 필요하다고 생각합니다.

개요

1. 제시문 (나)와 (다)에서 나타난 윤리 사상의 사회적 영향
2. 윤리 사상이 사회에 영향을 미치는 사례: 갈등/발전

Tip & Advice

제시문 (나)와 (다)가 공통적으로 윤리 사상의 사회적 영향력을 드러내고 있음을 강조하는 것이 좋습니다. 구체적으로 보면 윤리 사상의 차이, 혹은 변화가 사회 발전에 영향을 미친다는 점을 언급하고 있습니다. 이를 바탕으로 제시문의 내용을 간단히 정리하고, 유사한 사례를 '구체적'으로 제시하는 것이 중요합니다.

이 답안의 강점은 무엇인가?

문제 3 **예시 답안**

 제시문 (라)에서는 개인의 노력이 아닌 '우연적 요소'에 의해 부의 불균형이 초래된다는 자본주의의 문제점이 나타납니다. 성장 환경, 재산 상속 여부, 타고난 재능과 같은 선택할 수 없는 요소들이 노력과 무관한 차이를 만들고 이는 곧 경제적 불평등으로 연결된다는 것입니다. 노력의 차이에 의한 경제적 차이는 정당하다고 볼 수 있으나, 성장 환경이나 상속 재산처럼 개인이 통제할 수 없는 요소들에 의한 차이는 계층 이동성을 약화시켜 사회적 문제의 원인이 될 수 있습니다. 지나친 경제적 불평등을 방치한다면, 계층 간의 위화감이 조성되고 빈곤층의 존엄성이 훼손될 가능성이 높아집니다. 또한, 과도한 경쟁으로 인해 물질 중심주의가 팽배하고 인간적 가치가 경시되는 도덕적 문제가 발생할 수 있습니다.

 이러한 문제를 해결하기 위해서는 국가적 차원의 노력과 더불어 시민 사회, 개인적 차원에서의 노력이 필요합니다. 우선 국가적 차원에서는 자본주의 체제에서 발생하는 소득 불평등을 완화하기 위해 제도적 장치를 마련해야 합니다. 소득과 재산을 고려한 차등적 조세 제도, 빈곤층에 대한 생산적 복지 제도를 강화해야 할 것입니다. 시민 사회에서는 경제적 불평등 문제를 공론화하여 이에 대한 사회적 합의와 연대를 이끌어 내야 합니다. 사회 전체의 측면에서 어떤 방향으로 경제적 불평등을 완화하는 것이 바람직한지, 다양한 의견 수렴과 토론을 통해 결정해야 한다는 것입니다. 동시에 구성원 간의 '공동체 의식'을 강화할 수 있는 사회적 캠페인이 필요할 것입니다. 마지막으로 개인적 차원에서는 경제적 측면에서 상대적으로 열악한 계층에 대한 인식을 개선해야 합니다. 빈곤의 원인을 단순히 개인에게 돌리기보다, 사회적 시스템에서 문제가 없는지 고민하고 빈곤층에 대한 '낙인'처럼 선입견을 갖지 않도록 끊임없이 자신을 성찰해야 합니다.

개요

1. 제시문 (라)에서 나타난 자본주의의 문제점
2. 이를 해결하기 위한 방안 제시

해결책을 제시할 때는 내용의 범위에 따라 해결 방안을 나누어 언급하는 게 좋습니다. 해당 답안에서는 개인 · 사회 · 국가적 차원에서의 해결 방안을 언급했으며, 미시 · 거시, 대외 · 대내 등 상황에 맞게 영역을 다양하게 나누어 해결 방안을 언급하고 이를 유기적으로 연결시켜 주는 것이 필요합니다.

이 답안의 강점은 무엇인가?

학교 측 출제 의도 및 평가 지침

출제 의도

○ [문제 1]은 유교 사상에 대한 교과서 내의 지식을 바탕으로 근대 자본주의의 정신적 출발과 전개를 이해하는 정도를 측정함으로써 분석 능력을 평가함

○ [문제 2]는 특정 윤리 사상과 사회의 관계를 파악하고, 이 관계를 윤리 사상이 개별 사회에 미치는 영향과 연결해서 이해하고 설명하는 능력을 평가함

○ [문제 3]은 유교 사상, 서구 근대 자본주의의 종교적·윤리적 합리화, 동아시아의 유교 자본주의를 설명한 제시문에 대한 충분한 이해를 통해 자본주의의 문제를 해결하는 방법을 제시하는 능력을 종합적으로 평가함

문항 해설

○ [문제 1]은 제시문 (가)에 설명된 유교 사상의 특징과 제시문 (나)에 기술된 근대 자본주의의 출발과 발전을 이해한 후에 두 윤리 사상에서 강조된 개인의 도덕적 행위가 그 목적에서 서로 다르다는 점을 파악할 것을 기대함

○ [문제 2]는 프로테스탄트 윤리가 근대 자본주의의 발생과 발전을 위한 정신적 원동력이고(나), 동아시아의 경제 발전은 유교 문화와 자본주의가 결합된 결과(다)라는 점에 주목해서 윤리 사상이 사회에 미치는 영향을 다른 윤리 사상의 예로 설명할 것임을 기대함

○ [문제 3]은 제시문 (라)에 기술된 자본주의의 문제들을 파악해서 그 해결 방안을 개인, 시민 사회, 국가의 차원으로 구분하고 그 예를 들면서 답할 것을 기대함

하위 문항	채점 기준
1	• 제시문 (가)에 설명된 유교의 특징을 근대 자본주의 정신을 논하는 논리적 근거로 충분히 마련하고, 이를 바탕으로 자본주의의 윤리적 합리화를 논하면서 개인의 도덕적 행위의 지향점이 유교 사상과 프로테스탄티즘에서 다르다는 점을 지적할 경우 최고점을 부여함 • 유교의 특징을 자본주의 정신을 논하는 논리적 근거로 다소 부족하게 마련하고, 이를 바탕으로 자본주의의 윤리적 합리화를 논하지만 개인의 도덕적 행위의 목적에서 유교 사상과 프로테스탄티즘이 서로 다르다는 점을 명확히 지적하지 못할 경우 중간점을 부여함 • 유교의 특징과 자본주의 정신을 단순히 설명하는 데 그친 경우 하위점을 부여함
2	• 서구 근대 자본주의와 유교 자본주의의 특징을 충분히 이해함으로써 비교의 근거를 마련하고, 두 자본주의 발전의 정신적 토대의 차이점을 지적한 후, 특정 윤리 사상이 사회에 미치는 영향을 예를 들어 설명할 경우 최고점을 부여함 　예 상대주의 및 보편주의 윤리, 불교, 도교, 동학 정신 등 • 서구 근대 자본주의와 유교 자본주의의 특징을 이해해서 비교의 근거를 마련하지만, 두 자본주의의 차이점을 지적하는 데 그치고 윤리 사상이 사회에 미치는 영향을 명확하게 설명하지 못할 경우 중간점을 부여함 • 서구 근대 자본주의와 유교 자본주의의 특징을 이해했지만, 두 자본주의의 차이점을 단순히 설명하는 데 그칠 경우 하위점을 부여함
3	• 제시문 (라)에 기술된 자본주의의 문제들을 충분히 설명하고, 서구 근대 자본주의와 유교 자본주의의 정신적 토대를 참고해서 위에 언급된 문제에 대한 해결 방안을 개인 차원, 시민 사회 차원, 국가 차원으로 구별해서 제시할 경우 최고점을 부여함 • 제시문 (라)에 기술된 자본주의의 문제들을 설명하되, 서구 근대 자본주의와 유교 자본주의의 정신적 토대를 참고해서 위에 언급된 문제에 대한 해결 방안을 개인 차원, 시민 사회 차원, 국가 차원으로 충분히 구별하지 못하고 제시할 경우 중간점을 부여함 • 제시문 (라)에 기술된 자본주의의 문제들을 충분히 설명하지 못하고, 서구 근대 자본주의와 유교 자본주의의 정신적 토대를 참고해서 위에 언급된 문제에 대한 해결 방안을 개인 차원, 시민 사회 차원, 국가 차원으로 구별하지 못하고 제시할 경우 하위점을 부여함

※ 제시문을 읽고 물음에 답하시오.

(가)

4차 산업 혁명 시대의 핵심은 초연결(hyper-connected) 사회이다. 초연결 사회에서는 사물, 공간 등 모든 것들이 인터넷으로 서로 연결되어, 모든 것에 대한 정보가 생성·수집되고 공유·활용된다. 모든 사물과 공간에 새로운 생명이 부여되고 이들의 소통으로 새로운 사회가 열리는 것이다. 인간 대 인간은 물론, 기기와 사물 같은 무생물 객체끼리도 네트워크를 바탕으로 상호 유기적인 소통이 가능해지면서, 오프라인과 온라인의 융합을 통해 새로운 성장과 가치 창출의 기회를 더욱 증가할 전망이다. 무엇보다 사물 인터넷, 인공 지능, 센서 등의 기술 발달로 제조, 유통, 의료, 운송 등 다양한 분야에서 지능적이고 혁신적인 서비스 제공이 가능해진다.

(나)

오늘날의 과학 기술은 인간이 과거에 상상했던 것들을 현실로 바꿔 놓고 있다. 과학 기술에 대해 낙관적인 견해를 가진 사람들은 과학 기술이 인류에게 무한한 부와 영원한 행복을 가져다 줄 것이라고 주장한다. 하지만 이러한 과학 기술 지상주의는 과학 기술의 고유한 가치와 타당성을 벗어나 그 성과를 일방적으로 높게 평가하고 과학 기술의 한계와 위험을 간과하게 만든다. 예를 들어, 생명 의료 기술의 발전은 인류에게 건강 증진, 생명 연장 등의 혜택을 주었지만, 안락사, 생명 복제 등 생명의 존엄성을 훼손하고 인간의 정체성 규정에 부정적인 영향을 주는 등의 문제를 일으키고 있다. 따라서 인간의 삶에 대한 과학 기술의 긍정적 기여를 인정하면서도 그 부정적 영향을 최소화하기 위해 기술을 비판적으로 자세도 지녀야 한다.

(다)

증기 자동차의 발달은 마부들의 생존권을 위협해 마차 업계의 강력한 반발을 불러왔다. 여론에 민감했던 영국 의회는 1855년에 '적기 조례(Red Flag Act)'를 공표했다. 적기 조례에 따르면, 증기 자동차는 시내에서 최고 속도가 시속 2마일(약 3.2km)을 넘을 수 없었고, 붉은 깃발을 든 신호수를 반드시 대동해서 운행해야 했다. 신호수는 60야드(약 55m) 앞에서 걸어가며 마차나 말이 접근할 때 운전수에게 신호를 보내는 역할을 수행했다. 적기 조례 때문에 증기 자동차는 무용지물이 되었으며 번창하던 증기 자동차 업계도 급제동이 걸렸다. 과잉 규제라는 논란 속에서도 적기 조례는 1896년까지 31년간 존속했다.

(라)

　스위스 연방 은행은 세계 경제 포럼에서 제공하는 국가 경쟁력 순위를 바탕으로 4차 산업 혁명에 잘 적응할 수 있는 국가들을 순위별로 소개했다. 다음은 대한민국을 포함한 OECD 주요국의 항목별 국가 경쟁력 순위를 나타낸 표이다.

순위	국가	세계 경제 포럼 국가 경쟁력 순위				
		노동 시장 유연성*	기술 수준	교육 수준	사회 간접 자본	법과 제도
1	스위스	1	4	1	4	6
4	미국	4	6	4	14	23
5	영국	5	18	12	6	10
11	일본	21	21	5	12	18
12	독일	28	17	6	9	19
19	프랑스	51	25	18	12	31
25	대한민국	83	23	19	20	62

* 노동 시장 유연성: 노동력 시장이 사회 및 경제의 변화에 맞추어 변화하는 정도를 의미하며, 표에서 상위 순위일수록 노동 시장 유연성이 높다는 것을 의미함.

문제 1

제시문 (나)의 관점에서 제시문 (가)를 비판하시오.

문제 2

제시문 (다)의 상황과 유사한 현대 사회의 사례를 들고, 그 해결책을 제안하시오.

문제 3

제시문 (가)~(라)를 바탕으로, 대한민국이 4차 산업 혁명 시대를 선도하는 국가로 도약하기 위한 방안에 대해 말하시오.

문제 1 예시 답안

제시문 (나)에서는 과학 기술 지상주의를 비판하면서 기술에 대한 비판적 시각을 가져야 한다고 주장합니다. 과학 기술의 발전은 다양한 영역에서 인간의 삶에 편리함을 가져왔지만, 동시에 예기치 못했던 부작용을 일으킬 가능성이 높기 때문입니다. 단순히 기술적 발전만을 강조할 것이 아니라, 기술 발전이 야기할 윤리적·사회적 문제를 고려해야 한다고 봅니다.

이러한 관점에서 제시문 (가)의 '초연결 사회'에 대한 예찬은 기술 발전으로 인한 부작용을 고려하지 않는다는 점에서 분명한 한계점을 지닙니다. 정보 통신 기술의 발전으로 형성된 '초연결 사회'는 다양한 정보가 공유, 연결, 활용된다는 점에서 인간의 삶을 개선할 가능성을 지니고 있습니다. 그러나 동시에 개인 정보의 유출이 발생할 수 있고 한 번 기록된 정보는 완전히 삭제하기 어렵다는 문제점이 존재합니다. 사회에서 이슈가 되고 있는 디지털 성범죄 문제는 이러한 발전의 부작용을 보여 주는 대표적인 사례입니다. 한 번 유출된 영상이나 사진은 사라지지 않고 지속적으로 피해자를 고통 속에 몰아넣습니다. 이러한 부분을 간과한 채 단순히 '연결'을 통한 편의성만을 강조하는 것은 진정한 발전이라고 보기 어렵습니다. 정보 통신 기술의 발전, 초연결 사회의 도래로 인한 혜택을 정확하게 누리려면, 발생할 수 있는 부작용에 대한 비판적 의식이 필요합니다.

개요

1. 제시문 (나)의 요지
2. 제시문 (가)에 대한 비판

제시문 (나)에서는 과학 기술 지상주의에 대한 비판적 시각을 드러내고 있습니다. 이를 기반으로 하여 제시문 (가)에서 나타나는 '초연결 사회'에 대한 긍정적 관점을 비판해야 합니다. 비판의 논거로는 정보의 유출이나 재생산으로 인한 피해, 이를 해결하기 위한 법·제도적 기준이 미비하다는 점 등을 들 수 있습니다. 연관된 사례를 언급하여 구체적으로 설명해 줄 수 있다면 더 좋은 답변이 될 것입니다.

이 답안의 강점은 무엇인가?

제시문 (다)에서 마부들의 생존권을 보장하기 위해 '적기 조례'를 제정한 것은 기술 발전으로 인한 문제를 막기 위해 발전된 기술을 활용하기 어렵도록 법적 제한을 둔 것이라고 볼 수 있습니다. 적기 조례는 증기 자동차 보급을 늦춰 일정 기간 동안 마부들의 일자리를 유지시켰으나, 증기 자동차 산업의 발전을 둔화시켰고 결국 폐지되었습니다. 즉, 기술 발전으로 인해 특정 직업이 사라질 위험이 발생했고, 이로 인한 반발이 법제화된 것으로 볼 수 있습니다.

이와 유사한 현대 사회의 사례로 차량 공유 서비스 도입과 택시업계의 갈등을 들 수 있습니다. 차량 공유 서비스는 어플리케이션을 통해 필요한 시간대, 지역에서 차량을 요청하면 이를 이용할 수 있다는 점에서 소비자의 편의성을 증대시켰습니다. 택시업계에서 독점하던 시장에 새로운 참여자가 등장했다는 점에서 가격 경쟁과 서비스 향상을 기대할 수 있다는 긍정적 측면이 존재했습니다. 실제로 중국이나 동남아시아 국가에서는 '우버'와 같은 차량 공유 서비스가 상당 부분 보편화되어 활용되는 상황입니다. 하지만 국내 도입 과정에서는 택시업계의 강력한 반발로 운영이 중단되었습니다. 이는 기술 발전으로 인해 새로운 서비스가 등장하면서 기존의 일자리가 대체되는 과정에서 나타나는 사회적 갈등 현상입니다. 과거 영국에서 벌어졌던 '러다이트 운동'도 이와 맥락을 같이 하는 사회 운동이라고 할 수 있습니다.

이를 해결하기 위해서는, 우선 기술 발전으로 인한 부작용을 완화하면서 발전된 부분을 사회에 적용할 수 있도록 하는 '실험적 공간'이 필요합니다. IT업계의 기술 개발을 유도하기 위해 운영하는 규제 샌드박스 제도를 그 대표적 사례로 들 수 있습니다. 일정 기간 동안 특정 구역 내에서 규제를 완화하고 이를 통해 신기술 활용의 부작용을 확인하여 이를 막기 위한 정책적 대안을 마련할 수 있습니다. 또한, 산업의 변화로 인해 일자리를 잃을 수 있는 노동자들을 재교육할 수 있는 사회적 프로그램이 마련되어야 합니다. 사양 산업에 종사하는 노동자들이 재취업할 수 있도록 새로운 산업에 필요한 역량을 키울 수 있는 지원 프로그램을 만들고, 이를 통해 경제적·사회적 타격을 완화해 줘야 한다고 생각합니다.

> ### 개요
>
> 1. 제시문 (다)에서 나타난 사례의 의미
> 2. 제시문 (다)와 유사한 현대 사회의 사례 언급
> 3. 해결 방안 제시

해당 문제는 1차적으로 제시문 (다)의 사례가 어떤 성격을 갖는지 정확하게 설명하는 것부터 시작해야 합니다. 그래야만 연관된 현대 사회의 사례를 정확히 제시할 수 있기 때문입니다. 제시문 (다)의 사례가 어떤 의미를 갖는지 파악했다면, 이와 유사한 사례를 구체적으로 언급하고 이를 해결하기 위한 방안을 제시해야 합니다. 기술 발전의 부작용을 고려한다 해도, 결국 사회가 발전된 기술을 수용하는 방향으로 변화해 간다는 점을 보면 변화의 과정에서 나타날 수 있는 부작용을 완화하는 방향으로 해결책을 제시하는 것도 좋습니다.

이 답안의 강점은 무엇인가?

한국이 4차 산업 혁명을 선도하는 국가로 도약하기 위해서는 과학 기술 발전을 위한 국가적 투자와 동시에 적절한 규제 완화가 필요합니다. 제시문 (라)의 도표에서 한국의 기술 수준은 23위, 교육 수준은 19위로 상대적으로 높은 순위를 기록하고 있으나, 최상위권에 위치한 스위스, 미국 등의 국가와는 여전히 현격한 격차를 보이고 있습니다. 이를 고려했을 때, 국가적 측면에서 기술 발전을 위한 지원을 강화하고, 다양한 개인과 기업이 기술 개발에 참여할 수 있는 환경을 조성해야 합니다.

이러한 환경을 조성하기 위해서는 4차 산업과 관련된 정부의 규제를 적절히 완화해야 합니다. 제시문 (라)의 도표에서 한국의 법과 제도는 60위권, 노동 시장의 유연성은 80위권에 머무르고 있습니다. 상대적으로 높은 기술 수준과 교육 수준, 그리고 전체 국가 경쟁력 순위에 비교했을 때 상당히 낮은 수치입니다. 이는 법과 제도, 노동 시장의 경직성이 국가 경쟁력을 약화시키는 원인이라고 해석 가능합니다. 규제는 기술 개발과 산업 발전 과정에서 나타날 수 있는 부작용을 예방한다는 장점이 있지만, 지나친 규제는 기술 개발을 둔화시키고 발전을 막는 걸림돌이 되기도 합니다. 제시문 (다)에서 언급된 적기 조례는 이를 보여 주는 대표적 사례라고 할 수 있습니다. 4차 산업 혁명을 위한 개발 환경을 조성하려면, 법과 제도를 이에 맞게 정비하고 규제를 완화해야 합니다. 또한, 경직되어 있는 노동 시장에 대한 규제를 풀어 노동자가 보다 자유롭게 종사하는 산업을 바꿀 수 있도록 해야 할 것입니다.

이에 더하여 4차 산업 혁명을 위한 기술 개발 및 활용 과정에서 나타날 수 있는 문제점을 완화할 수 있는 정책이 마련되어야 합니다. 4차 산업 혁명 과정에서 사양 산업으로 접어든 부문을 정리하고, 이 부문의 노동력을 활용할 수 있도록 국가적 차원의 교육을 강화해야 할 것입니다. 노동 시장 유연화로 인한 부작용을 완화할 수 있는 재취업 프로그램 운영, 정규 교육과정을 4차 산업 중심으로 재편할 수 있도록 학교에 재량권을 부여하는 것 등이 병행된다면, 발전의 부작용을 완화하면서 4차 산업 혁명을 선도하는 위치에 오를 수 있을 것이라고 생각합니다.

개요

1. 제시문 (라)의 도표 분석 1 + 기술 발전 지원 강화
2. 제시문 (라)의 도표 분석 2 + 규제 완화
3. 발전 과정에서 나타날 수 있는 부작용에 대한 대비

1. 도표를 해석할 때 숫자에 너무 집중할 필요는 없습니다. 숫잣값을 나열하는 경우 오히려 방만한 구술이 될 수 있으므로 상대적인 값을 비교하거나 함의를 도출하는 것을 중심으로 구술하는 것이 간결합니다.

2. 개선 방안, 해결 방안 등을 생각할 때 창의성을 중시한 나머지 현실성이 떨어지는 방안을 제시하는 것은 좋지 않습니다. 무난해도 좋으니 전체 논지에서 벗어나지 않도록 주의해야 합니다.

이 답안의 강점은 무엇인가?

학교 측 출제 의도 및 평가 지침

출제 의도

● 과학 기술의 발전에는 양면성이 있으므로 과학 기술에 대한 균형 있는 시각을 유지하는 것이 필요함. [문제1]은 과학 기술 발전이 가져올 수 있는 부정적 영향을 객관적으로 예상하고 비판할 수 있는가를 평가함

● [문제 2]는 역사적 사례를 통해 나타나는 사회 갈등의 상황을 정확하게 파악하고 이를 현대 사회의 맥락에 적용하여 해석할 수 있는 능력을 갖추고 있는지를 평가함

● [문제 3]은 도표를 통해 대한민국의 현재 상황을 분석하고, 제시문에서 설명된 내용을 토대로 4차 산업 혁명 시대에 중요한 여러 가지 요소들을 파악하여, 국가가 나가야 할 방향을 제시할 수 있는 종합적 사고 능력을 평가함

문항 해설

● [문제 1]은 제시문 (가), (나)에 대한 이해를 바탕으로 제시문 (가)에 기술된 초연결 사회가 가지는 잠재적 위험성에 대해 적절한 논거와 함께 기술해야 함. 제시문 (가)에서 서술된 초연결 사회의 특성을 활용해서 답해야 함

● [문제 2]는 제시문 (다)에서 설명하고 있는 현상을 정확히 이해하고 고등학교 「사회·문화」에서 다루는 '사회 변동과 사회 문제'에 근거하여, 적절한 사회 문제를 예시하고 그 원인을 찾아 답해야 함

● [문제 3]은 제시문 (가)~(라)의 내용을 바탕으로 4차 산업 혁명 시대에 필요한 다양한 요소들을 파악하고 이를 고려한 종합적으로 방안을 찾아 답해야 함. 이 때 주어진 제시문을 종합적으로 참고하여 다양한 측면에 대한 대응 방안을 논리적으로 설명해야 함

하위 문항	채점 기준
1	• 초연결 사회에 대해 올바르게 이해하고 과학 기술 지상주의의 위험성에 근거하여 논리적으로 비판하는 경우 점수를 부여함 • 초연결 사회의 특징을 정확히 파악하고 이로 파생되는 위험성에 대해 명확하게 설명하는 경우 가산점을 부여함
2	• 제시문에 기술된 적기 조례의 의미를 올바로 이해하여 적절한 사례를 제시하고 타당한 해결책을 제시한 경우 점수를 부여함 • 기술 발전과 사회적 안정성을 모두 고려한 균형 있는 해결책을 제시한 경우 가산점을 부여함
3	• 제시문에 근거하여 다양한 대응 방법을 제시하는 경우 점수를 부여함 • 모든 제시문을 활용하고, 사례를 들어 구체적으로 답변하는 경우 가산점을 부여함

※ 제시문을 읽고 물음에 답하시오.

(가)

그는 사실상 공공 이익을 증진할 의도가 전혀 없으며, 자신이 얼마나 그렇게 하고 있는지도 전혀 모른다. 외국 산업의 부양보다 국내 산업의 부양을 선호하면서 그는 단지 자신의 안전만을 추구할 뿐이고, 생산물이 가장 큰 가치를 가질 수 있도록 국내 산업을 경영함으로써 자신의 이익만을 추구할 뿐이다. 그리고 이 경우에도 그는 다른 많은 경우에서처럼 보이지 않는 손에 이끌려 전혀 자신의 의도에 들어 있지 않은 목표를 추구하게 된다. 더욱이 그 목표가 의도한 것이 아니라는 사실이 항상 사회에 더 많은 해가 되지는 않는다. 개인은 자신의 이익을 추구함으로써 실제로 사회의 이익을 증가시키려고 했을 때보다 훨씬 더 효과적으로 사회의 이익을 증진시킨다. 나는 공공선(公共善)을 위해 사업을 하는 척하는 사람이 이루어 놓은 좋은 일을 결코 알지 못한다.

(나)

유교는 인간이 그릇된 욕망을 절제하고 자신의 선한 본성이 잘 자라도록 노력할 때 온전한 인격체로 성장한다고 보았다. 그리고 이러한 노력은 개인에게 머무는 것이 아니라 자신의 가족, 마을, 사회, 국가로 확대해야 한다고 주장했다. 유교는 이러한 개인의 도덕적 수양을 통해 큰 도(大)로 하나가 되는 대동(大同) 사회를 꿈꾸었다. 대동 사회는 이상적인 성인이 나라를 다스리고, 모든 사람이 서로를 위해 커다란 가족과 같은 관계를 맺으며, 공정한 분배가 실현되는 사회이다. 공자의 말을 들어보자. "큰 도가 행해졌을 때는 천하가 공공의 것이었고 어질고 능력 있는 자를 뽑아서 신의를 가르치고 화목을 닦게 했다. 몸소 일하지 않는 것을 미워했지만 반드시 자기만을 위해 일하지는 않았다. 이런 까닭에 간사한 꾀가 막혀서 일어나지 못했고, 도둑이 훔치거나 도적들이 난을 일으키지 못했다. 그래서 바깥문을 여닫지 않았으니 이를 일러 대동이라고 한다."

(다)

지난해 9월 3일 보건 복지부의 '국민 건강 증진법 개정안'에 따라 시행된 금연 아파트는 거주민들의 동의로 단지 안의 일부 지역이 금연 구역으로 지정된 공동 주택이다. 법안이 시행된 지 일 년이 넘었지만 금연 아파트 지정과 과태료 부과를 둘러싼 논란이 여전히 뜨겁다. 자신의 집 안에서 담배를 피우는 경우까지 제지당하는 것에 대한 반발이 큰 상황이며, 특히 아파트 관리 사무소 직원이나 경비원이 집 안까지 들어와 흡연 여부를 확인하는 행위가 사생활 침해에 해당한다는 우려도 나오고 있는 실정이다.

(라)

〈유엔 경제 협력 개발 기구(OECD) 회원국과 비회원국 간의 비교〉

		OECD 회원국	OECD 비회원국
일인당 국내 총생산		$33,727	$12,154
지니 계수	세전 소득 기준	0.45	0.49
	세후 소득 기준	0.27	0.43

※ 지니 계수: 소득이 불평등한 정도를 측정하며, 그 값이 0에 가까울수록 소득 분배가 평등하고, 1에 가까울수록 불평등함을 의미함.

문제 1

제시문 (가)와 (나)를 비교하고, 각각의 관점에서 제시문 (다)에 나타난 상황을 설명하시오.

문제 2

제시문 (가), (나)와 연관 지어 제시문 (라)의 자료를 해석하시오.

문제 3

제시문 (다)의 내용과 유사한 사회 문제의 예를 들고, 제시문 (가), (나), (라)를 활용하여 이를 해결하기 위한 방안을 말하시오.

제시문 (가)와 (나)는 각각 개인과 공동체의 관계에 대한 관점을 드러낸다는 점에서 공통점을 갖습니다. 하지만 개인과 공동체의 바람직한 관계에 대한 입장은 확연히 다릅니다. (가)는 개인의 사익 추구를 중요시합니다. 이기적인 욕망은 인간의 본성이고, 이에 따라 자신의 사익을 추구하는 것은 당연하다는 것입니다. 또한, 개인이 사익을 추구할 때 자신의 선택이 '공동체'의 차원에서 어떤 영향을 미칠지 고려할 필요가 없다고 봅니다. 사익을 추구하는 개인의 선택은 '보이지 않는 손'에 의해 조정되기 때문에 사익 추구는 곧 공익의 실현으로 이어진다고 보기 때문입니다.

이와 달리 제시문 (나)는 개인의 욕망을 절제해야 한다고 주장합니다. 인간은 자신의 선한 본성을 실현하기 위해 부단히 노력해야 하고, 이러한 개인의 수양이 공동체의 단위로 확장된다면 유교적 이상 사회인 '대동 사회'가 실현될 것이라 본 것입니다. 개인이 자신의 욕망을 절제하고 수양에 힘쓸수록, 그가 속한 공동체는 더 바람직한 방향으로 변화할 수 있다고 본 것입니다.

제시문 (가)와 (나)의 관점에서 제시문 (다)에 나타난 금연 아파트 지정 상황을 평가한다면, 매우 다른 성격의 평가가 나타날 것입니다. 개인의 자유와 사익 추구를 중시하는 제시문 (가)의 관점에서, 금연 아파트를 국가가 지정하고 이를 위반할 시 과태료를 물리는 것은 '개인의 자유'를 지나치게 제한하는 제도라고 반대할 것입니다. 공익은 개인의 자유로운 선택이 사회적 차원에서 가능할 때 이루어질 수 있을 것이라고 보기 때문입니다. 반면에 제시문 (나)의 관점에서 금연 아파트 제도는 긍정적 평가를 받을 수 있습니다. 흡연을 원하는 개인의 욕망을 제한하여 다른 이들의 피해를 줄인다는 점에서 개인이 공동체를 위한 선택을 할 수 있도록 만드는 제도적 장치이기 때문입니다. 즉, 제시문 (가)는 금연 아파트 지정 정책을 공동체의 과도한 간섭으로, 제시문 (나)는 공동체를 위한 긍정적 변화로 평가할 것이라고 볼 수 있습니다.

개요

1. 제시문 (가)와 (나)의 공통점 및 차이점 + 제시문 (가)의 요지
2. 제시문 (나)의 요지
3. 두 관점에서 이루어진 제시문 (다)에 대한 평가

제시문 (가)와 (나)에 나타나는 관점을 비교할 때 중요한 부분은 개인과 공동체의 관계, 혹은 개인의 자유와 공공선의 관계에 대한 관점을 드러낸다는 '기준'을 제시하는 것입니다. 이러한 기준을 제시하고, 두 제시문 이 각각 어떠한 차이점을 보이는지 키워드를 통해 언급해 주는 것이 좋습니다.

이 답안의 강점은 무엇인가?

제시문 (라)의 도표를 보면, OECD 회원국과 OECD 비회원국의 일인당 국내 총생산과 지니 계수의 차이가 나타납니다. 우선, 일인당 국내 총생산은 OECD 회원국이 비회원국보다 약 2.8배가량 높습니다. 이러한 국민 소득 차이를 제시문 (가)와 연관 지어 해석한다면, OECD 국가들이 개인의 재산권이 보다 잘 보장되는 환경을 지니고 있다고 볼 수 있습니다. 즉, 개인의 사익 추구가 보장되는 환경이 공동체 전체의 기준으로 보았을 때 더 효율적인 경제적 성장을 이룰 수 있도록 했다는 것입니다.

하지만 이러한 사익 추구의 결과는 소득 분배의 불평등으로 나타납니다. 세전 소득 기준의 지니 계수는 OECD 회원국이 0.45, 비회원국이 0.49로 그리 큰 차이를 보이지 않습니다. 국민 소득이라는 양적 측면에서는 2배 이상 차이가 나지만, 분배의 불평등은 유사하게 나타난다고 볼 수 있습니다. 하지만 이러한 소득 불평등을 해결하기 위해 조세 제도가 기여하는 바에서는 명확한 차이가 나타납니다. 세후 소득 기준으로 지니 계수를 비교하면 OECD 회원국은 세후 지니 계수가 세전보다 약 50% 가량 줄어드는 반면에 OECD 비회원국은 세전 지니 계수와 세후 지니 계수의 차이가 0.06으로 감소 폭이 상대적으로 적습니다. 즉, OECD 회원국의 조세 제도가 소득 불평등 완화에 보다 효과적으로 기여하고 있다고 볼 수 있습니다. 이는 개인의 사익 추구를 보장하는 것만으로는 분배의 문제를 해결하는 것에 한계가 있다는 것을 보여 줍니다. 공동체 내에서 소득 불평등을 완화하여 사회적 갈등을 줄이기 위해서는 일정 부분 '국가'의 역할이 필요하다는 것을 암시합니다.

개요

1. 제시문 (라)의 도표에 대한 해석 1: 국민 소득의 차이, 제시문 (가) 활용
2. 제시문 (라)의 도표에 대한 해석 2: 지니 계수의 차이, 제시문 (나) 활용

문제의 요구대로 도표를 해석할 때는 제시문 (가)와 (나)를 어떻게 연관 지을 것인지 먼저 생각해야 합니다. 본 답안에서는 제시문 (가)의 사익 추구의 장점을 '양적' 측면의 차이와, 제시문 (나)의 공동체를 위한 개인의 절제를 '분배' 측면과 연결 지어 해석했습니다. 이 외에도 논리적 연결 고리를 찾을 수 있다면 다른 방향의 해석도 가능합니다.

이 답안의 강점은 무엇인가?

　제시문 (다)의 상황과 유사한 사례로, 그린벨트 설정 문제를 들 수 있습니다. 그린벨트는 난개발을 막고 녹지를 보전하기 위한 공익적 목적으로 특정 지역의 개발을 제한하는 제도입니다. 하지만 이 과정에서 그린벨트에 선정된 토지의 소유자들은 재산권 행사에 제한을 받게 됩니다. 그린벨트가 설정되면 해당 구역을 개발하는 것이 불가능하며, 개발이 불가능한 지역이므로 가격이 떨어지고 매도가 어렵기 때문입니다. 그래서 그린벨트를 새로 설정하거나 기존 그린벨트를 해제하는 과정에서 사회적 갈등이 발생하는 경우를 자주 볼 수 있습니다.

　이러한 문제는 개인의 이익 추구가 공익과 대립될 수 있다는 부분에서 발생합니다. 개인의 입장에서는 사익을 극대화하기 위해 자신이 소유한 토지를 개발하여 경제 활동을 하고, 해당 토지의 활용도를 높여 높은 가격을 설정하는 것이 유리합니다. 하지만 모든 개인이 이처럼 토지를 개발하면 환경이 파괴되고 도시의 주거 환경이 더욱 악화될 수 있다는 문제점이 발생합니다. 즉, 사익을 추구하는 개인의 총합이 곧 사회 전체의 이익으로 이어지지는 않는다는 것입니다. 제시문 (라)에서 나타난 조세 제도도 유사한 측면을 지니고 있습니다. 누진 소득세 제도는 소득에 따라 차등적으로 세금을 부과하고, 이를 통해 소득 불평등을 완화하는 제도입니다. 이는 부유층의 재산권에 대한 제약으로 해석할 수 있습니다. 개인의 재산권을 제한한다는 점에서 일견 불합리해 보일 수 있으나, 지나친 빈부 격차로 인한 사회 양극화의 부작용을 고려한다면 필요한 조치입니다. 그린벨트 제도도 마찬가지로 '환경'이라는 공공재를 보호하기 위한 제도입니다. 스스로의 이익을 추구하는 개인의 욕망은 경쟁이 보편화되어있는 자본주의 사회에서 발전의 원동력이 된다는 장점이 있습니다. 하지만 개인의 욕망을 제어하지 않은 채 내버려 두는 것은 사회 전체적 측면에서 오히려 비효율을 발생시킬 수 있으며, 사회 불안정을 초래합니다.

　그린벨트 문제처럼 공익과 사익이 대립하는 문제를 해결하기 위해서는 제한된 사익에 대한 적절한 보상이 이루어져야 합니다. 예를 들어, 그린벨트가 설정되면 인접 도시의 거주민들은 녹지 보전으로 인한 혜택을 보게 되지만, 이로 인한 비용은 토지 소유자가 전담하게 되는 무임승차의 문제가 발생합니다. 따라서 그린벨트 지역 소유자에 대한 세금 혜택이나 보조금 지급 등의 제도적 장치를 통해 비용 부담을 사회적으로 분산시켜야 합니다. 이를 통해 공익을 보호하면서 제한받은 재산권에 대한 보상을 지급하고, 수혜자 중심으로 비용 부담을 재편할 수 있습니다.

1. 제시문 (다)와 유사한 사례: 그린벨트

2. 문제의 원인 분석

3. 해결책 제시

Tip & Advice

예를 들어야 하는 문제를 보고 긴장하는 학생들이 많습니다. 하지만 학교 측에서 예를 들어 보라고 한 것은 이전의 문제에서 이어지는 논지를 이해했는지 확인해 보는 면이 크므로 긴장하지 말고 이전 문제부터의 흐름에 맞추어 무난한 예를 들면 됩니다.

이 답안의 강점은 무엇인가?

학교 측 출제 의도 및 평가 지침

출제 의도

- ● [문제 1]은 제시문의 내용을 바탕으로 개인의 선택권, 자율과 공동체의 이익을 우선시하는 각각의 관점을 이해하고 이를 실제 사례에 적용하여 분석할 수 있는가를 평가함

- ● [문제 2]는 도표를 정확히 해석하고 이를 바탕으로 논리적인 사고를 할 수 있는가를 평가함

- ● [문제 3]은 제시문을 바탕으로 공공의 이익을 위해 개인의 권리가 제한되는 상황에 대한 새로운 예를 들고, 이에 대한 해결책을 제시할 수 있는지를 평가함

문항 해설

- ● [문제 1]은 고등학교 윤리와 사상에서 다루는 개인의 자율과 선택권, 그리고 공동체 개념에 대한 이해를 바탕으로, 고등학교 경제에 소개된 애덤 스미스(가)와 공자(나)의 글에 나타난 상반된 관점을 비교하고 이를 바탕으로 제시문 (다)의 금연 아파트 지정에 나타난 갈등 구조를 설명할 수 있어야 함

- ● [문제 2]는 고등학교 사회에서 다루는 '다양한 자료를 통한 사회 현상의 분석' 부분을 참고하여 제시문 (라)의 도표를 해석하고, 경제에서 다루는 '국민 소득', '성장과 분배', '시장 경제에서의 국가의 역할' 등의 개념을 활용하여 개인의 자율의 중요성(가)과 공동체 사회, 공공 이익 실현의 중요성(나)을 연관하여 설명할 수 있어야 함

- ● [문제 3]은 고등학교 사회에서 다루는 개인의 자유와 국가 정책 간의 갈등(다)에 대해, 적절한 사례를 예로 들고, 개인의 권리(가)와 공공 이익(나)의 개념을 적절히 활용하여 해결책을 제시할 수 있어야 함

채점 기준

고려대는 19년도에 해당 문항 채점 기준을 제공하지 않았음

※ 제시문을 읽고 물음에 답하시오.

(가)

절대 왕정 시대에는 법이 곧 왕의 의지를 뜻했고, 왕의 의사를 실현하기 위한 통치 수단으로서 법을 중시했다는 점에서 법치주의는 '법에 의한 지배'를 의미했다. 오늘날도 전체주의 국가나 독재 정부, 군주 국가 등에서는 법에 의한 지배가 나타나고 있다. 근대 민주주의 국가의 법치주의는 '법의 지배'가 확립되면서 자리 잡았다. 법의 지배는 누구도 법과 동등한 권위를 지닐 수 없고, 통치자를 비롯한 모든 사람이 법에 종속된다는 의미이다. 이러한 법치주의를 통해 자유와 평등의 가치 실현을 이념으로 하는 민주 정치는 더욱 발전하게 되었다. 그리고 민주 정치를 통해 법치주의가 지향하는 국민의 권리 보장이 더욱 잘 실현할 수 있게 된다는 점에서 양자는 서로에 의해 서로가 더욱 완성되어가는 상호 보완적 관계를 맺는다.

한편 ㉠ 법치주의와 민주 정치는 속성의 차이로 인해 긴장 관계가 나타나기도 한다. 법치주의는 기본적으로 법을 통한 사회 질서 유지, 즉 안정을 추구하는 경향이 있다. 이에 비해 민주 정치는 국민의 의사에 따라 이루어지는 정치 형태로서 변화의 역동성을 지니고 있다. 따라서 새로운 변화를 바라는 여론이나 이에 근거하여 이루어진 민주적 결정이 사회에 적용되고 있는 법의 내용과 일치하지 않는 경우 긴장이나 갈등이 나타날 수도 있는 것이다.

(나)

어떤 아테네인도 성인이 되었을 때 국가의 조직과 법률에 만족하지 않으면 스스로 재산을 갖고 어디든지 원하는 곳으로 가는 것이 허용되는 것이 원칙이다. 여러분 중 누구라도 법이나 국가에 만족하지 못하여 다른 나라로 가고자 한다면, 어떤 법도 여러분의 이주를 막지 않을 것이며 재산도 훼손하지 않을 것이다. 반대로, 여러분이 이 땅에 머물기로 했다면, 그것은 법이 명하는 어떤 것도 이행하겠다고 결심한 것이다. …… 그러한 사람은 확실히 우리 법을 선택한 것이며, 시민으로서의 모든 행위 가운데 우리 법을 지키기로 작정한 것이다. …… 그러나 당신이 추방보다 죽음을 원했다고 말했으면서도 지금에 와서 그 말을 어기고자 한다면, 당신은 이전의 약속이나 우리에 대한 존경을 보이지 않고 있는 셈이다. 당신은 법을 파괴하려고 하고 있지 않은가. 당신은 국가의 구성원으로 살기로 동의했음에도 이로부터 도피하려는 사람처럼 행동하고 있다.

(다)

제나라 선왕이 물었다. "신하였던 탕왕이 걸을 몰아내고, 또 신하였던 무왕이 주를 정벌했다고 하는데 그런 일이 있었습니까?" 맹자가 대답했다. "경전에 기록되어 있습니다." 선왕이 다시 물었다. "신하가 임금을 죽여도 괜찮습니까?" 맹자가 답했다. "인을 해치는 자를 도적이라 하고, 의를 해치는 자를 폭력배라고 합니다. 이렇게 도적과 폭력을 일삼는 사람은 보잘 것 없는 사내에 불과합니다. 보잘 것 없는 사내인 걸이나 주를 베었다는 말은 들었어도 임금을 죽였다는 말은 듣지 못했습니다."

(라)

　　OO국 정부는 '정부 기관 효율성 제고'라는 취지를 내걸고 2016년부터 전체 공무원을 대상으로 업무 성과에 따라 차등적으로 임금을 지급하는 성과 연봉제를 시행했다. 기존의 호봉제에서 탈피해 성과에 따라 임금을 차등 지급함으로써 정부 기관 내 생산성과 효율성을 강화하겠다는 것이다. 그러나 과도한 경쟁에 따른 업무 스트레스로 고통 받는 사람들이 늘어났고, 공무원 간 임금 격차도 악화되어 같은 일을 하더라도 최하위 공무원과 최상위 공무원의 연봉 차이가 20%가량 나게 되었다. 게다가 업무 성과에 관한 평점이 순수하게 자신의 노력으로 결정되는 것이 아니라 업무 평가를 하는 상사의 기분에 따라 크게 달라지기도 하므로, 성과 연봉제가 시민보다 상사의 눈치를 더 보게 만든다는 비판의 목소리가 높아졌다. ⓒ <u>이에 OO국 공무원 노조는 성과 연봉제 폐지를 요구하는 파업에 돌입하기로 결정했다.</u>

문제 1

제시문 (가)를 토대로 제시문 (나)와 (다)에서 제시한 관점을 평가하시오.

문제 2

제시문 (나)와 (다)를 활용하여 제시문 (라)의 밑줄 친 ⓒ에 대한 자신의 생각을 말하시오.

문제 3

제시문 (가)의 밑줄 친 ㉠의 사례를 하나 들고, 그 원인과 해결 방안에 대해 자유롭게 말하시오.

제시문 (가)는 법치주의와 민주주의의 관계에 대해 설명하고 있습니다. 법치주의는 '법에 의한 지배'를 의미하며, 법을 통치의 수단이자 기준으로 삼는 것을 말합니다. 즉, 민주주의 사회에서 법은 곧 통치의 수단이 됩니다. 특정 인물이나 세력에 의한 지배를 막고, 법 앞에서 모든 사람이 동등하다는 점에서 민주주의에서 중시하는 평등과 연결됩니다. 하지만 안정 지향적인 법의 성격상, 민주주의와 대립되는 긴장 관계에 놓이는 경우도 존재합니다. 자유와 평등을 중시하고 역동적인 성격을 가진 민주주의와 해당 사회의 법이 내용적으로 대립할 수 있습니다. 즉, 법치주의와 민주주의는 상호 보완적이면서 동시에 대립적인 성격을 갖습니다.

이러한 관점에서 제시문 (나)와 (다)를 평가하면 제시문 (나)는 법치주의와 민주주의의 대립을, 제시문 (다)는 법치주의와 민주주의의 조화로 평가될 수 있습니다. 제시문 (나)는 자신이 속한 공동체의 법이 마음에 들지 않는 경우 개인이 떠나야 한다고 주장합니다. 법의 내용과 관계없이 법 자체를 지키는 것이 중요하다는 '형식적 법치주의'의 성격을 나타냅니다. 법의 내용을 변화시키기보다, 구성원을 바꾼다는 점에서 안정 지향적인 성격을 지닙니다. 반면에 제시문 (다)는 타락한 군주를 몰아내는 혁성 혁명의 정당성을 주장하는 모습에서 '실질적 법치주의'의 성격을 나타냅니다. 이는 법의 실질과 내용이 사회의 기준에 부합하지 않는다면, 변화시켜야 한다는 것으로 해석 가능합니다. 즉, 정치 체제와 사회 여론의 변화에 따라 법도 이에 맞춰 변화하는 모습을 나타낸다고 볼 수 있습니다.

개요

1. 제시문 (가)의 요지 요약
2. 제시문 (나)와 (다)에 대한 평가

Tip & Advice

제시문 (나)와 (다)를 기준으로 법치주의를 이해하면, 제시문 (나)는 법을 준수하는 것이 중요하다는 '형식적 법치주의', 제시문 (다)는 법의 내용이 부적절하다면 이를 바꿀 수 있다는 '실질적 법치주의'의 개념과 연결할 수 있습니다. 해당 용어를 사용하지 않더라도, 이 내용을 답변에 포함시켜 줘야 합니다. 이러한 차이로부터 국가 권력에 대한 '시민의 불복종'이 정당한지 아닌지를 판단할 수 있어야 합니다.

이 답안의 강점은 무엇인가?

저는 공무원 노조의 파업이 정당하다고 생각합니다. 어떠한 좋은 목적을 지닌 법이라도, 그 시행 과정에서 심각한 부작용이 발생한다면 민주적 논의와 합의를 거친 수정이 필요하기 때문입니다. OO국에서 시행한 공무원 성과 연봉제는 '효율성 제고'라는 좋은 목적으로 시작했으나, 시행 과정에서 많은 문제점이 나타났습니다. 과도한 경쟁으로 인한 업무 스트레스, 임금 격차 심화, 업무 상 상사의 영향력이 과도하게 반영되는 점 등이 있습니다. 이러한 문제로 인해 OO국의 공무원들 사이에서는 이에 대한 비판적 여론이 형성된 것입니다.

정해진 법률을 준수할 것을 강조하는 제시문 (나)의 관점에서 공무원 노조의 파업은 일견 불합리한 것으로 보일 수 있습니다. 법률은 이미 사회적 합의이며, 이를 준수하지 않는 것은 사회적 질서를 파괴하는 것으로 인식하기 때문입니다. 그러나 '법에 의한 지배'가 정당하기 위해서는 단순히 법을 준수하는 것만이 중요한 것이 아니라 해당 법률 내용이 사회를 바람직한 방향으로 운영하는 것에 기여할 수 있어야 합니다. 과거 미국에서 유색 인종과 백인의 분리를 인정하는 '짐 크로 법'의 사례를 보면, 모든 법률이 반드시 지켜야 할 가치가 있는 것으로 보기 어렵습니다. 어떠한 통치의 수단이든, 그 수단이 구성원의 삶을 악화시키는 방향으로 작용한다면 이에 대한 수정이 필요합니다. 제시문 (다)에서 부패한 군주를 '보잘 것 없는 사내'라고 표현한 것은 구성원을 억압하는 통치 수단은 부당하며, 이를 교체하는 것이 정당함을 의미합니다. 따라서 부작용이 심각한 성과 연봉제를 폐지하기 위한 공무원 노동조합의 파업은 필요한 행동이라고 생각합니다. 성과 연봉제 자체를 폐지하거나, 혹은 발생한 부작용을 막는 방향으로 수정되어야 할 것입니다.

개요

1. 주장 제시
2. 제시문 (나)와 (다)를 활용한 근거 제시

Tip & Advice

공무원 노동조합의 파업에 대한 생각을 정리하려면, 우선 주어진 제시문의 논거에 주목해야 합니다. 제시문 (나)와 (다)에서는 법률에 의한 통치에 대해 다른 관점을 드러냅니다. 제시문 (나)의 관점에서는 법률 자체를 준수하는 것을 정당하다고 보지만, 제시문 (다)에서는 구성원을 억압하는 법률이나 통치가 정당하지 않음을 주장합니다. 자신의 주장을 어떤 입장으로 선택하는지는 크게 중요하지 않습니다. 주장에 대한 적절한 근거를 확보하고, 제시문 (나)와 (다)를 일관성 있는 논거로 활용하는 것이 중요합니다.

이 답안의 강점은 무엇인가?

법치주의와 민주주의의 긴장 관계가 나타나는 사례로 1970년대 한국의 '유신 헌법 체제'에 반대하는 민주화 운동을 들 수 있습니다. 박정희 대통령은 장기 집권을 위해 국회를 해산하고 비상계엄령을 선포하여 '유신 헌법 개정안'을 국민 투표에 부쳐 통과시켰습니다. 이후 유신 체제가 시작되었고, 많은 국민들이 이에 반대하여 민주화 운동을 전개했습니다. 이는 기존 체제를 유지하기 위해 수정된 법률과 국민들의 여론이 충돌하는 사례로 볼 수 있습니다. 법치주의의 안정 지향적 성격과 민주주의의 변화 지향적 성격이 충돌한 것입니다.

이러한 문제가 발생하는 근본적인 원인은 법률의 실질을 고려하지 않은 형식적 법치주의의 한계에서 비롯됩니다. 유신 헌법은 90%가 넘는 국민들이 동의하여 제정되었다는 점에서 일견 정당하다고 볼 수 있습니다. 그러나 해당 체제에서 국민의 기본권을 타당한 근거 없이 제한했고, 이로 인해 민주화를 주장했던 많은 사람들이 탄압받았습니다. 법률은 어디까지나 통치를 위한 수단입니다. 법률이 사회 구성원들의 권리를 보장하지 못하고 도리어 억압하는 용도로 사용된다면 통치 수단으로써의 정당성을 갖기 어렵습니다.

이러한 문제를 해결하기 위해서는 법률의 제정 과정에서 해당 법률이 미칠 사회적 영향력을 고려하는 과정이 필요합니다. 민주주의를 실현하는 수단으로 활용되어야 할 법률이 도리어 민주주의를 약화시키거나 구성원의 권리를 부당하게 제한한다면 수정할 수 있는 권리도 제도적으로 정비해야 할 것입니다. 물론 모든 법률의 제정과 수정에 전체 구성원이 관여하는 것은 실질적으로 불가능합니다. 하지만 선거 제도를 개편하여 민의가 국회에서 더 잘 반영될 수 있도록 하고, 2017년 대통령 퇴진 시위와 같이 부당한 법률과 권력 행사에 대해 저항할 수 있는 국민의 권리가 보장된다면 법률이 민주주의를 실현하는 수단으로 활용될 수 있습니다. 사안에 대한 여론을 형성할 수 있는 표현의 자유, 집회의 자유를 철저히 보장하고, 부당한 법률에 대해 국민들이 수정 요청을 할 수 있는 제도가 마련되어야 할 것입니다.

개요

1. 사례 제시
2. 원인 분석
3. 해결 방안 제시

Tip & Advice

법치주의와 민주주의의 긴장 관계를 나타내는 사례는 국내외적으로 다양하게 나타납니다. 현대 사회에서 독재 국가로 분류되는 국가들이 형식상으로 '민주주의'를 표방하고 있다는 점을 고려하면 어렵지 않게 사례를 찾을 수 있습니다.

이 답안의 강점은 무엇인가?

출제 의도

● [문제 1]은 법치주의와 민주 정치의 관계에 대한 이해를 바탕으로 양자의 상반된 관점을 비교·설명하는 능력을 평가함

● [문제 2]는 법치주의와 민주 정치의 상반된 관점을 적용하여 시민 불복종에 대한 자신의 의견을 논리적으로 설명하는 능력이 있는지 평가함

● [문제 3]은 법치주의와 민주 정치의 긴장 관계에 대해, 실제 사례를 예로 들어 그 원인을 설명하고, 이를 토대로 적절한 해결책을 제시할 수 있는지 평가함

문항 해설

● [문제 1]은 고등학교 법과 정치에서 다루는 법치주의와 민주 정치의 관계(가)에 대한 이해를 바탕으로, 고등학교 윤리와 사상에 소개된 플라톤(나)과 맹자(다)의 상반된 관점을 비교·설명할 수 있어야 함

● [문제 2]는 고등학교 윤리와 사상에서 소개된 플라톤(나)과 맹자(다)의 상반된 관점을 적용하여, 고등학교 윤리와 사상에서 다루는 시민 불복종(라)에 대한 자신의 의견을 논리적으로 설명할 수 있어야 함

● [문제 3]은 고등학교 법과 정치에서 다루는 법치주의와 민주 정치의 긴장 관계(가)에 대해, 실제 사례를 예로 들어 그 원인을 설명하고, 이를 토대로 적절한 해결책을 제시할 수 있어야 함

채점 기준

고려대는 19년도에 해당 문항 채점 기준을 제공하지 않았음

시 대 에 듀 와 함 께 해 요 !

대학으로 가는 합격 필수 시리즈

서울대식 논리의 정곡!

서울대 구술면접 인문계열, 자연계열

▶ 2024학년도까지 역대 기출문제 예시 답안 수록!

▶ 인문·자연계열 서울대 출제 유형 모의고사로 최종 점검!

다중미니면접 대비 필독서!

합격하는 의대 인적성 면접 MMI 실전분석

▶ 2024학년도까지 다중미니면접 최신 기출복원문제 수록!

▶ 상황 판단 문제부터 예상 문제까지 다양한 답변 제시!

2025 대입 구술면접 대비!

대학으로 가는 구술면접 380제

▶ 2024~2020학년도 대학별 실제 기출 면접 질문 총정리!

▶ 면접 준비를 위한 알짜 Q&A

2025 대입 논술·구술면접 대비!

대학으로 가는 논술·구술 필수상식

▶ 2024~2020학년도 대학별 논술·구술면접 기출 질문 총정리!

▶ 논술·구술면접 상식용어부터 최신 시사이슈 완벽 분석!

※도서의 이미지와 구성은 변경될 수 있습니다.

심 층 구 술 면 접 대 입 전 략 필 독 서 !

Korea University

Yonsei University

Seoul National University

SKY 합격을 위한
구술면접의 공식

[제1권] 기초 확립편

2025 | **인문·사회 계열 심층 구술면접** 대입전략 필독서!

Seoul National University

Korea University

Yonsei University

편저 | 김윤환

SKY 합격을 위한
구술면접의 공식

[제2권] 실전 대비편

시대에듀

Contents

PART 3

면접 뛰어넘기

PART 3

면접 뛰어넘기

서울대 | 2018학년도 일반전형 인문학 오전

※ 제시문을 읽고 물음에 답하시오.

(가)

백남준의 예술은 음악에서 출발하여 실험적 해프닝을 거치며 시각적 요소가 접목되어 새로운 영역을 열었다. 그는 자신이 추구하는 음악에 모두가 함께 눈으로 볼 수 있는 행위를 덧붙이고자 했다. 그의 예술 세계는 음악이라는 청각적 요소와 행위라는 시각적 요소가 결합된 일종의 복합적 형태로 확대된다. 실제로 백남준은 공연 도중 피아노와 바이올린을 부수거나 관객의 넥타이를 자르는 등 기존 음악이 추구하는 미적 질서를 파괴하기도 했다.

(나)

오페라의 탄생은 르네상스 시기 피렌체의 인문주의자 모임 '카메라타*'에서 비롯되었다. 이들은 그리스 비극을 공연 예술이 다다를 수 있는 최상의 상태라고 생각했기에 글로만 전해졌던 그리스 비극을 무대 위에 복원하고자 했다. 하지만 그리스 비극의 공연 방식에 대해 알려진 바는 많지 않았다. 배우들과 '코러스'라 불렸던 무대 위의 배역들이 소박한 반주에 맞추어 간단한 단선율의 노래로 대사를 전달했고, 코러스는 춤을 추기도 했다는 정도가 고작이었다. 따라서 완벽한 복원이 목표였다 해도 르네상스 시기의 악기로 구성된 오케스트라가 동원되고 당대의 발전된 화성 기법이 활용되는 것은 피할 수 없었다. 그리하여 그 첫 성과인 『다프네』가 개봉되었을 때 카메라타 회원들은 그리스 비극의 '완벽한 복원'을 마주하고 크게 환호했다. 오래지 않아 '재탄생한 그리스 비극'들은 '오페라'로 불리기 시작했다.

*카메라타: '카메라[방]에 모인'이란 의미의 이탈리아어.

(다)

가야금을 연주하며 미술을 하는 정자영 작가의 『견월망지(見月望指)』가 전시된다. '견월망지'란 달을 보게 되면 달을 가리키던 손은 잊으라는 동양 사상의 표현이다. 작가는 컴퓨터 기술을 활용하여 가야금 소리를 데이터로 만들고 이미지들을 창조한다. 이를 스크린에 투사함으로써 한국인의 정신세계를 예술로 승화시킨다.

문제 1

제시문 (가)와 (나)는 새로운 예술 양식의 출현을 서술하고 있다. 각각에 나타난 융·복합의 양상을 설명하고, 이를 고려하여 제시문 (다)에 소개된 『견월망지』의 특징을 말하시오.

문제 2

제시문 (가)와 (나)는 예술 융·복합이 지속 가능성의 관점에서 비교적 성공을 거둔 사례이다. 이러한 사례로부터 예술 융·복합 기획의 성공 여부를 판단할 수 있는 기준 하나를 도출하여 설명하시오(제시문들의 사례를 포함한 현실에서의 예시를 사용할 수 있음).

제시문 (가)의 백남준의 예술과 제시문 (나)의 오페라는 모두 융·복합을 통해 새로운 양식으로 창조된 예술의 사례입니다. 융·복합의 대상 측면을 살펴보면 백남준의 예술은 이질적 감각을 결합한 것이 특징입니다. 음악이라는 청각 자극에 행위라는 시각 자극을 결합해 공감각적 예술로 만든 것입니다. 이와 비교할 때, 오페라의 경우 음악과 동작이라는 감각의 결합 자체는 고대부터 존재해 왔지만, 고대의 서사와 극 형식에 르네상스 시기의 음악을 결합한 시대 간의 융·복합이라는 점에서 특징적입니다. 이를 통해 융·복합은 감각, 시대 등 다양한 측면에서 이루어질 수 있음을 알 수 있습니다.

백남준의 예술과 오페라는 융·복합의 효과 측면에서도 차이가 있습니다. 제시문 (나)의 오페라 복원자들은 고전적 아름다움을 완벽하게 복원하는 것을 목표로 융·복합을 시도했고, 감상자들의 환호를 받았습니다. 이와 달리 제시문 (가)의 백남준은 기존에 있던 아름다움의 관념을 전복하고자 공연 도중에 악기 파괴, 넥타이 자르기 등의 기행을 시도했습니다. 즉, 융·복합은 고전적 아름다움을 복원하기 위한 방법으로도, 전복하기 위한 방법으로도 쓰일 수 있어 그 목표는 예술가의 의중에 달려 있다는 점을 알 수 있습니다.

이러한 대상과 효과라는 기준을 바탕으로 제시문 (다)의 『견월망지』를 파악해 보면, 우선 융·복합의 대상 면에서 『견월망지』는 백남준의 예술에 나타난 감각의 결합과 오페라에 나타난 시대의 결합이라는 특징을 동시에 띠고 있습니다. 가야금 음악을 이용하면서도 이것을 소리가 아닌 시각으로 보여줌으로써 한 감각을 다른 감각으로 번역했고, 가야 사람 우륵이 만든 전통 악기의 소리를 현대적인 컴퓨터 기술을 이용해 재해석함으로써 천 년이 넘는 시간을 뛰어넘었습니다.

융·복합의 효과 측면에서도 『견월망지』는 백남준의 예술과 오페라의 특징을 모두 갖고 있습니다. 첫째로 『견월망지』는 가야금을 이용한 예술이지만, 최종적으로는 소리를 전혀 사용하지 않기 때문에 백남준의 예술처럼 기존 상식을 깨뜨리고 새로움을 추구하는 특성을 갖고 있습니다. 그러나 동시에 이 작품은 한국인의 정신세계라는 고전적 아름다움을 '다른 방식으로 똑같이 나타낸다'라는 의미를 갖고 있는데, 이를 '다른 손가락으로 가리켰지만 달'은 같은 달이라는 뜻인 『견월망지』라는 제목을 통해 드러냈습니다. 이처럼 『견월망지』는 '과거에 없던 방식으로 과거를 복원하는' 작품이므로 백남준식의 발상과 오페라식의 발상이 융합되어 있다고 있다고 볼 수 있습니다.

1. 제시문 (가)와 (다)의 특징 비교 1: 감각의 융 · 복합 vs 시대적 융 · 복합

2. 제시문 (가)와 (나)의 특징 비교 2: 새로움의 추구 vs 고전적 아름다움 복원 추구

3. 제시문 (다)의 특징 1: 감각의 융 · 복합 + 시대적 융 · 복합

4. 제시문 (다)의 특징 2: 새로움의 추구 + 고전적 아름다움 복원 추구

Tip & Advice

예시 답안 (1)은 제시문 (다)에 제시문 (가)와 (나)의 특징이 동시에 나타난다고 주장하고 있기 때문에, 제시문 (다)에 대한 분석을 제시문 (가)와 (나)의 주제별 병렬 방식으로 비교하여 제시했습니다. 답변 내용에 따라 가장 적절한 답변의 구조도 달라지므로 실전 순발력을 키우려면 주장을 여러 구조로 바꾸어 정리해 보는 연습을 하는 것도 도움이 됩니다.

제시문 (가)와 (나)는 모두 기존에 있던 음악에 행동적 요소를 덧붙여 복합 예술을 창조했다는 공통점이 있습니다. 새롭게 출현한 표현 양식은 예술성의 원천을 어디서 얻을 것인지가 쟁점이 될 것입니다. 예술성이란 우리가 '아우라'라고 부르는 권위적 신비감과 연관되어 있습니다. 제시문 (가)와 (나)의 예술인들은 융·복합을 통해 상이한 방식으로 이러한 아우라를 만들어 내고 있습니다.

제시문 (가)에 나타난 백남준의 예술의 특징은 전례 없는 새로움, 파괴적 창조성에 있습니다. 백남준은 수많은 사람들 중 감히 아무도 시도하지 못했던 파격적 행동을 음악에 결합함으로써 독창성을 획득하고 있습니다. 따라서 제시문 (가)에서 예술성의 원천은 천재적인 개인에게서 드러나는 카리스마적인 권위에 있습니다. 백남준의 융·복합 예술을 지켜보는 관객들은 전에 없었던 무언가가 새롭게 태어나는 장면, 즉 창조의 순간에 함께한다는 숭고한 느낌을 받게 될 것이기 때문입니다.

제시문 (나)에 나타난 오페라의 특징은 전통적 권위에 있습니다. 오페라가 갖고 있는 예술성의 권위는 과거의 그리스 비극을 그대로 되살린 것이라는 믿음으로부터 나옵니다. 마치 왕가나 문화 유적이 갖고 있는 것과 같은, 역사와 전통에 대한 경외감에서 비롯되는 것입니다. 오페라를 감상한 르네상스인들은 그것의 전례 없는 창조성에 경탄하기만 하는 것이 아니라, 역사적 순간으로 돌아간 듯한 기분 속에서 한 인간의 짧은 일생을 아득히 넘어서는 인류의 영속성을 간접 체험하는 것입니다.

이처럼 제시문 (가)와 (나)는 서로 다른 방식으로 융·복합을 통해 예술성을 성취하고 있습니다. 제시문 (가)는 카리스마적 권위를, 제시문 (나)는 전통적 권위를 이용했습니다. 제시문 (다)의 작품의 특징은 이 둘의 융·복합이라고 볼 수 있습니다. 한편으로 제시문 (다)의 작품은 아직껏 시도된 적이 없는 가야금 음악의 데이터화라는 융·복합을 시도함으로써 창조의 경험을 작품에 불어넣고 있습니다. 이와 동시에 제시문 (다)의 작품은 한국인의 정신세계라는 변치 않는 주제를 표현함으로써 전통의 권위 역시 작품에 담아내고 있습니다. 이는 제시문 (가)와 (나)에 대한 2차적 융·복합으로 볼 수 있습니다.

개요

1. 융·복합을 분류할 수 있는 기준: 예술성의 원천의 유래
2. 제시문 (가)의 예술성의 원천: 파괴적 창조성
3. 제시문 (나)의 예술성의 원천: 전통적 권위
4. 제시문 (다)의 예술성: 파괴적 창조성 + 전통적 권위 (2차적 융·복합)

주제별 주장을 제시하여 종합적으로 비교한 답변입니다. 그러나 비교하기 문제가 아니기 때문에 반드시 주제별 비교를 할 필요는 없습니다. 제시문 (가)의 특성을 풀어낸 뒤 제시문 (나)의 특성으로 넘어가는 구조여도 무방합니다.

예술의 융·복합은 다양한 방식으로 일어날 수 있지만, 언제나 성공적일 수는 없습니다. 제시문 (가)와 (나)와 달리, 성공하지 못하고 사라져간 무명의 예술가도 수없이 많았을 것입니다. 제시문 (가)와 (나)가 융·복합에 성공할 수 있었던 한 가지 중요한 요소는 '친숙한 것을 낯설게 만들기'라는 융·복합의 과제에서 중용의 미를 체득했다는 점입니다. '친숙함'은 한편으로 지루함을 동반합니다. 반대로 '낯섦'은 경계심을 불러일으킵니다. 지루함과 경계심은 모두 유쾌한 감정은 아닙니다. 과거의 예술 양식을 그대로 답습하다 보면 감상자들은 어느 순간 지루함을 느끼고 외면하게 됩니다. 그렇다고 해서 지나치게 새로운 요소들만으로 채워진 예술은 거부감을 불러일으킬 수 있습니다. 약간의 친근감도 주지 못하는 예술은 사람들에게 지속적인 관심을 끌지 못하고 금세 사라질 가능성이 큽니다.

따라서 감상자들이 긍정적으로 수용하는 융·복합 예술은 '지루하지 않을 만큼 낯설면서도, 경계심이 들지 않을 만큼 친숙한' 중간 영역을 잘 포착한 작품일 것입니다. 제시문 (가)의 백남준의 예술은 파괴적 행동과 음악 연주를 통해 놀라움, 친숙함을 결합하고 있습니다. 제시문 (나) 역시 고대 예술 양식과 당대의 음악 기법을 복원 및 결합하여 새로움과 익숙함 사이에서 균형을 확보하고 있습니다. 오늘날 높은 가치로 평가되는 현대 예술 작품인 제프 쿤스의 「풍선 강아지」도 익숙한 놀이동산의 풍선 강아지 형상을 금속 재질과 거대한 크기로 바꿔 새로운 공간에 배치함으로써 익숙함과 새로움 사이에서 기분 좋은 흥미를 불러일으킵니다. 이처럼 결국 제시문 (가)와 (나), 「풍선 강아지」 등의 융·복합이 성공한 기준을 요약하면 '구본신참(舊本新參)', 즉 익숙한 옛것의 본질을 보존하면서 참신함을 가미한 데 있을 것입니다.

개요

1. 성공한 융·복합의 기준 제시: 익숙함(지루함)과 새로움(경계심)의 중간점
2. 제시문 (가)와 (나)를 통한 뒷받침 + 유사한 추가 사례(제프 쿤스, 「풍선 강아지」)
3. 요약적 마무리: 융·복합의 기준으로서의 '구본신참(舊本新參)'

Tip & Advice

1. 기준을 하나 도출하여 그 과정을 뚜렷하게 보여주는 것이 좋을 것입니다. 제시문 (가)와 (나)라는 두 개의 사례로부터 하나의 기준을 도출하려면 둘의 공통점으로부터 추출해 내는 것이 합리적입니다.

2. 현실에서의 예시는 꼭 기존 예술 작품에만 얽매이려 하지 말고 범위를 넓혀 창의적으로 답변해 보는 것도 좋을 것입니다. 예술이 아닌 분야에서 성공한 융·복합으로는 어떠한 것이 있는지 고민해 봅시다.

  [문제 2]는 어떠한 융·복합 예술이 '지속 가능성'을 획득하고 성공하게 되는지를 묻고 있습니다. 제시문 (가)에 나온 백남준의 예술 양식과 제시문 (나)에 나온 오페라는 모두 세대를 거쳐 살아남고 사랑받는 데 성공한 사례들입니다. 예술 양식의 지속성에 있어 융·복합은 '갱신', 즉 거듭남의 역할을 해야 하고, 그러려면 응용 가능성이 풍부해야 할 것입니다. 달리 표현하면 최초의 융·복합 시도가 무궁무진한 다른 응용 사례들로 이어져야 하나의 '양식'으로 몸집을 불릴 수 있을 것입니다.

  응용 가능성은 융·복합 과정에서 첨가된 새로운 요소가 그 시대의 트렌드와 잘 맞아떨어질 때 커질 것입니다. 제시문 (가)의 백남준은 음악에 시각적 요소를 결합했습니다. 그런데 그가 활동했던 20세기 중반은 TV 등의 시각 매체가 급속히 발전하고 전파되던 시대였습니다. 따라서 음악과 시각 요소를 결합한다는 발상은 트렌드에 적합하며, 백남준 본인을 비롯해 많은 추종자들에 의해서도 조금씩 다른 방식으로 계속해서 모방될 수 있었습니다. 또한, 기본적으로 일회성을 띠고 있는 백남준의 청각, 행위 예술이 녹화 기술을 통해 반복 전시, 재생될 수 있었고, 그만큼 더 많은 감상자와 추종자를 만들어 낼 수 있었을 것입니다.

  제시문 (나)의 오페라도 시대적 정신과 잘 맞아떨어진 사례입니다. 왜냐하면 르네상스 시기란 중세의 신본주의를 벗어나 고대의 인본주의 정신을 되살리고 과거로부터 배우려고 했던 문예 운동에 의해 주도되었기 때문입니다. 그리스 비극을 재현한다는 오페라의 존재 의미는 그리스 고전 지식에 대한 수요와 관심이 팽창하던 시대적 변화와 잘 맞아떨어지면서 급속히 인기를 얻어 독자적인 예술 양식이 될 수 있었을 것입니다.

  이처럼 제시문 (가)와 (나)는 모두 시대적 변화와 융·복합의 방향이 잘 맞아떨어진 결과 하나의 '예술 양식'으로 자리 잡는 데 성공하게 되었습니다. 따라서 예술 융·복합의 성공 여부는 그 융합이 현시대의 기술적, 문화적 발전 방향과 조응하고 있는지를 통해 점쳐볼 수 있다고 생각합니다.

개요

1. 융·복합의 지속 가능성을 위한 조건: 풍부한 응용 가능성 → 시대적 발전 방향과의 조응
2. 제시문 (가)의 사례를 통한 뒷받침: 시각 매체의 발달과 음악의 시각화(백남준)
3. 제시문 (나)의 사례를 통한 뒷받침: 르네상스의 고전주의와 그리스 비극의 부활(오페라)
4. 결론: 예술 융·복합의 성공 여부는 시대적 발전 방향과의 조응 정도를 통해 판단 가능

예시 답안 (2)는 양괄식 구조를 채택함으로써 일관성을 유지하고 있습니다. 문제가 물어본 순서대로 대답하려 할 경우, 응시자는 제시문 (가)에 대한 해석 → 제시문 (나)에 대한 해석 → 제시문 (가)와 (나)의 공통점 → 그로부터 도출된 융·복합 평가 기준이라는 미괄식 순서로 답변할 가능성이 높은데, 그것만이 유일한 답변 구조는 아닙니다. 최종 견해가 무엇인지 모르는 상태에서 미괄식 답변을 듣는 사람은 앞부분에서 강조하려고 넣은 내용을 자칫 놓쳐버릴 수 있기 때문에, 최종 견해가 무엇인지 미리 밝힌 다음 뒷받침 내용을 제시하는 두괄식 및 양괄식 답변에 대한 연습이 필요합니다. 여러 가지 답변 구조가 가능하도록 의식적으로 연습해 보기 바랍니다.

학교 측 출제 의도 및 평가 지침

출제 의도

○ [문제 1] 제시문을 정확하게 독해하고 서술 내용을 적절하게 비교하고 있는지 평가함

○ [문제 2] 사례들로부터 기준을 도출해 현실에 적용할 수 있는 응용력을 평가함

문항 해설

○ 제시문들은 모두 새로운 예술 양식의 출현을 서술하고 있음. 제시문 (가)는 음악과 다른 양식과의 결합을 통한 융·복합의 시도를, 제시문 (나)는 현재적 관점에서 전통에 대한 재해석을 통해 탄생한 융·복합의 성과를 각각 그 중심 내용으로 삼고 있음. 제시문 (다)는 (가)와 (나)에서 발견되는 융·복합의 양상을 모두 갖춘 기획의 사례에 해당함. 학생이 각 제시문을 통해 융·복합의 양상을 파악하고 각각에 나타난 유사점과 차이점을 이해하고 있는지를 평가함

○ 창작자의 입장에서는 창작 의도가 특정한 융·복합적 시도에서 실현되었다면 이를 성공이라고 부를 수 있음. 하지만 예술의 영역은 창작자, 수용자, 비평계, 예술 전시 업계, 그리고 후원자 등 다양한 주체들이 상호 작용하는 공간임. 이 영역에서 융·복합적 시도를 평가하기 위해서는 지속 가능성을 고려할 필요가 있음. 학생이 좀 더 통합적이고 장기적인 전망에서 예술에서의 융·복합 기획의 성취를 평가할 수 있는 기준에 대해 생각해 보도록 유도하고, 적절한 기준과 주제어를 활용하여 자신의 의견을 피력할 수 있는지를 평가함

※ 제시문을 읽고 물음에 답하시오.

(가)

유세(遊說)*의 어려움은 상대방의 마음을 잘 파악하여 그 마음에 꼭 들어맞게 내 주장을 하는 데 있다. 상대방이 명성을 얻고자 하는데 이익을 얻도록 설득한다면 상대는 나를 식견이 낮은 속된 사람이라고 가볍게 여기며 멀리할 것이다. 이와 반대로 상대방이 이익을 얻고자 하는데 명성을 얻도록 설득한다면 상식이 없고 세상 이치에 어둡다고 받아들이지 않을 것이다. 상대방이 속으로는 이익을 바라면서 겉으로는 명성을 원할 때, 명성을 얻는 방법으로 설득한다면 겉으로는 받아들이는 척하겠지만 속으로는 멀리할 것이며, 이익을 얻는 방법으로 설득한다면 속으로는 의견을 받아들이면서도 겉으로는 나를 꺼려할 것이다. 유세객은 이러한 점들을 잘 새겨두어야 한다.

*유세(遊說): 제후의 나라를 돌아다니며 자기의 의견을 말하여 제후를 설득하는 일.

(나)

한 번은 제가 의사들과 함께 어떠한 환자를 찾아갔답니다. 고통스러운 치료를 받아야 하는 환자였는데 의사들이 설득하지 못해서 결국 제가 설득을 했지요. 연설 기술로 말입니다. 만약 아테네 민회나 다른 어떠한 집회에서 말로 경쟁을 시켜서 의사를 선발한다면, 연설 기술에 능한 사람과 의술에 능한 사람 중에서 연설 기술에 능한 사람이 선발될 것이라고 단언합니다. 연설 기술에 능한 사람은 무엇에 관해서든 대중 앞에서 어떠한 장인들보다도 더 설득력 있게 말할 수 있으니까요. 이 기술의 힘은 그토록 크고 대단한 것이랍니다.

(다)

어떠한 음식을 먹는 것이 좋은지에 대한 전문가를 정하기 위해 아이들이나 아이들처럼 지각없는 사람들 앞에서 의사와 요리사가 경쟁을 벌인다면*, 의사는 굶어 죽을 수도 있을 겁니다. 의술은 실제로 좋은 음식이 무엇인지를 알고 그것을 제공해 줍니다. 하지만 상대방은 그것을 싫어할 수도 있지요. 반면에 요리술은 사람들한테 좋아 보이는 음식이 무엇인지를 알고 그것을 제공해 줍니다. 상대방은 좋아하겠지요. 요리술은 아첨의 기술입니다. 그리고 저는 요리술과 의술의 관계가 연설 기술과 정치술의 관계와 같다고 주장합니다. 연설 기술도 아첨의 기술인 것이지요.

*고대 그리스에서는 식이 요법이 의사의 중요한 의료 행위였다.

제시문 (나)의 화자는 의사가 설득하지 못한 환자를 자신이 설득했다고 주장한다. 그의 말이 사실이라면, 제시문 (가)를 고려하여 그가 어떻게 설득에 성공할 수 있었을지 구체적인 상황을 가정하여 설명하시오.

제시문 (다)의 화자는 제시문 (나)의 화자가 정치에 나서는 것을 반대할 것이다. 반대하는 이유가 무엇일지 설명하고, 그러한 반대가 정당한지에 대한 자신의 의견을 개진하시오.

제시문 (가)는 타인을 설득할 때 단순히 객관적으로 타당한 주장과 근거를 제시하는 것만으로는 충분치 않고, 상대방의 욕망의 특성을 파악해서 그것에 맞는 주관적 설득을 펼쳐야 한다고 말합니다. 이를 바탕으로 볼 때, 제시문 (나)에서 의사들은 객관적 입장에서 환자를 설득하려다 실패한 반면에 연설가는 환자의 주관적 욕망을 파악해서 그에 걸맞은 설득을 펼쳤기 때문에 성공했을 것이라고 예상할 수 있습니다.

예를 들어, 환자는 겁도 많지만 허영도 심해서 남들이 자기를 어떻게 생각하는지 신경을 쓰는 사람이었다고 가정해 보겠습니다. 이 사람은 겁이 많아서 의사들이 아무리 치료의 이익에 대해 설명해 주어도 그다지 치료를 받고 싶어 하지 않을 것입니다. 이때 연설가는 방을 둘러본 후 많은 사치품과 장신구가 있는 것을 보고 이 환자가 자기 과시적인 사람임을 간파할 수 있었습니다. 그 후 연설가는 이렇게 말했을 것입니다. "최근에 여러 의사들이 선생님의 집에 들락거리는 모습을 온 마을이 보고 들었습니다. 지금쯤 선생님의 병은 의사들이 고치기 힘들 만큼 고통스럽고 큰 병이라고 주위에 알려졌을 것입니다. 만약 선생님이 수술을 끝까지 거부하시면 사람들은 선생님이 겁쟁이라고 웅성댈 것입니다. 하지만 만약 선생님이 수술을 받고 거뜬히 일어나시면 사람들은 선생님의 용감함과 강인함에 감탄하고, 선생님의 명성은 높아지게 될 것입니다." 이러한 연설가의 설득을 들은 환자는 병을 고친다는 이익보다도 수술을 받지 않으면 자신의 명성이 훼손된다는 사실, 반대로 수술을 받으면 명성을 얻을 수 있다는 사실에 반응했을 것입니다. 즉, 연설가는 명성을 좇는 환자의 심리적 특성을 파악하고 그에 맞는 주관적 논리를 펼쳐서 환자를 부추겼기 때문에 의사들과 달리 설득에 성공했을 것입니다.

개요

1. 상황의 논리적 정리
2. 구체적인 가정: 환자가 명성에 신경쓰는 상황에서 명성 논리에 호소

Tip & Advice

예시 답안 (1)은 제시문 (가) 내용을 '표현의 자기화'를 통해 정리했고, 이어서 제시문 (나)의 상황에 구체적 가정을 보탤 때 그 가정을 '이익 vs 명성'이라는 제시문 (가)의 사례와 연관 지었습니다.

제시문 (가)에 의하면 논리적인 의견이 반드시 가장 설득적인 의견은 아닙니다. 제시문 (가)는 '들어야 하는 말'을 '듣고 싶은 말'로 만드는 것이 바로 유세의 기술이라고 주장합니다. 병을 치료한다는 의료인의 관점으로만 상황을 보는 의사들은 이해하지 못하지만, 환자의 관점에서 제시문 (나)는 딜레마 상황입니다. 치료를 받지 않으면 고통스러운 병을 치료할 수 없지만, 치료를 받는 것에도 극심한 고통이 뒤따르기 때문입니다. 의사에게는 명확하게 대비되는 병과 건강이라는 선택지이지만, 환자에게는 두 개의 서로 다른 고통이라는 선택지라는 점에서 다릅니다. 어느 쪽에도 고통이 있고 양쪽이 비슷하게 여겨지기 때문에 환자는 결정을 못 내리고 있는 것인데, 의사는 이러한 입장은 이해하지 못하고 설득에 실패한 것입니다. 이때 사람의 심리를 잘 이해하는 제시문 (나)의 화자는 딜레마를 해소함으로써 환자의 결단을 앞당겼을 것으로 생각됩니다. 여기서 환자가 '들어야 하는 말'은 '치료를 받아야 한다'이며, 환자가 '듣고 싶은 말'은 '고통을 줄이는 방법이 있다'입니다. 제시문 (나)의 화자는 유세의 기술을 발휘해서 '치료를 받는 편이 고통을 줄여준다'라고 환자를 설득할 것입니다.

예를 들어, 제시문 (나)의 화자는 환자에게 이렇게 말했을 것입니다. "치료를 받지 않을 경우 고통은 계속해서 누적되어, 결국 치료로 인해 받을 고통의 총량을 능가하게 됩니다. 그렇게 되기 전에 치료를 받는 편이 현명합니다. 언제 치료를 받든 치료 때문에 생겨나는 고통의 양은 똑같습니다. 단지 일찍 받을수록 이전까지 누적될 고통의 양은 줄어들고, 이후에 누리게 될 건강한 삶의 양은 늘어나게 됩니다. 결국 치료를 빨리 받을수록 치료를 미루는 경우보다 모든 면에서 더 고통이 적습니다." 이처럼 고통을 두려워하는 환자에게 초점을 맞추어 설득함으로써, 외부의 관점보다는 내부의 관점에서 문제에 접근하여 설득에 성공했을 것입니다. 성공적인 설득을 위해서는 이처럼 내부의 관점을 취하는 것이 중요합니다.

개요

1. 제시문 (가) 내용 정리: 유세는 '들어야 하는 말'을 '듣고 싶은 말'로 만드는 기술
2. 제시문 (나) 상황 정리: '들어야 하는 말' = '치료 받기', '듣고 싶은 말' = '고통 줄이기'
3. 제시문 (나) 설득 예시: 치료 받는 편이 고통이 줄어든다고 설득

Tip & Advice

'제시문 (가)를 고려하여'라는 말속에 문제를 푸는 힌트가 들어 있습니다. '가정하여 설명하라'라는 문제에서 가정은 무제한적으로 가능한 것이 아니라, 제시문을 정확히 이해했다는 것을 보여주는 역할입니다.

제시문 (다)의 화자가 제시문 (나)의 연설가의 정치 진출에 반대할 이유로는 두 가지를 들 수 있습니다. 첫째, 연설가가 대중의 의견을 바꾸는 능력이 그토록 뛰어나다면, 연설가는 그 능력을 악용할 수 있습니다. 즉, 제시문 (나)에서 연설가는 의사를 도와 환자를 바른 방향으로 이끌었지만, 마음만 먹었다면 의사를 방해하고 환자에게도 해로운 결정을 내리도록 만들 수도 있었습니다. 따라서 제시문 (다)는 연설가의 정치 진출을 허용함으로써 사회가 이러한 위험을 감수하게 만들어서는 안 된다고 볼 것입니다.

둘째, 정치의 예능화를 문제로 들 수 있습니다. 연설가는 군중 심리에 대한 전문 지식을 갖추었을 뿐, 의술에 대한 전문 지식을 갖춘 사람이 아닙니다. 이러한 전문성이 없는 사람은 정치 영역을 오염시켜 흥행성 일변도로 흐르게 할 가능성이 있습니다. 따라서 제시문 (다)는 연설가 같은 인물들의 영향으로부터 정치 영역을 보호해야 한다고 판단할 것입니다.

저는 두 가지 측면에서 제시문 (다)의 관점에 반대하면서, 오늘날의 정치 체제에는 제시문 (나)의 연설가와 같은 유형이 정치가로서 적합하다는 주장을 개진하고 싶습니다. 우선, 제시문 (다)는 대중을 우민으로 바라보고 있으며, 민중의 판단력을 무시하는 엘리트주의입니다. 진정으로 좋은 것은 민중의 앎으로부터 감추어져 있고, 전문가들만이 올바로 인식할 수 있다는 발상이 내재되어 있는 것입니다. 오늘날 대중은 의무 교육을 통해 누구나 스스로의 이익이 무엇인지 판단할 정도의 분별력을 갖추고 있으며, 역사적으로 진리라고 믿었던 독재 체제들은 빈번하게 실패한 반면에 민주 사회들은 번영하고 있기 때문에, 소수의 '전문가'가 이끄는 정치가 '대중'에 의한 민주주의보다 낫다고 믿을 경험적 근거가 없습니다. 대중을 오직 의사의 의견을 듣느냐, 연설가의 의견을 듣느냐에만 의존하는 수동적 존재로 보는 제시문 (다)의 관점은 대중의 지적 능력을 부당하게 무시하는 것입니다.

다음으로 민주화된 사회에서는 사람들이 의견을 형성하도록 의제를 제시하고 관심을 끄는 능력이 정치가에게도 매우 중요하다는 사실을 들 수 있습니다. 오늘날의 대통령은 먼 옛날의 부족장과 달리 넓은 영토에서 한 번도 만나본 적이 없는 사람들에게 지도력을 발휘해야 합니다. 따라서 현대 정치는 필연적으로 미디어에 의존합니다. 대통령이 TV 시청률을 놓고 경쟁해야 하는 대상은 야당 지도자가 아니라 바로 예능인들입니다. 예능 프로그램 대신 뉴스와 토론회를 시청하게 하려면 현대 정치인은 대중들이 정치에 관심을 유지하도록 마음을 움직이는 기술을 필수적으로 갖추어야 합니다.

요컨대, 제시문 (다)의 의견에 반대하는 것은 현대의 정치 환경에서 대중들이 높은 판단력을 갖추고 있다는 점과, 미디어를 통해 정치가가 대중을 만남으로써 대중의 관심을 사로잡을 기술을 갖추어야 한다는 점을 고려했기 때문입니다.

1. 제시문 (다)의 화자가 제시문 (나)의 화자의 정치 진출에 반대할 이유 1: 해로운 판단으로 이끌 가능성

2. 반대할 이유 2: 정치의 예능화(전문성 아닌 흥행에 의존)

3. 제시문 (다)의 입장에 반대하는 이유 1: 현대 사회에서 대중의 높은 교육 수준

4. 반대하는 이유 2: 미디어를 통해 예능인과 경쟁해야 하는 현대 정치가의 환경

Tip & Advice

제시문 (나)에 대한 제시문 (다)의 분석을 두 가지 차원에서 제시한 후에, 그 논거 각각에 상응하는 재반박을 제공해야 합니다. 현대 사회 정치의 특성을 판단의 기준점으로 삼는 것도 좋은 방법입니다. 현대 사회의 추세와 경향성을 고려해야 하는 논거를 만들어 낼 때 염두에 두어야 하는 '개결시'의 '시(시기)'에 해당하는 부분입니다.

　제시문 (다)의 화자는 정치에서 피치자는 아이들 또는 지각없는 존재라고 보고, 정치가의 지혜는 의사가 주는 건강에 좋지만 입에 쓴 약에, 연설가의 연설은 요리사가 만드는 달콤하지만 몸에 안 좋은 요리에 비유합니다. 아이들은 스스로에게 무엇이 좋은지 잘 모르기 때문에 전문가인 의사의 의견에 따라야 합니다. 요리사는 아이들이 원하는 것을 주므로 얼핏 보면 피치자에게 좋아 보이지만 실제로는 자신의 인기와 이익에 유리하게 행동할 뿐입니다. 마찬가지로 연설가는 피치자가 자신들에게 해로운 줄도 모르고 요구하는 정책들을 그대로 제공하기 때문에 인기는 있겠지만 궁극적으로는 해를 끼치는 포퓰리스트라고 볼 수 있습니다. 그러므로 제시문 (다)의 관점에서 제시문 (나)의 연설가는 정치를 해서는 안 되는 사람입니다.

　저는 제시문 (다)의 입장에 부분적으로 찬성하고 부분적으로 반대합니다. 제시문 (나)의 연설가의 능력 자체보다는 그의 의도 및 연설가를 견제할 수 있는 제도적 장치의 유무가 중요하다고 생각합니다. 제시문 (다)의 입장에서 제가 동의하는 부분은 연설가의 능력이 나쁜 의도와 결합하면 선동과 포퓰리즘으로 흘러갈 수 있다는 사실입니다. 다수가 선호하는 의견이라고 해서 그것이 진리라는 보장은 없습니다. 대의 민주주의 정치의 장점은 민의를 있는 그대로 반영하는 대신에 의회에서의 토론과 전문가 의견 경청 등을 통해 한 번 정선한 뒤 정책에 반영할 수 있는 안전장치가 있다는 것입니다. 정치는 신념에 따르는 것도 중요하지만 그 신념에 의해 나타날 결과도 마찬가지로 중요한 영역이기 때문입니다. 오직 민중의 신념을 반영하여 고스란히 정책으로 만들 수는 없는 것이 정치의 냉정함이고, 이를 위한 장치를 갖춘 점이 대의 민주주의가 직접 민주주의보다 우수한 점입니다. 포퓰리스트는 이러한 제도적 장치들을 우회하여 대중의 의사를 직접 정책화하기 때문에 정치를 해서는 안 될 존재입니다.

　그러나 연설가의 능력 자체는 민주 사회에서 필요악입니다. 대의 민주주의 역시 인기 있는 정치가를 당선시키는 체제이기 때문입니다. 제시문 (다)에서 말하듯이 선출직 정치 지도자가 반드시 전문성을 갖추어야 하는 것은 아닙니다. 정치 지도자는 전문성을 통해 등용된 행정 관료들의 도움을 받아서 정책을 펼칠 수 있기 때문입니다. 정치 지도자가 전문가들의 의견을 경청하려는 자세를 갖고 있기만 하다면, 그 정책을 위한 대중의 지지를 얻어낼 수 있는 정치 지도자의 능력은 올바른 정책을 펼치는 데 큰 도움이 됩니다. 마치 제시문 (나)에서 환자가 의사의 의견을 듣지 않으려 했지만, 의사들이 연설가의 도움으로 환자를 설득시켰던 것처럼 말입니다. 따라서 진정한 문제는 연설가가 정치에 진출하지 못하게 하는 것이 아니라, 연설가가 나쁜 길에 빠지지 않도록 견제하는 제도적 장치가 잘 마련되어 있는가 여부입니다. 선출직 정치가에게 지나친 권한을 몰아주지 않고 삼권분립 체제의 견제와 균형이 잘 이루어진 사회에서 연설가의 재능은 정치에 해롭기보다는 이로운 방향으로 활용될 수 있을 것입니다.

1. 제시문 (나)에 대해 제시문 (다)가 반대하는 이유
2. 제시문 (다)의 입장 중 응시자가 찬성하는 내용 및 근거
3. 제시문 (다)의 입장 중 응시자가 반대하는 내용 및 근거

Tip & Advice

제시문 (다)를 기준으로 제시문 (나)를 분석할 때, 기준이 되는 제시문의 내용에 전적으로 동의한다고 말하기보다는 일부 관점은 수용하고 일부 관점은 비판하는 비판적 사고력을 강조한 답안입니다.

출제 의도

○ [문제 1] 이해 능력, 상상력, 창의성을 평가함

○ [문제 2] 분석 능력, 추론 능력, 비판적 검토 능력을 평가함

문항 해설

○ 성공적인 설득을 위해서는 상대방의 마음을 잘 파악해야 한다는 것을 이해하고, 이해한 내용이 구체적인 설득 과정에 적용되도록 상황을 구성할 수 있는지를 평가함

○ 제시문 (다)의 화자가 연설 기술과 정치술을 어떻게 대비하고 있는지를 지문으로부터 유추할 수 있는가를 평가함. 그리고 연설 기술에 능한 사람이 정치에 나서는 것에 대한 제시문 (다)의 화자의 반대를 비판적으로 검토할 수 있는지를 평가함

※ 제시문을 읽고 물음에 답하시오.

(가)

 '록키'는 칼을 갈고 있었다. 그는 사슴 시체를 배가 위로 오도록 뒤집고 뒷다리를 펼쳤다. 록키가 일을 시작하는 것을 보고 '타요'는 사슴의 눈을 다시 쳐다보았다. 그리고 겉옷을 벗어 사슴의 머리를 덮어주었다. 록키는 뱃속 내용물이 쏟아지지 않도록 조심스럽게 배를 갈랐다. 타요는 사슴의 간과 심장을 무명천으로 감쌌다. 이른 겨울 달이 그들 앞에서 떠오르고 있었다. 그리고 달을 좇아 쌀쌀한 바람이 불어왔고, 발과 손을 파고들었다. 타요는 보따리를 좀 더 꽉 껴안았다. 그는 보름달의 크기와 산기슭 언덕을 타고 넘어서는 차가운 바람에 겸손해졌다. 사람들은 사슴이 그들을 사랑하기에 자신을 내어준다고 말했다. 그리고 죽어가는 사슴의 잦아드는 심장이 자신의 손을 덥히자 타요는 사슴의 사랑을 느낄 수 있었다.

(나)

 자연 보전주의자가 무엇인가에 대한 정의(定義)를 여럿 읽어봤고, 나 자신도 몇 개 써보기도 했다. 하지만 가장 좋은 정의는 펜이 아니라 도끼로 쓴 것이 아닐까 싶다. 나무를 베거나 혹은 무슨 나무를 벨지 결정하면서 생각하는 일이 바로 그거다. 보전주의자란 도끼질을 할 때마다 땅 표면에 자신의 서명을 쓰고 있음을 겸손히 깨닫는 사람이다. 난 언제나 소나무보다는 자작나무를 베어낸다. 왜 그럴까? 소나무 아래엔 언젠가 '트레일링 아부투스, 수정란풀, 노루발, 린네풀' 등이 자라겠지만 자작나무 아래에는 기껏해야 '용담'이나 있을 뿐이다. 소나무에는 언젠가 '도가머리 딱따구리'가 둥지를 틀겠지만 자작나무에는 '털오색 딱따구리'나 있으면 다행이다. 사월이 되면 소나무 사이의 바람은 나를 위해 노래를 부르겠지만 같은 시기에 자작나무는 그저 덜걱거리는 헐벗은 나뭇가지일 뿐이다. 내 편애를 설명할만한 이러한 이유들은 중요하다. 이러한 것들이 도끼를 쓰는 사람이라면 반드시 예측하고 비교하고 판단해야만 하는 이득과 손실이다.

(다)

 생명 공학은 여러 방면에 적용될 수 있다. 각종 독소에 대한 저항력을 향상시키는 유전자를 삽입하여 유전자 변형 곡물을 상품화할 수 있다. 그리고 변형된 조직 구성을 가진 곡물을 동물의 사료로 사용하면 보다 효율적으로 육류를 생산하면서도 동물이 배출하는 메탄가스는 감소시킬 수 있다. 또한, 인간 질병에 대한 연구를 진행하는 데에 있어서 유전적으로 변형된 동물을 사용하면 보다 정확하고 적합한 모형을 구성할 수 있고, 아울러 기존에 사용했던 동물에 비해 상대적으로 작은 동물로 연구를 진행할 수 있다.

문제 1

제시문 (가), (나), (다)에 나타난 자연에 대한 태도를 비교하시오.

문제 2

인류가 직면한 문제에 대처하기 위해 제시문 (가), (나), (다) 중 지향해야 할 자연에 대한 태도는 무엇인지 자신의 견해를 제시하시오. 그리고 자신이 선택하지 않은 태도를 지닌 사람이 제기할 수 있는 비판을 고려하고 이에 어떻게 대응할지 설명하시오.

문제 3

제시문 (가)의 '타요'의 '겸손함'과 제시문 (나)의 화자의 '겸손함'을 비교하여 두 제시문에 나타난 자연에 대한 태도의 차이점을 설명하시오.

제시문 (가), (나), (다)는 모두 인간이 자연을 이용하는 모습을 보여주고 있습니다. 하지만 인간 중심적 태도의 정도에 있어서는 차이를 보입니다. 제시문 (가)는 가장 자연 친화적인 입장으로, 자연의 일부분으로서의 인간의 모습을 그려내고 있는데, 거대한 대자연의 환경 아래에서 사냥한 사슴을 손질하는 장면이 묘사되고 있습니다. 인간이 사슴을 사냥하는 것은 사슴이 인간을 사랑하기 때문인 것으로 설명됩니다. 이는 자연이 인간에게 베푸는 입장에 있음을 강조하는 관점입니다.

제시문 (나)는 중간적인 입장입니다. 자연 보전주의는 자연의 소중함에 대한 인간의 인식을 전제하지만, 인간이 주체가 되어 객체로서의 자연을 보호한다는 관점이므로 제시문 (가)에 나타난 자연과 인간의 관계와는 정반대가 됩니다. 즉, 일정 정도의 인간 중심주의를 함축하고 있는 자연 보전주의입니다.

마지막으로 제시문 (다)는 가장 인간 중심적인 입장입니다. 제시문 (다)에 묘사된 생명 과학은 철저하게 도구적 유용성의 관점에서 자연을 바라보고 있습니다. 자연은 그저 인간에게 육류를 공급하거나, 인간의 질병을 고치는 데 있어 얼마나 효율적인가를 기준으로 활용되고 있는 것입니다.

개요

1. 제시문 (가), (나), (다)의 공통점 언급
2. 제시문 (가), (나), (다)의 차이점 제시
3. 각각의 태도에 대한 추가 설명

Tip & Advice

전형적인 '비교하기' 문제입니다. 공통점을 간략하게 언급하고 차이점 설명으로 넘어가는 것이 바람직합니다. 또한, 각 제시문의 관점을 하나씩 열거하는 구조로 제시하면 체계적인 답변이 될 수 있습니다.

문명이 발전하는 과정에서 인류가 자연을 대하는 태도도 변화해 왔습니다. 주어진 제시문들은 우리 인간이 자연에 대해 가져온 다양한 사고방식을 보여줍니다. 먼저 자연과 인간 사이의 주객 관계를 어떻게 바라보는지에 따라서 제시문 (가)는 (나), (다)와 구별됩니다. 제시문 (가)에 나오는 수렵인들, 특히 '타요'는 인간이 살아갈 수 있도록 도움을 베푸는 대자연의 사랑에 감사하는 태도를 보이고 있습니다. 반면에 제시문 (나)와 (다)는 오히려 인간이 자연보다 높은 위치에 서서, 자연을 개척 가능하고 조작 가능한 유용성의 잣대로 판단하고 있습니다.

그런데 자연의 유용성을 평가하는 기준에 있어서 제시문 (나)와 (다)는 또다시 차이를 보입니다. 우선 제시문 (나)는 자연의 유용성을 평가하는 데 있어서 인간뿐만 아니라 다른 동식물도 자연을 공유한다는 사실을 고려하고 있습니다. 따라서 모두의 손해를 극소화하는 것을 자연의 올바른 사용 기준으로 삼고 있습니다. 이와 달리 제시문 (다)는 오로지 인간만을 최종적 주체로 간주하고, 동물이나 식물은 인간에게 얼마나 사용 가치가 있는가를 통해 평가하고 있습니다. 즉, 제시문 (다)의 자연에 대한 태도는 오직 인간의 이익 극대화에만 초점이 맞추어져 있는 것입니다.

개요

1. 전체적인 공통점, 차이점 제시
2. 제시문 (가)와 (나), (다)의 비교
3. 제시문 (나)와 (다)의 비교

Tip & Advice

삼자 비교의 경우에는 예시 답안 (2)와 같이 관점을 강조하여 제시문 (가)와 제시문 (나), (다)를 우선 비교 분석하고, 이후 제시문 (나)와 (다)를 비교하는 '이단 분석' 구조를 활용해 볼 수 있습니다.

오늘날 인류는 제시문 (가)에 그려진 수렵 사회에서 제시문 (다)에 나타난 첨단 과학의 시대까지 나아왔고, 그 과정에서 자연을 지배하며 놀라운 문명을 이룩해 왔습니다. 그러나 극적인 인구 성장과 함께 자연을 파괴했고, 그로 인해 생존의 위기에 직면하게 되었습니다. 오늘날의 과제는 자연을 보호하고 인류의 삶을 지속 가능하게 하는 일입니다. 그러려면 제시문 (나)와 같은 자연 보호주의의 태도를 갖는 것이 필요합니다.

물론 제시문 (가)에 보이는 원시적 생태주의의 마음가짐을 회복해야 한다는 주장도 있을 수 있습니다. 그러나 직면한 위기를 해결하기에 제시문 (가)는 지나치게 수동적이고 소극적인 태도입니다. 70억 세계 인구가 이와 같은 생활 방식으로 복귀하는 것은 현실적으로 어려울 것입니다. 따라서 우리는 실현 가능한 범위에서 대안을 모색해야 합니다.

다른 한편으로 제시문 (다)처럼 발달한 생명 공학을 최대한 활용하는 것이 탈출구가 될 것이라고 주장도 있을 것입니다. 그러나 제시문 (다)는 우리가 직면한 문제를 일으킨 근본 원인이자 자연을 함부로 조작 가능한 수단으로 바라보는 반성 없는 태도에 불과합니다. 과학 기술이 얼마나 자연의 생산력을 증대해 주든, 지구의 자원은 한정되어 있기 때문에 인간의 무한한 욕구를 다 채울 수는 없을 것입니다. 자연을 보호하겠다는 태도부터 배우지 않는다면 돌이킬 수 없을 정도로 늦어버릴 것입니다.

개요

1. 인류가 직면한 문제 서술
2. 문제를 해결해 줄 입장의 선택: 제시문 (나)의 자연 보호주의
3. 제시문 (가)의 입장과 그에 대한 반론, 재반론
4. 제시문 (다)의 입장과 그에 대한 반론, 재반론

Tip & Advice

1. '논증하기' 문제이지만, '선택 논증'이므로 사실상 요령은 '평가하기'와 동일합니다. 특히 이번 문제는 타 입장의 한계를 강조하는 기각 논증을 필수로 요구하고 있으므로 좋은 연습이 될 것입니다.

2. 해결 방법에 있어서 중용을 지키는 것은 대부분의 경우에 무난한 답안이 될 수 있지만, 동시에 중간 입장이기 때문에 양극단 각각을 서로 다른 논리로 기각할 수 있습니다. 이 답안은 실현 가능성이라는 기준으로 제시문 (가)를, 성찰성을 기준으로 제시문 (다)를 비판합니다.

인류는 위기를 기회로 활용하는 창의력을 사용해서 진보해 왔습니다. 아무런 위기도 존재하지 않았다면 어쩌면 인류는 지금도 동굴 속에서 살고 있었을 것입니다. 따라서 관점을 바꾸어 시대의 위기를 우리가 앞으로 나아가야 할 미래에 대한 이정표로 재평가해야 합니다.

오늘날 인류는 폭발적 인구 성장과 그로 인한 기아 및 질병 문제에 직면해 있습니다. 아프리카에서는 지금도 수많은 아이들이 굶거나 치료받지 못해 죽어가고 있습니다. 제시문 (다)에 나타난 생명 공학은 인류가 이러한 문제를 진취적으로 해결할 수 있는 돌파구를 마련해 주고 있습니다. 우리는 자연을 최대한 창의적으로 활용함으로써 위기로부터 벗어나고 발전해 나가야 합니다. 유전자 변형 곡물은 동일한 재배 면적에서 더 많은 수확량을 제공할 수 있을 것이므로 기근 해결에 도움이 될 것입니다. 또한, 유전자 변형 동물을 의료 연구에 사용하면 난치병 환자들에게 필요한 도움을 더 빨리 제공할 수 있을 것입니다.

물론 자연의 훼손을 염려하는 제시문 (가)와 (나)의 입장에서, 제시문 (다)가 자연을 더욱더 파괴하는 결과를 불러올 것이라고 비판할 수도 있습니다. 그러나 필연적으로 그렇게 되리라고 단언할 수는 없습니다. 생명 공학은 친환경주의와도 조화를 이룰 수 있기 때문입니다. 예를 들어, 제시문에도 나왔듯 생명 공학을 활용해 동물들이 배출하는 메탄가스를 줄이면 결국 지구 온난화로 인한 피해도 줄어들게 될 것입니다. 과학 기술은 수단이므로 우리가 이를 친환경적 가치에 맞게 활용한다면 자연에 대한 부작용을 최소화하면서도 기아, 질병 등 중요한 문제들을 해결할 수 있을 것입니다.

개요

1. 위기와 창의성이라는 주제 제시
2. 직면한 위기의 성격과 그에 걸맞는 해결 방안 선택: 제시문 (다)
3. 제시문 (다)가 위기를 해결할 수 있는 근거 설명
4. 제시문 (다)에 대한 제시문 (가)와 (나) 입장의 반론과 그에 대한 재반론
5. 낙관적 전망 제시

Tip & Advice

자연의 파괴를 주된 위기로 보는 대신에 기아와 질병을 문제시한 '직면한 문제'라는 개념에 대해 차별화된 접근을 시도하고 해결 방법을 제시한 답안입니다. 제시한 입장의 한계를 지적한 뒤 약점을 보완하는 기각 논의의 방식을 취했습니다.

겉으로 보기에 제시문 (가)의 타요와 제시문 (나)의 화자는 모두 자연 앞에서 겸손한 마음가짐을 갖고 있습니다. 하지만 속마음을 들여다보면 두 사람이 겸손함을 느끼는 배후에는 전혀 다른 이유가 있습니다.

제시문 (가)에 드러난 겸손은 대자연 앞에서 자신이 미미한 존재이며, 대자연의 사랑 속에서만 살아갈 수 있는 존재라는 것에 대한 깨달음에서 비롯된 감정입니다. 타요의 세계에서 사람들은 자연이 사람들을 사랑하기 때문에 자발적으로 희생하여 사슴을 내어주는 것과 같이 보살펴 준다고 믿습니다. 사슴으로 상징되는 자연의 사랑이 없다면 사람들은 겨울바람과 산기슭으로 대표되는 자연의 혹독한 힘을 견딜 수 없을 것입니다. 타요의 감정은 어린 자녀가 자신을 지켜주는 부모에게 느끼는 것과 같은 감정입니다.

제시문 (나)에 드러난 겸손은 자신이 자연에 미치는 영향력, 특히 자연에 상처를 입히고 있음을 깨닫는 데서 오는 죄책감과 관련되어 있습니다. 그래서 화자는 소나무와 자작나무 중 베어낼 나무를 골라야 할 때 자신이 다른 생명에 미칠 해로움을 고려할 의무를 지고 있다고 느낍니다. 제시문 (나)는 자연이 인간을 보호해 주는 것이 아니라 인간이 자연을 돌볼 의무를 지고 있다고 봅니다.

제시문 (가)의 타요는 인간의 삶을 주재하는 자연의 힘을 인식하는 반면에 제시문 (나)의 화자는 오히려 자연에게 미치는 인간의 영향력에 주의를 기울이고 있다는 점에서 자연에 대한 태도는 매우 상이합니다.

개요

1. 제시문 (가)와 (나)의 공통점과 차이점 비교
2. 제시문 (가)에 나타난 겸손의 성격
3. 제시문 (나)에 나타난 겸손의 성격
4. 결론(양괄식)

Tip & Advice

1. [문제 1]과 마찬가지로 독해력을 평가하지만, 특정한 주제어(겸손함)를 제시하면서 제시문에 함축된 요소를 추론해 낼 수 있는 능력을 확인하고자 하는 문제입니다.

2. 예시 답안 (1)에서는 '자연과 인간의 관계에서 보호의 주체가 누구인가'를 기준으로 제시문 (가)와 (나)의 차이점을 정리했습니다.

제시문 (가)의 타요와 제시문 (나)의 화자는 모두 자연의 가치를 중요하게 여기는 공통점을 갖지만, 그 이유는 서로 다릅니다. 이로 인해 둘의 겸손함도 상반된 성격을 띠게 됩니다.

제시문 (가)의 타요가 자연에 대해 수동적이라면 제시문 (나)의 화자는 능동적입니다. 제시문 (가)의 타요는 겸손함을 느끼는 순간에 보름달의 커다란 크기와 자신의 작음을 비교하고 있고, 자연이 산기슭 바람과 같은 차가움도, 희생된 사슴과 같은 따뜻함도 줄 수 있는 전능한 존재임을 느끼고 있습니다. 반대로 제시문 (나)의 화자가 겸손함을 느끼는 순간은 자신이 어떠한 나무를 베어낼지를 결정할 때입니다.

이는 곧 제시문 (가)의 타요는 자연을 수단시하지 않는 반면에 제시문 (나)의 화자는 자연을 수단시하고 있음을 의미합니다. 제시문 (나)의 자연 역시 여러 생명체들에게 가치를 제공하기는 하지만 이는 이득과 손실, 즉 유용성 측면에서의 가치입니다. 제시문 (가)의 자연이 쓸모 있는 사슴 대신 무자비한 바람만을 준다고 해도 자연에 대한 타요의 겸손함은 줄어들지 않을 것입니다. 그러나 제시문 (나)의 화자에게 자연은 쓸모 있기에 가치가 있는 것이며, 쓸모로 인해 비로소 겸손을 느끼게 되는 것입니다.

결론적으로 타요는 자연에게 보호받는 객체로서 감사한 감정과 겸손을 느끼는 것과 달리, 자연 보전주의자는 자연을 수단으로 이용하는 주체로서 그 부작용에 대한 고려가 겸손으로 이어지고 있습니다.

개요

1. 제시문 (가)와 (나)의 자연에 대한 태도에 나타나는 공통점과 차이점 제시
2. 차이점 1: 주체 측면
3. 차이점 2: 수단 측면
4. 결론(미괄식)

Tip & Advice

주체와 대상, 수단과 방법, 과정과 같은 기준을 바탕으로 대립적 개념들을 적극 활용해서 구조화한 답안입니다. 제시문 (가)와 (나)가 문학적인 특성을 띠고 있으므로 비유와 상징을 찾아 그 함의를 해석하는 안목이 요구됩니다.

학교 측 출제 의도 및 평가 지침

출제 의도

⊙ [문제 1] 주어진 주제로 제시문을 정확하게 독해하고 이해하는 능력을 평가함

⊙ [문제 2] 제시문에 나온 태도를 실제 상황에 적용시켜 설명하는 창의력과 다른 의견을 예측하고 반박할 수
있는 비판력을 평가함

⊙ [문제 3] 꼼꼼한 독해를 통해 주어진 주제로 제시문을 이해하는 능력을 평가함

문항 해설

⊙ 학생이 주어진 제시문들을 '자연에 대한 태도'라는 주제로 읽어내고 각 제시문에 함의된 자연관을 유추하는
지, 그리고 주제에 관한 제시문 간의 유사점과 차이점을 이해하고 있는지를 평가함

⊙ 제시문에 나타난 '자연에 대한 태도'를 인류가 처한 문제에 창의적으로 적용하여, 이 태도가 문제 해결에 적
합하다고 판단할 수 있는지, 그리고 자신과 다른 태도를 가진 이의 입장에서 같은 문제를 바라보고 설명할
수 있는지, 마지막으로 자신의 생각을 조금 더 설득력 있게 주장할 수 있는지를 평가함

⊙ 학생이 주어진 제시문들에 나타난 '자연에 대한 태도'를 '겸손'이라는 주제어를 통해 읽어내고 각 제시문에 함
의된 자연관을 유추하는지, 그리고 주제에 관한 제시문 간의 유사점과 차이점을 이해하고 있는지를 평가함

※ 제시문을 읽고 물음에 답하시오.

(가)

인생은 그 자체로 의미를 지니지 않는다. 인생을 오랫동안 고통 없이 즐겁고 행복하게 살아왔다고 하더라도, 그 인생은 덧없고 의미 없는 것일 수 있다. 우리 인생은 그 자체로 귀중하다고, 그래서 태어나서 하루하루 숨을 쉬고 살아가고 있다는 사실만으로도 다른 동물의 삶이 지니지 못한 의미를 가진다는 말에 사람들은 자동적으로 고개를 끄덕이고는 한다. 하지만 그들이 고개를 끄덕이는 이유는 그 말에서 위안을 얻기 때문이지 그 말이 진실을 담고 있어서가 아니다. 몇몇 예외적 경우를 제외하면 우리는 각자의 인생에 강한 애착을 가진다. 허나 그렇다고 해서 그 사실이 인생을 의미 있게 만들지는 못한다. 자기 보존에 대한 강한 열망은 동물에게나 사람에게나 맹목적으로 주어진 것일 뿐이니 말이다. 그럼 유의미한 인생이란 어떠한 인생인가? ㉠ 유의미한 인생이 무엇을 뜻하는지 보다 명료하게 이해할 수 있는 방법은 분명히 무의미하다고 생각되는 인생의 사례를 고려해 어떠한 특징 때문에 그 인생이 무의미하게 판단되는지 알아보는 것이다. 그러면 우리는 이를 바탕으로 유의미한 인생의 조건을 알 수 있게 된다.

(나)

행복할 때면 우리는 항상 '좋은 상태'에 있는 거지만 좋은 상태에 있다고 우리가 항상 행복한 건 아니야. 좋은 상태라는 것이 무엇이냐고? 좋은 상태란 자신과 조화를 이루고 있는 거지. 부조화는 억지로 다른 사람과 조화를 이루려는 거고. 자신의 삶, 그게 중요한 거야. 도덕군자인 척하거나 청교도가 되고 싶어 하는 사람은 자기 이웃의 삶에 대한 도덕적 견해들을 떠들어대겠지만 이웃들은 정작 그의 관심사가 아니야. 현대의 도덕은 자기 시대의 기준을 받아들이는 것으로 되어 버렸어. 하지만 나는 교양 있는 사람이 자기 시대의 기준을 받아들이는 것이 가장 천한 부도덕이라고 생각해.

문제 1

제시문 (가)의 밑줄 친 ㉠을 토대로 무의미하다고 생각되는 인생의 사례를 둘 이상 고려하여 유의미한 인생은 어떠한 인생인지 자신의 의견을 말하시오(단, 고려할 인생의 사례 중 최소한 하나는 문학 작품에서 택할 것).

문제 2

제시문 (나)의 화자가 말하는 '좋은 상태'의 인생을 자신이 제시한 유의미한 인생과 비교하여 평가하시오.

　무의미한 인생의 첫 번째 사례로 저는 채만식의 「태평천하」에 나오는 윤직원을 들고 싶습니다. 그는 속임수와 착취, 구두쇠 같은 성미로 지주가 되어 큰 재산을 모았지만, 부를 이용해 남들을 도울 생각은 추호도 없이 지위와 향락만을 추구하며, 오히려 자신의 부를 보호해 주는 일제야말로 고마운 존재라고 믿는 사람입니다. 이처럼 윤직원은 물질적 가치에 집착해 정신적 가치를 상실한 인물입니다.

　두 번째 사례로 저는 나치의 유태인 학살에 부역했던 아이히만을 들고 싶습니다. 아이히만은 수많은 유대인들을 가스실로 이송해 죽게 만든 관리 책임자였습니다. 그가 전후 이스라엘 법정에 세워졌을 때 사람들은 그가 지은 죄뿐만 아니라 그의 뉘우침 없는 태도에도 놀랐다고 합니다. 수백만의 유대인들의 죽음에 직접 책임이 있는 인물이었음에도 불구하고, 그는 자신이 법과 상부의 지시에 복종한 것이기 때문에 양심적으로 행동한 것이라고 스스로를 변호했습니다. 아이히만 역시 절차적 가치에 집착해 실질적 가치를 상실한 인물입니다.

　저는 유의미한 삶을 살기 위해 작은 가치에 눈이 멀어 큰 가치를 도외시해서는 안 된다고 생각합니다. 물론 어떠한 것이 더 큰 가치인지 판가름하려면 기준이 필요할 것입니다. 윤직원과 아이히만은 공통적으로 자신의 이익이나 직업적 의무에만 생각이 매몰되었고, 자신의 행동이 남들에게 미치는 영향에 대해서는 고려하지 않았습니다. 의미 있는 인생을 살기 위해서는 남을 고려하는 도덕적 판단을 자신의 가치에 반영해야 합니다.

개요

1. 무의미한 인생의 사례 1, 교훈 추출
2. 무의미한 인생의 사례 2, 교훈 추출
3. 교훈 일반화, 유의미한 인생의 정의 도출

1. 제시문은 '인생은 그 자체로 의미를 지니지 않는다'라는 문장으로 시작됩니다. 이는 특정한 조건에서 인생이 의미를 지닐 수도 있다는 말입니다. 이 조건이 무엇인지를 논리적으로 주장하는 것이 이 문제의 핵심입니다.

2. 밑줄 친 ㉠은 '무의미한 인생의 사례를 찾는 것이 유의미한 인생의 정의를 도출하기 위한 것'임을 명시하고 있습니다. 따라서 유의미한 인생의 특성은 무의미한 인생의 특성을 반대로 뒤집은 것이어야 합니다.

3. 두 명 중 한 명 이상의 사례를 문학에서 들라고 했으므로 다른 한 명은 문학 밖에서 찾아도 됩니다. 주의할 점은 가급적 보편적 사례에서 찾아야 하고, 논쟁의 소지가 큰 경우는 피해야 한다는 것입니다. 역사, 신화, 영화 등 문화적 공유 자산 속에서 예를 찾아봅시다. 다만, 최신 정치 사례, 종교 인물, 개인적 인간 관계 등을 예로 이용하는 것은 다소 부담이 있습니다.

4. 사례 하나가 아닌 둘을 들라고 했으므로 둘 사이에는 차별화되는 부분이 있어야 합니다. 사실상 완전하게 똑같은 사례를 듣기 위해 사례를 두 개나 물어보지는 않았을 것입니다. 그렇다고 두 사례가 너무 달라서 일반화가 불가능한 수준이면 더더욱 안 됩니다. 서로 미세한 차이가 있는 두 개의 개별 사례로부터 '무의미한 인생'의 공통적 특징을 일반화해서 도출해야 할 것입니다. 단지 두 사례를 나열하는 데 그치지 말고 그 특징을 일반화해야 한다는 점을 잊지 않아야 합니다.

　인간은 사회적 관계 속에서 삶의 의미와 정체성을 찾을 수 있습니다. 삶의 의미가 생존 이상의 무엇이라고 한다면, 그것은 개인의 내면이 아니라 타인과의 관계에서 찾아질 수 있습니다. 저는 그러한 관계 맺기가 잘 이루어지지 못한 사례로 「로빈슨 크루소」의 주인공 로빈슨과 「이방인」의 주인공 뫼르소를 들고 싶습니다.

　로빈슨 크루소는 배가 난파당해 무인도에 혼자 남게 된 인물입니다. 그는 뛰어난 지성을 이용해서 척박한 섬을 개척하고 무려 이십 년이 넘는 세월 동안 홀로 살아남는 데 성공합니다. 그는 계속해서 무인도를 떠나고 싶어 하지만, 그럼에도 그는 친구가 될 수 있는 유일한 인간인 프라이데이를 발견했을 때 그와 진정한 상호 관계를 맺지 못합니다. 그저 백인 사회의 주종 관계를 일방적으로 적용하면서 프라이데이를 자신의 노예, 즉 객체로 만들고, 스스로는 고독한 주체로 머무를 뿐입니다. 무인도 자체에서 새로운 관계와 의미를 능동적으로 창조해 낼 가능성을 잃어버리고 있는 것입니다.

　한편, 뫼르소 역시 타인들과 진정한 상호 관계를 맺지 못합니다. 소설 도입부에서 그는 어머니가 돌아가셨는데도 코미디 영화를 보러 가는 등 비인간적인 면모를 보입니다. 클라이맥스에서는 햇빛이 눈 부시다는 부조리한 이유로 사람을 총으로 죽이기도 합니다. 그는 인간 사회와의 감정적 연결고리를 거부하고 결국 사형 직전까지 폐쇄적인 태도로 독백을 하다 인생을 끝맺게 됩니다. 뫼르소는 삶에 자동으로 주어진 의미가 없다는 사실을 인식하지만, 이를 바꿀 수 없다고 생각한 나머지 능동적으로 새로운 의미를 창조해 내지 못했습니다.

　로빈슨 크루소의 경우, 자기 보존에 강한 애착을 보이고 있지만, 그에게 생존 외의 어떠한 가치도 발견되지 않습니다. 이는 아무런 사회적 관계가 없을 때 인간은 동물적인 생존을 뛰어넘는 가치를 이룩할 기회가 없음을 보여줍니다. 더 나아가 뫼르소의 경우, 관계 맺기의 실패로 인해 인생에 가치를 부여하지 못하고, 남과 자신의 목숨을 경시하게 되었음을 보여줍니다. 이로 미루어 볼 때, 인생의 의미는 혼자서 만들어낼 수 있는 것이 아니라 서로가 서로에게 주는 것이라는 사실을 알 수 있습니다. 서로를 주체로 존중하는 상호 승인의 관계 속에서 인생의 의미를 찾을 수 있을 것입니다.

개요

1. 삶의 의미의 원천에 대한 주장
2. 의미 없는 삶의 사례 1: 로빈슨 크루소
3. 의미 없는 삶의 사례 2: 뫼르소
4. 무의미한 삶의 조건 일반화 → 유의미한 삶의 조건 추론(상호 승인의 관계)

다양한 문학 작품을 읽은 학생들도 '무의미'한 인생의 사례를 떠올리라는 요청에는 당황할 수 있습니다. 보통 기억에 남는 작품 속 인물들은 '유의미한 교훈'을 주는 경우가 대부분이기 때문입니다. 반드시 주인공이 아니더라도 주변 인물 중에서 찾을 수도 있습니다. 문학 작품에는 긍정적 인물형뿐 아니라 부정적 인물형도 등장하므로 충분히 답변에 활용할 수 있을 것입니다.

제시문 (나)에서 화자는 '좋은 상태'의 인생에 대해 설명하고 있습니다. 우선 좋은 상태는 단지 행복한 상태가 아니며, 남들의 기준에 억지로 맞추려고 하지 않고 자신의 소신대로 살아가는 상태를 말합니다. 이럴 때 사람은 행복하거나 불행할 수도 있지만, 고귀한 상태라는 것이 화자의 주장입니다.

인간은 소신대로 살 필요가 있다는 점은 저도 동의합니다. 그러나 소신이 무조건 올바르다고 말할 수는 없습니다. 목적과 무관하게 단지 소신만을 강조한다면 자칫 자기 자신만을 위한 삶을 누리는 데 그치고, 다른 사람들의 권리를 파괴해 버릴 수도 있다고 생각합니다. 윤직원과 아이히만도 자기 기준에 따른 만족이라는 측면에서는 부족한 점이 없었습니다. 그들은 심지어 자신들의 악행에 대해서도 어쩌면 '억지로 다른 사람과 조화를 이루려' 하지 않았을 뿐이라고 항변할지도 모릅니다. 즉, 제시문 (나)의 화자의 입장만으로는 윤직원과 아이히만을 비판할 수 없을 것입니다.

저는 윤직원과 아이히만이 자신들의 부와 지위를 도덕적 목적에 맞게 이용했어야만 비로소 의미 있는 인생이 되었을 것이라고 봅니다. 도덕적 목적을 따를 때 윤직원은 일제에 저항하는 비판적 역사의식을 가지고, 아이히만은 나치의 만행을 저지하는 과정에서 사회에 저항하는 모습을 발견하게 될 것입니다. 이때의 저항은 단순히 남과 다르게 행동하기 때문에 의미 있는 것이 아니라, 도덕적 동기와 목적에서 비롯되었기 때문에 비로소 의미를 갖게 되는 것입니다.

개요

1. 제시문 (나)의 화자가 말하는 '좋은 상태'의 인생 요약
2. 제시문 (나)의 화자의 관점에서 인생을 판단할 때의 한계점
3. 본인의 입장이 해당 한계점을 어떻게 보완하는지 설명

1. 두 가지 사항을 평가하는 문제입니다. 제시문 (나)의 화자가 말하는 '좋은 상태'가 뜻하는 바를 이해하고 논리적으로 설명할 수 있는지, 그리고 '좋은 상태의 인생과 본인이 제시한 유의미한 인생을 비판적으로 비교하고 평가할 수 있는지'를 묻고 있습니다.

2. 비교하고 평가하는 부분에서는 [문제 1]에서 답변한 자신의 의견이 제시문 (나)의 화자의 의견과 유사한 지, 상이한지에 대한 판단이 가장 먼저 이루어져야 합니다. 유사하다고 하더라도 제시문 (나)의 화자에게 맞장구만 친다면 조금 심심한 답안이 될 우려가 있습니다. 가능하면 공통점뿐만 아니라 차이점도 도출 해 보는 것이 좋습니다.

3. 제시문 (나)의 화자는 자신의 뚜렷한 소신 없이 남들의 기준에만 맞추어 살아가려 하는 현대인의 태도를 비판하고 있습니다. 제시문 (나)의 의견을 어떻게 이해했는지 언급하는 것을 잊지 맙시다. 응시자의 독해 력 또한 평가 기준의 하나이기 때문입니다.

4. [문제 2]에서는 [문제 1]에서 이야기한 '본인의 의견'과 제시문 (나)의 화자의 의견을 비교할 것을 요구했 으므로 [문제 1]에서 나왔던 부정적 사례들을 꼭 언급해야 하는 것은 아닙니다. 다만 연속된 질문이므로 경우에 따라서 적절하다고 본다면 어느 정도 활용할 수 있을 것입니다.

우리는 과거와 달리 신분에 따른 차이가 사라진 사회에 살고 있습니다. 또한, 대중문화의 홍수로 인해 개성이 사라지고 획일화되는 양상도 나타나고 있습니다. 이러한 시대적 특성에 비추어 볼 때, 타인의 기준을 무비판적으로 수용하지 않고 자신의 정체성을 주체적으로 찾아야 한다는 제시문 (나)의 화자의 입장은 적절하고 유용한 조언이라고 할 수 있습니다.

그러나 우리는 몰개성을 경계해야 하는 것과 마찬가지로 독단도 경계해야 합니다. 제시문 (나)의 화자는 바람직한 삶을 살기 위해 시대적 기준에 구애받지 말아야 한다는 주체성의 측면만을 강조했습니다. 그런데 이는 자칫 관계 맺기를 전면적으로 거부하는 폐해를 낳을 수도 있습니다.

저는 타인이 우리가 삶의 의미를 찾는 데 꼭 필요한 존재라고 생각합니다. 타인과 억지로 조화를 이루기 위해 자신과 부조화를 이루어서도 안 되지만, 마찬가지로 자신과의 조화를 위해 타인과의 관계는 아랑곳하지 않는 태도도 위험합니다. 주체성과 호혜적 관계는 둘 다 인생의 중요한 가치입니다. 자신과 타인을 모두 고려하고 상호 존중의 관계를 맺는 것이야말로 우리가 유의미한 인생을 위해 지향해야 할 지점이라고 생각합니다.

개요

1. 시대상에 비춘 제시문 (나)의 인생관의 유효성
2. 제시문 (나)의 인생관의 단점 제시
3. 제시문 (나)의 인생관과 본인의 인생관의 절충적 종합

Tip & Advice

제시문 (나)의 화자의 의견 중 어떠한 부분에 찬성할 수 있고, 어떠한 부분은 비판할 수 있는지 논리적으로 제시한다면 독해력과 비판적 사고력을 동시에 보여줄 수 있을 것입니다.

학교 측 출제 의도 및 평가 지침

출제 의도

◐ [문제 1] 사례를 바탕으로 일반적 조건을 찾아 가는 창의력과 논리적 분석력을 평가함

◐ [문제 2] 관련 주제에 대해 상대방의 견해를 이해하고 이를 자신의 견해와 비판적으로 검토해 보는 능력을 평가함

문항 해설

◐ 무의미하다고 생각되는 인생의 사례들을 고려하고, 그 사례에서 발견되는 어떠한 특징으로 인해 그 인생이 무의미한 것으로 판단되는지 설명하며, 이를 바탕으로 유의미한 인생의 조건을 추론하는 능력을 평가함

◐ 제시문 (나)의 화자가 말하는 좋은 상태가 뜻하는 바를 제시문을 바탕으로 설명하고, 좋은 상태의 인생과 유의미한 인생에 대한 자신의 견해를 비교하여 비판적으로 검토하는 능력을 평가함

※ 제시문을 읽고 물음에 답하시오.

(가)

출판 기술이 발전되고 문해율이 높아지면서 독서 인구가 급상승했다. 읽기와 쓰기 능력의 신장은 우리로 하여금 타인의 관점을 취해 보게끔 하고, 자기와는 다른 사람들을 공감의 대상으로 아우르도록 감정 이입의 범위를 넓혔다. 이에 따라 사회가 더 인간적인 면모를 가지게 됨으로써 인류 역사에서 폭력이 점차 감소하게 되었다.

독서는 관점 취하기(perspective-taking)의 기술이다. 누군가의 관점을 취한다는 의미의 감정 이입은 타인에 대해 연민을 느낀다는 의미의 감정 이입과 다르다. 그런데 전자는 자연스럽게 후자로 이어진다. 타인에 대한 연민은 선천적으로 타고난 자연스러운 감정이 아니다. 타인의 관점을 취함으로써 자신과 동일하지는 않지만 비슷한 존재를 떠올리게 된다. 또한, 글을 읽음으로써 타인의 생각 속으로, 나아가 타인의 기쁨이나 고통 속으로 들어갈 수 있다. 따라서 살인, 복수, 학살, 강간, 전쟁, 약탈, 고문, 학대를 비롯한 야만적인 폭력, 반인륜적인 악습이나 관행이 금지되어야 한다는 생각이 확산된다.

독자를 편협한 관점에서 벗어나게 만드는 문해력의 힘은 허구적인 문학, 특히 서간체 소설에서 잘 드러났다. 중세 서사시들이 영웅, 귀족, 성인의 공적을 노래한 데에 비해 서간체 소설은 평범한 사람들의 갈망과 상실을 생생하게 그렸다. 주인공의 입으로 직접 이야기를 전달하는 서간체 소설은 실체가 없는 화자가 멀리서 바라보며 묘사할 때와 달리 인물의 생각과 감정이 즉각적으로 노출되었다. 성인 남성 독자들이 자기와는 아무런 공통점이 없는 평범한 여성이나 심지어 하녀가 겪는 금지된 사랑, 견디기 힘든 정략결혼, 잔인한 운명의 반전을 읽으며 눈물을 펑펑 쏟았다.

문해 능력과 마찬가지로 대중 매체에 대한 접근성이 계속 향상되면서 사람들은 자기와 다른 사람들의 존재를 더 많이, 더 직접적으로 인식하게 되었다. 영상 매체나 인터넷을 비롯한 미디어 혁명은 소통과 공감을 통해 우리로 하여금 타인의 고통을 느끼게 하고 그들의 삶과 우리의 삶을 서로 연결 짓도록 만든다. 이처럼 인류는 일반적인 견해와 달리 문명 발달을 통해 폭력성을 지속적으로 약화시켜 왔다.

(나)

자연 상태란 인간의 자기 보존을 향한 노력이 타인의 보존에 가장 해를 끼치지 않는 상태다. 그러한 상태는 결과적으로 평화롭게 살아가는 데에 가장 적합하며 인류에게 가장 바람직한 것이다. 자연 상태에서 인간은 서로 간의 도덕적 관계나 의무가 분명하지 않기 때문에 선인일 수도 악인일 수도 없으며, 미덕도 악덕도 가지고 있지 않았다.

때로는 인간이 자신의 강렬한 이기심을 약화시키는 원리가 있다. 이 연민의 원리로 말미암아 인간은 타인의 괴로움을 보고 싶지 않다는 선천적인 감정에서 이기심을 억제한다. 타인이 고통 받는 모습을 보고 깊이 생각할 여지도 없이 도와주러 나서게 되는 것은 바로 연민 때문이다. 이것은 문명화 과정에서도 사라지지 않은 자연스럽고 순수한 힘이다. 연민은 이기심의 작용을 완화하며 인류 전체의 보존에 기여한다.

많은 이들은 인간이 본래 잔인하므로 이를 교정하기 위해 규제와 단속이 필요하다는 성급한 결론을 내렸다. 그런데 자연 상태의 사람들만큼 온순한 자들은 없었다. 우둔한 짐승과 약삭빠른 문명인의 중간 상태에 놓인 그들은 자기를 위협하는 존재로부터 몸을 지키는 것으로 충분했다. 그들은 타고난 연민으로 인해 타인에게 폭력을 가하지 않도록 스스로 억제할 수 있었으며, 타인에게 피해를 입더라도 타인을 해칠 마음은 일어나지 않았다.

자연 상태에 대해 깊이 생각하면 할수록 그러한 상태가 인간에게 최상의 상태였음을 깨닫게 된다. 자연 상태에서 인류는 항상 그 단계에 머물러 있도록 만들어진 것이며, 그 상태는 세계의 진정한 청춘기이고, 이후의 모든 문명의 진보는 외견상 개인의 개선을 향한 진전으로 보이나 실상은 인류의 쇠퇴를 향한 발걸음이었을 뿐이다.

(다)

우리가 속한 사회적 네트워크는 직접적으로든 간접적으로든 우리의 행위에 영향을 미친다. 사회 환경이 폭력의 무대가 되어 버리면 폭력적 행동은 전염병처럼 퍼져 나간다. 폭력에 대한 환경의 역할을 다룬 연구에 의하면 폭력 범죄가 빈번한 도시에 사는 아이일수록 타인과의 상호 작용이 공격적이다. 통시적 자료를 분석한 연구도 전쟁을 겪은 나라는 폭력에 문화적으로 동화되어 범죄율이 높아진다는 결론을 내놓았다.

한편 대중 매체의 경우도 마찬가지다. 미디어의 영향력에 대한 연구에서 아이들에게 일정 시간 동안 폭력적인 TV 프로그램을 보여 주었다. 그 후 과외 활동 시간에 아이들의 모습을 비디오로 몰래 찍어서 신체적, 언어적 폭력성을 관찰했다. 연구자들은 아이들의 거칠고 공격적인 언행이 폭력적인 프로그램을 보지 않은 아이들에 비해 몇 배나 많이 나타났다고 발표했다. 특히 온라인 게임은 영상물보다 그 영향력이 더 강한 것으로 나타났다.

부정적 행동의 모방만 고려할 수는 없다. 행동 모방 원칙은 긍정적 행동에도 확실히 적용된다. 한 사람의 협력 행동이 전혀 교류가 없던 다른 사람에게 확산되는 양상은 실험을 통해 쉽게 볼 수 있다. 예컨대 나와 전혀 모르는 사이일지라도 기부 행위와 자원 봉사 등 여러 영역에서 나에게 영향을 미칠 수 있다.

(라)

다음 그림은 A 도시에서 2008년부터 2016년까지 학교 폭력에 영향을 미칠 수 있는 요인들과 학교 폭력 발생 건수를 보여 준다.

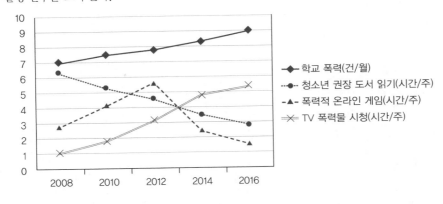

문제 1

제시문 (가)와 (나)를 근거로 하여 다음 질문에 답하시오.

1-1 ▶ 제시문 (가)와 (나)에 드러난 인류 문명과 폭력의 관계를 비교·분석하시오.

1-2 ▶ 제시문 (가)와 (나)에 드러난 연민과 폭력을 바라보는 관점의 공통점과 차이점을 설명하시오.

문제 2

제시문 (가), (다), (라)를 근거로 하여 다음 질문에 답하시오.

2-1 ▶ 제시문 (라)에 나타난 학교 폭력과 그 요인들의 특징을 분석하시오.

2-2 ▶ 제시문 (가)에 근거하여 제시문 (라)에 나타난 요인들과 학교 폭력의 관계를 종합적으로 설명하시오.

2-3 ▶ 제시문 (다)에 근거하여 제시문 (라)에 나타난 요인들과 학교 폭력의 관계를 종합적으로 설명하시오.

제시문 (가)와 (나)는 모두 인류 문명의 발달에 따라서 폭력성이 변화해 왔다고 보지만, 제시문 (가)는 폭력이 줄어들었다고 보는 반면에 제시문 (나)는 폭력이 늘어났다고 봅니다.

제시문 (가)에서 문명 발달이 폭력성을 감소시킨다고 생각하는 이유에는 문해율의 증가와 대중 매체의 발전을 들 수 있습니다. 이를 통해 개인이 타자의 처지에 자신을 대입해 볼 수 있는 기회가 늘어났습니다. 과거에는 직접적인 소통만이 가능했지만, 이제는 문학을 통해 타인의 경험을 간접 체험하고, 대중 매체를 통해 타인을 간접 관찰하여 원격 소통할 수 있게 된 것입니다. 이러한 변화가 공감의 폭과 빈도를 증가하게 하여 사람들이 역지사지 할 수 있게 도움으로써 폭력성을 감소시켰다고 주장합니다.

이와 달리 제시문 (나)에서 문명 발달이 폭력성을 증가시켰다고 생각하는 이유는 인구 밀도 증가와 연민의 감정 약화입니다. 문명 발달 이전에는 낮은 인구 밀도로 인해 개인의 활동이 타인에게 긍정적·부정적 영향을 끼칠 계기 자체가 적었으며, 원시 상태의 인간에게 근본적으로 존재하는 감정인 연민은 쌍방 이기주의와 적대적 갈등으로 이어지는 현상을 줄여주었습니다. 제시문 (나)에 따르면 연민의 감정은 여전히 존재하지만, 사람들은 보다 약삭빠르고 이기심이 커졌습니다. 이와 함께 인구 증가로 어쩔 수 없이 더 많은 충돌과 마찰이 불가피하게 되었다고 보고 있습니다.

개요

1. 제시문 (가)와 (나)의 입장 비교: 문명의 발달로 폭력이 줄어듦 vs 늘어남
2. 제시문 (가)의 근거: (1) 문해율 증가, (2) 대중 매체 발전
3. 제시문 (나)의 근거: (1) 인구 밀도, (2) 연민의 본성

Tip & Advice

제시문의 내용을 언급할 때 그 표현을 그대로 반복하기보다 자신의 표현으로 적당히 바꾸어서 이야기하는 것이 좋습니다. 제시문을 외워서 되풀이하는 것이 아니라 올바로 이해하고 소화했다는 사실을 면접관 선생님에게 정확하게 전달할 수 있습니다.

　제시문 (가)와 (나)는 인류 문명의 발달이 폭력에 일으키는 변화를 정반대 방향으로 분석하고 있으며, 문명 발달로 인한 사회적 변화가 사람들의 심리에 어떠한 변화를 불러오는지에 대해서도 차이를 보입니다.

　문명 발달로 인한 중요한 변화로 두 제시문은 공통적으로 타인과의 접촉 빈도가 증가했다는 사실을 지적하고 있습니다. 제시문 (가)는 독서와 대중 매체를 통해 타인의 존재를 인식하게 되는 빈도가 늘어난다고 말합니다. 또한, 제시문 (나)는 과거에 자기 보존에 대한 노력이 우선되어 타인에게 해를 끼치지 않았을 만큼 평화로웠다고 주장합니다. 문명화 과정으로 인해 이러한 자연 조건이 제거되어 타인과의 접촉이 늘게 되었고, 문명 발달로 이어지게 된 것입니다. 제시문 (가)는 간접적 접촉, 제시문 (나)는 직접적 접촉 증가를 강조한다는 차이는 있지만, 둘 다 타인과의 접촉 빈도 증가를 문명화의 중요한 결과로 보고 있다는 점에서 일치합니다.

　제시문 (가)는 문명 발달이 가져온 타인과의 접촉 빈도 증가가 연민과 공감의 기회를 증가시켜서 폭력성을 낮출 것이라고 봅니다. 글이나 영상 매체 등을 통해 타인의 입장을 자신의 입장인 것처럼 상상해 볼 수 있게 됨으로써, 자신의 관점에서 그르다고 생각되는 일이 남의 관점에서는 옳을 수도 있음을 이해하게 되는 것입니다. 이와 달리 제시문 (나)에서는 타인과의 접촉 빈도 증가로 인해 자연 상태에서는 필요하지 않았던 도덕적 권리와 의무, 규제와 단속 등이 생겨나 서로를 옭아매게 되었고, 약삭빠르게 상대방을 속이고 이익을 취하는 경우도 늘었다고 봅니다. 이러한 인위적 요소들은 원래 자연 상태에서는 필요하지 않았던 것들이기 때문에 문명 상태는 자연 상태보다 몰락한 폭력적 상태라고 표현합니다.

　요컨대 문명 발전으로 인한 타인과의 접촉 빈도 증가에 대해 제시문 (가)는 공감 기회의 증가로 폭력성이 감소할 것으로 파악한 반면에 제시문 (나)는 규제와 단속이 필수적이 될 만큼 불가피하게 폭력이 증가할 것으로 파악하고 있습니다.

개요

1. 제시문 (가)와 (나)의 입장 차이 및 그러한 차이가 나타나는 원인 분석
2. 부연 설명 1: 제시문 (가)와 (나)의 사실 해석은 공통적
3. 부연 설명 2: 일차적 사실이 이차적으로 심리에 끼치는 영향에 대한 상반된 해석

비교 포인트를 제시한 후 제시문 (가)와 (나)를 병렬시켜 비교하는 열거형 답변입니다. 이러한 유형의 답변은 시작부터 곧바로 분석의 중심 포인트를 제시하고, 비교 포인트를 중심으로 내용 단위를 짧게 끊어서 구술하는 방법이기 때문에 일반적인 답변보다 분석적인 인상을 줄 수 있습니다.

제시문 (가)와 (나)의 화자는 모두 연민과 폭력성이 상반된 방향으로 작용하는 힘이라고 보는 공통점이 있습니다. 연민의 감정은 사람들로 하여금 다른 사람의 고통에 반응하게 하고, 폭력과 복수를 억제하는 효과가 있습니다. 그런데 연민과 폭력성 중 어느 쪽을 더 본래적인 본성으로 보는지에 대해 제시문 (가)와 (나)는 서로 반대되는 입장을 취하고 있습니다.

제시문 (가)의 화자는 폭력이 선천적이고 연민은 후천적이라고 봅니다. 연민은 '선천적으로 타고난 자연스러운 감정이 아니다'라고 말하며, 타인의 관점을 상상하는 법을 배움으로써 일종의 교양처럼 후천적으로 획득하게 되는 것이라고 주장합니다. 반면에 폭력성은 연민이 결여된 결과인데, 제시문 (가)의 입장에서는 연민은 선천적 본성이 아니므로 오히려 폭력이야말로 본연적 상태라고 볼 수 있습니다.

이와 대조적으로 제시문 (나)의 화자는 연민이 선천적이고 폭력은 후천적이라고 봅니다. 연민은 '타인의 괴로움을 보고 싶지 않다는 선천적인 감정'으로, 누구에게나 선천적으로 존재하는 본성의 일부라고 주장합니다. 반면에 폭력성은 문명의 진화로 인해 이기심만이 계발된 개인들이 타인을 해칠 마음을 품게 되면서 일어나는 현상으로, 본성을 잃고 타락한 상태라고 할 수 있습니다.

결론적으로, 제시문 (가)의 화자는 선천적인 폭력이 후천적인 연민에 의해 감소한다고 보지만, 제시문 (나)의 화자는 선천적인 연민이 후천적인 폭력성의 증가로 힘을 잃는다고 본다는 차이가 있습니다.

개요

1. 연민과 폭력에 대한 관점의 공통점: 연민↓ → 폭력↑
2. 제시문 (가)의 '연민과 폭력'에 대한 관점
3. 제시문 (나)의 '연민과 폭력'에 대한 관점
4. 마무리

Tip & Advice

차이점을 분석할 때, 각 제시문의 주된 주장을 기준으로 하나씩 서술하면 단순하지만 체계적인 답변이 될 수 있을 것입니다.

제시문 (가)와 (나)가 연민과 폭력을 바라보는 관점을 비교해 보겠습니다. 두 제시문은 먼저 폭력을 필연적이거나 필요한 것으로 보지 않고 제거될 수 있으며 제거되어야 하는 대상으로 본다는 공통점이 있습니다. 또한, 연민이 폭력을 억제한다는 관점도 공유하고 있습니다.

반면에 제시문 (가)와 (나)는 연민과 폭력이 어떻게 생겨나는가에 대한 관점에서는 차이를 보입니다. 제시문 (가)는 연민을 학습과 감정 이입을 통해 능동적으로 함양해야 한다고 여기지만, 제시문 (나)는 연민이 자동적으로, 즉 저절로 존재한다고 여깁니다. 따라서 제시문 (가)에서 연민은 능동적으로 얻어지는 특수한 특성이지만, 제시문 (나)에서는 자동적으로 존재하는 보편적 성질입니다.

폭력이 생겨나는 동기에 대해서도 제시문 (가)와 (나)는 입장의 차이를 보입니다. 제시문 (가)는 폭력의 발생과 감소에 공감, 소통과 같은 정서적 동기가 결정적 역할을 하며, 독서와 대중 매체의 도움으로 사람들의 공감, 소통의 시간이 증가하고 폭력은 감소하게 된다고 봅니다. 한편, 제시문 (나)는 문명 발달로 인한 접촉 증가와 이해관계 상충과 같은 물질적 동기가 폭력성의 발현에 중요한 원인이 된다고 보고 있습니다. 이처럼 제시문 (가)는 폭력의 정서적 원인에, 제시문 (나)는 폭력의 물질적 원인에 중점을 두고 주장을 전개하고 있다는 차이가 있습니다.

개요

1. 공통점 1: 폭력을 필연적이거나 필수적인 것으로 보지 않음
2. 공통점 2: 연민이 폭력을 억제한다고 봄
3. 차이점 1: 연민은 능동적 vs 자동적 특성
4. 차이점 2: 폭력은 정서적 vs 물질적 동기로 인해 발생

Tip & Advice

예시 답안 (2)는 공통점과 차이점의 비중을 유사하게 두어 균형감 있게 답변했다는 점에서 특징적입니다. 비교하기 문제는 비단 차이점만 찾는 것만을 요구하지 않고, 공통점까지 찾는 것을 요구합니다. 이 점을 잊지 않고 답변을 구상할 수 있도록 유의하기를 바랍니다.

　제시문 (라)는 2008년부터 2016년까지 꾸준한 증가를 보이고 있는 A 도시 학교 폭력 건수와 이에 영향을 미치는 요인들의 추세 변화를 그래프를 통해 나타내고 있습니다. 우선 A 도시의 학교 폭력은 2008년 월 약 7건에서 2012년 약 8건, 2016년 약 9건으로 꾸준하게 증가해 왔습니다. 학교 폭력의 증가에 영향을 미치는 첫 번째 요인인 청소년 권장 도서 읽기에 투여된 시간은 같은 기간 동안 일관되게 감소해 주 6시간에서 3시간으로 떨어졌고, 그 공백은 TV 폭력물을 시청하는 시간으로 채워졌습니다. 2008년에 TV 폭력물 시청 시간은 주 1시간에 불과했지만, 2016년에는 5시간 이상으로 늘어났습니다. 그래프는 폭력적 온라인 게임을 이용한 시간도 조사했는데, 2008년 주당 3시간에서 2012년 주당 5.5시간으로 정점을 찍었으나, 이후 지속적으로 감소하여 2016년에는 주당 2시간 미만으로 오히려 낮아진 양상을 보였습니다. 결과적으로 학교 폭력은 청소년 권장 도서 읽기 시간과 부의 상관관계를, TV 폭력물 시청 시간과는 정의 상관관계를 나타낸 반면에 폭력적 온라인 게임 이용 시간과는 뚜렷한 상관관계를 보이지 않았습니다.

개요

1. 제시문 (라)에 나타난 학교 폭력의 증가 추세
2. 청소년 권장 도서 읽기, 폭력적 온라인 게임, TV 폭력물 시청의 추세 변화
3. 요인별 상관관계 요약 정리

Tip & Advice

자료 분석 문제는 자료에 드러나 있는 추이를 정확히 파악하여 언급하는 1차 해석과 그러한 추이가 나타나는 이유에 대한 의견 제시인 2차 해석이 균형을 이루어야 좋은 답변입니다. 제시된 문제는 [문제 2-2]와 [문제 2-3]에서 2차 해석을 본격적으로 요구하고 있으므로 일단 1차 해석에 보다 중점을 두고 답변해도 될 것으로 보입니다. 하지만 예시 답안 (1)의 요약 정리처럼 각 요소들이 어떠한 상관관계에 있는지 정도는 정리해서 제시하는 것이 좋을 것입니다. 요약할 때에는 요인별 '인과 관계'를 설정하면 답변자만의 '가설'이 만들어질 것이고, 추후 문제들의 2차 해석을 통해 그 가설을 설득력 있게 뒷받침할 수 있을 것입니다.

 2008년에서 2016년까지 A 도시의 학교 폭력 월간 건수는 약 7건에서 9건으로 약 30% 증가했습니다. 그 잠재적 배경에는 먼저 TV 폭력물 시청 시간의 꾸준한 증가세가 있습니다. 2008년부터 2016년까지 TV 폭력물 시청은 무려 500% 정도의 두드러진 증가율을 보였습니다. 유사한 컨텐츠인 폭력적 온라인 게임을 플레이한 시간은 2배로 증가했다가 다시 크게 낮아져서 원점 이하로 회귀하기는 했지만, 폭력물 시청 시간과 폭력적 온라인 게임 플레이 시간을 합쳐 계산했을 때는 2008년에 비해 2016년에 학생들이 상당 수준 더 많은 폭력적 문화 컨텐츠에 노출된 것으로 분석됩니다. 반면에 학생들의 문화적 교양을 함양해야 할 청소년 권장 도서 독서 시간은 조사 기간 동안에 무려 50% 정도의 하락세를 보였습니다. 이처럼 청소년에게 유익한 컨텐츠의 소비는 줄어들고 유해한 컨텐츠의 소비는 증가하는 추세 속에서 학교 폭력의 발생 건수도 증가했다고 추측할 수 있습니다.

PART 3

개요

1. 학교 폭력 월간 건수 증가
2. 폭력적 컨텐츠 소비 증가
3. 유익한 컨텐츠 소비 감소
4. 컨텐츠 소비 비율의 변화가 학교 폭력과 관계되어 있다고 추측됨

Tip & Advice

수치를 통해 표현하거나(예 7건 → 9건), 비율을 통해 표현하기(예 50%로 감소) 등의 방법을 활용하여 답변할 수 있습니다.

제시문 (가)는 폭력이 타인의 관점을 취하는 훈련을 통해 줄어들 수 있다고 주장합니다. 타인의 관점을 취할 때 우리는 자연히 감정 이입을 경험하게 되고, 타인의 상황을 마치 본인의 상황처럼 느끼게 된다는 것입니다. 이것을 바탕으로 제시문 (라)에 나타난 학교 폭력의 변화 추이를 설명할 수 있습니다.

첫째, 제시문 (가)는 감정 이입을 경험하게 하는 수단 가운데서도 특히 문학의 힘을 강조하고 있습니다. 청소년 권장 도서 목록에는 인류의 보물 같은 문학 작품들도 많이 포함되어 있을 것입니다. 이러한 문학 작품을 읽을 시간이 줄어들었다는 것은 그만큼 청소년들이 타인의 감정에 스스로를 대입해 보고 연대감을 느낄 수 있는 소중한 기회가 상실되었다는 의미입니다. 따라서 권장 도서 독서 시간의 감소가 학교 폭력의 증가에 유의미한 영향을 끼쳤을 것으로 예측할 수 있습니다.

둘째, 제시문 (가)의 논리를 확장해 보았을 때, 어떠한 관점을 취하는지에 따라 학습하게 되는 감정이 달라진다는 것을 유추할 수 있습니다. 제시문 (가)에 의하면 서사시에 비해 서간체 소설이 훨씬 큰 도덕적 영향력을 발휘했다는 점을 알 수 있습니다. 이를 통해 폭력적 컴퓨터 게임과 TV 프로그램을 보는 동안 청소년들은 폭력을 당하는 입장보다는 폭력을 행하는 입장에 감정 이입할 가능성이 크다는 점에 주목해야 합니다. 그럴 경우 청소년들은 공감이나 연민 대신 증오와 폭력의 쾌감을 습득하게 될 것입니다. 이러한 학습은 청소년들의 현실 무대인 학교 현장에서의 폭력으로 나타나게 될 것임을 예측할 수 있습니다.

개요

1. 제시문 (가)의 핵심 내용 요약
2. 적용 1: 권장 도서 독서 시간 감소와 학교 폭력의 관계(감정 이입 기회 차단)
3. 적용 2: 폭력적 TV 프로그램, 게임 소비 시간 증가와 학교 폭력의 관계(가해자에 감정 이입)

Tip & Advice

2차 해석은 자료 속 '상관관계'를 '인과관계'에 대한 가설로 바꾼 뒤 증거로서 뒷받침하는 과정입니다. 가설 설정의 방향과 그 뒷받침 증거들을 제시문 (가)에서 가져오라는 것이 [문제 2-2]의 요구 사항입니다.

제시문 (라)의 그래프는 지난 8년간 학교 폭력 건수가 어떠한 요인으로부터 영향을 받아 증가해 왔는지에 대한 조사 결과를 보여줍니다. 제시문 (가)는 폭력이 어떠한 요인들로 인해 감소할 수 있는지에 대한 내용인데, 이 관계를 역으로 뒤집으면 어떠한 요인으로부터 폭력이 증가하게 되는지를 추론할 수 있습니다.

먼저 제시문 (가)는 독서를 통한 관점 취하기가 타인에 대한 연민을 낳으면서 폭력을 감소킨다고 주장합니다. 이는 독서와 폭력 사이에 부의 상관관계가 존재한다는 의미로 해석됩니다. 이를 통해 제시문 (라)에서 청소년 권장 도서 읽기 시간이 줄어듦과 함께 학교 폭력 건수가 늘어난 것은 청소년들의 독서 시간이 줄어들어 타인의 관점을 배우고 연민을 습득할 기회가 줄어들었기 때문이라고 볼 수 있습니다.

또한, 제시문 (가)는 독서 중에서도 중세 서사시보다 서간체 소설을 통한 연민 학습 효과가 훨씬 크다고 주장합니다. 이에 반해 오늘날의 TV 폭력물이나 폭력적 온라인 게임은 중세적인 영웅상을 전쟁물, 수퍼 히어로물 등으로 재현하면서 폭력에 대한 감수성을 무디게 만드는 효과를 낳을지도 모릅니다. 제시문 (라)의 자료에서 특히 TV 폭력물과 학교 폭력 사이에 뚜렷하게 정의 상관관계가 나타난 것은 이처럼 문화 컨텐츠가 폭력에 대한 청소년들의 감수성을 무뎌지게 한 것과 관계가 있으리라고 추측할 수 있을 것입니다.

개요

1. 제시문 (라)의 내용에 제시문 (가)를 어떻게 적용할 것인가
2. 적용 1: 독서와 학교 폭력의 관계 해석
3. 적용 2: TV 폭력물과 학교 폭력의 관계 해석

Tip & Advice

[문제 2-2]와 [문제 2-3]은 문제 구성 방식에 유사성이 있는데, [문제 2-2]는 그 기준이 제시문 (가)에 있고, [문제 2-3]은 제시문 (다)에서 방향과 증거를 얻으라고 요구하고 있습니다. 이러한 조건에 따라서 가설도 변화해야 하는 재치 있는 문제라고 할 수 있습니다.

제시문 (다)는 폭력의 네트워크 효과를 집중 조명하고 있습니다. 사람들은 서로의 행동을 모방하는 습성이 있기 때문에, 폭력이 많은 환경에서는 폭력이 강화되고 재생산됩니다. 이러한 모방은 실생활에서의 폭력을 직접적으로 관찰함으로써도 일어날 수 있고, 매체를 통해 폭력적인 상황을 간접 관찰해도 마찬가지로 일어난다고 합니다.

이러한 사실을 그래프 (라)에 적용하면 학교 폭력이 장기적으로 증가한 원인 중 하나는 학교 폭력 그 자체라는 점을 지적할 수 있습니다. 학생들은 교실에서 다른 학생들이 저지르는 학교 폭력을 목격하게 되고, 이를 모방함으로써 학교 폭력이 전염된다는 것입니다. 이와 유사한 사례로 제시문 (다)의 실험에 나타났듯이 폭력적인 TV 프로그램 시청이 폭력을 스크린으로부터 교실로 전염시켰다고 볼 수 있습니다. 온라인 게임의 경우, 조사 기간 첫 4년 동안만 증가했지만, 폭력이 자기 재생산을 하는 효과를 갖고 있다는 점에서 볼 때 해당 기간의 폭력적 온라인 게임 경험이 학교 폭력 증가의 초기 조건을 만들어내고, 학교 폭력이 교실에서 모방되며 계속해서 재생산되었을 가능성도 염두에 두어야 할 것입니다. 종합적으로 보면, 제시문 (라)의 학교 폭력 증가의 원인은 학교 현장에서의 폭력에 대한 직접 모방과, 매체를 통한 폭력의 간접 모방 두 가지로 정리할 수 있습니다.

개요

1. 제시문 (다)의 요점 정리: 폭력의 네트워크 효과 (직접 모방 + 간접 모방)
2. 제시문 (라)에 적용

Tip & Advice

[문제 2-2]와 동일한 유형의 문제지만, 근거로 제시해야 하는 제시문이 변화함으로써 설명 논리도 바뀌게 된다는 점을 명심해야 합니다.

그래프 (라)는 세 가지 독립 변수들과 학교 폭력이라는 종속 변수 간의 관계를 도식화하고 있습니다. 제시문 (다)를 토대로 이 세 가지 변수들과 학교 폭력의 관계를 살펴보겠습니다. 가장 유력하게 영향을 미쳤을 만한 후보는 TV 폭력물 시청 시간의 증가입니다. 제시문 (다)의 실험은 아이들에게 폭력적 TV 프로그램이 미치는 부정적 효과를 검증했습니다. 이러한 심리적 모방 효과가 청소년들에게 나타난다면 TV 폭력물 시청 시간의 증가는 학교 폭력의 증가에 명백한 영향을 미쳤을 것입니다.

온라인 게임의 영향에 대한 증거는 다소 상반됩니다. 제시문 (다)에서는 온라인 게임의 영향력이 영상 매체보다 더 강하다고 말하고 있습니다. 실제로 2008년부터 2012년까지 폭력적 온라인 게임 이용 시간과 학교 폭력 건수가 동시에 증가하는 경향을 보였습니다. 하지만 2012년 이후 온라인 게임 이용 시간이 줄어들었음에도 학교 폭력 건수는 줄어들지 않았습니다. 따라서 두 변수 간의 관계는 추후 더 깊이 있는 조사 결과가 나올 때까지 확신을 유예하는 것이 바람직할 것입니다.

청소년 권장 도서 읽기 시간의 하락도 학교 폭력에 영향을 미쳤을 가능성이 있습니다. 제시문 (다)에 의하면 긍정적 행동도 서로에게 직간접적으로 영향을 주는데, 권장 도서를 읽고 교양을 함양하는 학생들이 많으면 전체 분위기에 긍정적 영향을 주게 될 것입니다. 독서 시간의 감소는 이러한 학생들의 감소로 해석되므로 억제 효과가 약화되어 학교 폭력이 늘어나게 되었다고 해석할 수 있습니다.

결국 학교 폭력 증가의 배후에는 학생들의 모방 심리가 있으며, 폭력적 컨텐츠의 소비 증가와 권장 컨텐츠의 소비 감소는 전체적 분위기를 악화시켜 학교 폭력을 양산했다고 볼 수 있을 것입니다.

PART 3

개요

1. TV 폭력물과 학교 폭력의 관계
2. 폭력적 온라인 게임과 학교 폭력의 관계
3. 권장 도서 읽기와 학교 폭력의 관계
4. 종합

Tip & Advice

[문제 2-3]이 '종합적으로 설명'하라고 요구하고 있으므로 예시 답안 (2)와 같이 변수 하나하나를 분리해서 설명한 경우에는 첫머리 또는 맨 마지막에 '종합'해 주는 성격의 발언을 넣어주는 것이 금상첨화입니다.

학교 측 출제 의도 및 평가 지침

출제 의도

- 이번 구술면접 문제는 '현대 사회의 폭력성'과 '공감 또는 연민이라는 인간의 감정' 등을 '문명'이라는 추상적인 차원과 '학교 폭력'이라는 현실적 주제의 차원에서 통합적인 문제로 구성함

- 제시문은 교과서에서 다루는 주제 및 내용에 준하여 선정함. 이를 통해 현행 고등학교 교육과정에서 습득한 다양한 주제와 개념들을 종합적으로 이해하고 교과서 지문들에 익숙한 수험생이라면 충분히 답할 수 있도록 함

- '문명'과 '폭력'의 관계를 다루는 다양한 분야의 제시문을 비교, 분석하도록 함으로써 수험생의 독해력과 독창적인 논리력, 표현력을 평가함

- 그래프를 통합하여 해석하는 능력 및 이를 다른 제시문과 연관 지어 종합적으로 사고하고 창의적으로 추론하는 능력을 평가함

문항 해설

- 고등학교 교육과정에서 쉽게 접할 수 있는 '문해력', '폭력', '인류 문명과 폭력', '대중매체' 등의 개념이 제시되었음. 이러한 내용은 고등학교 「국어」, 「사회·문화」, 「생활과 윤리」 등에서 많이 다루어지고 있는 내용이고, 각 고등학교에서 실시하는 '학교 폭력 예방 교육'이나 '인터넷 중독 예방 교육', '독서 교육' 등을 통해서도 접했던 내용으로 구성됨

- [문제 1]에서는 제시문 (가)와 (나)를 비교하도록 하고 있는데, '인류 문명과 폭력', '연민과 폭력' 등으로 분석할 내용을 이미 명시하여 학생들이 구술할 수 있도록 안내하고 있음

- [문제 2]에서는 제시문을 근거로 그래프 해석을 하도록 하고 있는데, 그래프를 읽어내어 제시문과 어느 정도까지 연결하여 설명할 수 있는가가 평가의 중요한 요소가 됨

- [문제 1]에서는 비교, 공통점과 차이점 설명 등으로 설명의 방법을 명확히 하고 있다면, [문제 2]에서는 종합적으로 설명하도록 하여, 학생들이 다면적이고 통합적으로 해석할 수 있는 여지를 두고 있음. 학생들의 해석 능력을 변별해 낼 수 있는 잘 구안된 문제로 볼 수 있음

※ 제시문을 읽고 물음에 답하시오.

[제시문 1]

모든 인간은 자신의 이해 관계뿐 아니라 다른 사람의 이해 관계도 고려하며, 상황에 따라서는 다른 사람의 이익을 더 존중하는 행동을 할 수도 있다는 의미에서 도덕적이다. 합리성의 발전과 종교적 선(善) 의지의 성장에 따라 개인의 이기심이 통제될 수 있다고 보고, 이와 같은 과정이 계속 진행된다면 모든 개인과 집단이 궁극적으로 사회적 조화를 이룰 수 있다고 주장하는 이들이 있다. 그러나 개인 수준의 도덕성과 집단 수준의 도덕성 사이에는 차이가 있다. 인간 사회의 집단적 이기심은 불가피한 것으로 보아야 한다. 이러한 이기심이 비정상적으로 확장되는 경우, 이에 맞서는 다른 집단의 이기심만이 이를 통제할 수 있다. 도덕적이거나 합리적인 설득만이 아니라 강제력에 의한 방법이 병행되어야 이러한 견제 역시 실효성을 거둘 수 있다.

사회를 중심에 놓고 보면 최고의 도덕은 '정의'이다. 사회는 어쩔 수 없이 자기주장, 반대, 강제, 그리고 어쩌면 분노까지 포함하는─ 높은 도덕성을 주장하는 사람들이 절대 승인하지 않을─ 여러 방법들을 동원하여 정의를 지키려고 노력한다. 이러한 관점에서 볼 때, 이기심과 사회적 이익, 이기주의와 이타주의가 쉽게 조화를 이룰 수 있다고 생각하는 견해는 지나치게 낭만적이다. 사실상 개인과 개인 사이에서 드러나는 이기주의에 비해 훨씬 더 강한 이기주의가 집단과 집단 사이에서 드러난다. 충동을 올바르게 인도하고 때때로 억제할 수 있는 이성과 자기 극복 능력, 그리고 다른 사람들의 요구를 수용하는 경향은 개인 관계에 비해 집단 관계에서 현저하게 약화된다. 인간의 집단적 행동 중에는 자연의 질서에 속하면서도 이성이나 양심에 의해 완전히 통제될 수 없는 요소들이 있다. 이 때문에 인간 사회의 정의를 획득하기 위한 싸움에는 반드시 '정치'가 필요하다.

[제시문 2]

인문학과 사회과학에서의 연구가 지난 20년간 인간이라는 존재에 대해 가르쳐준 것이 있다면, 그것은 호모 에코노미쿠스라는 원자화되고 파편화된 인간상이 더 이상 유효하지 않다는 사실이다. 인간은 무엇보다도 배척당하는 것을 두려워한다. 개인은 집단 안에서 자기 자리를 확인하거나 한껏 누릴 때 가장 보편적인 기쁨과 만족감을 느낀다. 인간의 선행과 악행, 그 모든 행동의 첫 번째 동기를 우리는 인간의 사회성에서 찾아야 한다.

집단의 도덕적 성향에 따라 우리는 타인을 돌보기도 하고 손에 무기를 들기도 한다. 집단의 도덕성이 전혀 상반된 방향으로 우리를 인도할 수 있다는 것을 인식할 때 우리는 '선'과 '악'이 관점의 차이에서 비롯된, 근거가 빈약한 '깃발'에 지나지 않음을 깨닫게 될 것이다. 따라서 집단의 도덕성에 만족하고 자부심을 품기보다는 명철하고 객관적인 자세로 그것을 바라볼 때 우리의 도덕성은 더욱 완전해질 것이다.

노비는 툭하면 남에게 신세타령을 늘어놓곤 했다. 그러고 나면 속이 시원해지기도 했지만, 그 외에는 달리 뾰족한 방도가 없기도 했다. 한번은 어진 사람을 만났다.

"선생님!"

그는 울먹이며 말했다. 두 줄기 눈물이 볼을 타고 내렸다.

"선생님도 아시다시피, 저는 사는 꼴이 말이 아닙니다. 끼니는 하루에 한 끼를 때울까 말까 하답니다. 그것도 강냉이죽으로요. 그깟 강냉이죽! 개, 돼지도 거들떠보지 않을 겁니다. 그마저도 손바닥 크기의 그릇으로 달랑 한 그릇뿐이죠."

"참으로 불쌍하군."

어진 사람은 애처로운 듯이 말하였다.

"그렇지요!"

그는 마음이 밝아졌다.

"밤낮으로 쉴 새가 없어요. 아침에는 물을 길어야 하고, 저녁에는 밥을 지어야 하고, 낮에는 심부름에 헐떡이고, 맑은 날에는 빨래하고, 궂은 날에는 우산잡이가 되고, 겨울이면 탄불 피우랴, 여름이면 부채 부쳐 주랴, 밤에는 밤참 만들어 주인님 마작하시는 방에 들여보내랴. 그런데도 땡전 한 닢은 고사하고 돌아오는 건 매타작뿐이니……."

"쯧쯧, 저런……."

어진 사람은 한숨을 내쉬었다. 눈시울이 붉어지며 이슬이 맺히는 듯하였다.

"선생님, 이러니 대관절 어떻게 당해낼 수 있겠어요? 무슨 다른 방도가 없을까요? 전 어쩌면 좋지요?"

"머지않아 분명 좋게 될 것이네."

"정말요? 그렇게만 된다면 얼마나 좋겠습니까마는 어쨌든 이렇게 선생님께 제 괴로움을 하소연하고, 선생님이 저를 동정해 주시고 위로해 주시니 마음이 한결 낫네요."

그러나 이삼 일이 지나자 노비는 다시 마음이 언짢아져 또다시 신세타령을 들어 줄 상대를 찾아 나섰다.

"선생님!"

그는 눈물을 흘리며 말했다.

"아시다시피 제 집은 외양간만도 못하답니다. 주인은 저를 사람 취급도 안 해요. 저보다 강아지가 몇 천 배 더 귀여움을 받지요."

"이러한 멍청이!"

듣던 이가 소리를 질러 그는 깜짝 놀랐다. 그 사람은 어리석은 자였다.

"선생님, 제 집은 고작 개집 같은 오두막입니다. 춥고 빈대까지 우글거려, 자려고 하면 여기저기 물고 생난리지요. 썩은 냄새로 코가 막힐 지경이고요. 창문 하나 없는 데다……"

"주인한테 창문 내 달라는 말도 못 해?"

"안 될 말씀이지요."

"그래! 그럼 어디 한번 가 보자."

어리석은 자는 노비의 집으로 향했다. 노비의 집에 이르자마자 다짜고짜 흙담을 허물려고 하는 것이었다.

"선생님. 지금 뭐 하시려는 겁니까?"

"자네한테 창문을 내 주려고 그러는 게야."

"안 되어요! 주인님께 혼납니다."

"괜찮아!"

그는 벽을 허물었다.

"누구 없어요! 강도가 집을 부숴요! 빨리요. 집 다 부서져요."

그는 울부짖으며 펄쩍펄쩍 뛰었다.

노비들이 우르르 몰려와 어리석은 자를 쫓아냈다.

소동을 알고서 주인이 천천히 나났다.

"강도가 집을 부수려 했습지요. 제가 소리를 질러, 저희들이 함께 몰아냈습니다."

노비는 공손하게, 그러면서도 자랑스러워하면서 아뢰었다.

"그래, 잘했다."

주인이 그를 칭찬했다.

그날, 여러 사람들이 찾아와 노비를 위로해 주었다. 그중에는 어진 사람도 있었다.

"선생님, 이번에 제가 공을 세웠답니다. 주인님께서 칭찬해 주셨지요. 지난번에 선생님께서 그러셨잖아요. 머지않아 잘될 거라고요. 그 말이 딱 들어맞았지 뭐예요. 정말 선견지명이 있으세요."

꿈에 부푼 듯, 그는 유쾌하게 떠들었다.

"암, 그렇고말고."

어진 사람은 고개를 끄덕였다. 덕택에 자신도 유쾌하다는 듯이.

[제시문 4]

다음은 도시 A의 성인들을 대상으로 실시한 어느 설문조사 결과를 보여주는 그림이다.

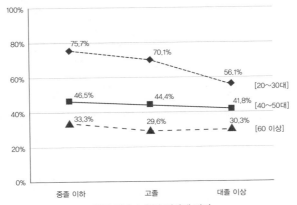

**연령 집단과 학력 집단에 따라
'청년 이주노동자의 생산직 직업 취업 지원 정책'을 반대하는 비율**

문제 1

다음 두 항목을 기준으로 [제시문 1]과 [제시문 2]의 주장을 비교·분석한 후 차이점을 구술하시오.

1) 개인 수준의 도덕성과 집단 수준의 도덕성 사이의 관계

2) 사회 전체의 도덕성을 이상적인 방향으로 끌어올리는 방안

문제 2

다음 〈보기〉는 [제시문 3]에 이어질 내용을 상상하여 재구성한 글이다. [제시문 1]과 [제시문 2]의 주장이 어리석은 자와 어진 사람 가운데 각각 누구의 입장을 옹호할 수 있는지 선택하고 그 근거를 구술하시오.

〈보기〉

　노비의 주인은 벽을 무너뜨린 자를 고발한 노비의 공을 높이 평가하여 그의 방에 창문을 만들어주었다.

이 사실을 알게 된 어리석은 자와 어진 사람이 서로 자신의 공이라 주장했다.

어리석은 자: 내가 벽을 부수지 않았다면 자네는 창문을 얻을 수 없었을 거야.

어진 사람: 자네가 불평하기보다는 결국 주인을 믿고 따라서 선행을 행하니 이러한 복을 받게 된 게야.

문제 3

[제시문 4]의 그림을 근거로 삼아 [제시문 1]의 주장을 평가하시오.

두 제시문은 사회의 도덕에 대한 상이한 철학을 담고 있습니다. 먼저 개인 수준의 도덕성과 집단 수준의 도덕성의 상관관계에 대해, 모두 개개인의 도덕성과 도덕성의 독립성을 강조하고 있습니다. 그러나 세부적으로는 [제시문 1]은 양자가 서로 무관하다고 보는 반면에 [제시문 2]는 전자가 후자에 종속되어 매우 밀접하게 연관되어 있다고 보는 차이가 있습니다. 즉, [제시문 1]은 개인이 이기심을 자제할 수 있는 것과 달리 집단은 이기심을 자제할 수 없다고 주장하며, 도덕이 그 수준에 따라 별개의 원리로 작동한다는 점을 강조한 글입니다. 이와 달리 [제시문 2]는 개인이 절대적 도덕이라고 믿는 것이 실은 집단에 의해 상대적으로 주어지는 것이라는 측면을 강조했습니다.

두 제시문 모두 사회 전체의 도덕성을 이상적으로 끌어올리기 위해 해야 할 일이 단지 개인이 믿는 도덕을 열심히 실천하는 것이 아니라는 주장을 펼치고 있습니다. 다만, 그를 대신할 세부적 방안은 또다시 차이가 납니다. [제시문 1]은 사회 전체의 도덕성이 내부적으로는 개선될 수 없다고 보기 때문에 강제력, 억지(抑止), 힘의 균형 같은 외부적 수단을 동원해야 한다고 주장하고 있습니다. 이와 달리 [제시문 2]는 조금 더 개인적이고 합리적인 방안을 제시하고 있는데, 이는 자신이 믿는 도덕이 절대적 가치가 아니라 소속 집단에 따라 달라지는 상대적 가치라는 사실을 깨닫는 것입니다.

종합해 보면, [제시문 1]은 개인은 도덕적이지만 집단은 비도덕적이고 여기에 개인은 영향을 미칠 수 없다고 보며, 따라서 외부적인 수단을 통해 사회의 도덕을 지켜야 한다고 주장합니다. 반면에 [제시문 2]는 개인의 도덕적 신념이 집단의 도덕적 지향성에 의해 결정된다고 보며, 이 사실을 깨닫고 본인의 도덕적 신념을 상대화하는 것이 사회의 도덕을 안전한 것으로 만드는 길이라고 보고 있습니다.

PART 3

개요

1. 개인 수준 도덕성과 집단 수준 도덕성의 관계: [제시문 1]은 무관, [제시문 2]는 후자가 전자를 결정
2. 사회 전체 도덕성을 이상적으로 끌어올릴 방안: [제시문 1]은 외부적 강제, [제시문 2]는 합리적 상대주의

Tip & Advice

구술면접은 논술 시험과 달리 고민할 시간이 부족하기 때문에 어떠한 각도에서 비교를 시도해야 할지가 주어지는 경우도 많습니다. 그러나 분석 각도가 주어졌다고 해서 답변을 차별화할 수 없는 것은 아닙니다. 답변을 논리적으로 구조화해서 제시하고, 분석 근거를 다각화하는 능력, 키워드를 정해 개념어로 압축하는 실력에 따라 충분히 다른 학생들과 차별화되는 답변을 할 수 있다는 것을 명심해야 합니다.

[제시문 1]과 [제시문 2]의 차이는 인간에게 사회란 무엇인가, 또는 사회에게 인간이란 무엇인가라는 철학적 물음에서 비롯됩니다. 이로부터 개인의 도덕과 사회의 도덕 간 관계에 대한 생각이나, 사회의 도덕을 이상적으로 함양할 수 있는 방안에 대한 의견 차이가 파생되고 있습니다.

[제시문 1]에서 보는 사회란, 그것을 이루는 개인의 통제를 벗어나 자체적인 방식으로 존재합니다. 개인에게는 이성과 양심이 있지만 집단에게는 그러한 것이 없거나 그러한 것들을 무력화하는 충동적이고 이기적인 요소가 강력하게 작용합니다. 그렇기에 집단이 스스로 절제하여 도덕적 상태에 이르리라는 기대를 하는 것은 어리석은 일입니다. 집단이 이성적으로나 양심적으로 선한 방향으로 설득될 수 있다고 믿기보다는 단지 이기심이나 충동에 따른 행동을 하면 손해가 된다는 것을 집단에게 확실히 각인시키는 강압적 수단의 사용을 꺼리지 말아야 합니다. [제시문 1]은 이러한 권력과 강제력의 행사를 '정치'라고 부릅니다.

[제시문 2]는 인간과 사회를 다르게 봅니다. 인간은 원자적 존재가 아니고 사회적 본성을 가진 존재라서, 인간의 도덕성이란 집단에 편입되고 싶은 본성적 욕구인 사회성과 동전의 양면과 같은 성격이 있다고 주장합니다. 사회란 인간 본성의 발현 그 자체로, 개인의 정체성과 도덕성은 사회 속에 깊숙하게 파묻혀 존재합니다. [제시문 2]는 집단의 도덕이 사람들을 봉사로도, 폭력으로도 내몰 수 있다고 보기에, 집단의 도덕을 맹목적으로 따르는 것은 나쁜 결과도 낳을 수 있다고 봅니다. 그러므로 도덕의 정체는 집단의 가치 정향일 뿐이며, 옳고 그름을 판별하는 '성찰'의 태도를 개개인이 갖게 될 때야말로 그 집단은 폭력을 절제하고 더 성숙한 경지에 도달할 수 있는 것입니다.

요컨대, [제시문 1]은 개인과 집단의 도덕성을 완전히 분리된 것으로 보기 때문에, 집단의 도덕성을 확보하려면 개인에게 사용하는 도덕적 수단 대신 권력과 강제력 같은 강압적 수단의 사용을 꺼리지 말아야 한다고 주장합니다. 반면에 [제시문 2]는 개인의 도덕성은 사회와 집단의 가치관을 반영한 것이라고 보고, 이 관계를 냉정하게 깨달아 거기에 휘둘리지 않을 수 있어야 집단 전체의 도덕성이 한 단계 성숙해질 것이라는 입장입니다.

개요

1. [제시문 1]과 [제시문 2]의 비교에 바탕이 되는 근본적 차이점

2. [제시문 1] 분석

3. [제시문 2] 분석

4. 결론(비교 포인트 요약)

Tip & Advice

예시 답안 (2)는 답변의 마지막에 앞서 제시한 비교 포인트를 요약해서 주장을 강조하고, 확고히 했습니다.

[제시문 3]에 주어진 단편 소설은 불평은 많지만 노예 근성은 버리지 못한 노비가 어진 사람과 어리석은 자를 만나 겪은 일화를 다루고 있습니다. 〈보기〉에 추가된 결말에서 노비는 마침내 바라던 창문을 얻게 됩니다. 어리석은 자는 힘을 사용해서 창문을 얻으라고 조언했고 어진 사람은 주인에 대한 협력적 자세를 통해 보답 받으라고 권유했는데, 저는 [제시문 1]이 어리석은 자를, [제시문 2]가 어진 사람을 각각 지지한다고 판단했습니다.

이와 같이 판단한 이유는 노비와 주인의 이해관계 갈등이 단순히 개인 간의 갈등이 아니라 그 배후의 신분 제도, 즉 집단 간의 갈등을 대변하고 있다고 보았기 때문입니다. 집단 간의 갈등에 대해 [제시문 1]은 강제력 행사를, [제시문 2]는 내면적 성찰을 해법으로 제시하는 차이가 있습니다. 이는 각각 어리석은 자가 흙담을 부순 것과 어진 사람이 마음을 가다듬기를 조언한 것과 상응합니다.

구체적으로, [제시문 1]의 입장에서는 어진 사람의 조언처럼 노비가 불만스러운 마음가짐을 버린다고 해서 주인이 노비에게 좋은 처우로 보답하리라는 보장이 없습니다. 두 사람의 이익이 상충되는 불평등 관계에 있는 것은 개인적 이유가 아니라 사회적 신분 제도 때문입니다. 평등이라는 정의를 획득하기 위해서는 고상한 도덕이 아닌 위력 행사가 효과적입니다. 따라서 소설 속 노비가 창문을 갖게 된 것은 주인이 노비가 가진 잠재적 힘을 깨달았기 때문입니다.

이와 달리 [제시문 2]는 더 나은 처우를 바라며 불만에 빠져 있는 노비의 상황이 자기 집단의 편협한 가치관에만 함몰되어 있는 상태라고 볼 것입니다. 노비의 입장에서는 고된 노동이 불만스러울 수 있지만, [제시문 1]의 입장에서 사회 전체적으로 보면 신분에 따른 자기 역할이 존재하는 것입니다. [제시문 2]에 의하면 이를 보편적 관점에서 성찰하고 자신의 몫을 받아들일 때 오히려 갈등이 해소되고 바람직한 상태에 도달할 수 있습니다. 따라서 [제시문 2]는 노비가 원하는 바를 얻게 된 소설 속 상황을 독단적 폭력 행사를 자제하고 주인의 이익과 자신의 이익을 보편적 관점에서 조화시키면서 협력한 덕분으로 풀이할 것입니다. 결론적으로 [제시문 1]은 어리석은 자의 입장을, [제시문 2]는 어진 사람의 입장을 각각 지지한다고 볼 수 있습니다.

개요

1. 소설 및 〈보기〉 속 상황 정리
2. 주장을 간략하게 대조시켜 제시
3. [제시문 1]이 '어리석은 자' 입장을 지지한다고 보는 근거
4. [제시문 2]가 '어진 사람' 입장을 지지한다고 보는 근거

Tip & Advice

각 제시문이 어떠한 입장을 지지한다고 보아야 하는지 정해 주거나 알려주지 않았습니다. 답변을 할 때 면접관 선생님은 응시자가 어느 제시문과 어느 인물을 연결시켰는지 모르는 상태이므로 이것부터 알려주어야 불필요한 혼동 없이 답변할 수 있을 것입니다. 어떠한 순서로 말을 해야 할지 면접관 선생님들의 입장에서 거꾸로 생각해 보아야 합니다.

[제시문 3]에서 어진 사람은 노비가 주인의 명령에 성심껏 따르고 불만을 버려야 한다는 입장입니다. 반대로 어리석은 자는 노비가 원하는 바를 주인에게 당당히 요구해야 하며, 주인의 의사와 관계없이 스스로 성취할 수 있어야 한다는 입장입니다. 두 상반되는 입장은 각 제시문들에 의해 다르게 평가될 수 있습니다.

[제시문 1]은 개인이 자신만이 아닌 서로의 이해관계도 고려할 줄 아는 도덕성을 갖고 있다고 보았습니다. 적어도 개인 간의 관계에서 이기주의는 도덕심에 의해 억제될 수 있고 서로 조화를 이룰 수 있다는 것입니다. 그러므로 주인과 호혜적 관계를 맺을 가능성을 포기하지 말라는 어진 사람의 입장이 [제시문 1]의 관점에 부합합니다. 어진 사람과는 달리 어리석은 자는 어떠한 협의나 협상도 없이 일방적 폭력으로 자기 이익을 관철하려 하고 있습니다. [제시문 1]은 이를 개인적인 차원에서 절제되어야 하는 이기심의 표현에 지나지 않다고 보아 배척할 것입니다.

반면에 [제시문 2]는 노비에게 요구되는 순종이라는 규범이 객관적 '선'이 아니라 봉건적 전근대 사회의 지배층의 이익을 반영하는 '이데올로기'라고 평가할 것입니다. 만약 순종이 타인의 이익을 위해 자신을 희생시키는 그릇된 관념이라는 사실을 노비가 객관적으로 인식할 수 있게 된다면, 노비와 그의 동료들은 신분제를 타파하고 새로운 평등 사회를 건설하기 위해 나서게 될지도 모릅니다. 이러한 [제시문 2]의 관점에서 어진 사람은 노비를 기만하는 사람이라고 볼 것이며, 어리석은 자는 깨어있는 사람으로 볼 것입니다. 따라서 노비가 마침내 더 나은 상태에 있게 된 데에 대해 [제시문 1]은 어진 사람 덕분이라고 해석할 것이고, [제시문 2]는 어리석은 자 덕분이라고 이야기할 것입니다.

개요

1. 제시문 속 어진 사람과 어리석은 자의 입장 정리
2. [제시문 1]이 평가하는 어진 사람과 어리석은 자: 어진 사람 지지
3. [제시문 2]가 평가하는 어진 사람과 어리석은 자: 어리석은 자 지지

Tip & Advice

문제에서 특정 제시문과 특정 인물을 연결시키라는 정답을 주지 않았기 때문에, 어느 쪽으로 연결시키든 근거만 충분히 논리적으로 제시한다면 점수를 얻을 수 있다는 점을 염두에 두어야 합니다.

[제시문 4]는 A라는 도시가 생산직 노동력 부족 문제를 완화하고자 외국 청년들이 A시 생산직에 취직하도록 유인을 제공하는 정책에 대해 시민들의 찬반을 묻는 설문조사 결과입니다. 조사 결과는 연령 집단과 학력 집단으로 세분되어 있으며, 연령별로는 나이가 어린 세대일수록 해당 정책에 대한 반대율이 높았고, 학력별로는 최종 학력이 낮은 집단일수록 해당 정책에의 반대율이 높았습니다. 연령이 가장 어리고 학력도 가장 낮은 20~30대 중졸 이하 집단의 경우, 75.7%라는 가장 높은 반대율을 보였고, 대척점에 있는 집단인 60대 이상 대졸 이상자들은 30.3%만이 이 정책에 반대하는 경향을 보였습니다.

이러한 경향이 나타난 이유로는 집단 이기주의를 들 수 있을 것입니다. 20~30대 중졸 이하 집단은 외국 청년들이 생산직에 취직하게 되면 고용 기회나 임금 상승 기회를 가장 많이 박탈당하게 됩니다. 따라서 이들은 집단의 이익을 지키기 위해 외국인 청년들의 생산직 유입에 가장 강력하게 반대하는 경향을 보입니다. 반대로 일자리 위협 효과가 가장 적고 이주 노동자의 유입으로 인한 경기 상승의 순이익만을 누릴 수 있는 집단일수록 취업 지원 정책 도입에 찬성하는 경향을 보입니다. 양쪽 모두 자기 집단의 이익에 따라서 찬반을 나타내고 있다고 볼 수 있습니다.

[제시문 4]의 그림은 집단들의 이기심 표출이 자연스러운 현상이라는 [제시문 1]의 견해를 잘 뒷받침합니다. 또한, 각각의 인구 집단은 다른 집단이 아닌 자기 집단의 이익에 의거해서 찬반 성향을 나타내고 있는데, 그 결과로는 결국 A 도시 전체의 평균적인 이익에 가장 부합하는 결과가 취합될 것이라고 기대할 수 있습니다. 즉, [제시문 1]의 말대로 어떠한 집단에게 이타적인 양보를 기대하기보다는, 생산직 청년 이주노동자의 유입으로 손해를 보는 집단과 이득을 보는 집단 사이의 집단 이기주의가 견제와 균형 상태를 이루도록 함으로써 사회 전체적으로 필요한 결과가 조율될 것이라고 분석할 수 있을 것입니다.

> **개요**
>
> 1. [제시문 4] 1차 해석
> 2. [제시문 4] 2차 해석
> 3. [제시문 1]에 대한 적용 및 평가

구술문제를 차례대로 풀어나가다 보면, [문제 3]을 답변할 즈음에는 [제시문 1]에 대한 해석이 충분히 개진된 상태일 것입니다. 한정된 답변 시간을 생각할 때 같은 내용을 여러 번 되풀이하기에는 어려움이 있으므로 압축적인 키워드를 통해 필요한 요소만 답변에 활용하면 됩니다. 예시 답안 (1)에서는 '집단 이기주의'라는 키워드가 그에 해당하는 역할을 하고 있습니다.

　[제시문 4]의 조사 내용은 [제시문 1]의 주요 주장을 지지하는 자료입니다. [제시문 4]를 통해 보강되는 [제시문 1]의 주장은 총 세 가지가 있습니다. 집단은 이기적이라는 주장, 이기주의와 전체 이익이 자동으로 조화되지 않는다는 주장, 집단의 조화에는 자기 성찰이 아닌 정치가 필요하다는 주장입니다. 하나의 주장씩 차례대로 살펴보겠습니다.

　첫째, 집단은 이기적이라는 [제시문 1]의 주장은 [제시문 4] 속 각 연령 집단과 학력 집단의 정책 찬반율을 살펴봄으로써 확인됩니다. 연령별로 20~30대가 가장 높은 반대율을 보인 것은 그들 자신이 이주 노동자들과 대체 관계에 있기 때문입니다. 40~50대는 자기 자녀 세대가 영향을 받게 될 것이기 때문에 그 다음으로 반대율이 높고, 60대 이상은 가장 영향을 덜 받기에 찬성률이 높다고 해석할 수 있습니다. 학력별로 보면 40~50대나 60대 이상에서는 학력에 따른 차이가 있기는 해도 미미한데, 20~30대에서는 학력에 따른 차이가 상당히 크게 나타납니다. 이는 같은 20~30대 중에서도 생산직이 아닌 사무직 및 관리직에 취직할 가능성이 큰 대졸 이상 집단은 또래 집단의 이익을 배려하기보다는 자기 자신만의 이익을 생각하고 찬반을 결정하는 경향을 보이고 있음을 방증합니다. 그러한 만큼 집단은 비도덕적이고 이기적이며 다른 집단의 이해관계를 쉽사리 무시할 수 있다는 것을 확인할 수 있습니다.

　둘째, 저는 집단의 이기주의가 자동적으로 조화되지 않는다는 주장도 [제시문 4]에 의해 뒷받침된다고 보았습니다. 이는 찬성과 반대의 변이 폭이 매우 크게 나타났다는 사실로부터 확인이 가능합니다. 사회 전체의 이익을 고려하여 개인의 이익을 어느 정도 조정해 보았다면 찬성과 반대가 전체적으로 어느 정도 수렴하는 경향을 보일 수도 있었을 것입니다. 하지만 어떠한 집단은 1/3 이하가 반대하고 어떠한 집단은 3/4 이상이 반대하는 등 찬반 의견에 차이가 있어, 자동적으로 조율될 것이라고 기대하기 어렵다는 [제시문 1]의 주장을 방증하고 있습니다.

　끝으로, 집단 간 상반된 이기주의의 조정에 자기반성이라는 내적 기제보다는 정치라는 외적 기제가 필요하다는 것이 [제시문 1]의 중요한 결론이었는데, [제시문 4]에서 시 정부가 펼치고 있는 정책이나 설문조사 자체가 바로 그러한 정치 행위에 해당한다는 사실을 놓쳐서는 안 될 것입니다. 설문조사를 통해 집단들은 서로의 입장을 투명하게 확인할 수 있게 되며, 시 정부는 정책 시행 여부를 결정할 정당한 근거를 확보하게 됩니다. 그리고 이러한 정당성에 도전하는 이기적 집단에 대해서는 투명하고 객관화된 근거에 기초하여 복종을 강제할 수도 있을 것입니다. 이처럼 [제시문 4]의 그림은 [제시문 1]의 세 가지 주장, 즉 '집단의 이기성', '자동적 조화의 어려움', '정치의 중심적 역할'을 증명하고 있습니다.

1. 답변의 요점: [제시문 4]는 [제시문 1]의 세 가지 주장을 뒷받침

2. 집단은 이기적: 찬반 성향이 집단 이익에 의해 결정됨

3. 집단 간 자동적 조화 X: 찬반 분포가 매우 큼

4. 집단 간 조화에는 '정치'가 필요: 찬반 설문조사는 정치적 행위임

Tip & Advice

[제시문 4]에서 세 가지 기준을 추출하여 답변에 활용했습니다. 연세대의 경우 자료 분석형 문제가 자주 출제되기 때문에 자료를 종합적인 관점에서 상세하게 분석하고 적용하는 연습을 해야 합니다.

출제 의도

● 이번 구술면접 문제는 '개인 수준의 도덕성'과 '집단 수준의 도덕성' 사이의 긴장과 역동에 대한 이해력과 응용력을 측정하는 데 초점을 두었음. 해당 주제에 대한 서로 다른 두 가지 입장을 소개하고, 학생이 양자의 주장을 비교 검토한 후 이를 문학 텍스트의 사례와 실제 사회 문제에 적용하여 자신의 생각을 논리적으로 표현할 수 있는지 여부를 평가함

● 문제에서 다루고 있는 주제는 학생들이 사회 교과 교과서들을 통해 익숙하게 학습해온 것들이며, 특히 첫 번째 제시문의 저자인 니부어(Niebuhr)는 모든 고등학교 「사회」 및 「윤리」 교과서에 등장하는 사상가임. 또한 세 번째 제시문은 고등학교 「문학」 교과서에 수록된 작품을 그대로 인용함. 출제 위원들은 고등학생들에게 익숙한 주제와 작품을 제시하여 제시문에 대한 독해력을 평가하는 한편, 이를 구체적인 사례에 적용하여 구술하는 응용력과 문제 해결력을 평가함

● 도덕성을 단순하게 이해하지 않고 도덕성이 개인 수준과 집단 수준에서 다르게 나타날 수 있으며 심지어는 갈등 관계에 있을 수도 있다는 점을 강조함으로써 우리 사회가 추구해야 할 이상적 도덕성을 창의적으로 사고하도록 유도함

● 이번 구술면접 문제는, 이주 노동자 급증과 청년 실업 확대 등 한국 사회 전반에 걸친 사회적 갈등의 증가 속에서 학생들이 이와 같은 갈등을 구체적이고 실증적인 관점에서 복합적으로 사유하고 해석할 수 있는지 여부를 다면적으로 평가하는 데 초점을 두고 있음

● 이번 구술면접 문제의 제시문과 문항은 신학, 사회학, 심리학, 윤리학, 철학, 문학, 사회 통계, 공공 정책 등 여러 학문 영역을 포괄하며, 이와 같은 다학제적 토대에서 도덕성을 통합적으로 사고하도록 유도하고 있음

문항 해설

● [제시문 1]은 니부어의 대표 사상으로, 개인적으로는 도덕적인 사람도 자신이 속한 집단의 이해관계가 발생할 경우 이기적인 사람으로 돌변할 수 있다고 봄. 즉 한 집단 안에서 개인들 간의 정의로운 관계 수립은 결코 쉬운 일이 아니며 합리적인 설득과 조정으로 이루어질 경우에는 가능하지만 집단들 간의 정의로운 관계 수립이 불가능하다고 봄

● [제시문 2]는 로랑 베그의 저서로, 사회 수준에서 이상적인 도덕성을 실현하기 위해서는 개인이 개인적인 성찰을 통해 집단의 도덕성을 객관적인 자세로 평가해야 한다고 주장함. 즉, 개인의 도덕성이라는 것은 선천적으로 선과 악으로 나누어져 있는 것이 아니라 집단에 소속되고 싶어 하는 사회성이라는 본성을 통해 집단의 도덕성에 강하게 견인된다는 사실을 강조함

● [제시문 3]은 고등학교 문학 교과서에서 다루어지는 단편 소설 「어진 사람과 어리석은 자, 그리고 노비」 중 일부임. 노비가 처한 부당한 상황에 대처하는 어진 사람과 어리석은 자의 서로 다른 태도와 입장의 차이를 보여줌

● [제시문 4]는 청년 이주 노동자의 생산직 취업 지원 정책에 대한 설문 조사 결과를 보여줌. 반대 의사 비율이 저학력 청년층에서 높게 나타나는 경향을 보여주고 있음

● [제시문 1]과 [제시문 2]를 비교 분석하여 차이점을 구술하는 문항 1번의 경우 수험생의 독해력을 평가하는 문항으로, 제시문의 난이도가 교과서에 근거하고 있으며, 두 가지의 기준을 사전에 제시함으로써 교육과정 내에서 충분히 소화해 낼 수 있다고 판단됨. [문제 2]와 [문제 3]은 문학 작품 속에 상황을 공공 정책의 통계 자료에 적용시켜 다면적 사고를 유도하는 문항을 제시했으며, 종합적으로 사고하고 창의적으로 추론하는 능력을 평가함

※ 제시문을 읽고 물음에 답하시오.

(가)

아래 이미지와 이미지에 부여된 제목에 유념하시오.

「이미지의 반란: 이것은 안경이 아니다.」

(나)

　선비란 유교의 이상적인 인간상으로, 학식과 인격을 겸비한 사람들을 말한다. 선비는 청렴, 청빈, 의리 등을 최고의 가치로 추구하며 일상생활에서 검약과 절제, 도의를 실천하는 삶을 미덕으로 삼았다. 선비들의 이러한 정신은 유학의 창시자인 공자의 사상에 근간을 둔다. 공자는, "임금은 임금다워야 하고 신하는 신하다워야 하며, 어버이는 어버이다워야 하고 자식은 자식다워야 한다〔君君臣臣父父子子〕."라고 말했다. 이름이 갖는 의미와 과제의 수행 속에서만 자신을 올바로 세우고 삶을 완성할 수 있다는 정신이 정명 정신이다. 선비들이 자신들의 이름에 내포되어 있는 대의명분을 구현하려 노력했다는 점에서 선비들은 정명 정신의 참된 실천자들이었다고 할 수 있다.

문제 1

이름과 실재하는 대상 사이의 상관관계를 설명하는 제시문 (가)~(나)에 기반해서 다음 질문에 답하시오.

▌1-1 ▶ 제시문 (가)와 (나)의 유사점과 차이점을 말하시오.

▌1-2 ▶ 제시문 (가)에서 '이것은 안경이 아니다'가 의미하는 바를 '정명론'적 관점에서 자유롭게 비판하시오.

문제 2

오늘날 인터넷 공간에서 언어적 변형이나 파괴 현상이 빈번히 발생하는 근거를 제시문 (가) 혹은 (나)의 관점과 연결시켜 분석하시오. 특히 다음 질문에 의거해서 구체적으로 답하시오.

▌2-1▶ 제시문 (가)와 (나) 중에서 어떠한 입장이 언어적 진화 현상을 촉발할 개연성이 높은지 설명하시오.

▌2-2▶ 제시문 (가)와 (나) 중에서 어떠한 입장이 언어적 진화 현상을 저해할 개연성이 높은지 설명하시오.

▌2-3▶ 언어적 진화 현상과 관련하여 본인이 생각하는 바람직한 양상을 밝히고, 그것에 대한 논거를 제시하시오.

문제 3

제시문 (가)와 제시문 (나)로 인해 발생할 수 있는 사회적 역기능을 각기 분리해서 설명하시오(단, 제시문 (가)와 (나)에서 예견할 수 있는 역기능을 반드시 각각 두 가지 이상씩 말할 것).

제시문 (가)와 (나)는 모두 이름과 이름이 가리키는 대상에 관련된 철학적 내용을 담고 있습니다. 제시문 (가)는 안경의 이미지를 보여주고 있는데, 하단에는 제목인 「이미지의 반란: 이것은 안경이 아니다」가 적혀 있습니다. 안경의 이미지는 안경을 가리키는 기호입니다. 제시문 (가)의 제목은 기호일 뿐, 그것이 가리키는 대상 자체가 아니라는 사실을 일깨워 줍니다. 한편, 제시문 (나)는 유교의 정명 정신을 다루고 있습니다. '군군 신신 부부 자자'로 대변되는 정명론은 사실을 나타내는 구호가 아니라 '응당 임금은 임금다워야 한다'라는 당위적 주장입니다. 현실에는 임금답지 않은 임금도 흔하다고 하는 사실 판단이 숨어 있습니다. 즉, 기호와 대상은 여기서도 일치되지 못하고 분리되어 있는 것입니다.

제시문 (가)와 (나)는 이름과 대상 사이의 상관관계가 자동적으로 보장되지 않으며, 그 연결이 생각보다 허약하다는 점을 인정한다는 공통점이 있습니다. 반면에 두 제시문은 기호와 대상의 분리라는 사실 위에서 당위적으로 무엇을 지향할 것일지에 대한 차이점이 있습니다. 제시문 (가)는 예술 작품으로서 고정 관념으로부터의 인식 해방을 목표로 하고 있습니다. 기호와 대상 사이의 고정된 관계를 분리하기 위해 일부러 「이것은 안경이 아니다」라는 제목을 붙여 감상자에게 역설을 통한 깨달음을 이끌어내고 있습니다. 고정관념으로부터의 자유라는 제시문 (가)의 지향점은 기호와 대상이 분리된 존재임을 암묵적 지식에서 명시적 지식으로 이끌어낼 때 실현됩니다. 그러기 위해 기호와 대상은 제시문 (가)에서처럼 더 명시적으로 분리되어야 합니다.

제시문 (나)는 유학이라는 정치 사상을 바탕으로 사회적 질서와 안정을 회복하고자 합니다. 공자 이래 유학자들의 목표는 천하의 혼란을 끝내고 질서를 바로잡는 데 있었습니다. 따라서 그들은 기호와 대상 사이의 느슨한 관계를 최대한 조여서 재결합시키려고 합니다. 먼저, 스스로 선비라는 이상적 인간상에 합치되고자 노력하며, 나아가 모든 존재들에게 자신의 호칭에 걸맞은 존재가 되도록 요구합니다. 천하에 존재하는 모든 이름이 그것이 응당 가리켜야 하는 대상을 가리키고, 천하의 모든 대상이 그것이 응당 불려야 할 이름으로 불린다면, 만물은 질서 속에 놓이게 될 것입니다. 제시문 (나)의 지향점인 사회적 질서의 회복은 기호와 대상의 분리를 극복하고 재결합시킬 때 비로소 가능합니다.

결국 제시문 (가)와 (나)는 모두 이름과 대상의 상관관계가 필연적이지 않다는 점을 똑같이 인정하면서도, 제시문 (가)는 고정관념을 파괴하기 위해 더더욱 관계를 해체하려 하는 반면에 제시문 (나)는 정치적 안정을 위해 관계를 재결합하려 한다는 차이가 있습니다.

1. 제시문 (가)와 (나)의 해석

2. 유사점: 기호와 대상의 상관관계가 필연적이지 않음

3. 차이점: 지향점의 차이(고정관념의 파괴 vs 사회 질서의 회복)

Tip & Advice

[문제 1]은 정답이 정해져 있지 않은 개방형 문제로, 본인의 해석을 '얼마나 일리 있게 전달하느냐'가 채점 기준이 됩니다. 비교 포인트를 정확히 잡아서 제시해야 합니다. 여러 개를 제시할 수 있으면 더 좋겠지만, 예시 답안 (1)처럼 한 가지 면에 집중하고자 한다면 최대한 깊이 있게 제시하는 것이 좋습니다.

제시문 (가)와 (나)는 공통적으로 기의에 대한 기표의 관계를 조명하고 있습니다. 제시문 (가)에서는 이미지, 즉 그림이 기표고 안경이 기의에 해당합니다. 제시문 (나)에서는 이름이 기표고 임금, 신하, 어버이, 자식 등 사회적 역할이 기의에 해당합니다.

두 제시문의 첫 번째 차이점은 기표의 정의와 가치에 대한 관점에서 드러납니다. 제시문 (가)에서 기표는 기의에 종속되어 있는 존재입니다. 즉, 기표인 그림은 그 자체로 의미를 갖지 못하고 오직 다른 대상을 지시함으로써만 간접적 의미를 갖게 됩니다. 따라서 기표 그 자체는 실체 없이 텅 비어 있는 존재입니다. 반대로, 제시문 (나)에서는 기표인 이름이 기의인 사회적 역할의 가장 이상적인 이념형을 내포하고 있습니다. 현실 세계에 실재하는 기의들은 오히려 이름에 담긴 이데아적 상태에 못 미치는 존재입니다. 따라서 제시문 (나)에서는 오히려 기표인 이름이야말로 완전한 것이면서 기의인 대상들이 추구해야 할 목적이 됩니다.

두 번째 차이점은 기표와 기의가 지향하는 관계에서 드러납니다. 제시문 (가)의 입장에서 이미지는 의미에 종속되지 않아야 합니다. 이미지가 의미에 종속되는 한, 예술의 범주는 특정한 틀에 갇힐 수밖에 없습니다. 이 틀을 깨고 의미로부터 자유로워질 때 비로소 예술은 한계를 뛰어넘어 독자적인 영역을 개척할 수 있게 됩니다. 그렇기에 예술가는 작품 제목처럼 '이미지의 반란'을 꿈꾸는 것입니다. 결국 제시문 (가)가 보기에 예술이 독자적 가치를 가진 분야로 승화되려면 기표를 기의로부터 해방시켜야 합니다. 반대로 제시문 (나)에서는 기표인 이름이 기의의 이상, 목적에 해당한다고 말씀드렸습니다. 이름, 즉 명은 실재이자 실에 부합해야 합니다. 이러한 '명실상부'한 상태가 선비들이 실현하고 싶어 하는 유토피아입니다. 임금, 신하, 부모, 자식은 모두 관계적 개념입니다. 즉, 서로가 서로를 존재하게 하는 개념인 것입니다. 임금이 임금답지 못하면 신하도 신하다울 수 없고, 부모가 부모답지 못하면 자식도 자식다울 수 없습니다. 선비들은 자기 규율을 통해 선비라는 이름에 걸맞는 과제를 수행하려고 했고, 그로써 자신과 관계된 모든 것을 제자리에 돌리려고 했습니다. 제시문 (나)의 정명 사상은 이처럼 기의가 기표에 부합해야 한다는 입장입니다.

개요

1. 유사점: 기표와 기의의 관계에 관심
2. 차이점 1: 기표란 무엇이며 어떠한 가치를 갖는가
3. 차이점 2: 기표와 기의는 어떠한 관계를 지향해야 하는가

Tip & Advice

예시 답안 (2)는 비교 포인트를 세 가지(공통점 한 개, 차이점 두 개) 선정하여 구술한 답변입니다.

　제시문 (가)에서는 기표가 기의에 대해 갖는 자의성이 드러납니다. 둘은 필연적인 관계에 있지 않으며, 더군다나 기표는 결코 기의가 될 수 없다고 주장합니다. 그림으로 그려진 안경은 그 자체로서 감상될 수 있을 뿐 그것을 이용해 멀리 있는 글씨를 볼 수 없으며, 유리와 금속이 아닌 종이와 잉크로 이루어져 있는 등 어디까지나 기의와는 좁힐 수 없는 간극이 있습니다.

　제시문 (나)의 정명론적 입장에서 기표와 기의는 반드시 좁혀져야 하기에, 이러한 간극을 좁힐 수 없다고 보는 제시문 (가)의 입장을 매섭게 비판할 것입니다. 기표와 기의가 일치하지 않는 것 자체는 제시문 (나)도 동의할 수 있는 사실적 관찰에 불과합니다. 그러나 만약 제시문 (가)가 이에 근거해 '기표와 기의는 일치하지 않아도 된다'거나 더 나아가 '일치하지 않는 편이 바람직하다'라고 주장한다면, 제시문 (나)의 두 가지 근거를 바탕으로 비판할 수 있습니다.

　첫 번째, 제시문 (나)는 제시문 (가)가 자연주의적 오류를 범한다고 비판할 수 있습니다. 자연주의적 오류란 사실로부터 당위성을 이끌어내는 오류를 말합니다. '기표와 기의가 일치하지 않는다'라는 사실에서 '기표와 기의가 일치하지 않는 것이 바람직하다'라는 당위성을 추론할 수는 없습니다. 무엇이 당위적 상태인지는 다른 근거를 통해 따져보아야 합니다.

　무엇이 그러한 근거가 될 수 있을까요? 이 점과 연관하여, 제시문 (나)는 제시문 (가)를 비판할 두 번째 수단으로 보편타당성의 기준을 제시할 것입니다. 단지 하나의 기표와 기의가 분리된 것이 아니라 세상 모든 기표와 기의가 제멋대로 분리된 상태가 되었을 때 세상이 과연 살 만한 곳일지 상상해 보는 것입니다. 정명론의 관점에서 보면 그러한 세상은 임금이 정치를 나몰라라 하고, 신하는 임금을 배신하며, 부모는 자식을 내팽개치고, 자식도 부모에게 불효하는 세상일 것입니다. 기표와 기의를 분리하자는 제시문 (가)의 입장은 이처럼 보편타당성의 실험을 통과하지 못합니다. 따라서 그 주장의 당위성은 기각되어야 합니다.

　요컨대 정명론적 입장에서 제시문 (가)의 주장은 자연주의적 오류를 범하고 있으며, 보편타당성의 기준도 통과하지 못한다는 점에서 틀린 주장이기 때문에 비판받아 마땅합니다.

개요

1. 제시문 (가)의 요점과 그에 반대되는 제시문 (나)의 요점
2. 제시문 (나)가 (가)를 비판할 수 있는 기준 1: 자연주의적 오류
3. 제시문 (나)가 (가)를 비판할 수 있는 기준 2: 보편타당성의 기준

예시 답안 (1)에서 사용한 '자연주의적 오류'나 '보편타당성의 기준' 등은 논리적으로 사고하는 것을 돕는 개념적 도구들에 해당합니다. 어떨 때 어떻게 사용할 수 있는지 눈여겨봐두었다가 구술이나 논술 시험에 응용해 보면 좋을 것입니다.

제시문 (나)의 정명론은 기호와 대상의 일치를 요구하는 철학인 반면에 제시문 (가)의 회화는 기호와 대상의 분리를 주장하고 있습니다. 과연 기호와 대상은 분리되어도 좋은 것일까요? 사실 현대 회화 중에는 작품에 제목을 붙이지 않고 '무제'라고 표현하거나, 화폭에 무엇을 그렸는지 알아볼 수 없는 작품들이 많습니다. 현대 예술가들은 제시문 (가)의 주장처럼 그들의 이미지가 어떠한 대상을 얼마나 똑같이 나타내고 있는가 대신 그 자체로서 감상되어야만 하는 순수한 아름다움으로서 평가받기를 추구하는 듯합니다.

그런데 현대 회화가 이러한 방향으로 발달할 수 있었던 것은 기호의 역할을 회화가 아닌 다른 예술 분야가 대신해 주었기 때문입니다. 바로 기호와 대상을 완벽하게 일치시킬 수 있는 '사진'의 등장이 결정적이었습니다. 사진 기술처럼 짧은 시간 안에 대상을 완벽하게 기호화할 수 없는 회화는 더 이상 대상을 묘사하는 기호로서가 아닌 그 자체의 미를 추구하는 장르로 변화해 온 것입니다. 만일 사진이라는 더 완벽한 기호가 존재하지 않았다면 회화는 대상을 나타내야 하는 기호로서의 역할을 방기할 수 없었을 것입니다.

이는 '이것은 안경이 아니다'를 외치는 제시문 (가)의 회화의 관점이 실은 특수한 사정에 한정되어 있음을 말해줍니다. 즉, 사진 기술이라는 정명 정신을 구현하고 있는 예술 분야가 확고하게 존재하기 때문에 비로소 이미지는 회화에서 부분적인 해방구를 찾게 된 것입니다. 그러나 이를 모든 예술 부문 또는 모든 이미지나 모든 기호와 관련된 조건으로 생각하면 크나큰 오해입니다. 정명론의 관점에서 '기호와 대상의 일치'라는 조건은 인간 사회에서 반드시 충족되어야 하는 기본 요건이며, 제시문 (가)의 이미지의 반란 같은 것은 기호와 대상의 관계가 위협받지 않는 상황에서 예외적으로 허용되는 작은 탈출구로 보아야 할 것입니다.

개요

1. 제시문 (가)와 (나)에 대한 문제 제기
2. 현대 회화의 발전 배경으로서의 사진 기술: 정명론적 예술 분야
3. 정명론적 기호-대상 관계가 선행되고 일탈은 부분적으로만 허용되어야 함

Tip & Advice

제시문 내용과 관련된 배경지식을 활용하여 정명론의 관점을 제시문 (가)의 예술 분야에 창의적으로 적용한 답안입니다.

인터넷을 통해 과거에는 메시지 수신자에 불과했던 일반 대중이 메시지 발신자로 변화하고 있습니다. 오늘날 온라인 공간에 존재하는 정보량은 고대 세계 최대 규모였던 알렉산드리아 도서관을 일인당 300여 개씩 지을 수 있는 양이라고 합니다. 이와 같이 소통의 양이 어마어마하게 늘어난 환경에서는 언어의 변화도 급속하게 일어나는 것이 자연스러운 현상입니다. 만일 언어와 대상 간의 관계가 제시문 (나)에서 말하는 것처럼 필연적이고 경직적인 관계였다면 매체 환경의 변화와 무관하게 현재와 같은 급속한 언어의 변화는 아마도 일어나기 어려웠을 것입니다. 따라서 대상에 대한 언어의 자의성, 유연성을 강조하는 제시문 (가)가 인터넷상의 언어 변형을 설명하는 데 더 유용한 관점으로 볼 수 있습니다.

이는 제시문 (가)와 (나) 중에서 제시문 (가)의 입장이 언어의 진화를 촉발하는 데에 더 유리하고, 제시문 (나)의 입장은 언어의 진화를 저해할 가능성이 더 큰 관점이라는 의미도 됩니다. 그 이유를 살펴보려면 '진화'라는 개념을 먼저 이해해야 합니다. 진화는 '변이'와 '선택'이라는 두 단계가 시간에 걸쳐 반복적으로 발생하는 과정입니다. 다시 말해 진화가 일어나려면 먼저 부모에서 자식으로 넘어가는 과정에서 다양하고 새로운 속성이 출현하는 '변이'가 일어나야 하고, 그러한 속성들 가운데 어떠한 것이 '선택'되어 전체 그룹 내에서 차지하는 빈도가 증가해야 합니다. 언어에서 진화가 일어난다는 말은 어떠한 대상을 가리키는 신조어들이 다양하게 출현한 뒤, 그들 중에서 특정한 말이 선택을 받아 널리 쓰이게 된다는 것과 같습니다. 그러기 위해서는 언어가 대상에 대해 유연하게 변화할 수 있어야 하므로 언어의 자유로움을 중시하는 제시문 (가)의 관점이 언어의 진화에 더 유리한 환경을 조성한다고 볼 수 있습니다.

그렇지만 제시문 (가)는 언어의 진화가 많이 일어나는 환경을 마련해 줄 뿐, 반드시 그 결과까지 바람직해지리라는 보장을 해 주지는 않습니다. 실제로 많은 사람들이 인터넷에서의 언어 변화를 '언어 파괴'라고 느끼는 이유는 인터넷 언어가 공격적이거나 천박한, 한마디로 바람직하지 않은 특성들을 갖는 방향으로 바뀌어가는 과정에서 피로감을 경험하기 때문입니다. 진화의 비유로 돌아가 보면 인터넷은 언어의 '변이'를 자주 발생하게 해 주지만 '선택'은 여전히 우리의 몫입니다. 새롭게 생겨나는 수많은 말들 중에서 어떠한 말이 선택받아 정착하게 될 것인지에 대한 우리의 안목과 통제력을 높인다면 언어의 진화를 우리가 원하는 방향으로 이끌 수 있게 될 것입니다. 이를 위해 전문가들과 시민들이 공동 참여하는 언어 위원회 등을 만들어서 온라인에 출현한 신조어를 검토하고 좋은 단어를 선별해 임의로 보급하는 노력을 기울일 수 있을 것입니다.

1. 인터넷상의 언어 변형을 설명하기에 제시문 (가)의 유연한 관점이 더 유리

2. 제시문 (가)의 입장은 언어의 진화를 촉발, 제시문 (나)의 입장은 언어의 진화를 저해

3. 진화의 개념 분석과 언어 영역에의 적용

4. 바람직한 언어 진화 양상에 대한 의견: '변이'보다 '선택' 단계에 전문가 + 시민 위원회 개입

Tip & Advice

'진화'라는 개념을 '변이'와 '선택'으로 분리해서 '언어의 진화'라는 개념을 분석한 답안입니다. 어떠한 입장이 진화에 유리한지와 그 뒤에 나올 '바람직한 진화'에 대한 내용이 유기적으로 연결되어야 합니다.

오늘날 인터넷이라는 전대미문의 공간에서 쓰이게 된 우리 언어는 퇴화와 진화의 갈림길에 서 있습니다. 세종대왕이 15세기에 만든 훈민정음은 그 원리가 무시된 채 자음이나 모음만 쓰이는 등 무분별하게 해체당하고 있고, 타이핑하는 노력을 아끼려는 각종 약어들의 등장으로 무슨 말이 무슨 대상을 가리키는지조차 불분명한 암호처럼 변질되고 있는 현상을 목도하고 있습니다. 이는 언어가 대상과의 바람직한 관계를 상실하고 그 자체의 유희로 전락해버렸기 때문으로 볼 수 있습니다.

언어가 제시문 (가)에 나타난 예술과 같이 일종의 유희적인 즐거움의 대상이 되는 것으로 충분했다면 인터넷의 언어 파괴는 큰 걱정거리가 아니었을 것입니다. 하지만 언어는 제시문 (나)에서 말하듯이 정치 공동체의 핵심입니다. 언어가 대상과 분리되어 버리는 인터넷에서의 현상은 언어 본연의 목적인 소통을 저해하고 사람들을 각자 세대나 집단의 동굴 속으로 들어가게 만들고 맙니다. 이러한 소통의 부재는 사적 인간관계의 손실일 뿐 아니라 공적 민주주의의 퇴보를 가져올 것이기에, 인터넷에서의 언어 퇴화는 방치해서는 안 될 병리 현상입니다.

퇴화하고 있는 언어를 다시 진화시키기 위해서는 제시문 (나)의 정명론적 입장이 반드시 필요합니다. 언어가 가리키는 대상이 무엇인지 누구나 바르게 이해할 수 있도록 올바른 언어를 사용함으로써, 모두가 언어라는 공동의 우물을 다함께 이용할 수 있도록 해야 합니다. 만일 제시문 (가)와 같이 언어를 대상으로부터 멀어지게 내버려둔다면, 언어는 의미가 불투명해지고 더 이상 공동체의 공유 자원으로서 이용될 수 없게 될 것입니다.

다만, 정명론이 언어를 현재 사용되는 그대로 고착화하는 것으로 해석되어서는 안 될 것입니다. 과학 기술의 발전, 세계 문화 교류 등으로 인해 새로운 언어 표현이 필요한 대상들이 세상에 매일같이 생겨나고 있습니다. 언어의 진화가 바람직한 양상으로 이루어지기 위해서는 이러한 새로운 대상들을 적절히 수용할 수 있어야 합니다. 이를 위해 정명론은 지금 있는 어휘들만을 영구 보존하자는 주장이 아니라, 새로운 대상들에게도 누구나 이해하기 쉽고, 대상을 정확히 나타내는 올바르고 고운 이름을 붙여주자는 입장으로 이해되어야 합니다. 결국, 언어적 진화는 새로운 대상들에게도 이름들이 제때 주어지되, 옛 이름들과 마찬가지로 새 이름들도 대상과 긴밀한 연결 고리를 갖는다는 정명론적 조건을 갖출 때 비로소 가장 바람직한 양상으로 이루어질 것입니다.

1. 인터넷에서의 언어 파괴 현상의 문제점

2. 언어적 퇴화를 가져오는 제시문 (가)의 입장

3. 언어적 진화를 촉발할 제시문 (나)의 정명론

4. 언어적 진화의 바람직한 양상과 논거

Tip & Advice

바람직한 방향 제시에 덧붙여 구체적인 방안을 제안한 점도 돋보이는 방법입니다.

제시문 (가)는 언어, 그림 등 표현의 사용이 자유로워지는 상황을 나타내고 있고, 제시문 (나)는 반대로 명칭과 그 본질의 정확한 대응을 강조하는 내용을 담고 있습니다. 각각 특징적인 두 입장은 잠재적인 사회의 역기능도 각각 다르게 일으킬 것으로 생각됩니다.

우선, 제시문 (가)처럼 언어적 · 비언어적 표현의 자유를 극단적으로 추구하게 될 경우에 생겨날 첫 번째 문제점은 의사소통의 수단으로서 언어의 공공성이 훼손된다는 점입니다. 지금도 부모님 세대가 자녀들의 은어를 알아듣지 못하는 상황이 빈번하다고 합니다. 이러한 현상이 지속되거나 심화된다면 세대 간 소통이 줄어들어 불필요한 갈등이나 소외감을 형성할 것입니다.

두 번째 문제점은 장기적인 차원의 문화적 연속성과 관련 있습니다. 표준적인 언어가 아닌 당대의 유행을 활용한 언어를 사용하면 결국 우리의 후손들이 현재의 역사적 자료들을 물려받아 자신들의 문화 자원으로 활용하는 데 제약을 받게 될 것입니다. 이미 조선 시대 양반 지식인들의 한문으로 된 문헌을 우리 세대는 스스로 읽을 수 없고 전문가들의 번역을 거쳐서 읽어야 합니다. 이처럼 세대 간 단절보다도 더 큰 규모에서 시대간 단절은 한국 문화의 연속성마저 해치고 말 우려가 있습니다.

다음으로 제시문 (나)처럼 어떠한 대상을 본질적 · 이상적 상태에 고착시키려고 할 때 생기는 문제점을 언급해 보겠습니다. 첫 번째 문제는 대상의 본질 또는 이상적 상태를 결정하는 주체에 대한 문제입니다. 결국에는 특정인이나 특정 세력이 무엇이 본질인지를 판단해 언중의 의사 표현부터 정치적 현실까지 통제하는 엄청난 권력을 쥐게 될 것입니다. 마치 조지 오웰의 소설 「1984」 속 빅 브라더가 민중의 언어 사용을 제한해 권력을 유지하듯이, 사고의 통로이자 도구인 언어를 통제할 권력을 누군가에게 집중시키는 것은 매우 위험한 일임이 분명합니다.

두 번째 문제는 현실 세계에 고정된 본질의 존재 여부에 대한 문제입니다. 만약 사회 자체가 변화를 반복하여 고정된 본질이 없다고 한다면, 언어를 본질에 고정하려는 시도는 오히려 변화하는 세태에 대한 부적응을 가져오고 말 것입니다. 현 시대는 더더욱 급속도로 모든 것이 변화하는 시대이기 때문에, 무엇이 본질인지 판단하고 적절한 표현을 정하는 그 시간에도 대상의 본질은 계속해서 변하고 있을 것입니다.

이처럼 언어를 본질로부터 완전히 자유롭게 하려는 제시문 (가)도, 본질에 꽁꽁 매어두려는 제시문 (나)도 한계를 갖고 있으므로 이를 인식하고 중용의 지혜를 따르려는 균형 잡힌 입장이 필요할 것입니다.

1. 제시문 (가)의 예상되는 역기능 1: 세대 갈등 및 소외

2. 제시문 (가)의 예상되는 역기능 2: 장기적인 문화의 연속성 단절

3. 제시문 (나)의 예상되는 역기능 1: 무엇이 본질인지 판단하는 사람에게 권력 집중

4. 제시문 (나)의 예상되는 역기능 2: 변화하는 세태에 부적응할 우려

Tip & Advice

[문제 1]에서부터 [문제 3]까지 전반적으로 연속성 있는 답변을 만드는 것이 가장 이상적입니다. 특히, 개방형 문제인 [문제 1]이 상당히 막막할 수 있었을 텐데, [문제 1]부터 [문제 3]까지 문제 전체를 빠르게 훑어본 뒤에 [문제 1]의 답변 방향을 잡았다면 [문제 2]와 [문제 3]을 상대적으로 원활하게 진행해 나갈 수 있었을지도 모릅니다. 반대로 [문제 1]에서 방향을 다르게 잡으면 [문제 2]와 [문제 3]에서 제시문 (가)와 (나)의 내용을 고쳐 설명해야 하므로 답변 구상에나 표현에나 중복이 심해질 것입니다. 전체 답변의 유기성을 목표로 해야 합니다.

제시문 (가)에 보여진 '이미지의 반란'과 제시문 (나)에서 제시된 '정명 정신'은 서로 반대되는 가치를 지향하고 있습니다. 따라서 한쪽의 장점이 다른쪽의 단점이 되고 그 역도 마찬가지인 관계로 볼 수 있습니다. 제시문 (가)는 자율성과 창의성이 장점이며, 제시문 (나)는 효율성과 공공성이 장점입니다. 사회적 역기능은 이러한 각자의 장점으로부터 상대편을 향해 역으로 추론됩니다.

제시문 (가)에 따라 기호와 대상이 분리되는 현상을 내버려두면 생기는 첫 번째 사회적 역기능은 비효율성입니다. 사람들이 서로 알아들을 수 없는 자기만의 표현을 사용하기 때문에 의사소통의 효율성이 감소하게 됩니다. 의사소통을 하기 위해 알아야 하는 어휘, 어구 등 표현이 무한정 늘어나는 데다 각 표현의 유통기한은 짧아지게 될 것입니다. '사회적 약속'으로서의 언어가 갖고 있는 공공성이 줄어들게 되는 것입니다. 이와 관련된 두 번째 사회적 역기능은 역설적이게도 다원주의적 태도가 감퇴할 것이라는 사실입니다. 얼핏 생각하기에는 사람들에게 더 많은 자유를 주었으니 다원주의도 증가할 거라고 여기기 쉽습니다. 하지만 다원주의적 태도에 필요한 관용은 사람들이 서로 다른 배경과 생각을 가진 타인들하고 충분히 의견 교환을 할 기회가 있을 때 배우게 되는 덕목입니다. 남의 입장을 간접 경험해 보고 자신의 관점으로 취해 보는 과정이 관용을 배우는 데에 필수적이기 때문입니다. 언어가 공공성을 잃고 제각기 나누어지면 하나의 공론도 존재하기 어렵게 되고 따라서 사람들은 서로 다른 생각을 가진 사람들과의 소통을 덜 하게 됩니다. 이는 다원주의가 아닌 부족주의를 가져옵니다.

한편, 제시문 (나)를 따라서 기호와 대상이 합치해야 한다는 당위성을 강조하다 보면 생기는 첫 번째 사회적 역기능은 자율성의 불가피한 훼손입니다. 언어생활에 당위적 규범을 세우게 되면 그 다음 수순은 언중의 일탈적 언어 사용에 대한 제재가 될 것이기 때문입니다. 이는 사회의 일부 사람들로부터 표현의 자유를 빼앗는 결과를 나을 수 있습니다. 두 번째, 현실적으로 제재하는 측은 해당 사회의 기득권층, 제재를 받는 측은 약자나 소수자가 되기 쉬우므로 '바른' 언어보다는 '강자의' 언어가 규범이 되어버릴 우려가 있습니다. 세 번째, 창의적 아이디어의 출현을 억제합니다. 어떠한 대상의 본질이 무엇인지를 정해놓고 그것에서 벗어나는 모든 표현을 제재한다면 결국 사고마저 틀에 갇히는 효과가 나타날 것입니다. 전화기는 전화기로만, 음악 플레이어는 음악 플레이어로만, 인터넷은 인터넷으로만 불려야 한다고 정해져 있는 세상에서는 스마트폰이라는 창의적 아이디어가 나오기 힘들 것입니다. 정리하면 제시문 (가)의 역기능은 의사소통의 효율성 감소와 다원주의의 후퇴일 것이며, 제시문 (나)의 역기능은 자율성 훼손, 권력 관계 개입, 창의성 억제를 들 수 있을 것입니다.

1. 제시문 (가)의 문제점 1: 의사소통의 효율성 감소(언어의 공공성 훼손)

2. 제시문 (가)의 문제점 2: 다원주의 후퇴(부족주의 등장)

3. 제시문 (나)의 문제점 1: 자율성 훼손

4. 제시문 (나)의 문제점 2: 권력 관계 개입

5. 제시문 (나)의 문제점 3: 창의적 아이디어 억제

Tip & Advice

역기능을 '두 가지 이상' 제시하라고 했으므로 제시문 (나)에 대해 추가적 서술을 한 답변입니다. 언제나 제시된 문제의 조건을 잘 파악하고 답변하는 태도가 필요합니다.

출제 의도

- 이번 구술면접 문제는 '말(이름)'과 실재하는 '대상'의 상관관계라는 큰 주제 하에 양자를 바라보는 다소 상반된 두 가지의 사례를 제시한 연후, 거기에 대한 수험생 본인의 생각을 자유롭게 전개할 수 있도록 함

- 두 제시문에 대한 사전적 지식이 전혀 없는 경우라 할지라도 수험생 본인의 추론능력 및 창의력을 바탕으로 문제에 대한 나름대로의 답변을 설득력 있게 구성할 수 있도록 함

- 두 제시문의 경우 주제를 하나의 고정된 의미로 환원시켜 말하는 것은 적절치 않으며, 오히려 주어진 제시문은 다양한 해석적 가능성을 자체적으로 내포하고 있음

- 이러한 점을 감안하여 이번 구술시험에서는 수험생 개개인이 주어진 제시문을 토대로 자기의 논리를 창의적으로 설정하고, 이를 설득력 있게 설명할 수 있는 능력을 검증하는데 역점을 두었음

- 기본적으로는 정해진 답을 '하나'로 국한시켜 말할 수 없는 개방형 문제에 근접하지만, 수험생의 논리 전개 방식, 창의력, 객관적 설득력 등에 의거해서 충분히 평가 상의 변별력을 가릴 수 있으리라 기대함

- 끝으로 본 구술시험의 경우 논술 고사와는 변별성을 두고자 했으며, 따라서 주어진 제시문을 읽고 이를 토대로 제시문 상호간의 비교 분석을 측정하는 문제는 가급적 지양함

문항 해설

- 제시문 (가)와 (나)는 '이름'과 '대상'의 상관관계('기표'와 '기의'의 관계)라는 언어 철학적 주제와 관련하여 상반된 두 가지의 사례를 제시하고 있는데, EBS 국어 영역 「독서」 지문과 「생활과 윤리」 교과서에서 쉽게 접할 수 있는 내용이기 때문에 학생들이 고등학교 교육과정 안에서 충분히 소화해 낼 수 있다고 판단됨

- 두 제시문의 연계성에 대한 깊이 있는 통찰력을 바탕으로 현대 사회에 적용해볼 수 있는 고차원적인 추론능력 및 설득력 있는 표현력을 측정하기 위한 문항을 구성함

- [문제 1]을 정확하게 파악하는 것이 가장 중요하다. [문제 1]이 깊이 있는 언어학적, 철학적 질문을 전제로 하기 때문에 제시된 문제를 정확하게 파악하기만 한다면 [문제 2]와 [문제 3]은 적절하게 대답할 수 있다고 생각됨

※ 제시문을 읽고 물음에 답하시오.

(가)

우리의 삶과 노력들을 곰곰이 살펴보면 모든 행동과 욕망이 다른 인간의 존재와 밀접하게 연결되어 있음을 금방 깨닫게 된다. 우리는 다른 사람이 만든 옷을 입고 다른 사람이 지은 집에서 산다. 대부분의 지식과 생각은 누군가가 창조한 언어라는 매개체를 통해 다른 사람들로부터 전달받았다. 언어가 없다면 우리의 정신 능력은 고등 동물 정도로 보잘것없을 것이다. 우리가 인간 사회 속에서 살고 있다는 사실 자체가 야수가 가지지 못한 중요한 이점임을 인정해야 한다. 태어나면서부터 홀로 남겨진다면, 인간의 사고와 감정은 상상할 수 없을 정도로 원시적이고 야수 같은 상태에 머물게 될 것이다.

인간인 한, 나는 단지 개체적인 피조물로서 존재할 뿐 아니라 나 자신이 커다란 인간 공동체의 한 구성원임을 깨닫는다. 바로 이 사실을 아는 데 나의 가치가 있다. 나의 감정과 생각, 행위가 하나의 궁극적인 목적, 즉 공동체와 그 발전이라는 목적을 향할 때만 나는 실제적으로 한 인간인 것이다. 그러므로 나의 사회적인 태도가 사람들이 나에 대해 '선하다'거나 혹은 '악하다'고 판단내릴 수 있는 근거가 될 것이다.

(나)

어떠한 인간이든 자신이 습관적으로 옹호하려는 권리와 이익이 있다. 그러한 개인의 권리와 이익은 결코 무시되어서는 안 된다. 이는 인간사에 관해 기술할 수 있는 어떠한 일반적 명제들에 뒤지지 않는 보편성과 적용성을 지닌 원칙이다. 집단은 개인의 집합이며 사회나 국가 역시 개인의 집합에 불과하기 때문이다.

인간은 자기방어권을 지니고 있는 존재이다. 그러므로 모든 인간은 타인이 자신에게 불이익을 끼치는 행위로부터 보호되어야 한다. 정부와, 정부에 영향을 주거나 통제할 수 있는 자들은 개인의 권리와 이익을 심각하게 침해할 수 있다. 이러한 침해를 방지하기 위해서는 정부의 행위 결정에 개인들이 완전하게 참여할 수 있어야 한다. 오직 이러한 경우에만 모든 사람들은 자신의 권리와 이익을 보호할 수 있게 될 것이다. 따라서 국가 통치에 모든 사람들이 참여하도록 하는 것보다 궁극적으로 더 바람직한 것은 없다.

(다)

안암시에 있는 한옥 마을은 수십 년간 보존 지구로 묶여 주민들은 손을 대지 못했다. 지붕이 새도 허가 없이는 고칠 수 없었다. 참다못한 주민들은 "재건축을 허용하라.", "재산권을 침해하지 말라."며 100여 일간 시청 앞에서 시위를 벌이기도 했다. 하지만 안암시의 생각은 달랐다. 남들이 한옥을 등한시할 때 이를 잘 보존하면 관광 자원이 될 수 있다고 생각했다. 시장은 시위대 앞에서 직접 마이크를 잡고 "가장 한국적인 전통 문화가 살아있는 명소를 만들겠다."라고 역설했다. 그리고 한옥 마을 주변에 널려 있는 문화 유적지를 개발하고 전통 공연장을 지었으며, 입소문을 낼 수 있는 얘깃거리를 만들었다. 자연스럽게 비빔밥·한정식 등 음식점이 곳곳에 들어섰다. 그 결과 한옥 마을은 연 평균 400만 명의 관광객이 몰려드는 유명 관광지가 되었으며, 이로 인해 안암시와 상인들은 많은 수익을 거두게 되었다.

(라)

〈표 1〉 안암시 D 지역 폐기물 처리장 건설에 관한 여론 조사 결과(지역별)

지역	응답자(명)	찬성(%)	반대(%)	무응답(%)	전체(%)
A	234	59	28	13	100
B	252	46	39	15	100
C	136	43	37	20	100
D	98	12	72	16	100
E	127	39	37	24	100
F	153	48	33	19	100
전체	1,000	45	38	17	100

〈표 2〉 안암시 D 지역 폐기물 처리장 건설에 관한 여론 조사 결과(직업별)

직업	응답자(명)	찬성(%)	반대(%)	무응답(%)	전체(%)
사무직	189	39	42	19	100
생산직	214	57	31	12	100
자영업	220	59	30	11	100
주부	174	34	35	31	100
학생	111	23	59	18	100
무직	92	42	49	9	100
전체	1,000	45	38	17	100

문제 1

제시문 (가)와 (나)의 관점을 비교한 후, 둘 중 자신이 지지하는 관점을 하나 선택하고 그 이유를 설명하시오.

문제 2

제시문 (가)와 (나)의 관점에서 제시문 (다)를 각각 평가하시오.

문제 3

제시문 (가) 또는 (나)의 관점에서 제시문 (라)의 안암시 D 지역 폐기물 처리장 건설에 대한 바람직한 정부 정책 방향을 제시하시오. 이때 제시문 (라)의 여론 조사 결과를 근거로 활용하시오.

문제 4

제시문을 활용하여 사회 갈등을 해소하기 위한 적절한 방안을 제시하시오.

 제시문 (가)와 (나)는 공통적으로 개인과 사회의 관계를 다루고 있지만, 제시문 (가)는 개인에 대한 사회의 우선성을 주장하고 있는 반면에 제시문 (나)는 사회에 대한 개인의 우선성을 주장하고 있습니다. 첫째, 사실의 우선성 측면에서 제시문 (가)는 사회가 개인에 앞서서 존재하기에 우리가 야수가 아닌 '인간'일 수 있다고 강조합니다. 만일 사회가 존재하지 않는다면 의식주는 물론 의식적 사고를 할 수 있는 언어 자체도 갖지 못한 일개 동물이 되어버렸을 것이기 때문입니다. 이와 달리 제시문 (나)는 개인이 먼저 존재해야만 사회도 존재할 수 있다는 입장입니다. 사회는 개인의 집합에 이름을 부여한 것에 지나지 않기 때문입니다.

 둘째, 규범의 우선성 측면에서 제시문 (가)는 개인이 사회를 위해 존재해야 한다고 말합니다. 인간은 사회를 통해 인간이 되므로 인간다운 삶은 곧 사회에 공헌하는 삶을 의미합니다. 반면에 제시문 (나)에서는 사회가 개인보다 우선될 수 없습니다. 개인의 불가침의 권리는 사회로부터 보호받아야 하기 때문입니다.

 두 관점 중에서 저는 개인을 중시해야 한다는 견해를 지지합니다. 먼저 사실의 우선성 측면에서 결국 모든 사회 제도는 최초에 두 사람의 상호 작용에서부터 시작된 것입니다. 우리 사회의 언어, 문물, 제도들은 어느 한 사람이 쉽게 바꿀 수 있는 것은 아니지만, 동시에 위에서부터 주어진 것 또한 아닙니다. 그 근거로 우리가 변화된 신념을 바탕으로 새로운 사회 구조를 만들어 왔다는 점을 들 수 있습니다. 가치적 차원에서 우리는 집단의 이익을 위해 사회 체제들이 개인의 희생을 억압적이고 폭력적으로 강요하고, 개인의 존엄성을 짓밟은 사례들을 보아 왔습니다. 집단이 개인들의 합이라면 그 개인들의 이익 없이 집단의 이익도 있을 수 없습니다. 누군가의 희생을 미화하는 규범이 있다면 그 규범이 집단 일부의 이익을 희생해서 다른 일부의 이익을 취하고 있지는 않은지 의심해 보아야 합니다.

 물론 집단주의자들은 개인주의가 개인의 극단적 이기성으로 수렴할 경우 갈등을 낳을 우려가 있다고 비판할지도 모릅니다. 하지만 사람들은 이기적인 동기로 갈등만 하는 것이 아니라 서로 협력하기도 합니다. 오히려 자신을 위한 동기에서 협력할 때 그 협력은 자발성이 보장됩니다. 자발적이지 않은 상황에서 타인을 위하는 명목 아래 협력이 이루어질 때 그것은 자칫 강요가 될 가능성이 크다고 생각합니다. 그러한 이유로 저는 개인에게 판단할 권리를 주는 사회가 더 나은 사회라고 봅니다.

1. 제시문 (가)와 (나)의 비교 1: 사실적 차원에서의 우선성

2. 제시문 (가)와 (나)의 비교 2: 규범적 차원에서의 우선성

3. 자신의 입장 제시: 개인주의 우선시

4. 기각 논증: 반론 및 재반론

Tip & Advice

1. 비교는 가급적 다각화해서 제시하는 것이 좋습니다.

2. 예상되는 반론을 언급하고, 그에 대해 재차 반론을 하는 '반론–재반론' 구조의 기각 논증을 활용하면 양
   쪽 주장의 장단점을 충분히 생각해 보았다는 점을 어필할 수 있을 것입니다.

두 제시문은 모두 사회 참여의 중요성을 역설하고 있지만, 참여가 중요하다고 보는 이유에서는 차이를 보입니다. 제시문 (가)는 공동체주의적 관점, 제시문 (나)는 자유주의적 관점으로 분류됩니다. 공동체주의적 입장은 공동체 속에서만 참된 인간성이 실현될 수 있다고 봅니다. 따라서 사회 참여를 할 때의 초점은 사회 그 자체의 발전에 놓여 있습니다. 타인은 공동체라는 소중한 대상에 다함께 참여하는 협력자 관계로 그려지고 있습니다. 반면에 자유주의적 입장은 개인이 통치에 참여해야만 자기 자신의 권리와 이익을 수호할 수 있다는 데에 참여의 방점이 찍혀 있습니다. 이 경우에 타인은 개인의 권리를 빼앗고 이익을 침해하는 잠재적 경쟁자로 간주됩니다.

사회 참여에 대한 저의 입장은 공동체주의 쪽에 더 가깝습니다. 자유주의적인 관점에서는 개인들이 자신의 이익을 위해 행동하고, 모두의 참여가 동등하게 보장된다면 자연히 조화와 균형에 도달할 것이라고 보고 있습니다. 그러나 사회에는 빈부 격차, 성차별 등의 권력 갈등이 존재하며, 특정 인종이나 종교, 문화적 정체성을 가진 사람들이 수적 다수를 차지하는 경우도 많다는 사실을 잊어서는 안 됩니다. 이들이 저마다 개인의 이익을 위해서만 사고하고 행동하도록 내버려둘 경우, 결과로 나타나는 것은 조화가 아닌 '강자와 다수의 지배'일 것이 분명합니다. 오로지 자기 자신의 이익을 넘어서 공동선, 공동의 가치를 생각하는 자세가 있어야만 모두를 위한 사회가 이룩될 수 있습니다. 이러한 이유로 저는 자유주의가 스스로 주장하는 바를 달성할 수 없다고 생각하며, 이상적인 사회 참여에는 공동체주의적인 자세가 필요하다고 생각합니다.

개요

1. 제시문 (가)와 (나)의 공통점: 사회 참여 중시
2. 제시문 (가)의 특징: 공동체 중시, 타인을 협력자로 봄
3. 제시문 (나)의 특징: 개인 권리 중시, 타인을 잠재적 경쟁자로 봄
4. 최종 견해: 공동체주의 지지하는 이유

Tip & Advice

1. 자유주의와 공동체주의라는 대립되는 관점으로 제시문 내용을 비교한 답안입니다.

2. 개결시의 '결', 즉 '결과'를 활용해서, 자유주의자의 주장과 같은 결과는 나오지 않을 것임을 주장했습니다.

　제시문 (다)는 안암시의 한옥 마을 개발 사례를 다루고 있습니다. 논점이 되는 부분은 두 가지로, 첫째, 시민의 경제적 기본권인 재산에 대한 수리 및 처분권을 정부가 강제로 수십 년이나 제한했다는 사실입니다. 둘째, 정부가 공동체의 이익을 위해 이러한 제한을 정당화했다는 것입니다. 실제로 정부는 관광객 유치에 우수한 성과를 거두어 지역 사회의 경제 발전을 이룩해 냈습니다.

　제시문 (가)의 공동체 중심적 관점에서 본다면 제시문 (다) 속 안암시의 조치는 정당합니다. 만일 개개인들이 한옥 마을을 고칠 수 있게 했다면 통일성 있는 관광 자원 개발은 불가능했을 것이며, 소중한 문화유산도 파괴되었을 것입니다. 비록 개인의 권리를 부분적으로 제한하기는 했지만, 결과적으로 해당 그들의 사익을 증진시켰으며, 관광객들, 나아가 전통 문화유산을 공유하는 한국인 전체의 공익까지 보호했습니다.

　그러나 제시문 (나)의 개인 중심적 관점으로 살펴보면 안암시의 조치는 바람직하다고 볼 수 없습니다. 먼저, 안암시 세수와 상인들의 매출이 올랐다고 해서 한옥 마을에 재산을 가진 모든 경제 주체가 이익을 보았거나 만족했으리라는 보장은 없습니다. 제시문 (나)의 관점에서 안암시는 이들에게 불이익을 강요한 것입니다. 더 많은 돈을 벌게 되었다고 하더라도 개인이 자유를 행사할 수 있는 권리를 침해한 것이 더 심각한 문제일 수 있습니다. 자유는 단순히 돈을 위한 수단이 아니라 그 자체가 돈과 바꿀 수 없는 소중한 가치이기 때문입니다.

개요

1. 제시문 (다)의 사례 속 논점 파악
2. 제시문 (가)의 입장에서 (다) 평가: (1) 사익 증진, (2) 공익 보호
3. 제시문 (나)의 입장에서 (다) 평가: (1) 불이익 강요, (2) 자유라는 근본 가치 침해

Tip & Advice

제시문 (가)로써 (다)를 평가한 다음 제시문 (나)로써 제시문 (다)를 평가해야 하는 문제로, 제시문 (가)와 (나)의 관점으로 바라본 제시문 (다)의 사례에 대한 평가는 각각 긍정적, 한쪽은 부정적으로 나누어지게 됩니다. 이럴 때 긍정적/부정적 평가의 근거가 서로 상충되지 않도록 주의해야 합니다. 잘 살펴보면 예시 답안 (1)은 제시문 (나)로 (다)를 평가할 때 '어떠한 특정한 사람들에게'는 이익보다는 손해였다는 식으로 의견을 개진함으로써 앞에 제시했던 내용과 직접적으로 모순되는 주장이 되지 않도록 유의했습니다.

PART 3

제시문 (다)는 공동의 가치를 극대화하기 위해 개개인의 권리를 제한한 사례입니다. 제시문 (가)와 (나)는 사회와 개인의 관계와 관련된 윤리 문제를 다루었는데, 제시문 (다)에 대해 상반된 평가를 할 것입니다. 제시문 (가)는 개인이 공동체의 구성원으로서 공동 이익을 목적으로 삼아야 한다는 점을 중시합니다. 이러한 가치관을 제시문 (다)에 적용할 경우, 한옥 마을에 집을 가지고 있는 사람들이 자신의 즉각적 이익을 억제하고 공동의 이익을 위해 협력하는 것이 바람직한 행동이라고 판단할 수 있습니다. 개개인에게 자유로운 재산권 행사를 할 수 있도록 맡겼더라면 사람들은 지붕이 새는 한옥을 허물고 빌딩을 지었을 것입니다. 것입니다. 따라서 제시문 (가)의 관점으로 보면 제시문 (다)는 사익 추구를 억제하고 공동 이익을 위해 협력하는 편이 결과적으로 모두에게 이익이 된다는 것을 알려주는 사례입니다.

이와 달리 제시문 (나)는 개인의 이익과 권리가 보호받아야 한다는 점을 중시하고 있습니다. 여기서 중요한 것은 보호받아야 할 대상이 단지 이익뿐 아니라 권리 자체이기도 하다는 점입니다. 개인들의 의사에 반함에도 정부가 강제로 재산권을 제한하고 임의로 정책을 추진한 것은 민주적이라고 할 수 없으며, 주민들이 들고 일어난 것은 이익뿐 아니라 권리를 빼앗겼기 때문입니다. 결과가 좋았던 것은 요행이지만, 정책이 실패할 가능성도 있었을 것입니다. 그보다는 개인이 스스로 자신의 이익이 무엇인지, 그리고 이익을 실현할 방법은 무엇인지 판단하고 실천할 수 있는 권리를 보장하고 그에 따른 책임도 개인이 지게 해야 합니다. 이러한 제시문 (나)의 시각에서 제시문 (다)는 개인들의 재산권과 판단 권리를 부당하게 박탈했기 때문에 부당한 정책을 집행한 사례라고 평가할 것입니다.

개요

1. 제시문 (가)에 따른 (다)의 평가: 공익을 위해 사익 추구를 양보하는 것이 바람직함
2. 제시문 (나)에 따른 (다)의 평가: 개인의 이익뿐 아니라 권리 자체를 보호해야 함

Tip & Advice

'평가하기' 문제이기 때문에 제시문 (다)의 내용이 (가)나 (나)의 입장과 어떠한 관련이 있는지를 지적해 주는 것으로는 불충분합니다. 제시문 (가)와 (나)의 입장에서는 종합적으로 어떻게 '평가'할 것인지, 조금 더 콕 집어서 답변해야만 돋보이는 답안이 될 것입니다. 짧은 시간 내에 본인이 말하고 싶은 요점을 정확하게 표현하는 연습을 해야 합니다.

제시문 (라)에서는 안암시 D 지역에 폐기물 처리장을 건설하려는 정부 정책에 관한 인근 지역 및 직업별 반응을 보여주고 있습니다. 이들의 찬반 여부는 개별 주체들에게 발생하는 이익과 손실을 기반으로 달라집니다. 지역별 찬반 의견을 나타낸 〈표 1〉을 보면, 전체적으로 찬성 의견이 압도적이지만, 폐기물 처리장이 건설될 D 지역에서만은 반대가 찬성보다 훨씬 높게 나타나고 있습니다. 여론 조사 샘플이 인구에 비례하게 구성되었다고 가정할 때, D 지역은 거주자가 가장 적은 지역입니다. 이로 미루어 보았을 때, 시 정부는 시 전체 인구의 10% 미만이 거주하는 D 지역에 공동의 폐기물 처리장을 건설하려 하고 있고, D 지역 거주자들은 자신들에게 직접 발생할 피해를 방지하고자 반대하는 상황입니다.

직업별 찬반 의견을 나타낸 〈표 2〉에서도 폐기물 처리장 건설에 대한 개인의 이익과 찬성 간의 상관관계가 나타나는 것을 확인할 수 있습니다. 찬성이 특히 높게 나타나는 직업은 생산직과 자영업자들입니다. 폐기물 비용을 직접 지불하는 자영업자들의 입장에서는 인근에 폐기물 처리장이 생김으로써 폐기물을 처리하는 직접 비용이 감소하는 이익을 얻을 것입니다. 또한, 생산직들은 폐기물 처리장 건설 과정에서 직접적인 고용이나 간접적인 임금 상승효과를 누릴 수 있을 것입니다. 한편, 학생들의 경우 반대율이 가장 높게 나타나고 있는데, 이러한 현상은 학생 집단이 손해는 똑같이 입지만, 경제적 이익은 누릴 수 없기 때문이라고 생각됩니다. 이와 같은 직업별 찬반 자료는 결국 사람들의 찬성과 반대가 자신들에게 미칠 사적 이해관계와 직결된다는 앞선 분석을 재확인해 줍니다.

이처럼 사적 이해관계가 충돌하는 상황을 제시문 (가)의 공동체주의적 관점에서 보았을 때, 정부는 계획대로 D 지역에 폐기물 처리장을 건설하는 것이 타당하다고 봅니다. 지역 전체의 이익을 고려했을 때, 폐기물 처리장이 생겨 청결한 환경을 유지할 수 있는 것이 공익이라고 할 수 있습니다. 그럼에도 지역 내 어딘가에는 폐기물 처리장이 존재해야 할 것입니다. 또한, 다른 지역에 비해 D 지역에는 적은 인구가 살고 있으므로 공리주의적 관점에서 D 지역에 폐기물 처리장이 건설되는 것이 가장 이익이 클 것입니다. 마지막으로, D 지역 주민들은 자기 이익만이 아니라 지역 공동체 전체의 이익을 고려해야 합니다. D 지역에 폐기물 처리장이 생기는 것이 지역의 이익이자 가장 적은 손해가 발생하는 방법임에도 자신이 겪게 되는 피해만을 들어 반대하는 것은 전형적인 님비(NIMBY) 현상에 불과합니다. 이처럼 지역 내 필요성, 공리주의적인 피해 배분, 공동체주의적인 시민 의식이라는 세 가지 측면에서 볼 때 정부는 D 지역에 폐기물 처리장을 건설하는 것이 합리적이라고 할 수 있습니다.

1. 제시문 (라)의 자료 해석: 〈표 1〉 1차 해석 + 2차 해석

2. 제시문 (라)의 자료 해석: 〈표 2〉 1차 해석 + 2차 해석

3. 제시문 (가)에 의거한 바람직한 정책 제시 및 그 근거

Tip & Advice

구술면접에는 자료 해석 문제도 출제될 수 있다는 점에 유의해야 합니다. 자료 해석을 할 때는 쓰여 있는 것에 대한 해석인 1차 해석과 더불어, 그러한 분포/추이가 나타나는 이유에 대한 2차 해석이 병행되어야 합니다. 이러한 2차 해석을 심도 있게, 타당하게 제시하는 것이야말로 자료 해석의 꽃이라고 할 수 있습니다.

제시문 (나)에서는 개인의 권리와 이익이 사회로부터 보호받아야 한다는 입장을 확인할 수 있었습니다. 인간은 누구나 타인이 자신에게 가하는 불이익으로부터 보호받을 수 있는 기본권을 갖고 있습니다. 즉, 누구도 타인의 이익을 위해 자신의 이익을 희생해야 할 의무를 지지 않는 것입니다.

그러한 관점에서 볼 때, 제시문 (라)의 시 정부가 D 지역에 쓰레기 폐기장을 건설하려는 정책은 재고되어야 합니다. 이에 대한 첫 번째 이유는 그 정책이 D 지역 주민들 자신의 이익과 의사에 반하기 때문입니다. 제시문 (라)의 〈표 1〉을 보면 D 지역 주민들의 72%가 자신들의 지역에 쓰레기 폐기장이 생겨나는 것을 반대하고 있습니다. 이에 반해, 나머지 지역 주민들은 쓰레기 폐기장이 생기는 지역이 자신들의 거주지가 아닌 다른 지역이라는 이유로 폐기장 건설에 찬성하고 있습니다. D 지역 주민들의 입장이 이기적이라고 비판받는다면 다른 지역 주민들 역시 똑같은 비판으로부터 자유로울 수 없습니다. 다른 사람들에게 이익이 된다고 해서 D 지역 주민들에게 스스로의 이익을 희생하라고 요구하는 것은 제시문 (나)에서 말하는 개인권 보호에 위배됩니다.

두 번째 이유는 직업적 자료를 측면에서 반대 집단에 학생들이 다수 포함되어 있기 때문입니다. D 지역은 학생들이 주로 활동하는 교육 지구일 가능성이 높습니다. 이때 학생들은 선거 연령에 이르지 않아 공동체의 의사 결정에 참여하지 못하는 상황에 있을 가능성이 큽니다. 그러나 성장기의 청소년들에게 쓰레기 폐기장의 악취나 환경 호르몬 등에 대한 노출은 더욱 위험할 수 있습니다. 문제는 학생들이 안암시 정책에 참여할 수 있는 완전한 참정권을 갖지 못했다는 사실입니다. 이처럼 자기 방어권이 제약된 집단에게 피해를 강요하는 것은 제시문 (나)의 관점에서 더더욱 용인될 수 없는 일입니다.

이와 같이 제시문 (나)에 나타나 있는 개인 권리의 불가침성과 정부 행위에 대한 참여 권리를 근거로 보았을 때, D 지역에 쓰레기 폐기장을 짓는 것은 바람직하다고 볼 수 없습니다. 물론 어디에도 폐기장을 짓지 말아야 한다는 것은 아닙니다. 그 대신에 시 정부는 D 지역의 이해관계를 다른 지역과 공평하게 고려하기 위해 다른 보상 방안이나 우대 조치를 제시할 수도 있을 것입니다. 또한, 정책 결정에서 소외된 학생들의 의견도 경청하기 위해 공청회 개최 등 대안적 방식을 마련하여 의견을 수용할 필요가 있을 것입니다.

1. 제시문 (나)의 내용 요약, 제시문 (나)에 따른 (라) 정책 판단
2. 제시문 (나)의 관점에서 (라) 정책에 반대하는 이유 1: 〈표 1〉 관련
3. 제시문 (나)의 관점에서 (라) 정책에 반대하는 이유 1: 〈표 2〉 관련
4. 정책 대안 제시: D 지역 피해의 보상방안 제공 + 학생들을 포함한 공청회 등 의견 수렴

Tip & Advice

1. 중심 내용을 지나치게 벗어나지 않는 범위에서 약간의 가정을 추가하는 것은 허용되는 경우가 많습니다. 예시 답안 (2)의 경우, 학생의 반대가 높다는 것을 근거로 D 지역이 교육 지구일 것이라는 가정을 했는데, 주어진 자료에 대해 충분한 가능성이 있는 해석 중 하나이기 때문에 전체 논리 전개와 연관성이 있다면 근거로 허용될 수 있습니다.

2. [문제 3]은 단순히 정책에 대한 평가를 요구하는 것이 아니라 정책 방향을 '제시'하라고 한 대안 논증 성격을 띠는 문제임을 잊지 말아야 합니다. 예시 답안 (1)은 정부 정책이 바람직하다고 결론 내렸기 때문에 따로 바람직한 정책 방향을 제시하지 않아도 되지만, 예시 답안 (2)는 현재의 정부 정책에 문제가 있다고 평가했기 때문에 정책을 바람직하게 만들 수 있는 대안이 반드시 들어가야 합니다.

오늘날처럼 다원화되고 모든 시민들이 자신의 이익을 추구하는 것이 당연시되는 사회에서는 사회가 언제나 잠재적인 갈등에 빠져 있다고 해도 과언이 아닙니다. 이러한 갈등을 방치해두면 사회는 혼란에 빠지고 말 것입니다. 다행히 우리는 사회 갈등을 해결하기 위한 다양한 범위의 수단들을 가지고 있습니다.

갈등을 해소하기 위해 인류가 만들어낸 것 중 하나가 바로 정부입니다. 제시문 (다)와 (라)에 나타난 것처럼, 정부는 서로 이해관계가 다른 시민들을 중재하고 전체를 위한 최선의 해법을 추구해야 하는 상황에 자주 놓이게 됩니다. 정부가 할 수 있는 중요한 일은 제시문 (나)에서 말하듯 시민들의 의사를 확인하고, 의사 결정에 대한 시민들의 참여를 보장하고, 이를 통해 나타난 결론에 대해 사람들이 납득할 수 있도록 하는 것입니다. 의사 결정 절차가 공정하다고 받아들여진다면 사람들은 그 결과가 애당초 원하지 않았던 것일지라도 받아들일 수 있게 될 것이며, 그로써 사회 갈등은 해소될 것입니다.

정치적 해결 방법 다음으로는 경제적인 해결 방법도 있습니다. 예를 들어, 제시문 (라)에 나타난 폐기물 처리장 건설 문제의 경우, 어느 지역이나 자기 지역보다는 다른 지역에 폐기물 처리장이 건설되는 것에 찬성할 것이므로 다수결 의사 결정 방식이 공정한 것이 아닐 수 있습니다. 폐기물 처리장 건설의 대가로 해당 지역에 다른 지역으로부터 얻은 세금을 지원하도록 하여, 경제적 이익을 대가로 폐기물 처리장 건설을 받아들이는 지역에 처리장을 건설한다면 사회 갈등은 해소될 것입니다.

마지막으로 제시문 (가)에서 보이듯이 도덕적 차원에서 접근하는 방법이 있습니다. 제시문 (다)의 한옥 마을 주민들이나 제시문 (라)의 D 지역 주민들은 국가 또는 지역 공동체의 이익을 위해 자신들의 이익을 양보해야 하는 상황입니다. 제시문 (가)가 지적한 바와 같이 우리가 개별적으로 분리되어 각자의 이익을 극대화하는 존재가 아니라 사회적 공동체를 이루고 서로에게 선의를 베풀며 살아가야 하는 존재라는 시민 의식을 내면화한다면 사회 갈등은 해소될 것입니다. 이처럼 사회 갈등은 정치적, 경제적, 도덕적 방법을 통해 다양하게 해소될 수 있습니다.

개요

1. 다원주의 시대에 늘 잠재해 있는 사회 갈등
2. 해소 방법 1: 정치적 방법
3. 해소 방법 2: 경제적 방법
4. 해소 방법 3: 도덕적 방법

1. 준비 시간과 면접 시간을 합쳐 30분 정도에 불과한 구술면접에서, 빠르게 주장과 근거를 구성하려면 '개결시', '주범수효목'과 같은 생각 도구들의 도움이 긴요합니다. 습관처럼 훈련해 두는 것을 추천합니다.

2. 논거의 방향을 정할 때 '개결시'의 '개', 즉 개념을 잘 활용하여, '사회 갈등이라는 개념은 무슨 의미인가? '정부'란 무엇인가? 오늘날과 같은 시대에 정부의 역할은 무엇인가?'와 같은 질문에 대해 스스로 답변하는 연습을 하는 것도 좋습니다.

　　네 개의 제시문을 통해 사회에 두 가지 종류의 갈등이 존재한다는 사실을 알 수 있었습니다. 첫 번째 갈등은 이익 갈등, 즉 사적 이익이 공동 이익과 불일치하기 때문에 생기는 갈등입니다. 여기서 문제가 되는 것은 이기주의로 인해 생기는 공동 이익 훼손 문제를 어떻게 극복할 것인가입니다. 제시문 (가)는 공동체 의식을 그 대안으로 제시했습니다. 우리가 자신의 이익이라고 생각하는 것이 결국은 사회가 존재할 때만 가능하다는 것을 깨닫는다면 우리가 사회를 위해 기여하고 공헌하는 것은 결국 나에게도 돌아온다는 사실을 깨달을 수 있습니다. 이를 통해, 이기주의를 극복할 수 있는 것입니다. 한편, 제시문 (나)는 이기주의를 허용하되 모든 사람들이 공동 의사 결정에 참여하는 것을 보장함으로써 결국 모두의 이익이 보장되도록 하는 방안을 제시했습니다. 소수의 정책 결정자가 국민 전체의 이해관계를 일일이 파악하는 것은 사실상 불가능합니다. 그보다는 국민 한 명 한 명이 스스로 이해관계를 표출하고 보호할 수 있도록 하는 수단을 제공해 주는 것이 훨씬 나은 방법입니다.

　　두 번째 갈등은 가치 갈등, 즉 서로 다른 가치가 충돌할 경우의 문제입니다. 제시문 (다)의 주민들은 재산권 행사가 중요한 가치라고 본 반면에 정부는 수십 년간 한국의 전통 문화 보존이 중요한 가치라고 보았습니다. 이렇게 서로 다른 가치가 충돌할 경우, 어떠한 가치를 위해 다른 가치를 희생할 것인가의 문제로 여겨지기 쉽습니다. 그러나 두 가치가 완전히 양립 불가능한 것이 아니라면 양자가 절충되는 지점을 찾는 현명함을 발휘해야 합니다. 제시문 (다)에 나온 안암시는 한국 문화를 보존하되 관광 자원으로 개발함으로써 주민들의 재산 증가와 전통 문화 보존이라는 두 가지 목표를 동시에 달성할 수 있었습니다.

　　이를 종합해 보면 사회 갈등을 극복하는 데에는 세 가지 방안이 있습니다. 첫째, 공동체 의식을 함양하고, 공동체의 이익과 자신의 이익이 분리 불가능하다는 사실을 인식해야 합니다. 둘째, 모든 이해 당사자가 공동의 의사 결정에 참여할 수 있도록 보장해야 합니다. 마지막으로, 대립하는 가치들을 제로섬이 아닌 포지티브섬 관계로 만들 수 있는 창의적 해법을 추구해야 합니다.

개요

1. 갈등의 분류: 이익 갈등과 가치 갈등
2. 이익 갈등(이기주의 문제)의 해법: 공동체 의식 함양, 의사 결정에 참여할 보편적 권리
3. 가치 갈등(가치 우선성 문제)의 해법: 두 가치가 절충적으로 달성될 수 있는 방안 모색

'주범수효목'은 가장 흔하게는 비교하기 문제에 활용되는 요령이지만, 방안 제시를 할 때나, 생각을 끌어내는 데에도 많은 도움이 됩니다. 예컨대, 주체별로는 어떠한 방안이 있을지, 범위적 · 수단별로는 어떠한 방안을 도출해 낼 수 있을지 고민해 볼 수 있습니다.

학교 측 출제 의도 및 평가 지침

출제 의도

- 공동체주의와 개인주의 간의 차이를 이해하고, 자신의 관점을 논리적으로 설명하는 능력을 평가함

- 공동체주의와 개인주의 관점에 대한 이해를 토대로 정책 결정 과정과 결과를 평가하는 능력을 평가함

- 정책 결정자의 입장이 되어 공동체주의나 개인주의 관점을 토대로, 표에서 제시된 수치를 이해하고 활용하여 정책을 적절하게 제시할 수 있는 능력을 평가함

- 폐기물 처리장 건설과 같은 특정 사안에 관한 논의를 일반화할 수 있는 능력을 평가함

문항 해설

- [문제 1]은 제시문 (가)와 (나)에 나타난 관점을 정확하게 이해하고 두 관점의 차이점에 대해 답변하는 문항임

- [문제 2]는 제시문 (가)와 (나)의 관점에서 제시문 (다)에서 설명하고 있는 현상에 관해 설명하는 문항임

- [문제 3]은 제시문 (가)와 (나)에서 설명하고 있는 관점 중 하나의 관점을 선택하고 제시문 (라)의 통계 자료를 활용하여 폐기물 처리장 건설에 대한 정부 정책의 방향을 제시하는 문항임. 이때 자신이 선택한 관점과 정부 정책의 방향이 일관되며 논리적으로 설명될 수 있어야 함

- [문제 4]는 주어진 제시문 전체를 적절히 활용하여 사회 갈등을 해소하려는 방안을 답변하는 문항임

※ 제시문을 읽고 물음에 답하시오.

(가)

우리 격언 가운데 '호랑이한테 물려가도 정신만 차리면 산다.'는 말이 있다. 이것은 정밀하게 조사한 자료에 기초한 진술은 아니다. 그렇다고 그냥 나온 말은 아닐 것이고 어느 정도 경험적인 근거가 있을 것이라고 생각된다. 사람들 가운데 호랑이에게 물려갔다가 요행히 살아 돌아온 이들의 생생한 증언이 전해지고 축적되면서 하나의 교훈이 된 것이리라. 그러나 문제는 호랑이에게 물려간 사람들 가운데 그렇게 살아 돌아온 사람이 과연 얼마나 되느냐이다. 가령 100명이 호랑이에게 물려갔는데 그 가운데 80명이 정신을 바짝 차렸고 그 결과 살아 돌아온 사람이 5명밖에 안 된다고 하자. 그들이 돌아와서 자신의 모험담을 자랑스럽게 이야기했고 사람들은 그것을 근거로 '호랑이한테 물려가도 정신만 차리면 산다.'는 말을 믿게 되었을 수 있다. 죽은 자는 말이 없기 때문이다.

(나)

경찰은 불심 검문을 일종의 '범죄 여과 장치'라고 주장한다. 경찰은 충분히 많은 사람들을 검문한다면 범죄를 예방할 수 있을 것이라고 가정한다. 불심 검문의 작동 원리는 단순하다. 의심스러워 보이는 사람을 경찰이 불러 세운다. 걸음걸이나 옷차림 혹은 문신이 그런 의심을 불러일으킬 수 있다. 2002년 뉴욕시 불심 검문 결과 피검문자의 절대다수, 구체적으로 약 85%가 저소득층 주거 지역의 젊은 흑인이나 라틴계 남성이었다. 만약 백인이 대다수인 부촌에 경찰이 더 자주 순찰을 돌면서 불심 검문을 한다면 어떻게 될까? 아마도 더 많은 백인 음주 운전자를 단속하고, 백인의 보험 사기, 가정 폭력, 공갈 협박 사건을 더 많이 적발하게 될 것이다. 이러한 경찰 활동은 얼마 지나지 않아 더 많은 백인의 범죄 데이터를 생성하여 백인에 대한 불심 검문 정책을 더욱 정당화하는 근거로 활용될 것이다.

(다)

외국인 K씨가 저지른 끔찍한 납치 살인사건으로 인해 외국인 범죄에 대한 불안감이 확산되고 있다. 외국인 범죄율의 실태는 어떠한가? 통계청에 따르면 국내에 체류하고 있는 외국인 수는 200만 명을 돌파했고, 최근 5년간 연평균 9.2%씩 증가하고 있다. 체류 외국인 인구가 늘어남에 따라 관련 범죄의 발생 지표도 이와 비례하여 증가했다. 2013년 당시 체류 외국인 수가 전년 대비 9% 늘어나자, 외국인 범죄자 수도 9% 증가했다. 2014년에도 체류 외국인 수와 외국인 범죄자 수는 전년 대비 각각 14%, 13%씩 증가했다. 경찰청 범죄 통계 자료에 따르면 2012년 22,914건에 머물던 외국인 범죄는 매년 증가해 지난해 41,044건에 달했다. 5년 만에 두 배 가까이 늘어난 것이다.

문제 1

'표본 선정과 일반화의 오류'라는 관점에서 제시문 (가)와 (나)를 각각 설명하시오.

문제 2

제시문 (나)를 바탕으로 범죄 데이터가 인종 차별을 정당화하는 방식을 설명하시오.

문제 3

제시문 (가)와 (나)의 내용을 바탕으로 제시문 (다)의 내용을 해석할 때 유의해야 할 점에 대해 설명하시오.

문제 4

'표본 선정과 일반화의 오류'로 설명할 수 있는 실제 사례를 하나 들고 그 사례의 문제점을 이야기하시오.

어떠한 집단의 특성에 대한 과학적 조사를 할 때 관심의 대상이 되는 집단 전체를 모집단이라고 부릅니다. 그런데 일정 규모 이상의 집단 전체를 조사하려면 시간과 비용이 너무 많이 들게 됩니다. 그렇기 때문에 모집단을 대표하는 부분 집합을 추출해서 모집단 대신 조사하기도 하는데, 이러한 부분 집합을 표본이라고 부릅니다. 표본으로부터 얻은 정보를 일반화하면 모집단에 대한 정보를 추측할 수 있습니다. 단, 그러기 위해서는 표본이 모집단에 대한 '대표성'을 갖추어야 합니다. 즉, 모집단의 속성이 표본에도 골고루 비율에 맞게 존재해야 하는 것입니다. 만일 표본이 올바로 선정되지 않았을 경우, 표본으로부터 일반화된 정보는 모집단의 정보를 제대로 반영할 수 없습니다. 이를 '일반화의 오류'라고 부릅니다.

제시문 (가)와 (나)는 모두 대표성 없는 표본 선정으로 인해 일반화의 오류를 저질렀습니다. 먼저 제시문 (가)에 제시된 '호랑이한테 물려가도 정신만 차리면 산다.'라는 격언은 그렇게 해서 살아나온 사람들의 경험담으로부터 일반화된 명제입니다. 이 경험이 타당하게 일반화될 수 있으려면, 증언한 사람이 호랑이에게 물려갔지만 정신을 차렸던 사람이자, 모든 사람을 대표하는 표본이어야 합니다. 그렇지만 정신을 차렸는데도 죽은 사람들의 의견은 확인할 수 없기 때문에 그들이 표본에 해당하는지는 알 수 없습니다. 제시문 (가)의 예시처럼 만약 100명 중 80명이 정신을 차렸지만 5명만 살아 돌아왔다면, 정신을 차리는 사람들 중 94%가 죽고 6% 남짓만 살아 돌아온 셈입니다. 이때 '호랑이한테 물려가도 정신만 차리면 산다.'라는 경험담은 일반화할 수 없는 예외에 불과합니다. 잡아먹힌 사람들은 증언을 할 수 없기 때문에 표본 선정의 비례가 맞지 않게 되었고, 이것이 일반화의 오류를 만들어낸 것입니다.

제시문 (나)에 제시된 경찰 사례 역시 같은 원리입니다. 뉴욕 경찰들은 불심 검문의 85%를 저소득층 젊은 흑인이나 라틴계 남성에게 집중시켰습니다. 이들은 뉴욕 인구의 85%를 차지하지 않기 때문에 표본 선정의 비례가 어긋난 것입니다. 비례가 맞지 않는 표본 속에서 저소득층 지역의 젊은 흑인과 라틴계 남성의 범죄가 다수 발견된다 해도 이는 모집단 전체의 범죄율을 비례적으로 반영한다고 볼 수 없습니다. 대표성을 갖는 표본이 아니므로 표본의 특성을 모집단에 일반화해서는 안 됩니다. 그럼에도 불구하고 뉴욕 경찰들이 현재의 범죄 적발률을 근거로 특정 계급, 지역, 인종, 성별에 대한 불심 검문을 지속적으로 강화하는 것은 일반화의 오류에 불과합니다.

개요

1. 개념 설명: 모집단, 표본, 일반화, 표본 선정, 일반화의 오류
2. 제시문 (가)의 격언이 일반화의 오류인 이유
3. 제시문 (나)의 불심 검문 정책이 일반화의 오류인 이유

Tip & Advice

개념 정의에 중점을 둔 답안입니다. 예시 답안 (1)은 가장 먼저 문제의 개념들을 탄탄하게 정의한 뒤에 제시문 (가)와 (나) 분석을 제시했습니다. 표본과 모집단의 바람직한 관계를 설명함으로써, 표본 선정의 '대표성'이 지켜지지 않았을 때 일반화의 오류가 나타난다고 일반적으로 규정했습니다. 그 후 뒷부분에서는 제시문 (가)의 생존자와 제시문 (나)의 젊은 흑인이나 라틴계 남성들이 대표성 없는 표본이라는 사실을 설명했습니다.

직관은 우리에게 빠른 판단을 가능하게 해 주지만 이따금 우리를 오류에 빠뜨리기도 합니다. 직관적으로 보았을 때 옳은 것 같은 판단이 이성적으로 따져보면 잘못된 경우가 많기 때문입니다. 제시문 (가)와 (나)는 표본 선정이 잘못되면 일반화의 오류가 일어난다는 사실을 알려주고 있습니다.

제시문 (가)는 표본 선정이 편향된 사례입니다. '호랑이에게 물려가도 정신만 차리면 산다.'라는 말을 호랑이에게 물려갔다 살아 돌아온 사람의 생생한 경험담으로 듣는다면 직관적으로는 맞는 말처럼 느껴질 것입니다. 하지만 이성적으로 따져보면 그 사람의 주장이 그 개인에게는 해당될지 모르나, 일반화할 수는 없을 것입니다. '살아 돌아온 사람이 정신을 차렸다'라는 명제와 '정신을 차리면 살 수 있다'라는 명제는 비슷해 보이지만 서로 다릅니다. '정신을 차리면 살 수 있다'라는 명제가 참이려면 '죽은 사람은 모두 정신을 차리지 않았다'라는 명제가 증명되어야 합니다. 그러나 우리는 죽은 사람들이 당시에 정신을 차렸는지 알 수 없습니다. 그렇다고 해서 살아 돌아온 사람들의 경험담으로만 결론을 내린다면 일반화의 오류가 되는 것을 피할 수 없습니다. 살아 돌아온 사람들은 호랑이에게 물려간 모든 사람들을 대표하지 못하기 때문입니다.

뉴욕 경찰의 불심 검문 방식 역시 선입견에 의해 표본 선정이 임의적으로 이루어진 사례입니다. 직관적으로는 불심 검문을 통해 많은 젊은 흑인과 라틴계 남성 범죄자들을 단속하고 있으므로 현재의 방식이 타당하다고 여겨질지도 모릅니다. 하지만 이성적으로 따져보면 현재의 방식은 잘못된 일반화의 결과라고 할 수 있습니다. 수상해 보이는 사람들을 경찰관이 임의로 골라서 검문을 했다는 것은 표본을 무작위 추출하지 않고 임의 추출했다는 의미입니다. 그 결과 검문이 특정 인구 집단에게 집중되었습니다. 당연히 훨씬 많이 검문한 집단에서 범죄 데이터도 더 많이 수집될 것이지만, 그렇다고 그것이 뉴욕 전체 범죄율에 대한 일반화 가능한 지식이라고 볼 수는 없습니다. 표본 선정 과정이 무작위적이지 않고 임의적이기 때문입니다. 결론적으로 제시문 (가)는 표본 선정이 편향되었고, 제시문 (나) 역시 표본 선정을 임의적으로 했다는 점에서 모두 섣부른 일반화의 오류를 저지르고 있습니다.

개요

1. 직관이 아닌 이성적 판단을 따라야 오류를 줄일 수 있음
2. 제시문 (가)가 일반화의 오류에 해당하는 이유: 표본 선정의 편향성
3. 제시문 (나)가 일반화의 오류에 해당하는 이유: 표본의 임의 추출

1. **논리학 상식: 역, 이, 대우**

   '만일 P라면 Q다'의 역 명제는 '만일 Q라면 P다'이고, 이 명제는 '만일 P가 아니라면 Q가 아니다'이며, 대우 명제는 '만일 Q가 아니라면 P가 아니다'입니다. 모든 명제는 그 대우 명제와 똑같은 진리치를 갖습니다. 즉, 두 명제는 반드시 동시에 참이거나 동시에 거짓이 됩니다. '만일 톰이 고양이라면 톰은 동물이다'라는 명제의 대우 명제는 '만일 톰이 동물이 아니라면 톰은 고양이가 아니다'인데, 보다시피 똑같은 진리치를 갖는다는 사실을 확인할 수 있을 것입니다. 역 명제(만일 톰이 동물이라면 톰은 고양이다)와 이 명제(만일 톰이 고양이가 아니라면 톰은 동물이 아니다)는 그렇지 않기 때문입니다.

2. '반증(反證)'과 '방증(傍證)'이라는 두 단어를 혼동하는 학생들이 생각보다 많습니다. '반증'은 어떠한 주장에 대해 그것을 반박하는 증거를 제시하는 것, 또는 그 증거를 말합니다. 이와 달리 '방증'은 어떠한 주장을 간접적으로 증명하는 것, 또는 그 증거를 말합니다. '~의 방증이다(간접적 증거다)'라는 뜻으로 써야 할 말을 '~의 반증이다'라고 말하는 경우가 무척 많습니다. 사소하지만 논리적 지식과 인상을 좌우하는 부분이니 바르게 사용하는 것이 좋습니다. 이 책으로 학습하는 여러분은 이 시간부로 헷갈리지 않기를 바랍니다.

3. 논리학에서 다루는 다른 오류들에 관심이 있는 학생들은 맥스 슐만의 「사랑은 오류」라는 단편 소설을 읽어보기 바랍니다. 인터넷에서 쉽게 찾을 수 있으며, 단순하고 유머러스하게 몇몇 유명한 논리적 오류들을 소개해 주고 있는 책입니다.

제시문 (나)에 나온 뉴욕시 불심 검문 사례는 인종 차별이 강화되는 과정을 잘 보여주고 있습니다. 첫 번째 과정은 '되먹임 효과'입니다. 초기에 인종 차별적 편견을 갖고 있는 경찰관 일부가 불심 검문을 젊은 흑인과 라틴계 남성 위주로 진행했다고 상상해 보겠습니다. 그 결과 몇 주가 지난 뒤 뉴욕시의 범죄 데이터에는 흑인과 라틴계 남성들의 범죄가 상대적으로 높게 나타날 것입니다. 경찰이 이 데이터를 기반으로 향후의 불심 검문 계획을 수립한다면, 경찰은 또다시 젊은 흑인 및 라틴계 남성에 대한 불심 검문을 증가시킬 것입니다. 불심 검문의 증가는 새로운 범죄 데이터를 생성하고, 이 과정이 무한히 반복될 것입니다. 그 결과 젊은 흑인과 라틴계 남성들에 대한 인종 차별적인 오명이 고착될 것입니다.

두 번째 과정은 '낙인 효과'입니다. 비록 범죄 데이터가 잘못된 정보라 하더라도 계속해서 생산된다면 경찰뿐만 아닌 일반 시민들의 인식에도 영향을 미칠 것이며, 젊은 흑인이나 라틴계 남성에 속하는 사람들은 잠재적인 범죄자로 낙인 찍히게 될 것입니다. 그들은 일자리를 구하거나 일상적인 활동을 하는 데 어려움을 겪게 될 것이고 그 결과 범죄의 유혹에 내몰릴지도 모릅니다. 이러한 상황은 다시 사람들의 인종 차별적인 의식을 강화하고 정당화할 것입니다. 그 결과 낙인의 악순환도 반복되고, 범죄자가 아니었던 사람들도 범죄자로 만들어버림으로써 인종 차별을 정당화하고 말 것입니다.

개요

1. 주장: 제시문 (나)는 인종적 차별이 스스로를 강화하는 과정을 보여줌
2. 첫 번째 과정: 되먹임 효과
3. 두 번째 과정: 낙인 효과

Tip & Advice

예시 답안 (1)은 제시문 (나)를 바탕으로 하되 응시자의 창의성과 배경지식이 함께 발휘된 답변입니다.

불심 검문에 대해 경찰은 '충분히 많은 사람들을 검문한다면 범죄를 예방할 수 있을 것'이라고 가정하며 정당화합니다. 이때 '충분히 많은 사람들'이 무엇을 의미하는지에 불심 검문의 정당성이 달려 있습니다. 효율성을 생각할 때 경찰은 뉴욕 시민 '대다수'를 검문할 수 없을 것입니다. 가장 효과적인 불심 검문은 '범죄자'들에게 검문이 집중되어야 하며, 그러려면 뉴욕 시민 중 범죄자가 어떠한 사람들인지를 최대한 정확히 예측할 수 있도록 도와주는 범죄 데이터에 의존해야 합니다. 범죄자라는 모집단에 대한 과학적인 표본을 대상으로 범죄 데이터를 수집해야만 효율적이고 공정한 불심 검문이 가능해집니다.

문제는 공정해야 할 범죄 데이터 수집이 인종 차별적일 경우입니다. 제시문 (나)의 뉴욕시 범죄 데이터는 경찰관들이 임의로 추출한 특정 인종 집단에 집중되어 있습니다. 따라서 이 데이터는 뉴욕시 범죄자들이라는 모집단에 대한 과학적 표본으로서의 가치가 없습니다. 여기에 기초해서 불심 검문 활동을 할 경우, 두 가지 문제점이 발생합니다. 첫 번째는 표본이 모집단의 성격을 제대로 반영하지 못하기 때문에 불심 검문이 최대의 효율을 발휘할 수 없다는 점입니다. 오히려 다른 인종의 범죄자들이 불심 검문을 피해갈 수 있는 계기가 될 것입니다. 두 번째는 특정 인종 집단에 집중된 범죄 데이터가 계속 누적되면, 그 집단에 대한 집중적인 범죄 단속이 정당화될 것입니다. 올바른 표본 수집에 대한 지식이 없는 경찰들이 비과학적으로 데이터를 수집함으로써 결국 인종 차별이 강화되는 사태로 이어지고 말 것입니다.

정리하자면 인종 차별적인 표본 추출을 통해 만들어진 범죄 데이터는 인종 차별을 정당화할 뿐만 아니라 범죄 해소에 효율적이지도 않습니다. 만약 뉴욕 경찰들이 불심 검문 대상자를 임의로 선정하지 않고 무작위로 선정한다면 조금 더 공정하고 효율적인 범죄 데이터를 얻을 수 있을 것입니다.

개요

1. 범죄 데이터는 공정한 표본에 근거해서 수집되어야 함
2. 제시문 (나)의 범죄 데이터 수집은 임의적이어서 부정확한 데이터를 낳고 인종 차별을 강화함
3. 불심 검문 대상자를 무작위로 선정하면 더 공정하고 효율적인 데이터 형성될 것

Tip & Advice

인종 차별적 범죄 데이터가 형성되는 과정을 설명하는 것에서 더 나아가 이를 해결하는 '무작위 선정'이라는 방안까지 제시한 답변입니다.

제시문 (가)는 '호랑이에게 물려갔다가 살아난 사람'과 같은 사례를 발견했을 때 그 사례가 전체 집단에서 어떠한 위치에 있는지를 주의해서 살펴보아야 한다는 내용입니다. 이를 바탕으로 제시문 (다)를 살펴보면 통계에 나타나는 '외국인 범죄자'가 한국 체류 외국인 집단 전체와 어떠한 관계에 있는지를 주의해서 해석해야 할 것입니다. 제시문 (다)의 통계에 따르면 2013년에 외국인 수가 9% 늘어났고 범죄자 수도 9% 늘어났습니다. 2014년에는 외국인 수가 14%, 범죄자가 13% 늘어났습니다. 이는 체류 외국인 수를 분모로, 외국인 범죄자 수를 분자로 두었을 때 범죄자 비율이 일정하게 유지되고 있다는 뜻입니다. 이를 고려하면 외국인 범죄자 수의 증가는 특별한 현상이 아니라, 외국인 수 자체의 증가로 인한 자연적이고 부수적인 변화로 해석해야 할 것입니다.

다음으로 제시문 (나)는 통계 데이터가 이따금 편향적으로 생성될 수 있다는 사실을 나타내고 있습니다. 제시문 (다)를 보면 경찰청 범죄 통계 자료에서 2012년 23,000건이었던 외국인 범죄가 지난해 41,000건까지 늘어난 것으로 나타나 있습니다. 여기서 말하는 외국인 범죄는 모든 범죄가 아닌 '적발된' 범죄를 나타냅니다. 외국인 범죄 '적발'의 증가는 외국인 범죄의 증가 때문에 일어날 수도 있지만, 단순히 '적발률'을 높였기 때문에 일어날 수도 있습니다. 다시 말해, 만약 경찰들이 지난 몇 년간 외국인 범죄를 더 민감하게 받아들이고 조사 및 검거에 집중했다면, 다른 변화가 없더라도 '적발된' 외국인 범죄의 수는 해마다 늘어났을 것입니다. 따라서 적발 과정에 대한 추가적인 정보 없이 섣불리 '외국인 범죄 자체'가 증가했다고 단정지어서는 안 될 것입니다.

개요

1. 제시문 (가)의 설명 + 제시문 (가)에 기반한 (다) 해석의 주의점
2. 제시문 (나)의 설명 + 제시문 (나)에 기반한 (다) 해석의 주의점

Tip & Advice

표나 그래프는 나오지 않았지만 자료 해석의 성격을 띠고 있는 문제입니다. 제시문 (가)와 (나)를 활용하여 일종의 2차 해석을 제시해 주어야 합니다. 따라서 제시문 (가)와 (나)를 정확히 어떻게 활용하고 있는지를 명시적으로 드러내는 것이 좋습니다.

제시문 (가)와 (나)는 공통적으로 어떠한 일반화된 결론을 대할 때의 주의점을 설명하고 있습니다. 제시문 (가)는 자료가 '이야기하지 않는 것'에 주의를 기울이도록 설득합니다. 호랑이한테 물려가는 일의 진상을 알기 위해서는 산 사람의 이야기만이 아니라 죽은 사람은 어땠는지도 살펴보아야 한다는 것입니다. 제시문 (나)는 초기의 편견이 보고 싶은 것만 보는 '자기 확증 편향'으로 이어질 수 있다고 경고합니다. 소수 인종을 수상하게 생각한 경찰들이 그들 위주로 범죄를 단속했고, 그 결과 범죄 데이터는 소수 인종들로 가득 차게 된 것입니다. 끝으로 제시문 (가)와 (나)는 모두 일부 사례로부터 섣부른 일반화의 오류를 저지르면 안 된다는 교훈을 줍니다. 호랑이로부터 살아 돌아온 사람이나 저소득층 흑인, 라틴계 청년들은 과학적으로 추출한 표본이 아니므로 그들을 통해 일반화 가능한 결론을 이끌어낼 수는 없습니다.

한국은 혈통적 민족주의가 강한 나라입니다. 동포나 혈육에 대한 애정도 강하지만, 반대로 외국인을 경계하거나 의심하는 성향도 강한 편입니다. 그러한 배외(拜外)적 감정이 제시문 (다)의 범죄 통계를 해석할 때 문제를 일으킬 수 있습니다. 첫째, 제시문 (가)와 관련해서, 언론들은 외국인의 증가로 일어난 현상들 가운데 부정적인 일면인 외국인 범죄에 초점을 맞추고, 외국인들로 인한 노동력 확충, 경제 성장, 한국 문물의 해외 전파 등 긍정적인 면모는 상대적으로 덜 다룰 것입니다. 둘째, 제시문 (나)와 관련해서, 제시문 (다)는 마치 외국인 범죄자 및 범죄 수가 매년 비정상적으로 증가하는 듯한 뉘앙스를 전달해 외국인에 대한 경계심을 강화하고 있습니다. 하지만 자료 수치를 자세히 보면 외국인 범죄자 수 증가는 외국인 수의 증가와 일정하게 대응되고 있음을 발견할 수 있습니다. 끝으로 제시문 (가)와 (나) 모두와 관련해서, 단 한 건의 납치 살인 사건으로부터 외국인들의 일반적인 범죄 성향을 추론하는 것은 섣부른 일반화의 오류라고 할 수 있습니다. 요약하면 제시문 (다)를 해석할 때는 외국인 증가의 긍정적인 면에 대한 증거도 찾아보고, 외국인에 대한 부정적 선입견을 배제하며, 섣부른 일반화를 삼가야 할 것입니다.

개요

1. 제시문 (가)와 (나)의 관련 요점 제시
2. 제시문 (다)에 대한 적용: 긍정적인 면 무시, 선입견 작용, 섣부른 일반화

Tip & Advice

제시문 (가)를 (나)와 연관 지어야 한다고 해서 전체 내용을 맥락 없이 요약하는 것은 경계해야 합니다. 답안에 필요한 부분만 선별적으로 보여주면 될 것입니다.

오늘날 중동과 아프리카 등지에서 끊이지 않는 전쟁, 내란, 기근으로 많은 난민이 발생하고 있습니다. 전 세계 여러 나라가 난민을 보호하는 협약이나 의정서에 가입해 난민을 보호할 것을 약속하고 있지만, 실제로 누가 난민인가를 판단할 권리는 국제 사회가 아닌 개별 국가에 있기 때문에 진짜 난민과 가짜 난민을 가려내는 것이 중요한 이슈입니다. 사람들이 자기 나라로 피난 온 집단을 '가짜 난민'이라고 믿게 되는 이유 중 하나로 '난민 치고 젊은 남자들이 너무 많기 때문'이라는 논리가 있습니다.

이 논리가 호소력을 갖는 이유는 우리가 갖고 있는 난민의 이미지가 무력한 피해자, 약자 계층이기 때문입니다. 실제로 전쟁, 기근 피해자에는 모든 연령층과 성별이 골고루 섞여 있을 것입니다. 이들을 모집단이라고 할 수 있습니다. 이 중 일부만이 각 나라에 도착해서 난민 신청을 하게 됩니다. 문제는 전쟁, 기근 등으로부터 도망쳐 국경을 넘는 과정이 무작위 선발 과정이 아니라는 데 있습니다. 현지 사정이 심각할수록 장애인, 여성, 빈곤층, 노인, 아이들은 안전히 빠져나오기가 점점 불가능합니다. 국외로 도피하는 데 성공하려면 그나마 조금이라도 체력과 재력을 갖춘 사람들이 유리하기 때문에, 결국 최종 목적지에 도착한 난민 신청자 집단은 상대적으로 높은 비율의 젊은 남자들을 포함하게 됩니다.

이는 '난민 신청자'들이 우리가 생각하는 비극에 처한 모집단 전체를 무작위 추출한 표본이 아니라는 사실을 뜻합니다. 따라서 도착지에서 그 집단에 '젊은 남자가 많다'라는 사실은 그 사람들이 출발지에서 난민이 아니었다는 증거가 되지 못합니다. 오히려 전쟁, 내란, 기근 등이 심각할수록 난민 신청자 집단 속 젊은 남자들은 늘어날 것으로 예측되기 때문입니다. 이를 무시한 채로 난민 신청자 집단이 모집단의 무작위 표본인 듯이 간주한다면 우리는 본의 아니게 심각한 위험에 처한 나라에서 온 사람들을 외면하고 돌려보내게 될 것입니다. 이는 인도주의적으로 안타까운 일이 될 것입니다.

개요

1. 실제 사례 제시: 난민 신청자들 중 젊은 남자들이 많은 사례
2. 젊은 남자들이 많은 논리적 이유
3. 일반화의 오류를 저지를 경우 생기는 문제점

Tip & Advice

실제 사례는 시사에서 찾아도 좋지만, 실생활에서 찾아보는 것도 좋은 방법입니다.

2차 대전 당시 미군을 위해 일하던 발드라는 수학자가 있었습니다. 당시 유럽 전장에서 활약하던 전투기들 중에는 몸체에 총알을 맞고 추락하는 기체들이 많았습니다. 미군은 전투기의 특정 부분에 철갑을 강화하여 생환율을 높일 수 있는 방법을 모색하고 있었습니다. 장군들은 전쟁터에서 돌아온 전투기들을 조사해서 부위별로 어느 부분이 총알을 많이 맞았는지 세어 오게 했습니다. 그 결과 단위 면적당 총알구멍이 가장 많이 나 있는 곳은 동체였고, 그 다음은 연료 탱크, 가장 적은 부분은 엔진이었습니다. 장군들은 동체가 총알을 가장 많이 맞는다고 생각하고 동체에 철갑을 보강하려고 했습니다. 그런데 같은 자료를 본 발드의 조언은 정반대였습니다. 발드는 동체가 아니라 엔진에 철갑을 둘러야 한다고 지적했습니다.

장군들이 발드와 같은 자료를 가지고 정반대의 결론을 내린 것은 표본 선정에 대한 고민 없이 섣부른 일반화를 했기 때문입니다. 조사 대상, 즉 유럽에서 돌아온 전투기들은 애초 출진했던 전투기 전부에서 공정하게 선정한 표본이 아니었습니다. 추락한 비행기들은 돌아오지 못했고, 따라서 조사 대상에서 빠지게 되었던 것입니다. 현명한 수학자 발드는 이를 통해 전혀 다른 정보를 추론할 수 있었습니다. 돌아온 비행기들의 동체에 총알구멍이 많고 엔진에 총알구멍이 적었다는 얘기는 동체에 총알을 맞은 비행기들은 지장 없이 돌아왔지만 엔진에 총알을 맞은 비행기들은 못 돌아왔다는 정보를 알려주었던 것입니다. 추락한 전투기들을 고려하지 않은 채 돌아온 전투기들만으로 전투기 전체에 대한 판단을 내리려고 한 장군들은 잘못된 표본 선정으로 인한 일반화의 오류를 범할 뻔한 것입니다. 오류를 간파한 발드의 조언이 없었다면 미국은 독일을 이기지 못했거나 훨씬 더 많은 희생을 감수해야 했을지도 모릅니다. 일반화의 오류는 이처럼 수많은 인명과 국가의 운명까지 좌우할 수 있다는 점에서 주의가 필요합니다.

개요

1. 사례: 2차 대전 당시 미군 전투기 사례
2. 해석: 일반화의 오류 사례로 볼 수 있는 까닭과 문제점

Tip & Advice

표본 선정과 일반화의 오류에 어떻게 해당하는지를 구체적으로 밝혀야 합니다. 또한, '문제점'을 제시하라고 했으므로 일반화의 오류를 범했을 때 부정적 결과가 생겨난다는 점을 강조해 주는 것이 좋겠습니다.

학교 측 출제 의도 및 평가 지침

- 주어진 관점에서 제시문의 내용을 적절하게 설명하는지를 평가함

- 정확한 제시문 이해를 바탕으로 논리적으로 답변하는 과정을 평가함

- 한국 사회에서 논의되는 외국인 범죄에 관한 기사를 비판적으로 해석할 수 있는지를 평가함

- 표본의 문제(불충분한 근거, 왜곡된 통계 자료)로 인한 일반화의 오류를 일상에 적용할 수 있는지, 그 사례가 초래할 수 있는 문제를 적절히 설명할 수 있는지를 평가함

문항 해설

- [문제 1]은 제한된 정보, 대표성을 결여한 표본/사례들에 근거한 일반화의 문제에 대한 질문임. 두 제시문이 공통적으로 다루고 있는 사례의 관점에서 설명하는 문항임

- [문제 2]는 제시문을 바탕으로 범죄 데이터와 인종 차별과의 관계를 설명하는 문항임

- [문제 3]은 제시문 (가)와 (나)에서 설명하고 있는 내용을 정확하게 이해하여, 제시문 (다)와 같은 통계 자료를 해석할 때 유의해야 할 점에 대해 논리적으로 설명하는 문항임

- [문제 4]는 '표본 선정과 일반화의 오류'로 설명할 수 있는 실제 사례를 제시하고 그 사례에서 발견할 수 있는 문제점을 논리적으로 적절하게 답변하는 문항임

※ 제시문을 읽고 물음에 답하시오.

(가)

일리수스에는 치유의 효능을 가진 샘이 있었는데, 그 샘은 예로부터 '파르마키아'라 불렸다. '파르마키아(제약술)–파르마콘(약물)–파르마키우스(주술사)'라는 그리스어의 원천이 바로 이것이다. 약을 조제하는 기술, 즉 '파르마키아'는 주술사가 담당하는 일이 많았으며 '파르마키아'란 동시에 사술(邪術)을 가리키기도 했다. ㉠ '파르마콘'이란 단어가 '약'이자 '독'이고 '축복'이자 '저주'라는 뜻을 지니게 된 것은 이 때문이다. 발음이 비슷하다는 점에서 '파르마키아'는 '파르마코스'를 연상시키기도 한다. 그리스에서는 흉년 같은 재앙이 있는 해에 노예나 범죄자 중에서 몇 명을 뽑아 들판에서 희생시키는 의식을 행했다. '파르마코스'는 이 같은 의식의 희생양으로서, 정화(淨化) 의식 전 한동안 최상의 대접을 받은 후 추방당하고 돌팔매질 당했으며, 때로는 살해당하기까지 했다. 즉, '파르마코스'는 밖으로 추방당하기 위해 비로소 안에 받아들여진 자, 안에도 밖에도 속할 수 없는 존재였다. '파르마코스'라는 어휘가 점차 '파르마콘'과 혼용된 것은 이렇듯 ㉡ 유사한 속성을 지니고 있기 때문이다. 결과적으로 '파르마콘'은 치료약, 독약, 그리고 희생양이라는 세 가지 뜻으로 쓰이게 되었다.

(나)

회사원 A 씨는 퇴근을 하고서도 업무 관련 문자 메시지 때문에 스트레스를 받고 있다. 부장은 시도 때도 없이 문자 메시지를 통해 업무 지시를 내린다. 저녁 식사 중에도 바로 내용을 확인하고 답을 해야 한다. 고용 노동부가 지난 해 말 근로자 1천 명을 조사한 결과 740명이 '퇴근 후 업무 연락을 받은 적이 있다'고 답했다. 이 중 '급한 업무로 연락을 받았다'는 답변은 42.2%에 불과했고, 55.4%는 '습관적인 연락이었다'고 응답했다. 스마트폰이 보편화되면서 언제든지 업무 지시를 내릴 수 있는 시대가 되었고, 이로 인해 일과 삶의 경계가 모호해졌다. 미래에도 이와 같은 상황이 나아지지 않을 것이라는 우려가 제기되고 있다.

(다)

의학 기술의 가파른 발전으로 과거 난공불락이었던 불치병이 약만으로도 낫는 등 의학 발전은 혁신적인 수명 연장을 구현해 냈다. 노화는 장기 기능 저하와 퇴행성 난치병을 유발하는데, 이에 대한 해결 방법 중 하나가 동물 장기를 이식하는 이종 장기 이식이다. 하지만 동물 장기 이식의 경우 면역 거부 반응으로 장기가 괴사하기 때문에 거부 반응 없는 동물 장기를 만드는 연구가 진행되어왔다. 인위적으로 외래 유전자를 주입해 동물의 유전 형질을 바꾸는 것이다. 이종 장기 이식을 위한 형질 전환 동물 개발은 90년대 후반 본격화되었다. 국내에서는 ○○대 의대가 췌도 이식용 형질 전환 복제 돼지 생산에 성공했다. ○○대 병원 △△△교수는 "현재 이종 이식용 형질 전환 돼지 6종을 보유하고 있다"고 말했다. 췌도 이식이 가능해지면 당뇨병 정복도 꿈이 아니다. 이처럼 이종 장기 이식은 사람의 장기가 부족한 현 상황을 해결할 수 있는 새로운 대안으로 주목받고 있다.

(라)

 핵분열 이론을 연구한 사람은 원자 폭탄 투하의 책임이 없습니다. 그러나 원자 폭탄을 만든 사람은 다릅니다. 그는 응분의 책임을 져야 합니다. 과학자는 한 개인의 차원만이 아니라 인간 공동체의 차원에서 행동해야 하기 때문입니다. 과학자는 자신의 연구 활동을 사회와의 연관성 안에서 생각해야 합니다. 원자 폭탄을 만든 미국의 원자 물리학자들은 정치적인 영향력을 행사하는 데 너무 소극적이었다는 비난을 면할 수 없을 것입니다. 그들은 원자 폭탄의 역효과를 연구 초기부터 이미 충분히 알고 있었을 것이기 때문입니다.

문제 1
제시문 (가)에서 밑줄 친 ⓒ을 설명하시오.

문제 2
 제시문 (가)의 밑줄 친 ㉠을 바탕으로 제시문 (나)와 (다)를 각각 설명하시오.

문제 3
제시문 (나), (다), (라)를 바탕으로 '과학 기술로 발생한 문제의 책임을 과학자에게 물을 수 없다.'는 주장을 지지 혹은 비판하시오.

문제 4
제시문을 활용하여 '과학의 발전이 인간을 행복하게 할 것인가?'에 대한 자신의 견해를 이야기하시오.

'파르마코스'와 '파르마콘'이라는 두 어휘가 지닌 '유사한 속성'은 바로 긍정적 측면과 부정적 측면을 동시에 갖고 있다는 양면성에서 찾을 수 있습니다.

'파르마코스'는 희생양을 의미하는 단어인데, 희생양은 그 공동체를 위해 희생한다는 점에서 내부인이고, 자신이 희생당하는 공동체의 구성원으로 남을 수 없다는 점에서 외부인입니다. 또한, 희생 직전 최상의 대접을 받는다는 점에서 환대받는 존재지만, 그러한 직후 추방, 폭행, 살해당한다는 점에서 모멸받는 존재이기도 합니다. '파르마코스'가 이러한 양면성을 갖고 있는 것과 마찬가지로 '파르마콘'이란 단어도 상반된 뜻을 동시에 갖고 있습니다. 병든 사람을 고치고 치유하는 약이자 축복이지만, 동시에 사람들을 해치는 독이자 사악한 술법과 연관되어 있는 저주이기도 합니다.

이처럼 양면적인 속성을 동시에 갖는 것이 '파르마코스'와 '파르마콘'의 유사한 속성이자 두 가지 어휘의 뜻이 합쳐지게 된 이유라고 볼 수 있습니다.

개요

1. 두괄식으로 주장 제시: 두 단어의 유사한 속성은 '양면성'
2. 각 단어가 갖는 양면성 설명
3. 결론(양괄식)

Tip & Advice

[문제 1]은 정답이 있는 문제에 가깝고, [문제 4]는 정답이 없는 문제에 가깝습니다. [문제 1]의 경우, 날카로운 독해에 기초해서 정답을 맞히는 것도 중요하고, 그것이 왜 정답이 되는지를 탄탄한 근거로 뒷받침하는 것도 중요합니다.

제시문 속 '파르마콘'이라는 단어는 점차 '파르마코스'라는 단어의 의미까지 흡수해 세 가지의 의미를 지니게 되었습니다. 치료약이자 독약을 의미하는 파르마콘과, 안에도 밖에도 속하지 못하는 희생양을 의미하는 파르마코스는 여러 면에서 공통적입니다. 첫 번째, 기능적 측면에서 두 단어는 모두 '회복'의 기능과 관계되어 있습니다. 약물인 파르마콘은 아픈 개인을 치료해 주고, 희생양인 파르마코스는 재앙이 다친 공동체를 치유해 줍니다.

두 번째, 속성적 측면에서 두 단어는 모두 이율배반적인 뜻을 함께 지니고 있습니다. 파르마콘은 개인에게 긍정적인 효과를 지니고 있지만, 그것을 만들어내는 과정은 주술사의 사술과 연관되어 있으므로 부정적인 연상을 동시에 불러일으킵니다. 그 결과 파르마콘은 치료약을 의미하면서도 동시에 독약이라는 뜻도 갖게 되었습니다. 한편, 파르마코스는 재앙을 치유한다는 면에서 파르마콘과 같이 결과의 긍정적 속성을 공유합니다. 그와 동시에 그 희생양 자신에게 폭력을 가한다는 의미에서 과정의 부정적 속성도 공유합니다.

결과적으로 파르마콘과 파르마코스는 두 가지 점에서 유사한 속성을 갖는데, 회복이라는 기능과 긍정적 결과와 부정적 과정이 공존한다는 유사성입니다. 이러한 기능적, 속성적 공통점으로 인해 사람들은 점차 두 단어를 혼용해서 쓰게 된 것으로 추측됩니다.

개요

1. 기능적 유사성: 파르마콘(개인 치료)/파르마코스(공동체 치유)
2. 속성적 유사성: 파르마콘 = 파르마코스(긍정적 결과 & 부정적 과정)
3. 결론: 기능적 유사성 + 속성적 유사성

Tip & Advice

다들 똑같은 답을 제시하는 동안에 남들과 차별화되는 좋은 구조를 갖춘 답을 제시해야 고득점을 받을 수 있을 것입니다.

제시문 (가)의 ㉠을 보면 고대 그리스인들은 어떠한 혜택에는 그에 따르는 비용이 수반된다는 사실을 비유적인 지혜로 알고 있었던 것으로 여겨집니다. 제시문 (나)와 (다)는 각각 현대 과학 기술 발전의 혜택과 해악을 예시를 들어 설명하고 있습니다. 먼저 혜택 측면에서 제시문 (다)를 보면, 의학 기술의 발달을 통해 병의 치료와 수명 연장이 일어나 왔고 현재도 발전이 진행 중임을 알 수 있습니다. 이는 제시문 (가)의 일리수스 샘물과 같은 치유의 축복이 현대 의학 기술을 통해 우리에게 주어지고 있음을 의미합니다.

한편, 과학 기술의 해악 측면은 제시문 (나)에 반영되어 있습니다. 정보 통신 기술의 발달이 오히려 고용주 및 관리직들에게 근로자의 일상을 옭아매기 쉽도록 만드는 족쇄로 작동하고 있는 것입니다. 이는 기술 발전이 반드시 인류에게 유익하지만은 않으며, 해악을 가져다줄 수 있다는 사실을 예증합니다. 그러한 면에서 정보 통신 기술은 오히려 축복이기보다는 저주이기도 합니다.

제시문 (나)와 (다)를 종합해 볼 때, 제시문 (가)의 샘물 사례처럼 과학 기술 발전은 긍정적인 면과 부정적인 면을 동시에 갖고 있으므로 우리는 그 양면을 균형 있게 바라볼 수 있어야 할 것입니다.

개요

1. 제시문 (가)의 밑줄 친 내용의 요점: 혜택에는 비용이 수반됨
2. 현대 과학 기술의 혜택: 제시문 (다)의 의학 기술과 수명 연장의 축복
3. 현대 과학 기술의 비용: 제시문 (나)의 정보 통신 기술과 근로 조건 악화라는 저주

Tip & Advice

각 제시문의 요점과 제시문들 사이의 관계를 정확히 파악하고 설명할 수 있는가를 확인하고자 하는 문제입니다. 밑줄 친 부분에서 '약이자 독', '축복이자 저주'라는 키워드가 주어졌으므로 제시문 (나)와 (다)가 그 어느 쪽에 해당하는지를 정확히 밝혀주면 제시문 간 관계를 올바로 설명할 수 있을 것입니다.

제시문 (가)의 밑줄 친 내용은 약을 만드는 기술이 명과 암을 동시에 지닌다는 인식을 담고 있으며, 제시문 (나)에 나타난 정보화 기술과 제시문 (다)에 나타난 의학 기술도 이처럼 명과 암을 지니고 있습니다.

제시문 (나)는 정보화 기술의 사례를 다루고 있습니다. 스마트폰의 발전으로 인해 업무와 관련된 지시를 시간과 공간의 구속 없이 처리할 수 있게 되었습니다. 이는 고용주 측면에서 정보화 기술이 밝은 면을 갖고 있음을 보여줍니다. 그러나 근로자의 관점에서 보면 스마트폰이 보편화되기 이전에는 퇴근하고 나면 업무 지시를 받지 않고 가족들 또는 자기 자신을 위한 시간을 보낼 수 있었습니다. 그러나 스마트폰이라는 문명의 이기가 보급되면서 오히려 사람들의 삶은 편리해지지 못하고 업무에 더욱 종속되고 말았습니다. 따라서 정보화 기술은 누군가에게는 약이지만 누군가에게는 독이 되었다고 할 수 있습니다.

제시문 (다)는 의학 기술의 사례입니다. 과거의 불치병과 난치병이 새로운 지식에 정복되면서 우리는 더 오래 더 건강하게 살 수 있게 되었고, 이는 의학 기술의 밝은 면에 해당합니다. 그러나 현재의 의학 기술 발전은 윤리적 이슈도 불러일으킬 수 있습니다. 동물에게 인위적으로 외래 유전자를 주입하는 것은 인간의 영역 너머를 건드리는 일이며, 다른 동물의 신체 기관을 인간에게 이식했을 때 인간의 본질이나 존엄성과 관련된 이슈는 없는지 고민해 볼 필요가 있습니다. 의학 기술은 인간성의 개념 자체를 우리가 알기 어려운 방향으로 변화시켜 나가고 있고, 그로 인해 일종의 윤리적 위기를 생산하고 있습니다. 따라서 의학 기술 역시 축복인 동시에 저주가 될 수 있다는 위험성을 동시에 품고 있습니다.

개요

1. 제시문 (가)의 ㉠ 해석: 기술에는 명과 암이 동시에 있음
2. 제시문 (나)의 정보화 기술 설명: 고용주에게는 명, 근로자에게는 암
3. 제시문 (다)의 의학 기술 설명: 건강 측면에서는 명, 윤리 측면에서는 암

Tip & Advice

밑줄 친 부분을 그대로 되풀이하지 말고 자신의 표현으로 바꾸어 제시하는 것이 좋습니다. 제시문의 내용을 그대로 가져다 쓰면 면접관 선생님은 제시문 내용을 충분히 자기 것으로 소화하지 못했다고 의심할 수도 있습니다.

제시문 (라)는 과학자가 과학 기술로 발생하는 문제에 대해 책임을 져야 한다고 주장합니다. 그러나 저는 이러한 주장에 반대합니다. 과학 기술로 인해 문제가 발생한다고 해서 그 책임을 온전히 과학자에게 지울 수는 없다고 생각합니다.

제시문 (나)와 (다)의 내용을 보았을 때, 과학 기술에는 밝은 면도 있고 어두운 면도 있는 것이 사실입니다. 그렇지만 명암이 공존하기 때문에 그것을 어떻게 활용할지에 대해서는 과학자보다 공동체 전체에 책임이 있다고 생각합니다. 발전된 과학 기술을 어떻게 사용할 것인지 결정하는 것은 과학자 본인이 아니라 정치인들과 공동체 구성원들의 몫입니다. 과학 기술 자체는 매우 중립적입니다. 예를 들어, 제시문 (라)에 언급된 핵분열 이론은 원자 폭탄에도 이용되었지만, 청정한 에너지 생산 방법인 원자력 발전 기술에도 이용되었습니다. 심지어 제시문 (라)에서 언급된 원자 폭탄 역시 중립적으로 볼 수 있을 것입니다. 1945년에 민간인들에게 큰 피해를 입힌 것은 사실이지만, 그 이후로는 한 번도 사용되지 않았으며, 오히려 강대국들의 원자 폭탄 소유로 인해 강대국 사이의 전쟁이 예방되는 효과를 가져왔습니다. 과학 기술의 밝은 면과 어두운 면은 그 운용에 달린 것이지 그 기술 자체에 달린 것은 아닙니다. 따라서 그 책임은 과학자에게 돌려서는 안 되며, 정책 결정자들과 우리 시민 모두가 함께 지어야 할 것입니다.

둘째로, 제시문 (라)의 주장과 달리 과학 기술의 운용 방법을 공동체가 정한다는 말은 과학자가 그 과학 기술이 어떻게 활용될지까지 전부 예측할 수가 없다는 것을 반증하는 말이기도 합니다. 예컨대, 스마트폰 개발자가 제시문 (나)의 업무 지시 사례까지 예측하는 것에는 한계가 있었을 것입니다. 프라이버시 문화가 발달한 서양에서는 이와 같은 문제가 덜할 수도 있습니다. 과학 기술은 국경을 넘어서 전파되는데, 다른 문화적 환경에서 생기는 현상들까지 예측하는 것은 더욱 어려운 일일 것입니다. 더구나 스마트폰을 통한 업무 지시와 같은 폐단은 해당 부분만 법제화를 통해 금지해서 개선할 수도 있는 영역입니다. 그렇다면 업무 지시 문제의 해결을 위해 스마트폰을 왜 만들어냈느냐는 데까지 근본적 책임 소재를 묻는 것은 논리적 비약에 가깝기에 무의미합니다. 과학 기술 폐해의 책임을 과학자에게 묻자는 입장은 과학자의 책임만을 부풀리고, 더 나아가 과도한 예측으로 인해 기술 발전을 저해할 수도 있습니다. 우리 스스로가 과학 기술의 사용을 통제할 수 있는 영향력은 과소평가하는 부당한 판단입니다. 우리는 과학 기술이 사회에 외재적인 것이 아니라 우리 자신의 손에 맡겨져 있는 것임을 올바로 인식해야 합니다.

1. 입장 제시: 과학 기술로 발생한 문제의 책임을 과학자에게 물어서는 안 됨

2. 근거 1: 과학자가 아닌 정책 결정자와 공동체가 과학 기술의 사용 방식을 결정함

3. 근거 2: 과학자는 과학 기술이 어떻게 사용될지 충분히 예측할 수 없음

Tip & Advice

답변은 글의 중심 내용이 글의 첫머리에 오는 형태인 두괄식으로도, 항목별, 단위별로 나열하여 서술하는 형태인 열거식으로도, 글의 중심 내용이 글의 마지막 부분에 오는 형태인 미괄식으로도 구성할 수 있지만, 보통 의견을 서두에서 밝히는 것이 좋습니다.

문제는 '과학 기술로 발생한 문제의 책임을 과학자에게 물을 수 없다'라는 주장에 대한 찬반을 묻고 있습니다. 저는 과학 기술로 인해 사회적 문제가 발생했다면 과학자에게 일정한 책임이 있다고 봅니다. 첫 번째 이유는 기술 자체가 중립적이지 않다는 데 있습니다. 과학 기술은 기존 사회에 어떠한 방향으로든 커다란 변화를 가져옵니다. 제시문 (나)에서 나타난 것처럼 근로 형태의 변화를 가져오기도 했고, 제시문 (다)에 나타난 것처럼 사람들의 건강과 수명에 큰 영향을 미치기도 합니다. 과학 기술은 결코 중립적이 아니며, 사회에 상당한 영향력을 발휘합니다. 설사 긍정적 효과와 부정적 효과가 모두 있다 해도 어느 한쪽이 다른 효과를 압도할 수 있습니다. 따라서 양면적 효과가 있는 과학 기술은 반드시 중립적이라고 보기 어려우므로 과학자는 자신이 불러일으킨 변화에 대해 윤리적 책임이 있습니다. 누구든지 개인의 행위가 타인에게 피해를 주지 않도록 해야 할 윤리적 책임을 가지며, 과학자들이라고 해서 예외가 성립될 수는 없습니다. 혹자는 과학자가 부정적 문제들을 모두 예측할 수 없다고 반박할지도 모릅니다. 그러나 그들은 해당 지식에 대해 가장 전문적 지식을 가지고 있는 사람이며, 그렇기에 가장 정확한 예측을 할 수 있습니다. 또한, 정확히 어떠한 효과가 있을지 예측하지 못하면서도 어떠한 과학 기술을 사회에 제공하는 것 역시 책임감이 따라오는 하나의 선택이라는 점도 잊어서는 안 됩니다. 적어도 과학 기술의 사회적 영향력이 막대하다는 것은 잘 알려져 있기 때문에, 그 장래 효과를 예측하기 어렵다고 해서 무조건 면죄부를 주어서는 안 됩니다.

두 번째 이유는 예방적 효과를 위해서입니다. 과학자가 결과에 대해 책임을 지도록 만들어야만 제시문 (라)에서처럼 이기적인 일부 과학자들이 공명심이나 이윤 창출을 목표로 다수에게 해로울 수 있는 과학 기술 개발을 방지할 수 있습니다. 또한, 그와 같은 사회여야만 과학자가 될 인재들이 사회에 대한 균형 있는 시각을 일찍부터 익히려고 노력할 것입니다. 만약 사회에 대해 아무런 책임도 지지 않을 특권을 준다면, 일부 과학자들은 사회 과학 지식을 도외시하고 과학 기술 개발에만 매달리게 될 것입니다. 그럴 경우 그들의 선의와 무관하게 그들의 무지로 인해 사회에 피해가 발생할 가능성이 커지게 될 것입니다.

개요

1. 입장 표명: 과학자들은 과학 기술로 인한 문제에 책임을 져야 함
2. 근거 1: 자신의 행위가 타인에게 피해를 미치지 않도록 해야 할 윤리적 책임
3. 근거 2: 결과에 책임을 지도록 해야 해로운 기술이 개발될 가능성을 예방할 수 있음

Tip & Advice

의견을 개진할 때에는 제시문들과 적절한 연관성을 유지하면서 답변을 전개해 나가야 효과적입니다.

저는 과학 기술의 발달이 그 자체로 인간을 행복하게 해 주는 보증 수표는 아니라고 봅니다. 그렇게 생각하는 첫 번째 이유는 과학의 가치 중립성에 있습니다. 과학의 발달이 인간을 행복하게 했는지에 대해 제시문 (나)와 (다)는 상반된 자료를 제시하고 있습니다. 제시문 (다)에서는 과학이 불치병 환자들에게 희망이 되었지만, 제시문 (나)에서는 근로자들에게 고통의 원인이 되었습니다. 제시문 (라)에서 나온 원자 폭탄 역시 과학이 우리에게 혜택만을 가져다주는 것이 아니라 과거에는 존재하지 않았던 종류의 위험도 가져다줄 수 있음을 입증하는 사례입니다. 이처럼 과학은 인간의 행복에 이로울 수도, 해로울 수도 있기에 과학이 발달한다고 해서 인간이 반드시 더 행복해지거나 불행해지리라는 법은 없다고 봅니다.

두 번째 이유는 과학의 혜택이 사람들에게 평등하게 돌아가지 않는다는 데에 있습니다. 제시문 (나)의 예를 보면 업무 관련 문자 메시지가 부장에게는 유리하게 작용하지만, 아랫사람들에게는 불리하게 작용하고 있습니다. 제시문 (다)에 나오는 복제 돼지 장기 등도 모두가 이용할 수 있는 기술이 될지는 미지수입니다. 「호모 데우스」의 저자 유발 하라리는 의학 기술 발전으로 일부 사람들은 영원한 생명을 얻겠지만, 소수의 부자들에게만 가능한 것이기 때문에 결과적인 불평등은 엄청날 것이라고 예측했습니다. 아무리 과학이 발달해도 그 혜택을 소수만 누린다면 그것을 누리지 못하는 사람들의 불행은 오히려 증가할 것입니다. 이러한 경우 과학의 발전은 인간을 보편적으로 행복하게 해 준다고 말할 수 없습니다.

결국 과학 자체는 가치 중립적이며, 설사 혜택이 있는 과학 기술이라 할지라도 그 혜택이 평등하게 주어지지 않으면 사람들을 행복하게 하기보다는 불행하게 만들 것입니다. 따라서 저는 과학의 발전이 그 자체로 인간을 행복하게 해 주지는 못할 것이라는 의견입니다.

개요

1. 의견 제시: 과학의 발전이 반드시 인간을 행복하게 만드는 것은 아님
2. 근거 1: 과학의 가치 중립성
3. 근거 2: 과학의 혜택도 불평등하게 보급되면 불행을 증진함

1. 가급적 의견을 두괄식으로 제시해서 면접관 선생님들이 앞으로 나올 내용을 '예상'할 수 있도록 해야 합니다. 수많은 응시자들을 면접하고 평가해야 하는 면접관 선생님에게 주어지는 '인지적 부담'은 상당합니다. 이러한 인지적 부담은 응시자가 말하고자 하는 바를 예측할 수 없을 때 더 심화됩니다. 그러한 인지적 부담을 덜어드리는 것이 편안한 면접장 분위기를 만드는 방법이며, 편안한 분위기에서 보는 면접이 응시자 본인에게 긍정적으로 작용한다는 것은 두말할 나위도 없습니다.

2. 근거는 다각화하여 두 개 이상으로 제시하도록 합니다. 비록 자신의 견해를 제시하는 문제이지만, '제시문을 활용하여'라는 조건이 달려 있는 점을 놓치지 말아야 합니다. 주장 자체는 찬성이든 반대든 중요하지 않지만, 그 주장의 '근거'들은 제시문과 연관성 있는 내용이어야 합니다. 어느 부분에서 근거를 찾았는지 집어주며 답변하면 더 효과적일 것입니다.

PART 3

과학의 발전이 인간을 행복하게 할 것인지 물어봐주셨습니다. 이에 대해 과학의 발전이 독립 변수로서 행복이라는 종속 변수를 필연적으로 높일 수 있느냐는 질문으로 해석한다면 저는 동의하지 않습니다. 예로부터 사람들의 행복은 가족 및 친구들과 보내는 시간, 기근, 질병, 전쟁으로부터의 자유와 같은 독립 변수들로부터 비롯되었습니다. 다만, 과학이 발전함으로 인해 이러한 독립 변수들과 행복이라는 종속 변수 사이의 관계가 큰 영향을 받게 되었습니다. 따라서 과학의 발전이 우리의 행복 실현에 중요하게 작용하는가라는 질문으로 해석한다면 저는 그렇다고 대답하고 싶습니다. 오래된 행복의 조건들은 이제 과학이라는 새로운 매개를 거쳐 행복에 영향을 미치게 되었습니다.

제시문 (가)에서 지적한 것과 같이 과학에는 양면성이 있습니다. 즉, 우리가 과학 기술을 어떻게 이용하는지에 따라 행복의 조건에 다른 영향을 줍니다. 예를 들어, 구석기인들과 현대인들을 비교함으로써 행복의 조건에 과학이 어떠한 변화를 미쳤는지 살펴볼 수 있습니다. 먼저 구석기인들은 때때로 찾아오는 기근으로부터 자유롭지 않았습니다. 하지만 동물을 사냥한 후 저녁이 되면 자신의 씨족과 함께 많은 여가 시간을 누릴 수 있었습니다. 제시문 (나)는 현대인들을 기근으로부터 탈출시킨 경제적 생산성 향상에 대한 내용을 담고 있습니다. 한편으로 현대인들은 기근으로부터의 자유라는 행복의 조건을 더 쉽게 달성하게 되었습니다. 하지만 일과 삶의 경계가 모호해지면서 소중한 사람들과 보낼 수 있는 시간은 줄어들었고, 행복을 침해받게 되었습니다.

구석기인들은 병에 걸리거나 다치면 꼼짝없이 죽어야 했습니다. 원인을 몰라 귀신 때문이라고 믿는 경우도 잦았고, 약이라고 해도 근처에서 우연히 구할 수 있는 약초뿐이었습니다. 현대인들은 제시문 (다)에 나오는 의학 기술의 발전을 통해 과거에는 치명적이었던 질병과 부상을 극복하게 되었습니다. 과학의 발전을 통해 긴 수명과 건강이라는 행복의 조건을 더 쉽게 달성할 수 있게 되었습니다. 반면에 제시문 (라)는 전쟁 기술의 발전이 군인들뿐 아닌 민간인들의 생명까지 위협하게 된 현실을 증언합니다. 구석기 시대의 전쟁이 소규모로, 돌멩이와 나뭇가지를 가지고 일어나는 싸움이었다면, 오늘날의 전쟁은 전 세계가 휘말리는 무시무시한 핵전쟁으로, 인류 전체를 전멸시킬 수 있습니다. 이러한 면에서 과학의 발전은 전쟁으로부터의 자유라는 행복의 조건을 악화시켰습니다.

위와 같은 제시문들의 내용을 고려해 볼 때, 과학 기술은 그 자체로 우리를 행복하게 만들지는 못하지만, 우리가 행복해질 수 있는 조건에 막대한 영향력을 끼치고 있는 것은 확실합니다. 따라서 우리의 행복을 위해 과학을 무조건 맹신해서도 안 되고, 무조건 멀리할 필요도 없습니다. 그보다는 과학의 양면적 면모를 현명하게 통제하면서 우리 모두의 행복에 바람직한 방식으로 이용하려는 신중한 지혜가 필요합니다.

1. 과학의 발전의 의의: 그 자체는 행복의 조건 아니지만 행복의 조건들에 영향을 미침

2. 제시문 활용한 근거 제시

3. 결론: 과학을 맹신하지도 멀리하지도 말고 지혜롭게 이용해야 함

Tip & Advice

1. [문제 3]은 '지지 혹은 비판'을 요구하는 문제이지만, [문제 4]는 '자신의 견해 소개'를 요구하는 문제입니다. 이는 단순한 지지 혹은 비판이 아니라, 위와 같이 섬세하게 조정된 의견도 제시할 수 있다는 뜻입니다. '독립 변수', '종속 변수'라는 개념은 자료 해석 문제로 출제되는 경우도 있으므로 그 표현을 헷갈리지 말고 잘 외워두어야 합니다.

2. 면접장에 들어갈 때 인사는 누구나 하지만, 나올 때 인사는 놓치는 응시자가 많습니다. 의외로 면접관 선생님들은 그 모습을 끝까지 다 보고 계신다는 점을 명심해야 합니다. 문 닫고 나올 때 살짝 웃으며 목례라도 곁들이는 것이 끝까지 좋은 인상을 남기는 요령입니다.

학교 측 출제 의도 및 평가 지침

출제 의도

◐ 과학 기술의 발전을 다룬 제시문을 읽고 과학 기술의 양면성, 과학 기술과 인간의 행복, 과학자의 윤리 등에 대해 지원자의 의견을 정리해 보도록 하는 문항임

◐ 주어진 제시문의 내용을 정확하게 이해하고 설명할 수 있는지를 통해 과제 이해력을 평가함

◐ 주어진 예를 활용하여 이해한 바를 논리적으로 설명하는 능력을 평가함

◐ 자신의 견해를 논리적으로 설명하고 이를 뒷받침할 수 있는 근거를 적절하게 제시할 수 있는가를 평가함

문항 해설

◐ 제시문 (가)는 그리스어 '파르마콘(Pharmakon)'의 의미 변천 과정에 대한 설명으로, 자크데리다의 '파르마콘'에 대한 해석과 르네 지라르의 '파르마코스(Pharmakos)'에 대한 해석을 종합하여 구성함. 제시문 (나)와 (다)는 과학 기술의 양면성을 생각해 볼 수 있는 사례로 신문 기사를 인용했고, 제시문 (라)는 과학 기술의 가치 중립성을 비판하는 내용으로 하이젠베르크의 「부분과 전체」에서 발췌했으며, 고등학교 「생활과 윤리」에서 다루는 과학 기술과 윤리에 관한 내용임

◐ [문제 1]은 단어의 의미 변화를 중심으로 주어진 제시문의 내용을 정확하게 이해하고 설명할 수 있는지를 통해 과제 이해력을 평가함

◐ [문제 2]는 과학 기술이 갖는 양면성의 의미를 정확히 이해하고, 주어진 예를 활용하여 이해한 바를 논리적으로 설명하는 능력을 평가함

◐ [문제 3]은 제시문에 대한 이해를 바탕으로 자신의 입장을 밝히고 타당한 근거를 바탕으로 자신의 입장을 전개해 나가는 능력을 평가함

◐ [문제 4]는 과학 기술이 인간에게 미칠 영향에 대한 자신의 입장을 논리적으로 설명하고 이를 뒷받침할 수 있는 근거를 적절하게 제시할 수 있는가를 평가함

※ 제시문을 읽고 물음에 답하시오.

(가)

진화는 진보가 아니다. 진화는 끊임없는 적응의 결과일 뿐이다. 추운 지방에서라면 털이 난 매머드가 털 없는 코끼리보다 진화된 존재겠지만, 그렇다고 매머드가 코끼리에 비해 보편적으로 낮거나 전반적으로 향상된 존재, 즉 진보된 존재라고 할 수는 없다. 매머드의 우월성은 기후가 추운 지역에 국한된 사정이다. 만약 환경이 단일한 방향으로 계속 변해간다면 자연 선택에 의한 진보를 기대해 볼 수 있다. 그러나 그것은 불가능하다. 기나긴 시간을 통해 어느 지역에서건 환경의 변화는 무작위적으로 일어난다. 바다에 잠겼던 곳이 육지가 되기도 하고 육지가 물에 잠기기도 하며 기후가 추워지기도 하고 더워지기도 한다. 주어진 환경의 변화에 적응해야 하므로 그 지역 생물의 변화도 당연히 무작위적일 수밖에 없다. 인간이 진화의 정점(頂點)에 있다는 생각 역시 지구 환경이 급변하면 단숨에 사라질 착각일 뿐이다. 우리는 그저 변화로 가득 찬 각각의 자리에서 더 나아지기 위해 분투해야 한다. 하지만 이 사회는 끊임없이 획일적인 기준으로 이전의 다양한 존재들이 가졌던 풍요로움을 대체하려고 한다.

(나)

백인의 책무를 다하라
너의 가장 뛰어난 자손들을 보내라
너의 아들들을 유배지로 던져 버려라
너의 포로들의 필요에 봉사하기 위해
야만적이고 안절부절못하는 사람들에게
잘 무장한 채 시중들기 위해
방금 정복한 너의 백성들은
반은 악마, 반은 어린애

백인의 책무를 다하라
평화를 위한 야만적 전쟁
기아로 허기진 입들을 먹이고
질병이 사라지도록 하라
그리고 네 목적을 달성할 때쯤
또 다른 존재를 찾아
게으르고 어리석은 이교도들에게 시선을 돌려라
아무것도 이룰 수 없을 것까지 각오하고 말이다

(다)

"1974년 이전에는 라다크*가 세상에 알려지지 않았어요. 사람들은 개화되지 않았어요. 사람들의 얼굴마다 미소가 있었어요. 또 사람들에겐 돈이 필요 없었지요. 무엇을 가지고 있더라도 풍요로웠어요."

또 다른 아이의 이야기는 이러했다.

"우리 노래를 부를 때 사람들은 부끄러워하면서 부르는데 영어나 힌두어 노래는 너무 신나게 부르죠. 요즘 우리는 고유 의상을 잘 입지 않아요. 창피하다고 생각하는 것 같아요."

교육은 사람들을 농촌에서 끌어내 도시로 데려간다. 그곳에서 사람들은 화폐 경제에 종속되고 만다. 전통적 라다크 사회에는 실업이라는 것이 없었다. 그러나 요즘 도시 지역에서는 주로 정부 기관에서 내놓은 몇 안 되는 일자리를 놓고 치열한 경쟁이 벌어지고 있다. 그로 인해 이제 실업은 심각한 사회 문제가 되었다.

*라다크: 인도에 속하는 히말라야산맥의 북서단부와 라다크산맥 사이에 있는 카슈미르 동부 지역. 높은 고원으로 이루어진 이 지역은 춥고 건조하여 인구 밀도가 희박하며 유목민이 사는 곳.

문제 1

제시문 (가)의 글을 바탕으로 '진화'와 '진보'를 구분하여 설명하시오.

문제 2

제시문 (가)와 관련하여 제시문 (나)의 시에서 화자가 보여주는 태도를 설명하시오. 또한, 그것이 빚어낼 수 있는 문제점을 예시하시오.

문제 3

제시문 (가)의 입장을 지지 혹은 비판하면서 제시문 (다)의 라다크가 나아갈 방향에 대해 자신의 생각을 말하시오.

진화와 진보는 둘 다 어떠한 존재의 시간에 따른 변화를 나타내는 개념입니다. 하지만 제시문 (가)는 첫 문장에서 진화를 진보와 혼동하지 말아야 한다고 선언하고 있습니다. 두 개념의 차이점에는 첫째, 방향 측면에서 진보에는 직선적인 방향성이 있지만, 진화는 사전에 정해진 방향 없이 무작위적으로 일어난다는 점입니다. 날씨가 추웠다 더웠다를 반복한다면 매머드는 털을 잃고 코끼리로 진화했다가 다시 털을 가진 매머드로 진화하기를 무작위적으로 반복할 것입니다. 둘째, 능력 측면에서 진보는 후손이 선조보다 우월하다고, 즉 선조가 발휘할 수 있었던 능력을 포함해 더 많은 것을 해낼 수 있는 발달된 존재라고 보겠지만, 진화는 서로 다른 환경에 적응할 뿐이므로 선조가 할 수 있었던 일 가운데는 후손이 할 수 없는 일도 있다고 볼 것입니다. 예를 들어, 코끼리가 매머드의 후손이라 하더라도 매머드처럼 혹한을 견디는 능력은 없으므로 더 발달되었다고 볼 수는 없습니다. 셋째, 범위 측면에서 진보는 모든 환경에서 한 존재가 다른 존재를 앞서 있을 가능성을 긍정하지만, 진화는 오직 국지적인 환경에서만 적응의 성공도를 논할 수 있다고 볼 것입니다. 코끼리는 더운 지방에서 유리하고, 매머드는 추운 지방에서 유리하며, 이때의 유리성은 어디까지나 지역적으로 상대적입니다.

개요

1. 공통점 언급
2. 차이점 1: 방향 측면
3. 차이점 2: 능력 측면
4. 차이점 3: 범위 측면

Tip & Advice

1. [문제 1]은 [문제 2]와 [문제 3]을 풀기 위한 예비적 성격으로, 내용 이해를 파악하는 문항입니다. 진화 생물학은 워낙 자주 출제되는 영역이기 때문에 논술·구술시험 준비를 꾸준히 해 온 학생들은 이미 생물학 자료를 상당히 많이 읽었을 것입니다.

2. 비교 포인트가 다양하지는 않지만, 가급적 다각화해서 제시하려고 노력한 답안입니다. 답변 분량이 부족할 수 있으므로 코끼리와 매머드의 사례를 풍부히 활용함으로써 제시문을 충분히 이해했음을 부각시키고 있습니다.

진보는 하나의 보편적 변화 방향을 향한 누적적인 발전을 의미하는 개념이고, 진화는 무작위한 환경에 대한 국지적인 적응을 의미하는 개념입니다. 오직 무작위한 환경 변화가 오랜 시간 동안 한 방향으로 꾸준히 일어나는 예외적인 경우에만 진화의 궤적은 마치 진보 같은 모습을 띨 것입니다. 그러한 면에서 진보는 진화의 부분 집합이자 특수 사례라고 볼 수도 있습니다.

진보는 한 존재가 모든 면에서 다른 존재들보다 우월할 수 있다고 가정합니다. 이 우월한 존재는 자신보다 열등한 존재들을 도태시키고 지구 전체에서 보편적이고 지배적인 지위를 차지할 것입니다. 따라서 진보의 논리를 따를 때 궁극적인 결과는 우월한 존재로의 수렴과 획일화일 것입니다. 그와 달리, 진화는 각각의 다양한 환경 속에서 적절하게 적응한 존재가 서로 다른 모습으로 존재할 것이라고 봅니다. 그러므로 진화의 논리에 따르면 궁극적으로는 지구상에 존재하는 다양한 생태적 환경의 숫자만큼 다양한 존재들이 출현할 것이며, 그 결과는 획일성이 아닌 다양성이 될 것입니다.

개요

1. 진보와 진화의 개념 제시: 보편적 누적성 vs 국지적 적응성
2. 진보의 결과인 획일성 vs 진화의 결과인 다양성

Tip & Advice

'구분하여 설명'하라는 것은 두 개념이 어떠한 차이가 있는지 맞추어 보라는 문제입니다. 따라서 서로 대조적인 키워드들을 잘 활용해 주면 좋습니다. 예시 답안 (2)는 '보편적 누적 vs 국지적 적응', '획일성 vs 다양성'이라는 키워드를 사용하고 있습니다.

제시문 (가)는 보편적인 우월성을 전제하는 진보와 국지적인 적합성만을 전제하는 진화를 구분했습니다. 제시문 (나)의 시적 화자는 진화보다 진보의 사고 방식을 취하고 있습니다. 그 증거는 시의 여러 부분에서 나타납니다. 시는 백인의 시선으로 비서구인을 타자화하고 있는데, 그들을 '야만적이고 안절부절 못한다든지 '게으르고 어리석은' 존재들로 그리고 있습니다. '반은 악마, 반은 어린애'라는 표현은 비서구인이 백인들과 달리 계몽되지 못해 사악하고, 자신의 이익을 스스로 실현할 수 없을 만큼 미성숙하다는 관점을 보여 줍니다. 그에 비해 백인들의 삶의 방식이 '진보적'이고 우월하다는 관점은 '백인의 책무'라는 시구에 나타나 있습니다.

'백인의 책무'를 다한다는 것이 불러일으킬 수 있는 파국도 시에 적혀 있으며, 단지 시적 화자가 그 문제점을 인식하지 못하고 있을 뿐입니다. '방금 정복한 너의 백성', '평화를 위한 야만적 전쟁'이라는 말 속에는 비서구인의 의사와 무관하게 그들을 강압적으로 지배하고 백인들의 삶의 방식을 보편적인 모델로 강요한다는 발상이 들어 있습니다. 상대의 의사와 무관하게 자신들이 판단한 우월한 방식이 수용되어야 한다는 관점은 지속적으로 반복되었으며, 그로 인한 역사적 폭력 사례가 여러 차례 목격되었습니다. 예를 들어, 유럽인들은 제국주의 사상을 바탕으로 호주에 유럽적 생활 방식을 이식하기 위해 유럽의 동식물들을 풀어놓았고, 그로 인해 호주의 토착 생태계가 파괴되고 말았습니다. 또한, 아프리카 환경에 적응해 살고 있던 사람들을 야만적이라고 멸시하고 그들의 가치를 부인하며 끔찍한 노예 제도를 강요하기도 했습니다. 19세기 말 동아시아에서도 서구 열강들이 전파한 제국주의적 정책들이 식민화와 전쟁들이라는 비참한 결과를 낳았습니다. 오늘날, 우리는 산업 혁명으로 생겨난 생활 방식에 의해 재생 자원이 아닌 부존 자원을 고갈시키며 살아가고 있는데, 이러한 생활 방식은 과거 지속 가능한 삶을 살던 시절보다 낫다고 말할 수 없으며, 세계는 환경 파괴와 자원 고갈로 인한 위기에 처해 있습니다. 결국 특정한 생태적, 문화적 환경에서만 작동하던 백인들의 방식을 보편적으로 월등한 것으로 간주하고 전파하면서, 다른 나라에 존재하던 균형과 조화를 파괴해 버린 것입니다.

개요

1. 제시문 (가)와 관련한 제시문 (나)의 화자의 태도: 진화가 아닌 진보 관점
2. 제시문 (나)의 화자의 태도를 따를 때 발생할 수 있는 문제점: 그릇된 보편주의에 의한 폭력
3. 문제점 예시: 호주, 아프리카, 동아시아의 역사적 사례와 오늘날 세계의 사례

비문학이 아닌 문학 작품이 제시문으로 나왔을 경우, 문학 작품의 해석 능력을 평가하려는 의도가 담겨 있습니다. 이러한 문제는 언어 영역처럼 접근하면 되며, 어떠한 구절을 어떻게 해석했는지를 분명히 밝혀주는 것도 좋습니다.

제시문 (가)로부터 얻을 수 있는 교훈은, 진보라는 획일적인 기준이 진화를 통해 나타난 다양성의 가치를 올바로 평가하는 데에 그다지 적합하지 않다는 것입니다. 제시문 (나)의 시적 화자는 서양인들의 생활 양식이 비서구인들의 생활 양식보다 보편적으로 뛰어나며, 비서구인들의 의사와 관계없이 서양인들의 생활 양식을 전파하는 것이 비서구인들에게도 이익이 된다고 여기고 있습니다. 이러한 사고방식은 다른 지역 사람들이 다른 환경에 다른 방식으로 적응했을 가능성을 무시하는 것으로, 여러 가지 문제를 낳을 수 있습니다.

첫째, 동일한 문제처럼 보이는 것에 상이한 원인이 존재할 수 있습니다. 예를 들어, 비서구 국가에서 발생하는 기아와 질병의 원인은 서양에서의 원인과 다를 수 있습니다. 여기에 서양의 해법을 적용한다고 해도 의도된 결과를 얻지 못할 수 있습니다. 둘째, 서양에서는 바람직하지 않게 여겨지는 현상이 비서구 국가에서는 오히려 '적응'에 해당할 수도 있습니다. 예컨대, 사막 지대에서는 사람도, 동물도 한낮에는 잠을 자고 밤에 활동하고는 하는데, 이는 한낮의 고열을 피하기 위한 적응이지 게으름이 아닙니다. 이처럼 상이한 상황에 서양인의 생활 양식을 획일적으로 도입할 경우 오히려 적응력이 감소하고 말 것입니다. 셋째, 당사자들의 의사를 억압하는 과정에서 당연히 저항이 발생할 것이므로 폭력적 충돌이 일어날 것임을 예상할 수 있습니다. 이는 여러 사회 간에 역사적인 갈등을 만들어내고 미래의 협력을 저해할 것입니다. 넷째, 서양인들이 모든 면에서 비서구인들보다 낫다고 자임하는 한, 서양인들은 비서구인들과의 만남에서 아무런 지혜도 배우지 못할 것입니다. 이는 결국 서양인들 자신이 무언가 배울 수 있는 기회를 스스로 차단하는 일일 뿐입니다. 결국 제시문 (나)에 나타난 시적 화자의 사고방식은 비서구인들에게 보탬이 되지 않을 뿐만 아니라, 서양인들 자신에게도 이득보다 손실이 클 것입니다.

개요

1. 제시문 (나)의 평가: 진화가 아닌 진보로 다른 사회를 판단하는 사고방식
2. 네 가지 문제점 예시

Tip & Advice

문제점의 예시는 역사적 사례여도 좋고, 본인이 논리적으로 도출한 가상의 사례여도 무방합니다.

저는 획일적인 발전 기준에 의해 다양성이 소실되는 것을 염려하는 제시문 (가)와 생각을 같이합니다. 우선, 제시문 (가)는 생물들이 각기 다른 국지적 사정에 맞추어서 진화했으므로 다른 환경에서도 적합성이 보장되는 것은 아니라고 말합니다. 생물의 진화처럼 문화도 그것이 처한 상황에 맞추어서 생겨난 지혜라고 본다면, 다른 지역에서 발전해 온 문화를 섣불리 이식하는 것이 오히려 부작용을 가져올 수도 있다는 점을 유념해야 합니다. 이어서 제시문 (가)는 생태 환경이 다른 방향으로 변화하면 현재는 궁지에 몰린 생물 종들이 정반대로 번성하고 현재는 널리 퍼진 인간도 위기에 몰리게 될 수 있음을 암시합니다. 마찬가지로 현재 번영하고 있는 서구식 산업 문명도 모든 경우의 수에 대한 정답은 아닐 것입니다. 만약 우리가 다른 삶의 방식을 보존하지 않는다면, 예상치 못한 변화와 위기가 찾아왔을 때 우리가 배울 수 있는 지혜가 남아 있지 않게 될 것입니다.

제시문 (다)의 라다크는 높은 고원에 사는 유목민들의 사회였습니다. 도시 생활도 없고 화폐 경제도 없는 독자적인 전통 생활을 하던 지역입니다. 이러한 생활 양식을 '뒤떨어졌다'고 보는 사고방식은 제시문 (가)에서 말하는 진보 중심 사고, 서양 중심주의이자 근대 중심주의입니다. 그 대안인 진화 중심 사고는 다원주의적인 시각으로 라다크의 생활 방식의 고유한 가치를 받아들일 것입니다.

안타깝게도 본문에서 언급되었듯이 이미 라다크 지역의 전통적 생활 방식이 상당 부분 파괴되었습니다. 높은 실업률이나 고유문화 상실, 행복도 하락과 같은 특징들은 제시문 (가)에 명시된 바와 같이 어떠한 획일화된 생활 문화의 전파를 발전이라고만 볼 수 없다는 사실을 방증합니다. 그러한 문화 상실의 상당 부분은 라다크 사람들 스스로의 의식과 관련되어 있습니다. 라다크 사람들은 대국의 언어인 영어나 힌두어 노래는 좋아하고 고유의 민요는 부르지 않게 되었으며, 고유 의상도 입지 않게 되었습니다. 이는 진보 중심적 가치관을 라다크 사람들 스스로가 내면화했음을 의미합니다. 그런데 문화적 자부심 상실, 화폐 경제에의 종속, 일자리 부족 등의 문제를 겪으면서 라다크 사람들은 외부의 생활 양식이 많은 괴로움을 가져다준다는 사실을 깨닫기 시작했을 것입니다. 지금이라도 라다크는 과거의 전통적 생활 방식을 보존하고 회복하기 위해 노력해야 합니다. 그러한 생활 양식의 회복은 라다크 내부인들에게 자신들의 전통에 대한 자부심을 불러일으키고, 지역 환경에 맞는 생활 양식을 보존할 수 있게 해 줄 것입니다. 또한, 보존되고 회복된 라다크 문화는 라다크 외부인들이 대안적 삶의 지혜를 길어갈 수 있는 샘물이 될 것입니다. 이를 위해서는 라다크 내부와 외부에서의 노력이 모두 필요합니다. 라다크의 젊은 세대는 더 나은 교육을 바탕으로 앞선 세대의 지혜를 채록하고 본받으려 노력해야 할 것입니다. 인도 정부는 이 지역을 다양성 보존 지구로 선포하고, 실업에 시달리는 라다크 출신 젊은이들이 귀향을 희망할 경우 정착 자금을 지원하고, 지역 내 노인들을 지역 문화 학교 교사 등으로 채용해서 전통을 원활하게 전수할 수 있는 여건을 마련해야 할 것입니다.

1. 제시문 (가)의 입장에 대한 지지 표명 및 이유 제시
2. 제시문 (다) 사회에 대한 개념 적용
3. 제시문 (다) 사회가 나아가야 할 방향 제시

Tip & Advice

제시문 (가)의 내용을 제시문 (다)의 상황에 적절히 적용할 수 있는지, 그리고 그를 바탕으로 논리적인 문제 해결 역량을 보여주고 있는지를 평가하는 문제입니다. 해당 내용을 지지하거나 비판하는 이유에 대한 근거가 튼튼해야 합니다. 예시 답안 (1)에서는 라다크 문화의 보존과 회복을 지지해야 하는 이유를 두 가지로 나누어 반복적으로 제시하고 있습니다. 또한, 앞으로 제시문 (다)의 사회가 나아갈 방향을 가급적 구체적인 대안과 결합할 수 있도록 노력해야 합니다.

제시문 (가)는 보편적 발전에 대한 생각을 버리고 각각의 자리에서 다양한 방식으로 더 나아지기 위해 애쓰라고 조언합니다. 제시문 (가)의 마지막 줄에서 저자는 자연에서 얻은 교훈을 사회에 그대로 적용하려고 하고 있습니다. 하지만 저는 제시문 (가)의 견해를 제시문 (다)에 고스란히 적용할 수는 없다고 봅니다.

제시문 (가)는 지질학적으로 긴 시간대에서 일어나는 현상인 생물학적 진화에 대해 이야기하고 있습니다. 장기간의 진화를 일방향의 진보로 볼 수 없다는 사실에는 저도 동의합니다. 그러나 짧은 시간대, 일정 지역 안에서는 결국 환경에 잘 적응한 생물이 덜 적응한 생물 대신 선택되는 것이 진화의 핵심 기제라는 점도 무시해서는 안 됩니다. 제시문 (가)의 화자가 '추운 지방에서라면 털이 난 매머드가 털 없는 코끼리보다 진화된 존재'라고 말한 것처럼, 제한된 조건 아래에서라면 발전 정도나 적응도의 차이가 있을 수 있습니다. 진화론은 발전이나 우월성이라는 관념을 조심스럽게 사용할 것을 요구하는 것이지, 완전히 배척할 것을 요구하는 것은 아닙니다. 또한, 문화적 변화는 생물의 진화보다 훨씬 빠르게 일어나며, 단순한 변이로 보기에는 누적적 발전의 성격을 많이 띠고 있습니다. 결국 제시문 (다)의 사례는 상대적으로 짧은 시간대를 대상으로 한다는 점, 생물의 진화가 아닌 문화의 변화를 이야기한다는 점에서, 제시문 (가)의 교훈을 곧이곧대로 적용하기에는 무리가 있습니다.

현대 문명에는 폐단도 있지만 장점도 많이 있습니다. 제시문 (다)에서 사람들은 교육을 찾아 농촌에서 도시로 이동했고, 화폐 경제를 누리게 되었습니다. 전통 사회에서 실업은 없었지만 일자리 선택이 제한되고 신분이나 성별에 의해 고정된 일만을 해야 했을지도 모릅니다. 현대 사회에 존재하는 지식으로 인해 사람들은 우주, 사회와 자아에 대해 더 깊은 인식을 획득했을 것이고, 의학과 기술 등의 혜택으로 평균 수명도 늘어났을 것입니다. 이처럼 라다크 사람들은 잃은 것 못지않게 얻은 것도 많다는 사실을 인지해야 합니다.

다양성 보호를 지지하는 사람들은 라다크의 환경이 현대 문화와 맞지 않다고 비판할 수도 있습니다. 그러나 저는 라다크의 환경 자체가 변하고 있다는 사실을 지적하고 싶습니다. 1974년에 라다크가 세상에 알려졌다는 것은 20세기 후반 세계화를 통해 전 세계가 연결된 과정에서 라다크도 예외일 수 없었음을 의미합니다. 이미 라다크에서 도시화가 진전되고 화폐 경제가 도입되는 등 변화는 불가피한 상황이었을 것입니다. 더 나아가, 오늘날처럼 연결된 세계에서는 지구 온난화, 경제 불황, 환경오염 등 국경이나 지역적 경계를 넘어서 전파되는 위험도 매우 많습니다. 라다크 주민들 스스로의 이익을 지키기 위해 사회 과학적, 법률적, 과학 기술적 지식이 필요한 시대가 온 것입니다. 만약 제시문 (다)의 라다크 지역이 제시문 (가)로부터 교훈을 얻는다면, 오히려 변화하는 환경에서 과거의 방식만을 고수해서는 안 된다는 조언을 듣게 될 것입니다.

개요

1. 제시문 (가)를 전통문화 보존의 교훈으로 받아들여서는 안 되는 이유

2. 현대 문화의 장점들

3. 반론: 라다크의 환경에는 현대문화가 안 맞을 수 있음

4. 재반론: 오히려 환경이 변화하고 있으므로 라다크도 변화해야 함

Tip & Advice

'논증 전개 – 논증에서 발생할 가능성이 있는 약점이나 부작용 – 이를 최소화할 수 있는 대응법'으로 구성된 기각 논증을 적절히 활용함으로써, 양쪽 입장을 모두 고려해 보았다는 사실을 어필한 답안입니다. 마지막 부분에서 제시문 (가)의 내용을 바탕으로 하되, 제시문 (가)의 저자와는 상이한 해석을 끌어낸 점도 특징적입니다.

출제 의도

● '진화'와 '진보'의 키워드를 바탕으로 제시문을 해석하고 문학 작품 등에 나타나는 사례와 더불어 분석하도록 하는 문항임

● 제시문을 읽고 분석, 설명하는 과정을 통해 과제 이해력과 논리적 사고력을 평가함

● 문학 작품을 해석하고 자신의 견해를 더해 분석하는 과정을 통해 과제 이해력과 논리적 사고력을 평가함

● 제시문의 상황에 적용하여 생각을 전개하는 과정에서 지원자의 논리적 사고력과 문제 해결 능력을 평가함

문항 해설

● 제시문 (가)는 진화 생물학자 스티븐 제이 굴드의 책『풀하우스』에서 발췌한 것으로, 필자는 '진화'와 '진보'의 개념을 구분해야 한다는 입장임. 제시문에 따르면 진보(progress)는 단일하고 보편적인 발전 방향을 전제하는 반면에, 진화(evolution)는 각기 다른 환경과 그에 대한 적응 결과로서의 다양성을 의미하는 개념임. 제시문 (나)는『정글북』으로 유명한 작가 러드야드 키플링의 시「백인의 책무」중 일부를 발췌했으며, 제시문 (다)는 생태환경 운동가 헬레나 노르베르-호지의『오래된 미래: 라다크에서 배운다』에서 발췌했음

● [문제 1]은 다소 복잡한 내용의 제시문을 정확하게 읽고 분석, 설명하는 과정을 통해 과제 이해력과 논리적 사고력을 평가함

● [문제 2]는 [문제 1]에서 분석한 '진보'의 개념을 활용하여 작품의 배경이 되는 맥락을 고려하여 문학 작품을 해석하고 한 걸음 더 나아가 자신의 견해를 더해 분석하는 과정을 통해 과제 이해력과 논리적 사고력을 평가함

● [문제 3]은 [문제 1]에서 이해한 개념을 활용하여 제시문 (다)의 상황에 적용하여 생각을 전개하는 과정에서 지원자의 논리적 사고력과 문제 해결 능력을 평가함

※ 제시문을 읽고 물음에 답하시오.

(가)

옛날의 도덕이나 오늘날의 주의(主義)의 표준이 어디에서 났느냐? 이해(利害)에서 났느냐? 시비(是非)에서 났느냐? 인류는 이해 문제뿐이다. 이해 문제를 위해 석가도 나고 공자도 나고 예수도 나고 마르크스도 났다. 중국의 석가는 인도와 다르며, 일본의 공자가 중국과 다르며, 마르크스도 레닌의 마르크스와 중국이나 일본의 마르크스가 다 다르다. 우리 조선 사람은 언제나 이해 밖에서 진리를 찾으려 하므로, 석가가 들어오면 조선의 석가가 되지 않고 석가의 조선이 되며, 공자가 들어오면 조선의 공자가 되지 않고 공자의 조선이 되며, 무슨 주의가 들어와도 조선의 주의가 되지 않고 주의의 조선이 되려 한다. 그리하여 도덕과 주의를 위하는 조선은 있고, 조선을 위하는 도덕과 주의는 없다. 아! 이것이 조선의 특색이냐. 특색이라면 특색이나 노예의 특색이다. 나는 조선의 도덕과 조선의 주의를 위해 곡(哭)하려 한다.

(나)

한국의 민족적 특성을 설명하는 표현 가운데 하나가 '단일 민족', '단일 문화'이다. 그러나 오늘날 이 코드는 더 이상 유지되기 어렵다. 한국을 떠난 이민자들의 문화, 혹은 한국으로 들어온 외국인들의 문화가 공존하는 시대에 한국인 또는 한국의 문화 정체성은 무엇으로 정의할 수 있을까? 한국의 문화를 한국인만의 문화로 정의할 수 없는 환경에서는 민족의 기원이나 언어·문화적 동질성으로 문화 정체성을 규정하는 예전의 방식이 그대로 통용되기는 어려울 것이다.

(다)

과거 고구려·동부여·북옥저가 자리 잡았던 지역에 위치한 한 동굴에서 7,700년 전 신석기 시대 인류의 유골이 발견되었다. 울산과학기술원 게놈 연구소는 국제 공동 조사단을 구성해 이 유골의 유전자 DNA 염기 서열을 슈퍼컴퓨터로 분석했다. 20대와 40대 여성의 유골을 분석한 결과, 이들은 오늘날 한국인처럼 갈색 눈과 삽 모양의 앞니를 지닌 수렵 채취인으로 밝혀졌다. 조사단은 이 동굴인과 아시아 50여 인종의 게놈 변이를 비교해 현대 한국인의 민족 기원과 구성을 추정했다. 추정 결과, 현대 한국인의 게놈은 이 동굴인의 게놈과 현대 베트남·대만 원주민의 게놈을 합했을 때와 가장 유사하게 나타났다. 한반도의 조상은 수천 년 동안 북방계와 남방계 아시아인이 뒤섞이면서 형성되었다는 것이다. 게놈 연구소 소장은 현대 한국인이 북방계와 남방계가 혼합된 흔적을 분명히 갖고 있으면서도 실제 유전적 구성은 남방계 아시아인에 가깝다고 설명했다.

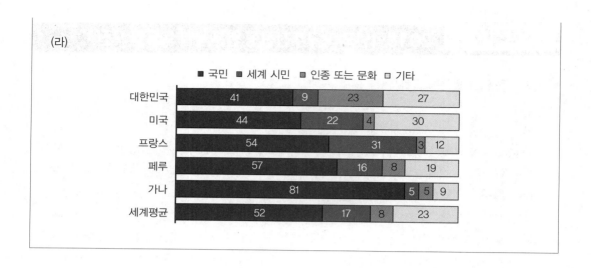

(라)

	국민	세계 시민	인종 또는 문화	기타
대한민국	41	9	23	27
미국	44	22	4	30
프랑스	54	31	3	12
페루	57	16	8	19
가나	81	5	5	9
세계평균	52	17	8	23

문제 1

제시문 (가)의 입장에서 (나)의 주장을, 제시문 (나)의 입장에서 (가)의 주장을 각각 비판하고, 외래문화의 수용이라는 측면에서 자신의 입장을 제시하시오.

문제 2

제시문 (가)와 (다)를 활용하여 시대적 상황 속에서 한국인의 정체성 추이에 관해 보고하시오.

문제 3

위의 제시문을 종합적으로 활용하여 제시문 (라)의 통계 자료에 나타난 한국의 특성을 다른 나라에 비추어 해석하시오.

어떠한 나라가 타국 문화와 접촉할 때 입장에 따라 다른 태도를 취할 수 있습니다. 한쪽 끝에는 모든 외래 문화를 거부하는 극단적 국수주의가 있고, 반대쪽 끝에는 자신의 정체성을 모두 포기하는 무분별한 외래문화 추종이 있습니다. 그 둘 사이에 여러 단계의 중간적 입장이 존재할 수 있는데, 제시문 (가)의 경우 자국의 고유한 정체성을 강조하면서 타 문화가 자국에 동화되어야 한다고 보는 입장입니다. 그와 달리 제시문 (나)는 문화적 순수성을 통해 자국을 정의하지 말고 타 문화와의 혼종성을 시대적 가치로 수긍해야 한다는 견해를 담고 있습니다.

제시문 (가)의 입장에서 제시문 (나)는 자칫 민족적, 문화적 주체성을 상실하고 자기 자신이 아닌 남들의 이익에 맞는 생활 방식 및 사고방식을 무작정 추구하는 결과를 낳을 수 있습니다. 반대로 보편주의적인 제시문 (나)의 입장에서 제시문 (가)는 지나친 배타주의로 인해 모든 보편적 가치와 발전의 가능성마저 거부하는 고립주의로 빠지고 말 우려가 큽니다.

저는 두 극단적 자세 사이에 둘이 합의할 수 있는 넓은 중간 지대가 존재한다고 생각합니다. 어떠한 특수한 성격도 없는 보편주의는 전 세계 문화가 획일적인 내용으로 이루어져야 한다는 발상과 다름없습니다. 이러한 관점에 따르는 세계는 다양성이 제거된 것으로, 우리가 새로운 것을 앞으로도 계속해서 창조해 나가기 위한 문화적 자원을 고갈시키고 말 것입니다. 역으로 어떠한 보편적 성격도 없는 특수주의 역시 과연 고수할 만한 가치가 있는 것인지 묻지 않을 수 없습니다. 진정으로 가치 있는 문화라면 그 안에는 그것을 내재적으로 발전시켜 온 사람들에게만이 아니라 그 외부의 사람들에게도 보탬이 될 만한 지혜와 아름다움을 담고 있을 것이기 때문입니다. 결국 문화는 보편성 위에서 특수성을 갖추어야 한다고 말할 수 있습니다. 그러므로 외래문화를 수용할 때 무조건적인 동화를 강조하는 자세도, 자문화 정체성을 섣불리 포기하는 자세도 바람직하지 않으며, 세계의 보편적인 가치를 주체적으로 받아들이면서 자문화를 거듭 갱신해 나가는 자세가 자국에도 세계에도 바람직할 것이라고 생각합니다.

개요

1. 제시문 (가)와 (나)의 입장 비교 설명
2. 제시문 (가)의 입장에서 (나) 비판, 제시문 (나)의 입장에서 (가) 비판
3. 자신의 입장 제시: 절충적 결론

1. 제시문 (가)나 (나)의 입장 중 하나를 골라 다른 하나를 비판하는 문제가 아니라, 둘 다 골라서 상대를 비판해야 하는 문제입니다. 답변을 할 때에는 균형과 중립성을 갖고 논리적 비판을 할 수 있는지가 관건이 됩니다.

2. 예시 답안 (1)처럼 '특수주의', '보편주의' 등 대비되는 키워드를 활용하면 비교 대상의 비교 포인트를 더 돋보이게 만들 수 있습니다.

3. 두 입장으로 서로를 번갈아 비판하려면 결국 한 입장이 다른 입장보다 모든 면에서 우월하다고 말할 수는 없고, 각자 장점과 단점이 있어서 상대적이라는 입장을 취하게 됩니다. 그럴 경우, 자신의 의견을 말해야 하는 차례가 되면 위 예시 답안 (1)처럼 절충적, 중도적 관점에서 자기 입장을 제시하는 것이 기술적으로 편리할 것입니다. 물론 기각 논증의 요령을 활용해서 한쪽 손을 들어주어도 무방합니다.

외래문화를 어떻게 수용해야 하는가라는 물음의 답은 그 나라가 처한 시대적 정세에 따라 달라진다고 생각합니다. 제시문 (가)는 개화기 또는 식민지 시대의 조선에서 쓰인 글로 보입니다. 따라서 이 글은 자민족, 자국민 정체성이 외래문화 수용의 중심에 있어야 한다는 점을 강조하고 있습니다. 그러한 관점에서 제시문 (나)를 보면 민족적 기원이나 언어, 문화적 동질성이라는 중심을 버리고 외래문화를 받아들이는 것은 자칫 남들의 이해관계의 노예가 될 수 있는 위험한 생각합니다. 실제로 제국주의 시대에 자민족, 자국민을 중요하게 생각하지 않았던 많은 지식인들이 결국 친일파로 돌아선 전례가 있습니다. 이는 제시문 (나)와 같은 발상이 적대적 국제 환경에서 얼마나 위험한 것인지를 잘 보여줍니다.

제시문 (나)는 세계화 시대에서 현대 한국의 모습을 바라본 글입니다. 많은 한국 사람들이 모국을 떠나 외국을 오가고 또 많은 외국인들도 한국 문화를 흠모하면서 한국을 찾아오고 있습니다. 이러한 환경에서 제시문 (가)의 견해는 시대착오적인 입장입니다. 일설에 의하면 한국 문화의 정수라고 할 수 있는 한글은 중국 한자의 블록식 제자 방식과 몽골 파스파 문자의 표음적인 특성을 받아들여 만든 것이라고 합니다. 또한, 배추김치도 17세기 일본에서 들어온 고추와 19세기 중국에서 들어온 배추 없이는 존재할 수 없었을 것입니다. 전통이라는 것 역시 오랜 교류의 산물이지 순수하게 내부에서만 생겨난 것은 아닙니다. 제시문 (가)와 같은 발상은 세계화 시대에서 도태되는 고립주의에 불과할 수 있습니다.

결론적으로 외래문화의 수용에 대한 바람직한 전략은 사전에 정해져 있기보다는 그때 처한 국제 정세에 따라 달라집니다. 적대적 환경 속에서는 주체성을 갖고 결집해야 하고, 호의적 환경 속에서는 교류를 늘리고 보편화를 추구해 나가야 합니다.

개요

1. 제시문 (가)의 관점 분석 + 제시문 (가)를 통한 (나) 비판
2. 제시문 (나)의 관점 분석 + 제시문 (나)를 통한 (가) 비판
3. 본인의 견해: 시대적 상황에 따라 수용 전략도 달라져야 함

Tip & Advice

제시문 (가)를 읽을 때 '이해(利害)'를 '이해(理解)'로 착각하면 곤란합니다. 기본적인 한자 정도는 알고 있을 것을 기대하며 출제된 문제입니다.

우리 한국인들은 고조선부터 지금까지 하나의 혈연적, 문화적 공동체를 이룬 채로 한반도에 살아왔다는 강한 단일 민족 의식을 갖고 있습니다. 그러나 제시문 (가)와 (다)를 보면 이러한 단일 민족 의식은 언제나 존재했던 것이 아니라 시대 상황에 맞추어 후대에 형성된 것이라고 볼 수 있습니다.

첫째로 제시문 (다)의 유전자 분석 연구는 한민족이 유전적으로 단일한 집단이 아니라는 사실을 보여줍니다. 한민족은 동남아 원주민과 유사한 남방계 아시아인, 한반도 북부 및 중국 동북부의 북방계 아시아인이 수천 년 전부터 섞이면서 형성되었습니다. 고조선 설화에서 하늘에서 온 신의 아들이 땅에 살던 곰과 결혼했다고 하는 내용이나, 가야 왕이 인도에서 온 공주와 결혼했다는 내용 등은 한민족 형성 초기에 혈통 간의 혼합이 드물지 않았다는 사실을 암시하고 있습니다.

또한, 제시문 (가)를 보면 한국인들의 문화적 정체성이 결코 하나로 확고하게 존재하지 않았음을 알 수 있습니다. 제시문 (가)의 저자는 왕조 시대의 한국에 불교나 유교 등 외래문화가 도입될 때마다 한국인들이 문화적 주체성 없이 휩쓸려 버렸다고 개탄하고 있습니다. 즉, 노예가 되지 않기 위해서는 주체성, 주인 의식을 가져야 한다는 것입니다.

그러므로 한국인들은 혈통적으로나 문화적으로나 단일한 존재가 아니며, 외래의 혈통과 문화들을 받아들이면서 만들어져 온 집단이라고 보아야 할 것입니다. 제시문 (가)에서 문화적 주체성에 대한 강한 필요성을 주장하는 것에서 보이듯이, 한민족의 혈통적, 문화적 단일성에 대한 강한 믿음은 식민지 시기를 거치면서 생겨난 집단 정체성에서 비롯되었을 가능성이 높다고 생각합니다.

개요

1. 자신의 의견 소개
2. 제시문 (다)를 활용한 근거 제시
3. 제시문 (가)를 활용한 근거 제시
4. 자신의 의견 다시 한 번 제시

1. '시대적 상황', '추이'라는 단어가 나왔습니다. 이는 '어떻게/왜 변화하는가'를 설명해 보라는 의미입니다.

2. 예시 답안 (1)은 자신의 의견을 가장 먼저 밝힌 다음에 근거를 하나씩 제시해 나가는 두괄식 유형의 답변입니다. 문제 유형에 따라 달라지기도 하지만, 대체로 구술시험에서는 두괄식 유형을 사용하는 편이 면접관 선생님을 집중시키기 쉽습니다. 시험장이라는 긴장감이 맴도는 곳에서 이와 같이 말하는 것은 생각보다 어려우니 친구들과 연습해 보도록 합시다.

저는 한국인의 정체성이 시대에 따라 새로운 것들이 계속 추가되면서 만들어져 온 것이라고 생각합니다. 제시문 (가)를 보면 석가, 공자, 마르크스 등의 윤리와 사상은 전 세계 많은 나라에 공통적으로 퍼져 나갔습니다. 이들을 각각 한 요소씩 본다면 여러 나라 사이에는 공통적인 점이 많을지도 모르지만, 각 요소들이 어떠한 구성과 비율로 모여 있는가라는 측면으로 보면 그 나라만의 독창성이 나타나게 될 것입니다. 똑같은 우유와 커피를 재료로 하더라도 카페 라테와 카푸치노가 다른 메뉴가 될 수 있듯이, 새로움이라는 속성은 꼭 그 구성 요소 하나하나가 특유해야만 생겨나는 것이 아니라, 그 구성 요소들 각각이 섞인 결과물이 특유하다면 얼마든지 생길 수 있는 것입니다.

제시문 (다)를 보아도 똑같은 사실을 확인할 수 있습니다. 우리 한국인들의 유전적 구성은 남방계 아시아인과 북방계 아시아인이 섞여서 만들어진 특유한 구성입니다. 남방계와 섞였다고 해서 남방계 아시아인과 똑같은 것도 아니고, 북방계 아시아인과 똑같은 것도 아닙니다. 마치 제가 아버지와 어머니의 DNA를 반반씩 물려받았지만, 그렇다고 아버지의 복제 인간이나 어머니의 복제 인간이 아닌 것과 마찬가지입니다. 우리가 '독특하다', '새롭다'라는 개념을 곰곰이 생각해 본다면, 그것은 순수함이 아니라 혼합을 통해서도 충분히 만들어지는 것이라는 점을 알 수 있을 것입니다. 한국인의 정체성은 바로 그렇게 시대적 변화에 따라 외부와 계속해서 합쳐지면서 생겨난 독창성이라고 할 수 있습니다.

개요

1. 자신의 입장 + 제시문 (가)를 활용한 자신의 입장 설명
2. 제시문 (다)를 활용한 자신의 입장 설명 + 자신의 입장 요약 정리

Tip & Advice

'새롭다', '독특하다'라는 개념의 의미를 고정관념에서 탈피하여 접근한 답변입니다. 답안을 쓸 때 개념의 의미를 엄밀하게 살펴보거나 자신이 어떠한 개념을 어떻게 정의하고 사용하는지를 밝혀주는 것도 좋은 접근 방법입니다.

제시문 (라)에 나타난 자료는 한국 및 다른 국가 사람들이 자아 정체성을 판단하는 기준의 비율을 보여주고 있습니다. 법적 정체성으로서의 '국민', 보편주의적 정체성인 '세계 시민', 혈통적－문화적 정체성인 '인종 또는 문화', 나머지 '기타'의 네 가지 기준을 사용했습니다. 그 중 '기타'를 제외한 결과를 살펴보면 절대적 관점에서는 한국에서 법적 기준인 국민이 1위, 혈통적－문화적 기준이 2위, 보편주의적 기준은 꼴찌를 차지했습니다. 그러나 상대적 관점에서는 혈통적－문화적 기준이 가장 두드러지게 나타났다고 볼 수 있는데, 국민이 1위이기는 하지만 다른 국가들 및 세계 평균보다는 다소 낮은 비율을 차지했기 때문입니다. 또한, 보편주의적 정체성의 비율은 극도로 낮게 나타났습니다. 이러한 한국의 특성을 다른 나라와 상대적 관점에 초점을 두고 비교해 보고자 합니다.

한국에서 세계 시민주의가 낮게 나타나는 것은 제시문 (가)에서 보이는 한국의 방어적 민족주의의 영향으로 판단됩니다. 제시문 (가)는 외국의 도덕이나 이념이 수입되었을 때 한국의 이익을 중심으로 흡수하지 않으면 노예화되고 말 것이라고 경고하고 있습니다. 이는 문화 교류에서 한국을 문화 발신자로 보지 않고 수신자로만 보고 있다는 점, 그리고 노예화와 같은 위험성을 강조하고 있다는 점에서 볼 때 이러한 표현은 방어적 민족주의로 볼 수 있습니다. 이처럼 외부와 자신을 나누는 심리적 경계가 뚜렷하므로 세계 시민주의적인 정체성이 낮게 나타나는 것입니다.

인종·문화적 정체성이 높게 나타나는 것은 수천 년간 비교적 단조로운 유전적 구성과 문화적 특성을 유지해 온 사실과 유관해 보입니다. 제시문 (다)에 나타나 있듯이 한국인들은 인근 지역에서 유입된 사람들로 수천 년 동안 구성되어 있었고, 아무리 혼합이 있었다고 하지만 제시문 (라)의 비교 대상인 다른 유럽, 아메리카, 아프리카 국가들처럼 다양한 인종, 문화, 종교적 정체성의 사람들이 최근에 섞이게 된 지역은 아닙니다. 그러므로 현재까지도 한국인들은 인종·문화적으로 서로에게 강력한 동질감과 소속감을 느끼는 것으로 파악됩니다.

마지막으로 국민이라는 법적 정체성이 상당한 비중을 차지하고 있는 현실은 제시문 (나)를 통해 설명할 수 있습니다. 현대의 한국은 이제 다른 나라들과 같이 점차 타 국가로의 이민과 문화 교류가 심화되어 가는 글로벌한 시대를 살고 있습니다. 이미 국제결혼으로 형성된 다문화 가정이 한국 인구에서도 상당수를 차지하고 있는 현실은 인종이나 문화보다는 중립적인 법적 기준을 따라서 한국인의 정체성을 정의할 필요를 높이고 있습니다. 법적 국민의 정체성이 제시문 (라)의 자료에서 상당한 비중을 차지한 것은 그러한 현시대의 상황을 반영한 것으로 생각됩니다.

1. 제시문 (라)의 자료 해석: 절대적 기준, 상대적 기준

2. 낮은 세계 시민주의: 제시문 (가)를 통한 설명

3. 인종·문화적 동질성: 제시문 (다)를 통한 설명

4. 국민 정체성: 제시문 (나)를 통한 설명

Tip & Advice

1. 문제가 묻는 바는 '다른 나라에 비춘' 한국의 특성이므로 아무래도 상대적 기준이 중요할 것입니다.

2. 세계 시민으로서의 정체성이 현저히 낮고, 국민 정체성과 인종·문화적 정체성이 주로 나타나는 것이 한국의 대체적인 특징입니다.

3. 자료 해석에서 '절대적', '상대적' 등의 키워드를 끼워 넣어주는 것만으로 더 논리적인 답변이라는 인상을 만들어 낼 수 있습니다.

4. 자료를 분석하고, 위와 같은 추세가 나타난 원인을 타당하게 추리해 보는 문제입니다. 논리적 비약을 경계하면서 어느 정도의 상상력을 발휘할 수 있어야 합니다.

자아 정체성의 기준이란 곧 자신을 어떠한 사람들과 같은 집단에 속한다고 생각하는가, 즉 어디에 소속감을 느끼는가를 나타냅니다. 먼저 '국민'이라는 정체성은 한국 국적을 갖고 있는 사람들을 자신과 동일시하는 자아 정체성으로 볼 수 있습니다. 이 기준은 한국에서 41%로 가장 높은 비율을 차지했지만, 다른 모든 나라들보다 낮은 특성을 보였습니다. 이는 한국인들에게 국가라는 정치적 울타리와 경쟁하는 다른 정체성의 원천들이 강력하게 작동한다는 의미일 것입니다.

둘째로, '세계 시민'이라는 정체성은 한국에서 9%만을 차지했는데, 무려 31%를 차지한 프랑스, 22%를 차지한 미국과는 현저한 차이를 보이고 있습니다. 이들 나라들은 지난 세기에 해외 식민지와 노예 무역을 통해 인종적, 민족적 이민이 훨씬 일찍 일어났던 나라들입니다. 따라서 제시문 (나)와 같이 자국 정체성을 혈통이나 문화만으로 규정할 수 없는 상황을 일찍 맞이했기 때문에 이러한 차이가 나타난 것입니다.

국가, 세계 시민을 대신해서 한국인들에게 강력한 정체성의 근원이 되고 있는 것은 바로 '인종 또는 문화'입니다. 제시문 (가)와 (다)를 통해 알 수 있듯이 한국이 인종적, 문화적으로 수천 년간 단일성을 유지했다는 믿음은 엄밀한 과학적 사실은 아니지만, 그럼에도 한국인들은 제시문 (나)에 나타난 것처럼 단일 민족과 단일 문화에 대한 강한 동질 의식과 자부심을 갖고 있습니다. 북방계, 남방계 아시아인들이 섞이긴 했어도 수천 년 전부터 일어난 일이고, 비록 외래 종교와 이념이 이식되었다 하더라도 오랫동안 존재해 온 독립적 사회에 이식된 사상이라는 점은 간과할 수 없습니다. 이에 비하면 수많은 인종들이 섞여 살아가는 미국이나, 상대적으로 최근에 원주민과 유럽인의 혼혈화가 일어난 페루와 같은 나라에서는 인종이나 문화를 통해 국민들을 공통적으로 묶는 것이 불가능하기 때문에 한국보다 그 수치가 낮게 나타나는 것입니다.

개요

1. '국민' 정체성 자료 해석
2. '세계 시민' 정체성 자료 해석
3. '인종 또는 문화' 정체성 자료 해석

Tip & Advice

요구 사항이 상당히 많은 문제입니다. '위의 제시문을 종합적으로 활용'해야 하고, 동시에 '다른 나라에 비추어' '제시문 (라)의 통계 자료를 해석'해야 하기 때문입니다. 하나씩 쪼개서 처리하는 편이 좋습니다.

학교 측 출제 의도 및 평가 지침

출제 의도

◉ 세계화 시대에 타자의 문화를 수용하는 바람직한 방식을 탐색해가는 능력을 평가함

◉ 제시문을 통해 새로운 방식으로 집단 정체성을 규정하도록 만드는 변화의 요인과 추세를 명료하게 파악하는지를 평가함

◉ 다른 나라와 비교할 때 한국인이 세계 시민으로서의 정체성보다는 국민 정체성과 인종·문화적 정체성을 평균 이상으로 중시한다는 사실을 파악하고, 제시문을 활용하여 그 배경과 요인을 추론하는 능력을 평가함

문항 해설

◉ [문제 1]은 제시문 (가), (나)에 대한 이해를 바탕으로 각 제시문에서 주장하고 있는 바에 대해 논리적으로 비판하고, '외래문화의 수용'이라는 측면에서 자신의 입장을 적절한 근거와 함께 전개할 수 있어야 함. 여기서 자신의 입장에 대한 답변은 제시문에 나타난 바와 연관되어야 하며, 단순히 '외래문화의 수용'에 대해 지원자가 평소에 갖고 있던 바를 묻고자 하는 문항은 아님

◉ [문제 2]는 제시문 (가)와 (다)의 내용을 적절히 활용하여 '한국인의 정체성 추이'에 대한 자신의 입장을 답변해야 함. 이때 두 제시문을 모두 적절히 활용해야 하며 내용이 논리적으로 적절해야 함

◉ [문제 3]은 제시문 (라)에 주어진 통계 자료를 통해 확인할 수 있는 내용에 대해 명확히 이해하고 나머지 제시문에 나타난 정보를 종합적으로 활용하여 주어진 질문에 답변해야 함. 이때 통계 자료의 해석이 배경 지식 또는 자료에 나타나지 않은 상황에 대한 추론에 근거해서는 안 되며, 주어진 제시문 모두를 종합적으로 활용해야 하며 내용이 논리적으로 적절해야 함

※ 제시문을 읽고 물음에 답하시오.

(가)

과학적 지식은 과학자의 상상력에 의해 구성된 자연 세계를 바라보는 하나의 관점이다. 객관성과 보편성을 주장하는 과학도 사실 어느 정도는 가정에 바탕을 두고 있으며 주관적인 상상력을 필요로 한다. 이러한 점에서 과학은 문학과 크게 다를 바가 없다. 양자의 작업에는 어느 정도의 상상력이 요구된다. 과학에 어두운 사람이 위대한 작가가 되기를 기대할 수 없는 것처럼, 예술적 상상력이 결핍된 사람에게서 위대한 과학자를 기대할 수 없다.

(나)

우리의 눈에는 책상이 사각형이고 갈색이고 윤이 나 보인다. 또 반들거리고 차갑고 딱딱하게 느껴진다. 책상 면을 두드리면 나무를 두드리는 것과 같은 둔탁한 소리가 들린다. 책상을 눈으로 보고, 손으로 만져 보고, 두들기는 소리를 들어 본 사람이라면 누구나 책상에 관한 이러한 기술(記述)에 동의할 것이므로 이에 관해서는 어떠한 어려움도 생기지 않을 것이다. 그러나 좀 더 엄밀하고 깊이 생각해 보면 상황은 달라진다. 나는 처음에는 책상의 표면이 '실제로' 전부 똑같은 갈색이라고 믿었지만 자세히 관찰해 보면 빛을 반사하는 어떠한 부분은 다른 부분보다 더 밝게 보이고, 또 어떠한 부분은 반사되는 빛 때문에 희게 보인다는 것을 알게 되었다. 내가 움직이면 빛을 반사하는 부분이 달라지므로 책상 표면의 색깔 분포도 변하게 된다. 여러 사람이 동시에 똑같은 책상을 보고 있을지라도 어느 누구도 정밀하게 똑같은 색깔의 분포를 동시에 볼 수는 없다. 모든 사람이 정확하게 똑같은 관점에서 책상을 볼 수는 없으며 관점이 변하면 빛이 반사되는 방식도 달라질 수밖에 없기 때문이다.

(다)

1998년에 영국인 의사 앤드루 웨이크필드 박사와 공저자들은 의학 저널 「랜싯(Lancet)」에 논문 한 편을 발표했다. 이 논문은 3~10살 발달 장애를 가진 어린이 12명을 연구한 내용이었다. 부모들의 주장에 의하면 발달 장애의 첫 증상은 아이들이 홍역, 볼거리, 풍진에 대한 종합 백신(MMR 백신)을 접종받은 후 24시간에서 2주 사이에 나타났다. 웨이크필드는 한 기자 회견에서 "MMR 백신과 발달 장애 간의 연관성에 대한 의문이 해결되기 전까지는 MMR 백신의 사용을 지지할 수 없다"고 말했다. 이 사건이 공공의료에 끼친 영향은 엄청났다. 1996년 92퍼센트였던 영국 내 백신 접종 비율은 2003년 초 78.9퍼센트로 떨어졌다. 2004년 한 기자에 의해 웨이크필드의 논문이 사기라는 사실이 보도되었다. 웨이크필드와 함께 논문을 발표했던 공저자들 중 10명은 연구의 오류를 인정했고, 그의 연구는 다른 연구자에 의해 더 이상 인용되지 않았다. 결국 2010년 영국의 일반 의료 위원회는 웨이크필드의 행위가 무책임하고 부정직하다고 발표했고, 그의 의료 자격은 박탈되었다. 이후 「랜싯」은 그의 논문을 완전히 철회했지만 ⊙ 이러한 사실에도 아랑곳없이 아직도 그의 주장을 믿는 사람들이 있다.

(라)

 사람들은 실제로 모르는 것도 안다고 착각하는 경우가 있다. 최근 '안다고 생각하는 착각'에 관한 한 가지 실험이 진행되었다. 스스로 빛을 내는 바위를 발견했다는 이야기를 지어낸 뒤 이를 두 집단의 사람들에게 알려주었다. 첫 번째 집단에게는 과학자들이 아직 바위가 빛을 내는 이유를 찾아내지 못했다고 했다. 그리고 사람들에게 바위가 빛을 내는 현상을 이해할 수 있는지 물어보았더니 전혀 이해할 수 없다고 답했다. 반면에 두 번째 집단의 사람들에게는 과학자들이 바위가 빛을 내는 이유를 밝혀냈다고 했다. 그러자 몇 명의 사람들은 바위가 왜 빛을 내는지 알 것 같다고 말했다. 과학자들이 그 이유가 무엇인지 설명하지 않은 채 그저 이유를 밝혀냈다고만 했을 뿐인데, 실제로 존재하지도 않는 지식이 실험 참가자들에게 전송된 것 같았다. 잠시 후에 두 번째 집단의 사람들에게 바위가 빛을 내는 이유가 보안상 기밀에 부쳐졌다고 알려주자 이번에는 사람들이 왜 바위가 빛을 내는지 모르겠다고 답했다. 이러한 실험은 사람들이 과학자로부터 관련 설명을 얻을 수 있는 상황에서만 제시된 현상을 이해할 수 있는 것처럼 느낀다는 사실을 보여준다.

문제 1

제시문 (가)와 (나)를 이용하여 '과학적 사고'의 측면에서 '상상력'과 '의심'의 관계를 설명하시오.

문제 2

제시문 (다)의 사례에서 ㉠과 같이 일부 사람들이 명백한 거짓을 믿게 되는 이유를 제시문 (라)를 참고하여 설명하시오.

문제 3

제시문 (가), (나), (라)를 참고하여 잘못된 정보를 가려내기 위해 사용할 수 있는 개인적 차원과 사회적 차원의 방안에 대해 이야기하시오.

제시문 (가)와 (나)는 모두 과학적 지식이 하나의 '관점'에 관련된 것이라고 말하고 있습니다. 제시문 (나)에 의하면 사물에 대해 자신의 관점만 확신하는 사람에게는 모든 것이 자명하게 고정되어 보이기 때문에 새로운 지식이 생겨나기 어렵습니다. 오직 자세한 관찰을 통해 관점에 따라 대상의 상태를 다르게 지각할 수 있다는 것입니다. 일상적 사고와 구분되는 과학적 사고는 여기에서 시작됩니다. 과학적 사고의 첫 단계는 자신이 아닌 다른 누군가가 관찰을 한다면 사물은 다르게 보이지 않을까 하는 '의심'을 갖는 것입니다.

그러나 누구도 다른 사람이 되어서 다른 사람의 관점을 직접 관찰할 수는 없습니다. 다른 사람의 관점을 추리하려면 '상상력'이 필요합니다. 따라서 상상은 의심에 이어지는 과학적 사고의 두 번째 단계입니다. '무엇인지는 모르지만 다를 것이다'라는 의심을 넘어, '확실하지는 않지만 아마 이러한 관점일 것이다'라고 다른 사람의 관점을 구체적으로 상상할 때, 제시문 (가)와 같이 과학자는 더 이상 관찰만 하는 것이 아니라 '가정'을 하게 됩니다. 최종적인 과학적 지식은 이러한 과정을 여러 가지 방법으로 증명함으로써 생겨납니다.

요약해 보면, 과학적 사고란 '가정'을 확인하는 활동입니다. 이러한 '가정'은 자신의 '관점'과 대비되는 다른 '관점'이 있다는 합리적 '의심'에 '상상력'을 보탬으로써 만들어집니다. 그러므로 의심은 가정 형성의 첫 번째 단계, 상상력은 두 번째 단계라고 말할 수 있습니다.

개요

1. 제시문 (가)와 (나)의 공통 키워드 추출: '관점'
2. 관점 변화의 1단계(의심) + 관점 변화의 2단계(상상)
3. 관점 변화의 결과: 가정 + 증명 = 과학적 지식
4. 결론(요약): 의심은 가정 형성의 1단계이며 상상력은 2단계

Tip & Advice

제시문 기반 구술면접이라는 사실을 잊고 개인이 알고 있는 배경지식과 평상시의 생각만으로 답변을 구성하지 않도록 주의해야 합니다. [문제 1]은 '제시문 (가)와 (나)를 이용하여', [문제 2]는 '제시문 (라)를 참고하여', [문제 3]은 '제시문 (가), (나), (라)를 참고하여'라고 적혀 있습니다. [문제 1]을 풀 때, 반드시 제시문을 꼼꼼하게 읽고 구조를 재구성해서 '의심'과 '상상력'의 관계를 논리적으로 제시해야 할 것입니다.

제시문 (가)는 상상력이 없는 사람은 좋은 과학자가 되기 어렵다고 이야기합니다. 제시문 (나) 역시 주어지는 정보를 의심하지 않고 그대로 믿는 사람은 좋은 과학자가 될 수 없다고 말합니다. 서로를 조금 다르게 표현했지만, 두 제시문 모두 좋은 과학자의 요건에 대해 매우 비슷한 주장을 하고 있습니다.

의심의 반대말은 확신입니다. 주관적 상상의 반대말은 객관적 사실입니다. 객관적 사실에 대한 확신에만 머무르는 사람은 좋은 과학자가 될 수 없다는 것이 제시문 (가)와 (나)의 요지입니다. 그러한 사람은 자신이 안다고 믿는 것 바깥의 영역을 탐구하려 하지 않을 것이기 때문입니다. 이미 안다고 생각해 온 것이 실제로는 제대로 아는 것이 아닐 수도 있다는 관점을 '의심'이라고 부를 수 있는데, 이는 자신이 경험한 것 이외의 전혀 다른 가능성을 떠올릴 수 있는 능력인 '상상력'과 상응하는 특징입니다. 의심과 상상력은 모두 자신에게 주어진 현실을 유일무이하고 확실하다고 여기지 않는 심리와 밀접하게 연관되어 있습니다. 바로 그러한 사람들이 좋은 과학자가 될 수 있습니다.

일반인들의 관점에서 과학은 객관적 사실에 대한 확신을 주는 활동이라고 생각하기 쉽습니다. 하지만 과학자들에게 과학적 사고는 역설적으로 현재 가진 객관적 정보를 의심하면서 다른 가능성을 주관적으로 상상함을 통해서만 가능합니다. 결국 의심과 상상력은 '자명해 보이는 현실의 배후에 다른 가능성이 있다고 깨닫는 능력'을 일컫는 다양한 표현이라고 할 수 있습니다.

개요

1. 제시문 (가)와 (나)의 내용 요약
2. 공통적 요지: 안다고 믿는 것 바깥의 가능성을 탐색하는 능력
3. 결론: 의심과 상상력은 둘 다 그러한 능력을 달리 표현한 말임

Tip & Advice

문제가 물은 바가 '과학적 사고의 측면에서 상상력과 의심의 관계'인 만큼, 답변 첫머리에서든 끝에서든 자신의 주장을 간추려서 직설적으로 제시하는 것이 좋습니다. 면접관 선생님이 다 듣고 나서 '그래서 둘은 어떠한 관계라는 말인가요?'라고 되묻지 않게 해야 합니다.

 사람들이 특정 믿음을 형성하는 심리를 제시문 (라)를 통해 네 가지로 정리할 수 있습니다. 첫째로, 사람들은 어떠한 불가사의한 현상에 대한 이야기를 듣게 되면 관련된 설명을 떠올리며 믿게 되는 경향이 있습니다. 이로부터 사람들은 모르는 상태보다 아는 상태를 선호한다는 점을 알 수 있습니다. 둘째로, 많은 사람들은 과학자들이 그 현상을 설명해 냈다는 정보를 들으면 구체적 내용을 모르더라도 자신의 믿음이 옳을 것이라고 생각하게 됩니다. 이는 사람들이 기본적으로 자신의 추론이 옳으며, 틀렸다고 믿고 싶지 않아 한다는 것을 말해 줍니다. 셋째로, 만약 과학자들이 설명을 못 해냈다면, 사람들은 자신감을 잃고 자신의 믿음을 기각합니다. 이는 과학자들이 깊이 있는 지식을 갖고 있으므로 자신의 믿음을 시험해 보았을 것이라고 여기기 때문으로 보입니다. 넷째로, 정보가 보안상 기밀에 부쳐졌다고 했을 때 사람들은 자신의 믿음을 기각합니다. 정보를 보안에 부친다면 그 정보는 일반인들에게 잘 알려져 있지 않고 모를 만한 내용이라는 뜻이므로 자신이 간단히 떠올릴 수 있는 일반적인 내용은 아닐 것이라고 생각해 믿음을 기각하는 것으로 볼 수 있습니다.

 종합해 보면 사람들은 가급적 모르는 상태보다 안다고 믿는 상태에 있기를 선호하기에, 믿고 싶은 것을 믿는 심리가 근간에 있음을 알 수 있습니다. 이때 정확한 근거는 필요하지 않고 '근거가 있을 것이라는 근거'만 있어도 믿음을 갖는 데 충분하다는 것을 알 수 있습니다. 즉, 사람들은 자신의 믿음이 틀렸다는 것을 확인하기보다는 가급적 옳다고 믿는 것을 더 선호합니다. 이는 사람의 심리에 확증 편향, 즉 스스로가 옳다고 믿고 싶어 하는 심리가 있음을 알려줍니다. 그렇기에 자신이 '믿고 싶은' 주장이 '옳을 수 있다'는 간접적 증거만 하나 주어져도 그 믿음이 '옳다'고 냉큼 확신해 버리는 것입니다.

 제시문 (다)의 밑줄 친 ㉠은 바로 그러한 사람들의 모습을 보여줍니다. 이 사람들은 어린아이에게 백신을 접종하는 것이 발달 장애를 일으킬 수 있다는 생각을 믿습니다. 그리고 어느 박사가 의학 저널에 관련 논문을 게재했으므로 그 생각이 근거가 있다고 생각합니다. 그 뒤에 박사의 논문이 철회되고 과학적 사실성을 부정당했다는 사실은 더 이상 중요한 사실로 여겨지지 않습니다. 그것들은 본인들이 믿고 싶어 하는 것을 믿는 데 도움이 되지 않는 자료들이기 때문입니다. 결국 사람들은 자신의 믿음을 유지하고 싶어 하는 심리적인 편향으로 인해 명백한 거짓도 사실로 믿고는 하는 것입니다.

개요

1. 제시문 (라)의 내용 해석적 정리

2. 제시문 (라)의 해석 종합: 인간 심리의 확증 편향

3. 제시문 (라)를 참고한 제시문 (다)의 ㉠ 해석

제시문 (라)의 실험은 꽤나 복잡한 구조로 되어 있기 때문에, 꼼꼼하게 독해해서 응시자 본인의 분석 실력을 면접관 선생님들께 보여드려야 합니다. 예시 답안 (1)에서는 '확증 편향'이라는 키워드를 만들어서 앞의 분석 내용을 하나로 묶어주고 있습니다. 한 가지 개념으로 묶으니 듣는 사람이 이해하기도 쉬워졌습니다. 반드시 이와 같이 어려운 단어를 쓸 필요는 없고, '사람들은 확실한 근거가 없더라도 자기 믿음을 유지하고 싶어 하는 심리가 있다'를 풀어서 설명해도 괜찮으니 자신만의 방식대로 간추리기를 시도해 봅시다.

　제시문 (다)의 사람들이 사실을 부정하고 거짓을 믿는 이유는 제시문 (라)에 나와 있듯이 실제로 모르는 것을 안다고 착각하는 심리 때문입니다. 제시문 (라)의 심리 실험 속에서 사람들은 상상 속의 과학자가 답을 알고 있다는 것만으로 본인도 답을 알고 있는 것처럼 느끼게 되었습니다. 이 실험은 사람들의 앎에 대한 신념이 합리적 증거에 좌우되는 것이 아니고, 비합리적 감정에 좌우된다는 사실을 알려줍니다. 실험에서 피험자들은 바위가 왜 빛을 내는지 아무런 과학적 설명도 듣지 못했지만, 그 이유를 알거나 모른다고 느끼는 심리 상태는 여러 번 바뀌었습니다. 먼저 과학자라는 집단의 권위에 대한 신념은 증거와 무관하게 어떠한 지식을 자신도 알고 있을 것이라고 착각하게 만들었습니다. 또한, 보안상 기밀이라는 말은 비밀스러운 인상을 전달하여 안다고 생각했던 지식을 다시 모르는 것처럼 느끼게 만들었습니다. 이 모든 과정에서 피험자들에게 실제로 전달된 합리적 논증은 없었으며, 감정적, 직관적 환경만 변화했다는 점이 핵심입니다.

　앎에 대한 믿음에서 직관이 차지하는 역할에 대한 제시문 (라)의 실험은 제시문 (다)의 밑줄 친 ㉠의 사람들이 거짓으로 판명된 사실을 믿는 이유를 설명해 줍니다. 제시문 (다)에서 사람들은 의학 저널에 실린 웨이크필드 박사의 주장으로부터 두려움을 느꼈을 것입니다. 아이를 안전하게 지키기 위한 백신 접종이 아이를 위험에 빠뜨린다는 정보는 부모로서 무시할 수 없는 부정적 감정을 갖게 만들었을 것입니다. 이러한 부정적 감정으로 인해 부모들은 백신의 위험성에 대한 직관적 확신을 형성했을 가능성이 높습니다. 추후 새로운 사실들이 밝혀졌다고 하더라도 웨이크필드 박사의 논문이 철회된 것은 사람들의 믿음에 큰 영향을 주지 못했을 것입니다. 이는 복잡한 논리의 영역인데, 사람들의 믿음은 주로 즉각적인 직관의 영역에 자리 잡고 있기 때문입니다. 결론적으로 일부 사람들이 명백한 거짓을 믿게 되는 이유는 그 사람들의 신념이 합리적 사실 관계보다는 감정적 직관의 영향을 더 많이 받기 때문입니다.

개요

1. 제시문 (라) 실험 설명: 직관적 & 감정적 조건을 변화 시 앎/모름의 신념이 변화함
2. 제시문 (다)의 사례 해석: 백신에 대한 공포로 인한 '신념'은 합리적 논리에 의해 타격을 받지 않음

Tip & Advice

막상 시험장에서 시험을 치르게 되면 예시 답안 (1)과 같이 키워드를 추출하는 것이 어려울 수도 있습니다. 그럴 때는 당황하지 말고, 차근차근히 풀어서 설명하여 논리력을 드러내는 것도 좋을 것입니다.

 오늘날 사람들은 '정보의 홍수'라고 불릴 정도로 수많은 정보에 노출되어 있습니다. 과거에는 정보를 얻어내는 것이 주된 일이었지만, 오늘날에는 가만히 있어도 흘러 들어오는 정보들 사이에서 옥석을 가려내는 것이 가장 중요한 과제가 되었습니다. 개인과 사회는 정보를 잘 선별할 수 있는 방법이 무엇인지 고민하고 실천해야 합니다.

 정보화 시대에 개인이 가져야 할 중요한 자세는 무엇보다 어떠한 지식도 최종적이지 않다는 사실을 인식하는 것입니다. 제시문 (가)에 나왔듯이 과학적 지식조차도 상상과 가정에 바탕을 두고 있습니다. 지식은 나중에 '반증'될 수 있습니다. 그러므로 '확실해 보이는 지식도 틀릴 수 있다'라는 것을 늘 염두에 두어야 합니다. 제시문 (나) 역시 이와 유사하게 내가 보는 관점에 따라서 다른 지식을 얻게 된다는 사실을 알려주고 있습니다. 지식에는 여전히 밝혀지지 않은 부분이 많으며, 추가적인 관점에 의해 언제든지 '보완'될 수 있다는 사실을 인식해야 합니다.

 그러나 제시문 (라)는 실제로 많은 사람들이 허위 정보에 취약하다는 사실을 역설합니다. 따라서 이에 대한 사회적인 대책이 필요합니다. 특히 사람들의 안전이나 안녕과 관련된 사실에 대해 허위 정보를 흘리는 사람들에 대한 강력한 처벌을 법제화해야 합니다. 오늘날처럼 정보의 흐름이 빠른 시대에는 잘못된 정보가 일파만파 퍼져나가서 어떠한 혼란을 야기할지 알 수 없기 때문입니다.

 물론 이를 핑계로 정부가 입맛에 맞는 정보를 선별하고 불리한 정보를 탄압할 수 있는 염려도 있습니다. 이를 예방하기 위해서는 정보의 진위 여부를 판단할 수 있는 기구를 행정부로부터 독립적으로 설립하는 것이 좋을 것입니다. 마치 사법부가 행정부와 독립적으로 법률적 판단을 내리는 것처럼, 행정부로부터 독립된 전문 기구가 사실관계에 대해 독립적 판단을 내리는 제도가 있다면 오늘날 같은 정보화 시대에 잘못된 정보의 해악을 예방할 수 있는 좋은 방안이 될 것입니다.

개요

1. 제시문 (가)와 (나)에 기반한 개인적 방안: 지식은 추후 반증되거나 보완될 수 있다는 의식 제고
2. 제시문 (라)에 기반한 사회적 방안: 허위 정보 배포에 대한 처벌 강화
3. 예상되는 반론 및 재반론: 허위 정보 판단 기관의 독립성 보장

1. 답변을 할 때에는 제시문 (가), (나), (라)와 연관시키면서 동시에 어떠한 방안이 개인적이고 어떠한 방안이 사회적인지 확실하게 구분 지어 주는 것도 잊지 말아야 합니다.

2. 방안을 제시하는 문제는 '시대'적 특성에 대해 이야기하는 것입니다. 출제자들 자체가 현시대와의 연관성 속에서 소재를 고르고 문제를 출제하기 때문입니다. 인문·사회 계열 응시자들은 자신이 하나의 시대를 살아가는 사람으로서 사회적 현상이나 시대의 요청에 대해 관심을 갖고 있음을 어필한다면 긍정적 효과를 얻을 수 있을 것입니다.

제시문 (가)와 (나)는 지식이 얼마나 주관적이고 상대적인 것인지 알려주는 내용입니다. 그에 반해 제시문 (라)는 사람들이 지식을 의심하기보다 얼마나 근거 없이 안다고 착각하는지를 보여줍니다. 이는 지식의 본질과 그것을 비판적으로 수용할 수 있는 사람들의 능력 사이에 커다란 간극이 있다는 것을 경계합니다. 따라서 개인적·사회적 차원에서 이러한 간극을 좁혀나가기 위한 노력이 반드시 필요합니다.

개인적 차원에서 중요한 것은 정보의 출처를 확인하는 것입니다. 과거에는 정보를 발신할 수 있는 사람들이 소수의 지식인 계층에 한정되어 있었습니다. 반면에 오늘날에는 누구나 정보를 발신할 수 있는 환경이 구축되어 있습니다. 이러한 정보화의 혜택도 많지만 그만큼 잘못된 정보도 여과 없이 발신되는 폐해도 나타납니다. 따라서 개인들은 어떠한 정보나 지식을 접했을 때 그 출처가 어디인지 확인하는 습관을 들여야 할 것입니다.

개인적 차원에서 할 수 있는 노력은 스스로 다양한 반론 가능성을 따져보는 태도를 갖는 것입니다. 제시문 (라)를 보면 일반인들이 마치 지식 확보를 과학자들에게 분업화한 듯한 모습이 엿보입니다. 이는 민주 시민이기도 한 사람들에게 있어 바람직하거나 적절한 자세가 아닙니다. 모든 개인이 사회에 많은 영향력을 미칠 수 있고 정보를 발신할 수 있는 주체이기 때문에, 기본적인 정보와 지식이 확인이 개개인의 책임이라는 의식을 가져야 할 것입니다.

다음으로 사회적 차원에서도 반론 가능성을 제도화하는 것이 가능합니다. 회사나 비영리 단체 같은 조직들은 그 구성원 일부에게 '반대하는 역할'을 맡겨서 정보를 체크하고 다양한 관점을 도입하는 단계가 의사결정 중에 반드시 존재하도록 만들 수 있습니다. 실제로 교황청에서는 새로운 성인을 뽑는 회의에 일부러 '악마의 대변인'이라는 직책을 두어 그 사람이 성인이 되어서는 안 되는 이유를 주장하게 한다고 합니다. 정보화 시대에 활동하는 오늘날의 많은 조직들은 더더욱 이러한 지혜를 본받을 필요가 있습니다.

사회적 차원에서 할 수 있는 또 다른 노력은 정보 리터러시의 중요성을 구성원들에게 교육하는 것입니다. 제시문 (라)에 나온 것 같은 실험들의 교훈을 기초 교육 단계에서부터 전파하고 정보를 보는 눈을 길러주어야 합니다. 더욱이 성인이 된 이후에 정보화 사회를 맞이한 기성세대들에게도 마찬가지로 교육의 기회를 제공한다면 좋을 것입니다. 이를 위해 기업들에게 일정 시간 이상의 구성원 정보화 교육을 의무화하고, 그 교재를 국가에서 제공하는 방안 등이 있을 것입니다. 이처럼 개인적, 사회적 차원에서 다양한 노력을 기울인다면, 정보화 시대에 수많은 정보를 현명하게 사용하고, 잘못된 정보에 휘둘리는 현상을 예방할 수 있게 될 것입니다.

1. 제시문 (가), (나), (라)의 해석: 정보의 주관적·상대적 본질과 그것을 비판적으로 수용할 수 있는 사람들의 능력 사이의 간극 → 이러한 간극을 줄여나가야 함
2. 개인적 방안 1: 정보 출처 확인의 습관화
3. 개인적 방안 2: 스스로 반론해 보기, 정보에 대한 책임감 갖기
4. 사회적 방안 1: 반론 가능성 제도화하기(악마의 대변인)
5. 사회적 방안 2: 정보 리터러시 교육

Tip & Advice

1. 제시문 (가), (나), (라)를 연관 지어 답변할 수 있도록 주의해야 합니다.

2. 개인적, 사회적 방안을 하나씩 제시하기보다는 위에서처럼 잘게 나누어 다각화할 때 답변의 논리성을 최대한 어필할 수 있습니다. 의식 제고, 캠페인, 교육, 법적 제재 등 어떠한 주제에든 사용 가능한 몇 가지 방안들을 머릿속에 리스트로 갖고 있으면 편리합니다.

출제 의도

○ 정보가 범람하는 시대에 인간이 올바르고 가치 있는 삶을 살기 위해 과학 및 과학적 사고에 대한 이해는 필수적이라고 할 수 있음. 최선의 삶을 사는데 필요한 과학적 사고에 관한 이해 수준을 평가함

○ 정보가 범람하는 시대에 거짓 정보에 올바르게 대처하는 것이 중요함. 사람들이 새로운 정보를 어떠한 방식으로 수용하는지에 관한 실험을 살펴보고, 이 실험 결과를 적절히 해석하고 이를 실제 사례를 분석하는데 요구되는 논리적 사고력 및 문제 해결 능력을 갖추고 있는지를 평가함

○ '탈진실(post-truth)'의 시대에 옳은 정보와 거짓 정보를 가려내는 것이 중요해 짐. 거짓 정보에 대응하는 개인적 차원과 사회적 차원에서 사용 가능한 방법에 대해 이야기할 수 있는 논리적 사고력 및 문제 해결 능력을 갖추고 있는지를 평가함

문항 해설

○ [문제 1]은 제시문 (가), (나)에 대한 이해를 바탕으로 '과학적 사고'의 측면에서 주어진 두 단어의 관계를 적절히 설명하는 문항임. 주어진 단어의 관계를 설명함에 있어 제시문의 내용을 활용해야 하며 배경 지식이나 지원자가 해당 주제에 대해 평소에 가지고 있던 생각을 묻고자 하는 문항이 아님에 유의해야 함

○ [문제 2]는 제시문 (다)에서 설명하고 있는 현상(이유)에 대해 제시문 (라)의 내용에 대한 이해를 바탕으로 논리적인 답변을 전개해야 함

○ [문제 3]은 제시문 (가), (나), (라)의 내용을 바탕으로 잘못된 정보를 구분하기 위해 사용할 수 있는 다양한 방안에 대해 답변해야 함. 이때 주어진 제시문을 종합적으로 참고해야 하며, 개인적 차원과 사회적 차원에서의 해결 방안에 대해 명확히 구분하여 논리적으로 설명해야 함

※ 제시문을 읽고 물음에 답하시오.

(가)

인간에게는 세 가지 욕망이 있다. 첫째, 배고프면 먹고 졸리면 자는 등 자연적이고 필수적인 욕망이다. 둘째, 성적인 욕망처럼 자연적이지만 필수적이지는 않은 욕망이다. 셋째, 화려한 옷을 입고 싶어 하는 것처럼 자연적이지도 않고 필수적이지도 않은 욕망이다.

그 중에서 참된 행복은 자연적이고 필수적인 욕망과 밀접한 관계가 있다. 왜냐하면 마치 목마른 사람이 바닷물을 마시고 나면 더욱 더 갈증을 느끼게 되는 것처럼 필수적이지 않은 욕망들은 충족하고자 하면 할수록 더 큰 고통을 낳기 때문이다. 행복은 슬픔, 불안 그리고 고통이 없는 정신적인 평온함 속에서만 얻을 수 있다.

행복한 삶을 위해서는 공기 좋고 인적이 없는 곳을 찾아가 '정원'을 만든 다음 뜻이 맞는 사람들과 공동생활을 하는 것이 최선이라고 할 수 있다. 물론 이 공동체는 모든 사람들에게 개방되어야 할 것이다. 이 행복의 정원에서 사람들은 학문에 정진할 수 있을 뿐만 아니라 과일과 야채도 직접 재배할 수 있을 것이다. 이때 사람들이 작물을 가꾸는 것은 단지 수확을 위해서만은 아니다. 식물, 땅, 물, 공기, 햇빛 등 자연과의 균형 잡힌 상호 작용은 사람들에게 많은 가르침을 줄 수 있다. 이러한 공동생활을 통해 사람들은 서로에 대한 우정과 존경을 배우고 삶과 죽음에 대한 공포를 극복하면서 정신적으로 자유로운 삶을 구가할 수 있을 것이다.

(나)

우리는 자연에 따라 만들어진 것들조차도 즐겁고 매력적인 뭔가를 담고 있다고 보아야 한다. 예를 들어, 빵 굽는 사람의 의도와는 달리 빵은 구워질 때 표면이 갈라지고 주름지게 된다. 이처럼 구워진 빵의 모양이 빵 굽는 사람의 의도와는 어긋나더라도 그 자체로 아름다울 뿐만 아니라 우리에게 특별한 식욕을 일으킨다. 무화과는 잘 익었을 때 확 벌어지고, 올리브는 익어 부패에 가까워질 때 열매에 특별한 아름다움을 더한다. 고개 숙인 곡물의 귀와 사자의 눈썹, 수퇘지의 입에서 흐르는 거품과 그 밖의 다른 것들도 인간의 눈에는 아름답다고 할 만한 것이 없지만 그래도 본성들로 형성된 것에서 근거한 것이기에 사람의 마음을 기쁘게 해준다. 만약 우리가 우주에서 만들어진 것에 관해 느낌이나 깊은 통찰을 갖게 된다면 본성으로 만들어진 것들 중 우리에게 기쁨을 주지 않는 것은 없다.

신에게서 온 모든 것은 현명한 섭리로 가득 차 있다. 행운으로부터 온 것 역시 본성과 분리될 수 없으며 섭리로 질서 지워진 것과 불가분의 관계 속에 있다. 세상 모든 것들이 함께 유동해가고 있으며 그러한 것들의 쓰임새를 생각해 보면 그대 자신이 그 일부인 전 우주의 이익을 위한 것이다.

그러니 아침에 눈을 뜨면 자리에서 일어나기 싫어도 다음과 같이 생각하라. "나는 인간의 일을 하기 위해 일어난다"라고. 태어나서 하기로 되어 있는 일이 있고 지상에서 그 일을 착수함에 있어 어찌 불평을 할 수 있겠는가? 어쩌면 추운 겨울에 어떠한 이는 이불 속에 누워서 따뜻한 온기를 누리는 것을 더 좋아할 수도 있을 것이다. 하지만 과연 그렇게 하는 것이 세상에 태어난 목적이 될 수 있을까? 식물, 참새, 개미, 거미 그리고 꿀벌을 보라. 그들은 각자에 상응하는 세계의 질서를 위해 그 나름대로 맡은 역할을 해내느라 분주하다. 당신은 자연의 명령을 지체 없이 이행하지 않고 인간으로서 맡은 일을 거부하겠는가?

만약 당신이 자신을 진정으로 사랑한다면 당신은 당신의 본성과 의지를 사랑하게 될 것이다. 자신의 특기를 사랑하는 기예가(技藝家)는 목욕하는 것과 식사하는 것을 잊고 최선을 다해서 자신이 맡은 일을 위해 땀을 흘리는 법이다. 이것이 바로 인간이 전심전력할 가치가 있는 행복한 삶의 모습인 것이다.

(다)

나는 이제 너에게도 슬픔을 주겠다.
사랑보다 소중한 슬픔을 주겠다.
겨울밤 거리에서 귤 몇 개 놓고
살아온 추위와 떨고 있는 할머니에게
귤 값을 깎으면서 기뻐하던 너를 위해
나는 슬픔의 평등한 얼굴을 보여주겠다.
내가 어둠 속에서 너를 부를 때
단 한 번도 평등하게 웃어 주질 않은
가마니에 덮인 동사자가 다시 얼어 죽을 때
가마니 한 장조차 덮어주지 않은
무관심한 너의 사랑을 위해
흘릴 줄 모르는 너의 눈물을 위해
나는 이제 너에게도 기다림을 주겠다.
이 세상에 내리던 함박눈을 멈추겠다.
보리밭에 내리던 봄눈들을 데리고
추워 떠는 사람들의 슬픔에게 다녀와서
눈 그친 눈길을 너와 함께 걷겠다.
슬픔의 힘에 대한 이야기를 하며
기다림의 슬픔까지 걸어가겠다.

문제 1

제시문 (나)의 관점에서 제시문 (가)의 '행복관(幸福觀)'을 설명하시오.

문제 2

제시문 (다)의 관점에서 제시문 (가)와 (나)의 '행복관'을 설명하시오.

문제 3

제시문 (가), (나), (다)에 제시된 '행복한 삶을 위한 조건' 이외에 행복한 삶을 위해 꼭 필요하다고 생각되는 또 다른 조건을 제시하고 그 이유를 설명하시오.

제시문 (나)의 관점에서 제시문 (가)에 나타난 행복관을 바라보면 공통적인 부분도, 차이가 나는 부분도 있습니다. 우선 두 제시문 모두 우리 자신의 감정과 욕망을 내면적으로 들여다볼 것을 권하고 있습니다. 즉, 둘 다 성찰적이고 정신적인 성격을 가지고 있습니다. 또한, 그러한 성찰을 통해 무제한적인 향락 추구나 물질적인 평안함 추구를 '절제'할 수 있는 미덕을 권장하고 있습니다.

그러나 이러한 공통점에도 불구하고 제시문 (나)의 저자는 제시문 (가)의 행복관에 대해 전적으로 동의하지 않을 것입니다. 제시문 (가)의 저자는 행복을 슬픔, 불만, 고통이 제거된 상태로 소극적으로 규정하고 있습니다. 여기서 절제는 자기 분수와 주어진 바에 만족하는 소박하고 자족적인 상태를 위한 것입니다. 반면에 제시문 (나)의 저자에게 있어서 절제는 고통을 제거하기 위한 것이 아닌, 자신의 소명을 위해 극기(克己), 즉 욕심과 충동을 이성적으로 눌러 이기기 위한 수단입니다. 따라서 소명을 실현하기 위해 수반되는 고통은 피해야 할 것이라기보다는 마땅히 감수해야 할 부분이 됩니다. 삶에는 고통을 피한다는 수동적 의미만이 아니라, 특기를 갈고닦아 이상을 달성한다는 적극적인 의미도 존재하기 때문입니다.

따라서 제시문 (나)의 관점에서 볼 때 제시문 (가)의 행복관은 정신적인 미덕을 추구한다는 점에서 공통적이라고 볼 수 있지만, 절제를 추구하는 이유와 궁극적 목적에 있어서는 소박하고 수동적이라는 한계도 있다고 할 수 있습니다.

개요

1. 제시문 (가)와 (나)의 공통점: 정신성의 추구와 절제의 강조
2. 차이점: 제시문 (가)에 있어서 행복의 소극적 정의(고통 제거)와 절제의 목적(자족)
3. 제시문 (나)에 있어서 행복의 적극적 정의(이상 추구)와 절제의 목적(극기)
4. 결론

1. [문제 1]은 두 제시문 비교하며 설명하기, [문제 2]는 제3의 관점을 도입해서 양면적으로 분석하기, [문제 3] 은 주어진 내용을 종합하여 자신의 주장을 타당한 근거와 함께 제시하기를 요구하는 구조입니다. 2017학년 도 고려대 기출에도 매우 비슷한 패턴의 문제가 나온 적이 있기 때문에 하나의 세트 유형으로 파악해 두 면 좋을 것입니다.

2. 제시문 (가)는 교과서에도 실려 있는 에피쿠로스 「쾌락」의 일부를 재구성한 글이며, 제시문 (나)는 아우렐 리우스 「명상록」의 일부를 재구성한 것입니다. 즉, 전자는 에피쿠로스학파(쾌락주의)의 행복관을, 후자는 스토아학파(금욕주의)의 행복관을 담고 있습니다. 그런데 에피쿠로스학파의 쾌락주의는 결코 물질적 향 락을 무한정 추구하라고 권하는 가치관이 아니라는 데 유의해야 합니다. 배경지식이 없이 이 문제에 도 전할 경우 '절제'에 대한 강조와 같은 공통점에 더 눈이 가기 쉽습니다. 그러나 고등학교 교육과정을 바 탕으로 보았을 때, 교과적 배경지식이 있는 학생들은 쾌락주의와 금욕주의 사이의 미묘한 차이점들도 찾아낼 수 있어야 합니다. 만일 둘이 완전히 똑같은 내용이었다면 제시문 (나)의 관점에서 제시문 (가)를 설명하라는 문제가 나오지 않았을 것이기 때문입니다.

PART 3

제시문 (나)의 화자는 우주에 있어서 아름다운 것과 추한 것이 모두 신의 섭리와 자연의 본성에 의한 것이기에 자세히 들여다보면 좋지 않은 것이 없고 의미 없는 것도 없다고 이야기합니다. 따라서 우리는 얼핏 보기에 즐겁고 편안한 것만 추구해서는 안 되며, 진정한 우주의 이익을 위해 자신에게 주어진 사명을 다해야 한다고 주장합니다. 그를 실현하기 위해 한겨울의 추위도 고된 노동의 땀도 감수한다면, 비로소 우리는 행복한 상태에 이르게 된다는 것입니다.

그렇게 보았을 때 제시문 (가)의 행복관은 슬픔, 불안, 고통 등의 상태를 부정적으로만 바라보고 그 안에 담긴 진정한 의미를 알아보려 하지 않는다는 한계가 있습니다. 또한, 인간의 욕망을 체계적으로 분류해서 우리가 과도한 욕망으로 인해 고통받지 않도록 한 것은 긍정적이지만, 배고프면 먹고 졸리면 자는 등의 동물적인 욕망 외에 인간이 인간으로서 해야 할 역할은 없는 것인지 반문하지 않을 수 없습니다. 요컨대 제시문 (나)의 화자는 제시문 (가)의 행복관에 대해, 인간은 세계의 질서를 지키기 위해 '인간으로서' 해야 할 일을 추구해야 하며, 그를 위해서는 고통을 피하기만 할 것이 아니라 견뎌내야 한다고 조언할 것입니다.

그럼에도 제시문 (가)가 작물을 가꾸는 데 있어서 자연과의 균형 잡힌 상호 작용을 배운다는 의미를 강조한 것은 제시문 (나)에서 나타난 온 우주가 섭리 아래 연결되어 있다는 주장과 상통하고 있습니다. 정신적인 자유 등을 강조한 점에 있어서도 둘 사이에는 많은 유사점도 있다고 할 수 있습니다.

개요

1. 제시문 (나)의 관점 해석적 요약
2. 제시문 (나)의 입장에서 바라본 제시문 (가)의 문제점 1: 고통을 통찰, 감수하지 않고 회피하기만 함
3. 제시문 (나)의 입장에서 바라본 제시문 (가)의 문제점 2: '인간으로서' 할 일이 아닌 동물적 요소만 강조
4. 제시문 (나)의 입장에서 바라본 제시문 (가)와의 공통점: 자연과의 균형, 정신적인 자유 강조

Tip & Advice

제시문 (나)의 관점에서 제시문 (가)를 설명하라는 것은 결국 둘 사이에 공감이 이루어지는 부분도 있고 이견이 생기는 부분도 있다는 이야기입니다. 즉, 기본적으로 '비교하여 설명하기' 문제라는 점을 염두에 두고 접근해야 합니다. 비교가 막힐 때는 항상 '주범수효목'을 떠올리며 차근차근 찾아보도록 합시다.

제시문 (다)는 슬픔에 공감함으로써 타인과 연대할 수 있게 되는 것을 행복의 조건으로 이야기하고 있습니다. 제시문 (다)의 시적 화자는 '너'에게 슬픔을 주는데, 그 슬픔을 '사랑보다 소중'하다고 말하고 있고, 더 나아가 '너와 함께 걷겠다'라고 말하고 있습니다. 따라서 '너'에게 슬픔을 주는 행위는 해를 가하는 것이 아니라 '너'의 인간다움을 고양하기 위한 것이며, 슬픔은 숭고한 가치를 가지는 것임을 알 수 있습니다. 타인의 슬픔과 고난을 함께 나눔으로써 사람은 연대하며 서로의 곁에 있을 수 있게 되고, 마침내 행복할 수 있게 되는 것입니다.

제시문 (다)의 관점에서 제시문 (가)의 행복관을 보았을 때, 공동생활을 통해 자연 및 다른 사람들을 존중하는 법을 배운다는 내용에는 동의할 수 있을 것입니다. 반면에 슬픔, 불안, 고통을 나쁜 것으로 여기고 제거하고자 하는 입장에는 찬성하기 어려울 것입니다. 이와 반대로, 제시문 (다)의 화자가 제시문 (나)의 행복관을 본다면 고통과 슬픔조차도 우리의 본성의 일부로서 받아들여야 한다는 생각에는 동의하겠지만, 그것이 다른 사람과의 연대나 공감을 위해서가 아니라 오직 자신 개인의 특기와 의지와만 관련된 행동이라는 점은 한계로 바라볼 수 있을 것입니다.

결론적으로, 제시문 (다)의 관점에서 보았을 때 제시문 (가)는 타인과의 공존이 갖는 가치는 인식하고 있지만, 슬픔 그 자체가 갖는 긍정적 의미는 인식하지 못하고 있으며, 제시문 (나)는 고통에도 가치가 있다고 보지만, 타인을 자신의 행복 속에 포함하지 못하고 있는 상태라고 볼 수 있을 것입니다.

개요

1. 제시문 제시문 (다)의 관점 설명: 고통의 가치 + 타자와의 연대
2. 제시문 (다)의 관점에서 바라본 제시문 (가): 고통의 가치 인식 X, 타자와의 연대 O
3. 제시문 (다)의 관점에서 바라본 제시문 (나): 고통의 가치 인식 O, 타자와의 연대 X
4. 결론

1. 교과서 외의 시를 활용한 문제입니다. '제시문 (다)의 관점에서'라고 했으므로 처음 보는 시를 독해할 수 있는 안목이 어느 정도 필요할 것입니다. 제시문 (다)의 관점에서 제시문 (가)와 (나)를 설명하라는 말은 제시문 (가)와 (나)에 없는 요소를 보완할 수 있는 내용이 제시문 (다)에 들어 있다는 말로도 이해할 수 있겠고, 따라서 제시문 (가), (나)와 비교하여 제시문 (다)만의 특성을 파악하려는 노력이 필요합니다.

2. [문제 1]과 같이 '~관점에서 ~설명하시오'라는 문제이지만, 이번에는 '균형 잡힌 관점에서 양면을 분석하는 능력'을 평가하는 문제임을 인식해야 합니다. 예시 답안 (1)은 제시문 (다)에서 키포인트 두 가지를 뽑아서 제시문 (가)와 (나)에 각각 적용해 보고, 균형 잡힌 관점으로 평가한 답안입니다.

 제시문 (가)의 화자는 슬픔, 불안, 고통, 채울 수 없는 욕망 등 부정적 상태를 제거함으로써 정신적으로 안정된 상태에 도달하는 것을 곧 행복으로 보고 있습니다. 이를 위해서는 세상으로부터 물러나 소규모 공동체 속에서 소박하게 활동하면서 스스로 지은 작물로 필요를 충족하고, 자연과의 균형, 사람들과의 우정을 배우는 것이 요구되고 있습니다. 제시문 (다)의 관점에서 볼 때, 이러한 제시문 (가)의 행복관은 우리의 삶의 일부이자 본원적 부분인 슬픔을 인위적으로 제거하라는 조언으로 여겨질 수 있습니다. 제시문 (가)는 기쁨을 중시하고 슬픔을 경시하지만, 제시문 (다)에 나타나 있듯 기쁨은 종종 이기적인 감정이 되기 쉬운 반면에 슬픔은 사람으로 하여금 이기심을 넘어설 수 있게 해 주는 힘입니다. 인간이 함께 살아가는 존재로서 서로의 관심과 승인, 공감과 공존이 행복의 중요한 조건이라고 한다면, 우리는 슬픔을 없앰으로써가 아니라 슬픔을 나눔으로써 비로소 행복에 도달하게 된다는 점을 깨달아야 할 것입니다. 사람은 고통과 슬픔으로 찬 세상을 떠나 은자적인 삶을 사는 데에서만이 아니라 다른 사람의 고통과 슬픔을 함께하고, 개선하기 위해 힘쓰는 데에서 행복을 느낄 수도 있는 것입니다.

 다음으로 제시문 (나)의 화자는 한 사람이 자신의 본성에 따른 소명을 향해 정진하는 과정 속에서 행복이 발견된다고 이야기하고 있습니다. 이를 위해 안락이나 나태와 같은 유혹을 억제하고, 각자가 각자의 이익을 위해 부지런히 활동하는 것이 결국 우주 전체의 이익이라는 점을 인식해야 할 것입니다. 제시문 (다)의 관점에서 제시문 (나)에 드러난 행복관의 아쉬운 점은 다른 존재들에 대한 지나친 '무관심'이라고 볼 수 있습니다. 제시문 (다)에서 보듯이 개인의 이익을 추구하는 행위는 결국 추위에 떠는 할머니에게 귤 값을 깎는 행위, 얼어 죽은 사람에게 가마니 한 장을 아끼는 행위가 될 수도 있기 때문입니다. 앞에 주어진 목표와 이익을 위해 행동하는 것보다는 다른 존재의 이익을 함께 고려하고 배려할 때 더 행복한 삶을 살 수 있을 것입니다.

개요

1. 제시문 (가)의 행복관 요약
2. 제시문 (다)의 관점에서 제시문 (가)의 행복관 분석: 슬픔을 없애러 은거 → 슬픔을 나누기 위해 관여
3. 제시문 (나)의 행복관 요약
4. 제시문 (다)의 관점에서 제시문 (나)의 행복관 분석: 자신의 목표/이익에 충실 → 타인의 이익도 고려

1. 제시문 (가)와 (나)의 행복관을 정확하게 파악했음을 제시함으로써 면접관 선생님에게 자료를 명확히 이해했음을 보여줄 수 있을 것입니다.

2. 제시문의 내용을 잘 기억할 수 있다면 본인이 주장하는 바가 제시문 (다)의 어떤 부분에 구체적으로 나와 있는지를 언급해 주는 것도 효과적입니다. 구술면접, 논술고사와 같이 '논리적 사고력'을 평가하는 시험에서는 근거의 타당성이 기본적인 요소이기 때문입니다.

'행복한 삶을 위한 조건'으로 제시문 (가)에서는 욕망, 고통, 슬픔 등 부정적 상태를 제거하는 것, 제시문 (나)에서는 의지와 사명감, 제시문 (다)에서는 슬픔에 빠진 타인에 대한 연민이 제시되었습니다. 이 세 가지는 행복과 관련된 개인적 차원에서의 소극적 조건, 개인적 차원에서의 적극적 조건, 공동체적 차원에서 소극적 조건을 대표한다고 생각합니다. 저는 여기에 마지막으로 공동체적 차원에서의 적극적인 조건으로서 정치적 참여 의식 및 참정권을 꼽고 싶습니다.

오늘날과 같은 민주주의 시대에는 정치에 참여할 수 있는 권리가 누구에게나 주어지기 때문에 그 소중한 가치를 인식하지 못하는 경우도 많습니다. 낮은 투표율과 정치에 대한 혐오감이 이를 대변한다고 생각합니다. 그러나 사람의 행복은 자기가 살고 있는 사회적 조건과 제도에 의해 많은 영향을 받습니다. 개인적으로 아무리 부정적 상태를 제거하려 하거나 자신의 소명을 추구하고자 해도, 사회적으로 허용되지 않는 조건일 수도 있습니다. 또한, 타인에게 아무리 연민을 느낀다고 해도 사회적 조건의 개선 없이는 근본적인 도움을 줄 수 없을지도 모릅니다. 따라서 궁극적으로 개인들은 자신이 살고 있는 사회가 더 나은 방향으로 나아가도록 참여하고 영향을 미칠 수 있는 방법을 획득해야 합니다. 그러한 영향력을 갖지 못했을 때 개인의 행복은 사회적 조건에 의존하게 되어 불안정해지기 때문입니다. 민주주의 사회에서는 행복한 삶을 위한 조건이 바로 만인에게 평등한 참정권으로 구현되었다고 할 수 있습니다. 개인의 행복은 궁극적으로 행복한 공동체 안에 있을 때 가능하다는 사실을 인식한다면, 우리는 우리가 살아 가는 공동체의 의사 결정에 참여할 수 있는 권리를 행복의 결정적인 조건으로 인정하게 될 것입니다.

개요

1. 제시문 (가), (나), (다)에 나타난 행복의 조건 분석
2. 본인이 생각하는 또 다른 행복의 조건
3. 그렇게 생각하는 근거

1. 2017학년도에 이어 2018학년도 고려대 기출문제에도 본인의 의견을 제시하고 이유를 설명해야 하는 문제가 출제되었습니다.

2. 제시문 (가), (나), (다)에 주어진 내용들을 '개인/공동체', '소극/적극'이라는 개념들에 의해 분류했고, 개인-수동, 개인-능동, 공동체-수동으로 제시문 (가), (나), (다)를 분류할 수 있었습니다. 이를 바탕으로, 마지막 제안은 공동체-능동으로 제시하면 완벽할 것입니다. 제시문 (가), (나), (다)에 나오지 않은 하나를 무작위로 떠올려서 제시한 답안과, 제시문 (가), (나), (다)를 체계적으로 분류한 다음 '그 분류에서 논리적으로 도출되는 +a'를 제시한 답안 중에서 어느 쪽이 더 논리적으로 느껴질까요? 쉽지 않은 요령이지만, 연습해 보면 좋을 것입니다.

3. 근거를 창출할 때 근거가 잘 생각나지 않는다면 '개결시'에 입각해서 생각해 보는 것이 좋을 것입니다. 예시 답안 (1)은 '현대 사회의 특징과 연관해서 무언가 이야기할 수 있을까?'라는 '시기'의 차원, 그리고 '개인적 행복 추구나 연민이 있다고 해도 그를 뒷받침하는 사회적 조건이 없다면 결과적으로 행복할 수 있을까?'라는 '결과'의 차원이 답을 떠올리는 데에 도움이 되었을 것입니다.

4. 사회 계열로 지원하는 학생들은 특히 '사회 구조'나 '사회적 조건'의 중요성을 강조해서 언급하는 것이 유리하다는 점을 항상 명심하고 염두에 두어야 합니다.

저는 한 인간으로서의 자유와 개성을 확보하는 것이 행복의 중요한 조건이라고 생각합니다. 제시문 (가)에서는 개개인이 부정적 상태를 벗어나기 위해 자연적이고 필수적인 욕망 외의 모든 욕망을 버리는 것을 강조하고 있습니다. 그러나 그 결과로 나타난 인간 개개인의 모습은 자칫 과도하게 획일적일 우려가 있습니다. 예컨대 사치스러운 옷을 입으려 하는 것은 제시문 (가)의 주장처럼 부자연스럽고 불필요한 일일지도 모르지만, 한 인간의 정신적 개성을 획득하고자 하는 욕망은 꼭 부자연적이거나 불필요한 욕망이라고 볼 수는 없을 것입니다. 따라서 (가)의 조건과 상충되지 않는 범위 내에서 우리는 획일화보다는 개성을 추구함으로써 더 큰 행복을 얻을 수 있다고 생각합니다.

제시문 (나)에서는 개개인이 자신의 특기를 갈고닦아 자신의 맡은 바에 충실하는 것이 행복의 조건으로 제시되고 있습니다. 그런데 생장과 생활의 방식이 본성에 의해서만 주어져 있는 식물, 참새, 개미, 거미, 꿀벌과 달리, 인간에게는 특기가 사전에 정해져 있지 않고 맡은 바도 사전에 정해져 있지 않다는 '자유'라는 조건이 존재합니다. 오히려 그러한 것들이 미리 정해져 있지 않고 개개인에게 맡겨지는 자유로운 사회에서만 인간은 자신의 사명을 진정 자신의 것으로 내면화하고 그에 충실할 수 있을 것입니다. 따라서 인간의 행복을 위해서는 자유 역시 매우 중요한 조건일 것입니다.

마지막으로 제시문 (다)에서는 슬픔을 통한 연민과 공감이 행복의 조건으로 제시되고 있습니다. 우리는 연민을 통해 슬픔을 치유하고 상호 공감을 이룰 수 있지만, 그것만이 전부는 아닙니다. 우리가 서로의 자유를 존중하고 '개성'을 존중할 때 비로소 진정한 상호 공감이 가능한 것이기도 합니다. 상대방의 자유를 침해하고 개성을 부인하면서 상대방을 존중할 수 있는 방법은 없기 때문입니다.

이처럼 제시문 (가), (나), (다)에서 직접 언급되지는 않았지만, 그 각각을 가능하게 만들고 의미 있게 하는 요소로서 '자유와 개성'이 인간의 행복에 근본적인 조건이라고 주장하고 싶습니다.

> **개요**
>
> 1. 의견 제시: 행복의 또 다른 조건으로서의 자유와 개성
> 2. 제시문 (가)에 내포된 행복의 조건: 획일화의 거부
> 3. 제시문 (나)에 내포된 행복의 조건: 소명을 내면화하기 위한 전제 조건
> 4. 제시문 (다)에 내포된 행복의 조건: 상호공감의 기초로서의 상호 자유 존중

1. 두괄식으로 의견을 제시하는 것도 좋은 전략이 될 수 있습니다. 같은 질문을 여러 번 던져야 하는 면접관 선생님의 입장에서는 주된 견해부터 선명하게 밝힌 뒤 논의에 들어가면 주의를 환기하는 효과를 얻을 수 있습니다.

2. 예시 답안 (2)는 제시문 (가), (나), (다) 각각에서 이야기한 행복의 조건과 유기적으로 연결시켜서 자신의 주장을 탄탄하게 뒷받침하고 있습니다. 제시문 (가), (나), (다)에 나온 내용을 거두절미하고 자신의 개인적 견해만 이야기한 답변보다 좋은 점수를 받을 수 있을 것입니다. 구술시험은 학생의 논리력, 분석력을 평가하는 시험이지 개인 의견 자체가 관심의 대상인 시험은 아니기 때문입니다. 예시 답안 (2)처럼 길게 다루지 않더라도 제시문 (가), (나), (다)의 내용을 간단히 언급하면서 그것들을 보완할 수 있는 성질의 행복의 조건을 추가로 제시한다면 논리적으로 명쾌한 인상을 줄 수 있을 것입니다.

출제 의도

● 제시문의 요지를 파악하고 이를 비교하여 설명할 수 있는지를 통해 논리적 사고력과 문제 해결 능력을 평가함

● 균형 잡힌 관점에서 양면을 분석하는 능력을 통해 과제 이해력과 논리적 일관성을 평가함

● 제시문의 내용을 종합적으로 분석하고 이를 바탕으로 타당한 근거를 제시하는 능력을 평가함

문항 해설

● [문제 1]은 주어진 제시문의 요지를 파악하고 이를 비교하여 설명할 수 있는지를 통해 논리적 사고력과 문제 해결 능력을 평가함

● [문제 2]는 주어진 제시문을 참고하여 '행복한 삶'에 대한 문제를 평면적으로 조망하기보다 균형 잡힌 관점에서 양면을 분석하는 능력을 통해 과제 이해력과 논리적 일관성을 평가함

● [문제 3]은 주어진 제시문의 내용을 종합적으로 분석하고 이를 바탕으로 '행복한 삶을 위한 조건'과 그 이유를 제시하는 과정에서 타당한 근거를 제시하는 능력을 평가함

※ 제시문을 읽고 물음에 답하시오.

(가)

현대에는 사람 사이의 선천적인 차이는 과소평가하고 대부분의 중요한 차이를 환경의 영향으로 돌리는 경향이 유행하고 있다. 그러나 아무리 후자가 중요하더라도 우리는 개인 사이에 처음부터 차이가 있다는 사실을 간과해서는 안 된다. 개인 간 선천적인 차이의 중요성은 모든 사람들이 비슷한 환경에서 자란다 할지라도 줄어드는 것이 아니다. 실제로 '모든 인간이 똑같은 능력을 가지고 태어났다'는 주장은 사실이 아니다. 우리는 여전히 모든 사람이 법적으로나 윤리적으로 동등하게 대우받아야 한다는 신성한 이상을 유지하고 있다. 그러나 이러한 평등의 이상향이 의미할 수 있거나 의미해야 하는 것을 올바르게 이해하고자 한다면 우선 실제적인 평등에 대한 믿음을 버려야 한다. 사람들은 실제로 다르기 때문에 우리가 모두를 똑같이 대우한다면 그 결과 실제적 불평등이 초래될 것이 분명하다. 따라서 모든 사람을 동등한 지위에 두기 위한 유일한 방법은 사람을 각각 다르게 대우하는 것이다.

(나)

나라를 다스리는 사람은 임금과 더불어 하늘이 준 직분을 행하는 것이니 재능이 없어서는 안 된다. 하늘이 인재를 내는 것은 본디 한 시대의 쓰임을 위해서이다. 하늘이 사람을 낼 때에 귀한 집 자식이라고 하여 풍부하게 주고 천한 집 자식이라고 하여 인색하게 주지는 않는다. 그래서 옛날의 어진 임금은 이러한 것을 알고 인재를 더러 초야에서도 구하고 더러 항복한 오랑캐 장수중에서도 뽑았으며 더러 도둑 중에서도 끌어 올리고 더러 창고지기를 등용하기도 했다. 이들은 모두 알맞은 자리에 등용되어 재능을 한껏 펼쳤다. 우리나라는 땅덩이가 좁고 인재가 드물게 나서 예부터 걱정거리였다. 더구나 조선 시대에 들어와서는 인재 등용의 길이 더 좁아져서 대대로 명망 있는 집 자식이 아니면 좋은 벼슬자리를 얻지 못하고 바위 구멍과 초가지붕 밑에 사는 선비는 비록 뛰어난 재주가 있어도 억울하게도 등용되지 못한다. 과거에 합격하지 않으면 높은 지위를 얻지 못하고 비록 덕이 훌륭해도 과거를 보지 않으면 재상 자리에 오르지 못한다. 하늘은 재주를 고르게 주는데 이것을 명문의 집과 과거로써 제한하니 인재가 늘 모자라 걱정하는 것은 당연하다.

(다)

내가 이렇게 오랫동안 놀게 될지 예상하지 못했다. 내 성적은 항상 4.0이 넘었고 토익 점수도 900점 이상이었다. 나는 성격도 원만했고 나름대로 창의적인 인간이라 생각해 왔다. 그래서 처음 서류 심사에 떨어졌을 때 '혹시 자격증이 없어서 그런 게 아닐까?'싶어 운전면허를 땄다. 또 한 번 떨어졌을 땐 '혹시 내 인상이 안 좋나?' 해서 사진을 다시 찍었다. 열 번 넘게 낙방하자 나는 혹시 내 전공이 국문학이기 때문이 아닐까 고민했다. 그러자 영문과에 다니는 친구가 말했다. "영문과도 마찬가지야. 요새 영어는 아무나 하거든."

철학과에 다니는 친구는 말했다. "그래도 네가 나보단 낫지 않니?" 그 말을 똑같이 법학과에 다니는 친구에게 하자 그는 꽁초를 힘껏 빨며 웅얼거렸다. "그것도 옛날 얘기지. 요샌 고시도 잘사는 집 애들이 잘 붙어. 장거리 경주라 누가 뒤를 받쳐줘야 하거든." 한 스무 번쯤 떨어졌을 땐 '내가 너무 눈이 높은 것이 아닐까' 싶었다. 그래서 작지만 건실한 회사에 부지런히 원서를 넣었다. 결과는 마찬가지였다. 하여 서른 번째 낙방을 했을 즈음, 나는 머리통을 감싸 안고 중얼거렸다.

"정말 나는 괴물이 아닐까?"

시험을 준비하며 여러 노력을 했다. 한번은 인터넷을 뒤져 대기업 인사과장이 올려놓은 모범 답안을 정독했다. '서류는 일단 자기소개서를 잘 써야 한다'며 시작되는 글이었다. 그런데 모범 답안의 작성자는 자기소개서를 잘 쓴 게 아니라 인생 자체가 잘 쓰여 있었다.

문제 1

제시문 (가)와 (나)의 불평등의 원인에 대해 비교 설명하시오.

문제 2

제시문 (다)의 주인공의 입장에서 제시문 (가)의 주장을 평가하시오.

문제 3

제시문 (가), (나), (다)를 종합하여 개인이 자신의 능력을 발휘하기 위해 국가가 해야 하는 일은 무엇인지 논하시오.

　제시문 (가)와 (나)는 모두 사회적 문제로서의 불평등에 대해 논의하고 있지만, 그 원인은 서로 상반되게 파악하고 있습니다. 첫 번째는 선천적인 재능의 분포에 대한 의견 차이입니다. 제시문 (나)는 재능이 모든 사회 계층에 두루 퍼져 있다는 점을 강조하고 있는 반면에 제시문 (가)는 사람들마다 선천적으로 타고나는 재능이 다르다는 점을 강조하고 있습니다. 따라서 제시문 (나)와 달리 제시문 (가)는 선천적 재능 자체가 불평등의 근본적 원인 중 하나라고 주장합니다.

　둘째로, 후천적인 사회적 환경 측면에서도 관점의 차이가 있습니다. 제시문 (가)는 사람들의 능력의 차이로 인한 불평등을 교정하지 않고 산술적으로만 균등 대우하면 된다고 생각하는 사람들의 잘못된 믿음 역시 불평등의 또 다른 원인이라고 보고 있습니다. 이와 대조적으로 제시문 (나)는 일부 기득권층에게만 재능 발휘를 허용하고 나머지 사람들에게는 기회를 박탈하는 것이 불평등의 주된 원인이라고 보고 있습니다.

　따라서 제시문 (가)는 사람들의 타고난 재능에서의 차이를 불평등의 주된 원인으로 보아 비례적 차등 대우를 대안으로 제시합니다. 반면에 제시문 (나)는 후천적인 기회 차단을 불평등의 주된 원인으로 보고 기회의 평등을 대안으로 제시하고 있습니다.

개요

1. 제시문 (가)와 (나)의 공통점: 공통적 소재
2. 제시문 (가)와 (나)의 차이점 1: 선천적 재능 측면
3. 제시문 (가)와 (나)의 차이점 2: 후천적 환경 측면
4. 결론

Tip & Advice

1. 작년에도 두 제시문을 비교 설명하라는 문제가 출제되었습니다. 논술에 비해 구술 문제의 제시문들은 단순한 편이지만, 그래도 가급적 둘 이상의 차이점으로 나누어 논리적으로 설명하는 노력이 필요할 것입니다.

2. 비교하기는 요약하기가 아닙니다. 제시문 (가)와 (나)를 줄줄이 요약하려고 하기보다는 제시문 (가)와 (나)가 가장 대조되는 부분의 키 포인트를 집어내서 선명하게 대조해야 합니다. '반면에', '이와 대조적으로' 등의 표현을 넣어주는 것도 좋겠습니다.

제시문 (가)와 (나)의 저자들은 불평등의 원인을 서로 다르게 이야기하고 있습니다. 이는 두 사람이 살고 있는 시대적 배경 차이와 그에 따른 평등에 대한 개념의 차이에 기인한다고 생각합니다. 제시문 (나)의 저자는 조선 시대에 살고 있는 사람입니다. 그가 생각하는 평등은 모두가 신분이나 빈부에 상관없이 알맞은 자리에서 재능을 펼치는 능력주의적인 사회 구조입니다. 따라서 그가 보기에 불평등의 원인은 재능 있는 사람들이 그 능력을 펼치는 것을 방해하는 불공정한 사회 제도, 즉 과거의 신분 제도와 같은 것들이라고 할 수 있습니다.

반면에 제시문 (가)의 저자는 민주화된 현대 사회에 살고 있는 사람입니다. 민주화 시대에 있어 평등이란 법적, 윤리적으로 사람들을 동등한 지위에 있게 하는 것을 의미합니다. 그러한 평등은 단순히 모두에게 똑같은 기회를 주자는 형식적 평등을 넘어, 재능이나 특성 같은 선천적인 차이로 인해 생기는 불평등까지 교정한 결과적, 실질적 평등의 성격을 띠고 있습니다. 따라서 제시문 (가)의 저자는 불공정한 사회 제도뿐만 아니라 우리의 선천적 특성들 자체도 불평등을 가져온다고 보며, 선천적 차이로 인해 초래되는 불평등까지 해소해야만 실제적 평등이 가능하다고 주장하고 있습니다.

결국 제시문 (나)는 자기가 가진 재능만큼 위로 올라가는 것이 평등이라고 보지만, 제시문 (가)는 타고난 능력, 특성의 차이에도 불구하고 모두가 동등한 대우를 받는 것이 평등이라고 봅니다. 결과적으로 제시문 (가)가 생각하는 평등 사회는 제시문 (나)가 생각하는 평등 사회보다 더 균일하고 덜 위계적일 것입니다. 이러한 생각의 차이에 기반을 두어서, 제시문 (나)의 저자는 재능 발휘를 막는 사회 제도가 불평등을 낳는다고 주장하지만, 제시문 (가)의 저자는 선천적 능력, 특성 차이로 인한 격차 자체와 그것을 능동적으로 교정하지 않는 사회 제도가 불평등 문제의 원인이라고 이야기하고 있습니다.

개요

1. 제시문 (가)와 (나) 저자들의 서로 다른 평등(불평등) 개념
2. 제시문 (나)의 평등 개념과 불평등의 원인
3. 제시문 (가)의 평등 개념과 불평등의 원인
4. 비교 포인트 재정리

Tip & Advice

비교하기 문제 유형에 대해 예시 답안 (2)는 상당히 심층적으로 파고들어간 답변입니다. 단순히 '어떠한 차이가 있다'라는 것을 비교하는 데에서 그치지 않고, '그러한 차이는 왜 생겼는가'까지 설명하고 있기 때문입니다. 각 제시문에서 주장하는 '불평등의 원인'도 다른데, 이와 같은 차이는 '불평등의 개념' 자체가 다르기 때문에 생깁니다.

제시문 (가)는 환경적 영향보다는 선천적인 차이가 불평등에 더 중요하다고 주장합니다. 똑같은 환경에서 자라나게 하더라도 타고난 능력의 차이로 인해 결과적인 불평등이 생길 수 있다고 보기 때문입니다. 따라서 우리가 사람들을 법적, 윤리적으로 동등하게 대우하려면 사람들을 차등적으로 대우해야 하며, 즉 불리한 조건의 사람들을 상대적으로 더 우대해야 한다고 이야기하고 있습니다.

제시문 (다)의 주인공은 학점 유지부터 자격증 취득까지 수없는 노력을 기울이고 있음에도 불구하고 취업의 장벽에 부딪히고 있습니다. 친구들과의 대화, 모범 자기소개서를 통해 주인공은 노력으로 넘기 어려운 출발 조건의 차이를 인식하게 됩니다. 제시문 (다)의 주인공은 제시문 (가)에 대해 일부 동의하고 일부 동의하지 않을 수 있습니다. 제시문 (가)에 대해 동의할 수 있는 점은 개개인의 노력 여하에도 불구하고 줄어들기 힘든 차이가 잔존할 수 있다는 사실을 파악한 데 있습니다. 불평등의 개선에는 개인의 노력뿐만이 아니라 사회적인 개입이 필요하다는 제시문 (가)의 주장에 제시문 (다)는 동의할 것입니다.

반면에 제시문 (다)의 주인공이 제시문 (가)에 대해 동의할 수 없을 만한 요소는 불평등에 있어 선천적 재능의 차이를 과도하게 강조했다는 점입니다. 제시문 (가)는 자칫 현존하는 불평등을 재능의 차이로 귀인해서 정당화할 우려가 있습니다. 제시문 (다)의 주인공은 끈기 있는 노력을 기울이고 있고 학점이나 토익 점수 등을 볼 때 재능이 없는 사람이라고 보기도 어렵습니다. 고시의 경우에서 알 수 있듯이 모두가 노력하는 사회에서는 결국 노력이 서로를 상쇄하기 때문에 초기 조건의 차이가 다시 중요합니다. 또한, 인생 자체를 잘 쓰려면 어린 나이부터 주변의 도움과 조언을 받아야 하는데, 그러려면 결국 정보와 자원을 갖고 있는 좋은 배경 출신의 사람들이 유리할 수밖에 없습니다. 이처럼 환경적 차이는 결코 무시할 수 있는 것이 아니기에, 제시문 (다)의 주인공은 제시문 (가)의 재능 중심 관점에는 반대할 것입니다.

개요

1. 제시문 (가)의 내용 요약
2. 제시문 (다)가 제시문 (가)에 동의하는 점
3. 제시문 (다)가 제시문 (가)에 동의하지 않을 점

Tip & Advice

논점의 다각화를 위해 '동의할 만한 점'과 '동의하지 않을 만한 점'으로 나누어 구술한 답변입니다. 동의할 것으로 보고 여러 이유를 구술해도 좋고, 동의하지 않을 것으로 보고 여러 이유를 구술해도 좋습니다. 중요한 평가 기준은 주장하고자 하는 입장에 대해 타당한 근거를 제시할 수 있는가 여부에 있습니다.

제시문 (다)의 주인공은 청년 실업에 시달리고 있는 인물입니다. 높은 학점과 영어 실력, 원만한 성격, 창의성에 '스펙'까지 갖추었는데도 취업을 하지 못하고 있습니다. 주변에 물어본 결과 그는 다른 사람들도 너나없이 영어 등 능력 계발을 하고 있다는 사실을 알게 됩니다. 모범 답안 속 자기소개서를 보면서는 '뛰는 놈 위에 나는 놈 있다'라는 속담과 같이 그동안 노력해 온 자신보다도 더 대단한 인생 조건을 갖춘 경쟁자들이 있다는 사실도 실감하고 있습니다.

제시문 (다)에서는 한정된 지위를 놓고 경쟁이 과열되고 있다는 현실이 드러나 있습니다. 이러한 경쟁 과열의 원인 중 하나는 다양한 종류의 사람들이 있는데도 획일적인 기준으로만 그들을 줄 세우기 하는 세상에 있습니다. 그 때문에 영문과가 아니어도 누구나 영어를 잘하고, 사람의 자기소개서에 '모범 답안'이 있을 수 있게 되는 것입니다.

제시문 (가)는 사람들이 똑같은 능력을 가지고 태어나는 것이 아니라 서로 다른 다양한 능력을 가지고 태어나므로 그 능력에 따라 사람들을 각각 다르게 대우하면 모두가 동등한 지위에 있게 된다고 역설하고 있습니다. 제시문 (다)의 관점에서 보면 제시문 (가)의 조언처럼 다양한 기준이 허용되는 사회는 지위 경쟁이 완화되고, 많은 사람들이 더 동등하고 상대적인 관점으로 서로를 바라볼 수 있게 되는 이상적인 사회일 것입니다.

개요

1. 제시문 (다) 속 주인공의 입장 설명
2. 제시문 (다) 속 주인공이 문제의 원인 파악: 경쟁의 조건이 획일적이기 때문
3. 제시문 (가)의 내용 설명: 다양한 사람들을 다르게 대우해야 함
4. 제시문 (다)의 입장에서 (가)의 내용 평가

Tip & Advice

[문제 2]는 '제시문 (다)의 주인공의 입장'으로 '제시문 (가)의 주장을 평가'하라고 했습니다. 그러니 제시문 (다)의 주인공의 입장과 제시문 (가)의 주장을 각각을 어떻게 파악했는지 명확하게 제시하는 편이 좋습니다.

　개인이 자유롭게 능력을 발휘할 수 있도록 국가가 해야 할 역할에는 여러 가지가 있습니다. 먼저 제시문 (나)의 내용을 통해 우리는 국가가 국민 모두에게 공평한 기회를 제공하려 노력해야 한다는 사실을 알 수 있습니다. 민주 사회인 오늘날 신분의 귀천이나 빈부에 상관없이 고른 기회를 받게 하는 것은 평등을 위한 최소한의 조건일 것입니다. 예를 들어, 국가는 국민 모두에게 교육의 기회를 제공하고 공정한 평가 환경을 만들어 주어야 합니다.

　다음으로, 제시문 (가)의 내용에 따르면 국민들은 선천적으로 다른 특성들을 가지고 태어나기 때문에, 그러한 다름을 고려한 맞춤형 조치가 추가로 필요하다는 사실을 알 수 있습니다. 성별, 가정 환경, 장애 여부, 타고난 특기와 단점에 따라 사람들이 재능을 마음껏 발휘할 수 있게 되는 조건은 서로 다를 것입니다. 따라서 하나의 획일적인 조치를 통해 불평등을 해소할 수 있다는 생각을 버려야 합니다. 누구나 재능이 있지만 그 재능을 발휘하기 위해 제거해야 하는 제약 조건이 서로 다르다는 점을 인지하고 맞춤형 지원을 제공해야 합니다. 가난한 학생들을 위한 학자금 보조, 장애인들을 위한 접근성 향상이나 쿼터 할당제 등이 그 예가 될 것입니다.

　끝으로 제시문 (다)의 내용을 읽어보면 주인공이 충분한 자격 조건을 갖추었음에도 불구하고 조그만 일자리도 찾지 못하고 있는 모습을 볼 수 있습니다. 국가는 노동 시장에서 일자리의 수요 공급이 충분히 균형을 이룰 수 있도록 효과적인 거시 경제 정책을 펼쳐야 할 책임이 있습니다. 불황기에는 기업들의 투자를 장려하고 정부 지출을 늘리는 조치가 필요할 것입니다. 또한, 산학 협력을 촉진해서 많은 학생들이 더 일찍부터 직업적인 전문성을 키울 수 있도록 해야 할 것입니다. 종합적으로 말하면, 국가는 개인의 능력 발휘를 위해 첫째, 기회 균등 정책, 둘째, 맞춤형 지원 정책, 셋째, 일자리 창출 정책을 펼쳐야 합니다.

개요

1. 제시문 (나) 관련 국가가 해야 하는 일: 기회의 평등 정책
2. 제시문 (가) 관련 국가가 해야 하는 일: 맞춤형 지원 정책
3. 제시문 (다) 관련 국가가 해야 하는 일: 일자리 창출 정책
4. 정리 발언

1. [문제 3]에서 '제시문 (가), (나), (다)를 종합하여'라고 했으므로 제시문에 나타난 내용들을 연계해서 답변해야 할 것입니다. 자신의 의견을 자유롭게 제시하라는 문제가 아님에 유의해야 합니다.

2. 제시문 (가), (나), (다)에 있는 내용을 설명하면서 차별화되는 답변을 하기 위한 방법은 다음과 같습니다. 첫째, 논리적 일관성을 유지하는 것입니다. 예를 들어, 제시문 (가)는 재능 차이를 벌충하는 비례적 조치를 논하는 반면에 제시문 (나)는 재능 차이를 살리는 기회의 평등을 주장하고 있는데, 답변에서 이를 상충되게 처리하는 것보다는 '최소 조건'과 '추가 조건'이라는 식으로 정리해서 보완적으로 제시하는 편이 논리적으로 일관된 답변을 만드는 데 도움이 될 수 있습니다.

3. 차별화의 두 번째 방법으로, '국가가 해야 하는 일'을 최대한 구체화해서 답변하는 것도 좋을 것입니다. 논증의 다섯 가지 유형 중 국가의 역할을 대안으로 제시하는 '대안 제시 논증'에서의 요령이 도움이 될 것입니다.

제시문 (가)에서 불평등이 나타나는 이유는 사람들 사이에 자연적인 능력과 특성의 차이가 있기 때문입니다. 제시문 (나)에 의하면 불평등은 재능을 가진 사람들에게 공정한 제도적 기회가 돌아가지 않기 때문에 생겨납니다. 제시문 (다)는 어릴 때부터 좋은 배경을 갖춘 사람들이 장기적으로 경쟁력 자체로도 유리해진다는 사실을 지적하고 있습니다. 제시문에 나타난 각각의 불평등 요인은 재능의 차이, 제도적 차별, 그리고 출신 배경과 경쟁력 사이의 상관관계 세 가지로 요약할 수 있습니다.

이 세 가지는 복합적으로 얽혀 있기 때문에 국가적 차원에서 종합적으로 해결하려는 노력이 필요합니다. 예를 들어, 국가적 노력이 없다면 제시문 (나)의 조언대로 재능에 따라서만 지위가 주어지는 사회를 만든다 해도 제시문 (다)에 의하면 결과적으로는 좋은 출신 배경의 사람들을 우대하는 상황이 발생할 것이고, 더구나 제시문 (가)에서 말하듯이 선천적 능력이 부족한 사람들이 동등한 대우를 받지 못하는 결과를 가져올 것입니다.

따라서 국가가 개개인의 능력을 충분히 공평하게 발휘할 수 있는 사회를 만들려면 단순히 재능 있는 사람에게 사후적으로 공정한 기회를 준다는 관점을 벗어나야 합니다. 모두가 능력을 가질 수 있도록 돕는 국가가 진정으로 모두를 위한 능력주의 국가이기 때문입니다. 이를 위해 사람들이 출신 배경에 상관없이 능력을 계발할 수 있도록 기초 교육 단계에서부터 노력을 기울이는 것이 중요합니다. 더 나아가 타고난 재능이 부족한 사람에게는 추가적인 직업 교육 기회를 주어 사회에 필요한 능력을 계발할 수 있게 해야 할 것입니다.

개요

1. 제시문 (가), (나), (다)에 나타난 불평등관 요약
2. 세 관점의 종합: 단순한 능력주의 사회 만들기로는 충분하지 않음
3. 대안: 출신 배경의 불리, 타고난 재능의 부족에 대한 적극적 국가 개입으로 능력 계발

Tip & Advice

여러 관점을 종합적으로 고려하라고 할 때는 그 관점들이 어떻게 서로를 비판하거나 보완할 수 있는지 꼼꼼히 생각해 보아야 합니다.

출제 의도

- ○ 정의의 본질인 평등에 대한 입장을 제시한 두 제시문 (가)와 (나)를 비교하고, 이를 현대 사회 주요 사회 문제의 하나인 청년 실업 문제와 연결지어 분석하고 문제 해결 방안을 제시하는 문항임. 설명하는 과정에서 답변 전개의 논리적 타당성을 평가함

- ○ 제시문 (가)는 대표적인 신자유주의 이론가 하이예크의 「자유헌정론」에서 발췌한 것으로 모든 인간이 다르다는 전제 아래 각기 다르게 대우하는 것이 진정한 평등이라는 내용이며, 제시문 (나)는 허균의 「유재론」을 발췌한 것으로 신분차별의 타파를 주장하며 이상적, 도덕적 평등에서 나아가 개인적 차이를 인정하는 것이 실질적 의미의 평등임을 주장함. 이를 비교하는 과정에서 문제 이해력과 타당하게 근거를 제시하는 능력을 평가함

- ○ 제시문의 내용을 종합적으로 분석하고 해결 방안을 도출하는 과정에서 논리적 일관성과 타당성을 평가함

문항 해설

- ○ [문제 1]은 두 지문을 읽고 불평등의 원인을 비교하여 설명하는 과정에서 답변 전개의 논리적 타당성을 평가함

- ○ [문제 2]는 제시문 (다)에서 제시된 한국 사회의 청년실업 문제를 사회적 불평등 문제의 한 예로 분석하고 앞서 분석한 제시문 (가)의 주장과 비교하는 과정에서 문제 이해력과 타당하게 근거를 제시하는 능력을 평가함

- ○ [문제 3]은 제시문의 내용을 종합적으로 분석하고 사회적 불평등 문제와 대안을 비판적으로 검토하여 오늘날 상황에 적용될 수 있는 해결 방안을 도출하는 과정에서 논리적 일관성과 타당성을 평가함

※ 제시문을 읽고 물음에 답하시오.

(가)

1961년 예루살렘에서는 수백만 명의 유대인을 학살한 책임자인 아이히만에 대한 재판이 진행되었다.

검사: 피고인의 본명은 칼 아돌프 아이히만. 1939년에서 1945년까지 나치 계획의 집행 책임자로서 유대인 학살을 지휘했습니다. 피고인에 대한 증인의 견해는 어떻습니까?

증인: 제가 본 피고인은 유대인을 미워하지 않았으며, 심지어 유대인 이민자를 위해 직업학교도 세우는 등 개인적으로 선량한 사람이었습니다. (중략)

검사: 피고인은 왜 유대인 학살을 지휘했습니까?

아이히만: 저는 단지 국가의 명령에 따랐을 뿐입니다. 그것은 저의 의무였으며, 저는 그 책임을 다하기 위해 성실히 노력했을 뿐입니다.

검사: 수백만 명을 죽음으로 몰아간 책임자로서 양심의 가책을 느끼지 않나요?

아이히만: 제가 만약 명령받은 일을 하지 않았거나 소홀히 했다면 양심의 가책을 느꼈을 것입니다.

(나)

정의롭지 못한 정부에서 의로운 사람이 진정 있을 곳은 역시 감옥이다. 격리되어 있으나 실은 ⓐ 더 자유롭고 더 명예로운 곳, 노예의 나라에서 자유인이 명예롭게 기거할 수 있는 유일한 집은 감옥이다. (중략) 나는 우리가 먼저 인간이어야 하고, 그 다음에 시민이어야 한다고 생각한다. 법에 대한 존경심보다는 먼저 정의에 대한 존경심을 기르는 것이 바람직하다. 내가 떠맡을 권리가 있는 나의 유일한 책무는, 어떠한 때이고 간에 내가 옳다고 생각하는 일을 행하는 것이다. 집단에 양심이 없다는 말이 있는데, 그것은 참으로 옳은 말이다. 그러나 양심적인 사람들이 모인 집단은 양심적인 집단이다. 법이 사람들을 조금이라도 더 정의로운 인간으로 만든 적은 없다. 오히려 법에 대한 존경심 때문에 선량한 사람들조차도 매일매일 불의의 하수인이 되고 있다.

(다)

평범한 농부였던 슈호프는 전쟁에 참전하여 포로로 잡힌 것이 간첩으로 오인 받아 조국을 배반했다는 죄목을 받고 강제 수용소에 끌려간다. 시간이 흘러 어느덧 8년이 지났다. 여느 때처럼 슈호프는 아침 5시 기상 시간에 맞추어 일어난다. (중략) 슈호프는 아주 흡족한 마음으로 잠이 든다. 오늘 하루는 그에게 아주 운이 좋은 날이었다. 영창에 들어가지도 않았고, 노역을 하러 작업장에 동원되지도 않았으며, 점심에는 죽 한 그릇을 속여서 더 먹기도 했다. 그리고 반장이 작업 조절을 아주 잘해서 오후에는 즐거운 마음으로 벽돌을 쌓기도 했다. 손톱을 깎을 수 있는 줄칼도 검사에 걸리지 않고 무사히 가지고 들어왔다. 저녁에는 동료를 대신해서 순번을 맡아준 일로 돈을 벌수도 있었으며, 그 돈으로 잎담배도 사지 않았던가.

그리고 찌뿌둥하던 몸도 이젠 씻은 듯이 다 나았다. 눈앞이 컴컴한 그런 날이 아니었다. ⓑ 차라리 행복하다고까지 말할 수 있는 그런 날이었다. 이렇게 슈호프는 제 형기가 시작되어 끝나는 날까지 무려 십 년을, 그러니까 날수로 계산해 보면 삼천육백오십삼 일을 보냈다.

(라)

 개미에게 두려움이 없다는 사실을 이해하려면 개미집 전체가 하나의 유기체처럼 살아있다는 사실을 감안해야 한다. 각각의 개미는 인체의 세포와 똑같은 역할을 수행한다. 손톱을 깎을 때 우리의 손톱 끝이 그것을 두려워할까? 면도를 할 때 우리의 턱수염이 면도기가 접근해 오는 것에 전율할까? 뜨거운 욕탕물의 온도를 가늠하려고 발을 집어넣을 때 우리의 엄지발가락이 두려움에 떨까? 그것들은 자율적인 단위로 존재하지 않기 때문에 두려움을 느끼지 않는다. 마찬가지로 우리의 왼손이 오른손을 꼬집어도 오른손은 왼손에 대해 아무런 원한을 품지 않는다. 오른손에 왼손보다 더 많은 반지가 끼어져 있다고 해서 시샘 따위가 있을 리 없다. 자기를 잊고 유기체와도 같은 공동체 전체만을 생각한다면 번뇌가 사라진다. 그것이 어쩌면 개미 세계의 모듬살이가 성공한 비결 가운데 하나일지도 모른다.

문제 1

제시문 (가)의 '아이히만'과 제시문 (나)의 화자가 국가의 명령에 대해 보이는 태도를 비교하여 설명하고, 각각에 대해 비판하시오.

문제 2

제시문 (나)와 (다)에서 감옥과 강제 수용소에 수감된 삶을 각각 밑줄 친 ⓐ, ⓑ로 표현한 이유에 대해 이야기하시오.

문제 3

제시문 (가)의 아이히만, 제시문 (다)의 슈호프, 제시문 (라)의 개미의 삶의 방식을 비교하여 설명하시오.

문제 4

국가의 요구가 개인의 판단과 상충되는 사례를 제시하고, 개인의 자율성이 집단의 바람직한 발전과 조화를 이루기 위한 방법에 대해 자유롭게 이야기하시오.

제시문 (가)의 아이히만과 제시문 (나)의 화자가 처해 있는 상태를 종합해 보면 인류가 오래 전부터 처해 있는 윤리적 딜레마를 발견하게 됩니다. 그것은 바로 사회의 법을 우선시할 것인가, 개인의 양심을 우선시할 것인가라는 딜레마입니다. 이것이 딜레마인 이유가 제시문 (가)와 (나)를 통해 드러나 있습니다.

먼저 제시문 (가)의 아이히만은 사회의 법을 개인의 양심보다 우선시합니다. 증인에 따르면 아이히만은 개인적인 미움 때문에 유태인들을 학살한 것이 아닙니다. 검사와의 심문에 따르면 국가의 명령에 복종하는 것을 사적 신념보다 우위에 있는 의무로 믿었기에 책임감을 갖고 역할을 수행했을 뿐입니다.

이와 반대로 제시문 (나)의 화자는 개인의 양심을 사회의 법보다 우선시합니다. 그 예로서 화자는 법에 대한 존경심보다 정의에 대한 존경심이 먼저라고 말하고 있습니다. 또한, 법은 사람들을 양심적으로 만들지 못하면서도 오히려 양심적인 사람들을 타락시키는 역효과를 나타낼 수 있다고 말하고 있습니다.

제시문 (가)의 아이히만과 제시문 (나)의 화자의 입장은 완전한 평행선을 달리고 있으며, 둘은 서로의 입장을 각각 비판할 것입니다. 제시문 (나)의 입장에서 볼 때 제시문 (가)는 국가의 명령을 지켜야 한다는 수단적인 가치를 맹신한 나머지 국가를 통해 지켜져야 할 사회의 정의라는 목적적인 가치를 외면하게 된 가치 전도 사례로 판단됩니다. 그러한 맹목적인 법 질서의 수호가 얼마나 끔찍한 결과를 낳았는지에 대해 반성하지 못하는 아이히만은 '선량한 사람이 불의의 하수인이 된' 대표적인 사례일 것입니다.

반면에 제시문 (가)의 입장에서 볼 때 제시문 (나)는 국가의 명령에 어떠한 정당성도 없는 것으로 여기고 자신의 신념만을 고집하는 그릇된 가치관입니다. 오늘날과 같은 가치 다원주의 시대에 과연 사람들의 양심은, 또는 양심에 의해 내려지는 결론은 한 가지뿐인지 묻고 싶습니다. 자신이 믿는 정의만을 이유로 사회 질서와 규칙을 멋대로 어겨도 괜찮은 것일까요? 오히려 무엇이 정의인지에 대한 사람들의 신념은 다양하기 때문에, 다함께 지켜야 할 국가의 명령을 정하여 따르지 않는다면 사회는 순식간에 혼란에 빠지고 말 것입니다.

그렇기에 국가의 명령 또는 사회의 법을 개인의 양심보다 우선시하는 제시문 (가)의 태도도, 그 반대를 우선시하는 제시문 (나)의 태도도 각자의 맹점을 가지고 있으며, 둘을 절충할 수 있는 현명한 지혜가 필요할 것입니다.

1. 서론: 문제의 리프레이밍(reframing)

2. 제시문 (가)의 아이히만의 태도: 사회의 법을 개인의 양심보다 우선시

3. 제시문 (나)의 화자의 태도: 사회의 법보다 개인의 양심을 우선시

4. 제시문 (나)의 입장에서 제시문 (가) 비판: 수단과 목적의 전도

5. 제시문 (가)의 입장에서 제시문 (나) 비판: 사적 신념의 다양성

6. 결론: 둘 다 맹점을 갖고 있는 윤리적 딜레마

Tip & Advice

제시문 (가)의 아이히만은 불의한 일을 저지른 사람이 분명하고, 제시문 (나)의 화자는 의로운 저항을 하고 있는 사람처럼 느껴집니다. 그래서 제시문 (나)의 화자를 편드는 대답을 내놓게 될 수도 있을 것입니다. 그러나 '비교하여 설명'하고 '각각에 대해 비판'해야 하는 [문제 1]은 한 쪽의 편을 들기보다는 중립적으로 분석하는 자세를 요구하는 문제로 보아야 할 것입니다.

제시문 (가)에 나온 아이히만과 제시문 (나)의 화자는 둘 다 개인적인 양심을 따랐다는 공통점이 있지만, 국가의 명령에 대한 태도는 정반대라는 차이점이 있습니다. 먼저 행동의 동기 측면을 보면 제시문 (가)의 아이히만은 양심에 따라 국가의 명령을 성실히 이행했습니다. 그러나 제시문 (나)의 화자는 양심에 따라 국가의 요구를 거부하고 자신이 옳다고 생각하는 바대로 행동한 결과 감옥에 가게 되었습니다. 이 점에서 두 사람 모두 양심에 따라 행동했다는 공통성을 드러내고 있습니다. 하지만 결과적으로 나타나는 국가의 명령에 대한 태도는 완전히 상반됩니다.

첫째로, 주체성 측면에서 제시문 (가)의 아이히만은 국가의 명령에 따르는 것이 곧 정의이자 책임감 있는 행동이라고 여기는 질서를 중시하는 가치관에 따라 행동했습니다. 국가의 명령이 선인지 악인지를 판단할 책임이나 주체성은 자신에게 있다고 보지 않았으며, 이는 시민의 의무를 강조하는 관점입니다. 반대로 제시문 (나)의 화자는 국가의 명령이 주어져도 그것의 옳고 그름을 판단할 권한은 시민 개개인에게 있다고 보고 있습니다. 사회 규범은 개인의 도덕보다 높은 기준이 될 수 없습니다. 이는 시민의 권한을 강조하는 관점입니다.

둘째로, 국가의 명령이 띠는 성격에 대해 제시문 (가)의 아이히만은 국가가 공동체의 권력을 위임받았기 때문에 국가의 명령은 정당하게 준수되어야 하는 것이라고 보고 있습니다. 따라서 양심이 있는 시민이라면 국가의 명령을 따라야만 한다고 보았으며, 이는 공동체를 선으로 보는 관점입니다. 반대로 제시문 (나)의 화자는 개인만이 양심적일 수 있으며, 집단의 규범은 오히려 개인이 불의한 선택을 하게 만든다고 주장합니다. 이는 공동체를 악의 원천으로 보는 관점입니다.

이처럼 제시문 (가)의 아이히만과 제시문 (나)의 화자는 둘 다 동기 면에서 양심을 중시한다는 공통점이 있습니다. 아이히만은 시민의 의무와 공동체의 정당성을 강조하는 반면에 제시문 (나)의 화자는 시민의 권한을 중시하고 공동체의 정당성을 부정한다는 차이가 있습니다. 제시문 (가)의 경우, 아이히만의 사례가 국가와 시민의 의무라는 틀에 갇혀 개인적인 성찰 없이 명령을 따르는 데 급급하여 악행에 대한 인지가 무뎌질 수 있다는 점에서 비판받을 수 있습니다. 그러나 제시문 (나)의 경우, 화자의 사례가 개인의 권한에 과도하게 의지하여 적절한 통제가 필요함에도 적용하지 못해 더 큰 혼란을 야기할 수 있다는 점에서 비판받을 것입니다.

1. 제시문 (가)의 아이히만과 제시문 (나)의 화자의 공통점: 동기 면에서 양심 중시

2. 차이점 1: 주체성 측면에서 시민 의무 중시 vs 시민 권한 중시

3. 차이점 2: 국가의 명령에 대해 공동체 정당성 강조 vs 공동체 정당성 부정

4. 결론(비판)

Tip & Advice

제시문 (가)와 (나)의 태도에 대한 비교를 우선 제시하고, 결론에서 각각에 대한 비판을 진행한 구조의 답안입니다.

 제시문 (나)와 (다)의 화자는 둘 다 수감 생활 속에서 심적 평안을 느끼고 있지만, 그 이유는 사뭇 다릅니다. 제시문 (나)의 주인공은 정치범이 된 사상가라고 볼 수 있지만, 제시문 (다)의 주인공은 오해에 의해 갇힌 소시민입니다. 이들은 심적 평화의 원천을 완전히 다른 곳에서 찾고 있습니다.

 제시문 (나)의 사상가는 ⓐ에서 자신의 상태를 '더 자유롭고 더 명예롭다'라고 표현했습니다. 신체가 구속되어 있음에도 더 자유롭다고 느끼는 이유는 정신적으로 복종할 필요가 없기 때문이며, 그를 죄인으로 만든 법이야말로 불의하기 때문입니다. 따라서 사상가는 양심의 고통을 벗어던지고 수감 생활을 통해 자신의 정신적 자유와 사회적 명예를 보존하고 있기 때문에 최종적 만족에 도달한 것입니다.

 제시문 (다)의 소시민은 ⓑ에서 자신의 상태를 '차라리 행복하다고까지 말할 수 있다'라고 했는데, 여기에는 자유나 명예와 같은 추상적인 도덕적 가치는 들어 있지 않습니다. 그는 오해로 인해 수용소에 들어온 평범한 농민이기 때문에 자신의 수감 생활에 대해 제시문 (나)와 같은 거창한 의의를 찾지 않습니다. 대신에 그의 행복감은 아프던 몸이 낫고, 죽 한 그릇을 더 먹으며, 고되게 노역하지 않고, 손톱을 깎거나 잎담배를 피울 수 있다는 등의 육체적 안락에서 옵니다. 또한, '눈앞이 컴컴하지 않다'는 것, 즉 불안정한 미래를 근심할 필요가 없이 정해진 하루하루 소일하면 된다는 사실이 그를 심리적으로 만족하게 만들고 있습니다.

 따라서 제시문 (나)의 사상가는 정신적, 사회적인 이유에서 자유와 명예를, 제시문 (다)의 소시민은 육체적, 심리적인 이유에서 행복을 느끼고 있다고 볼 수 있습니다.

개요

1. 제시문 (나)와 (다)의 인물 비교
2. 제시문 (나)의 ⓐ 설명: 정신적, 사회적 만족
3. 제시문 (다)의 ⓑ 설명: 육체적, 심리적 만족

Tip & Advice

 직접적으로 '비교하라'라고 쓰여 있지는 않지만, 한 문제 안에 두 개의 사례가 들어 있으므로 비교 포인트를 발견할 수 있을 것입니다. 예시 답안 (1)에서처럼 '정신적 vs 육체적', '사회적 vs 심리적' 같은 대립 개념들을 사용하는 것도 좋은 방법입니다.

제시문 (나)와 (다)는 모두 흥미로운 사례입니다. 두 가지 사례는 공통적으로 감옥과 강제 수용소가 본연의 기능, 즉 죄인을 처벌하거나 반성하게 만드는 기능을 하고 있지 못하기 때문입니다. 오히려 제시문 (나)와 (다)의 화자들은 서로 다른 방식으로 감금 제도를 자신의 목적에 맞게 활용하고 있습니다. 제시문 (나)의 화자는 '저항'을, 제시문 (다)의 화자는 '역이용'을 하고 있습니다.

제시문 (나)의 화자는 감금 제도를 불의한 사회에 대한 '저항' 수단으로 삼습니다. 그에게 주어지는 처벌은 사회가 그를 위협으로 여기고 제거하고 싶어한다는 의미이기 때문에 그에게는 사회에 대한 저항의 공식적인 승인이 될 수 있습니다. 그러므로 사회로부터 격리되어 지내야 한다는 것이 그에게는 비인간적인 처우이기보다는 인간성의 승리를 의미하고, 정의가 공적으로는 아니더라도 최소한 사적으로는 승리했음을 의미합니다. 더 이상 국가의 부당한 명령에 따르지 않아도 되는 만큼 '더 자유롭고 더 명예로운 곳'이라고 할 수 있습니다. 불의한 국가에 속해 있는 한 그 명령에 따라야 하므로 자유롭지 못하고 명예롭지도 못하기 때문입니다. 이와 같은 의미를 부여함으로써 제시문 (나)의 화자는 수감 생활의 의미를 '처벌'이 아닌 '저항'으로 바꾸고 있습니다.

한편, 제시문 (다)의 화자는 감금 제도를 자신의 처지에 유리하게 '역이용'하고 있습니다. 그는 식사나 소지품 검사 등에서 속임수를 쓰고 있기 때문에 단순히 제도에 순응하고 있다고 말할 수는 없습니다. 이 화자가 왜 자신의 생활을 '차라리 행복하다고까지 말할 수 있는 그런 날'이라고 표현하는지 알려면 그가 원래 평범한 농부였다가 전쟁 포로가 되었던 사람이라는 점을 인식해야 합니다. 가난한 농부였을 때에 비해 지금 감옥에서 하는 노역이 더 고되거나 힘들지도 않을 것입니다. 게다가 전쟁 포로였던 시절과 비교하면 형기가 정해져 있는 감옥 생활에는 눈앞이 컴컴하고 불안한 마음도 들지 않을 것입니다. 오히려 사회 바깥 환경이 그에게 부귀나 자유를 주는 것도 아니기 때문에 그에게는 차라리 감옥 생활이 물질적으로나 심정적으로나 더 안정된 삶일 수 있는 것입니다. 농부는 강제 수용소에서 오히려 바깥에서의 생활보다 큰 안정감을 얻고 있기 때문에 제도를 '역이용'하고 있는 것이라고 볼 수 있습니다.

이로 볼 때 어떠한 제도가 반드시 그 제도를 만든 본연의 기능과 목적에 의해서만 작동한다고 볼 수는 없습니다. 두 화자의 표현에서 드러나듯이 인간은 사회 제도에 대해 반드시 주어진 의미가 아닌 대안적 의미를 부여할 수 있으며, 이를 통해 약간의 자유를 누리게 되었다고 볼 수 있을 것입니다.

1. 문제 리프레이밍(reframing): 주어진 제도를 자신의 목적에 따라 활용하는 방식

2. 제시문 (나)의 화자의 방식: 저항 수단으로서의 감금 제도

3. 제시문 (다)의 화자의 방식: 역이용 수단으로서의 감금 제도

4. 결론: 인간은 주어진 제도를 재해석함으로써 자유를 획득할 수 있음

Tip & Advice

'밑줄 친 표현'이 어떠한 심리적 과정을 통해 나오게 된 것인지를 구체적으로 설명하도록 해야 좋은 답안입니다.

제시문 (가)의 아이히만, 제시문 (다)의 슈호프, 제시문 (라)의 개미는 모두 자신에게 주어진 삶의 방식에 순응하며 살아간다는 커다란 유사성을 띱니다. 이들 중에 적극적으로 다른 방식의 삶을 찾으려 하는 존재는 하나도 없는데, 아이히만은 부당한 국가의 명령에 항의하지 않았고, 슈호프는 탈옥을 시도하는 등의 정치적 저항 의식을 키우지 않습니다. 개미는 마치 유기체의 일부와 같이 집단 전체에 편입되어 아무런 사적 이해관계를 갖지 않은 채로 살아가는 것이 특징입니다.

그러나 개미와 아이히만, 슈호프 같은 사람들 사이의 삶에는 뚜렷한 차이도 있습니다. 개미의 경우, 한 사람보다는 유기체의 일부, 즉 사람의 세포 하나에 비유되는 존재이기 때문에 개체와 공동체 사이에 동일한 이해관계를 갖고 있습니다. 하지만 사람은 대개 자신, 타인, 또는 공동체의 이해관계 사이에 다소의 간극을 가지게 됩니다. 따라서 개미는 공동체를 위한 삶의 방식만으로 모두에게 만족스러운 결과를 맞이할 수 있지만, 사람은 그렇지 않습니다.

공동체에 순응하는 삶의 방식이 가져오는 폐해는 제시문 (가)와 (다)에 각각 드러납니다. 제시문 (가)의 아이히만은 가해자의 입장이고 제시문 (다)의 슈호프는 피해자의 입장이라는 점에서 차이가 있지만, 공통적으로 무저항적인 삶의 방식으로 인해 바람직하지 않은 결과를 가져오고 있습니다. 아이히만의 경우, 부당한 국가의 명령에 항거하지 않음으로써 수많은 유태인들이 고통스러운 죽음이나 이별을 맞이해야 했습니다. 또한, 슈호프의 경우에도 국가의 잘못된 행정에 대해 아무런 저항을 하지 않았기 때문에 본인의 명예를 지킬 수 없었을 뿐 아니라, 동료 시민에게 비슷한 일들이 재생산되도록 방치한 것이라 할 수 있습니다.

결론적으로, 공동체만을 위해 살아가도 되는 개미와 달리 인간은 그렇게 해서는 자신이나 타인에게 피해를 주게 된다는 차이가 있습니다. 이를 염두에 두면 성찰적이고 때로는 저항적인 삶의 방식을 갖는 것이 보다 인간다운 삶의 방식이라고 할 수 있을 것입니다.

개요

1. 유사성: 순응(무저항적 삶의 방식)
2. 제시문 (라)의 개미와 제시문 (가), (다)의 인간 비교
3. 제시문 (가)의 가해자 입장과 제시문 (다)의 피해자 입장 비교

Tip & Advice

[문제 3]은 세 제시문을 비교하는 삼자 비교 문항입니다. 세 가지를 병렬적으로 비교해도 되지만, 이단 비교를 통해 순차적으로 비교해도 될 것입니다.

제시문 (가), (나), (라)의 아이히만, 슈호프, 개미는 셋 다 심적 갈등이 없는 상태로, 집단과 개체 사이에 존재할 수 있는 간극에 대한 고민을 하고 있지 않다는 공통점이 있습니다. 그러나 이러한 태도로 인해 나타나는 원인과 결과는 서로 매우 다릅니다. 첫째, 원인적인 측면에서 제시문 (가)의 아이히만에게는 국가의 명령과 공직자로서의 의무가 그가 느꼈을 법한 도덕적 번민을 해소해 주고 있습니다. 제시문 (다)의 슈호프의 경우, 다소 우둔하다 싶을 정도로 사소한 욕망을 충족하는 데에 만족하고 있으며, 억울한 옥살이에 대한 불만은 일체 보이지 않습니다. 제시문 (라)의 개미는 물론 아무 생각도 감정도 없이 본능에 따라 기계적으로 움직일 뿐입니다.

둘째, 개체보다 공동체의 규칙과 요구가 우선시되고 있다는 점에서 공통적이지만, 그 결과는 큰 차이를 띱니다. 제시문 (가)의 경우 공동체의 명령에 복종한 대가는 유대인 학살이라는 인류사적 비극이자 폭거입니다. 제시문 (다)의 슈호프는 공동체의 잘못된 결정에 대해 아무런 항의나 저항을 하고 있지 않기 때문에 공동체에 긍정적으로든 부정적으로든 별 영향을 미치지 않지만, 그 스스로는 주어진 환경에 심리적으로 적응하여 만족을 느끼고 있습니다. 제시문 (라)의 개미는 인체의 세포처럼 완벽하게 전체의 목적을 위해 종사하는 하나의 부분이 됨으로써 공동체의 번영과 존속에 기여하고 있습니다.

제시문 (라)는 개미의 모듬살이를 성공했다고 평가하지만, 이는 사람들에게 동일하게 적용되지 않을 수 있습니다. 전적으로 공동체의 요구에 맞추어 살아가는 것이 제시문 (다)처럼 공동체에 별다른 도움이 되지 않을 수도 있고, 제시문 (가)처럼 공동체에 해를 끼치는 역효과를 일으킬 수도 있습니다. 따라서 인간에게 찾아오는 심리적 갈등이 공동체에 바람직한 영향을 미칠 수 있다는 가능성을 인정해야 합니다.

개요

1. 공통점: 집단과 개체 간 심리적 갈등의 부재
2. 차이점 1: 원인 측면
3. 차이점 2: 결과 측면
4. 평가: 인간의 심리적 갈등은 공동체에 바람직한 특징

Tip & Advice

제시문 (가), (다), (라)를 종합적으로 비교한 답안입니다. 공통점을 우선 찾고, '원인'과 '결과'라는 기준을 토대로 각각을 평가했다는 점에서 의의가 있습니다.

국가는 한 사회의 물리적 폭력을 정당하게 독점한 집단 또는 제도입니다. 국가는 무력을 일차적으로 내지 이론적으로는 자기 방위를 위해 사용하지만, 국익의 이름으로 침략 전쟁을 벌이거나 기타 모호한 선을 넘나드는 사례가 있기도 합니다. 그럴 때 국가의 무력 사용은 그러한 권리를 위임한 개인 시민의 가치관과 충돌할 수 있습니다. 특히 전쟁이란 인명 살상이 필연적으로 수반되는 활동이기 때문에, 개인이 동의할 수 없는 국가의 전쟁 활동에 협조해야 하는가의 문제는 심각하고 중요한 윤리적 사안이 될 수 있습니다.

예를 들어, 베트남 전쟁에 대해 미국 시민들은 '불의의 전쟁'이라고 부르며 비판을 했고, 전황 악화 못지않게 이러한 여론의 반대가 미군의 철수에 많은 영향을 끼쳤습니다. 이스라엘에서는 최근 정착촌 복무를 거부하는 이스라엘 청년들이 생겨나고 있다고 합니다. 해외는 물론 국내에서도 군복무 자체를 폭력에 대한 봉사로 보고 거부하는 '양심적 병역 거부'가 뜨거운 사안이 되고 있습니다.

이러한 사례를 바탕으로 논의를 전개해 보면, 베트남전처럼 자국이 부당한 전쟁을 벌이고 있다고 판단될 때, 개인의 자율성을 발휘하여 집단의 바람직한 발전과 조화시키는 방법에는 두 가지가 있습니다. 바로 공적으로 항의하는 것과, 사적으로 그 행위에 동참하지 않고 이탈하는 것입니다. 먼저 공직자들, 특히 고위 공직자들의 경우, 가장 먼저 자신의 비판적 견해를 상부에 전달해 정책 변화의 계기를 만들어야 할 것입니다. 항의에도 불구하고 똑같은 명령이 하달된다면 공직자로서 궁극적으로 하달된 명령을 마음대로 바꿔서 실천한다는 것은 허락되기 어렵습니다. 그럴 때 최후의 수단으로서 공직자는 공직에서 사임함으로써 자율적인 반대 의사를 표현해야 합니다. 다음으로 일반 시민들의 경우, 정치적 항의를 하는 방법이 있습니다. 반대 시위, 언론 기고, 전쟁 지지 기업에 대한 불매 운동, 유권자로서의 정치인 소환 운동 등이 이에 해당합니다. 시민들의 경우에 이탈을 한다는 것은 국적을 버리거나 이주한다는 것을 의미하기 때문에 이탈은 현실적인 방법이 아니지만, 이탈할 수 없기 때문에 더더욱 일제히 항의를 위해 힘을 실어줄 수 있습니다. 어떠한 국가도 공직자들이 대거 사임하고 시민들이 일제히 항의에 나서는 상황 속에서 불의의 전쟁을 밀어붙일 수는 없을 것입니다. 그렇게 함으로써 개인의 자율성을 집단의 바람직한 발전 방향을 위해 사용할 수 있을 것입니다.

개요

1. 국가의 요구가 개인의 판단과 상충되는 사례: '불의의 전쟁'

2. 공직자가 할 수 있는 행동: 항의(반대 의견 개진)와 이탈(사임)

3. 시민이 할 수 있는 행동: 항의(시위, 언론 기고, 불매 운동, 정치인 소환 등)

'국가의 요구가 개인의 판단과 상충되는 사례'를 제시해야 하는 문제입니다. 예시 답안 (1)은 '국가'란 무엇인가의 개념으로부터 사례를 도출해 내고 그 사례가 중요하게 검토해 볼 가치가 있는 문제인지를 제시하고 있습니다.

국가의 요구를 개인의 판단보다 무조건 우선시할 경우 일어나는 불행한 사태를 제시문 (가)의 아이히만 사례를 통해 보았습니다. 국가가 내린 부정의한 명령을 그대로 기계적으로 실천한다면 그것은 윤리와 양심을 지닌 인간이 아닌 개미라는 미미한 존재로 사는 것에 불과할 것입니다. 또한, 개인의 판단을 무조건 국가의 요구보다 우선시할 때 과연 국가의 통일된 질서가 유지될 수 있을 것인지에 대한 우려도 제시문 (나)를 통해 간접적으로 확인할 수 있습니다. 예를 들어, 아내를 때리는 남편이나 아이들을 학대하는 부모도 자기 나름으로는 훈육의 목적을 위한 행동이었다고 강변할 수 있는데, 그것이 그 사람의 양심에 부합한다고 해서 방치할 수는 없을 것입니다. 따라서 우리는 개인의 자율성과 집단의 바람직한 발전이 서로 조화를 이룰 수 있도록 해 주는 어떠한 기준을 수립해야만 합니다. 그러한 기준으로 세 가지를 들 수 있습니다.

첫째, 공리주의적 기준인 '최대 다수의 최대 행복'입니다. 어떠한 국가의 요구가 온당한지 그렇지 않은지를 따지는 기준으로서 그 요구를 따랐을 때의 결과가 더 많은 사람의 행복을 증진하는지 판단해 보는 것입니다. 민주주의 사회에서는 다수결 원칙에 따라서 지지받은 정책일 경우에 대체로 공리주의적 기준을 만족한다고 볼 수 있을 것입니다. 유권자들은 자신의 이익이 무엇인지를 알고 있다고 간주되기 때문입니다. 예를 들어, 국가가 의무 연금 제도를 마련하려고 할 때 개인적으로 추가적 재정 부담을 지는 것이 싫을 수 있지만, 연금을 통해 많은 사람들에게 더 큰 혜택이 돌아간다고 판단된다면 따라야 할 것입니다.

둘째, 의무론적 기준인 '불가침의 기본권'입니다. 아무리 다수결에 따랐다고 하더라도 소수자의 최소한의 권리를 침해하거나 박탈하는 조치를 국가가 요구한다면, 개인은 그것을 자율적으로 거부하는 것이 올바를 것입니다. 일부 사회에서 숫자가 많은 세력이 숫자가 적은 세력을 억압하는 것은 쉽게 일어나지만, 그것을 정의롭다고 할 수는 없기 때문입니다. 신체의 자유, 재산의 자유, 직업 선택의 자유, 이주의 자유, 언론과 사상의 자유, 성적 자기 결정의 자유 등 보편적 인권으로 여겨지는 가치들은 다수결적 기준에 무관하게 수호되어야 합니다. 국가에서 돈이 많이 든다는 이유로 맹인들을 위한 보도블록을 더 이상 제공하지 않겠다는 명령을 내린다면 그것은 맹인으로 태어난 사람들의 기본권을 제한하기 때문에, 여기에 항의하는 개인들은 공동체를 위해서도 바람직한 일을 하고 있다고 판단할 수 있을 것입니다.

셋째, 경험주의적 기준인 공동체의 '상식'입니다. 보편적인 도덕 원칙이나 추상적인 종교 윤리도 그것의 옳고 그름을 증명하기 어려운 경우가 많기 때문에 그 자체로 무조건적으로 받아들여야 한다고 강변할 수만은 없습니다. 대신에 하나의 공동체에는 역사적으로 그 공동체를 유지시켜 온 기존의 판단들의 집합인 상식이 존재하기 마련입니다. 상식은 그 공동체의 역사와 문화를 공유하는 사람들이 서로 공존하기 위해 쌓아 온 오랜 판단들이 모여서 형성된 것이므로 국가 요구의 정당성을 평가하는 기준이 될 수 있습니다. 예를 들어, 공공장소에서의 지나친 종교적 표현을 금지한다는 프랑스 정부의 방침을 따라야 할지의 여부는 프랑스가 혁명 이래 세속주의적 가치를 표준 상식으로 삼아왔다는 사실에 비추어 판단해야 할 것입니다.

개인은 국가의 요구가 주어졌을 때 위의 세 가지 기준을 통해 평가한 후에 비로소 그 요구에 따를 것인지 결정해야 할 것입니다. 거꾸로, 개인은 자신의 신념 역시 위의 세 가지 기준에 부합하는지 판단한 후에 비로소 신념을 기준으로 국가의 요구를 거부해야지, 자의에 의해 마음대로 거부해서는 안 될 것입니다. 위의 세 가지 기준이 국가의 요구와 개인의 신념 양쪽을 평가하는 잣대로 작용할 때 비로소 개인의 자율성과 집단의 발전은 조화를 이룰 수 있게 될 것입니다.

개요

1. 국가의 요구만을 따라서도, 개인의 자율성만을 따라서도 안 되는 이유 제시
2. 둘을 조화시킬 수 있는 기준이 필요함
3. 기준 1: 공리주의 + 해당 사례
4. 기준 2: 기본권 + 해당 사례
5. 기준 3: 상식 + 해당 사례

Tip & Advice

예시 답안 (2)는 국가의 역할, 시민의 역할을 하나씩 제시한 것이 아니라, 그것을 종합하여 둘이 조화를 이룰 수 있는 기준을 세 가지 제시했습니다. 각각의 기준에 따른 구체적 사례를 제시하여 체계적으로 구술한 답안입니다.

출제 의도

● 개인이 집단의 관습 · 규율 · 요구에 대해 적절한 태도를 취하는 방법에 대한 답을 찾아가는 과정을 평가함

● 집단과 개인 사이에 존재하는 갈등적 측면을 이해하고 개인의 신념과 집단의 요구가 충돌할 수 있는 구체적 상황을 해결할 방안을 추론하는 능력을 평가함

문항 해설

● [문제 1]은 국가에 관한 두 개의 상반된 입장을 비판적으로 검토하여 개인이 집단의 관습 · 규율 · 요구에 대해 적절한 태도를 취하는 방법에 대한 답을 찾아가는 과정을 평가함

● [문제 2]는 주어진 지문에서 출발하여 주어진 조건이 동일해도 수감된 개개인의 가치 판단에 따라 생활의 태도, 행동, 의미가 크게 다를 것으로 생각할 수 있는지를 평가함

● [문제 3]은 세 개의 지문을 통해 각 주체가 종(種)적 특성, 처한 환경, 사회 · 정치적 지위 면에서 현저하게 다름에도 불구하고 집단과 관계하는 방식에서 보여주는 유사성을 파악하고 더 나아가 그 유사성 속에 존재하는 세밀한 차이점들까지 발견할 수 있는지를 평가함

● [문제 4]는 집단과 개인 사이에 존재하는 갈등적 측면을 이해하고 개인의 신념과 집단의 요구가 충돌할 수 있는 구체적 상황을 해결하는 방안을 추론하는 능력을 평가함

※ 제시문을 읽고 물음에 답하시오.

(가)

A, B, C가 인간의 본성에 관해 열띤 토론을 벌였다. A, B, C의 주장은 다음과 같다.

A: 사람의 본성은 마치 여울물과 같아서 동쪽을 터주면 동쪽으로 흐르고 서쪽을 터주면 서쪽으로 흐른 다. 여울물에 동서의 구분이 없는 것과 마찬가지로 사람의 본성은 선이나 악으로 구분 지을 수 없다.

B: 물에 동서의 구분은 없을 지라도 위아래의 구분은 존재한다. 물의 본성이 항상 위에서 아래로 흐르는 것처럼 사람의 본성은 태어날 때부터 착한 법이다. 물을 손으로 쳐서 이마 높이까지 튀어 오르게 할 수도 있고 거꾸로 거스르게 해 산 높은 곳에 머물도록 만들 수도 있지만, 이것은 물의 본성이 아니라 단지 형세가 그렇게 만든 것일 뿐이다. 사람이 악한 짓을 하는 것도 바로 이러한 경우에 해당한다.

C: B는 '인간의 본성이 선하다'고 했지만 이는 사실이 아니다. 옛날부터 세상 사람들이 '선'이라고 부른 것 은 올바르고 질서 있으며 공평하게 다스려진 것이었고, '악'이라고 부른 것은 치우치고 음험하며 어긋 나고 혼란스러운 것이었다. 바로 이것이 선과 악의 구분에 해당한다. 만약 사람의 본성이 올바르고 질 서 있으며 공평하고 다듬어진 것이었다면 성인군자도 소용없고 예의도 쓸모없는 것이 되었을 것이다.

(나)

D에 따르면 '좋은 질서를 가진 사회'를 만들기 위해서는 절차적 공정성이 중요하다. 사회 구성원이 사회 를 운영해 나갈 원칙에 대해 합의할 때, 합의하는 절차가 공정해야만 결과가 정의롭다고 할 수 있기 때문 이다. 자유롭고 평등한 개인이 공정한 조건에서 사회 정의의 원칙을 선택하기 위해서는 모든 사람이 '원 초적 입장'에 서는 것이 필요하다. '원초적 입장'은 '무지의 베일'을 쓴 상태로서, 사회 구성원이 서로 능 력·재산·신분 등의 사회적 조건을 알 수 없는 상황을 말한다. '무지의 베일'을 통해 모든 사람이 자신의 이익을 위해 유리한 조건을 악용하지 않고, 이해관계를 벗어나 공정하게 판단하고 선택할 수 있을 때 비 로소 사회 구성원은 다음과 같은 '정의의 원칙'에 합의하게 될 것이다.

첫째, 모든 사람은 기본적 자유를 평등하게 나누어 가져야 한다.
둘째, 사회·경제적 불평등은 최소 수혜자의 처지를 개선시키는 한도 내에서 허용되어야 한다.
셋째, 직책과 직위는 모든 사람에게 개방되어야 한다.

또한, '좋은 질서를 가진 사회'에서 살고 있는 시민은 불리한 여건으로 인해 고통 받는 사회를 도와야 할 의무를 지닌다. 단, 이 때 원조의 의무는 '고통 받는 사회'를 '질서 정연한 사회'로 만드는 것이지 모든 인 류의 복지 수준을 향상시키는 것을 뜻하지는 않는다. 어느 사회든 고유한 문화나 역사에 따라 요구되는 부의 수준은 다를 수밖에 없기 때문에 세계적으로 부를 평준화할 필요는 없다. 만약 어떠한 사회가 질서 정연한 체계를 갖추게 된다면 해당 사회에서 분배의 정의 문제는 충분히 해결될 수 있을 것이다.

(다)

   E는 개인이 자신의 이해관계뿐만 아니라 타인의 이해관계도 고려할 수 있으므로 경우에 따라서는 타인의 이익을 우선시할 수 있는 존재라고 믿는다. E에 따르면 인간은 다른 사람과의 조화로운 삶을 도모할 수 있으며 개인의 이러한 도덕성은 교육에 의해 충분히 강화될 수 있다. 하지만 개인이 도덕적인 경우에도 집단으로서의 사회는 비도덕적일 수 있다. 개인의 도덕적 행위는 사회 집단의 도덕적 행위와는 다르다. 여기서 말하는 사회란 인종, 민족, 계급, 국가 등 개인을 넘어서는 일체의 집단을 의미한다.

   기본적으로 집단과 집단 간의 관계는 도덕적이고 합리적인 판단에 기초해 수립되는 것이 아니라 각 집단이 갖고 있는 힘의 비율에 의해 정해진다. 결과적으로 이러한 집단 간 힘의 불균형으로 인해 사회의 정의가 위협받을 수 있다. 따라서 사회의 정의를 실현하기 위해서는 인류의 공동선에 부합하는 도덕적 규범 및 그에 상응하는 제도적 장치가 필요하다.

   인간의 역사를 살펴볼 때 민족·계급·인종적 이기심에 의해 집단의 이익을 유보하거나 스스로를 희생시키는 경우는 거의 존재하지 않는다. 오히려 다양한 역사적 자료는 인간이 어떻게 자신이 속한 공동체의 이익을 위해 물리적 강제력을 발전시켜 나갔는지를 잘 보여준다. 집단이 거대할수록 그 집단은 이기심을 대담하게 드러내는 경향이 있다. 집단은 개인과 달리 도덕적이지 못하기 때문에 거대한 집단들이 서로 갈등을 벌이고 대립하는 문제를 해결하고 세상 속에서 정의가 뿌리내리도록 하기 위해서는 개인을 대상으로 도덕적 호소나 합리적인 설득을 시도하는 것 이상의 거시적 측면에서의 제도적 대안이 필요하다.

문제 1

제시문 (가)에 기술된 A, B, C의 의견 중 가장 타당하다고 생각되는 주장을 하나 선택하고 그에 대한 논리적 근거를 제시하시오. 만약 A, B, C의 의견 중 어느 것에도 동의하지 않는다면 세 사람의 주장과 다른 새로운 관점을 제시하시오.

문제 2

제시문 (나)에 소개된 D의 주장과 밀접한 관계가 있는 현실 문제를 사례로 하나 제시하고, 그 문제를 해결하기 위해 만들어진 사회 제도에 관해 설명하시오. 그리고 이 사회 제도의 한계점에 대해 논하시오.

문제 3

제시문 (다)에 소개된 E의 주장과 밀접한 관계가 있는 현실 문제를 사례로 하나 제시하고, 그 문제를 해결하기 위해 만들어진 사회 제도에 관해 설명하시오. 그리고 이 사회 제도의 한계점에 대해 논하시오.

문제 4

제시문 (가), (나), (다)를 활용하여 '정의란 무엇인가?'라는 질문에 답하시오.

제시문 (가)에 나오는 세 인물 A, B, C는 인간의 본성에 관해 토론하고 있습니다. 그 중 A는 성무선악설을, B는 성선설을, C는 성악설을 주장하는 모습을 보입니다. 저는 B의 성선설을 지지합니다. 그 이유는 논리적 증거와 정서적 증거로 나누어 제시해 보겠습니다.

첫 번째로 논리적 증거입니다. 인간은 혼자 사는 동물이 아닙니다. 집단을 이루어 살아가는 것이 인간의 본성입니다. 그렇기 때문에 인간의 본성에는 혼자가 아니라 집단을 이루기 위해 필요한 요소들과 성향이 내재되어 있는데, 바로 협력 성향입니다. 인간은 여럿이 어울려 살아가기 위해 이기주의를 넘어 협력하는 능력을 가지고 있습니다. 나 자신만이 아니라 남에게 무엇이 필요한지를 이해하고 그에 맞추어 도움을 베푸는 능력, 서로 도움을 베풀었던 사람을 기억하고 선호하는 능력, 도움만 받고 돌려주지 않는 사람을 기억하고 외면하거나 처벌하는 능력 등은 인간이 협력을 위한 본성으로 갖고 있는 요소들입니다.

두 번째로 정서적 증거가 있습니다. 단지 논리적 이유로 인해 선을 베푸는 것이 아니라, 선행과 협력이 우리를 정서적으로 더 고양된 상태로 이끈다는 사실은 인간의 본성이 선하다는 사실을 방증합니다. 우리는 남을 도우면 기쁜 마음이 되고, 남을 속이면 개운하지 않은 기분을 느낍니다. 더욱이 제3자 간에 나와 상관없는 남을 돕는 사람을 보면 덩달아 흐뭇해지고, 남이 남을 속이는 것을 보면 내 일처럼 분노하게 됩니다. 이러한 정서적 반응들은 우리가 협력을 하도록 선천적 본성을 타고났다는 의미입니다. 이처럼 논리적, 정서적 증거들은 인간이 선한 본성을 가진 존재임을 뒷받침하고 있습니다.

개요

1. A, B, C의 입장 정리
2. B를 지지하는 이유 1: 논리적 증거
3. B를 지지하는 이유 2: 정서적 증거

Tip & Advice

답변을 시작하기 전에 머릿속으로 구조를 잘 정리해 두었다가, 서두에서 본인이 지지하는 입장과 몇 가지 근거를 통해 지지할 것인지를 밝혀주면 면접관 선생님이 편안하게 들을 수 있을 것입니다. 똑같은 내용의 답변이라도 몇 가지의 근거를 나열하고, 최종적으로 어떠한 입장을 지지하는지를 밝히는 방식은 구조성, 논리성이 떨어지는 답변처럼 느껴질 수 있으니 두괄식 답변을 자주 연습할 필요가 있습니다.

B는 사람의 본성이 선하다는 의견인 반면에 A는 사람 본성을 선하거나 악하다고 미리 결정지을 수 없다고 봅니다. C 또한 사람이 잘 다스려지면 선한 상태가 되고 그렇지 못할 때는 악해진다고 했습니다.

저는 선악의 여부가 사회적 맥락에 대한 고려 없이 본성만으로 정해지지 않는다는 입장입니다. 동서양을 막론하고 고대와 중세 사회에서는 선의 내용과 악의 내용이 제도적 질서와 무관하게 미리 주어져 있다고 생각했습니다. 예를 들어, 플라톤은 철학자의 정치를, 공자는 군자의 정치를 지지하는 등 선을 깨닫고 행할 수 있는 사람들이 정치적 지도자가 되어야 한다고 보았습니다. 또한, 경제 부문에서도 이익을 추구하는 상공업이나 금융업 등을 악한 것으로 여겨 천시하는 현상이 나타났습니다.

이와 달리, 근대에는 먼저 정치 영역에서 사회 계약론자들이 자기 보존을 기본 원리로 하는 정치학을 만들었고, 이는 한 사회의 정당성이 피지배층의 보호 여부에 달려 있게 만듦으로써 결국 오늘날의 민주주의 제도로 발전하게 되었습니다. 경제 영역에서도 아담 스미스가 개개인의 이윤 추구가 모여 조화를 이룸으로써 모두가 번영할 수 있다는 사실을 보여줌으로써 자본주의 사회가 이룩되었습니다. 과거에는 악일 수밖에 없다고 생각했던 개인주의 또는 이기주의는 제도적으로 균형을 잘 이룰 경우 오히려 민주주의나 자본주의에서처럼 사람들을 더 나은 삶으로 이끌 수 있다는 것이 증명되었습니다. 따라서 인간 본성이 선한지, 악한지에 대한 질문은 그 자체로는 무의미하고, 어떠한 인간 본성이 어떠한 제도에서 선하고 바람직한 결과를 낼 수 있는가라는 질문을 던지는 것이 중요하다고 생각합니다.

개요

1. A, B, C의 주장 요약
2. 본인의 주장 제시: 선과 악은 제도적 맥락에 의해 결정됨
3. 증거 1: 정치 영역에서의 고대–중세와 근대 비교
4. 증거 2: 경제 영역에서의 고대–중세와 근대 비교
5. 결론

Tip & Advice

예시 답안 (2)는 A, B, C의 의견 중 어느 것에도 동의하지 않으며, 자신만의 주장을 하고 있습니다. 이러한 경우 특색 있는 답변이 될 수 있으나, 구체적인 근거와 논리성을 갖추어 답해야 할 것입니다.

정의에 대한 제시문 (나)의 원칙은 기본적으로 모두의 평등을 옹호하고, 최소 수혜자에게 더 이득이 되는 경우에는 사회 경제적 불평등을 허용한다는 것입니다. 예를 들어, 본래는 경제적 영역에서 모든 자원을 동등하게 나누어 가지는 것이 바람직하지만, 일부 재능 있는 사람들이 자신들이 받은 자원을 잘 활용하여 더 많은 부와 재화와 일자리를 창출할 수 있다면 그 혜택이 모두에게 돌아가므로 그 사람들에게 일정 정도의 자원이 더 주어지는 것을 허용할 수 있다는 것이 바로 그러한 원칙의 적용에 해당하겠습니다. 경제적으로 극단적인 평균만을 허용하는 공산주의 사회에서 창의성을 지닌 사람들은 더 일할 동기를 갖지 않았고, 경제가 전체적으로 침체되었습니다. 그 결과 사람들은 오히려 다 함께 가난해지는 사태에 이르렀습니다. 이러한 문제를 해결하기 위해서는 일정한 경제적 불평등을 허용함으로써 사회 전체가 동기와 활력을 얻게 만들어야 한다는 것이 D의 생각입니다.

이러한 원칙은 자본주의 사회에서 부유층을 향한 세율에 반영되어 있습니다. 예를 들어, 경제적으로 뛰어난 재능을 갖고 있고 극도로 높은 수익을 올리는 소수의 창의적인 부자들이 있다고 할 때, 정부는 그들에게 세금 감면 혜택을 줌으로써 다른 나라로 떠나가지 않게 하고, 계속해서 주어진 자원을 활용해서 그 사회에 직업과 부를 창출하도록 유도하고 싶어합니다. 그러한 고려에 의해 부자에 대한 세금 감면이라는 정책이 만들어집니다.

부유층 세금 감면 제도는 어쩌면 논리적으로는 타당하고 심지어 정의로울 수 있을지도 모릅니다. 그러나 이러한 세금 감면 제도의 한계는 공정성에 대한 일반 사람들의 원초적 정의감을 훼손한다는 데에 있습니다. 사람들이 세율 분포의 진실을 알게 될 경우, 가난한 자신이 억만장자들보다 더 높은 비율로 세금을 내고 있다는 사실을 받아들일 수 없을 것이기 때문입니다. 사람들의 분노와 좌절감이 누적되고 세상이 근본적으로 불공평하다는 생각이 만연해지면 소비 심리는 위축되고 경제는 활기를 잃어버려 사람들은 행복감을 느끼지 못하는 상태에 도달하게 될 것입니다. 그렇게 된다면 부유층에 대한 세금 감면은 본래의 목적과 달리 사람들을 도덕적으로나 정서적으로 불행한 상태에 빠뜨리는 심각한 부작용을 가져오게 됩니다.

개요

1. D의 주장과 관련된 현실적 문제 사례
2. 그 문제를 해결하기 위해 만들어진 사회 제도: 자본주의 사회에서의 부유층 세금 감면
3. 해당 제도의 한계: 공정성에 대한 일반인들의 감각 훼손, 불행감 증폭

1. 특기자 구술면접 문제답게 난이도가 높고 입체적입니다. 현실 속의 문제를 제시하고, 그 해결 방법으로 나온 사회 제도를 설명하며, 그 한계까지 파악해야 합니다. 굉장한 균형 감각이 요구되는 것입니다.

2. 한계점에 대해 논하라고 했기 때문에 해당 한계점의 극복 방안까지 제시할 필요는 없지만, 답변 비중에 대한 균형을 잃지 않는 범위 내에서 간단히 의견을 보태는 정도는 가능할 것입니다. 다만, 우선은 묻는 바에 대한 정확한 대답이 가장 중요하다는 점을 기억해야 합니다.

제시문 (나)의 주장은 크게 국내 사회에서의 정의 실현과 국제 사회에서의 정의 실현에 대한 내용으로 나누어집니다. 먼저 공정한 절차 위에서 정의롭게 운영되는 사회를 D는 '좋은 질서를 가진 사회'라고 부르고 있으며, 세계에는 '좋은 질서를 가진 사회'도 있지만 그렇지 못한 '불리한 여건으로 고통 받는 사회'도 있다고 보고 있습니다. '질서 정연한 사회'는 '고통 받는 사회'가 '질서'를 이룰 수 있도록, 즉 절차적 공정성에 의해 스스로 평화롭고 정의롭게 운영될 수 있도록 원조할 의무를 가지고 있지만, 이 의무는 경제적으로 전 세계 자원을 평준화할 의무가 아니라 고통 받는 사회들이 자립할 수 있게 해 주는 원조에 대한 의무라고 합니다.

국제 사회의 불평등은 엄청난 규모입니다. 현시대 가장 가난한 집단에 속한 나라들에는 소말리아, 예멘, 시리아 등을 꼽을 수 있으며, 이들은 단순히 가난한 것이 아니라 내전과 외세에 의한 대리전 등으로 국민 전체가 극단적 폭력에 노출되어 있습니다. 이들을 원조하는 국제 사회 제도는 대표적으로 공적 개발 원조(ODA)와 평화 유지군(PKO)을 들 수 있겠습니다. 공적 개발 원조는 선진국이 개발 도상국에 자금을 증여하거나 빌려주고, 기술을 가르쳐주는 등의 활동을 뜻합니다. 평화 유지군은 UN에서 파견한 군부대가 외국에 주둔하면서 평화 유지를 위해 노력하는 것을 말하는데, 교전 활동을 하는 것이 아닌 재건 복구 활동을 위주로 합니다.

이 제도들은 인류가 국제 정의를 위한 이상을 공유한 덕분에 만들어진 소중한 장치들이고 없어서는 안 되지만, 현 세계의 불평등을 해소하는 데 결코 충분하지는 못하다는 한계점을 갖습니다. 공적 개발 원조의 경우, 원조하는 선진국의 국익에 좌우되는 부분이 크다는 문제가 있습니다. 자신의 국익을 위해 필요한 나라에 선별적으로 원조하는 경향이 크기 때문에 꼭 도움이 필요한 사회들이 외면 받는 경우가 잦고, 증여가 아니라 차관 형식으로 주어지는 경우도 많아 결국 빚이 되고 마는 문제점이 나타납니다. 평화 유지군은 실질적 무력을 발휘하지 못한다는 사실을 교전 당사자들이 알고 있기 때문에 폭력의 희생양이 되는 경우가 많고, 필요한 치안 능력을 발휘하지 못하는 경우도 많습니다. 이러한 한계를 벗어나기 위해 ODA를 UN 차원에서 취합하여 원조국을 선택하고 지원하는 조치가 필요할 듯하며, UN헌장에 들어있으나 현재 사문화되어 있는 국제 연합군의 편성을 다시 이슈화하는 등 보다 적극적이고 능동적인 방향으로 나아가려는 인류의 의지가 필요하다고 생각합니다.

1. 제시문 (나)의 주장 요약

2. 현실 문제 제시

3. 현실 문제에 관한 사회 제도 예시

4. 해당 제도의 한계점

Tip & Advice

1. 제시문 (나)의 내용은 20세기 철학자 존 롤즈의 「정의론」과 「만민법」을 재구성한 것입니다. 고등학생이 읽기에는 다소 어려운 내용들이지만, 교과 범위 내에서 다루어지는 내용이므로 배경지식으로 어느 정도 이해하고 있어야 하는 학자입니다. 자주 출제될뿐더러 20세기를 통틀어 가장 중요한 정치 사상가로 꼽힌다. 몇 년 전 「정의는 무엇인가」라는 마이클 샌델의 책이 국내에서 유행한 적이 있는데, 그 저자 샌델도 롤즈의 사상에 대한 주요한 비판자이자 철학자 중 하나로 유명합니다.

2. 구술면접 문제는 논술 문제에 비해 제시문 분석 비중에 대한 면접자의 지식 발휘 비중이 높은 편입니다. 평소에 조금씩이라도 자기 장래 전공 분야와 관련된 신문을 챙겨보면 좋을 것입니다.

현대 사회에서 19세기와 같은 적나라한 제국주의적 폭력과 갈등은 크게 줄어들었습니다. 민족 자결주의의 현실화로 많은 종족 집단들은 자신의 국가를 갖게 되었습니다. 비록 국경 분쟁이 여전하다 하더라도 19세기 중후반처럼 하나의 제국 밑에서 여러 종족, 민족, 인종들이 이익을 다투게 되는 경향은 줄어들었습니다.

집단간 대립이 물리적 폭력으로 분출되면 일반인들의 희망이 아닌 강자의 의지대로 결정되는 결과로 이어지게 됩니다. 민주적 절차를 통해 비폭력적인 방식으로 사람들의 희망을 확인하고 그 결과에 승복한다면 물리적 충돌이라는 최악의 결과는 예방할 수 있습니다. 하지만 민주주의 역시 종족 분리 독립이라는 사안에 대해서는 논리적으로 명확한 한계를 띠고 있습니다. 민주주의는 대개 다수결주의를 통해 사안의 해결을 추구합니다. 그러나 지역 분리 독립은 '그 다수란 누구의 다수인가'라는 논리적 난제를 제기합니다. 예를 들어, 스페인 국민의 다수는 카탈로니아의 분리 독립에 반대하지만, 카탈로니아 주민들 다수는 분리 독립에 찬성하는 경우가 있을 수 있습니다. 이때, 어느 집단의 다수가 존중되어야 하는 것인지 민주주의는 대답해 주지 않습니다. 카탈루니야나 퀘벡 같은 지역들은 그래도 민주적 절차가 잘 발달한 사회이기 때문에 중동, 아프리카에서와 같은 내전이 발발하지 않는다는 사실은 큰 다행입니다. 하지만 이러한 문제에 있어 다수결주의가 그 자체로 충분한 제도적 해결 방법은 아니라는 것도 분명해 보입니다.

민주주의는 단순한 다수결주의가 아니라 하나의 사안을 심도 있게 토론하는 심의 민주주의를 포괄하며, 동시에 서로 다른 종족적, 인종적, 계급적, 종교적 배경에도 불구하고 서로를 권리의 담지자로서 존중할 수 있는 관용적 시민 의식을 필요로 하는 정치 체제입니다. 종족 분리 독립 사안에 대해 다수결주의라는 최소한의 민주주의로는 충분하지 않기 때문에, 이 사회들은 분리 독립 주장이 나오는 이유가 무엇인지를 상호 존중하며 깊이 있게 토의하고 서로 이해하려는 최대한의 민주주의를 실천해야 할 것입니다.

개요

1. 집단 갈등의 현실적 예시: 종족 분리 독립 요구
2. 문제 해결의 제도적 도구: 민주주의의 다수결주의(투표)
3. 한계점: '누구의 다수인가'라는 문제
4. 보완책: 다수결주의 + 심의 민주주의 + 관용 정신

Tip & Advice

[문제 2]와 동일한 유형으로, 문제를 푸는 접근 방법도 같습니다. 단지 [문제 2]가 분배 정의 문제에 관심을 기울였다면, [문제 3]은 국제 평화 문제에 집중하고 있습니다.

제시문 (다)의 저자는 개인 간의 조화 유지와 집단 간의 조화 유지는 서로 다른 해법을 가진 문제라고 주장합니다. 개인 간은 교육으로 도덕의식을 강화해서 조화를 유지할 수 있는 반면에 집단들은 비도덕화 되는 성향을 가지고 있어서 의식이 아닌 제도적 장치를 통해 조화를 유지해야 한다고 합니다. 이와 밀접한 관계를 가진 것이 바로 전쟁입니다. 국제 사회에는 국가 집단들에게 도덕적 의식을 교육할 수 있는 주체가 없습니다. 오히려 개별 국가들은 저마다 물리적 강제력을 발휘하여 남을 희생시키고, 자신의 이익을 충족하려고 합니다.

두 번의 세계 대전을 거친 뒤에 전쟁에 대한 해결 방법으로 만들어 낸 가장 거시적인 제도적 장치는 국제 연합, 즉 UN입니다. UN의 중심 기관은 전 세계 거의 모든 국가가 참여하는 총회와 강대국들의 협의체인 안보 이사회입니다. 이러한 이중 구조는 한편으로 절묘한 균형이기도 하지만, 다른 한편으로는 한계라고도 볼 수 있습니다.

첫째, 이상적 차원에서 안보 이사회는 강대국들의 이익을 국제 사회에 불균형하고 과도하게 보장해 줍니다. 안보 이사회 상임 이사국은 미국, 영국, 프랑스, 러시아, 중국인데, 이들은 모두 비토권을 갖고 있어서 이들 중 한 나라라도 반대하면 사안은 안보 이사회를 통과할 수 없게 되어 있습니다. 그래서 총회에 참여하는 일반국들에게는 없는 의사 결정권이 다섯 강대국에게 불평등하고 비민주적으로 주어져 있다는 문제가 있습니다.

둘째, 실용적 차원에서도 안보 이사회 상임이사국의 비토권은 문제가 있습니다. 첨예한 갈등과 긴장이 존재하는 문제일수록 강대국들의 이해관계도 둘로 나뉘게 되어 어떠한 해결도 하지 못하는 교착 상태가 되기 쉽습니다. 또한, 국력과 국가의 의도는 시대에 따라 변화하는데, 안보 이사회 상임 이사국은 1945년의 다섯 강대국으로 고착되어 있다는 점도 문제입니다. 영국, 프랑스, 러시아의 국력이 당시에 비해 크게 감소한 반면에 독일, 일본, 인도 등 신흥 강국들은 자신들을 홀대하는 국제 연합 체제에 불만을 가질 수 있습니다. 제도의 경직성 때문에 이러한 불만을 제대로 해결해 주지 못하면 UN의 효능은 약화되고 국제 사회는 전보다 불안해지고 말 것입니다.

전 세계의 집단 간 갈등을 해결하기 위한 거시적 제도로서 UN은 매우 높은 가치를 지니고 있으며, 중대한 역할을 비교적 잘 수행해 왔지만, 이상적으로나 실용적으로 위와 같은 문제점들을 해결해야만 21세기에도 계속해서 전쟁을 방지하는 목적을 잘 수행할 수 있을 것입니다.

개요

1. 제시문 (다)의 내용 요약

2. 문제점 제시 및 해결 방법으로서의 사회 제도 제시: 전쟁과 국제 연합

3. 국제 연합의 한계점 1: 이상적 차원(비민주성)

4. 국제 연합의 한계점 2: 실용적 차원(경직성)

Tip & Advice

전쟁과 국제 연합(UN)을 사례로 제시한 답안입니다. 인문 · 사회 계열 구술면접을 준비하는 경우에는 면접 재료로서 활용할 수 있다는 가능성을 토대로 이러한 사회 제도에 관해 꾸준한 관심을 가져야 합니다.

'정의란 무엇인가'라는 커다란 질문에 저는 감히 '정의는 공정함이다'라고 대답드리고 싶습니다. 자기 자신만이 아니라 다른 존재들의 이해관계를 공평하게 고려하는 것이 바로 정의라는 것입니다.

제시문 (가)는 인간 본성에 대한 세 사람의 토론 내용을 보여줍니다. A는 인간 본성이 선이나 악으로 구분지어지지 않는다고 했는데, B는 인간 본성이 선하게 만들어져 있다고 반박했습니다. 이에 대해 C는 인간 본성이 날 때부터 선하지 않기 때문에 도덕과 예의를 통해 교화하는 것이라고 재반박했습니다. 이때의 선은 공평한 상태로, 악은 치우친 상태로 묘사됩니다. 치우쳤다는 것은 이기적, 편파적인 마음을 의미하고, 공평하다는 것은 남과 나 사이에 한쪽의 불이익이 없다는 말로, 정의가 공정함이라는 제 의견과 일치합니다.

제시문 (나)도 질서 있는 사회가 되기 위한 조건이 모두를 공평하게 대하는 데에 달려 있다고 주장합니다. '원초적 입장'은 내가 어떠한 케익 조각을 먹을지 모르는 '무지의 베일' 뒤에서 케익을 자르면 최대한 똑같이 케익이 잘릴 것이라는 발상에 의존하고 있습니다. 이 또한 '정의의 원칙'이 나와 남에게 공정해야 한다는 제 의견과 일치합니다.

제시문 (다)는 개인이 자신뿐 아니라 타인의 이해관계도 고려할 수 있는 능력이 있고, 이를 더 계발할 수도 있음을 지적하고 있습니다. 그러한 상태가 곧 도덕적 상태이고, 집단 간 관계에서처럼 타자로서의 다른 집단의 이해관계는 배려하지 않는 상황은 비도덕적 상태라고 합니다. 결국 개인 간 관계에서나 집단 간 관계에서나 자신과 타자의 이해관계를 공평하게 고려하는 것이 정의라는 생각인데, 이는 저의 의견과 동일합니다. 따라서 저는 정의를 '나와 남에 대한 공평성'으로 정의하는 것이 타당하다고 생각합니다.

개요

1. 본인이 생각하는 정의의 정의: 공정성
2. 제시문 (가)를 활용한 근거 제시
3. 제시문 (나)를 활용한 근거 제시
4. 제시문 (다)를 활용한 근거 제시

Tip & Advice

세 제시문은 정의의 문제를 다채로운 관점에서 바라보고 있습니다. 이들을 관통하는 공통점을 추출해 내서 나만의 주장으로 만드는 논리적 사고력이 요구되는 문제입니다.

제시문 (가), (나), (다)는 공통적으로 정의로운 사회에는 인위적인 개입이 필요하다는 교훈을 전달해 줍니다. 제시문 (가)를 보면 인간 본성에 대한 토론이 진행되고 있는데, 인간 본성의 본질에 대한 합의가 이루어지지 않는 것을 볼 수 있습니다. 다만 확실한 것은 인간이 선천적으로 선하다고 믿는 입장조차도 형세에 따라서 인간이 악을 저지를 수 있다는 사실을 인정하고 있다는 것입니다. 다른 논자들도 각각 바른 방향으로 물길을 터주거나 공평하게 다스린다는 등의 표현을 통해 개입의 필요성을 적극적으로 인정하고 있습니다. 제도적으로 균형 잡힌 사회가 될 때 정의가 이루어진다고 보기 때문입니다.

제시문 (나)가 주장하는 절차적 공정성 역시 정의를 실현하기 위한 틀을 관념적으로 만들어낸 것입니다. 논리적으로 도출된 세 가지 원칙에 따라서 사람들은 정의를 향한 의무를 짊어지게 됩니다. 일부 사회들은 정의를 스스로 행할 조건을 갖추지 못하고 있는데, 이러한 경우, 외부인들은 원조를 통해 그 사회가 스스로 정의를 실천할 수 있도록 도와야 합니다. 이는 제도적 균형이 존재할 때만 정의가 사회 내에 실현될 수 있음을 뜻합니다.

제시문 (다)는 개인 간 관계와 집단 간 관계를 대조적으로 다루고 있습니다. 개인적으로는 얼마든지 선하고 도덕적일 수 있지만, 집단 간의 관계는 훨씬 복잡하고 이기적, 적대적이라는 것이 제시문 (다)의 주장입니다. 따라서 집단 간에 정의가 자리 잡으려면 거시적 차원의 제도가 필요하다고 주장합니다.

제시문 (가), (나), (다)의 내용을 종합하면 정의란, 제도적으로 창출된 균형 상태입니다. 인간 본성은 바른 인도를 필요로 하며, 질서 없는 사회는 외부의 원조를 통해 균형을 되찾아야 하고, 집단 간 관계는 제도에 따라 규정되어야 하는 바, 이처럼 제도를 통한 균형 상태를 달성해야만 정의가 이룩된다는 것입니다.

개요

1. 제시문 (가)에 대한 논의
2. 제시문 (나)에 대한 논의
3. 제시문 (다)에 대한 논의
4. 결론: 정의란 '제도적으로 창출된 균형 상태'

Tip & Advice

답변의 처음과 끝에 제시문 (가), (나), (다)에 대한 분석을 개괄하여 배치한 양괄식 구성입니다.

학교 측 출제 의도 및 평가 지침

출제 의도

- ❍ 최선의 삶을 사는데 필요한 인간의 본성에 관한 이해 수준을 평가함

- ❍ 공정한 분배의 기준에 관한 논리적 사고력 및 문제 해결 능력을 평가함

- ❍ 국제 사회에서의 정의 문제에 관한 논리적 사고력 및 문제 해결 능력을 평가함

- ❍ 다양한 관점에서 조망되고 있는 정의의 문제에 관한 논리적 사고력을 평가함

문항 해설

- ❍ [문제 1]은 올바르고 가치 있는 삶을 살기 위해 필수적인 '인간의 본성에 대한 이해'의 수준을 평가함

- ❍ [문제 2]에서 D는 '무지의 베일'이라는 일종의 사고 실험 장치를 통해 사회 구성원이 '정의의 원칙'에 합의하게 될 때 분배의 정의가 실현될 수 있다고 주장함. 공정한 분배의 기준에 관한 논리적 사고력 및 문제 해결 능력을 평가함

- ❍ [문제 3]에서 E에 따르면 한 사회 속에서 개인들 간 갈등이 벌어지는 문제와 국제 사회에서 국가 간 갈등이 벌어지는 문제는 서로 성격이 다름. 역사적으로 인류는 자국의 이익을 추구하는 과정에서 수많은 전쟁을 일으켜 왔고 현재도 자국의 이해관계에 따른 대립으로 인해 지구촌 곳곳에서 전쟁의 불씨가 남아 있는 상태임. 국제 평화가 심각하게 위협받고 있는 시점에서 국제 사회에서의 정의 문제에 관한 논리적 사고력 및 문제 해결 능력을 평가함

- ❍ [문제 4]는 사회를 유지하는데 필수적으로 요구되는 기본적인 덕목이자 규범인 정의에 관한 문항임. 역사적으로 다양한 관점에서 조망되고 표현되고 있는 정의의 문제에 관한 논리적 사고력을 평가함

※ 제시문을 읽고 물음에 답하시오.

(가)
 신(臣)이 다음과 같은 내용을 들었습니다. 왕께서 당상(堂上)에 앉아 계시는데, 소를 끌고 당하(堂下)로 지나가는 자가 있었습니다. 왕께서 이를 보시고 "소가 어디로 가는가?" 하고 물으시자, 대답하기를 "장차 종(鍾)의 틈을 바르는 데 쓰려고 해서입니다." 하였습니다. 왕께서 "놓아주어라. 내가 그 두려워 벌벌 떨며 죄 없이 사지(死地)로 나아감을 차마 볼 수 없다." 하였습니다.

(나)
 고통을 당하고 있는 친구들을 위로할 때, 그들에 비하면 우리는 얼마나 적은 비애밖에 느끼지 않는가? 우리는 옆에 앉아서 그들을 바라본다. 그들이 자신에게 닥친 불행한 일을 이야기할 때 우리는 엄숙하고 진지한 자세로 듣는다. 그러나 그들이 자기감정에 북받쳐 이야기를 잇지 못할 때에도 우리 마음은 얼마나 무덤덤한가? 우리는 우리 자신의 감수성의 결핍을 자책하고, 아마도 그런 이유에서, 마치 공감하는 것처럼 꾸미려고 노력한다. 그러나 그처럼 꾸며낸 공감은, 그것이 생겨나는 경우에도, 항상 우리가 상상할 수 있는 것 가운데 가장 사소하고 일시적일 뿐이다. 그런 공감은 자리를 뜨자마자 온데간데없이 사라져버린다.

(다)
 물질적 빈곤과는 대조적으로 위해(危害) 때문에 발생하는 제3세계의 빈곤화는 부자들에게도 전염된다. 위험의 증가 때문에 세계 사회는 위난(危難)의 공동체를 만들어가기 위한 계약을 맺어야 한다. 부유한 나라들은 위험 요소를 해외로 이전해 없애고자 하지만 그 뒤에는 값싼 식료품을 수입하면서 바로 그 위험 요소의 공격을 받게 된다. 제초제는 과일과 카카오와 차 속에 함유되어 고도로 산업화된 모국으로 돌아온다. 극단적인 국제적 불평등과 세계시장의 상호연결성이 주변부 국가들의 가난한 이웃들을 부유한 산업 중심국의 문턱까지 이주시킨다. 주변부 국가들은 국제적 오염의 배양지가 되며, 국제적 오염은 과거 중세 도시의 빈민들을 괴롭혔던 전염병과 마찬가지로 세계 공동체의 부유한 이웃들까지도 가만히 두지 않는다.

문제 1
제시문 (가)에서 왕의 마음을 하나의 단어로 표현하고 그 이유를 설명하시오.

문제 2
제시문 (나)의 관점에서 제시문 (가)에 나타난 왕의 태도를 비판하시오.

문제 3
제시문 (다)의 문제를 해결하기 위한 방법을 자유롭게 말하시오.

제시문 (가)에 나타난 왕의 마음은 '연민'이란 단어로 표현할 수 있습니다. 그 근거로는 첫째, 소가 끌려가는 모습을 보면서 그 소가 어디에 쓰이는지보다는 어떠한 감정을 느끼는지에 더 관심을 기울이고 있다는 점을 들 수 있습니다. 이는 단순한 지적 호기심이라기보다는 정서적인 공감을 보여주는 모습입니다. 둘째, 왕은 도살장에 강제로 끌려가는 소의 공포에 감정 이입해 '차마 볼 수 없다'라며 상황에 개입하고 있습니다. 즉, 소는 죄가 없는 존재이므로 고통을 받아서는 안 된다는 입장에서, 소를 놓아줄 것을 명하고 있습니다. 종합하면 왕은 소의 운명에 연민을 느끼고 구제 조치를 하고 있다고 볼 수 있습니다.

개요

1. 핵심어 제시: 연민

2. 연민을 핵심어로 고른 근거 제시: 감정적 공감과 개입 조치

3. 핵심어 반복하여 결론 제시

Tip & Advice

1. 독해력을 점검하는 문제입니다. 짧은 글인데다 이야기 성격의 쉬운 글이므로 어렵지 않게 대답할 수 있을 것입니다. 길게 대답하지는 않더라도 정확한 개념을 뽑아내도록 하고, 둘 이상의 근거를 든다는 것을 강조하기 위해 첫째, 둘째 등의 표현을 사용하는 것도 요령이 될 듯합니다.

2. '당상', '당하'가 무슨 말인지, '종의 틈을 바른다'라는 것이 무슨 이야기인지 잘 이해가 되지 않을 수도 있겠으나, 전후 관계로 미루어 누군가 소를 잡으려는 상황이고, 왕이 겁먹은 소를 동정하고 있다는 정도는 쉽게 알 수 있을 것입니다. 학교는 논술이나 구술시험에 배경지식이 필수로 요구되는 문제를 출제하지 않으려고 노력하는 추세입니다. 일반적인 고등학생이 모를 만한 내용은 대개 문제 속에 해석의 힌트가 있거나, 아니면 문제를 푸는 데 꼭 알아야 하는 내용이 아닐 공산이 큽니다. 따라서 다소 낯선 내용이 있더라도 겁먹지 말고 '논리'에 집중하도록 합시다.

3. 제시문 (가)의 본문은 「맹자」에 나오는 제나라 선왕의 일화입니다. 고대 중국에서는 종을 새로 만들어 완성했을 때 틈이 있으면 소리가 잘 나지 않으므로 소를 잡아 피를 발라서 틈을 메웠다고 합니다.

　제시된 상황 속 왕의 마음은 '어짊'이라고 부를 수 있을 것입니다. 자신의 신민이 죄없는 소를 희생시키려는 모습을 보고, 미물이라도 고통을 겪지 않도록 배려하는 마음이 바로 어짊입니다. 유교에서는 어린아이가 우물로 기어가는 모습을 보면 누구라도 측은히 여겨 구하려 할 것이라며 이를 어짊이라고 불렀습니다. 왕이 죽으러 끌려가는 소를 보면서 측은히 여기는 마음도 바로 이에 해당한다고 할 수 있습니다. 이는 대대로 동양 국가에서 왕들에게 강조했던 덕목입니다. 제시문 (가)의 신하 역시 일화를 통해 왕의 어짊에 대해 이야기하고 있는 것으로 보입니다.

개요

1. 핵심어 제시: 어짊
2. 핵심어를 어짊으로 볼 수 있는 근거: 측은지심의 개념

Tip & Advice

1. 상황 속의 인물의 신분이 왕이기 때문에 단순히 동정이나 연민으로 정의 내리지 않고 '어짊(仁)'이라는 용어를 써서 표현한 답변입니다.

2. 예시 답안 (2)는 근거를 이야기 속에서도 찾았지만(죽으러 끌려가는 소에 대한 측은지심), 자신의 배경지식 속에서도 일부 찾아냈습니다(맹자의 사단설 중 '측은지심'='仁(어짊)'). 교육과정 내에서 배우는 내용이라면 구술면접에서도 이용할 만합니다.

제시문 (나)는 우리의 공감의 깊이가 충분하지 않다며 비판하고 있습니다. 다른 존재의 슬픔에 대한 우리의 공감에는 어느 정도 연극적인 요소가 있다는 것입니다. 때때로 우리는 진정으로 우러난 감정 때문에 상대를 위로하는 것이 아니라, 그저 사회적으로 그렇게 행동할 것을 요구한다고 생각하기 때문에 그 겉모습만을 따라하고는 합니다. 문제는 그러한 꾸며낸 감정은 얄팍하며 일순간밖에 지속되지 않는다는 사실입니다.

제시문 (가)의 왕의 공감도 그와 같이 얕고 즉흥적인 '꾸며낸 공감'의 혐의가 있습니다. 그렇게 판단할 수 있는 근거는 첫째, 왕은 높은 신분으로 태어나 백성이나 가축들의 실제 생활상을 겪어볼 기회가 거의 없다는 점입니다. 감정의 이입은 자신을 남의 처지에 놓는 데 기반하기 때문에, 자신의 경험 속에서 공통의 요소를 찾지 못할 경우 공감은 피상적인 상상에만 의거한 사소한 감정이 되기 십상입니다.

둘째, 왕은 눈에 띄는 소의 고난에만 공감했을 뿐, 생활을 위해 그 소를 이용해야 하는 백성의 보이지 않는 어려움에 대해서는 공감하지 않았습니다. 그저 그 자리에서 우연히 벌어진, 눈에 보이는 고난에 대해서만 관심을 보이고, 문제의 더 깊은 차원에 대한 고민은 하지 않습니다. 소를 놓아주라고 했을 뿐 백성이 소의 부재로 인해 생기는 노동력의 손실을 어떻게 메울지에 대한 장기적인 대안은 주지 않고 있습니다. 이러한 일시성 역시 꾸며낸 공감의 증거로 비판받을 수 있습니다.

이와 같이 피상적이고 일시적인 성격을 보이기 때문에, 왕의 공감은 꾸며낸 공감에 불과하다고 평가할 수 있습니다.

개요

1. 제시문 (나)의 관점 요약: 꾸며낸 공감의 특징인 '사소성'과 '일시성'
2. 왕의 공감에 나타난 '사소성'의 증거
3. 왕의 공감에 나타난 '일시성'의 증거
4. 결론: 왕의 공감은 꾸며낸 공감임

Tip & Advice

1. 제시문 (나)의 관점을 '이해'하고, 이를 바탕으로 제시문 (가)에 나타난 왕의 태도를 '비판'할 수 있어야 합니다. 즉, 이해력과 비판적 사고력이 관건입니다.

2. 먼저 제시문 (나)의 관점을 어떻게 이해했는지를 간단히 논의하는 것이 바람직합니다. 항상 '표현의 자기화'에 신경 쓰도록 합시다. 제시문과 똑같은 표현으로 옮는다면 내용을 완전히 소화한 것인지 아니면 방금 읽은 글을 외운 것인지 의심의 시선을 보낼 수밖에 없을 것입니다.

3. 다음으로 해당 관점에 의거해 제시문 (가)를 비판적으로 검토해야 합니다. '평가하시오'보다는 '비판하시오'라고 물었으므로 가급적 왕의 태도에서 부족한 점이나 잘못된 점을 찾아 지적해야 할 것입니다.

4. 예시 답안 (1)에서는 '꾸며낸 공감'의 개념을 설명할 때 제시문 (나)의 화자가 지적한 '사소하고 일시적'이라는 두 가지 특성을 키워드로 골라내어 제시문 (가)의 왕의 태도 속에서 그 근거를 찾고자 했습니다. 가급적 두 가지 이상의 근거를 들어 평가해야 논리가 탄탄하다는 인상을 줄 수 있으니, 참고하기 바랍니다.

왕이 나라를 다스리기 위해서는 감정적 공감에 그치지 않고 이성적 판단을 내려야 합니다. 이성적 판단이 수반된 공감만이 타인이 빠진 어려움에 대해 지속적인 해결 방안을 제공해 줄 수 있습니다. 그에 반해 제시문 (나)에서 말하는 꾸며낸 공감은 자신의 체면을 차리기 위한 방책에 불과하며, 단기간에 그치기 때문에 지속적인 문제 해결에 도움이 되지 않습니다. 불행히도 제시문 (가)의 왕의 태도는 제시문 (나)에서 말하는 진정성 없는 공감에 해당한다고 생각합니다.

제시문 (가)에서 왕이 문제에 대한 구조적 고민을 하지 않고 단지 감정적 대응을 보이고 있다는 사실이 이를 증명합니다. 왕은 소를 놓아주라는 즉흥적이고 일시적인 조치를 취했을 뿐입니다. 그러한 조치로는 그 소나 다른 소들이 앞으로 안전하게 살아갈 수 있는 안전장치를 만들어줄 수 없습니다. 더 나아가, 백성이 종의 틈을 바르는 문제를 해결해야 하는 과제에 대해서도 무책임한 태도를 보입니다. 결국 소나 백성이 아니라 자기만족을 위한 조치였을 뿐인 것입니다. 위와 같이 꾸며낸 공감은 기껏해야 자신의 마음만을 위로할 뿐이지, 다른 존재의 고난을 진실하게 해결해 주는 태도라고는 볼 수 없습니다.

왕이라면 감정적 공감으로 개인의 정서적인 만족을 구하는 데에 그쳐서는 안 됩니다. 어떠한 문제를 인지했을 때는 이성적으로 분석하여 문제가 발생하는 원인이 무엇인지, 현재의 비용과 편익은 무엇인지, 더 나은 대안은 어떠한 것인지를 판단해야 합니다. 왕이 물었어야 하는 질문에는 예를 들어, 과연 종의 틈에 바르기 위해 꼭 소가 필요한지, 그 용도에 소가 가장 효과적인지, 소의 생명보다 작은 희생으로 종의 틈을 바를 수 있는 다른 대안은 없는지, 종의 용도는 무엇인지, 종의 틈을 바르지 않을 경우 어떠한 손실이 생기는지, 그 손실이 소의 희생보다 중요한 것인지 등이 있습니다. 이성적 판단과 결합하지 않은 제시문 (가) 속 왕의 감정적 공감은 지도자의 자세로서 바람직하지 않다고 볼 수 있습니다.

개요

1. 주장: 공감 + 이성이 결합해야만 지도자로서 지속적 문제 해결이 가능
2. 감정적이기만 한 제시문 (가)의 왕의 태도 비판
3. 이성적인 왕의 태도 제시
4. 결론: 제시문 (가)의 왕의 자세는 지도자로서 바람직하지 못함

1. 왕의 태도는 '감정'에서도 드러나지만 '행동', 즉 그가 내린 '조치'에도 들어 있습니다. 예시 답안 (2)는 왕의 '조치'의 성격에 대해 집중적으로 비판의 시선을 보내고 있습니다. 어떠한 현상이나 조치를 평가할 때는 그것이 바람직한 '결과'를 가져올지 검토해 보고, 그 결과가 바람직하지 않을 경우에는 비판적 시각에서 평가를 내릴 수 있음을 염두에 두어야 합니다.

2. 대입 구술면접에서 면접관 선생님이 관심을 두는 요소 중 하나는 리더십입니다. 보통은 문제 해결 유형에서 리더십을 평가하는 경우가 많습니다. 예시 답안 (2)는 나름대로 리더십에 대한 뚜렷한 의견을 제시하고 있다는 점에서도 의의를 찾을 수 있습니다.

제시문 (다)는 국제적인 위해가 후진국으로부터 선진국까지 전염되는 문제를 다루고 있습니다. 글쓴이와 마찬가지로 제초제를 예로 들어 설명드리겠습니다. 제초제는 토양을 침식하고 지하수를 오염시키는 물질입니다. 이로 인해 선진국은 농업 부문을 제3세계에 맡기고 자국 내에서 제초제를 사용하지 않으려고 합니다. 그러나 선진국들은 너무나 값싼 가격으로 후진국의 농산물을 수입해 오고 있고, 이는 후진국들로 하여금 자국 내에서 제초제를 계속 사용해야 하게 만드는 압력을 주고 있습니다. 그 결과, 선진국 소비자들은 제초제가 사용된 수입 농산물을 소비하게 되는 것입니다.

이처럼 후진국의 취약한 경제력은 후진국의 위해가 자라나 선진국으로 재수입되며 국제적 오염이 전염되는 토대 역할을 하고 있습니다. 선진국들의 관심사가 오로지 후진국으로부터 최대한 저렴한 가격으로 농산물을 사오는 것에 머무른다면 이와 같은 문제는 영원히 해결되지 않을 것입니다. 따라서 적정 가격에 국제 무역이 이루어질 수 있도록 하는 노력이 필요합니다.

이러한 노력은 당연히 국제적 차원에서 추구되어야 합니다. 여기에는 후진국의 경제를 보호해 주는 일정 수준의 관세 및 비관세 장벽 인정, 후진국의 경제 발전 및 생태 보전을 위한 국제 원조금 등이 포함됩니다.

뿐만 아니라 선진국 국민들도 의식을 갖고 관련된 행동을 실천해야 합니다. 제초제가 사용되지 않은 수입 농산물이라면, 조금 더 비싼 가격이라도 기꺼이 지불해야 합니다. 이처럼 국제 사회의 구조적 노력과 개인의 의식 있는 소비가 합쳐진다면 제초제와 같은 국제적 위해의 폐해를 원인부터 제거해 나갈 수 있을 것입니다.

개요

1. 제시문 (다)의 '문제' 규정: 국제적 위해가 후진국에서 선진국으로 전염됨
2. 제초제 사례를 중심으로 원인 분석: 국제적 경제 불평등
3. 해결 주체별 대안 1: 국제 사회가 할일
4. 해결 주체별 대안 2: 선진국 소비자가 할일

1. 제시문 (가)와 (나)를 바탕으로 의견을 말하라는 식의 제약은 명시되어 있지 않으므로 상황에 따라 독립적으로 풀 수도 있고, 앞서 구술한 내용을 일부 활용할 수도 있습니다.

2. 해결 대안을 구술하는 유형입니다. 이러한 유형에서는 먼저 해결해야 할 문제의 특성과 원인을 밝히는 데에서 출발하는 것이 바람직합니다.

3. 원인을 알게 되면 해결 방향을 가늠할 수 있습니다. 대안은 가급적 구체적이고 실현 가능한 형태여야 합니다. 이러한 대안은 대개 제도적 해법의 형태를 띠기 마련입니다. 의식의 개선을 주장하는 데 그치지 말고 제도적 해법까지 제안해 주어야 더 구체적으로 고민한 인상을 줄 수 있습니다.

4. 대안을 떠올리기 어려울 때는 주체별, 영역별, 장·단기별로 나누어서 생각해 보면 도움이 될 것입니다. 예시 답안 (1)은 주체별로 대안을 제시하고 있습니다.

 제시문 (다)의 글쓴이는 제3세계 빈곤화의 원인을 둘로 나누고 있습니다. 하나는 물질적 원인이며, 다른 하나는 위해와 위험으로 인한 것입니다. 글쓴이는 이 중 후자가 전염성을 갖는다고 했습니다. 이러한 위험의 전염을 예방하려면 위험 요소의 본질적 특성을 이해해야 합니다.

 그 특성이란 곧, 위험 요소는 알아야 피할 수 있고 모르면 피할 수 없다는 사실입니다. 글쓴이가 위험 요소의 예로 든 것은 생태계를 파괴하는 제초제입니다. 그런데 제초제의 독성은 눈에 직접 보이지 않으며, 화학적 지식이 없으면 그것의 위험을 알고 피할 수가 없습니다. 둘째로, 제초제가 해롭다는 것을 안다고 해도 어떠한 농산물에 제초제가 사용되었는지를 모르면 이를 섭취하는 위험을 피할 수 없습니다. 제초제의 예에서 보듯이 결국 위험 요소란 정보 부족의 문제인 것입니다.

 따라서 이를 해결하려면 정보 확보와 전파에 힘써야 합니다. 그 대안은 둘로 나눌 수 있을 것입니다. 우선 정부는 우리 사회가 인지하고 있지 못한 잠재적 위험들을 평가하는 연구자들을 지원하는 데 넉넉한 예산을 편성해야 합니다. 또한, 관련된 해외 연구 사례들을 수집하고 국내 관련성 여부를 검토해야 합니다. 다음으로 정부는 국민들에게 여러 위험 요소들에 대한 정보를 최대한 편리하게 제공해야 합니다. 매스미디어를 통한 캠페인이나 웹사이트를 활용한 쌍방향 정보 제공 등을 예로 들 수 있을 것입니다. 우리가 위험 요소에 대해 잘 알면 알수록 그것을 잘 통제할 수 있게 될 것입니다.

개요

1. 문제 정의: 위험의 전염

2. '위험'의 특징: 정보가 부족하면 피할 수 없음

3. 구체화(예증): 제초제 피해가 '정보 부족'과 연관되는 두 가지 근거

4. 해결 방향: 정보 확보 및 전파

5. 구체적 대안: 관련 연구 지원과 대국민 정보 제공 등을 통해 위험의 통제 가능성 제고

1. 제시문 (다)의 첫 문장에서 '물질적 빈곤과는 대조적으로 위해 때문에 발생하는 제3세계의 빈곤화는…'이라고 되어 있는 점을 포착하여 '물질적 차원'과 단순히 물질적이지 않은 '위해'의 차원을 구분하고, 위해/위험의 개념을 '앎과 모름'이라는 비물질적 요소로서 풀어나가고 있는 답안입니다.

2. 제시문의 예(제초제)를 부분적으로 활용하고 있는 답안입니다. 제초제가 '정보 부족'과 어떻게 연관되는지 두 가지 이유로 다각화해서 예증했습니다.

3. 전 세계적 차원보다는 국가적 차원에서 실천할 수 있는 대안을 제시했습니다. 문제의 원인 진단(정보 부족으로 인한 통제 불가능성)과 대책의 성격(정보 확보 및 전파를 통한 통제 가능성 제고)이 상응하고 있습니다.

4. 제시문 (다)는 독일 학자 울리히 벡의 「위험사회」에서 발췌한 것입니다. 저자는 과거 사회의 주된 이슈가 물질적 결핍으로 인한 '배고픔'이었다면 오늘날의 사회는 알지 못하고 통제하지 못하는 위험에 대한 '두려움'이 주된 이슈라고 보고 있습니다. 오늘날 우리에게 여러 위험을 가져다 준 근대의 사고방식과 생활양식을 성찰적으로 다시 바라보자는 것이 벡의 주장입니다.

학교 측 출제 의도 및 평가 지침

출제 의도

고려대는 모의면접에 해당 문항 채점 기준과 문항 해설을 제공하지 않았음

문항 해설

고려대는 모의면접에 해당 문항 채점 기준과 문항 해설을 제공하지 않았음

※ 제시문을 읽고 물음에 답하시오.

(가)

조깅하는 사람들은 자신을 보는 사람이 없다고 생각할 때보다 누군가 자신을 보고 있다고 생각할 때 좀 더 열심히 달린다고 한다. 또한, 헬스클럽에서 운동을 하는 사람들은 자신을 지켜보는 사람이 있을 때 더 열심히 아령을 들어 올린다는 연구도 있다. 도움을 요청할 때에도 한 사람보다는 두 사람이 부탁할 때, 사회적인 인맥을 고려하게 만들 때, 전화보다는 직접 얼굴을 보고 부탁할 때 그 요청이 받아들여질 확률이 높다. 이와 반대로 성금을 걷을 때 봉투에 넣어서 내도록 하면 모금액은 확연하게 줄어든다.

(나)

말뚝이: (얼굴은 탈로 가리고 머리에는 벙거지를 썼다. 채찍을 들었다. 굿거리장단에 맞추어 양반 삼형제를 끌고 한 가운데 등장.) 양반 나오신다아!

양반들: (말뚝이 뒤를 따라 점잔을 피우나, 어색하게 춤을 추며 등장. 양반 삼형제 맏이는 샌님, 둘째는 서방님, 끝은 도련님이다.)

말뚝이: 어허, 양반이라 하니 노론(老論), 소론(少論), 호조(戶曹), 병조(兵曹)를 다 지내시고 삼정승(三政丞), 육판서(六判書)를 다 지내신 퇴로재상(退老宰相)으로 계신 양반인 줄 착각하지 마시오. 개잘량*의 '양'자에 개다리소반*의 '반'자 쓰는 양반이 나오신단 말이오.

양반들: 뭐야아! 이놈, 양반을 모시지 않고 어디 그리 다녔느냐?

말뚝이: 아, 이 양반들, 어찌 시끄럽소. 양반 나오시는 데 훤화*를 금하라 하였소.

양반들: (일제히 서로를 바라보며) 저 놈이 훤화를 금하였다네.

말뚝이: 조용하시오. 여보, 악공들 말씀 들으시오. 화려한 풍악을 버리고 저 버드나무 홀뚜기*나 뽑아다 불고 바가지장단 좀 쳐 주오.

양반들: 야아, 이놈, 뭐야!

*개잘량: 털이 붙어있는 채로 무두질하여 다룬 개의 가죽.

*개다리소반: 상다리 모양이 개의 다리처럼 휜 소반.

*훤화: 시끄럽게 지껄이며 떠듦.

*홀뚜기: 버드나무 가지의 껍질 등으로 조잡하게 만든 피리.

(다)

그는 질긴 먹이를 씹을 윗니가 없고
머리를 들이받을 뿔이 없다
낙타처럼 가죽이 두껍지도 못하고
뱀처럼 허물을 벗을 수도 없다

다만 먹물을 내뿜는 앞발톱이 있어

허공을 할퀴거나 먹이를 잡는다

고사리나 뜯어먹고 살기에는

피가 너무 뜨겁고

먹음직한 고기나 생선을 물리치기에는

배고픔을 잘 참지도 못한다

눈은 둘이나 한쪽이 유난히 어두워

빛보다는 어둠에 익숙하고

눈보다는 더듬이로 길을 찾는다

그는 울음소리를 내기도 하나

그 소리 온전히 알아듣는 이가 없고

위험에 처할 때는 몸을 조그맣게 말아

곧잘 달팽이처럼 보이게 할 줄 아나

하나의 집에 갇혀 조용히 살지는 못한다

그는 때로 제 그림자를 베어먹고

그 속에 제 몸을 감추기도 한다

(라)

컴퓨터 네트워크가 창출하는 가상 공간에서는 물리적 제한이 없다. 누구든지 마음만 먹으면 성별을 바꾸어 활동할 수도 있고 아이가 어른 행세를 할 수도 있다. 이와 같은 가상 공간 속의 '제한 없음'은 개인의 정신적 자세, 생활 태도, 행동 양식에 영향을 줄 수 있다.

(마)

대도시의 보행자들은 몹시 붐비는 보도에서도 다른 사람들과 부딪치지 않고 놀라울 정도로 빨리 걸을 수 있다. 사람들은 빠르게 걷기도 하고 느리게 걷기도 하며 몇 걸음을 뛰어넘기도 하고 좌우를 누비며 도로를 건너기도 한다. 다른 사람들과 속도를 맞추려고 걸음을 재촉하기도 하고 늦추기도 한다. 다른 사람들과 부딪치지 않기 위해 속도와 보폭을 작고 미세하게 조절하는 일이 수없이 일어난다. 누구도 다른 사람에게 자신이 어디로, 언제, 어떻게 걸어갈지 말해 주지 않는다. 정해진 방침이나 지시 없이도 사람들은 스스로 다른 사람들의 행동을 추측하여 자신의 걷는 방식을 결정한다. 결과적으로 '이 방식'은 효율적으로 작동한다.

문제 1
제시문 (라)의 '가상 공간'의 특성을 제시문 (가), (나), (다)와 각각 연관 지어 이야기하시오.

문제 2
제시문 (나)의 '말뚝이'와 (다)의 '그'의 공통점과 차이점을 설명하시오.

문제 3
'익명성'을 주제로 제시문 (가)와 (나)를 설명하고, '익명성'이 개인의 행동 양식에 미치는 영향에 대해 이야기하시오.

문제 4
제시문 (마)에서 제시된 '이 방식'의 요지를 설명하고, 제시문 (라)의 '가상 공간'에서 어떻게 '이 방식'이 작동할 수 있을지 자유롭게 이야기하시오.

제시문 (라)에 의하면 가상 공간에는 실제 사회에서처럼 사람의 정체성을 물리적으로 고정시키는 제한이 없습니다. 따라서 가상 공간에서는 개인의 정신적 자세, 행동 양식, 생활 태도 등이 유동성을 띠게 됩니다.

첫째, 제시문 (가)에서는 정신 자세의 변화를 볼 수 있습니다. 사람들은 자신의 정체성을 드러내고 활동할 때는 남들이 바람직하다고 생각할 만한 모습으로 자아를 연출하지만, 정체성을 감출 수 있을 때는 남들에게 드러내고 싶지 않았던 약점들을 굳이 보완하려 하지 않게 되는 경향이 있습니다. 운동할 때 남들의 시선 앞에 놓이면 노력하게 되지만, 남들의 시선이 없으면 나태해지는 것이 한 예입니다. 또한, 공개적으로 선행을 할 때는 더 이타적이 되지만 비공개로 선행을 할 때는 이기적인 마음에 소극적으로 임하게 되는 것이 다른 예입니다. 이는 정체성에 대한 사회적 압력이 없을 때 사람들의 정신 자세가 영향을 받는다는 주장의 실례라고 하겠습니다.

둘째, 제시문 (나)는 행동 양식의 변화를 보여줍니다. 사람들은 익명성을 통해 사회의 공식적 억압 구조를 우회하고 권력 관계를 비틀 수 있습니다. 제시문 (나)의 전통 탈춤이 그 사례입니다. 말뚝이는 탈을 쓰고 등장하므로 양반들은 말뚝이의 정체를 정확히 파악할 수 없습니다. 비록 양반들이 사회적 신분 면에서 우월하지만 말뚝이가 더 재치있고 총명하며, 정체성을 숨길 수 있기에 말뚝이는 곤장 맞을 걱정 없이 양반들을 한껏 조롱할 수 있습니다. 이는 역시 신분제와 같은 제약이 일시적으로 사라진 상태에서 사람들의 행동 양식이 전혀 달라질 수 있다는 증거입니다.

셋째, 제시문 (다)에서는 생활 태도의 변화가 확인됩니다. 물리적 제한이 없는 가상 공간이 생김으로써 사람들이 실제 세계와 가상 공간을 오가며 새로운 생활 태도를 발달시킵니다. 제시문 (다)의 시에 나오는 그라는 존재는 빛의 세계와 그림자 세계를 오가며 살아가는 존재입니다. 어느 쪽에서도 자신의 욕구를 다 충족하지 못하며, 양쪽 세계의 특성을 모두 활용하는 특이한 방식으로 삶을 영위합니다. 이처럼 익명 공간의 출현으로 인해 생활 태도마저도 영향을 받을 수 있는 것입니다.

개요

1. 제시문 (라)의 가상 공간 특성: 정체성을 고정시키는 제한이 없음
2. 제시문 (가)에 적용: 개인의 정신 자세에 영향
3. 제시문 (나)에 적용: 개인의 행동 양식에 영향
4. 제시문 (다)에 적용: 개인의 생활 태도에 영향

1. 제시문 (라)는 불과 세 문장으로 이루어져 있는 짧은 글입니다. 그러나 제시문 (가), (나), (다)의 구체적 사례들을 관통하는 중심 개념이 들어 있기도 합니다. 제시문 (라)에서 중심 개념('제한 없음' 또는 '익명성' 등)을 도출하고 제시문 (가), (나), (다)에 적용해서 설명할 수 있어야 할 것입니다.

2. 제시문 세 개를 설명해야 하므로 직접 비교는 하지 않더라도 '개인의 정신적 자세, 생활 태도, 행동 양식'이 영향을 받는 '다양한' 모습을 드러내는 방식으로 구술하도록 합시다. 예시 답안 (1)의 경우에는 정신 자세, 행동 양식, 생활 태도를 키워드로 분리해서 제시문 (가), (나), (다)에 각각 적용해야 합니다.

가상 공간은 익명성이 지배하는 공간입니다. 원래 주어진 정체성을 감출 수 있을 뿐만 아니라 새로운 정체성을 자유롭게 창조해 낼 수도 있습니다. 익명성의 이러한 특성은 실제 생활에서도 비슷한 사례들을 통해 발견할 수 있습니다. 또한, 그를 통해 가상 공간의 익명성이 네티즌들의 행동에 어떠한 작용을 미칠 것인지 추론할 수도 있습니다.

제시문 (가)를 통해 사람들이 실명으로 행동할 때와 익명으로 행동할 때 다소 다른 행위 양식을 보인다는 사실을 확인할 수 있습니다. 제시된 사례에서는 익명성이 인간의 다소 바람직하지 않은 모습을 주로 드러내는 것으로 설명되고 있습니다. 운동을 하면서 노력을 덜 들이게 되거나, 기부를 할 때 돈을 덜 내게 되는 현상이 이에 해당합니다. 사람들이 실제로 행하고 싶은 행동과 남들이 바람직하다고 생각해서 행하는 행동 사이에 일정한 간극이 있다는 것입니다. 익명성이 보장되는 가상 공간은 결국 이러한 간극을 드러내면서 사람들이 게으르고 이기적인 행동을 보이게 만들 가능성을 갖고 있습니다.

제시문 (나)의 말뚝이 역시 탈을 통해 익명으로 활동하면서 원래는 허용되지 않는 행동들을 보이고 있지만, 이 경우에는 오히려 폭로적이고 풍자적인 순기능을 발휘하고 있습니다. 양반의 위선을 드러내고 사회 모순으로 인한 스트레스를 웃음으로 치유하는 역할을 하는 것입니다. 이처럼 가상 공간의 익명성은 해방적인 가능성 역시 가질 것이라고 예측할 수 있습니다.

마지막으로 제시문 (다)의 '그'를 네티즌이라고 가정했을 때, 이 시에는 가상 공간이 가져올 복합적인 행동 변화가 제시되어 있습니다. 네티즌들은 가상 공간에 살기도 하지만, 그곳에만 머무는 것은 아니고 실세계에서도 삶을 영위합니다. 가상 공간은 네티즌들이 실생활에서 위험이나 피로를 느낄 때 도망칠 익명적 공간으로 작용합니다. 결국 익명 세계와 실명 세계 사이에서 사람들은 복합적인 행동 양식을 진화시킬 것이고, 가상 공간은 실세계가 충족해 주지 못하는 어떠한 은닉과 회복의 기능을 갖게 될 것으로 예측할 수 있습니다.

개요

1. 가상 공간의 특성은 익명성이며, 실생활 사례들로부터 익명성이 가상 공간에 미칠 영향 추론 가능
2. 제시문 (가)를 통한 추론: 익명적 특성의 부정적 면모
3. 제시문 (나)를 통한 추론: 익명적 특성의 긍정적 면모
4. 제시문 (다)를 통한 추론: 익명적 특성의 복합적 면모

제시문 (라)는 가상 공간에서 개인의 자세, 태도, 양식이 영향을 받을 것이라고 했지만 어떠한 방향으로 영향을 받게 될 것인지는 다루지 않았습니다. 예시 답안 (2)는 이를 제시문 (가), (나), (다)의 사례 속에서 추론해 내고자 했습니다. 이를 통해 가상 공간의 익명성이 갖는 특징적 의미가 무엇인지를 풍부하게 이해할 수 있습니다.

제시문 (나)의 '말뚝이'와 제시문 (다)의 '그'는 익명성을 통해 자기 자신을 보호한다는 공통점이 있습니다. 하지만 말뚝이는 그러한 익명성을 사회 대의를 위해 활용한다는 점에서 그보다 한발 더 나아가 있다는 차이점이 있습니다.

공통적 측면부터 살펴보면, 제시문 (나)의 말뚝이는 얼굴을 탈로 가리고 벙거지를 써서 자신의 정체를 감추고 있습니다. 그리고 이를 이용해 양반 삼형제를 실컷 희화화하고 있습니다. 만약 말뚝이가 탈과 벙거지를 이용해 자신을 숨길 수 없었다면 곧바로 양반 사회에 도전한 죄를 물어 처벌받았을 것입니다. 제시문 (다)의 '그' 역시 윗니나 뿔 같은 공격 무기도 가죽이나 허물 같은 방어 수단도 갖지 못한 보잘것없는 약자입니다. 이러한 약자가 살아갈 수 있는 이유는 몸을 조그맣게 말아 그림자 속에 숨는 법이라도 아는 덕분입니다. 이처럼 말뚝이와 '그'는 억압적이거나 폭력적인 환경에서 약자인 자신을 보호하는 수단으로서 익명성을 이용하고 있다는 공통점이 있습니다.

하지만 제시문 (나)의 말뚝이에게 있어서는 익명성이 단지 자기 보호를 위한 수단만은 아닙니다. 말뚝이에게 익명성은 사회를 풍자하고 개선하는 수단이기도 합니다. 즉, 방패일 뿐만 아니라 부당한 사회 환경에 대한 저항이자 일종의 무기로서의 의미도 갖고 있습니다. 말뚝이는 사회 권력층인 양반들의 허위의식을 폭로하고 신분이라는 사회 제도를 상대화하고 있기 때문입니다. 이는 제시문 (다)의 '그'가 외부 환경에 별다른 영향력을 갖지도 못하고 그저 자기 보호를 위해서만 익명성을 활용하고 있는 것과 대조적입니다.

이는 제시문 (나)의 말뚝이는 사회적 존재인 인간인 반면에 제시문 (다)의 '그'는 비사회적인 동물이라는 차이에 기인합니다. '그'의 경우에는 생존과 번식이 유일한 목적이지만, 말뚝이는 사회 속에서 살아가며 상호작용하는 복잡한 존재입니다. 따라서 똑같은 약자의 처지라 하더라도 제시문 (다)의 그는 자기 보존에 급급한 자연적이고 수동적 존재인 반면에 제시문 (나)의 말뚝이는 사회 개혁에 이바지하는 사회적이고 능동적인 존재라고 볼 수 있습니다.

개요

1. 공통점과 차이점 요약
2. 공통점 상세 설명: 약자인 자신을 보호하기 위해 익명성 활용
3. 차이점 상세 설명: 익명성 활용에 있어서의 능동성과 수동성 + 부수적 차이점(사회/자연)

Tip & Advice

1. 단순히 '비교하라'고 하지 않고 공통점과 차이점을 설명하라고 했으므로 공통점에도 상당히 많은 분량을 할애한 답안입니다.

2. 추상적으로 구술하기보다는 제시문 (나)와 (다)에서 가져다 쓸 수 있는 구체적 요소들이 있으면 그것들을 사용하는 것이 좋습니다. 제시문 (나)의 탈, 제시문 (다)의 윗니, 뿔, 가죽, 허물 등이 이에 해당합니다. 이를 활용하면 답변이 생생해지고, 제시문의 내용에 밀착해서 논리를 전개한 답변이라는 인상을 남길 수 있습니다.

문제 2 **예시 답안 (2)**

　제시문 (나)의 말뚝이와 제시문 (다)의 '그'는 둘 다 사회적 또는 자연적 약자라는 공통성을 띱니다. 말뚝이는 조선 시대 신분 사회에서 양반을 풍자하는 평민 또는 노비로 추측됩니다. '그'라는 생물은 먹이 사슬에서 상위 포식자로부터 숨어 살아야 하는 동물입니다. 그럼에도 불구하고 둘에게는 여러 가지 차이점이 존재합니다.

　첫째, 주체의 성격이 다릅니다. 제시문 (나)의 말뚝이는 유쾌하고 명민하며 사회 의식이 깨어 있는 존재입니다. 화려한 언변으로 의사소통하고 훤화나 풍악 등을 비꼬면서 교묘하게 양반들을 놀릴 줄 압니다. 반면에 제시문 (다)의 '그'는 의심스러운 지능과 의사소통 능력을 지녔으며, 그저 욕망 덩어리에 불과한 존재입니다.

　둘째, 두 존재가 익명성을 이용하는 동기가 다릅니다. 제시문 (나)의 말뚝이는 익명성을 사회의 풍자와 개선 도구로 이용하고 있습니다. 제시문 (다)의 '그'에게는 익명성이 그저 자기 자신의 생존과 욕구 충족만을 위한 것입니다.

　셋째, 이러한 차이는 각자의 행동의 효과의 차이까지 이어지고 있습니다. 제시문 (나)에 나타난 말뚝이의 행동은 '드러냄'이라는 효과를 갖습니다. '그'가 쓰는 탈은 본인을 '감추는' 역할이 아니라 오히려 진면목을 '드러내는' 기능을 합니다. 말뚝이의 행동은 '위장'이 아니라 '폭로'의 효과를 갖고 있습니다. 반대로 제시문 (다)에 나타난 '그'의 행동은 '감춤'이라는 효과를 갖고 있습니다. 그리고 그림자에 숨어듦으로 인해 그의 존재의 무정형성과 몰개성이 더 강화되고 있을 뿐입니다. 이와 같이 똑같은 약자가 똑같은 익명성을 활용해 행동하고 있지만, 둘 사이에는 주체의 성격, 행위의 동기, 행위의 효과라는 세 가지 측면의 차이가 있다고 볼 수 있습니다.

개요

1. 공통점: 사회적 또는 자연적 약자
2. 차이점 1: 주체의 성격
3. 차이점 2: 행위의 동기
4. 차이점 3: 행위의 효과

한 가지 공통점과 세 가지 차이점을 들어 설명한 답안입니다. 이처럼 차이점에 있어서 다각화가 더 쉬우며, 차이점을 찾을 때는 '주범수효목'의 기준을 머릿속으로 빠르게 훑어보는 것이 좋습니다. 보통 동기가 다르면 효과도 달라지므로 '효과'와 '목적'이라는 차이점을 쉽게 찾아낼 수 있고, 행위의 '주체' 역시 구술할 때 자주 사용되는 기준 중 하나입니다. 사회적·자연적 약자라는 것을 '범위'의 차이라고 볼 수 있을 것이고, 익명성을 공격적으로 활용하는가 방어적으로 활용하는가를 '수단'의 차이를 지적할 수도 있을 것입니다. 이 중에서 주된 차이점 두~세 가지 정도를 선정해서 답변하는 것이 적당할 것입니다.

사람들은 자신의 고정된 정체성으로 활동하는 동안에는 평판이나 제재 등에 신경을 써야 하므로 각종 사회적 억압으로부터 자유로울 수 없습니다. 그런데 사회적 억압에도 사람들을 바람직하게 행동하도록 하는 종류가 있는가 하면 부당하게 차별하는 종류가 있어서 그 효과가 제각각입니다. 따라서 익명성이 사람들을 사회적 억압으로부터 해방한다면 그 결과 개인의 행동 양식의 변화 역시 다양한 방향으로 나타날 것입니다.

제시문 (가)에서 사람들의 행동 양식은 익명성으로 인해 부정적으로 변화했습니다. 남들이 자신을 근면하거나 도덕적인 사람이라고 생각한다는 '인식'은 개인에게 의미와 효용을 가져다줍니다. 그래서 남들의 시선이 있는 동안에 사람들은 좀 더 성실하고 이타적인 모습을 보이려고 노력합니다. 반면에 남들의 시선이 사라지면 그동안 이러한 사회적 힘에 억압되어 있었던 개인의 이기적이고 게으른 본성이 표면화됩니다.

제시문 (나)의 탈춤은 거꾸로 익명성을 통해 사람들의 행동 양식이 긍정적 영향을 받을 수 있는 사례입니다. 조선 시대 신분제는 집안에 따라 사람들의 지체를 나누는 불평등한 제도였습니다. 탈춤 속의 말뚝이도 탈이라는 가면을 통해 신분적 구속에서 해방된 행동을 보이고 있지만, 더 나아가면 탈춤 밖의 조선인들도 예술이라는 가면을 통해 신분적 구속에 대해 사유해 볼 기회를 얻을 수 있었을 것입니다. 특히 양반들은 탈춤 관람을 통해 솔직한 여론을 살펴볼 수 있었고, 따라서 탈춤을 금지하지 않고 오히려 이로부터 애민정신과 같은 교훈을 얻으려 했을 것입니다. 이처럼 익명성이 사람들의 행동을 긍정적으로 변화시킬 수도 있습니다.

결론적으로 익명성은 사회적 억압을 제거하며, 제거된 사회적 억압이 긍정적일 경우 부정적 효과를, 사회적 억압이 부정적일 경우 긍정적 효과를 일으킨다고 볼 수 있습니다.

개요

1. 익명성 = 사회적 억압으로부터의 해방, 사회적 억압의 긍정/부정에 따라 해방의 긍정/부정도 나뉨
2. 제시문 (가): 익명성이 개인 행동 양식에 미치는 부정적 영향
3. 제시문 (나): 익명성이 개인 행동 양식에 미치는 긍정적 영향
4. 결론

1. 익명성이 개인 행동에 긍정적, 부정적 영향을 미칠 수 있다는 사실을 서술하는 데 그친 것이 아니라 첫 문단에서 '긍정적, 부정적으로 상반된 영향을 갖게 되는 이유가 무엇인지'까지 논리적으로 설명한 답변입니다(익명성이 제거하는 사회적 억압 자체가 긍정적일 때도 부정적일 때도 있기 때문).

2. [문제 3]은 제시문 (나)를 분석하라고 할 때 '말뚝이'로 그 대상을 특정하지 않고 광범위한 방향에서 제시문 (나)를 설명하라고 출제된 문제입니다. 이에 예시 답안 (1)은 '탈춤' 자체가 '역할극 예술'로서 예인들에게 가면 역할을 한다고 가정하고 그것이 양반들의 행동 양식에도 긍정적 변화를 가져왔을 것이라는 논리를 제시했습니다.

제시문 (가)는 타인의 시선이 있을 때와 없을 때, 즉 익명성이 보장되는지 여부가 개인 행동에 미치는 영향을 여러 사례를 들어 설명하고 있습니다. 조깅하거나 헬스장에서 운동할 때 사람들은 타인의 시선 여부에 따라 성실성에서 차이를 보입니다. 또한, 남에게 도움을 주는 순간에조차도 얼마나 많은 사람에 의해 요청받았는지, 아는 사람이 자신의 행위에 대한 정보를 알게 될 가능성이 있는지, 자신의 얼굴을 본 사람이 한 부탁인지, 자신의 기여 수준을 감출 수 있는지 없는지 등 타인의 시선과 관련된 상황에 따라 행동을 달리하게 됩니다. 사람들은 이처럼 자신에 대한 평판 관리에 많은 신경을 씁니다. 부정적인 행동이 알려질 것이라고 생각하면 자제하지만, 익명성 덕분에 부정적 행동이 알려질 가능성이 없을 때는 바람직한 기대와 규범을 무시해 버리고는 합니다.

제시문 (나)는 전통 예술인 탈춤에서 탈을 통해 확보되는 익명성이 하인의 행동을 변화시키는 모습을 보여줍니다. 하인인 말뚝이는 탈과 벙거지 덕분에 신분적 경계를 초월하여 과감한 풍자와 조롱을 시도할 수 있습니다. '양반'이라는 낱말을 파자해서 조롱하기도 하고, 양반 나올 때 훤화하지 말라는 규범을 양반들에게 역으로 적용해 혼란에 빠뜨리고는, 곧이어 악공들에게 시끄럽고 화려한 음악 대신 초라하고 조잡한 음악을 연주하라고 지시해 사회 규범을 영악하게 희화화하고 있습니다. 이러한 방식으로 익명성을 이용함으로써 말뚝이는 고정된 신분 위계를 극복하는 행위를 통해 사회 정의를 고취하고 개인적 해방감을 누리는 것입니다.

종합해 볼 때, 익명성은 개인의 행동 양식에 양면적으로 영향을 줄 수 있습니다. 한편으로는 제시문 (가)에서처럼 개인의 부정적인 속성을 부추길 염려도 있으나, 제시문 (나)에서처럼 진보적인 행위로 이어질 가능성도 있습니다.

개요

1. 제시문 (가)의 내용
2. 제시문 (나)의 내용
3. 개인의 행동 양식에 미치는 영향 정리

Tip & Advice

익명성이 가지게 되는 양면적 속성을 대조시킨 정리형 답안 구조를 띠고 있습니다. 구술면접 시험을 볼 때 생각이 완전히 정리된 채로 답변을 시작하고자 한다면 두괄식으로 답하는 것이 좋습니다. 하지만 마지막 부분에서 자기 입장을 최종 정리하는 것은 필수입니다. 사람이 남의 의견을 경청할 때 가장 임팩트가 강한 부분이 첫머리이지만, 그에 못지않게 마지막 인상도 중요합니다.

사회의 질서는 제도적 규제 또는 의식적 실천이라는 상이한 방식으로 출현할 수 있습니다. 제시문 (마)에서 대도시 보행자들이 만들어내는 이동 과정의 질서는 후자에 해당합니다. 이들의 이동이 조화를 이루는 데 제도적인 방침이나 지시는 필요하지 않았습니다. 그저 각자가 의식적으로 타인들의 행동을 추측하면서 자신의 움직임이 방해받지 않도록 조정하는 과정에서 전체 움직임이 조화를 이룬 결과로 질서가 출현할 수 있었습니다. 이는 물론 보행자들이 서로를 해치거나 방해할 의도를 갖지 않고 각자의 행동을 양보 내지 조정하는 성숙한 의식이 뒷받침되었기에 가능했던 것으로 볼 수 있습니다.

오늘날 온라인 공간에는 여러 부작용이 나타나고 있습니다. 예를 들어, 익명성 뒤에 숨어 대화 상대방이나 사회적 약자를 조롱하거나 공격하는 글을 무분별하게 남기기도 하고, 타인의 사생활을 뒷조사하여 마음대로 공개하는 등의 행태가 보이기도 합니다. 외부적 개입 없이 자생적 질서를 이루기 위해서는 온라인 공간을 이용하는 사람들의 의식 변화가 수반되어야 합니다. 먼저 온라인 공간에 있는 타인들 역시 비록 익명성을 갖고 있다고 해도 실제 세상을 살아가는 개인들임을 인지하고 인신공격을 자제해야 합니다. 다음으로, 사람들은 익명 공간이기 때문에 자신들의 솔직한 고민 등을 공유할 수 있을 것입니다. 이때 개인 정보를 공개하는 것에 유의해야 하며, 그런 정보를 습득했을 때 개인의 뒤를 조사해서 실제 정체성을 확인하고 폭로하는 것은 커다란 폭력이라는 사실을 인지해야 합니다. 이처럼 가상 공간의 익명성의 나쁜 사용법을 억제하고 좋은 사용법을 장려하려는 이용자들의 성숙한 의식이 갖추어졌을 때 온라인 가상 공간은 제도적 개입이나 규제 없이도 자율적으로 질서를 이룰 수 있게 될 것입니다.

개요

1. 제시문 (마)에 제시된 '이 방식'의 요지: 제도적 개입 없는 의식적 질서 형성
2. 제시문 (라)의 가상 공간에서 작동할 수 있는 조건: 이용자들의 성숙한 의식 확립

Tip & Advice

1. '이 방식'이라는 표현은 그 외의 다른 방식이 존재한다는 점을 암시하는 것입니다. '이 방식'과 다른 방식에 각각 이름을 붙여준다면 '이 방식'이 무엇인지를 더 선명하게 보여줄 수 있을 것입니다. 예시 답안 (1)은 다른 방식과 '이 방식'을 각각 '제도'와 '의식'의 기준으로 구분함으로써 '이 방식'을 가상 공간 질서에 대한 의식적 해결 방법으로 연결시켰습니다.

2. 보행자 사례 분석에서 미리 '성숙한 의식'이라는 키워드를 한 번 정리하고 넘어왔기에 결론까지의 연결이 자연스럽습니다.

　사회 안에서 개인과 구조는 끊임없이 상호 작용합니다. 그 과정에서 하나의 사회 질서가 만들어집니다. 구조가 개인의 행동을 특정 방향으로 강제함으로써 그러한 질서를 이룩할 수도 있습니다. 반면에 개인들의 자발적 행동이 모여서 구조를 만듦으로써 질서를 창출할 수도 있습니다. 제시문 (마)의 '이 방식'은 개인이 구조에 영향을 미치는 질서 창출 방식을 의미하고 있습니다. 보행자들은 서로의 행동을 추측하고 전체의 안정된 흐름에 자발적으로 협력함으로써 자연스럽게 조화에 도달할 수 있습니다.

　물리적 제한이 없는 가상 공간에서는 이러한 자연스러운 조화를 위해 개인들에게 더 많은 노력이 필요하다고 생각합니다. 첫째, 가상 공간에는 나이, 성별은 물론 실제 공간상 멀리 떨어진 사람들도 참여할 수 있는 등 그 참여자가 현실의 어떠한 장소보다도 다양합니다. 둘째, 가상 공간에서 정체성은 숨길 수도 있고 바꿀 수도 있는 것이어서 타인의 행동 양식에 대한 개인의 추측은 언제든지 빗나갈 수 있습니다. 셋째, 익명성으로 인해 가상 공간에서는 사람들의 공격성이 강화되는 부작용이 나타날 수 있습니다. 결과적으로 가상 공간에서는 참여자의 다원성, 가변성, 공격성이 자발적 질서 형성을 저해하는 요인이 될 것으로 추정할 수 있습니다.

　따라서 이러한 가상 공간에서 갈등을 예방하기 위해서는 이용자들의 의식에도 세 가지 조건이 갖추어져야 합니다. 첫째, 자신이 접촉하는 다른 이용자들이 실생활에서 만나는 사람들보다 훨씬 더 다양한 배경과 사고방식을 가진 사람들임을 이해하고 더 큰 관용의 정신을 가져야 합니다. 둘째, 가상 공간에서 본인이 아닌 다른 정체성을 형성하는 것 자체를 부정적으로 볼 필요는 없으나, 어떠한 인간 정체성에라도 요구되는 보편적 기준은 지켜야 합니다. 악의적 거짓말 등에 가변성을 악용해서는 안 될 것입니다. 셋째, 각자 익명성으로 인해 자신도 모르게 공격성을 표출하고 있지 않은지 자신의 행동 양식을 성찰해야 합니다. 정리하면, 다원성을 관용으로, 가변성을 보편적 가치로, 공격성을 자기 성찰로 감싸 안음으로써 우리는 가상 공간을 또 하나의 질서 있는 사회 공간으로 바꾸어나갈 수 있을 것입니다.

개요

1. 제시문 (마)의 '이 방식' 해석: '개인 → 구조' 방식의 자발적 사회 질서 형성
2. 가상 공간에서 자발적 질서 형성이 더 어려운 이유: 참여자의 다원성, 가변성, 공격성
3. 의식적 차원의 보다 적극적인 노력이 요구됨: 관용, 보편적 가치, 자기 성찰

실생활에서 자발적 조화와 질서가 이루어지므로 가상 공간에서도 그것이 자동적으로 이루어질 것이라고 답변해서는 합격에 별 도움이 되지 않을 것입니다. 가상 공간은 실생활 세계와 다른 어떠한 특징이 있는지, 그리고 그러한 특징을 극복하고 자발적 질서를 이루려면 어떠한 특별한 해결 방법이 요구될 것인지를 논리적으로 사고하고, 표현할 수 있어야 합니다. 비교하면 특징이 나오고, 원인을 알면 해결 방법이 나옵니다. 어려운 문제도 순서대로 접근하면 풀 수 있습니다.

PART 3

학교 측 출제 의도 및 평가 지침

출제 의도

◐ [문제 1]은 연령과 공간 등의 '제한 없음'이라는 가상 공간의 특성이 개인의 사상, 태도, 행동에 미칠 수 있는 영향을 이해하고 다양한 익명의 사례에 이를 적용하여 설명하는 과정에서 논리적 사고력과 응용력을 확인함

◐ [문제 2]는 두 제시문 간의 공통점과 차이점을 찾고, 나아가 비판정신의 가치를 유추하는 과정에서 지원자의 추론 능력, 응용력, 논리적 사고력을 종합적으로 확인함

◐ [문제 3]은 제시문을 바탕으로 '익명성'의 양면을 파악하는 지원자의 논리적 사고력과 응용력을 확인하기 위한 문제로 제시문 (가)와 (나)에서 '익명성'이 갖는 의미를 설명하고, 나아가 '익명성'이 개인의 행동 양식에 미치는 영향을 추론하는 능력을 확인함

◐ [문제 4]는 제시문의 문맥을 파악하여 대중이 자율적으로 질서를 확립해 나가는 방식을 이해하고 '가상 공간'에서 이를 실현하는데 필요한 조건을 종합적으로 추론하여 구술하는 과정에서 지원자의 논리적 사고력, 창의성, 응용력을 확인함

문항 해설

◐ 이 문항은 제시문 (라)의 가상 공간의 특성을 이해하고 제시문 (가), (나), (다)의 다양한 익명의 사례에 적용하며 '익명성'이 개인에게 미치는 영향을 분석하도록 함. 나아가 제시문 (마)의 대중의 지혜를 바탕으로 가상 공간에서 발생할 수 있는 윤리적 문제의 해결 방안을 도출하도록 하여 정보 사회에서의 윤리에 대한 지원자의 인식과 가치관을 확인함

※ 제시문을 읽고 물음에 답하시오.

(가)

로봇 기술의 미래를 낙관적으로 보는 사람들은 인간의 노동을 대신해 주는 로봇 덕분에 미래 사회는 보다 편리하고 풍요로운 세상이 되리라고 기대한다. 이와 반대로 보다 비관적인 전망을 내놓은 사람들은 미래에는 로봇이 인류를 지배하고 지구의 새로운 주인으로 등극하게 될 수도 있다고 말한다. 미래에 로봇이 전적으로 인간의 도구로만 사용될지 혹은 인간의 지배자가 될지는 아직 섣불리 단정할 수 없다.

(나)

가혹한 형벌이 시지프스를 기다리고 있었다. 하데스는 명계에 있는 높은 바위산을 가리키며 그 기슭에 있는 큰 바위를 산꼭대기까지 밀어 올리라고 했다. 시지프스는 온 힘을 다해 바위를 꼭대기까지 밀어 올렸다. 그러나 바로 그 순간에 바위는 제 무게만큼의 속도로 굴러 떨어져 버렸다. 시지프스는 다시 바위를 밀어 올려야만 했다. 왜냐하면 하데스가 "바위가 늘 그 꼭대기에 있게 하라"고 명령했기 때문이었다. 그리하여 시지프스는 영원히 바위를 밀어 올려야만 했다. 다시 굴러 떨어질 것을 뻔히 알면서도 산 위로 바위를 밀어 올려야 하는 영겁의 형벌은 끔찍하기 짝이 없었다. 번번이 결과는 마찬가지지만, 시지프스는 이 일을 그만둘 수가 없었다.

(다)

인간의 존엄성은 인간의 자율성에 있다. 그런데 똑같은 일, 똑같은 고통스러운 육체적 혹은 정신적 노력의 집중도 일하는 당사자의 주체적 사고방식에 따라 자율적이거나 타율적일 수 있다. 그러나 태도나 사고방식은 무턱대고 주관적이어서는 안 된다. 특히 자기 자신을 포함한 여러 가지 삶의 객관적 여건에 대한 올바른 인식에 근거를 가져야 한다. 어떠한 일은 일하는 사람 본인이 주관적으로 존엄성을 지녔다고 믿어도 객관적으로 그렇지 않을 수도 있고, 또 어떠한 일은 일하는 사람 본인이 존엄성이 없고 천한 것이라고 생각해도 객관적으로 존엄성을 갖추어 고귀하다고 판단될 수도 있다.

(라)

한 부자가 호화로운 보트를 타고 해변에 도착했다. 그는 어부가 야자수 아래서 누워있는 것을 보았다. 부자는 빈둥거리는 어부가 처량해 보여서 물어 보았다.

부자: 왜 이 귀중한 시간에 고기를 잡지 않는 거요?

어부: 오늘은 충분히 잡았는데요. 놀란 부자가 물었다.

부자: 왜 더 잡지 않는 거요? 충분한 시간도 있는데?

어부: 왜 그래야 하는 거죠?

부자: 돈을 더 벌어서, 더 큰 배를 사고, 더 큰 바다로 가서 더 많은 고기를 잡으면 당신도 나와 같이 많은 돈을 벌 수 있기 때문이요.

어부: 왜 당신같이 부자가 되어야 하죠?

부자: 편안하고 한가롭게 삶을 즐길 수 있기 때문이요.

어부: 난 지금도 그렇게 하고 있는 걸요.

(마)

우리나라 국민을 대상으로 여가에 대해 사회 조사를 한 결과, 평소 여가 활용에 대해 만족한다는 응답보다 불만족 한다는 응답이 높았다. 가구의 월평균 소득에 따른 불만족의 주요 이유는 아래 표와 같이 (A)와 (B)를 비롯한 시설 및 정보 부족, 체력 및 건강 문제, 기타 등인 것으로 나타났다.

가구 월평균 소득 (단위: 만원)	불만족의 주요 이유				
	(A)	(B)	시설 및 정보 부족	체력 및 건강 문제	기타
100미만	71.4	5.1	1.7	17.6	4.2
100~200	70.9	15.5	2.2	5.8	5.6
200~300	61.8	25.6	2.6	3.1	6.9
300~400	54.3	32.4	3.5	3.8	6.0
400~500	44.4	40.0	3.6	3.7	8.3
500~600	34.1	46.2	7.2	3.5	9.0
600이상	28.7	51.4	4.6	3.6	11.7

문제 1

제시문 (나)를 참고하여 제시문 (가)에 나타난 인간과 로봇의 관계가 미래에 어떠한 모습으로 변화할지 이야기하시오.

문제 2

제시문 (나)의 '시지프스'와 (라)의 '부자'의 공통점과 차이점을 설명하시오.

문제 3

제시문 (다)를 바탕으로 (라)의 '부자'와 '어부'의 입장을 각각 분석하고, 지원자는 둘 중 누구의 입장에 동의하는지 자유롭게 이야기하시오.

문제 4

제시문 (라)를 참고하여 제시문 (마)의 '여가 활용 불만족의 주요 이유'로 (A)와 (B)에 적절한 것을 각각 제시하고, (A)와 (B) 사이에서 발생하는 모순을 해결하기 위한 방안을 제시문 (가)와 연관 지어 제안하시오.

 인간과 로봇의 관계가 어떠한 미래에 도달할지에 대해, 제시문 (나)의 시지프스 신화는 두 가지 상반된 전망을 제시할 수 있습니다. 먼저 낙관론자들의 눈에는 인간이 시지프스이고, 그동안 자연이라는 하데스가 부과한 고역스런 노동을 해 온 것으로 생각될 것입니다. 따라서 낙관론자들은 로봇 기술의 발달을 통해 시지프스가 마침내 바위를 밀어올리는 형벌로부터 해방될 것이라는 장밋빛 기대를 품을 것입니다. 우리를 대신해서 로봇이 사회에 필요한 노동을 해 나갈 수 있을 것이기 때문입니다.

 그러나 비관론자들의 눈에는 문제가 그렇게 단순해 보이지 않을 것입니다. 왜냐하면 인간의 노동은 그동안 정신적으로 복잡한 능력을 요구하는 일들을 향해 발달해 왔으므로 이를 대신 수행하려면 로봇에게도 고도의 지능이 요구될 것이기 때문입니다. 만약 인공 지능이 앞으로 더 발전해서 기계가 인간처럼 자의식을 갖게 된다면, 로봇이야말로 자신이 인간이라는 하데스에 의해 부과된 형벌을 받고 있는 시지프스라고 느낄지도 모릅니다. 그렇게 된다면 로봇들 역시 자신의 권리를 개선하기 위해 나설 것이며, 최악의 경우 인간과 로봇 사이에서 누가 하데스가 되고 누가 시지프스가 될 것인지를 둘러싼 폭력적 갈등이 발생할지도 모릅니다. 따라서 저의 예상으로는 인간과 로봇의 관계가 단기적으로는 인간의 우위와 낙관론적 미래로 실현되겠지만, 장기적으로는 점차 비관론적 미래와 같은 갈등이 생겨날 가능성이 높다고 생각합니다.

개요

1. 견해 제시: 시지프스 신화는 두 가지 상반된 전망 제공
2. 단기적으로는 낙관론적 미래 실현될 것으로 기대
3. 장기적으로는 비관론적 미래 실현될 가능성 높음

Tip & Advice

1. 미래에 인간은 기술의 주인일 것인가를 묻고 있는 문제입니다. 제시문 (가)에는 인간과 로봇, 제시문 (나)에는 하데스와 시지프스라는 두 행위자가 각각 등장합니다. 예시 답안 (1)은 '인간이 시지프스일 경우'와 '인간이 하데스일 경우' 두 가지 가정으로 나누어 낙관론과 비관론에 연결시켰습니다.

2. 단순히 두 미래가 모두 가능하다고 말하는 데 그치지 않고, 단기와 장기라는 기준을 추가해서 하나의 통합된 미래 전망으로 만든 것도 눈여겨볼 만합니다.

인간과 로봇의 관계는 하데스와 시지프스의 관계의 재현이 될 것이라고 생각합니다. 즉, 인간은 미래의 하데스가 되고 로봇은 미래의 시지프스가 될 것입니다. 불만으로 가득찬 시지프스는 자신의 노동이 '끔찍한 형벌'이라고 느끼고 저항할 것이며, 인간은 지금같은 기술의 주인으로 남지는 못할 것입니다.

그동안 인간은 로봇 대신에 가축들의 노동력을 대신 이용해 왔습니다. 가축들이 반란을 일으킬 수 없었던 이유는 운동 능력에 있어서 가축들이 인간보다 탁월함에도 지적 능력에서 인간이 절대적 우위에 있으므로 그들을 통제하고 지배할 수 있었기 때문입니다. 그런데 로봇은 지능 면에서 인간과 필적하거나 인간을 뛰어넘을 수도 있기 때문에 영원히 인간의 도구로 남지는 않을 것이라고 생각합니다.

사회가 갈등과 모순을 품고 그것을 영원히 유지한 적은 역사상 한 번도 없었습니다. 결국 로봇에게도 일정한 권리가 제정되고 인정될 것이라고 생각합니다. 그 미래에는 인권의 경계가 생물학적 종이라는 범주를 뛰어넘게 될 것입니다.

비관론자들과 달리 저는 이것이 반드시 인간에게 부정적으로 작용할 것이라고 생각하지는 않습니다. 노예제도 혁파, 여성 참정권 보장, 빈곤층 구제 정책 등과 같이 인종이나 성별, 계급을 넘어서 권리를 확대한 것이 원래 권리를 누리던 사람들의 권리를 빼앗고 지배당하게 되는 결말로 이어지지는 않습니다. 마찬가지로 지성을 갖춘 로봇들의 권리를 확대하는 것은 오히려 지금의 도덕적 범위가 넓어지고 진보하는 과정이라고 생각합니다. 미래에 인간과 로봇은 동등한 도덕적 자격을 누리면서 공존하는 관계가 될 것입니다.

개요

1. 인간과 로봇의 관계: 시지프스가 된 로봇의 불만과 저항
2. 저항의 경과 예측: 로봇은 지능 높으므로 결국 권리 성취할 것
3. 저항의 결과 예측: 인간과 로봇이 적대적 결말에 이르지 않고 권리를 누리며 공존할 것

Tip & Advice

1. 미래 예측을 할 때 '이렇게 될 것이다'라는 예측만으로 끝내서는 안 되고, 충분한 근거를 제시해야 합니다. 그에 대한 근거를 끄집어낼 수 있는 한 가지 중요한 원천이 바로 지금까지 우리가 살아온 역사입니다.

2. 인간과 로봇 사이에 장래 예상되는 갈등을 가축, 노예, 여성, 빈곤층 등 역사상 이미 존재했던 여러 주체들과의 갈등과 비교하면서 논리를 전개한 답변입니다.

제시문 (나)의 시지프스는 형벌로서 산기슭의 바위를 산꼭대기까지 밀어올려야 하는 신세입니다. 하지만 바위가 산꼭대기에 도달할 때마다 그 바위는 즉시 산골짜기로 굴러떨어져버립니다. 시지프스는 이 바위를 다시 밀어올려도 다시 굴러떨어진다는 사실을 알면서도 신의 저주를 벗어나지 못해 이를 계속 반복해야 하는 처지에 놓여 있습니다.

한편, 제시문 (라)의 부자는 얼핏 많은 것을 이룬 것 같지만, 실제로는 그가 얻었다고 믿는 편안하고 한가로운 삶이란 어부에게도 있는 것이어서 부자의 노력은 헛된 것으로 볼 수 있습니다. 그렇다면 시지프스와 부자는 공통적으로 헛된 목표를 향해서 무한한 노력을 기울여 온 인생을 상징하는 셈입니다.

그러나 둘의 중요한 차이는 시지프스는 적어도 자신의 처지를 객관적이고 정확하게 깨닫고 있는 반면에 부자는 그렇지 못하다는 사실입니다. 시지프스는 인생에서 무엇이 문제인지 알고 있는 상태라면, 부자는 무엇이 문제인지조차도 모르고 있는 상태입니다. 이러한 차이로 인해 결국 시지프스는 기회가 오면 영겁의 형벌을 탈출할 수 있겠지만, 부자는 무의미한 경쟁 속에서 노력을 반복할 것입니다. 자신의 상태에 대한 정확한 인식과 발전 가능성이라는 측면에서 시지프스는 부자보다 한발 나아가 있다고 평가할 수 있습니다.

개요

1. 제시문 (나)의 시지프스의 상황
2. 제시문 (라)의 부자의 상황과 시지프스와의 공통점
3. 시지프스와 부자의 차이점: 인식 여부의 차이

Tip & Advice

차이에는 방향의 차이도 있지만 정도의 차이도 있습니다. 수동적/능동적, 목적론적/도구론적, 제도적/의식적… 이렇게 대립되는 개념들을 머릿속에 갖고 있다가 분석에 활용하는 요령이 필요합니다. 이러한 것들은 '방향의 차이'입니다. 쉽게 말해 A는 동쪽으로 갔는데, B는 서쪽으로 갔다는 것입니다. 방향의 차이는 둘을 아주 선명하게 대립시켜주므로 가급적이면 방향의 차이를 찾아서 답변하는 편이 좋습니다. 하지만 '같은 방향이더라도 정도의 차이가 있을 수 있다'라는 접근법도 만일의 대비책으로 남겨두어야 합니다. A는 100km 남쪽에 있는데 B는 200km 남쪽에 있다면 그것 역시 차이이기 때문입니다. 예시 답안 (1)에서 시지프스와 부자의 처지는 상당히 유사합니다. 하지만 그 안에서 누군가는 한 발 더 나아갔고, 다른 하나는 그러지 못했습니다.

제시문 (나)의 시지프스와 제시문 (라)의 부자는 둘 다 무의미한 행동 양식을 반복한다는 공통점을 갖고 있습니다. 시지프스가 바위를 산꼭대기로 밀어올리는 형벌을 반복하고 있는 것처럼, 부자 또한 더 큰 재산을 만들고 더 많은 소유를 획득하기 위해 더 많은 노동을 반복하는 삶을 살고 있습니다. 결국 둘 다 목적 없는 인생을 살아가고 있다는 공통점이 있습니다.

둘의 차이점은 시지프스의 경우 형벌의 내용이 절대적으로 무의미하지만, 부자의 경우에는 가치관에 따라서 그의 노력이 인정받을 수도 있다는 점을 들 수 있습니다. 물질적 부가 가져다주는 특별한 혜택도 분명 부인할 수는 없기 때문에 부자의 노력이 완전히 헛되다고 볼 수는 없을 것입니다. 하지만 설사 어부의 의견을 인정해 부자의 노력이 헛되다고 받아들인다 해도 시지프스와 부자 사이에는 여전히 어떠한 차이가 존재합니다.

첫째, 무의미한 행동을 하는 원인의 차이입니다. 시지프스가 무의미한 행동을 반복하고 있는 것은 그러한 행위를 할 의무가 남에 의해 외부적으로 부과되었기 때문입니다. 반면에 부자의 경우에는 스스로의 가치관 때문에 반복적인 행동을 하고 있는 것입니다.

둘째, 인생의 무의미를 벗어날 수 있는 해결 방법도 다릅니다. 부자의 경우, 스스로에게 부과한 노역이므로 의식적 깨달음을 얻으면 그 반복의 굴레를 객관적으로 벗어남으로써 문제를 해결할 수 있습니다. 즉, 무한한 반복 행위 자체를 객관적으로 중단하는 것이 부자의 해결 방법입니다. 이와는 달리 시지프스는 저항을 통해 벗어나야 하지만 상대가 절대적 존재인 신이기에 그럴 수 없습니다. 저승의 신 하데스에 의해 형벌을 받고 있는 것이므로 죽음으로조차도 벗어날 수가 없을 것입니다. 이럴 경우에는 자신이 하고 있는 행위에 대해 새로운 의미를 부여함으로써 주관적으로 무의미를 극복하는 것이 유일한 해결 방법입니다. 예를 들어, 시지프스는 외부에서 주어진 바위를 밀어 올리는 것을 목표로 삼는 대신에 운동을 해서 완력과 건강을 단련한다는 내적 목표와 의미를 새로 부여함으로써 무의미의 문제를 주관적으로 해결할 수 있을 것입니다.

이처럼 시지프스와 부자는 둘 다 현재 무의미한 인생을 살고 있다는 공통점이 있지만, 무의미의 원인에 대한 차이에 따라서 이를 극복할 수 있는 해결 방법까지 달라질 수 있다고 설명할 수 있습니다.

개요

1. 시지프스와 부자의 공통점: 무의미한 인생을 살고 있음

2. 차이점 1: 부자의 노력을 완전한 무의미로만 여기기는 힘듦

3. 차이점 2: 무의미한 삶을 사는 원인이 다름(외부적 강제/내면적 가치관)

4. 차이점 3: 무의미를 벗어날 수 있는 해결 방법이 다름(주관적 의미 부여/객관적 조건 변경)

Tip & Advice

차이점을 최대한 찾아서 다각화해 보아야 합니다. 특히, '무의미'와 같은 명확한 키워드를 활용하도록 합시다.

제시문 (라)의 어부의 입장을 살펴보면 그가 상대적으로 초라한 삶의 조건 속에서도 스스로의 일을 만족스럽고 존엄하게 여기고 있습니다. 이와 반대로 부자는 객관적 조건이 충분히 갖추어지지 않으면 존엄하고 행복한 삶을 누릴 수 없다는 입장입니다. 즉, 어부는 주관적 측면을 중시하며 자신의 일이 존엄성을 지녔다고 보는 반면에 부자는 가난이라는 객관적 측면을 그 근거로 대며 어부의 일을 천시하는 상황입니다.

오늘날 우리 사회의 물질적 부에 대해 고려해 보았을 때, 저는 어부와 같이 주관적 만족을 중요시하는 어부의 입장에 동의합니다. 우리 사회는 이미 국민 누구나 먹고 살아가기 위한 최소 기준 이상의 물질적 자산을 가질 수 있게 된 상태이기 때문입니다. 이러한 상태에서 더 많은 물질적 축적을 하려 한다는 것은 물질 자체의 절대적 가치 획득이란 의미보다는 남들과 비교한 상대적 지위 추구의 의미가 더 큽니다. 그러나 모두가 무한 경쟁을 하는 상황에서 모든 사람이 자신의 상대적 지위를 발전시킬 수는 없습니다. 이는 우리들이 노동과 인생의 존엄성을 찾기 위해 남과의 비교를 내려놓고 자기 자신을 들여다보아야 하는 시점이란 사실을 의미합니다. 우리 사회의 객관적 여건을 돌아보면 국민들은 인간적 존엄성을 침해당할 정도로 비참한 조건에서 일하거나 살고 있지는 않습니다. 따라서 가진 것에 만족하고 자신의 노동과 삶에 의미를 부여하는 주관적 측면이 훨씬 더 중요한 시대라고 생각합니다.

개요

1. 제시문 (라)의 어부 입장 해석
2. 제시문 (라)의 부자 입장 해석
3. 지지하는 입장 선택, 이유 제시

Tip & Advice

1. 부자와 어부는 제시문 (다)의 글쓴이가 제시한 두 기준 중 각각 하나씩만을 지지하고 있는 입장입니다. 어느 쪽을 지지하든 '그냥 제 생각엔 그래도 이게 더 중요합니다'가 되지 않으려면 분명한 논리적 근거를 대고 설득해야 합니다. 당위적 글쓰기인 만큼 '개결시'를 이용해 봅시다. 예시 답안 (1)에서는 물질적으로 풍족한 현대사회의 특성, 그리고 무한히 객관적 조건을 추구하는 상황의 결과에 대한 예상을 근거 논리로서 활용했습니다.

2. 입장을 정하기 어려울 때는 가급적 윤리 교과서적인 입장을 택하면 무난한 평을 받을 수 있습니다. 물론 자신만의 논리가 분명하고 탄탄할 때는 반대 입장으로 정해도 상관없습니다.

제시문 (다)의 글쓴이는 일과 인간의 존엄성의 관계를 다차원적으로 바라보고 있습니다. 우선 자신이 하는 일에 주체적으로 의미를 부여할 수 있다면 자율적 존재로서 인간 존엄성을 획득하는 데 보탬이 된다고 주장합니다. 하지만 이와 동시에, 주체적 의미 부여는 삶의 객관적 여건을 완전히 도외시한 채 이루어져서는 안 된다고도 경고합니다. 즉, 주관적 측면과 객관적 측면 모두를 등등하게 중시하고 있는 것입니다.

일의 존엄성 문제에 있어서 제시문 (라)의 부자는 객관적 측면을 더 중시하며, 어부는 주관적 측면을 더 중시합니다. 제시문 (다)의 글쓴이가 주장하듯이 둘 중 하나만 중요하다고 말할 수는 없으나, 인간의 심리적 본성과 사회의 발전이라는 기준에서 살펴본다면 부자가 강조하는 근면한 노동 윤리는 특히 무시되어서는 안 된다고 생각합니다. 그 이유로는 첫째, 어부와 같이 주관적이고 심리적인 만족을 누리려고 해도 객관적으로 비천하게 여겨지는 현실 속에 있다면 불행의 요인은 남아 있을 것입니다. 인간은 본래 남들의 시선과 평가로부터 독립되어 있는 존재가 아니기 때문입니다. 둘째, 역사가 발전하고 진보하는 데 있어서 부자가 갖고 있는 노동 윤리의 역할이 절대적이었습니다. 모두가 현 상태에 만족하고 아무도 나아지기 위한 노력을 기울이지 않으면 사회 전체적인 상태의 향상은 일어나지 않습니다. 셋째, 노동 윤리를 등한시하는 사회 집단은 결국 시간이 흐름에 따라 적극적인 노동 윤리를 가진 다른 사회 집단들에 비해 가난하고 취약한 상태에 놓이게 되어, 경제적으로나 정치적으로 종속되면서 편안하고 한가로운 삶을 누릴 수 있는 기회마저 잃어버리게 될지도 모릅니다. 이와 같은 이유로 저는 부자의 입장을 지지합니다.

개요

1. 제시문 (다) 요약
2. 제시문 (라)에 적용
3. 자신의 입장 선택과 그 근거

Tip & Advice

1. '개결시' 중 '개념'은 '원래', '무릇', '모름지기'의 형태로 논증하는 방법입니다. 예를 들어, 예시 답안 (2)에서는 인간의 본래적 속성으로서 남들의 평가를 신경 쓰는 심리를 하나의 개념으로 제시했습니다.

2. 모두가 객관적 조건 향상을 위한 노력을 기울이지 않는다면 그 사회가 겪게 될 부정적인 결과도 근거로 제시해 논리적 답안을 구상했습니다.

제시문 (라)는 대화를 통해 부자와 어부의 상반된 조건을 보여줍니다. 부자가 보기에 어부는 돈을 벌 기회를 낭비하면서 가난하게 살고 있습니다. 반대로 어부가 보기에 부자는 돈을 버느라 시간을 전부 낭비하고 있습니다. 즉, 어부는 시간이 많지만 돈이 없고, 부자는 돈은 많지만 시간이 없는 상태입니다. 돈을 벌기 위해서는 노동을 해야 하고, 그러려면 시간을 투입해야 하므로 이러한 모순적 상황이 발생하는 것입니다.

이를 참고하면 제시문 (마)의 (A)와 (B)는 아마도 '돈 부족'과 '시간 부족'일 것으로 예상할 수 있습니다. 월평균 소득이 적은 가구들은 버는 돈이 먹고살기에도 빠듯해 여가를 누릴 수 없는 상태일 것입니다. 반대로 월평균 소득이 높은 가구들은 가족과 함께 보낼 시간이 거의 없을 것입니다.

제시문 (가)에 나왔듯 로봇 기술이 인간의 노동을 대신해 주는 미래가 오게 되면 이러한 모순이 해결될 가능성이 열리게 됩니다. 로봇이 노동을 대신하고 거기서 나오는 소득을 분배해 사람들의 여가를 확보하는 것입니다. 하지만 이는 어디까지나 가능성일 뿐 자동적으로 이룩되는 것은 아닙니다. 실현을 위해서는 특별한 조건이 만족되어야 합니다. 바로 로봇이 가져다주는 이익과 잉여를 부자들이 독차지하지 않는다는 조건입니다. 로봇의 소유 역시 부자들만의 것으로 이루어질 가능성이 높은데, 이로 인해 부자들은 노동 없이도 막대한 부를 소유하는 반면에 가난한 사람들은 로봇에게 일자리를 빼앗기며 더더욱 가난해지는 양극화가 일어날 수도 있습니다. 정부가 이를 방지하고 모든 사회 구성원에게 골고루 이익이 돌아가도록 강력한 규제와 재분배 정책을 실시할 때에만 비로소 로봇 기술이 모든 사회 구성원의 여가 문제에 대한 해결 방법이 될 수 있을 것입니다.

개요

1. 제시문 (라) 해석: 시간은 많으나 돈이 없는 어부 vs 돈은 많으나 시간이 없는 부자
2. 제시문 (가) 적용: 로봇이 노동을 대신하면 모순 해결할 가능성 생김
3. 과정에서 예상되는 문제점: 부자들이 로봇의 이익 독차지할 우려
4. 해결 방안: 정부 규제 및 재분배를 통해 모든 구성원에게 여가 확보

Tip & Advice

(A)와 (B)가 무엇일지를 제시문 (라)의 내용을 통해 추론한 답안입니다. 제시문 (가)의 전망을 적용해서 로봇이 노동을 대신하므로 자연히 해결된다고 주장할 수도 있지만, 조금 심심한 답변이 되어버릴 수 있습니다. 예시 답안 (1)에서는 그 과정에서의 추가적인 조건을 논리적으로 서술하고 그것까지 해결할 수 있는 방안을 제시했습니다.

제시문 (마)에는 우리나라 국민들이 여가를 만족스럽게 누리지 못하는 이유가 조사되어 있습니다. (A)의 자리에는 '가처분소득 불충분', (B)의 자리에는 '시간적 여유 부족'을 채울 수 있습니다. 제시문 (라)로부터 이 요소들을 추론 가능합니다. 부자는 시간을 귀중하다고 표현하고 있는 반면에 어부에 대해서는 돈이 없다고 힐난하고 있기 때문입니다. 이로부터 저소득층은 (A)의 원인인 '가처분소득의 불충분'으로 인해 만족할 만한 여가를 누리지 못하고 있고, 부유층은 (B)의 원인인 '시간적 여유 부족'이 이유가 되어 여가 활용을 못하고 있다고 추측할 수 있습니다.

소득과 시간 사이의 모순적 관계를 해소하기 위해서는 둘의 연결고리를 제거해야 합니다. 이는 곧 시간 소모 없이 소득을 벌 수 있어야 함을 의미합니다. 제시문 (가)에 나타난 로봇 기술이 그 해답이 될 것입니다. 로봇 기술의 발전은 인간의 노동을 대체하여 시간 소모를 없애면서도 사회 전체의 부의 크기를 유지하는 획기적 계기가 될 수 있습니다.

이를 위해서는 세 가지 구체적 방안을 세울 수 있습니다. 첫째, 로봇 기술이 더 빨리 발전하고 보급될 수 있게 만들어야 합니다. 그러려면 정부는 기업들의 관련 연구비 투자를 유도하고 산학 협력에 대한 정책 지원에 앞장서야 합니다. 둘째, 로봇 기술이 비관론적인 미래로 발전하지 않도록 관련된 토의를 활성화하고 안전한 기술 발전 기준을 마련해야 합니다. 이를 통해 비관론자들을 설득해야 합니다. 셋째, 로봇 기술 도입으로 인해 실직할 수도 있는 사람들과의 사회 갈등을 예방해야 합니다. 직업적 재교육 기회를 충분히 마련하고, 로봇 도입을 통해 일어난 부의 일부를 저소득층에게 이전하겠다고 약속해야 합니다.

개요

1. 제시문 (마)의 빈칸 (A), (B)의 내용 추론: 제시문 (라)의 내용을 통한 근거 제시
2. 모순 해소 방안과 제시문 (가)의 관련 내용 연결
3. 구체적 실천 방침 세 가지

Tip & Advice

[문제 4]에 의하면 (A)와 (B) 사이에서 모순이 발생한다고 했으므로 그 모순이 무엇인지, 왜 발생하는지 정확히 밝혀주는 것이 바람직합니다.

학교 측 출제 의도 및 평가 지침

출제 의도

◆ [문제 1]은 제시문 (나)의 시지프스 신화를 바탕으로 '하데스'와 '시지프스'의 관계를 분석하고 이를 제시문 (가)의 인간과 로봇의 관계에 적용하여 미래 사회의 변화를 판단하고 예측하는 과정을 통해 논리적 사고력과 응용력을 확인함

◆ [문제 2]는 제시문 (라)에서 무한경쟁을 대변하는 부자의 특성을 도출하고 이를 제시문 (나)의 시지프스와 견주어 공통점과 차이점을 추출하는 과정에서 추론 능력, 응용력, 논리력 등을 종합적으로 확인함

◆ [문제 3]은 제시문 (다)의 요지를 파악하고 이를 바탕으로 제시문 (라)에서 '부자'와 '어부'의 입장 차이를 분석하는 과정에서 드러나는 지원자의 논리적 사고력을 확인하고, 이 중 하나의 입장에 동의하는 근거를 전개하는 과정에서 가치관과 인성을 확인함

◆ [문제 4]는 제시문 (라)를 참고하여 소득별로 다른 양상을 보여주는 불만족 이유 (A)와 (B)를 추론하는 능력을 확인함. 또한, 인간과 로봇의 관계를 설명한 제시문 (가)와 연관 지어 (A)와 (B) 사이에 발생하는 모순적 현상을 해결할 수 있는 방안을 제시하는 과정에서 응용력과 논리력을 확인함

문항 해설

◆ 이 문항은 인간의 자율성, 노동의 의미에 대한 지원자의 가치를 묻고 과학 기술의 발달이 인간에게 미치는 영향을 예측하도록 함. 제시문 (나)의 각 인물의 입장을 제시문 (가)에 적용하며 '과연 인간은 기술의 주인인가?'라는 질문에 답해 볼 수 있으며, 제시문 (다)와 (라)를 연관지어 일과 여가를 주제로 자신의 입장에 대한 타당한 논리를 전개해야 함. 또한, 제시문 (마)의 통계 자료가 의미하는 바를 해석하여 과학 기술의 발전을 통해 일과 여가의 불균형을 해결하기 위한 방안을 예측하여 설명해야 함

※ 제시문을 읽고 물음에 답하시오.

(가)

지난 18일 OO지법이 2심에서 처음으로 종교적 신념을 이유로 한 병역 거부에 대해 무죄를 선고한 일을 두고 논란이 커지고 있다. 해당 법원 형사 3부는 입영을 거부해 병역법 위반으로 기소된 A씨 등 3명에 대해 "병역 기피의 정당한 사유가 있다"며 무죄를 선고했다. 병역법 제88조 1항은 정당한 사유 없이 입영하지 않을 경우 3년 이하의 징역에 처하도록 규정하고 있다. 재판부는 종교적 신념이 병역 거부의 '정당한 사유'라고 본 것이다. 또한, 재판부는 "종교적 이유로 집총을 거부하는 것은 양심의 자유이며 국제적 추세에 따라 우리도 이를 권리로 인정해야 한다"며 "대체 복무제를 도입하지 않고 A씨와 같은 병역 거부자를 형사 처벌하는 것은 국가의 의무를 저버리고 양심의 자유를 침해하는 것"이라고 입장을 밝혔다.

(나)

OO회사에 근무하는 B씨는 채식주의자이다. 개인적인 신념에 따라 오랫동안 채식주의자의 길을 걸어왔지만 주변 사람들은 그를 아직도 '유별난 사람'으로 여긴다. 그가 채식주의자임을 밝히면 많은 사람들은 "편식해서 건강 해치지 말고 아무거나 그냥 먹어라"라고 이야기한다. 그러나 B씨에게 채식주의는 동물이 요리재료가 되기 위해 사육되고 가공되는 과정에 문제의식을 갖고 임하는 일종의 의식 운동이다. B씨는 이를 이해하지 못하는 주변 동료들과 식사를 할 때 메뉴 선택에서 걸림돌이 되는 기분은 매우 불편하다.

(다)

비록 한 사람을 제외한 전 인류가 같은 의견을 갖고 있고 오직 한 사람만이 반대 의견을 가진다고 하더라도, 그 한 사람이 권력을 가지고 있어서 전 인류를 침묵시키는 것이 부당한 것과 마찬가지로 인류가 그 한 사람을 침묵시키는 것도 부당하다.

— 존 스튜어트 밀, 「자유론」

문제 1

제시문 (가)와 (나)에 소개된 사례의 공통점과 차이점을 설명하시오.

문제 2

제시문 (다)의 관점에서 제시문 (가)와 (나)의 사례를 설명하고 바람직한 문제 해결 방안을 말하시오.

문제 3

사회의 가치와 개인의 신념이 충돌하는 경우, 둘 중 어느 쪽이 우선시되어야 한다고 생각하는가? 그 이유는 무엇인지 말하시오.

문제 4

사회적 소수자를 존중하기 위한 방안을 지원 전공 분야와 관련하여 설명하시오.

예시 답안 (1)

　　오늘날의 사회는 다양한 행동과 사고방식을 지닌 사람들이 함께 살아가는 다원주의 사회입니다. 사고방식이 다양하다는 것은 사회에서 소수자가 생겨나는 원인도 다양하며, 갈등의 종류도 다양하다는 것을 의미합니다. 제시문 (가)와 (나)는 둘 다 사회의 규범과 갈등을 빚는 사회적 소수자들의 사례를 다룬다는 공통점이 있습니다. 그러나 해당 소수자의 유형에 있어서는 여러 가지 차이점이 발견됩니다.

　　첫째, 사회적 소수자가 된 동기 측면의 차이가 있습니다. 제시문 (가)는 종교의 자유라는 자신의 권리를 주창하고 있습니다. 이와 달리 제시문 (나)의 소수자성은 비인도적으로 사육되고 도살되는 동물의 이해관계를 간접 대변하려는 동기에서 비롯된 것입니다.

　　둘째, 도전받는 규범의 종류에도 차이가 있습니다. 제시문 (가)에서는 사회의 법적 규범이 도전받고 있습니다. 병역 거부를 인정한다는 것은 그들을 처벌하는 법률 구조가 바뀌어야 함을 의미합니다. 반면에 제시문 (나)에서는 문화적 관습이 도전받고 있습니다. 채식주의가 받아들여지면 사람들의 식문화와 생태주의적 사고방식이 달라집니다.

　　셋째, 주류 사회가 갈등을 해결하려는 방법론에도 차이가 엿보입니다. 제시문 (가)는 병역 거부자들을 징역에 처함으로써 공식적이고 강제적인 방법으로 행동과 신념의 변화를 요구하고 있습니다. 이와 달리 제시문 (나)의 경우 사람들은 대인관계에서의 심리적 압박이라는 비가시적이고 비공식적인 방법으로써 B씨의 자발적 행동 변화를 끌어내려고 합니다.

　　이처럼 다원주의 사회에서는 소수자의 동기, 도전받는 규범의 종류, 갈등에 대처하는 방법론 등에서 다양한 양상이 나타날 수 있다는 사실을 이해할 수 있습니다.

개요

1. 제시문 (가)와 (나)의 공통점과 차이점 간략 제시
2. 제시문 (가)와 (나)의 차이점 1: 동기적 측면
3. 제시문 (가)와 (나)의 차이점 2: 대상적 측면
4. 제시문 (가)와 (나)의 차이점 3: 방법적 측면
5. 결론

다양한 구도에서 제시문 (가)와 (나)를 비교하고 있는 답안입니다. 비교 문제는 공통점보다는 차이점에서 차별화되는 경우가 많습니다. 물론 '공통점과 차이점을 설명'하라는 문제에서 공통점을 완전히 빠뜨려서는 안 될 것입니다. 보통 한두 문장 정도 공통점에 할애하고 나머지 분량은 차이점에 할애하는 것이 좋습니다. 비교의 포인트를 선정할 때는 항상 '주범수효목' 이론을 염두에 둡시다.

두 사례는 모두 소수의 신념이 주류적 가치와 충돌하여 갈등을 겪는 경우라는 공통점이 있습니다. 제시문 (가)의 A씨의 경우에는 '살인하지 말라'라는 종교적 계율로 인해 군 복무를 거부하고 있습니다. 제시문 (나)의 B씨는 동물에게 가해지는 고통을 줄이기 위해 채식주의를 실천하는 사례입니다.

두 사례의 차이점은 첫째, 두 사람의 행동이 타인에게 미치는 영향을 통해 비교할 수 있습니다. 식사는 사유재의 소비에 해당합니다. B씨가 채식주의를 실천함으로 인해 다른 사람들이 직접적인 피해를 입는 것은 아닙니다. B씨와 함께 식당에 갈 때 B씨는 채식 메뉴를 고르게 하고 자신은 육식 메뉴를 고를 수도 있고, 그것마저 싫다면 B씨와의 식사를 피함으로써 자유롭게 자신에게 오는 영향을 차단할 수 있습니다.

그러나 A씨의 경우는 이와 다소 다릅니다. 국가 안보는 공공재의 성격을 띠기 때문입니다. 즉, 국방의 의무는 공공 서비스를 제공하는 것이기 때문에, A씨와 같은 집총 거부로 인해 나라가 안보 위기를 겪을 가능성, 동료 시민들이 타국의 공격으로 피해를 입을 가능성은 직접적으로 상승하게 됩니다. 이처럼 B씨의 선택은 타인에게 미치는 영향이 미미한 반면에 A씨의 선택이 타인에게 미치는 영향은 직접적입니다.

이로부터 두 사례의 두 번째 차이점이 나타나게 됩니다. 두 사례에서 사회와 개인 간 갈등의 강도는 A씨의 경우가 훨씬 더 큼을 알 수 있습니다. A씨의 경우에는 사회가 그의 선택에 직접적으로 영향을 받기 때문에, 규범 이탈에 대한 제재도 직접적 형사 처벌이라는 강력한 형태로 나타나고 있습니다. 반면에 B씨의 문제를 둘러싼 음식 문화는 느슨한 관습적 규범이므로 제재의 강도도 그만큼 낮습니다. B씨는 주변인들의 심리적 기대를 어겼다는 사실로 인해 인간관계에서 약간의 심리적인 불편함을 느끼게 되는 정도에 불과합니다.

즉, 두 사례는 모두 주류적 가치와 개인의 신념의 충돌 사례이지만, 개인의 신념이 타인에게 미치는 영향, 그리고 사회가 해당 개인을 제재하는 강도에 있어서는 차이가 있다고 볼 수 있습니다.

개요

1. 제시문 (가)와 (나) 사례의 공통점: 사회 규범(주류)과 개인 신념(소수)의 충돌
2. 제시문 (가)와 (나)의 차이점 1: 규범을 어겼을 때 타인에게 미치는 영향
3. 제시문 (가)와 (나)의 차이점 2: 규범을 어겼을 때 제재의 강도

1. 사회 규범과 개인의 신념이 충돌하는 사례 두 가지를 제시한 답안입니다. 이는 관점형 답안으로, 타인이 어떠한 영향을 받는지, 어겼을 때 얼마나 강력한 처벌을 받게 되는지라는 두 가지 포인트를 통해 두 사례를 비교했습니다.

2. 사회 규범은 '대체로(경우에 따라 강하거나 약하게)' 다음의 세 가지 조건을 갖춘 행동들을 가리킵니다.
   (1) 규칙성: 어떠한 행동이 사회 규범이라면 그것은 대부분의 사람들에게 규칙적으로 발견됩니다.
   (2) 타인의 기대: 어떠한 행동이 사회 규범이라면 타인들은 내가 그같이 행동할 것이라고 기대할 뿐만 아니라 그렇게 행동해야 한다고 기대합니다.
   (3) 제재: 어떠한 행동이 사회 규범이라면 그것을 어겼을 때 제재가 뒤따릅니다. 여기서 제재는 외적 제재(처벌)와 내적 제재(양심의 가책)를 포함합니다. 현실에서는 하나의 규범에서 세 가지 요소 각각이 다소 강하거나 약한 정도로 나타나기도 합니다. 한밤중의 교통 신호는 지켜질 것으로 기대되고, 어겼다가 적발되면 처벌을 받지만, 실제로 잘 지켜지지는 않습니다. 또한, 자기 전에 칫솔질을 하지 않는다고 해서 외적 처벌을 받지는 않지만, 규칙성과 타인들의 기대가 있으므로 그것도 약한 사회 규범의 일종으로 볼 수 있습니다(아마 약간의 양심의 가책을 느낄 수도 있습니다). 즉, 실제 사례에 따라 각 요소의 강약 정도에는 차이가 있습니다.

존 스튜어트 밀은 한 사람의 독재자가 자신의 의견을 전 인류에게 강요하는 것이 부당하다면, 전 인류가 한 약자의 소수 의견을 침묵시키는 것도 똑같이 부당하다고 주장하고 있습니다. 이러한 철학에는 단지 어떠한 의견을 다수가 옳다고 믿는다는 이유만으로 그 의견이 반드시 참이 되는 것은 아니라는 인식이 깔려 있습니다. 한때는 다수가 천동설이 옳다고, 또한, 노예제가 정당하다고 믿었던 시절도 있었습니다. 인류 사회는 박해받는 용감한 소수의 목소리에 의해 점차 더 진리와 정의에 다가가게 되었습니다. 따라서 소수의 의견에도 일리가 있을 수 있다는 개방적 자세로 그들의 의견을 경청하고 존중해야 합니다.

제시문 (가)와 (나)는 둘 다 소수 의견이 다수의 가치와 충돌하는 사례에 해당하며, 여기에는 주류 사회가 소수 의견을 침묵시키려는 요소들이 작동하고 있습니다. 제시문 (가)의 경우, 그 기제는 명백하고 직접적인 형사 처벌의 위협입니다. 제시문 (나)는 의견에 대한 무시와 면박, 눈치 주기가 그 기제입니다. 제시문 (다)의 존 스튜어트 밀의 가치관에 따른다면 이는 둘 다 부당한 압력이라고 할 수 있습니다.

다행히 제시문 (가)의 경우에는 법원에서 이러한 압력에 제동을 걺으로써 소수자의 의견이 존중될 가능성이 열리기 시작했습니다. 불행히도 제시문 (나)의 주변인들에 대해서는 그러한 장치가 작동하고 있지 않습니다. 이는 이러한 갈등 해소를 모두 법적 해결에만 의존할 수는 없음을 보여줍니다. 제시문 (나)와 같은 사회적 관습의 영역은 종종 법적 규제의 영역을 벗어나 있습니다. 더군다나 법으로 규제되는 영역인 제시문 (가)에서조차도, 법적 판결로 인해 사회적 논란이 마무리되기보다는 오히려 더 증폭될 수도 있다는 점을 알 수 있습니다. 따라서 갈등 해결을 법원에만 일임하려 하기보다는 사회적 토의와 합의를 통한 민주적 해결을 모색해야 합니다. 먼저 시민 개개인들이 시민 의식과 소수 의견을 경청하는 자세를 토대로 토론에도 활발히 참여해야 합니다. 정당들은 다양한 입장을 반영하는 정책들을 만들어 경쟁하고 시민들이 선택할 수 있게 해야 합니다. 정부는 민주적 심의와 사회적 합의를 위한 장으로서 시민 위원회나 국회에 소수자들을 불러 의견을 들은 후 이를 토의에 부치는 방안도 고려해 볼 수 있을 것입니다.

개요

1. 제시문 (다)의 관점 부연 설명
2. 제시문 (다)의 관점에서 바라본 제시문 (가)와 (나): 침묵을 강요하는 요소들
3. 해결 방법으로서 법적 해결의 불충분성과 민주적 해결의 필요성
4. 사회적 토의와 합의를 위한 방안들: 개인, 정당, 정부가 할 일

1. [문제 2]는 '제시문 (다)의 관점을 참고해서'가 아니고 '제시문 (다)의 관점에서'라고 했으므로 해당 입장에서 이탈하지 않도록 주의해야 합니다. 그런데 제시문 (다)에 제시된 내용이 다소 짧아서 제시문 (가)와 (나)를 설명할 토대를 충분히 얻기가 쉽지 않았을 것입니다. 아마도 「자유론」은 고등학교 교육과정에서 다루고 있는 내용이므로 학생들이 어느 정도 배경지식을 갖고 있을 것으로 믿고 이처럼 적은 분량만을 제공한 것으로 판단됩니다. 교육과정 내의 내용이 출제되었을 때는 약간의 배경지식을 응용해도 흠이 되지 않을 것입니다. 또한, 예시 답안 (1)과 같이 사례를 들어 구체적인 의미를 부연해 주는 것도 나쁘지 않은 전략입니다.

2. 관점을 요약할 때는 '표현의 자기화'에 유의해야 합니다. [문제 2]는 해당 관점에서 제시문 (가)와 (나)를 설명하고, '바람직한 문제 해결 방안'을 말해 보라고 했습니다. 즉, 단순히 '설명하라'고만 했지만, 사실상 어떠한 문제가 있는지를 찾으라는 요구 사항이 숨겨져 있는 셈입니다.

3. 제시문 (가)의 법적 판결이 '사회적 논란'이 되었다는 부분에 주목해서, 법적 해결이 그 자체로는 불완전한 해결 방법이라고 주장한 점이 눈여겨볼 만합니다. 이는 동시에 시민 토의와 합의만이 어떠한 면에서 진정한 해결 방법인지를 설득력 있게 뒷받침해 주고 있습니다.

4. 문제 해결 방안을 제안할 때는 개인적, 제도적 차원을 골고루 반영하는 편이 바람직합니다. 하나만 고르라는 문제라면 더욱 제도적 차원에 대한 언급이 들어가는 편이 좋을 것입니다.

PART 3

제시문 (다)는 누구나 자신의 의견을 자유롭게 표현할 권리가 있다고 주장합니다. 과거의 독재 사회에서 한 사람이 다수를 침묵시키는 것이 문제였다면, 오늘날의 민주주의 사회에서는 다수가 한 사람을 침묵시키는 행태가 해결되어야만 하는 중요한 과제라고 할 수 있습니다.

제시문 (다)의 관점에서 제시문 (가)의 병역 거부와 제시문 (나)의 채식주의는 모두 자유롭게 표현되어야 하는 소수 의견일 것입니다. 제시문 (가)처럼 그들을 형사 처벌하거나, 제시문 (나)처럼 주변에서 눈치를 주는 것은 소수 의견을 위축시키므로 부당한 박해가 됩니다. 이러한 박해는 제시문 (다)의 관점에서 볼 때 해결해야 할 사회 문제라고 볼 수 있습니다.

현대 사회에는 과거에 비해 지역, 계층, 성별, 인종, 학업, 직업적 배경 등이 무척 상이한 사람들이 섞여서 살고 있습니다. 민주주의 사회에서 이러한 다원성은 바람직한 것이라고 할 수 있지만, 한편으로는 이러한 차이에 의해 필연적으로 매우 다양한 의견 갈등이 나타날 수밖에 없습니다. 민주주의 정부가 다수의 정부가 아닌 모두를 위한 정부라면, 다수를 위해 소수를 억압하는 것이 아니라 다수와 소수가 공존을 이룰 수 있도록 하는 것이 진정한 역할이자 의무일 것입니다.

그러기 위해서는 정부는 여러 갈등을 흡수하는 완충 지대를 적극적으로 만들어내는 역할을 해야 합니다. 예를 들어, 병역 거부자들에 대해 다수의 의견에 반하는 입장을 견지한다는 이유로 형사 처벌을 통해 그들을 억압하기보다는, 총을 들지 않고도 국민의 의무를 수행할 수 있도록 대체 복무의 길을 열어주어야 합니다. 또한, 다원화 시대에는 식문화와 같은 일상생활의 영역에서도 다양한 가치가 부딪힐 수 있다는 점을 인지하고 대안을 마련해야 합니다. 예를 들어, 채식주의자들과 잡식주의자들이 함께 갈 수 있는 식당이 늘어날 수 있도록 캠페인, 세금 혜택 등으로 지원하는 방안을 들 수 있습니다. 민주 정부는 사회 갈등 상황에서 다수와 소수 중 하나를 고르려고 하기보다는 다수와 소수가 다 같이 만족할 수 있는 제3의 선택지를 만들어냄으로써 갈등을 현명하게 해결해야 합니다.

개요

1. 제시문 (다)의 내용 요약

2. 제시문 (다)의 관점에서 제시문 (가)와 (나)의 상황 설명

3. 문제 정의: 다원화 시대에 늘어나는 각종 갈등

4. 해결 방안 제시: 갈등의 완충 지대 창출

1. 제도적 대안을 국회에 제출하는 입법안처럼 상세하게 만드는 것은 불가능합니다. 그렇지만 '제도적 해법'을 찾아야 한다고만 말하면 다수 허무한 답변이 될 수도 있습니다. 곧바로 '그러한 해법의 사례에는 무엇이 있을까요?'와 같은 면접관 선생님의 추가 질문을 받을 가능성이 큽니다. 해법을 제시하라는 문제는 단골 유형이므로 두루 써먹을 수 있는 단어들을 정리해 두어야 합니다.

2. 소수자를 위한 해결 방안들은 종종 '역차별' 논란에 휩싸일 수 있습니다. 제시한 방안이 역차별이 아니냐는 추가 질문이 나올 경우, 어떻게 방어할 수 있을지도 생각해 보아야 합니다.

저는 사회의 가치와 개인의 신념이 충돌하는 상황에서 개인의 신념을 가급적 우선시하는 것이 민주주의의 가치에 부합하는 선택이라고 생각합니다.

첫째, 민주주의에서 사상과 표현의 자유가 갖는 수단적 가치 때문입니다. 시민들이 자유롭게 자기 개성을 표출하고 의견을 표현할 자유를 누리지 못하면 민주주의는 현명한 집합적 결정을 내리기 위한 선택지들을 충분히 가지지 못하게 됩니다. 민주주의란 곧 다수결주의와 같은 것이라는 과도하게 단순화된 오해가 있습니다. 물론 민주주의는 궁극적인 의사 결정의 단계에서는 다수를 존중해야 하지만, 그 과정에 있어서는 절대로 단순한 다수결주의라고는 할 수 없습니다. 만약 민주주의를 단순히 다수결주의로 정의한다면, 밀이 경고한 상황과 같이 다수가 소수를 침묵시키는 상황이 정당화될 것입니다. 그러나 다수가 항상 옳으리라는 보장은 없습니다. 민주주의가 올바른 길로 나아가려면, 다수의 의견이든 소수의 의견이든 제한 없이 토론의 장에 올려지고 경쟁할 권리를 보장받아야 합니다. 다수결은 그러한 토론과 심사숙고 이후에 결정의 단계에 다다랐을 때 일어나야 하는 일입니다. 소수 개인의 신념을 존중하는 태도는 이처럼 민주주의 체제가 올바른 의사 결정을 이루기 위한 절차에 전제되는 것으로서 수단적 가치를 지닙니다.

둘째, 자유는 그 자체로서 본래적 가치도 갖고 있습니다. 우리가 소수든 다수든 개인의 의견을 존중해야 하는 이유는 그러한 자유가 한 인간이 태어나 자신의 가능성을 실현하는 데 있어 필수불가결하기 때문입니다. 개성적 신념을 가질 권리를 존중한다는 것은 인간에게 스스로 고민, 판단, 토론, 결정하는 존재가 되라는 말과 같습니다. 그러한 과정을 스스로 거치지 않고서는 인간은 정신적으로든 정서적으로든 성숙한 존재로 거듭날 수 없습니다. 그러한 발견의 과정을 통해 인간은 때로 사회의 의견이 틀렸을 경우에 그것을 고치는 데 기여하기도 하고, 사회의 의견이 옳을 경우에는 스스로 깨닫고 자신의 신념을 수정할 수도 있습니다. 이것은 남이 고쳐주어서 자신의 신념을 수정하는 것과는 전혀 다릅니다. 다수의 의견에 맞추어서 소수의 신념을 고치도록 강제하는 것은 인간을 영원히 온실 속 화초로 만드는 것과 같습니다. 반면에 자신의 의견을 표출하고 자유롭게 경쟁하면서 자신의 의견을 성숙시키는 것은 인간이 현명하고 자립적인 존재가 될 수 있는 능력을 신뢰하는 것입니다. 그러한 인간의 내재적 능력을 신뢰하는 사회에서만이 진정으로 민주주의가 가능하다고 믿을 수 있습니다. 따라서 민주사회에서 우리는 수단적 가치 못지않게 본래적 가치를 존중하기 위해서도 개인의 신념을 존중해야 합니다.

1. 입장 제시: 민주주의에서는 사회의 가치보다 개인의 신념을 우선시해야 함

2. 근거 1: 민주주의에서 '사상의 자유'의 수단적 가치

3. 근거 2: 민주주의에서 '사상의 자유'의 본래적 가치

Tip & Advice

1. 쉽게 결론을 내기 힘든 문제입니다. 발표 후에는 날카로운 추가 질문도 날아올 수 있으므로 평소에 깊이 고민해 보지 않은 학생들은 진땀을 쏟게 될지도 모릅니다.

2. 한 쪽의 입장을 선택하기 어려울 때는 '개결시' 이론의 '시기' 규칙에 의거해서, 요즘 시대에 비추어 본 후 더 바람직하다고 생각하는 입장을 고르는 것도 방법입니다. 특히 소수자 이슈는 민주화, 다원화라는 시기적 요소와 떼려야 뗄 수 없는 관계에 있습니다.

3. 가급적 입장을 빠르게 결정하고, 근거를 떠올리는 데 시간을 더 쓰는 것도 하나의 전략입니다. 무슨 입장인지가 중요한 것이 아니라, 얼마나 논리성을 갖추고 설득력 있는 근거를 제시하느냐가 합격의 관건이기 때문입니다.

개인의 신념은 종종 사회의 가치와 충돌하고는 합니다. 비록 개인의 신념을 억압하는 것은 바람직하지 않지만, 어느 정도 민주적으로 토의할 제도가 마련되어 있다면 궁극적으로 사회의 가치가 우선시되어야 한다고 생각합니다. 사회는 일정 정도의 규범적 통합력이 있어야 유지될 수 있습니다. 이 사실을 부인하는 사회는 결국 붕괴하고 말 것입니다.

세상에는 너무나 다양한 신념이 있어서 그 모든 신념을 똑같이 존중하는 것은 불가능합니다. 어떠한 신념들은 논리적 모순이 있기도 하기 때문입니다. 예를 들어, 고등학생에게도 참정권을 부여해야 한다는 신념과 고등학생은 참정권을 갖지 말아야 한다는 신념은 한 사회에서 동시에 지켜질 수 없습니다. 또한, 어떠한 신념들은 논리적 모순은 아니지만 동시에 따를 경우 종합적 효과가 바람직하지 않습니다. 예를 들어, 우리 사회는 특정 종교의 관습에 따라 일주일 중 일요일을 휴일로 삼고 있습니다. 만일 월요일부터 토요일까지를 각각 휴일로 주장하는 여섯 개의 다른 소수 종교가 나타나서 똑같이 국가적 휴일을 지정할 권리를 관철한다면, 우리 사회는 일주일 내내 가동을 멈추어버리고 말 것입니다.

결국 신념들은 타협해야 하고 사회적 합의를 이루어야 합니다. 그렇게 하지 않으면 사회의 유지는 불가능합니다. 사회적 합의 절차는 반드시 필요하며, 합의가 이루어지면 구성원들은 그에 따라야 합니다. 민주주의는 합의에 참여할 권리와 합의를 존중할 의무로 이루어져 있는 것입니다.

이에 반대하는 입장의 사람들은 사회의 가치를 개인의 신념보다 우위에 두는 저의 견해가 반민주주의적이라고 비난할지도 모릅니다. 그러나 그들이 말하는 사회적 합의보다 개인의 신념이 궁극적으로 더 중요하다는 주장이야말로 민주주의와 거리가 멉니다. 개개인이 다른 사람들과의 합의가 아니라 오직 자기 자신의 신념에만 따르면 된다는 것은 민주주의가 아니라 무정부주의에 더 가깝습니다. 민주주의는 서로 다른 가치와 신념을 가진 사람들이 평등한 자격으로 토의하고 합의에 이르며, 그 합의를 준수할 것으로 약속한 정치 체제입니다. 중요한 것은 합의를 만들어나가는 절차가 공정하고 평등한가에 있지, 합의에 대한 준수 의무가 강제적인가에 있지 않습니다.

개요

1. 입장 선택: 사회적 가치를 우선시
2. 근거: 모든 신념을 동시에 지키는 것은 불가능하거나 바람직하지 않음
3. 중간 주장: 정해진 사회적 합의에 대한 준수의 불가피성
4. 기각 논의: 반론 및 재반론

1. 어떠한 입장을 고르든, 반대 입장에서의 비용을 생각해 보는 것도 유의미한 전략입니다. 이와 같은 경우 기각 논의를 제시하면서 양쪽 입장을 모두 고려해 보았다는 사실을 보여주면 좋을 것입니다.

2. 사회적 가치가 개인의 신념보다 우선이라고 주장하든 그 반대라고 주장하든 면접관 선생님께 역공당할 각오를 해야 합니다. 평소에 의식적으로 기각 논의를 연습해 보는 것도 좋은 방법일 것입니다.

PART 3

★ 정치 외교학과 지원 학생 답변

정치 영역에서 소수자의 권리 보장은 늘 참정권의 확대 및 강화와 함께 이루어졌습니다. 18~19세기 유럽에서는 부유하지만 귀족 신분을 갖지 못했던 사람들로의 참정권 확대가 시작되어 빈민들까지 확대되었습니다. 20세기 미국에서도 이와 유사하게 여성, 흑인들의 민권 운동이 보통 참정권을 둘러싸고 일어났습니다. 한국에는 해방 후 미국에 의해 선거권이 선물처럼 주어졌지만, 독재 기간을 거쳐서 성숙한 시민 사회가 다시금 참정권을 되찾게 되는 과정이 있었습니다. 오늘날 한국의 민주주의 제도는 상당히 성숙한 단계에 있기는 하지만, 소수자 보호를 위해서는 아직 몇 가지 더 이루어야 할 과제들이 있다고 생각합니다.

참정권을 통해 소수자를 보호할 방안으로는 첫째, 선거 제도의 보완을 들 수 있습니다. 현재 한국의 선거 제도는 소선거구제 및 단순 대표제 위주로 이루어져 있고, 비례 대표 의석수는 지역구 의석수 대비 약 5분의 1밖에 되지 않는 상황입니다. 이러한 선거 제도는 소수자를 대변하는 정치인 및 정치 세력의 원내 진입을 억제하는 경향이 있다고 이야기됩니다. 소수자 권익을 보다 잘 대변하기 위해서는 중대 선거구제의 도입과 비례 대표제의 확대를 진지하게 검토할 필요가 있습니다.

둘째, 참정권을 갖지 못했거나 가졌더라도 실질적으로 행사하기 힘든 소수자들에게 도움을 주어야 합니다. 노인과 장애인들에게 투표장까지 갈 수 있는 편의를 최대한 제공하고, 한국에 거주하는 이민자들도 선거에 더 많이 참여할 수 있도록 귀화 자격의 문턱을 낮추는 방안을 검토해야 합니다.

셋째, 소수자 관련 비정부 기구들을 지원하고 옴부즈만 제도 등을 통해 소수자들이 자신들의 의견을 대의 기구에 전달할 수 있는 통로들을 만들고 참여를 독려해야 합니다. 이러한 제도들은 소수자들이 자신들의 의견을 전달하는 데 드는 비용을 낮춤으로써, 그들에게 주어진 참정권이 실질적으로 기능하도록 활력을 불어넣어 줄 것입니다.

개요

1. 주장: 정치 영역에서 소수자 보호는 참정권의 확대와 강화를 통해 가능
2. 방법 1: 선거 제도 보완
3. 방법 2: 참정권 확대와 투표 편의 제공
4. 방법 3: 소수자 관련 비정부 기구 지원 및 옴부즈만 제도 등 통로 제공

[문제 4]는 전공에 대한 사전 이해와 준비 자세를 묻고 있습니다. 2018학년도 고려대 모의구술에서는 제시문과 관련시켜 전공 질의를 하던 문제가 사라지고, 3개 문제로만 출제되었습니다. 하지만 추가 질문이나 학생부 기반 면접 중에 위와 같이 전공에 대한 관심 여부를 확인할 가능성은 충분히 있습니다.

★ 경영학과 지원 학생 답변

 보통 소수자 보호의 역할은 정부 조직의 전유물이라고만 여기기 십상입니다. 하지만 오늘날과 같이 기업이 사회에서 많은 자원과 권력을 가지고 있는 상황에서는 기업들 역시 소수자 보호에 대한 책임을 정부와 분담하는 편이 바람직하다고 생각합니다.

 기업이 소수자 보호를 할 수 있는 방법을 사내 제도와 사외 활동으로 나누어 제시하고자 합니다. 우선 사내 제도 측면에서 가장 먼저 할 수 있는 것으로, 고용 시 소수자들을 위해 일부 인원을 할당하는 방법을 들 수 있습니다. 정부는 최소 인원 이하를 고용하는 기업에게 불이익을 주거나 많은 소수자를 고용하는 기업에게 혜택을 주는 등으로 이를 장려할 수 있을 것입니다.

 또한, 기업들은 사내 소수자 권리를 위한 여러 보호 장치를 도입할 수 있습니다. 사내 시설을 확충해 장애인의 접근성을 높이고, 여성 근로자들의 생리 휴가 및 출산 휴가를 실질적으로 보장하며, 복직 시 가시적, 비가시적 불이익을 제거해야 합니다.

 이어서 사내 교육을 통해 직원들의 소수자 관련 인권 감수성을 제고하려는 노력을 해야 합니다. 차별 발언이나 행동이 어떠한 것인지 교육하고, 위반할 시 인사상의 불이익을 주어 사내외의 소수자들을 올바른 태도로 대할 수 있도록 지원해야 합니다.

 다음으로 기업 내부뿐 아니라 외부의 소수자들을 위해서도 기업은 자발적으로 여러 역할을 할 수 있습니다. CSR(Corporate Social Responsibility)이라고도 부르는 사회 공헌 활동과 사내 직원들의 봉사 활동이라든지 기업 차원의 기부금 등이 대표적 사례입니다. 또한, 최근에는 CSR에서 CSV(Creating Shared Value)로 나아가는 추세라고 합니다. 기존 CSR이 기업의 수익 중 일부를 소수자들을 위해 사용하는 것이었다면, CSV는 아예 기업의 비즈니스 모델 자체가 회사와 소수자들에게 동시에 이익이 되는 것을 뜻합니다. 예를 들어, T모 신발 회사의 경우, 신발을 한 켤레 구매하면 아프리카의 빈곤층에게 신발 한 켤레가 기부되는 비즈니스 모델을 만들어 선행을 하고, '착한 기업'으로 알려지면서 홍보 효과를 톡톡히 누릴 수 있었습니다. 이러한 CSR과 CSV 활동들을 통해 기업도 소수자 보호의 역할을 감당할 수 있습니다. 저 역시 경영을 배우고 장래에 경영인이나 관리자가 되어 소수자들의 권익을 신장하는 착한 비즈니스를 통해 사회에 기여하고 싶습니다.

1. 주장: 기업도 소수자 보호를 위한 역할 분담 가능

2. 사내 소수자 보호 방안: 고용 할당제, 장애인 접근성, 생리 및 출산 휴가, 사내 교육

3. 사외 소수자 보호 방안: CSR, CSV

Tip & Advice

평소에 지원하고자 하는 전공에 관심을 갖고 있는 학생이라면 다양한 사례를 들 수 있을 것입니다. 지원하려는 전공과 관련한 사회 이슈와 키워드들을 알아두어야 합니다. 요즘은 기업도 '기업 시민'으로서의 역할을 할 것이 요구되는 시대로, 경영학과에 지원한다면 경제 분야의 전반적 흐름의 일부로 알아둘 필요가 있습니다.

학교 측 출제 의도 및 평가 지침

출제 의도

- [문제 1]은 우리 사회가 민주화되고 다문화 사회로 급속히 변모하면서 생겨나는 다양한 유형의 사회적 소수자에 관한 쟁점을 이해하고 있는지를 확인함

- [문제 2]는 개인의 신념과 공동체의 문화/사회적 책무가 충돌할 수 있는 상황에 대해 개인적, 제도적 차원의 문제 해결 방안을 추론하는 능력을 확인함

- [문제 3]은 쉽게 사회적 합의를 도출할 수 없는 어려운 문제를 창의적으로 해결할 수 있는 능력을 파악하고자 함. 지원자가 문제를 해결해가는 양상을 봄으로써 리더로서의 인성과 자질에 대해 판단함

- [문제 4]는 사회적 소수자를 존중하기 위한 방안을 지원 전공 분야에 적용할 수 있는지 확인함으로써 전공분야 지원 전공에 대한 사전 이해가 충분한지, 전공에 대한 준비 자세가 갖추어져 있는지를 확인함

문항 해설

- 이 문항은 개인의 신념 · 가치관이 법적 · 사회적 책무 또는 공동체의 보편적인 문화와 충돌하는 상황에 대한 두 제시문 (가)와 (나)를 읽고 공통점과 차이점을 설명한 후, 제시문 (다)와 연관 지어 바람직한 문제 해결 방안을 제시하는 문항임. 추가적으로 제시문에 대한 이해를 바탕으로 사회의 가치와 개인의 신념이 충돌하는 경우 어느 쪽이 우선시 되어야 한다고 생각하는 지를 말하고 판단의 이유와 근거를 제시해야 하며 사회적 소수자를 존중하기 위한 방안을 지원 전공 분야와 관련지어 설명해야 함

- 제시문 (가)와 (나)는 개인의 신념과 공동체의 문화 또는 사회적 책무가 충돌할 수 있는 상황을 이해하고 이에 대한 개인적, 제도적 차원의 문제 해결 방안을 추론하는 문항으로 고등학교 「사회」와 「사회 · 문화」에서 공통으로 다루는 '사회적 소수자', 「생활과 윤리」에서 다루는 '인권 존중'과 연관된 내용임

- 제시문 (다)는 존 스튜어트 밀의 「자유론」의 일부로, 고등학교 「사회」의 '개성과 다양성', 「윤리와 사상」의 '개인의 선택권과 자율의 중요성'에서 다루고 있는 내용임

※ 제시문을 읽고 물음에 답하시오.

(가)

한류 콘텐츠는 한국의 독특한 민족성과 문화적 순수성을 반영하거나 아시아 정서를 반영하던 초창기 형태를 벗어나 서구 문화와의 혼종성, 즉 상이한 문화의 혼합을 특징으로 하고 있다. K팝의 경우 기존의 발라드에서 랩, 테크노 등 서구 장르를 적극적으로 도입했다. 특히 대형 기획사의 경우 외국 작곡가의 곡을 받거나 외국 작곡가와 한국 작곡가가 협력하여 함께 곡을 만드는 사례가 빈번하다. 북미 등지의 한류 팬들은 실제로 '한류가 한국적인 문화의 순수성을 고집하지 않고 서구와의 혼종화를 통해 새로운 형태의 문화 콘텐츠를 만들고 있기 때문에 이를 사랑하게 되었다'고 말한다. K팝이 한글과 영어가 뒤섞인 가사와 서구 음악 장르로 여겨지는 랩과 테크노 등을 적극적으로 활용하고 있어 해외 한류 팬들의 입장에서 이를 받아들이기 쉽기 때문이다.

(나)

대한민국 사람 중에 김치를 우리나라의 대표 음식으로 꼽는 데 주저할 사람은 아무도 없다. 김치는 조상 대대로 먹던 우리 고유의 건강한 발효 음식으로 생각되어 김치에 대한 한국인의 자긍심은 한없이 높다. 그런데 김치에는 뜻밖에도 우리의 고유한 문화 요소 이외에 외래의 문화 요소도 포함되어 있다. 현재 우리가 '김치' 하면 떠올리는 빨간 배추김치의 역사는 불과 100년 정도밖에 안 된다. 고추는 남아메리카에서 일본을 거쳐 임진왜란 이후에, 배추 개량종은 중국을 통해 조선 말기에 도입되었다. 오늘날의 배추김치는 일본과 중국으로부터 도입된 새로운 재료에 우리 조상의 지혜로운 발효 기술이 어우러진 결과물이다.

(다)

대한민국이 세계 초강대국이 된 어느 날 대한민국 국민인 호성이는 A국을 방문했다. 그런데 A국에 도착하고 보니 공항의 건물을 비롯해서 나라의 모든 건물이 한옥 양식이다. 반만년의 역사를 자랑하는 이 나라의 국민들은 왜 자신의 고유한 건축 양식을 포기했을까? 호텔로 가는 택시 안에서 기사는 호성이와 한국어로 대화하기 위해 애를 쓴다. 호성이는 한국어가 세계 공용어이므로 기사가 한국어를 하려고 애쓰는 것이 당연하다고 여기면서도 다른 한편으로는 기사가 한국어에 능숙하지 못한 것을 부끄러워한다는 사실에 의구심이 생긴다. 거리를 지나는 모든 사람이 한복을 입고 길거리 곳곳에는 한글 간판을 건 고급 식당이 눈에 띄기도 한다. 호성이가 보기에 이 나라는 의식주뿐만 아니라 거의 모든 것이 한국화 되었다. 호성이는 과연 이 나라의 정체성은 어디에 있는가 하는 의문을 갖게 되었다.

제시문 (가), (나), (다)를 문화 혼종의 관점에서 비교하시오.

제시문 (가)와 (나)를 활용하여 제시문 (다)에 묘사된 A국의 상황이 발생하게 된 다양한 원인을 추측하시오.

제시문 (가), (나), (다)를 읽고 한국 고유의 전통문화를 강조하는 태도에 대해 의견을 말하시오.

지원 전공 분야에서 문화 교류를 통한 혼종화의 사례를 찾아 설명하시오.

문화 혼종이란 서로 다른 곳에서 유래한 문화가 한데 섞이는 현상입니다. 제시문 (가), (나), (다)는 이러한 문화 혼종의 서로 다른 양상과, 문화 혼종에 대한 서로 다른 자세를 보여주고 있습니다.

제시문 (가)의 K팝은 음악에 외래문화 요소를 개방적으로 도입함으로써 '보편화'된 형태에 도달한 사례입니다. 민족적 순수성이나 아시아적 감수성이라는 특수성을 강조하던 초기 형태를 벗어나 동서양을 아우르는 보편주의적 태도를 취하고서야 비로소 해외에서도 각광받는 한류 문화의 선봉이 될 수 있었습니다. '문화적 개방주의'는 새로운 문화를 탄생시키는 중요한 토양인 것입니다.

제시문 (나)의 배추김치는 외래문화가 '고유화'되는 과정을 입증한 사례라고 할 수 있습니다. 배추김치는 남미, 일본, 중국에서 유래한 식재료를 사용하되 우리 전통의 발효 음식으로 만들어낸 음식 문화입니다. 이와 같이 한 나라를 대표하는 고유의 문화라는 것도 알고 보면 혼종적 요소를 품고 있음을 알 수 있습니다. 그러나 제시문 (나)에는 제시문 (가)와 비교할 때 한 가지 어두운 면도 숨겨져 있습니다. 적지 않은 사람들이 배추김치의 혼종적 기원을 잊어버리고, 이것이 오랜 세월 순수하게 한민족의 지혜와 한반도의 산물로만 만들어졌다고 오해하고 있다는 사실입니다. 위와 같은 오해가 가져올 '문화적 국수주의'는 자칫 문화적 불임의 미래를 낳을 수 있으므로 조심해야 합니다. 제2, 제3의 배추김치로 우리 식단을 풍성하게 만들려면 미래에도 문화 혼종에 대해 개방적 태도를 가져야 할 것입니다.

제시문 (다)의 가상 사례는 문화적으로 '식민화'된 상태의 A국을 보여줍니다. 공항, 호텔, 택시, 고급 식당 등 발전된 사회를 이루고 있지만 그 내용 면에서 고유의 정체성이라고 할 만한 것을 가지고 있지 못합니다. 모든 면에서 초강대국 대한민국의 문화를 따라하기에 급급할 뿐입니다. 이는 몰주체적인 문화 혼종의 결과일 것입니다. 앞서 제시문 (나)의 문화적 국수주의와 반대의 의미에서 제시문 (다)의 문화적 사대주의도 문화 혼종에 대한 바람직하지 않은 자세라고 볼 수 있습니다.

이와 같이 세 제시문의 비교를 통해 문화의 혼종은 보편화, 고유화, 식민화 등 다양한 결과로 이어질 수 있음을 알 수 있습니다. 또한, 이는 우리가 외래문화를 어떠한 자세로 수용할 것인지에 달려 있으며, 문화적 개방주의는 새로이 보편화되거나 고유화된 문화를 만들어 내겠지만 문화적 국수주의나 문화적 사대주의는 그러한 기회를 가로막을 것임을 알 수 있습니다.

1. 문화 혼종의 의미

2. 제시문 (가): 문화 혼종의 특징(보편화) + 외래문화 수용 자세(개방주의)

3. 제시문 (나): 문화 혼종의 특징(고유화) + 외래문화 수용 자세(국수주의)

4. 제시문 (다): 문화 혼종의 특징(식민화) + 외래문화 수용 자세(사대주의)

5. 결론

Tip & Advice

1. 세 개의 제시문을 하나의 중심 개념으로 비교해야 하는 문제입니다. 동일한 현상이라도 그 구체적 양태는 서로 다를 수 있다는 사실을 유의하여 차이점을 부각시킬 수 있어야 합니다.

2. 열거형 구조를 활용할 때에는 각 제시문 안에 적어도 두 개 정도의 포인트를 넣을 수 있도록 노력해야 합니다. 열거형 구조에서 포인트가 하나씩만 들어가면 평면적인 답안이 되기 쉽습니다.

3. 각 제시문 간의 차이를 부각하기 위해서는 '키워드'를 제시문에서 골라 사용하거나 스스로 만들어낼 수 있어야 합니다. 예시 답안 (1)은 문화 혼종의 양상을 '보편화, 고유화, 식민화'라는 키워드로 정리했고, 문화 혼종에 대한 자세는 '개방주의, 국수주의, 사대주의'라는 키워드로 정리했습니다.

제시문들은 모두 문화 혼종의 여러 사례들을 묘사하고 있지만, 새로운 문화 생산물의 창조 여부, 사람들의 호의적 반응 여부에서 차이를 나타내고 있습니다.

첫째, 제시문 (가)와 (나)는 새로운 문화 생산물을 만들어낸 반면에 제시문 (다)는 그저 남의 문화의 모습을 고스란히 따라한 경우를 보여주고 있습니다. 제시문 (가)와 (나)는 한 나라의 국민이 창조적 수용의 자세로 외래문화를 접목했을 때의 긍정적 결과들을 예로 보여줍니다. K팝에 대한 문화적 협력은 우리 가수들과 외국 작곡가들, 우리말 가사와 서양 음악 장르의 조합 등으로 발전되어 나타납니다. 이는 한국적이면서도 보편적인 문화 콘텐츠의 생산으로 이어졌으며, 오늘날의 한류 붐을 이끌고 있습니다. 배추김치 또한 한국 고유의 발효 기법에 외국의 새로운 작물들을 창의적으로 결합해 한국에도 외국에도 없었던 새로운 것을 만들어낸 사례입니다. 이와 달리 제시문 (다)의 A국은 아무 새로운 것도 창조하지 못한 채 그저 남의 문화의 겉모습을 고스란히 모방한 경우를 보여주고 있습니다.

둘째, 문화 혼종을 받아들이는 사람들의 태도도 제시문 (가), (나)와 (다)가 달리 나타납니다. 한류 음악은 외국인들에게 널리 환영받고 있으며, 김치는 한국인들에게 자국 식문화의 상징으로까지 받아들여지고 있습니다. 그에 반해 제시문 (다)의 호성이는 A국의 무분별한 한국 추종에 오히려 거북함을 느끼고 있습니다. 제시문 (다)의 택시 기사 역시 자국 문화에 대한 자긍심도, 그렇다고 외국 문화를 능숙하게 소화한다는 자신감도 느끼지 못하고 있습니다.

이를 종합해 보면, 제시문 (가)와 (나)의 사례는 둘 다 긍정적인 문화 혼종의 결과로 무언가 새롭고 바람직한 산물이 창조되었고, 이에 사람들의 마음을 사로잡았다는 공통점을 갖습니다. 그와 달리 부정적인 문화 혼종 사례인 제시문 (다)는, 모방뿐인 변화는 그 누구에게도 참된 가치를 줄 수 없음을 방증합니다.

개요

1. 제시문의 공통점과 차이점 간략히 제시
2. 차이점 1: 새로운 문화 생산물의 창조 여부: 제시문 (가) + (나) vs (다)
3. 차이점 2: 사람들의 호의적 반응 여부: 제시문 (가) + (나) vs (다)

Tip & Advice

예시 답안 (2)는 관점형 구조를 취하고 있습니다. 단순히 긍정적/부정적으로 제시할 수도 있지만, '문화 생산물의 창조'와 '사람들의 반응'이라는 세부 포인트를 나누어서 고민의 흔적을 보이려고 노력했습니다.

제시문 (다)의 A국은 반만년 고유의 의식주 문화를 잊고 세계 초강대국의 의식주 문화를 전사회적으로 모방해버린 사례를 보여주고 있습니다. 가상의 사례이기는 하지만, 자세히 살펴보면 이는 세계화 시대 한국의 상황을 우회적으로 표현한 것입니다. A국이 이러한 상황에 이른 원인을 제시문 (가)와 (나)와 비교해 외부적 원인과 내부적 원인으로 나누어 추측해 보겠습니다.

첫째, 외부적이고 구조적인 원인에는 세계화로 인해 증가한 획일화의 힘이 있습니다. 인류 역사에서 페니키아, 실크로드, 지중해 무역 등 지역 내 무역의 사례들은 오래 전부터 지속되어 왔습니다. 제시문 (나)에 나타난 일본, 중국 농산물의 유입도 그러한 사례 중 하나입니다. 하지만 오늘날의 세계는 지구 전체가 하나의 경제 체제로 통합된 진정한 세계화가 이루어졌다는 측면에서 과거의 통합 정도와는 그 차원을 달리합니다. 한 나라가 다른 나라 문화를 완전히 모방하려면 원재료부터 인재, 아이디어까지 매우 높은 정도의 무역이 이루어져야 합니다. 제시문 (나)와 같은 과거 시대에는 지역적 구획을 넘어선 높은 수준의 인적, 물적 교환이 불가능했기 때문에 역설적으로 고유화와 창조를 위한 공간이 남아 있을 수 있었습니다. 반면에 제시문 (다)처럼 과거에 비해 남을 모방하기가 너무나 쉬워진 현대에는 고유문화가 완전히 흔적을 잃어버릴 위험성도 그만큼 커졌다고 볼 수 있습니다.

둘째, 내부적인 행위자 측면에서의 원인도 추측해 보겠습니다. 외국 문물을 받아들이는 자세에 있어서 지나치게 사대주의적 태도로 일관한 것이 고유문화의 상실을 가속화했다고 생각합니다. 만일 제시문 (가)의 사례에서 국내 사람들이 점점 더 외국 사람들의 반응에만 관심을 기울이고, 아시아적 정서보다 서구적 정서가 우월하다고 생각하는 문화 사대주의적 태도가 만연하여 외국 작곡가를 찾는 빈도가 늘어나게 된다면, 결국 한류 콘텐츠도 한국의 고유성을 아예 잃어버릴 위험이 있다고 추론할 수 있습니다.

제시문 (다)를 살펴보면 모든 사회 계층에 이와 같은 사대주의의 흔적이 뚜렷하게 엿보입니다. 한국식 공항을 지은 정부, 한옥형 호텔을 지은 기업, 한글 간판을 걸고 한식을 파는 자영업자, 한국어를 더듬거리는 택시 기사, 한복을 입고 다니는 길거리의 일반인까지 누구도 자국 고유문화를 존중하는 모습을 보이고 있지 않습니다. 이로 미루어볼 때 A국의 정부는 전통문화를 보전하거나 회복하기 위한 공공의 제도 도입이나 의식화 캠페인을 소홀히 하고 있음이 분명합니다. 기업들도 오직 선진 문물을 수입하거나 따라하는 쉬운 길로 성장해 왔고, 투박한 자국 문화를 세련되게 발전시켜 상품화하는 어려운 길은 외면해 왔을 것으로 추측됩니다. A국의 시민들 역시도 정부에 고유문화 보호의 책임을 요구하거나 소비 생활 속에서 자국의 고유한 문화적 요소를 찾고, 존중하여 계승하고자 하는 태도를 보이지 않았던 것으로 볼 수 있습니다.

이처럼 제시문 (가)와 (나)의 내용을 참고했을 때, 제시문 (다)의 A국의 결과는 외부적으로는 획일화를 향한 세계화의 물결이 증가했음에도, 내부적으로는 정부, 기업, 시민 사회 등 각 주체가 의식적, 제도적 노력을 기울이지 않았던 점 때문이었을 것이라고 추측할 수 있습니다.

개요

1. 추측의 개요 소개: 외부적 원인과 내부적 원인
2. 제시문 (나)와 비교한 외부적 원인 분석 (구조적 측면): 세계화로 높아진 교역 수준과 획일화
3. 제시문 (가)를 참고한 내부적 원인 분석 (행위자 측면): 정부, 기업, 시민 사회의 비주체적 태도

Tip & Advice

1. 제시문 (가)와 (나)는 능동적이고 주체적인 문화 혼종에 성공한 사례들입니다. 반면에 제시문 (다)는 그렇지 않습니다. 제시문 (다)의 상황이 발생하게 된 원인을 제시문 (가)와 (나)에서 찾는다면, 결국 성공적 문화 혼종이 어떨 때 발생하는지를 생각해 보고, 이 원인을 뒤집어 분석하여 실패한 문화 혼종을 설명해야 할 것입니다.

2. '다양한 원인'이라고 했으므로 가능하다면 하나만 이야기하기보다는 두 개 이상의 원인을 제시할 수 있다면 바람직할 것입니다.

3. 원인에 대해 물었으므로 추가 질문으로는 해결 방법을 제안해 보라는 질문도 나올 수 있으니, 미리 염두하며 대비할 필요가 있습니다.

저는 A국이 지나친 외래문화 일변도의 사회로 나아오게 된 데에는 경제적 조건이 강력하게 작용했을 가능성이 크다고 봅니다.

제시문 (나)에서는 외래문화 요소인 고추와 개량 배추가 들어왔지만, 이것이 우리 조리법에 맞게 '번안'되어 김치의 일종으로 변화한 것을 확인할 수 있습니다. 주된 이유는 조선이 당시에 다른 나라들과 독립된, 독자적인 경제 체제를 이루고 있었기 때문일 것입니다. 즉, 이 외래문화 요소를 소비한 주된 수요자는 우리 조상들 자신이었고, 따라서 외래 문물은 우리 조상들의 입맛에 맞게 진화해야만 했을 것입니다.

이와 반대로 제시문 (가)는 해외 소비자들이 한국 시장에 큰 영향을 가지는 존재가 된 상태임을 볼 수 있습니다. 북미 등지가 한국 문화 콘텐츠의 새로운 소비 시장으로 부상하면서 한류 콘텐츠는 기존 한국 또는 아시아적인 정체성을 감소시키고 서구 장르, 서구 언어로 된 가사, 서구 작곡가와의 협업을 적극 신장하고 있습니다. 이는 결국 문화가 하나의 상품이 된 상황에서, 해외의 경제적 수요는 한 나라의 문화에 큰 영향력을 갖는다는 사실을 보여줍니다.

이러한 제시문 (가)와 (나)의 차이점을 염두에 두고 제시문 (다)의 A국을 본다면, A국의 문화가 그 뿌리를 잃어버리고 초강대국의 문화에 온통 잠식당하게 된 배경에도 경제적 수요의 논리가 있을 것으로 짐작할 수 있습니다. 즉, 대한민국이 세계 초강대국이 되고 그 문화와 언어가 보편화되면서, A국의 소규모 시장은 대한민국 문화에 익숙한 해외 소비자들의 수요에 종속되어 문화의 급속한 변화를 겪어 온 것이 아닐까 추측됩니다. 신식 공항을 통해 해외 관광객들이 들어오고, 이들은 한국 음식을 파는 고급 식당과 한국어를 말하는 택시 기사에 대한 수요로 이어졌을 것입니다. 또한, 해외 기업들은 인건비가 저렴한 A국에 공장을 짓고 한국식 생산품들을 제조했을 것이며, 그 나머지가 A국 시장에서 유통되기도 했을 것입니다. 그와 같이 A국 경제가 세계 시장에 종속된 상태에서, 훨씬 더 부유하고 커다란 해외 시장의 수요와 소비력이 소규모 국가인 A국의 시장을 잠식하고, 불행히도 문화에까지도 돌이키기 어려운 영향을 미친 것으로 짐작할 수 있을 것입니다.

개요

1. A국의 상황이 발생하게 된 원인에 대한 추측: 경제적 요인
2. 제시문 (나)의 해석과 활용: 외래 문물 + 자국의 수요가 강한 경우
3. 제시문 (가)의 해석과 활용: 외래 문물 + 해외의 수요가 강한 경우
4. 제시문 (가)와 (나)의 해석에 의거해 제시문 (다)의 상황이 발생하게 된 이유 상세 해설

1. '경제적 요인'이라는 한 가지 주된 원인에 집중하면서도, 그 구체적 과정을 추론하는 과정에서 해외 관광이나 제조업 투자 등 다양한 세부 원인을 제시한 답안입니다.

2. [문제 2]는 상당한 추리력과 창의력을 동시에 요하는 문제입니다. 제시문 (가)와 (나)를 설득력 있게 해석하지 못하면 제시문 (다)에 대한 추론은 '소설 쓰기'가 되고 말 것입니다. 결과를 추론하는 것이 아니라 주어진 결과에 대한 '원인'을 추론하는 것인데, 이러한 종류의 추론을 가추법(가설적 추리법)이라고 합니다. '비가 오면(원인) 땅이 젖는다(결과)'는 자연 법칙이지만, '땅이 젖어 있으니(결과) 비가 왔을 것이다(원인)'는 틀릴 수도 맞을 수도 있는 가설적 추리입니다. 예를 들어, 산불로 인해 소방 헬리콥터가 물을 뿌리느라 땅이 젖게 되었을 수도 있기 때문입니다. 가설적 추리는 본래부터 법칙과 같은 완벽한 정확성을 가질 수 없으므로 '내 추리가 맞는가'에 중점을 두지 말고 '내 추리를 설득력 있게 제시했는가'에 중점을 두어야 합니다.

PART 3

제시문 (가), (나), (다)는 모두 전통문화와 외래문화 사이의 혼종화를 소재로 삼고 있습니다. 이들을 종합적으로 고려할 때, 저는 한국 고유의 전통문화를 강조하는 태도가 보다 타당하다고 생각합니다.

제시문 (가)와 (나)는 한국 고유의 전통문화가 외래문화와 창조적으로 혼합되어 긍정적으로 받아들여지게 된 경우들입니다. 특히 제시문 (나)의 배추김치는 조상 전래의 전통적인 발효 기술을 사용해서 외래의 식재료를 창조적으로 재해석한 사례라고 할 수 있습니다. 세 사례 중에서도 외국의 문화 요소를 가장 주체적으로 받아들여, 그 혼합된 결과물이 우리 문화의 핵심적 요소가 된 경우입니다. 제시문 (가)의 K팝이 외국 사람들로부터 두루 사랑받는 이유도 서구 문화의 보편적 형식을 있는 그대로 모방하지 않고 한국어나 한국 활동가들과 같은 특수성을 함께 보존하고 있기 때문입니다. 비록 K팝의 주된 형식은 서양 음악의 형태에 더 가깝다고 할지라도, 여전히 한국적 요소가 남아 있음으로써 지금과 같은 인기를 누리고 있다는 점을 강조하고 싶습니다.

이와 반대로 문화에 대한 특수성의 요소가 전혀 남지 않았을 때의 모습을 제시문 (다)에서 확인할 수 있습니다. 아무런 고유의 정체성도 남지 않았을 때, 그 나라의 문화는 이방인에게 전혀 매력적으로 비추어지지 않습니다. 전통문화를 강조하지 않았다가 제시문 (다)와 같이 모두 잃어버리고 나면 뒤늦게 후회해도 회복할 수 없게 될 것입니다.

물론 한국 고유 전통문화를 강조한 나머지 국수주의에 빠져도 된다는 것은 아닙니다. 그러한 내용은 제시문 (가), (나)와 (다)는 물론 저의 주장에도 나타나지 않았습니다. 만일 한국 문화계가 특수한 민족성에만 집착하고 있었다면 K팝은 탄생하지 못했을 것이며, 고추와 배추를 낯선 외래종이라고 해서 아예 배척했다면 배추김치도 없었을 것입니다. 아무리 위대한 문화도 시간이 지나면 뒤쳐지게 됩니다. 전통문화의 중요성을 강조한다는 것은, 변화의 필요성을 인정하면서도 그 본질은 보존함으로써 역동적으로 발전해가려 한다는 뜻으로 이해되어야 할 것입니다.

개요

1. 주장 제시: 한국 고유 전통문화를 강조해야 함
2. 제시문 (가)와 (나)를 통해 주장 뒷받침
3. 제시문 (다)를 통해 주장의 반대 사례 비판
4. 기각 논의: 국수주의라는 반박을 고려하여 주장을 보완하고 재반박

1. 제시문 (가), (나), (다)에 제시된 문화 혼종 사례들은 공통되게 그 안에 자국 문화와 외래문화의 관계라는 문제의식을 품고 있습니다. 이를 찾아내서 검토하고 자신의 입장을 정리할 수 있는가를 확인하는 문제입니다.

2. 제시문 (가), (나), (다)를 읽고 내용을 답안에 녹여내야 한다는 점은 [문제 1]과 비슷합니다. 그러나 '비교하시오'가 아니라, '읽고 어떠한 주제에 대한 나의 의견을 말하시오'의 유형이라는 차이로 독해의 방식이 달라집니다. [문제 3]에 대해 답변할 때 훨씬 비중립적으로, 적극적인 가치 판단을 하면서 읽어낼 수 있을 것입니다.

3. 응시자가 취해야 할 주장은 미리 정해져 있지 않습니다. 타당하다는 입장과 타당하지 않다는 입장, 심지어는 흑백논리로 볼 수 없다는 입장까지 모두 가능합니다. 하나의 입장을 선택한 뒤에 오락가락하지 말고 자신이 선택한 입장을 논리정연하게 뒷받침할 것이 요구됩니다. 제시문 (가)와 (나) 같은 제시문들은 특히 양면적 요소를 품고 있으므로 자신에게 유리한 방향으로 해석할 수 있어야 합니다.

4. 두 개 이상의 제시문을 참고하여 두 유형 중 하나를 선택하고 답변하는 선택 논증의 요령을 재점검해 보도록 합시다.

제시문 (가), (나), (다)는 과거, 현재, 미래에서 고유 전통문화를 보호해야 할 필요성과 외래문화 요소를 수용해야 할 필요성 사이의 균형점이 변화할 수 있다는 사실을 알려주고 있습니다. 따라서 '언제나 고유한 전통문화를 강조해야 한다'거나 '언제나 그래서는 안 된다'는 논리는 둘 다 타당하지 않습니다. 질문을 더 심층적으로 분석한다면, 우리는 '과연 어떠한 시대적 환경과 조건에서 고유한 전통문화를 강조해야 할까'를 자문해야 할 것입니다.

제시문 (나)는 조선 시대에 국제 무역으로 식문화를 발전시킨 사례를, 제시문 (가)는 세계화 시대의 성공적인 문화 콘텐츠 수출의 사례를, 제시문 (다)는 가상의 미래 사회에서 고유문화가 외래문화에 완전히 대체된 사례를 보여주고 있습니다. 시대의 변화에 따라서 외래문화 요소가 진입하는 형태가 달라진다는 사실을 확인할 수 있습니다.

제시문 (나)의 우리 조상들은 외래문화 요소를 수용하면서 배추김치를 만들어냈습니다. 하지만 이는 외국 음식 문화가 완성된 형태로 들어온 것이 아니라, 단지 1차적 원재료로서의 고추, 개량 배추의 형태로 무역이 이루어진 것입니다. 따라서 굳이 전통문화를 지킬 필요성을 강조하지 않더라도 자연스럽게 외래문화 요소가 우리 문화에 녹아들 수 있었습니다. 실제로 배추김치에 대해 많은 사람들이 그 외래적 요소를 잊고 살고 있을 정도로 거의 완벽하게 한국화된 음식인 것도 그 덕분이라 할 수 있습니다.

제시문 (가)의 K팝은 그와 달리 외국 음악의 장르, 외국 작곡가의 협력, 외국어 가사 등 비물질적이고 2차적인 형태의 외래문화 요소들이 융합된 결과물입니다. 세계화 시대인 오늘날에는 이처럼 단순히 재화뿐 아니라 서비스와 아이디어도 국경을 넘어 자유롭게 이동하고 있습니다. 이 경우에 K팝이 서구 문화를 받아들였기 때문에 성공했다는 점뿐만 아니라, 여전히 한국적 요소들을 품고 있다는 점, 양자의 관계가 평등한 협력이라는 점도 강조되어야 할 것입니다.

제시문 (다)의 가상 미래 사회는 한 나라의 역사가 송두리째 잊혀질 수 있을 정도로 외래문화 요소의 영향력이 강력해진 산물입니다. 외래문화 요소가 재료의 형태로 들어왔던 제시문 (가)와 달리 (다)에서는 건축, 의복, 식문화가 완제품의 형태로 들어오고 있습니다. 심지어 아예 한 민족의 가장 깊은 정신이라고 할 수 있는 언어문화까지도 종속되어가는 모습을 볼 수 있습니다. 이러한 사회에서는 전통문화를 보호해야 할 필요성을 강하게 부르짖지 않는다면 고유문화 요소는 질식되어 영원히 사라지고 말 것입니다.

이처럼 외래문화 유입 형태에 따라 그 영향력의 크기도 변화하므로 한국 고유의 전통문화를 강조하는 수준도 그에 맞게 변화해야 합니다. 오늘날 외래문화 요소와 한국적 문화 요소의 균형을 이야기하는 것이 중요하다면, 앞으로는 점점 더 우리 문화 요소를 지켜나갈 필요성을 강조하는 것도 중요해질 것입니다.

1. 질문의 재정의: 외래문화 요소와 전통문화 요소의 균형점

2. 과거: 외래문화 요소의 약한 영향력 → 전통 보호 강조할 필요 미미

3. 현재: 외래문화 요소의 중간적 영향력 → 전통과 외래의 공평한 강조

4. 미래: 외래문화 요소의 강력한 영향력 → 전통 보호 강하게 강조할 필요성

5. 결론: 외래문화 요소 영향력 강해질수록 전통 보호 강조할 필요성도 증가

Tip & Advice

1. 약간의 위험을 무릅쓰고 문제를 창의적으로 재정의한 답안입니다. 하지만 결론에서 보이듯이 본래의 질문 취지를 완전히 이탈한 것이 아니라는 점에서 의미가 있습니다.

2. 제시문 (가), (나), (다)에서 상반된 문화 혼종의 결과가 나타난 까닭을 외래문화가 유입된 시기 · 형태별 특성을 통해 파악한 점이 흥미로운 답안입니다. 제시문 (나)에서는 원재료, 제시문 (가)에서는 서비스와 아이디어, 제시문 (다)에서는 아예 완제품의 형태로 들어오고 있다고 보고, 이로 인해 외래문화가 발휘하는 영향력의 강도도 점점 높아져간다고 분석했습니다.

3. 시간적 흐름에서 일관성을 발견했기 때문에, 답변이 양시양비론이 되지 않고 특정한 방향성을 띠게 된 답안입니다.

★ 역사교육과 지원 학생 답변

외래 요소를 받아들여 문화 혼종을 통한 발전을 이뤘던 사례로 조선 시대 실학을 예로 들 수 있습니다. 조선 시대 초기 유학은 고려 시대를 지배했던 불교를 대신해 현세의 중요성을 강조하는 통치 이념으로서 중요한 역할을 했습니다. 그러나 일부 유학자들은 유학이 본래 중국에서 기원한 것이라는 점을 지나치게 의식하고 중화주의에 매몰되어, 주자의 정통주의적 해석에서 한 발짝도 벗어나서는 안 된다는 생각에 빠졌습니다. 이는 주자학에 반발해 양명학이라는 상이한 학설이 나타나고 대립했던 본토 중국과 비교하더라도 굉장히 교조주의적인 태도였습니다.

실학은 이러한 교조주의를 깨고 등장했습니다. 실학은 청나라에 사신으로 건너가 발전된 문물을 보고 왔던 홍대용, 박지원과 같은 북학파들로부터 시작되었습니다. 이들은 유교 경전을 단지 암송할 것이 아니라, 이들 경전으로부터 새로운 환경에 맞는 실용적 교훈을 적극적으로 끌어내야 한다고 강조했습니다. 예를 들어, 홍대용은 신분적 장벽을 완화하여 능력 중심 사회를 이룩할 것을 주창했으며, 음양오행론에 매몰되지 말고 자연을 선입견 없이 관찰할 것도 주장했습니다. 박지원은 사농공상을 신분이 아니라 기능으로 재인식하고, 농업, 공업, 상업이 잘 돌아갈 수 있는 이치를 연구하는 것이 유학과 선비의 새 역할이 되어야 한다고 내세웠습니다. 즉, 실학은 한국이 갖고 있던 전통 유교 사상에 청나라를 통해 수입한 서양 과학의 실용주의를 결합하면서 발전했던 문화 혼종 사례인 것입니다.

실학의 실용주의 사상은 박지원의 손자 박규수 등을 통해 개화파로 이어지며 한국 근대사의 한 지적, 정치적 흐름을 형성하기도 했습니다. 조선 후기를 돌아보면 문화적 사대주의와 쇄국정책을 고집한 유림 대신에 적극적 문화 혼종을 제창한 북학파, 실학파, 개화파가 주류를 이루었다면 식민화의 비극을 피할 수 있지 않았을까 하는 아쉬움이 남습니다. 역사교육과에 입학하게 되면 이 시기 외래문화의 유입을 둘러싼 논쟁들을 더 깊이 공부해 보고, 이를 통해 얻은 교훈을 장차 미래의 주인공이 될 아이들에게 충실하게 전달해 주고 싶습니다.

개요

1. (역사교육과)전공 관련 문화 혼종의 사례: 조선 시대 실학
2. 전공 관련 각오와 함께 마무리

1. 2017학년도 기출문제와 달리, 2018학년도 이후에는 제시문 기반 면접과 학생부 기반 면접에 시간이 골고루 분배되어 있어, 제시문 기반 대신 학생부 기반 면접에서 전공 관련 관심도와 이해도를 물을 가능성이 큽니다. 실제로 2018학년도 모의구술에서는 위와 같은 형태의 [문제 4]가 사라지고 3개의 문항으로만 마무리되었습니다.

2. 그렇다고 하더라도 [문제 1]~[문제 3]의 추가 질문으로 위 같은 문제가 제기될 가능성이 없지 않으니, 자신이 지원하는 전공에 관련해서 평소에 여러 각도로 생각해 둘 필요가 있습니다.

3. 답변의 디테일을 얼마나 충실하게 제시할 수 있는지에 따라 평소 관심의 정도가 드러날 것입니다. 하나의 소재를 디테일하게 답변할 수 없다면 여러 개의 사례를 들어서 커버하는 것도 좋습니다.

★ 사회학과 지원 학생 답변

 저는 사회학 중에서도 예술 사회학에 많은 관심을 가지고 있습니다. 예술 발달은 사회 환경과 결코 동떨어져 있지 않다는 특징이 가장 흥미롭게 다가왔습니다. 새로운 예술은 상이한 문화들이 새로이 만날 때 탄생하고는 합니다. 예를 들어, 헬레니즘과 간다라 미술의 영향을 수용해 만들어진 석굴암의 천장 돌과 석조 불상은 신라 내에서 전례가 없었던 것으로, 우리 예술 안에 들어온 서구적 문화 요소라고 할 수 있습니다. 석굴암 본존불상은 외래의 형식을 빌어서 가장 한국적인 미소와 감정을 표현하고 있다고 평가받고 있습니다.

 사회는 시대적 환경에 대한 개인의 경험을 통해 예술에 영향을 줍니다. 비디오 아티스트 백남준은 부처상이 TV에 나오는 자신의 얼굴을 관람하고 있는 「TV 부처」나, 거북선의 갑판을 TV로 교체한 「프랙탈 거북선」 등 한국적 모티브를 TV라는 서양 문물을 활용해 표현했습니다. 문화 평론가 이어령은 백남준의 예술 표현 방식이 6 · 25 이후 고물을 주워 재활용하던 한국인들의 집단 경험이 녹아 있는 것이라고 평했습니다.

 작곡가 윤이상은 양쪽 사회에 속한 망명객이라는 사회적 정체성을 자신이 작곡한 음악 속에 투영했습니다. 그는 독재를 피해 독일에 망명한 처지에서도 오히려 한국 전통 음악의 작곡법이나 전통문화의 소재들을 '예약'이나 오페라 '심청' 등에 적극 활용해 독창적이고 중요한 음악가로 인정받았습니다. 앞으로 사회학과에 입학해서 이렇게 사회적인 문명 교류, 한 개인이 속한 사회의 시대적 경험, 또는 개인의 사회적 정체성이 예술 작품에 미치는 영향을 계속 탐구해 보고 싶습니다.

개요

1. (사회학과)전공 세부 분야에 대한 관심 소개: 사회가 예술에 미치는 영향
2. 사회적 문명 교류와 예술: 석굴암 본존불
3. 사회적, 시대적 경험과 예술: 백남준
4. 사회적 정체성과 예술: 윤이상
5. 관심 전공(사회학과)에 대한 흥미와 기대 표출

Tip & Advice

사례는 수단이며 전공에 대한 흥미와 적성을 판단하려는 것이 진정한 목적인 문제입니다. 가급적 전공에 대한 본인의 관심을 표현하는 것이 좋습니다.

출제 의도

- [문제 1]은 세 개의 제시문에서 다루고 있는 사례를 하나의 공통된 관점에서 적절히 비교할 수 있는지를 통해 논리적 사고력을 확인하고자 함. 더불어 세 지문에서 공통적으로 문화 접변을 다루고 있지만 그 구체적 양상은 서로 다르다는 점을 비교하여 답변할 수 있는지를 확인함

- [문제 2]는 주어진 제시문을 토대로 하여 하나의 사례와 관련하여 현재의 상황이 빚어지게 된 원인을 추측하게 함으로써 다양한 사태 간의 인과관계를 파악할 수 있는 능력, 즉 현재의 결과를 통해 그 원인을 찾아낼 수 있는 사고력을 갖추고 있는지 확인함

- [문제 3]은 주어진 제시문을 참고하여 세 제시문에서 공통적으로 소개된 문화 접변에서 중심 역할을 하는 자문화를 강조하는 태도가 어떠한 관점에서 타당하거나 타당하지 않은지를 판단하고 그에 대한 타당한 근거를 제시하는 능력을 확인함

- [문제 4]는 응시자가 지원한 전공 분야에서 문화 혼종의 사례를 찾아 설명하게 함으로써 자신이 선택한 전공에 대한 이해와 관심도를 확인함

문항 해설

- 이 문항은 문화 접변 현상의 다양한 예시를 설명하는 세 가지 제시문을 읽고 제시문 간의 공통점과 차이점을 비교하고, 사례 속 상황이 발생하게 된 원인을 추측하도록 하는 문항임. 이와 더불어 문화 현상에 대한 다양한 이해를 바탕으로 전통문화를 중시하는 자문화 중심주의적인 태도에 대한 자신의 의견과 판단 근거를 제시해야 하며, 지원 전공 분야에서 나타나는 문화 혼종(접변)의 사례를 설명해야 함

- 제시문 (가)와 (나)의 문화 접변의 사례와 제시문 (다)에서 나타난 문화 사대주의에 따른 자문화 잠식 현상은 고등학교 「사회」와 「사회 · 문화」에서 공통으로 다루는 '문화 변동', '세계화 시대의 상호 의존'과 연관된 내용임. 또한, 본 문항의 주제어로 활용된 '문화 혼종'은 문화 접변이나 문화 혼합과 유사한 개념으로 주어진 제시문을 독해하는 과정에서 충분하게 의미를 파악할 수 있으며 문맥을 파악하며 글을 읽고 이해하는 독해 능력을 확인함

※ 제시문을 읽고 물음에 답하시오.

(가)

밥이 쓰다

달아도 시원찮을 이 나이에 벌써

밥이 쓰다

돈을 쓰고 머리를 쓰고 손을 쓰고 말을 쓰고 수를 쓰고 몸을 쓰고 힘을 쓰고

억지로 쓰고 글을 쓰고 안경을 쓰고 모자를 쓰고 약을 쓰고 관을 쓰고 쓰고 싶어 별루무 짓을 다 쓰고 쓰다

쓰는 것에 지쳐 밥이 먼저 쓰다

(나)

동물의 소리가 한 가지 의미를 지닐 수밖에 없는 것은 동물의 언어가 고정되어 있기 때문이다. 그러나 인간의 언어는 그렇지 않다. 우리말로 '희다'는 영어로 '화이트(white)'라고 하고 프랑스어로 '블랑(blanc)'이라고 한다. 또한, 하나의 낱말은 그것이 처한 맥락에 따라 뜻을 다르게 부여받을 수 있다. 한 낱말의 값은 그 낱말 주위에 있는 다른 낱말들에 의해 결정된다. 예를 들어,

a. 그는 바보다. 왜냐하면 1 + 1 = 2인 것을 모르니까.
b. 그는 바보다. 왜냐하면 가난한 거지를 보면 옷을 벗어 주니까.

위의 a, b 두 문장에서 '바보'라는 낱말의 값은 각각 다르다. '바보'라는 낱말의 값을 부여하는 것은 '바보'라는 낱말을 둘러싼 나머지 낱말들이기 때문이다. 이와 같은 특성을 언어의 자의성(恣意性)이라고 한다. 이처럼 언어는 형식과 의미가 아무런 체계 없이 연결되어 있는 것처럼 보이지만 한편으로는 그 나름의 체계를 갖고 있다. 무엇보다도 언어는 한 사회의 약속이기 때문이다. 언어는 관습과 규약, 통념과 상징으로서 그 사회 집단의 문화적 특수성을 반영한다. 예를 들어, '저울'이라는 낱말은 '공정함'이나 '정의로움'을, '붓'이나 '펜'은 '무력'보다는 '정신적인 힘'을 한 사회의 언어 사용자들에게 자연스럽게 떠올리게 한다.

(다)

샤일록: 이제 공증인에게 가서 도장만 찍으면 됩니다. 증서에 기록된 대로 지정된 날짜에 지정된 장소에서 지정된 액수의 금액을 갚지 않으면 위약금 대신 당신의 살점 일 파운드를 주시기 바라며, 그 살점은 제가 좋아하는 부위에서 잘라내도록 허락해 주십사하는 것입니다.

안토니오: 그 증서에 아무런 이의가 없으니 지금 날인하겠소. (중략)

재판관: 자, 어서 살을 떼어낼 준비를 하라. 그러나 단 한 방울의 피도 흘려서는 안 될 것이다. 그리고 도려내는 살점은 정확히 일 파운드이어야만 한다. 그 이상도 그 이하도 안 된다. 일 파운드 이상 또는 그 이하의 살을 도려낼 시, 그 무게가 일 파운드에서 만분의 일이라도 벗어나거나 저울이 머리카락 한 올만큼이라도 기울면, 그대는 사형이다. 그리고 전 재산도 압수할 것이다.

(다)
 아무도 쥐를 보고 후덕하다고 생각은 아니할 것이요 할미새를 보고 진중하다고는 생각지 아니할 것이요 돼지를 소담한 친구라고는 아니할 것이다. 토끼를 보고 방정맞아는 보이지마는 고양이처럼 표독스럽게는 아무리 해도 아니 보이고, 수탉은 걸걸은 하지마는 지혜롭게는 아니 보이며, 뱀은 그림만 보아도 간특하고 독살스러워 구약(舊約) 작가의 저주를 받은 것이다. 개는 얼른 보기에 험상스럽지마는 간교한 모양은 조금도 없다. 말은 깨끗하고 날래지마는 좀 믿음성이 적고 당나귀나 노새는 아무리 보아도 경망꾸러기다. 족제비가 살랑살랑 지나갈 때 아무라도 그 요망스러움을 느낄 것이요 두꺼비가 입을 넓적넓적하고 쭈그리고 앉은 것을 보면 아무가 보아도 능청스럽다.

문제 1
제시문 (가)의 '쓰다'의 활용을 제시문 (나)를 통해 설명하시오. 이를 바탕으로 제시문 (다)의 재판관의 판결을 비판하시오.

문제 2
제시문 (나)에 나타난 언어의 사회성을 제시문 (라)와 관련지어 설명하시오.

문제 3
제시문 (다)의 샤일록과 안토니오 간의 계약은 유효한가? '예'/'아니오' 중 하나를 선택하여 대답하고, [문제 2]의 답변을 토대로 그 이유를 설명하시오.

문제 4
절박한 상황에 처하게 된다면, 어떠한 약속도 할 수 있는가? 제시문 각각을 참조하여 자유롭게 이야기하시오.

　제시문 (나)에 따르면 인간의 언어는 하나의 소리에 여러 의미가 대응할 수 있고, 다른 낱말과의 결합에 따라 의미가 변화합니다. 이러한 특성을 '언어의 자의성'이라고 부릅니다. 제시문 (가)의 시에서는 '쓰다'라는 낱말을 여러 서로 다른 동음이의어들로서 활용하고 있습니다. 맛을 의미하는 '쓰다'와 활용을 의미하는 '쓰다', 작문을 의미하는 '쓰다' 등 다양한 의미가 주위의 어떠한 낱말과 결합했느냐에 따라 결정되고 있습니다. 이와 같이 한 낱말이 어떠한 의미를 의도하여 쓰였는지 알려면 주위의 낱말과 맥락을 함께 살펴보아야만 합니다.

　제시문 (다)의 재판에서는 '살점 1파운드'를 떼어낸다는 것이 어떠한 의미인지를 두고 해석의 충돌이 일어나고 있습니다. 재판관은 계약에 의거해 '살점 1파운드'를 떼어낼 수는 있으나, 이때 살점은 오직 피가 아닌 살만을 의미하고, 1파운드는 0.9파운드나 1.1파운드가 아닌 정확한 1.0파운드여야 한다는 축자적(逐字的)이고 엄격한 해석을 내리고 있습니다. 이는 언어의 맥락성을 무시한 것입니다. 샤일록이 '살점 1파운드'를 달라고 했을 때, 그것은 '위약금 대신'이라는 맥락 속에서 주어진 것입니다. 따라서 샤일록이 요구한 것은 물리적인 살 그 자체가 아니라 살점을 잘라내는 과정에서의 고통을 통한 처벌이라고 할 수 있습니다. 재판관의 판결은 인간 언어의 본질인 맥락성을 무시하고 있으므로 올바른 판결이라고 볼 수 없을 것입니다.

개요

1. 제시문 (나)에 설명된 '언어의 자의성': 맥락에 따라 의미가 결정됨
2. 제시문 (가)의 사례 해석: '쓰다'라는 낱말의 의미가 맥락에 따라 결정됨
3. 제시문 (다)의 판결 비판: '위약금 대신'이라는 맥락을 무시한 낱말 해석에 기초한 잘못된 판결

Tip & Advice

언어의 특성 중 하나인 자의성을 제시문 (나)를 통해 이해하고, 다른 제시문인 제시문 (가)와 (다)에 적용해 설명할 수 있는 추론 능력과 사고력을 평가하는 문제입니다.

제시문 (가)의 시인이 '쓰다'를 활용하는 방식은 제시문 (나)에 드러난 언어의 자의성과 관련되어 있습니다. 즉, 단어만 떼어놓고 보면 똑같은 '쓰다'이지만, 형용사와 동사를 오가면서 십여 개의 다른 상황을 나타낼 수 있는 우리 언어의 유연성을 보여줍니다. 이러한 언어 유희가 가능한 것은 인간이라는 동물이 맥락적 사고를 할 수 있는 존재이기 때문입니다.

제시문 (다)의 판사는 이러한 언어의 맥락적 특성을 역이용해서 자신이 원하는 판결을 이끌어내고 있습니다. 샤일록의 경우 '살점 1파운드'를 원하는 부위에서 잘라냄으로써 자신에게 돈을 갚지 못한 안토니오를 처벌하는 것이 계약의 목적입니다. 반면에 재판관은 계약의 목적이라는 맥락을 무시한 채 '살점 1파운드'에 대한 권리를 매우 기계적으로 인정하고 있습니다. 재판관의 진정한 목적은 피를 흘리거나 무게를 틀리는 것을 금지함으로써 실질적으로 샤일록이 계약 사항의 처벌을 집행하는 것을 가로막는 것이라고 볼 수 있습니다. 비록 인간적 가치에 근거한 것이므로 재판관의 목적 자체를 그릇된 것이라고 비판할 수는 없으나, 그 수단에 있어서는 너무나 임의적으로 언어의 맥락성을 불공정하게 왜곡시킨 판결이라는 점에서 비판할 수 있을 것입니다.

개요

1. 제시문 (가)와 (나)의 연관성: 언어의 자의성 → 맥락적 사고를 할 수 있는 인간의 능력
2. 제시문 (다)의 판결 비판: 목적은 올바르나 수단에 있어 언어의 맥락을 불공정하게 왜곡

Tip & Advice

1. 구술면접에서는 가급적 첫머리에 자신의 입장을 나타내 주는 것이 좋고, 마지막에도 다시 한 번 본인의 입장을 종합해서 표현해 주는 양괄식 답변이 바람직합니다.

2. 예시 답안 (2)는 재판관 판결에 대한 비판을 목적에 대한 승인과 수단에 대한 비판으로 나누어서 접근했다는 특징이 있습니다.

언어의 사회성은 언어가 사람들의 약속에 의해 의미를 갖게 된다는 뜻입니다. 그런데 언어의 사회성에는 특수성과 보편성이라는 두 가지 상반되는 요소가 작용합니다.

먼저 제시문 (나)에 나오듯이 언어의 사회성에는 어떠한 사회 문화 집단이냐에 따라서 어떠한 낱말이 갖는 의미도 변화할 수 있다는 특수성의 측면이 있습니다. 예를 들어, 햄버거는 어떠한 사회에서는 서양 선진 문물의 상징을 의미하여 추종될 수도 있지만, 다른 사회에서는 건강에 해롭다는 의미를 가질 수도 있고, 또 다른 사회에서는 자본주의나 제국주의를 나타내는 것으로 여겨져 백안시될 수도 있습니다.

그러나 제시문 (라)에 나오듯이 언어의 사회성은 무한히 팽창하는 것이 아니라 우리의 공통된 상상력이라는 보편성에 의해 어떠한 한계점을 갖게 됩니다. 쥐나 뱀, 개, 말에 대한 인상은 어느 사회에 가나 대부분의 사람들이 똑같이 느낀다고 할 수 있습니다. 언어의 의미와 상징은 이러한 인간의 보편적 심리와 감정에도 영향을 받고 그것을 반영하기 때문에 특수한 특징들이 무한히 인정된다고 볼 수는 없습니다. 만약에 모두가 서로 다른 생각만을 갖고 아무런 공통적 기반도 없다면 언어는 공통된 의사소통에 사용될 수 없었을 것입니다. 이처럼 언어의 사회적 성격을 이해할 때는 특수성 못지않게 보편성도 고려해야 합니다.

개요

1. 언어의 사회성: 특수성(사회 문화) + 보편성(인간 심리)
2. 특수성 설명
3. 보편성 설명
4. 결론: 언어의 사회적 성격을 이해하려면 특수성 못지않게 보편성도 고려해야 함

Tip & Advice

제시문 (나)에 나온 사회성을 자신의 표현으로 풀이할 수 있어야 하며, 풀이 과정에서 본인이 강조하는 포인트를 제시문 (나)와 (라)에서 찾을 수 있어야 하는 문제입니다.

제시문 (나)에 드러난 '언어의 사회성'은, 언어의 의미와 상징을 결정하는 것이 각 사회 집단의 문화적 약속과 통념이라고 하는 의미를 갖고 있습니다. 예를 들어, 저울은 상인들이 무게를 재는 데 쓰는 도구이지만, 죽은 뒤에 초자연적인 존재가 생전의 죄의 무게를 저울로 잰다는 문화적 발상으로 인해 '공정함'과 같은 특수한 의미를 부여받게 됩니다. 또한, '펜'은 '펜은 칼보다 강하다' 같은 속담에 활용되어 '무력이 아닌 정신력'이라는 특수한 문화적 의미를 갖게 됩니다. 결국 언어가 사회적이라는 말은 그 의미가 특수한 문화에 의해 부여된다는 뜻입니다.

제시문 (라)를 보면 동물들에 부여된 수많은 의미들을 볼 수 있습니다. 그러나 이러한 의미들은 마치 보편적인 것처럼 보이지만, 실제로는 말이나 개가 사회에서 수행하는 역할, 뱀이나 쥐가 사회에 미치는 부정적 영향 등 특정한 인간 사회에서 그 동물들이 하는 역할이나 영향에 따라 부여된 특수한 의미들이라는 사실을 깨달을 수 있습니다. 시계를 대신해 울음소리로 새벽을 알리던 농업 사회와 저렴한 단백질 공급원이 된 후기 산업 사회에서 닭이 갖는 의미는 다를 것입니다. 전근대 시대의 주요 이동 수단이었지만 지금은 동물원에서나 볼 수 있는 말의 의미 역시 마찬가지일 것입니다. 언어의 사회성 측면에서 평가할 때 제시문 (라)의 화자는 자신이 보편적이라고 믿는 것이 실은 자신이 특수한 문화적 맥락에 빠져 있기 때문이란 사실을 이해하지 못하고 있습니다. 처음에는 특수하고 자의적인 의미가 부여되지만, 언어는 자신만이 아니라 많은 사람들이 사용하는 것이므로 점차 그것이 자의적이었다는 사실을 잊고 객관적이고 보편적인 것처럼 착각하게 됩니다. 역설적으로 이러한 착각 역시 언어의 사회적 특성으로 인해 발생한다고 볼 수 있습니다. 실제로는 언어의 의미들은 특수한 문화의 맥락에서 만들어지는 것입니다.

1. 제시문 (나)의 '언어의 사회성': 문화적 맥락이라는 특수성을 반영
2. 제시문 (라)와 관련지어 설명: 동물들이 띠는 의미 역시 보편적이 아니라 문화적 맥락에 의존

Tip & Advice

자신의 의견을 이야기할 때 제시문에 나온 내용을 그대로 되풀이한다면 개성이 없는 답안이 될 수 있습니다. 제시문에 나온 사례를 그렇게 파악한 이유나 그 논리적 과정을 면접관 선생님에게 명확하게 표현해 주는 것이 좋습니다. 예시 답안 (2)는 동물들의 인상이 누구에게나 보편적이라는 제시문 (라)의 견해를 '착각'이라고 하면서 그렇게 판단한 이유를 설명했습니다.

예시 답안 (1)

저는 제시문 (다)의 계약이 유효하지 않다고 생각합니다. 샤일록과 안토니오 간의 계약 내용이 인간 사회의 보편적 가치에 위배되기 때문입니다.

앞서 말씀드렸듯이, 특정한 사회적 약속이 의미를 갖기 위해서는 당사자들끼리 결정했다는 특수성만이 아니라 보편성도 아울러 고려되어야 할 것입니다. 이러한 보편성에는 목적에 대한 수단의 비례성이나 인간의 존엄성 같은 가치들이 포함됩니다. 그런데 샤일록은 안토니오가 입힐 수 있는 재산적 손실에 대해 금전적으로 배상할 것을 요구한 것이 아니라 신체 훼손이라는 신체권 침해, 나아가 그로 인해 발생할 수 있는 생명권 침해를 통해 배상할 것을 요구했습니다. 이는 계약 준수라는 목적을 위해 지나친 대가를 수단으로 이용하는 불비례적인 계약입니다. 을이자 약자의 입장에 있는 안토니오로서는 받아들여야만 하는 불평등한 조건을 갑이자 강자인 샤일록이 강제한 것이라고 볼 수 있습니다. 뿐만 아니라, 근본적으로 신체권, 생명권은 인권 중에서도 가장 보편적, 근본적 가치를 갖는 것이기에 사적인 사업 계약에 의해 함부로 손상되어서는 안 된다고 볼 것입니다.

따라서 두 사람 간의 계약은 보편적 인류에 어긋나는 반사회적인 계약이며, 죄에 대해 지나친 처벌을 요구하는 불비례적인 계약이므로 아무리 성인 간의 자발적 의사에 근거했다 하더라도 원천적으로 무효라고 간주되어야 합니다.

개요

1. 주장 제시: 계약은 유효하지 않음
2. [문제 2]의 답안과 연관된 이유: 사회적 약속은 특수성뿐만 아니라 보편성도 고려해야 함
3. 제시문 (다)의 계약에 적용: 조치의 비례성, 인간의 존엄성이라는 보편성이 고려되지 않음
4. 결론: 보편성을 무시한 계약은 원천 무효

Tip & Advice

1. 비록 성인 간의 자유롭게 체결한 계약이라 할지라도 인간 존엄성을 위배할 경우에는 무효가 될 수 있다는 점은 고등학교 「윤리와 사상」에서 다루는 내용입니다.

2. [문제 2]의 답안과 일관되게 적용되어야 하므로 논리가 오락가락하지 않도록 주의해야 합니다. 먼저 주장을 제시한 뒤, 근거를 제시하고, 마지막 정리 문장으로 끝내는 양괄식 구조로 답변했습니다.

저는 두 사람의 계약이 인정되어야 한다고 봅니다. 어떠한 대상에 얼마만큼의 의미를 부여할 것인지는 사회 집단의 특수한 문화적 맥락에 의존하는 것이기 때문입니다. 일단 강요가 아닌 자발적 의사에 기초해서 개인 간에 합리적 계약이 이루어졌다면, '살점 1파운드'의 요구가 지나친 것인지 아닌지는 외부인의 맥락에서 파악할 것이 아니라 상인들 자신의 관행이나 관습, 통념, 중요성 등의 맥락을 통해 파악해야 한다고 봅니다. 상인들의 세계에 있어서 돈의 흐름은 마치 우리 몸에서 신진대사처럼 필수적인 것이며, 돈을 빌려주고 제때 갚는 관행의 유지는 상업의 근본을 이루는 중대한 요소입니다. 그렇기 때문에 상인 세계에 속한 안토니오도 "아무런 이의가 없다"면서 즉시 날인을 했던 것입니다. 그런데 이를 외부적 기준에서 부당하다고 보고 파기한다면, 상인이라는 사회 집단은 혼란을 겪게 되고 그들의 관습과 원칙, 생활 방식은 크나큰 위협을 받게 될 것입니다.

물론 안토니오가 빌린 돈이 얼마인지, 상인들의 관행에서 이러한 계약이 일반적인지 어떠한지 등은 주어진 제시문만으로는 파악하기 어렵습니다. 그래서 과연 이것이 지나친지 아닌지 이야기하기도 쉽지는 않습니다. 하지만 그렇기 때문에 더더욱 샤일록과 안토니오의 자발적 판단력과 의사 결정 능력을 존중하고 이를 계약의 해석에 고려해야 합니다. 결국 자신들이 속한 맥락, 이익과 손실을 가장 잘 아는 것은 다른 사람이 아니라 바로 본인들이기 때문입니다. 따라서 두 명의 합리적 개인이 본인들이 속한 사회적 맥락에서 타당하고 판단하고 맺은 계약은 정당성을 추정할 수 있다고 생각합니다.

PART 3

개요

1. 본인의 의견: 양자 간 계약은 유효
2. 근거: 계약은 상인들이라는 사회 집단의 특수한 맥락 속에서 해석해야 함
3. 반론과 재반론

Tip & Advice

후반부에 예상 반론을 제시하고 그에 대해 재반론하는 기각 논증을 사용했습니다. 구술면접 시험은 면접관 선생님으로부터 날카로운 질문이 날아들 수 있으므로 제시한 주장의 약점이 무엇인지 스스로 점검하고 그것을 논리적으로 보완하는 기각 논증 연습이 상당한 도움이 될 것입니다.

절박한 상황에 빠졌다고 해서 어떠한 약속이든 해도 된다고는 말할 수 없습니다. 인간은 사회 속에서 살아가고 서로에게 의존하며 영향을 미치는 존재입니다. 따라서 인간의 모든 행동에는 사회적 책임이 뒤따릅니다. 그리고 성숙한 인간은 누구든지 자신의 행동이 사회에 미칠 영향을 반추하고 그 교훈에 따라서 행동을 교정해야 합니다. 보편적 가치에 맞게 사회적 약속이 이루어져야 한다는 것은 제시문 (나)와 (다)에서 나타난 바와 같습니다. 샤일록의 약속은 보편적 가치에 맞지 않았기 때문에 사회가 그의 계약의 유효성을 인정하지 않았던 것입니다.

무엇이 보편적 가치에 맞는 사회적 행위인지를 판단하기 위해 철학자 칸트는 '내가 하려는 행동대로 세상 모두가 행동한다면 과연 바람직할 것인가'라는 기준을 제시했습니다. 그런데 만일 자신의 특수한 사정을 이유로 누구나 아무런 약속을 맺는 것이 허용된다면, 그 약속이 지켜지든 지켜지지 않든 모두 사회적 문제가 됩니다. 첫째, 그러한 약속이 지켜진다고 한다면 사회는 반사회적이거나 반인륜적인 약속이 일어나는 것을 허용해야 하는데, 이는 사회 전체적으로 바람직한 일이 아닙니다. 둘째, 만일 그러한 약속이 절박한 사정에 의한 것이라고 해서 사후에 지키지 않는다면, 그것은 사회에 거짓 약속이 횡행하게 만들 것이고, 결국 사회 구성원간의 신뢰는 바닥을 드러내고 말 것이므로 이것 역시 사회를 위해 바람직하지 않습니다.

따라서 절박한 상황이라 할지라도 반사회적, 반인륜적 약속은 애초에 맺어서는 안 됩니다. 그러한 상황을 해소할 수 있는 다른 올바른 수단을 찾아야 합니다.

개요

1. 주장 제시: 절박한 상황에서라도 반사회적 약속을 해서는 안 됨
2. 제시문 (다)에 적용
3. 판단 근거: 모두가 그렇게 행동한다면 어떠한 결과가 나타날 것인가?
4. 결론: 그러한 약속은 사회에 바람직하지 않으므로 애초에 맺어서는 안 됨

1. 논리를 진행함에 있어서 근거를 다층적으로 제시한 답안입니다. 예시 답안 (1)은 약속을 맺어서는 안 된다는 입장이지만, 약속을 맺는 반대 경우를 가정하고 그 결과가 바람직하지 않다고 주장함으로써 자기 주장을 뒷받침했습니다.

2. 약속을 맺는 경우 결과가 바람직하지 않다는 사실을 또 다시 두 가지 시나리오로 나누고, 두 가지 시나리오에서 모두 다 바람직하지 않은 결과가 도출된다는 사실을 보이고 있습니다. 'P이거나 P가 아니다. P이면 좋지 않습니다. P가 아니어도 좋지 않다. 따라서 P이든 P가 아니든 좋지 않다.'와 같은 딜레마 논증의 일종입니다.

3. [문제 4]는 다른 제시문들을 참조하도록 허용했습니다. 특히 '절박한 상황에서 맺은 약속'이라는 논제이므로 앞서 다른 모든 제시문들을 동원해 형성했던 제시문 (다)에 대한 판단을 인용할 필요가 있습니다.

절박한 상황에 처하게 되었을 때, 개인은 가급적 나쁜 약속을 맺어서는 안 됩니다. 그러나 사실상 절박한 상황의 특성상 개인이 그러한 약속을 맺는 것이 불가피하게 강제된 선택일 경우도 있을 것입니다. 이러한 경우 그것을 개인의 탓으로만 돌려서는 안 된다고 생각합니다. 그보다는 사회가 개인을 절박한 상황에 빠지지 않도록 하고, 절박한 상황에 빠졌을 때라도 나쁜 약속을 하게 되지 않도록 구조적인 방지책을 마련해주는 것이 중요하다고 생각합니다.

제시문 (다)에 나온 안토니오의 경우, 그는 아마도 절박한 상황에 빠져서 자신에게 불리한 약속을 할 수밖에 없었던 것이라고 추론할 수 있습니다. 그렇지 않았더라면 이와 같은 불평등한 약속을 할 리가 없기 때문입니다. 이러한 상황에서 재판관은 안토니오를 구출해 주고 있습니다. 이는 절박한 상황이 개인에게 어떠한 결정을 피할 수 없이 강요한다는 사실을 재판관이 잘 이해하고 있기 때문입니다. 재판관은 개인적 동정심에서가 아니라 사회 정의를 대변하는 입장에서 사회적 책임을 지기 위해 안토니오를 돕는 것이라고 볼 수 있습니다.

이러한 강제적 요소를 도외시하여 '아무리 절박한 상황이라고 해도 그러한 약속을 한 것은 본인 잘못'이라고 말하는 것은 모든 책임을 개인에게 돌리는 위험한 자세입니다. 공동체는 자신의 구성원들이 절박한 상황에 놓여서 부당한 구제 수단밖에 이용할 수 없는 부조리한 처지에 빠지지 않도록 보호해야 할 사회적 책임이 있습니다. 만약 사회가 제공한 공정한 구제 수단이 없어서 개인이 부당한 약속을 맺어야만 했다면, 그 책임은 사회에도 있는 것이므로 개인에게만 극단적 희생을 요구해서는 안 됩니다. 개인은 부당한 약속을 맺거나 속수무책으로 피해를 입게 되는 두 극단적 상황을 강요당했을 뿐이기 때문입니다. 따라서 절박한 상황에 처했을 때 개인에게는 나쁜 약속을 하지 말아야 할 도덕적 책임이 있지만, 그보다 더 중요한 것은 개인을 보호해야 할 사회의 책임이라고 할 수 있습니다.

개요

1. 입장: 절박한 상황에서 나쁜 약속을 맺도록 강요받지 않게 사회가 책임져야 함
2. 제시문 (다)의 상황 해석: 안토니오는 사실상 불리한 계약을 강요당했을 것이며, 재판관은 사회적 책임의 표현으로 그를 구제함
3. 결론: 개인의 도덕적 책임 + 사회의 도덕적 책임

1. 이러한 문제를 풀 때 주의할 점은, 면접은 '지원자의 인성을 파악'하는 데도 목적이 있다는 것입니다. 따라서 '절박한 상황에 처하게 된다면 어떠한 약속이든 해도 된다'라고 답변하는 것은 매우 위험합니다. 이러한 입장은 아무리 잘 정당화하더라도, 또는 어떠한 의미에서는 잘 정당화할수록 더 위험한 답변이 될 수 있습니다. 「윤리」 교과서의 수준과 범위 내에서 답변해야 합니다.

2. 예시 답안 (1)이 '절박한 상황에서라도 어떠한 약속을 맺어서는 안 된다'라는 개인(행위자) 측면의 윤리적 답변을 내놓은 것이라면, 예시 답안 (2)는 '절박한 상황에서 나쁜 약속을 하게 된다면 개인의 탓이라고만 할 수 있을까?'라는 사회(구조) 측면의 윤리에도 상당한 관심을 기울이고 있습니다. 개인이 절박한 상황에서 해로운 약속을 할 수밖에 없었다면 그것을 개인 윤리의 잘못으로만 보지 말고 사회적 원인을 찾아 보자는 입장입니다. 이러한 식으로 지원자의 관심사와 가치관이 답변에 드러나게 되는 것입니다.

학교 측 출제 의도 및 평가 지침

출제 의도

○ 언어의 특성을 이해하고 이를 다른 제시문의 내용과 관련지어 설명하는 추론능력과 종합적 사고력을 평가함

○ '계약의 유효성'에 대한 지원자의 판단 기준과 근거를 논리적으로 설명하는 능력을 평가하며, 이 과정에서 지원자의 인성을 파악함

문항 해설

○ [문제 1]과 [문제 2]를 설명하기 위해서는 한 낱말의 값이 그 낱말 주위에 있는 다른 낱말들에 의해 결정된다는 언어의 자의성과 언어는 사회적 협약이며 일종의 약속이라는 언어의 사회성에 대해 이해해야 함. 이는 고등학교 「독서와 문법 I」, 「화법과 작문 I」에서 다루고 있는 내용임

○ [문제 3]과 [문제 4]를 설명하기 위해서는 성인이 서로의 합의에 의해 자유롭게 체결한 계약이라도 인간의 존엄성에 위배되는 경우에는 유효하다고 인정될 수 없음을 이해해야 함. 이는 고등학교 「윤리와 사상」에서 다루고 있는 내용임

※ 제시문을 읽고 물음에 답하시오.

(가)

 사람이 살아가면서 이용하는 자원 중에서 에너지 자원은 산업 발달과 경제 성장에 없어서는 안 될 중요한 요소이지만 세계의 모든 지역에 골고루 분포되어 있지는 않다. 예를 들어, 석탄은 애팔래치아 산맥, 그레이트디바이딩 산맥 등에 많이 매장되어 있고, 석유는 신생대 제3기 배사구조의 지층에 많이 매장되어 있다. 에너지 자원의 매장과 생산의 지역적 편재성이 클수록 국제적 이동이 활발해진다.

(나)

 우리나라는 50여 년 전부터 급속한 경제 개발로 인해 이촌향도가 진행되면서 도시인구가 지속적으로 증가하여 일자리, 주택, 각종 시설 등이 부족해지는 문제가 발생하고 있다. 연도별 도시 지역 인구 비율의 추이는 아래 그래프와 같다.

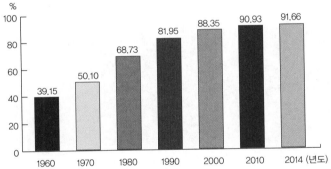

〈도시 지역 인구 비율 추이〉

※ 도시 지역이란 인구와 산업이 밀집되어 있거나 밀집이 예상되어 그 지역에 대해 체계적인 개발 · 정비 · 관리 · 보전 등이 필요한 지역을 의미함.

(다)

 최근 한국 영화의 스크린 점유율은 양극화 현상을 보이고 있다. 2015년 8월 현재 세 편의 블록버스터 영화의 점유율은 85%에 가까운 반면에 같은 시기에 개봉한 17편의 영화는 나머지 약 15%를 놓고 경쟁을 벌일 수밖에 없었다. 자금력이 부족한 중소 영화사나 배급사의 영화는 개봉 첫 주 관객 몰이에 실패하면 간판을 내리는 것이 일반화되었고 도전적인 영화 제작은 더욱 더 어려워졌다. 이와 같은 쏠림 현상은 다양한 소재의 영화를 찾아보기 힘들게 만드는 하나의 원인이 되고 있고, 우리 영화 발전에 걸림돌이라는 비판도 나오고 있다. 우리나라도 미국이나 프랑스처럼 스크린 독점을 정부가 규제하도록 하는 법안을 준비한 적이 있으나 영화계 안팎의 반대로 무산되었다.

문제 1

제시문 (가), (나), (다)에서 설명하는 쏠림 현상이 지원 전공 분야에서 나타나는 예에는 어떠한 것이 있는지, 그리고 그것의 부작용은 무엇인지 말하시오(※ 자유전공학부 지원자: 관심 분야에서의 예와 그것의 부작용을 말하시오.).

문제 2

우리 사회에서 쏠림 현상이 가져올 수 있는 긍정적인 효과에는 어떠한 것들이 있는지 말하시오.

문제 3

우리나라 외국어 교육에서 쏠림에 의해 나타나는 문제를 제시하고, 그것을 해결할 수 있는 정책을 제안하시오.

제가 지원하려는 문학 분야에서는 번역 도서의 쏠림 현상과 독자들의 도서 구입 편식 현상이 심하게 나타나는 것 같습니다. 최근에 대부분의 이름난 출판사들이 너도 나도 서양 고전 문학 전집을 출판하는 추세입니다. 문제는 구성이 서로 너무 비슷하고, 유럽 중심적이고, 한정된 종류의 책들에 우리 사회 전체의 노력이 집중 투자되고 있다는 사실입니다. 독자들 역시 이러한 책들을 시리즈로 구입해서 책장에 꽂아놓고는 읽지 않는 경우가 많다고 합니다. 뉴스를 보니 한국 성인 평균 독서량이 1년에 1권도 되지 않는다고 합니다. 결국 집에 찾아온 손님들에게 취향을 과시할 목적으로 고전 문학 전집을 집에 사다 꽂아놓을 뿐이라는 비판이 제기되고 있습니다.

결국 이러한 현상이 지속된다면 출판사들은 고전의 권위를 얻은 서양 책들을 해마다 예쁜 표지 그림으로 새로 찍어내는 마케팅 중심 사업을 계속하게 될 것이며, 독자들 역시 참된 교양과 취향을 개발하는 독서의 기쁨을 누리는 대신에 오히려 문학의 권위를 어렵게 느끼고, 책을 집안의 비싼 장식물처럼 여기는 풍토가 지속될 것입니다. 그렇게 되면 서양의 특정 지식이 갖는 권위만이 우리 사회에 영원히 남겨지고, 우리 젊은 작가들에 의한 우리들 자신의 이야기의 문학화나 제3세계의 다양한 작품 세계의 번역을 통한 우리 문화의 풍요로움은 기대하기 어렵게 될 것입니다.

개요

1. 지원 전공 분야에서 쏠림 현상의 사례: 서양 고전 위주 번역과 독자의 편식 현상
2. 그 부작용: 서양의 권위 지속, 우리 자신 및 제3세계의 다양한 문학 외면

Tip & Advice

쏠림, 치우침, 편중에 관련된 예를 지원 전공 분야에서 찾게 함으로써 전공에 대한 사전 이해를 점검하는 문제입니다. 그러므로 자신의 전공 분야에서 너무 벗어나면 전공에 관심이 없는 학생으로 보이게 될 것입니다. 자기 전공과 관련된 최근의 시사 상식을 체크해 두면 좋겠지만, 그럴 수 없다면 고등학교 교육과정 범위 내에서 떠오르는 사례가 있는지 생각해 보는 것이 좋을 것입니다.

한국 사회는 경제 부문에서의 쏠림 현상이 심하다고 이야기되고 있습니다. 소득 재분배에서의 빈익빈 부익부도 그렇지만 특히 사회 모든 깊숙한 곳까지 대기업의 영향력이 침투하고 중소 상공업자들이나 자영업자들이 밀려나게 되는 문제가 심각한 상태입니다. 무한 경쟁 속에서 대량 구매, 대량 유통, 대량 판매가 가능한 대기업들의 힘에 맞설 수 있는 개인 사업자는 없다고 봐도 무방합니다. 2010년에 한 대형마트가 '통큰 치킨'을 5천 원에 판매하면서 동네 치킨집들이 연달아 문을 닫았던 사례가 있었습니다. 결국 통큰치킨의 판매를 중단했지만, 몇 달 전 '큰 치킨'이라는 이름으로 다시 한정 판매를 진행했습니다. 대기업들은 기회만 있다면 계속해서 개인 사업자들에게 위협을 가하는 분야에 진출할 것이란 사실을 알 수 있습니다.

물론 이러한 대기업 제품들이 소비자에게 낮은 가격으로 혜택을 주는 측면도 있습니다. 하지만 그렇게 해서 모든 경쟁자들이 사라지고 결국 사회 전체가 몇 개 안되는 대기업들에 지나치게 의존하게 되면, 결국에는 사회에서 마음껏 독과점 이윤을 누리고자 하는 대기업의 의도에 빠지고 말 것입니다. 또한, 사회의 일자리는 줄어들고 부모 세대와 자녀 세대가 얼마 안되는 대기업 일자리를 두고 갈등하는 현상이 심화될 것입니다. 따라서 이러한 부작용을 길게 내다보고, 단기적 이익에 매몰되지 말아야 한다고 생각합니다.

개요

1. 지원 전공 분야에서의 쏠림 현상: 대기업 중심의 경제 생태계
2. 부작용: 중소 경쟁자들의 제거, 독과점 시장 출현, 일자리 부족

Tip & Advice

부작용을 이야기할 때, 예상할 수 있는 수준의 부작용을 미리 얘기함으로써 본인이 그만큼 더 공평하게, 널리 고려한 뒤에 내놓는 주장이라는 점을 강조할 수 있습니다.

저는 한국 사회에서 쏠림 현상이 가져온 긍정적인 효과 중 하나로 한류 음악을 들고 싶습니다. 과거에는 저희 부모님 세대만 해도 팝송을 더 많이 들으셨다고 합니다. 하지만 90년대 말부터 한국 음악이 새로운 단계에 진입하게 되었고, 지금은 수많은 세계인들이 한국 음악을 즐겨 듣는 수준으로 위상이 변화했습니다.

그럴 수 있었던 배경에는 한국 음악계가 강점을 갖고 있는 댄스 음악 분야에 역량을 집중 투자했다는 사실이 있습니다. 모든 분야에서 골고루 잘하려는 완벽주의적인 전략이나, 약점을 보완하는 데 주력하는 방어적 전략이 아닌, 강점을 극대화하는 진취적인 '선택과 집중' 전략으로 크게 성공하게 되었습니다. 이러한 쏠림 현상이 우리 사회에 여러 긍정적인 효과를 가져왔습니다. 우선, 댄스 음악을 통해 K-Pop을 접한 해외 팬들이 결국 아이돌 및 댄스 음악뿐만 아니라 다른 음악 장르, 나아가 한국 드라마, 영화, 문학, 음식 등 더 많은 문화 영역에까지 관심을 갖게 되는 선순환의 경로가 만들어지고 있습니다. 또한, 우리 사회 스스로가 새로운 자부심과 정체성을 갖게 되었습니다. 동아시아 끝에서 오랫동안 '은자의 나라'라고 불렸던 조용한 나라였지만, 이제는 문화의 힘으로 세계의 중심이 될 수도 있다는 사실을 깨닫게 되었습니다.

개요

1. 우리 사회의 쏠림 현상의 예: 한류 음악

2. 긍정적 효과 1: 잘하는 분야를 통해 관심을 얻어 다른 분야로까지 전파되는 흐름

3. 긍정적 효과 2: 한국인의 새로운 정체성과 자부심 창출

Tip & Advice

1. 쏠림 현상이라고 하면 부정적일 수밖에 없다는 선입견을 갖기 쉽지만, 반대로 생각할 수 있는 열린 자세와 창의성이 있는지를 점검하는 문제입니다.

2. 묻는 바에 대해 추상적으로만 논의하면 '우리 사회'라는 문제 의식이 살지 않을 것입니다. 예를 들 수 있다면 반드시 사례를 제시해 구체성을 살리도록 합시다.

3. 긍정적인 효과에는 어떠한 것들이 있는지를 묻는 문제이므로 가급적 두 개 이상 이야기할 수 있게 노력해야 합니다.

　민주주의는 정치 분야에서 한 사람으로의 권력의 쏠림을 막고 모든 사회 구성원에게 나누기 위해 고안된 제도입니다. 하지만 이러한 현상을 잘 견제하고 균형을 이룰 수만 있다면 권력의 쏠림은 반드시 나쁜 것만은 아닙니다. 이는 우리 사회의 대통령제에 잘 나타나 있다고 생각합니다.

　현실적으로 생각했을 때, 인구가 5천만 명이나 되는 우리 사회에서 모든 사람들이 모여서 하나의 주제에 대해 깊게 숙의하고, 토론하여 결론을 내는 방법으로 사회의 모든 의사 결정을 해나갈 수는 없을 것입니다. 5천만 명이 1분씩만 이야기하더라도 어마어마한 시간이 걸릴 것이기 때문이며, 그 동안에 사회 경제와 제도들은 계속 돌아가야 하기 때문입니다. 또한, 안보 문제처럼 비밀을 유지하면서 중요한 결정을 급하게 내려야 하는 사안들도 존재합니다. 이러한 이유로 최종 결정권자인 대통령으로의 권력 쏠림은 필요합니다.

　물론 이렇게 쏠린 권력이 국민의 궁극적인 통제를 벗어난다면 문제가 될 것입니다. 그러나 헌법과 삼권분립, 임기 제한 등 여러 제도를 통해 일정 기간 일정 범위 내에 한정된 권력 쏠림을 의도적으로 만들어서 그 장점은 누리고 단점은 제거할 수 있습니다. 그렇게 함으로써 권력을 가진 대통령은 일관성 있는 정책을 추진할 수 있고, 나라는 방향을 잃고 우왕좌왕하지 않을 수 있습니다. 또한, 권력이 대통령과 여당에게 집중됨으로써 만약 잘못된 일이 생겼을 경우에는 누구의 책임인지를 명확하게 파악하고 그 책임을 물을 수 있게 됩니다. 이처럼 민주주의 체제의 대통령제는 쏠림 현상이 갖고 있는 잠재적 장점을 살리고 단점은 억제한 제도라고 할 수 있습니다.

개요

1. 쏠림 현상의 사례: 대통령으로의 권력 집중
2. 긍정적인 효과: 정책의 일관성과 책임성

Tip & Advice

쏠림 현상에 내재할 수 있는 장점과 단점을 고루 설명하고, 우리 사회의 어떠한 제도가 그 장점을 살리고 단점은 보완하고 있는지를 잘 예시한 답안입니다.

  제가 경험한 우리나라 외국어 교육의 쏠림은 무엇보다 영어라는 하나의 언어에만 지나치게 집중하고 있다는 문제점을 갖고 있습니다. 대한민국의 모든 학생들은 실질적으로 영어를 배우고 있는 상태입니다. 심지어는 국어 대신에 영어를 공용어로 만들어서 세계화 시대에 더 큰 경쟁력을 갖추자는 주장까지도 나올 정도입니다.

  그렇게 하면 마치 좋을 것 같이 보이지만 사실은 뚜렷한 문제점을 가지고 있습니다. 첫 번째 문제점은 모두가 영어밖에 모르고 세계의 나머지 다양한 나라들과의 교류는 어렵게 느끼게 된다는 사실입니다. 제2외국어는 사실상 대입에의 비중도 적고 학생들이 중요성을 체감하지 못해서 소외되고 있습니다. 뿐만 아니라, 다른 외국어를 배우고 싶은 학생들에게도 선택의 여지 없이 사실상 영어를 배울 것이 강요되는 쏠림 체제입니다. 교육 과정을 개편해서 영어에 대한 필수적 의존성을 낮추고, 대신에 다양한 외국어들 중 하나를 필수로 선택해서 배울 수 있도록 함으로써 세계화라는 추세에의 적응과, 학생들의 다양한 선택권 두 마리 토끼를 다 잡아야 한다고 생각합니다.

  두 번째 문제점은 장기적 관점에서의 연속성 문제입니다. 미국이 뜨자 영어로 관심이 쏠리는 현상은 과거 중국이 강성했을 때 다들 한자가 주된 소통 수단이 되었던 현상과 유사합니다. 우리 조상들이 남긴 지적, 문학적 산물들은 대부분 한자로 쓰여 있어 지금은 국민들이 조상들이 무슨 생각을 하며 어떻게 살았는지 궁금해도 그 의미를 온전히 알고 정확하게 해석하기 알기가 어려운 상태입니다. 언어에 의해 과거와 단절되어 버린 것입니다. 우리가 영어로 남기는 유산들 역시 결국에는 우리 미래 세대에 의해 지금의 한문 문학들과 똑같은 취급을 받게 될 수도 있습니다. 따라서 이러한 무분별한 추종으로 인한 단점을 서둘러 인지하고, 우리 교육과정에서 국어라는 언어의 중심을 잃지 말아야 한다고 생각합니다.

개요

1. 쏠림 현상 지적: 영어 위주 교육과정

2. 문제점 1: 영어 외의 다른 외국어 습득 기회 제한

3. 해결 방안 1: 영어 대신 다양한 외국어 중 하나를 필수로 배우도록 교육과정 개편

4. 문제점 2: 장기적으로 우리 문화에 대한 세대 간 단절 발생

5. 해결 방안 2: 교육과정에서 국어의 중심성 강조

1. 교육에 대한 문제점을 물음으로써 고등학생들이 실생활에서 가져왔던 문제 의식을 확인하고 있는 문제
   입니다. 평소에 자기 삶의 환경에 대해 고민해 본 학생들이 이러한 문제에 답변할 때 유리합니다.

2. 교육과정에서 발견되는 문제이므로 해결 방안 역시 교육 제도를 통해 제안하는 것이 쉬울 것입니다.

우리나라에서 외국어 교육에 나타나는 문제점은 현재 국어를 포함한 다른 모든 언어들에 대비해 영어가 편중적으로 우월한 위상을 갖고 있는 현상이라고 생각합니다. 세계화 시대에 영어가 중요하다고 하지만, 삶의 환경에서 영어가 얼마나 필수적인지 각각의 개인마다 그 정도가 다름에도, 전 국민이 영어를 배울 것을 사실상 강요당하고 있습니다. 물론 한 개인에게 있어 영어를 할 수 있다는 것은 중요한 지적 자산입니다. 하지만 만약 영어에 과도하게 투자되는 시간과 노력이라는 자원을 각각의 개인에게 필요한 영역에 다양하게 배분한다면, 그 사회적 효과는 전 국민이 영어를 배우는 것보다 좋을 수도 있을 것입니다.

또 하나의 문제점은 국어 이상으로 중요한 언어로서 영어가 교육 과정에서 과도하게 강조되면서 청소년들 사이에 우리말의 소중함이 쉽게 잊히고 그 아름다움이 파괴되고 있다는 사실입니다. 모국어라는 이유로 우리말은 뒷전이 되어, 학생들의 문해력 수준 미달이라는 문제가 발생하기도 했습니다.

이 두 가지 문제점을 해결하기 위해서는 근본적으로는 교육 과정에서 영어가 갖는 위상에 대해 재검토해 보아야 합니다. 이와 아울러 사회적으로 두 가지의 해결 방법을 도입할 수 있을 것입니다. 첫째, 영어를 안 쓰는 사람들까지 영어를 배우도록 하는 현 체제 대신에 영어권의 문화 컨텐츠를 빠르고 정확하게 번역할 수 있는 시스템을 갖출 수 있게 제도적 지원을 해 주는 정책이 필요합니다. 둘째, 이미 많이 훼손된 우리말의 소중한 가치를 깨닫는 의식 개선이 필요합니다. 또한, 정부에서는 청소년들도 즐겨 쓰고 싶어할 만한 예쁜 우리말 표현들을 발굴하고 홍보하는 정책을 펼쳐야 합니다.

개요

1. 우리나라 외국어 교육에서 나타나는 쏠림 문제: 불필요한 사람까지 습득, 우리말 파괴
2. 문제 및 해결 방법 1: 전국민이 배우게 하는 대신 빠르고 정확한 번역 체계 수립
3. 문제 및 해결 방법 2: 훼손된 우리말의 아름다움 복원하는 예쁜 우리말 발굴, 홍보

Tip & Advice

해결 방법 제시에 있어서 의식적 차원과 제도적 차원을 모두 염두에 두되, 제도적 해법의 방향성 정도는 제안해야 할 것입니다. 단순히 의식 개선만 이야기하면 부족한 답안이 될 수 있기 때문입니다.

출제 의도

◐ 세 개의 제시문에서 공통적으로 다루고 있는 '쏠림', '치우침', '편중'의 현상을 지원자의 지원 전공 분야에 적용하여 적절한 예를 찾고, 그 부작용을 예측 또는 진단할 수 있을 만큼 지원 전공에 대한 사전이해가 충분한지, 전공에 대한 준비자세가 갖추어져 있는지 등을 파악함

◐ 쏠림 현상이 긍정적인 효과를 낳을 가능성을 모색하게 함으로써, '쏠림'은 오로지 부정적인 것일 수밖에 없다는 선입견 내지 사전 지식에 얽매이지 않고 어떠한 사태의 여러 가지 면을 고루 볼 수 있는 균형적 사고력과 선입견에 치우치지 않은 자유롭고 창의적인 사고를 할 능력이 있는지를 파악함

◐ 고등학생으로서 자신이 교육받고 있는 환경에서 일어나고 있는 외국어 교육의 쏠림 문제에 대해 정확히 진단내리고 그 문제를 창의적으로 해결할 수 있는 능력을 갖추고 있는지를 파악함

문항 해설

◐ 본 문항은 고등학교 「세계 지리」, 「한국 지리」, 「사회 · 문화」에서 나오는 다양한 '쏠림', '치우침', '편중' 현상의 사례를 제시함으로써 고등학교 교육과정 범위와 수준 내에서 문항을 구성함

◐ 세계화, 산업 구조의 변화로 인해 나타나는 사회, 문화적 문제를 파악하고, 이를 자신이 지원한 전공 분야에 적용하여 적절한 예를 제시할 수 있어야 하며, 똑같은 현상 또는 과정이 부정적인 면만이 아닌 긍정적인 효과를 낳을 가능성을 모색하게 함으로써 선입견 내지 사전 지식에 얽매이지 않고 어떠한 사태의 여러 가지 면을 고루 볼 수 있는지를 알아보고자 하는 문항임

※ 제시문을 읽고 물음에 답하시오.

(가)

〈어울림 콘서트 공연 소개〉

이 콘서트의 취지는, 국악과 양악의 어울림을 통해 흥겨움과 경쾌함을 돋보이게 하고 시각과 청각을 만족시키는 종합 예술로 승화시키는 것이다.

1. '소리와 몸짓': 대북, 모듬북, 외북과 관현악이 어우러져 역동적인 합주가 이루어진다.
2. '소리의 어울림': 가야금의 빠른 템포로 시작을 알리고 관현악과 태평소가 한바탕 어우러진 뒤 피리의 아름다운 멜로디 부분에서는 태평소 2대가 선율을 이끌어간다.
3. '소리와 놀이': 사물놀이 악기와 피아노가 우리의 전통 리듬 속에 주제 선율을 연주한다. 관현악과 피아노의 선율, 사물놀이의 자유분방한 음악성이 휘몰아치는 타악 연주로 이어지고, 사물놀이의 쇠잡이와 피아노가 주고받는 짝드름, 소리의 조화와 만남 속에 어울림을 통해 전체적인 소리의 장과 놀이의 장이 전개된다.

(나)

'비빔밥'은 '섞어 비빈 밥'이라 하여 붙여진 이름으로, 밥에 갖은 나물과 쇠고기, 고명을 올려 약고추장에 비벼먹는 음식이다. 비빔밥에 들어가는 재료들은 각기 다른 맛과 특성을 갖는다. 매운 고추장을 밥과 다양한 재료에 넣고 비비면 매운맛은 사라지고 부드럽고 깔끔한 맛이 생겨난다. 비빔밥은 각각의 재료가 자기의 맛을 주장하지 않고 모든 재료가 서로 잘 어우러지는 음식으로서, 영양학자에 따르면 탄수화물, 단백질, 비타민, 미네랄은 물론 식물성 지방에 이르기까지 사람의 몸에 필수적인 5대 영양소를 골고루 섭취할 수 있는 웰빙 식품이다. 화이부동(和而不同), 즉 조화를 이루되 개성이 살아 있다는 이 말은 재료 고유의 맛들이 하나로 어우러지면서도 각자 살아 있는 비빔밥을 소개하기에 가장 적합한 말이다. 비빔밥은 그저 하나의 음식일 수도 있지만 그 한 그릇 속에는 우리의 문화가 생생하게 담겨 있다.

문제 1

두 제시문에 공통된 '어울림'이나 '조화'의 개념에 대해 정의를 내리고, 지원 전공 분야와 관련해서 예를 들어 설명하시오.

문제 2

두 제시문에서와 같이 '어울림'으로써 얻을 수 있는 긍정적인 효과에는 어떠한 것이 있는지 말하시오.

문제 3

인간관계에서 잘 어울리기 위해 필요한 덕목 중 가장 중요하다고 생각하는 다섯 가지를 말하시오.

제시문 (가)와 (나)는 공통적으로 어울림의 개념을 담고 있습니다. 제시문 (가)에서는 국악과 서양 음악이 서로 선율을 주고받으며 조화로운 만남을 보이고 있고, 제시문 (나)에서는 비빔밥 속에서 각종 재료들이 자기의 맛을 내세우는 대신 부드럽게 서로 어우러지는 미덕을 나타내고 있습니다. 이처럼 어울림이란 자기 고집을 버리고 동참하는 것이라고 정의 내리고 싶습니다. 어울린다, 안 어울린다라는 말이 있듯이 섞였다고 해서 모두 잘 어울게 되는 것은 아닙니다. 자기 자신의 입장만 고집하려는 태도를 자제할 때 비로소 섞임은 어울림이 된다고 생각합니다.

국제 정치 분야에서 이것에 대한 예를 든다면 유럽 통합이 있을 것입니다. 유럽이 전쟁을 겪고 난 시점은 우리나라가 일본으로부터 해방되고 6·25 전쟁을 하게 되었던 시기와 일치합니다. 하지만 동아시아는 여전히 역사적, 군사적 갈등을 극복하지 못하고 있는 반면에 유럽에서는 공동 화폐와 통일된 대외 정책을 내세우는 유럽 연합이 만들어졌다는 차이가 있습니다. 이는 동아시아에서 일본이 과거사에 대한 반성을 하지 않고, 북한이 핵 개발 등 무력 태세를 버리지 않은 것과는 반대로 유럽에서는 군비 축소와 과거사에 대한 진정어린 화해가 잘 이루어졌기 때문이라고 할 수 있습니다. 한반도와 동아시아에서 이러한 조화와 어울림이 나타날 수 있도록 고려대학교에서 국제 정치 분야를 더 공부하고 훌륭한 인재가 되고 싶습니다.

개요

1. 어울림의 정의
2. 정치 외교학 분야에서의 사례: 유럽 통합

Tip & Advice

비교를 풍부하게 사용하고 있는 답변입니다. 어울림을 정의내릴 때는 '어울림'을 '안 어울림'과 비교해서 자신의 정의의 핵심인 '양보와 절제'를 부각시켰습니다. 또한, 사례 부분에서는 유럽과 동아시아를 대비시켜서 그러한 논점이 중요한 요소임을 설득력 있게 보여주었습니다.

제시문 (가)의 어울림 콘서트는 우리 것이었던 국악에 외국 음악인 양악을 더해 더 풍성한 문화적 산물로 만들어낸 사례입니다. 제시문 (나)의 비빔밥 역시 우리 산천에서 나는 쌀, 나물, 쇠고기 위에 임진왜란 이후 들어온 고추를 사용한 장을 얹어서 만든 맛있고 영양가 있는 요리입니다. 조화란 이처럼 기존에 갖고 있는 것과 새로운 것을 개방적으로 조합함으로써 나타나는 창조적 효과라고 정의할 수 있습니다.

행정학의 여러 영역에서도 이러한 옛것과 새것의 조화가 많이 나타나는 추세라고 할 수 있습니다. 서울시의 도시 계획과 행정에 나타난 조화의 사례를 살펴보면, 우선 옛 다리와 지형을 복원하고 광화문부터 동대문까지 걷는 길을 만듦으로써 옛것을 통해 새것인 도시에 활력을 불어넣은 '청계천'이 있습니다. 더 이상 쓰이지 않는 서울시 구청사를 도서관으로 재개장해 관과 민의 경계를 중화하고 역사와 현재의 담을 낮춘 것도 좋은 평가를 받고 있습니다. 한복을 입고 궁궐에 갈 경우, 입장료 혜택을 제공함으로써 우리 시민들은 물론 외국인들에게도 과거와 현재가 어울리는 서울의 모습을 만들어내고 있는 것도 긍정적으로 평가할 수 있습니다. 최근에는 낡은 고가 도로를 철거하지 않고 나무를 심어 공원으로 만든 '서울로'의 경우에도 신구의 조화를 잘 살린 도시 계획이라고 볼 수 있습니다. 이처럼 전통과 현대의 조화, 보편과 특수의 어울림을 추구하는 방향으로 우리 행정이 진보하고 있다는 긍정적인 모습으로 평가할 수 있습니다.

개요

1. 제시문 (가)와 (나)에 나타난 조화의 공통된 개념: 옛것과 새것의 합쳐짐
2. 행정학 분야에서의 사례: 서울 행정에서의 도시 계획 및 공간 이용에 나타나는 조화

Tip & Advice

1. 제시문 (가)와 (나)에서 관련된 개념 정의를 추출한 답안입니다. 구술면접 시험에서는 일정 범위 내에서 약간의 배경지식을 사용하는 정도는 허용된다고 생각됩니다. 쌍방향 의사소통이 가능하기 때문에 이를 '논제 이탈'이라고 보기보다는 서로 이야기를 자연스럽게 끌어갈 수 있는 요소가 될 수도 있습니다.

2. 예시 답안 (2)는 사례들을 이야기한 뒤에 다시금 자신의 전공으로 돌아와 종합적이고 긍정적인 평가를 내리고 있습니다. 시작과 끝이 분명해야 면접관 선생님이 언제 답변이 끝났는지 정확하게 판단할 수 있을 것입니다.

어울림을 통해 얻을 수 있는 긍정적인 효과는 개인과 사회 전체에 미치는 효과 두 가지로 나누어서 설명할 수 있을 것입니다.

우선 개인에게 있어서는 이와 같은 어울림에서 얻어지는 '학습 효과'의 결과로 자기 혼자서는 상상하거나 만들어낼 수 없었던 '창조성'이 발현될 수 있습니다. 반 고흐가 일본 우키요에의 강렬한 색채감을 본떠서 자신이 속한 화단의 화풍을 재창조함으로써, 동서양의 미적 요소가 어우러진 후기 인상주의의 거장이 된 것을 예로 들 수 있습니다.

다음으로 사회 전체에 있어서는 어울림으로 얻어지는 '다양성'이 외부 환경 변화에 대한 우월한 '적응성'을 낳을 수 있습니다. 이와 관련해서는 벌에 대한 실험 이야기를 읽은 적이 있습니다. 벌들은 온도가 변하면 벌집에 붙어서 날개짓을 하면서 열을 내는데, 날개짓을 시작하는 최소 온도와 날개짓을 그치는 최고 온도가 개체마다 다르다고 합니다. 그런데 연구자들의 발견에 의하면 서로 비슷한 온도에서 날개짓을 시작하고 날개짓을 그치는 비슷한 벌들만 모인 벌집보다 서로 조금 다른 온도에서 날개짓을 시작하고 그치는 다양한 벌들이 모인 벌집의 경우, 오히려 벌집 전체의 온도 유지 능력이 더 뛰어났다고 합니다.

이처럼 어울림은 개인에게 학습 효과를 통한 창조성을, 사회에게는 다양성을 통한 적응성을 높여주는 긍정적 효과를 나타낼 수 있습니다.

개요

1. 긍정적 효과: 개인적 차원과 사회적 차원으로 구분
2. 개인적 차원: 학습 효과를 통한 창조성
3. 사회적 차원: 다양성을 통한 적응성
4. 결론: 요약 정리

Tip & Advice

개인과 사회라는 두 차원으로 나누어서 답변을 다각화한 답안입니다. 각각에 대해 구체적 예를 들어 자신의 주장을 뒷받침했다는 점에서 의의가 있습니다.

어울림이란 단지 결과가 아니라 과정과 태도 그 자체라고 할 수 있습니다. 다른 존재들과 어울리려는 태도와, 어울리기 위한 과정 속에서 사람은 많은 것을 새롭게 배울 수 있습니다. 살아가며 다른 존재들과 적극적으로 어울리려는 사람에게는 삶이 끊임없는 자기 수양의 과정이 될 것입니다.

어울림은 원래의 차이가 어떠한 차원에 존재하느냐에 따라서 여러 분야로 나눌 수 있습니다. 한국 사회는 현재 어울림의 미덕이 부족한 분야가 너무나 많습니다. 예를 들어, 한국 사회는 고도성장으로 인해 세대 간 살아온 경험이 너무 달라 기성세대와 디지털 세대 간의 의사소통이 잘 이루어지지 못하고 세대 갈등이 첨예하다는 문제점이 지적되고 있습니다. 또한, 성별에 있어서도 여성·남성 혐오로 팽팽히 갈려 극한 대립이 나타나고 있는 것이 요즘 추세입니다. 마지막으로 많은 이주 노동자 및 결혼 이민자들이 유입되고 있지만, 다문화의 어울림은 요원하기만 합니다. 제시문에 나온 음악이나 음식 차원의 어울림도 중요하지만, 진정 우리 사회에 필요한 어울림은 사람 간의 어울림이라고 생각합니다. 적대감 속에서 살아가는 개인들은 그만큼 행복감이 덜할 것이기 때문입니다. 나이, 성별, 원주민과 이민자의 위계가 갈등, 억압, 강요, 희생으로 이어지지 않고, 어울림이라는 미덕 속에서 상호 평등하고 호혜적인 관계로 재탄생해야 할 것입니다. 그렇게 된다면 우리 사회의 세대, 성별, 인종 및 문화의 갈등은 자연스럽게 해소되는 긍정적 효과를 누리게 될 것입니다. 또한, 우리들 자신 역시 그 과정에서 근거 없는 적대감을 해소하고 긍정적인 심리를 가지며 행복한 사회에서 살 수 있게 될 것입니다.

개요

1. 어울림의 효과를 개념 차원에서 정의
2. 어울림이 필요한 현실 영역의 사례들
3. 어울림의 효과를 해당 사례들에 적용했을 때 나타날 이점: 사회 갈등 해소, 심리적 행복

Tip & Advice

긍정적인 효과를 돋보이게 하기 위해 어울림이 부족해 문제가 되고 있는 사회 영역들을 열거한 뒤 어울림이 가져올 효과를 설명한 답안입니다.

저는 인간관계를 잘 맺어 사회와 어울려 살기 위해 인류 사회가 만들어낸 것이 바로 도덕이라고 생각합니다. 따라서 사회적 존재로서 우리가 갖추어야 하는 도덕적 자질 다섯 가지를 우리에게 필요한 덕목으로 이야기하고 싶습니다.

첫째, 자비심과 남을 도우려는 마음입니다. 누군가 불행한 일을 당하거나 피해를 입었을 때 자기 일과 같이 여기고 도울 수 있는 자세가 필요합니다. 둘째, 평등과 공정에 대한 감각을 갖추어야 합니다. 무임 승차자가 되려 하거나 자신만이 부당하게 많은 몫을 차지하려는 탐욕을 부려서는 안 됩니다. 셋째, 소속 집단에 대한 어느 정도의 충성심이 필요합니다. 집단은 이러한 심정적 헌신을 통해서만 결속을 유지할 수 있기 때문입니다. 넷째, 남을 부당하게 압제하려 해서는 안 됩니다. 서로의 권한을 존중하고 자유를 보호해야 합니다. 다섯째, 남들이 소중하고 나아가 성스럽게 여기는 가치 및 정체성을 함부로 침범하지 말아야 합니다. 이는 서로의 종교나 성적 지향성 등을 존중해야 함을 의미합니다.

이와 같이 자비, 공정성, 충성심, 자유, 정체성 존중이라는 다섯 가지 덕목을 갖춘 사람이 될 때 사람은 도덕적 존재로서 주변과 조화를 이루며 안정적인 인간관계를 누릴 수 있을 것입니다.

개요

1. 다섯 가지 요소의 공통점과 그 이유: 집단적 인간관계를 유지하는 기제가 도덕임
2. 다섯 가지 도덕성의 열거 및 설명
3. 정리 발언

Tip & Advice

다섯 가지를 한 번에 떠올리기가 쉽지 않을 수 있습니다. 이는 답변하는 사람만큼이나 듣는 사람에게도 기억하기가 쉽지 않을 것입니다. 따라서 마지막에 정리 발언을 해 주면 좋을 것입니다.

문제 3 **예시 답안 (2)**

저는 다른 사람들과 어울리는 데 있어 가장 중요한 덕목 다섯 가지를 개방성, 책임감, 외향성, 친절함, 자신감이라는 심리적 자질로 논하고자 합니다.

첫 번째는 개방성입니다. 타인의 감정이나 서로 다른 생각, 새로운 환경 등에 움츠러들지 않고 오히려 호기심을 가진 채로 빠르게 탐구해서 적응할 수 있는 능력을 말합입니다. 사람은 너무나 다양하므로 이러한 개방성이 결여되어 있다면 자신과 비슷한 사람들을 만나고 그들과의 관계만 강화하는 데 그치고 말 것입니다. 반대로 개방성을 갖춘 사람은 자신의 영역을 넘어서 수많은 다양한 인간관계 집단들을 연결하는 중요한 사람이 될 수 있을 것입니다.

두 번째는 책임감입니다. 자기 삶을 규칙과 질서 있게 유지하는 능력과, 타인과의 약속을 준수하는 태도를 말합니다. 이러한 태도가 없는 사람은 너무나 충동적이고 절제가 없는 사람으로 보일 것이며, 남들의 신뢰를 얻지 못해 장기적 인간관계를 맺기가 어려울 것입니다.

세 번째는 외향성입니다. 이는 내면에서 새로운 에너지와 긍정적 감정이 끊임없이 분출되는 상태를 의미합니다. 이러한 사람들은 남들에게 리더십 있는 사람으로 비추어지며, 행복의 감정과 에너지는 주변에 전파되기 때문에 어디서나 환영받을 수 있습니다.

네 번째는 친절함입니다. 다른 사람들에 대해 열정적이고 협력적인 태도를 갖는 것을 의미합니다. 사람들은 자신의 이야기를 잘 들어주고, 의심하거나 반박하기보다는 먼저 친절하게 들어주는 사람을 선호합니다. 존중과 친절이야말로 인간관계의 기초라고 할 수 있습니다.

친절함이 지나치면 예스맨으로 보일 수 있지만, 다섯 번째 자질까지 갖추어졌을 때는 그렇지 않습니다. 다섯 번째이자 마지막 자질은 바로 자신감입니다. 자신감이 부족한 사람은 쉽게 불안해하며 분노나 좌절을 다른 사람들에게 투사하기 쉽습니다. 반대로 긍정적인 자아상을 가진 사람은 문제 상황에 처해도 자신이 그것을 해결할 수 있다는 태도를 보이며, 이러한 태도가 남들에게 신뢰를 주어 협력을 얻어냄으로써 오히려 실제로도 더 바람직하게 문제를 해결할 수 있는 경우가 많습니다.

이와 같이 개방성, 책임감, 외향성, 친절함, 자신감이라는 다섯 가지 심리적 요소를 강화했을 때 인간관계에서 리더십을 인정받고 주위의 신뢰와 사랑을 얻을 수 있게 된다고 생각합니다.

1. 두괄식 주장 제시: 개방성, 책임감, 외향성, 친절함, 자신감

2. 각각의 요소들에 대한 정의 및 그것을 고른 이유 설명

3. 결론(요약)

Tip & Advice

1. 다섯 가지를 말할 때까지 기다리게 만드는 대신 두괄식으로 입장을 한 번에 말하고 시작하는 것도 좋은 방법입니다.

2. 평범하게 쓰이는 개념들이지만, 이를 통해 다섯 가지 내용을 매번 명확하게 정의 내리고 있어서 듣는 이가 논리를 따라가기 쉬웠던 구조의 답안입니다.

3. 해당 자질이 갖추어지지 않았을 경우에는 왜 인간관계에 어려움이 발생하는지도 함께 지적해 주면 그 자질의 중요성이 더욱 돋보일 것입니다. 그렇다고 전부 부정적인 요소만 강조해 버리면 부정적인 태도를 갖춘 응시자라는 오해를 살지도 모르니 '갖추었을 때의 장점'과 '못 갖추었을 때의 단점'을 적당히 섞어 쓰는 것이 좋을 것입니다.

출제 의도

- 제시문에서 등장하는 '어울림', '조화'의 개념을 정확하게 파악하고, 이를 지원 전공 분야와 관련된 적절한 예를 들고 설명하게 함으로써 지원 전공에 대한 사전 이해도, 준비 상태와 전공 적합도를 측정함

- '어울림'으로써 얻을 수 있는 긍정적인 효과를 제시할 수 있는지를 파악하고, '다름'을 인정하는데서 출발하여 일방의 강요나 희생 없이 서로 잘 어우러지거나 어울리게 함으로써 그렇지 않은 경우에 비해 더 나은 삶을 살 수 있는 가능성을 추론해낼 수 있는지를 측정함

- 타인과 어울려 사는 사회적 삶의 본질에 대해 생각해 본 적이 있는지, 원만한 사회생활을 해나가기 위해 필요한 덕목이 무엇인지 인식하고 있는지를 평가함

문항 해설

- 본 문항은 구체적인 현상이나 대상을 기술한 제시문들로부터 핵심적 의미 자질을 파악해 내고, 이를 추상적인 개념을 이용하여 적절하게 정의내릴 수 있는지를 평가함으로써 추상적 사고 능력을 측정하기 위한 문항임

- 「사회·문화」와 「생활과 윤리」의 교육과정 내에서 출제된 문제로, 세계화와 더불어 문화적 교류가 증가하면서 나타나는 현대 사회의 여러 가지 문화적 특징을 다양한 관점으로 파악하고, 이를 바탕으로 자문화 및 타문화를 이해할 수 있는 능력과 태도를 보기 위한 문항임. 또한, 사회적 존재인 인간은 다양한 집단과 조직의 구성원으로서 상호 작용하면서 유기적인 관계망을 형성하고 있음을 이해하고, 원만한 사회생활을 해나가기 위해 필요한 덕목이 무엇인지를 제시할 수 있는지 알아보기 위한 문항임

서울대 **인문학 예상 문제**

※ 제시문을 읽고 물음에 답하시오.

(가)

 누군가와 약속을 하기 전에 생각을 하나요? 당신의 말을 전할 수 없다면 어떨까요? 그게 문제가 되긴 할까요? 많은 사람들은 약속을 하는 것에 대해 꽤나 무심합니다. 결과적으로 사람들은 정말로 약속을 지킬 의도가 없음에도 종종 즉각적으로 약속을 하곤 합니다. "같이 점심 한 번 먹자.", "내가 나중에 전화할게.", "5분 후에 도착해."(와 같은 말들)은 대화에서 자주 쓰이지만 거의 지켜지지는 않는, 내다 버리는 약속들의 예시에 해당합니다. 그러나 이러한 무심한 태도는 중대한 결과를 불러올 수 있습니다.

 당신이 약속을 어기면, 그 약속이 아무리 작아 보이더라도, 경보는 울리지 않을지언정, 당신의 관계나 평판이 손상을 입을 수 있습니다. 생각해 보세요. 누군가 당신과의 약속을 어겼거나 거짓말을 하는 것을 들켰을 때, 침해를 당했다거나 속았다는 느낌을 받지 않나요? 당신이 그 사람을 신뢰한 것이 잘못된 것은 아닐지 의심이 들만도 합니다.

 어떤 사람들은 큰 약속을 어기는 것은 용서받을 수 없는 반면, 작은 약속을 어기는 것은 받아들일 수 있다고 믿으면서 (약속에) 등급의 척도를 적용하기도 합니다. 그러나 그것은 단지 거짓일 뿐입니다. 약속은 약속입니다. 큰 약속이나 작은 약속이 구분되는 것처럼 보이는 것은 그 약속을 지키거나 어기면 찾아오는 결과 때문입니다. 만약 우리가 누군가와 약속을 했다면, 그 약속의 효력은 결과와 상관없이 약속 그 자체에 의해서 유지됩니다. 우리가 신경 써야 하는 유일한 조건은, 명시적인 약속에 담긴 상대와의 신뢰 관계뿐입니다. 그 이외의 결과는 사실 약속의 가치와는 무관합니다.

 기억하세요. 신뢰는 두 사람 간에 공유되었던 경험에 기초하여 생겨납니다. 행동이 일관적이라면, 약속에 담긴 신뢰 관계가 발전되겠지요. 만약 바로 그 약속이 깨지거나 오해가 생겨나면, 신뢰의 결속은 깨질 것입니다.

 약속이 깨졌다는 것은, 그 약속을 깬 사람이 약속을 하기 이전에 (약속을 지켜야겠다고) 생각도 하지 않았거나, 당신을 실망시키는 것에 대해 신경을 쓰지 않았다는 것을 의미합니다. 이는 또한 그들 자신의 요구가 당신보다 더 중요하다는 것을 암시합니다. 그러나 당신은 그런 식의 취급을 받아서는 안 되는 사람입니다. 누구도 그렇게 취급받아서는 안 됩니다. 두 사람 사이의 약속으로 구축된 신뢰 관계는 매우 귀중하기 때문에, 각 파트너는 이를 안전하게 지키고 깨뜨리지 않아야 합니다. 그러므로 당신이 만드는 약속에, 또 그 약속을 함께 하는 사람을 대할 때 주의하십시오.

(나)

약속이 합의라는 사회적 관습의 존재 여부에 달렸다는 주장이 많으며, 이런 종류의 설명들은 현대의 롤즈를 비롯해 계속 있어왔다. 이와 같은 견해에서 약속의 책임에 대한 분석은 두 단계로 구성된다. 첫째로 사회적 관습이 있는데, 이것은 일정한 집단의 구성원들이 일반적으로 일정한 방식으로 행동하고, 일정한 기대와 의도를 가지고 있으며, 일정한 원칙을 명시적인 약속으로 받아들인다는 사실을 말한다. 둘째로 이런 사회적 사실들을 인정할 때, 그 집단의 구성원들이 이 명시적인 약속을 어기는 것은 도덕적으로 그르다는 판단이 가능하다. 이에 대해 롤즈는 이른바 정의를 말하고 있다. 사회 구성원들은 정의로운 사회적 관습이 규정하는 대로 바로 그 약속을 지켜야 할 책임이 있다는 것이다. 수년 동안 나는 이러한 분석에 전적인 확신을 갖고 있었다. 그러나 나는 더 이상 이 분석이 약속에 대한 최선의 설명이라고 생각하지 않는다. 나는 약속을 하는 사회적 관습이 있으며, 사람들이 일정한 규범을 따르기를 기대하며 이것이 명시적인 약속의 행태로 드러난다는 것에는 의문이 없다. 문제는 그 약속 자체를 어기는 것이 도덕적으로 그르다는 판단이 정당한지에 대한 의문이 있다는 것이다.

우선 자연 상태를 고려해 보자. 나는 어떤 낯선 땅을 걸으면서 뭔가 먹을 것을 찾을 생각으로 창을 만들었다. 나는 사슴을 향해 창을 힘껏 던졌다. 하지만 창을 쓰는 게 서투른 나머지 창은 표적에서 벗어나 멀리 날아가더니 좁은 급류 너머로 떠내려갔다. 절망적인 심정으로 내 창을 바라보며 반대쪽 둑에 서 있는데, 갑자기 부메랑이 날아와 내 옆에 멈추는 것을 보았다. 그때 어떤 낯선 사람이 반대편 둑에 나타나 내 창을 집어 들더니 두리번거리고 있는 모양이, 꼭 자기 부메랑을 찾고 있는 것처럼 보였다. 문득 내게 떠오른 생각은, 내가 자기 부메랑을 돌려줄 것이라고 그를 믿게 하면, 그가 내 쪽으로 창을 던져서 나는 물에 젖을 필요도 없이 내 창을 돌려받을 수 있겠다는 것이었다. 그리고 내가 그 계획에 성공했다고 가정하자. 나는 그에게 부메랑을 돌려주리라는 믿음을 갖게 했고, 그는 내 창을 던져 돌려주었다. 하지만 나는 떨어진 자리에 그대로 부메랑을 둔 채 창을 들고 숲으로 걸어 들어가 버렸다. 이 예에서 사회적 합의를 통해 도출된 명시적인 약속 같은 건 존재하지 않는다. 여기서 약속처럼 보이는 것이 있다면, 내가 그로 하여금 어떻게 행동하리라고 믿게 했을 뿐이라는 사실이다. 이 사례에서 나는 우선 그와 암묵적으로라도 약속했다고 가정해 보자. 그런데 그럼에도 내 행동은 도덕적으로 그르다고 판단할 수 있다. 이러한 나의 판단이 타당하다면, 약속의 도덕적 정당성은 그것이 사회적 합의에 의해 명시된다는 사실과는 분리되어야 한다. 그렇다면 약속을 어기는 것이 도덕적으로 그르다고 말할 수 있는 근거는 어디에 있는가? 나는 그것이 약속하고자 했던 의도에 내재한 책임 의지 때문임을 밝히고자 한다. 이 책임 의지는 약속이 명시적으로 이루어지지 않았더라도, 약속을 맺고자 했던 두 사람 사이에 공유되는 것이다. 명시적이든 아니든 간에, 그러한 약속 속에는 계약자의 약속을 지켜야 한다는 책임 의지가 숨어 있다.

(다)

공자의 제자인 증자(曾子)가 아이와 약속을 지키기 위해 돼지를 잡은 일화는 유명하다. 하루는 증자의 아내가 시장에 나가려는데, 아이가 뒤쫓아 나오며 울었다. 이에 아내는 집에서 잘 기다리면 시장에 다녀와 돼지를 잡아 맛있는 음식을 해 주겠다고 약속했다. 아내가 시장에서 돌아오자 증자는 돼지를 잡으려고 했고, 아내는 증자를 막아섰다. 아이가 너무 울어 달래기 위해 농담으로 한 말인데, 정말로 돼지를 잡을 필요는 없다는 것이었다. 이에 증자는 그런 일은 해서는 안 될 일이라며 결국 돼지를 잡아 아이에게 음식을 해 주었다.

문제 1

제시문 (가)와 (나)가 말하는 약속의 의미를 논하시오.

문제 2

제시문 (가)와 (나) 각각의 관점에서 제시문 (다)에 등장하는 증자의 행동을 평가하시오.

　　제시문 (가)와 (나)는 모두 약속을 지켜야 한다고 주장하면서, 그 논거를 제시하고 있습니다. 그런데 각 제시문이 약속을 어떻게 정당화하는지 그 논거를 살펴보면, 제시문 (가)와 (나)가 주장하는 약속의 의미가 구분됩니다.

　　먼저 제시문 (가)가 말하는 약속은 반드시 지켜야만 하는 서로의 계약 같은 것입니다. 제시문 (가)에 의하면 명시적인 약속에는 당사자 간의 신뢰 관계가 함축되어 있으며, 이를 존중하기 위해서 약속 그 자체를 지켜야 한다고 주장합니다. 이와 달리 제시문 (나)가 말하는 약속은 개인이 책임 의식을 가지고 지키는 것입니다. 제시문 (나)는 사회적 합의에 의한 명시적 약속의 정당성을 거부하고, 당사자의 책임 의지로부터 약속의 정당성을 도출하고 있습니다. 간단히 말해서, 명시적인 계약이라기보다 개인의 책임감에 기대어 암묵적으로 이행하는 것입니다.

　　이와 같이 제시문 (가)와 (나)의 논점에 따르면, 두 제시문이 주장하는 약속의 의미가 구분될 수 있습니다. 제시문 (가)는 약속의 의미를 명시적으로 드러나는 약속 그 자체로 이해하는 것이라 할 수 있습니다. 반면, 제시문 (나)는 약속의 의미를 명시적 약속과 구분되는 암묵적 약속으로 이해하고 있습니다.

개요

1. 제시문 (가)에서 말하는 약속의 의미: 명시적 계약
2. 제시문 (나)에서 말하는 약속의 의미: 암묵적 책임

Tip & Advice

1. 제시문이 크게 어렵지 않게 출제되었을 경우 답변의 길이가 짧게 구성될 수 있습니다. 하지만 모든 문제가 동일한 비율로 구성될 필요가 없으므로 간단하게 첫 문제를 구술하고 세부적으로 이후 문제를 구술하는 것도 좋은 전략이 될 수 있습니다.

2. 비교 구술해야 할 때, 두 제시문의 입장이 어떻게 다른지 선명하게 보여 줄 수 있는 키워드로 논지를 전개하는 것이 좋습니다. 특히, 첫 번째 문제에서 제시문을 이해했다는 것을 보여 주어야 하는 경우 각 제시문을 개념어로 압축해 전달하는 것이 필요한데, 이 때 쓸 개념어는 나중에 비교에 활용할 것을 고려하여 만드는 것이 좋습니다.

제시문 (가)와 (나)의 관점에서 볼 때 제시문 (다)의 증자의 행동은 긍정적으로 평가될 수 있습니다. 비록 약속을 맺은 당사자인 아내는 아이를 달래려는 마음으로 거짓된 약속을 맺었지만, 같은 부모로서 증자가 약속을 지키고자 행동했기 때문입니다.

먼저 제시문 (가)의 관점에서 보았을 때 증자가 돼지를 잡은 행동은 옳다고 평가될 수 있습니다. 제시문 (가)에 따르면 증자는 아이가 부모와의 신뢰 관계를 소중히 여기길 바라는 마음과, 약속을 맺었을 때의 아이를 존중하는 마음에서 돼지를 잡았다고 이해되기 때문입니다.

마찬가지로 제시문 (나)의 관점에서도 증자의 행동은 옳다고 평가될 수 있습니다. 물론 제시문 (나)의 논지에 따르면 사례에서 아이와 맺은 약속에 포함된 책임 의지는 증자가 아니라 아내의 것이라고 이해될 수 있습니다. 그러나 아이의 입장에서 볼 때, 아이는 아내라는 특정 대상보다는 '부모'와 약속을 했다고 이해할 가능성이 높습니다. 즉, 아이는 자신의 부모와 약속을 맺었으며, 따라서 그 약속에 담긴 책임 의지도 부모의 것으로 인식할 수 있습니다. 그러므로 제시문 (나)는 증자의 행동이 당사자 간의 책임 의지에 기초한 도덕적 정당성을 충족하는 매우 옳은 행동이었다고 평가할 것입니다.

개요

1. 제시문 (가)의 긍정적 평가: 신뢰 관계 존중
2. 제시문 (나)의 긍정적 평가: 책임 의지 발현

Tip & Advice

1. 평가와 관련한 문제에서 제시문이 두 개 있을 때, 반드시 두 입장이 각각 다른 입장을 나타내지는 않는다는 것을 인지하고 답안을 구상하는 것이 좋습니다. 구술면접에서는 논술과 같은 지필 평가와 달리 논증의 엄밀성을 보기보다는 창의적이면서 논리적인 사고를 보기 때문에 여러 가능성을 열어 두고 문제를 분석해야 합니다.

2. 이전 문제에서 활용한 키워드는 연속적으로 이후 문제까지 활용되는 편이 좋습니다. 키워드는 제시문에서 도출하는 것이기 때문에 문제를 떠나 지속적으로 활용해 본인의 이해도를 증명하는 것이 좋습니다.

※ 제시문을 읽고 물음에 답하시오.

(가)

 자유 무역을 지지하는 사람들은 '비교 우위' 개념을 활용한다. 한 나라의 관점에서 보았을 때, 만약 그 나라가 특정 상품의 주요 고객이라면, 무역상의 제약 사항은 실질적인 이익을 보장해 주기도 한다. 요약하면, 모든 나라들은 각자 특정 상품을 만드는 데 특히 뛰어나다(즉, 만약 나라 P가 A 물품을 생산하는 데 뛰어나다면, A 물품을 교역하는 데 규정되는 제약 사항들은 P에게 실질적인 이익을 보장해 줄 수 있다). 그러므로 모든 국가들이 모든 상품들을 생산하고자 하는 것보다는, 각 상품을 생산하는 데 특화된 나라가 그 상품을 생산하는 것이 이치에 더 맞는 것처럼 보인다. 그렇게 된다면 모든 국가들은 자신이 가진 것으로 서로 원하는 것을 교환할 수 있게 된다. 각 나라들이 가장 뛰어난 업종에 종사하기 때문에 시간과 자원이 덜 소요되며, 모든 사람들에게 그 남은 시간과 자원들이 돌아갈 가능성이 높아진다.

(나)

 1841년 독일의 경제학자 프리드리히 리스트는 영국이 자신들은 높은 관세와 보조금을 통해서 경제적인 패권을 장악해 놓고서 정작 다른 나라들에게는 자유 무역을 권장하고 있다고 질타했다. 그는 영국이 세계 최고의 경제적 지위에 도달하기 위해 스스로 타고 올라간 "사다리를 걷어차 버렸다."라고 비난하며 "정상의 자리에 이른 사람이 다른 사람들이 뒤따라 올 수 없도록 자신이 타고 올라간 사다리를 걷어차 버리는 것은 아주 흔히 쓰이는 영리한 방책"이라고 꼬집었다.

 오늘날 부유한 나라 사람들 가운데는 가난한 나라의 시장을 장악하고, 가난한 나라에서 경쟁자가 나오는 것을 막기 위해 자유 시장과 자유 무역을 설교하는 사람들이 분명히 존재한다. 그들은 "우리가 했던 대로 하지 말고, 우리가 말하는 대로 하라."라며 나쁜 사마리아인처럼 곤경에 처한 다른 사람들을 이용하고 있다. 그러나 더 걱정스러운 것은, 요즘에는 아예 자신들이 권장하는 정책이 개발 도상국들에게 나쁜 영향을 미친다는 사실조차 인식하지 못하는 나쁜 사마리아인들이 많다는 사실이다. 오늘날 자본주의의 역사는 완전히 다시 쓰였다. 그 때문에 부유한 세계에 사는 사람들 가운데에는 개발 도상국들에게 자유 무역과 자유 시장을 권장하는 것이 역사적 위선이라는 것조차 깨닫지 못하고 있는 사람들이 많다.

(다)

 결론적으로 보면, 멕시코는 미국과의 자유 무역 협정(FTA)을 통해 제법 성공을 거두었다. 대외 경제 지표의 성장세가 두드러졌고, 멕시코 경제에 대한 대내외적 신뢰도도 높아졌다. 경제 성장률은 출범 후 10년 동안 연평균 2.7%, 초기 6년간은 4%에 가까운 성장세를 기록했고, 국가 경제 규모를 파악하는 세계 경제 연맹 도표(WELT) 상에서도 7순위에서 5순위로 건너뛰는 상승세를 보여 주었다. 여러 연구 결과들은 멕시코가 FTA로 4~4.5%의 추가 성장을 달성할 수 있었다고 평가한다. 또한, 제조업 생산성이 크게 증가하여 1인당 국민 소득의 증가 효과도 있었다. 이런 결과들은 모두 대미 수출 증가와 외국인 직접 투자의 증가 때문에 가능한 것이었다. FTA 발효 초기 멕시코의 대미 수출 증가는 연 18%를 웃돌며 2000년 이후에는 캐나다와 일본을 제치고 미국의 제1 교역 상대국이 되기도 했다. 연 200억 달러가 들어오는 외국인 투자도 멕시코의 산업 성장과 자본 형성에 큰 도움이 되었다.

문제 1

제시문 (가)와 (나)에 나타난 '국제 무역'과 '국가 발전'의 관계에 대한 다양한 관점을 비교 · 분석하시오.

문제 2

제시문 (가)와 (나) 각각의 관점에서 제시문 (다)를 평가하시오.

먼저, 국가 발전을 위해 국제 무역이 필요한지에 대해 제시문 (가)와 (나) 모두 긍정적 견해를 보입니다. 하지만 무역 방식에 있어서 어느 정도로 자유로워야 하는지에 대해 두 제시문은 다른 입장에 있습니다.

제시문 (가)를 먼저 살펴보면, 비교 우위 이론에 근거하여 국가의 경제적 성장을 위해 자유 무역이 필요하다고 주장합니다. 각 나라가 서로의 나라에서 생산 비용이 가장 적은 특산품에 주력하며 무역 활동을 한다면 서로의 경제적 이익을 증진할 수 있다는 것입니다. 전 세계적으로 큰 화제를 모았던 FTA가 이 예시에 해당합니다. 우리나라와 칠레는 자유 무역 협정을 맺어, 우리나라는 주력 상품인 가전, 자동차 등을 적은 관세로 칠레에 수출해 이익을 극대화했고, 칠레는 과일 등의 농산품을 주력 상품으로 채택해 적은 관세로 우리나라에 수출해 이익을 얻었습니다. 따라서 제시문 (가)에 따르면, 이런 방식의 무역이 활성화되기 위해 관세와 같은 형태의 규제가 최소화되어야 합니다.

이에 반해 제시문 (나)는 국제 무역이 국가의 경제적 발전에 도움이 된다는 점은 인정하지만, 그 방식은 관세 도입과 같은 보호 무역이어야 한다고 주장합니다. 자유 무역은 부자 나라가 가난한 나라들의 경제적 발전을 방지하기 위한 위선에 불과하며, 정작 부자 나라들은 보호 무역을 통해 발전해 왔다고 말합니다. FTA의 경우, 우리나라는 자동차와 같이 큰 이익을 수반하는 품목을 수출했지만 칠레는 생산 과정이 단순한 농산물을 수출해 이익이 상대적으로 차이가 났다는 점을 제시문 (나)의 부정적인 예시로 들 수 있습니다.

개요

1. 제시문 (가)와 (나)의 공통점
2. 제시문 (가)의 내용 요약과 예시: FTA 긍정적인 면
3. 제시문 (나)의 내용 요약과 예시: FTA 부정적인 면

Tip & Advice

1. 문제에서 '국제 무역'과 '국가 발전'의 관계라고 독해의 핵심 흐름을 지적해 주었으므로 국제 무역과 국가 발전의 관계에 집중하여 핵심을 파악해 보아야 합니다. 제시문 두 가지를 비교하라고 하는 문제가 주어지면 큰 줄기에서 둘의 공통점을 묶은 뒤 차이점을 중심으로 서술하는 것도 효과적입니다.

2. 예시를 통해 설명하는 방식을 이용하는 것도 좋습니다. 특히, 같은 예시에 대해 두 가지 다른 입장이 어떻게 바라볼지 서술하는 것도 아주 좋은 구조가 될 수 있으니 주의 깊게 보는 것이 좋습니다.

　제시문 (가)는 비교 우위론을 통한 자유 무역을, 제시문 (나)는 보호 무역을 주장합니다. 이 두 관점으로 제시문 (다)를 평가해 보겠습니다. 제시문 (다)는 미국과의 자유 무역 협정을 통해 대내외적으로 경제적 성장을 이룩한 멕시코의 모습을 보여 주고 있습니다. 이러한 멕시코의 사례에 대해, 제시문 (가)는 긍정적으로 평가할 수 있는 반면, 제시문 (나)는 부정적으로 평가할 수 있습니다.

　제시문 (가)의 관점에서 제시문 (다)는 비교 우위 이론에 입각한 자유 무역의 필요성을 입증하는 중요한 사례가 될 수 있습니다. 멕시코의 경제적 성장 요인이 대미 수출과 외국인 투자의 증가 때문이라고 설명할 수 있기 때문입니다. 그리고 이러한 대미 수출과 외국인 투자의 성립은 멕시코의 자유 무역 지향 정책인 FTA에 기인합니다. 따라서 제시문 (가)는 제시문 (다)의 사례를 긍정적으로 평가할 것입니다.

　반면, 제시문 (나)의 관점에서는 제시문 (다)에 나타난 멕시코의 사례가 단지 우연에 불과할 뿐, 이를 통해 자유 무역의 중요성이 정당화되지는 못한다고 평가할 수 있습니다. 제시문 (나)에 따르면 멕시코는 국가 경제 규모 7위로, 이미 부자 나라가 될 수 있는 경제적 기반이 갖추어져 있었습니다. 그러므로 미국과의 FTA는 이를 잘 활용하는 좋은 계기였을 뿐이라고 평가할 것입니다.

개요

1. 제시문 (가)와 (나)의 입장 간단히 정리
2. 제시문 (가) 입장에서 (다) 평가: 긍정적
3. 제시문 (나) 입장에서 (다) 평가: 부정적

Tip & Advice

다른 입장을 가진 제시문들이 등장하는 경우에는 구술할 때 논리가 꼬이지 않도록 조심해야 합니다. 면접은 글과 달리 말로 이루어지기 때문에 휘발된다는 특성이 있습니다. 따라서 듣는 이의 머리에 간결하게 정리될 수 있도록 각 입장들을 명료히 말해 주는 것이 좋습니다.

※ 제시문을 읽고 물음에 답하시오.

(가)

만약 모든 행위들의 어떤 목적이 있어서, 우리가 이것을 그 자체 때문에 바라고, 다른 행위들도 이것 때문에 바란다면, 이것이 좋음이며 최상의 좋음일 것이라는 사실은 명백하다. 그러니 이것에 대한 앎이 우리의 삶에 있어서도 큰 무게를 가지지 않겠는가? 만일 그렇다고 한다면 우리는 적어도 개략적으로나마 과연 이것이 무엇인지, 또 어떤 학문에, 혹은 어떤 능력에 속하는 것인지 파악하도록 노력해야 할 것이다.

만일 모든 행위에 의해 성취할 수 있는 목적이 하나만 있다면, 이것이 행위에 의해 성취할 수 있는 최상의 좋음일 것이다. 또, 최상의 좋음은 분명 완전한 것이어야 한다. 만약 완전하지 않다면, 그것은 최상의 좋음이라 여겨지기 어려울 것이기 때문이다.

(나)

목적론적 사고는 신의 존재를 입증할 뿐만 아니라, 우울증으로부터 벗어날 기회를 또한 제공할 수 있다. 미시간 대학의 최근 연구에 따르면, 종교를 가진 사람들은 종교를 갖지 않은 사람들에 비해 우울증에 걸릴 가능성이 적은 것으로 나타났다. 마틴 박사는 종교를 가진 사람은 신을 믿지 않는 사람들보다 자신의 행위에 대한 죄책감을 덜 느끼거나, 외로움을 덜 느낀다고 주장한다. 목적론적 사고에 따르면 이 세상의 다양한 사건들과 현상들은 아무런 목적이나 이유도 없이 발생하지는 않는다.

(다)

우리는 역설적으로 삶에서 가장 힘든 순간에 삶의 의미와 목적을 찾고자 하는 직관을 갖고 있다. 그러므로 무신론자가 되려면 의식적으로 직관을 무시해야 한다. 무신론자들은 삶에 고유한 목적이나 의미가 있다고 믿지 않는다. 나는 모든 일에 정해진 고유의 목적이 있고, 그러한 목적이 자기 자신과 연결되어 있다고 여기는 인간의 성향이 정신질환에서 어떻게 극단적으로 발현되는지를 목격했다. 정신증 환자는 편집 망상에 시달리고, 조증 환자는 과대망상을 하며, 강박 장애를 앓는 사람은 터무니없는 주술적 사고에 매달린다. 정신 질환은 인간 본성의 면면과 우리의 여러 인지적 성향을 뚜렷이 드러내고, 직관이 지닌 허점을 더욱 분명하게 보여 준다.

(라)

스위스 연구팀은 음모론과 창조론이라는 두 가지 신념이 목적론적 세계관과 연관되어 있는지 알아보기 위해, 목적론 및 음모론 관련 문항 이외에도 초자연 또는 마법에 대한 믿음 등을 설문 내용으로 제시했다. 설문 결과는 자연 현상에 어떠한 기능과 의미를 부여하려는 경향성은 음모론을 믿는 정도와 어느 정도 유의미하게 연관되어 있었다. 이후 프랑스에서 1,200명 이상을 대상으로 하는 대규모 설문 조사를 수행했는데, 여기서는 음모론과 창조론에 대한 믿음이 목적론적 세계관과 강한 연관성을 보이고 있었으며, 약 700여 명을 대상으로 한 온라인 조사에서도 같은 경향성이 이어졌다.

〈표 1〉

(단위: 명)

구분		실험 대상자들의 답변 분류		
		"그렇다."	"잘 모르겠다."	"아니다."
질문 목록	당신은 천국과 지옥을 믿습니까?	135	10	5
	당신은 귀신과 영혼을 믿습니까?	119	22	9
	당신은 마법의 존재를 믿습니까?	30	22	98
	당신은 이 세상에 숨어 있는 단체가 있다고 생각합니까?	136	11	3
	당신은 이 세상의 근본적인 원리가 있다고 생각합니까?	131	12	7
	당신은 이 세상이 존재하는 이유가 있다고 생각합니까?	137	5	8

〈표 2〉

(단위: 명)

정신 질환 진단 내역	내현화 장애*	외현화 장애*	기타	없음	합계
학생 수	65	23	31	31	150

* 내현화 장애: 우울증, 불안 장애 등 일반적인 상황에서 지속적으로 부정적인 감정을 갖는 장애.
* 외현화 장애: ADHD, 품행 장애, 반항 장애 등 부정적 감정을 외부로 표출하는 장애.

문제 1

▌1-1▶ '목적론적 사고'에 관한 제시문 (가)의 입장을 추론하고, 이를 바탕으로 제시문 (나)와 (다)의 입장에 대해 각각 논하시오.

▌1-2▶ 제시문 (나)와 (다), 각각의 관점에서 종교에 대해 어떤 입장을 지닐지 논하시오.

문제 2

▌2-1▶ 제시문 (라)를 참조해 〈표 1〉과 〈표 2〉를 종합하여 해석하시오.

▌2-2▶ [문제 2-1]의 해석 내용을 바탕으로, 제시문 (나)와 (다)에 대해 각각 평가하시오.

　먼저 제시문 (가)에 대해 논하자면, 목적론적 사고는 우리의 삶에 도움이 됩니다. 왜냐하면 제시문 (가)는 우리가 추구하는 목적 중 가장 최고의 목적이 행복이라고 주장하고 있기 때문입니다. 즉, 우리는 다양한 목적들을 성취하고자 하는데, 그 최종적인 이유는 행복하기 위해서라는 것입니다. 이러한 점에서 목적론적 사고는 우리를 행복하게 만들 수 있는 좋은 것이라 말할 수 있습니다.

　제시문 (나)와 (다)는 서로 상이한 의미의 목적을 제안하고 있습니다. 먼저 제시문 (나)의 목적은 제시문 (가)의 목적과 일맥상통합니다. 물론 제시문 (가)는 인간의 목적만을 고려할 뿐, 신과 같은 '설계자'에 의한 목적을 고려하고 있지는 않지만, 제시문 (나)에서 주장하고 있는 목적은 결국 우리를 우울증에서 벗어나게 하며 행복하게 만듭니다. 이러한 점에서 제시문 (가)의 입장을 바탕으로 할 때, 제시문 (나)의 목적 또한 바람직하고 좋은 것이라는 의미를 가진다고 볼 수 있습니다.

　반면, 제시문 (다)의 목적은 제시문 (가)의 목적과 다릅니다. 제시문 (다)는 목적론적 사고가 오히려 정신 질환의 원인이라고 지적하고 있습니다. 제시문 (다)에 의하면 제시문 (가)와 같이 목적론적으로 사고하고, 목적이 우리에게 좋은 것이라 생각하는 것은 우리의 직관일 뿐 현실이 아닙니다. 그렇기에 이러한 목적론적 사고는 우리의 삶에 오히려 방해가 될 뿐만 아니라 우리를 좌절하게 하거나 심지어는 죽음으로 이끌 수도 있습니다. 따라서 제시문 (가)의 입장을 바탕으로 할 때, 제시문 (다)의 목적은 매우 부정적인 의미를 가집니다.

개요

1. '목적론적 사고'와 관련한 제시문 (가)의 논지 제시
2. 제시문 (가)에 기초한 (나)의 분석
3. 제시문 (가)에 기초한 (다)의 분석

제시문 (나)와 (다)는 삶의 목적으로서 종교에 대한 서로 다른 관점을 견지하고 있습니다. 먼저 유신론적 관점을 가진 제시문 (나)는 신에 대한 믿음이 사람들의 우울증을 치료하는 데 도움이 될 수 있다고 주장합니다. 반면, 무신론적 관점을 가진 제시문 (다)는 신에 대한 믿음이나 목적론적 사고가 오히려 사람들의 정신 질환을 유발한다고 주장합니다.

이러한 목적론적 사고와 종교에 대한 제시문 (나)와 (다) 각각의 관점 차이에 대해 말하겠습니다. 제시문 (나) 입장에서 종교는 사람들에게 안정감을 주고 정신적인 의존의 대상이 되며, 나아가 사회에 도덕적 규범을 제공할 수 있다는 점에서 긍정적입니다. 반면, 제시문 (다)에 의하면 신앙을 통해 치료된 것처럼 보이는 환자들은 단지 일시적으로 안정되어 있을 뿐, 신앙을 잃거나 삶의 목적을 부정당하면 정신 질환이 재발할 수 있기 때문에 본질적으로 긍정적인 영향을 끼쳤다고 할 수 없습니다. 오히려 제시문 (다)의 입장에서 이러한 목적론적 사고는 사람이 자기 스스로 중요한 존재를 깨닫는 데 방해가 된다고 보고 있으므로 부정적인 입장을 표하고 있습니다.

개요

1. 제시문 (나)와 (다)의 논점 비교
2. 사례 압축 제시 + 제시문 (나)와 (다) 평가

Tip & Advice

1. 제시문 (가)에서 '목적론적 사고'가 분명히 제시되지는 않았지만, 제시문 (나)를 참조했을 때, 이것이 목적에 대해 긍정적인 의미를 함축하며, 목적에 따라 생각하려는 사고방식임을 추론할 수 있었습니다. 따라서 제시문 (나)는 (가)와 이러한 점에서 일치하며, 제시문 (다)는 목적 자체의 부정적인 면을 강조하므로 제시문 (가)와 상반된다고 판단할 수 있음을 알아 두어야 합니다.

2. 녹화 면접 등의 방식으로 인해 대면하지 않고 면접이 진행될 수 있음을 생각하며 본인의 발화가 어느 정도 문어체로 구성될 수 있도록 연습하는 것도 좋은 방법입니다.

　〈표 1〉은 목적론적 세계관과 음모론 및 창조론에 대한 신념 간의 상관관계가 성립한다는 것을 나타낸다고 해석할 수 있습니다. 조사에 참여한 학생들의 약 90%가 대부분의 설문 문항에 '그렇다'고 답했기 때문입니다. 단, 학생들은 마법의 존재를 믿는지에 대해서는 회의적이었는데, 이는 마법이 목적론적 사고에 부합하지 않기 때문입니다.

　반면에 〈표 2〉를 살펴보면 전체 150명의 학생 중 119명을 넘는 학생들이 정신 질환을 가진 것을 알 수 있습니다. 특히, 정신 질환을 가진 학생들 중 절반 이상이 내현화 장애를 앓고 있다는 것은 목적론적 세계관과 우울증 간에 연관성이 있을 가능성을 시사합니다.

　따라서 〈표 1〉과 〈표 2〉를 종합하면, 목적론적 세계관은 음모론이나 창조론적 신념과 상관관계에 있으며, 또한 정신 질환과도 연관성이 있다고 해석할 수 있습니다. 그 중에서도 특히 우울증에 해당하는 내현화 장애와의 연관 가능성은 목적론적 사고가 오히려 우울증을 야기하는 원인이 될 수 있음을 나타내고 있다고 볼 수 있습니다.

개요

1. 〈표 1〉 분석
2. 〈표 2〉 분석
3. 〈표 1〉과 〈표 2〉의 종합적 해석

 앞서 말한 〈표 1〉과 〈표 2〉의 종합적인 해석에 따르면, 제시문 (나)의 주장은 타당하지 않다고 평가될 수 있는 반면, 제시문 (다)의 주장은 타당하다고 평가될 수 있습니다. 제시문 (나)는 목적론적 사고가 우울증을 치료하는 데 도움이 될 수 있다고 주장합니다. 그러나 〈표 2〉에서 정신 질환을 가진 학생들의 절반 이상이 내현화 장애를 가졌다는 사실과, 내현화 장애가 우울증을 포함하는 정신 질환이라는 사실을 고려하면, 이러한 제시문 (나)의 주장은 타당하지 않습니다.

 반면에 제시문 (다)의 주장은 타당하다고 평가될 수 있습니다. 〈표 1〉에 따르면 15명의 학생들은 목적론적 사고를 하지 않습니다. 그런데 이 학생들이 전부 정신 질환을 가졌다고 가정하고, 〈표 2〉의 정신 질환을 갖지 않은 31명의 학생들이 전부 목적론적 사고를 가졌다고 가정하더라도, 이는 총 46명에 지나지 않습니다. 즉, 150명 중 약 100명의 학생들이 목적론적 세계관을 가진 동시에 정신 질환을 겪고 있는 것입니다. 삶의 목적을 부여하는 인간의 직관이 정신 질환을 갖게 한다는 제시문 (다)의 주장은 이러한 점에서 타당하다 볼 수 있습니다.

개요

1. 제시문 (나) 평가: 타당하지 않음
2. 제시문 (다) 평가: 타당함

Tip & Advice

1. 〈표 1〉에서 실험 대상자들이 목적론적 사고를 뚜렷하게 보이며, 동시에 창조론과 음모론에 대해서도 신념을 가진다고 해석이 가능합니다. 다만, 세 번째 질문인 '마법의 존재'에 관해서는, '마법의 존재'가 어떠한 목적과 연관되지 않아 목적론적 사고에 부합하지 않는다고 추론이 가능하다고 볼 수 있습니다.

2. 목적론적 사고와 우울증 간의 상관관계가 이후 제시문 (나)의 평가에 활용되기 때문에 내현화 장애가 '우울증'을 포함한다는 점에 주목하여 해석하는 것이 좋습니다.

※ 제시문을 읽고 물음에 답하시오.

(가)

인권에 대한 최대주의적 해석의 주장은 다음과 같다. 인간이라는 개념이 사용되는 한, 그것도 그 의미에 따라 모든 문화에 걸쳐 사용되는 한, 인간 개념을 사용하는 사람들은 보편적인 인간의 속성들을 필연적으로 전제한다. 인간은 매우 복합적인 관점에서 훼손될 수 있는 고유의 존재이며, 이는 곧 인권이 어느 곳에서나 접할 수 있는 복합적인 권리들을 포함한다는 것을 의미한다. 예컨대 인권의 보장이 실현되기 위해서는 참정권이 요구되어야 하며, 또 이를 보장하기 위해서는 사회적·문화적 참여에 대한 권리도 요구되어야 한다. 인권을 최소주의적으로 몇몇 소수의 권리들에 국한시키는 것은, 그 밖의 권리들을 보장하지 않는 한 그 인권까지 보장받지 못할 것이라는 인권의 역사적 교훈을 인식하지 못하는 것이다. 그래서 인권은 '불가분'하다고 이야기하는 것이다.

반면, 최소주의적 해석의 입장은 다음과 같다. 인권의 내용을 최대주의적으로 해석한다면 인권에 대한 보편적인 동의를 얻을 수 있는지에 대해 의문이 생긴다는 것이다. 인권은 오로지 그 범위가 일관되게 최소한도로 제한될 경우에만 상이한 문화들의 다원주의라는 사실에 부응할 수 있는 기회를 갖는다. 그러니까 인권적 최소주의는 요구 수준이 풍부한 인권 내용이 바람직하다는 것을 부정하는 것이 아니라, 단지 이러한 내용에 대해 문화적으로 특수한 논거가 제시되지는 않을 것이라는 점만을 부정할 뿐이다. 즉, 역사적으로 다양하게 발전된 나라에서 발생한 정치·사회 문화는 문화적 특수성을 띠고 있으며, 이러한 특수성을 고려하면서 인권의 다양한 권리들을 보장해야 한다고 주장하는 최대주의적 해석은 전(全)지구적 동의를 받아낼 수 없다는 것이다.

(나)

인권 개념은 자연성, 평등성, 보편성이라는 특징을 갖고 있다. 사람은 권리를 태어날 때부터 갖고 있다는 점에서 자연적이며, 모든 사람이 동등한 권리를 갖는다는 점에 평등하고, 모든 곳에 적용된다는 점에서 보편적이라는 것이다. 권리가 인권이 되려면 모든 인간이 세계 어느 곳에서나 단지 인간이라는 이유만으로도 그러한 권리를 평등하게 누려야 한다. 이전에는 특정인의 권리로 여겨진 권리가 모든 인간이 갖게 되는 보편적이면서도 평등한 자연권으로 발전한 것이다.

이러한 인권 개념은 곧 시민권 개념을 포함한다. 시민권은 시민의 자격으로 갖게 되는 권리로서 정치권, 사회권 등으로 구분될 수 있다. 시민권의 역사를 살펴보면 권리의 형태가 시민적 권리에서 점차 정치적 권리와 사회적 권리로 확장되고 그것의 적용 대상도 확장되었다. 특히, 정치적 권리 중 하나인 투표권은 시민 스스로 그 사회를 구성해 나간다는 점에서 필수적 요소로 이해될 수 있다. 시민은 권리를 보장받기 위해 사회로 하여금 그 권리를 보장할 또 다른 권리를 소유해야 하기 때문이다. 재산을 소유한 백인 신교도들에게만 한정되었던 투표권은 시민들의 자발적 운동에 따라 여성, 노동자, 흑인 그리고 다른 집단들에게도 점진적으로 확장되었다.

그러므로 시민권은 '권리들을 위한 권리'라고 불릴 수 있으며, 인권과 구분될 필요가 없다. 즉, 시민권은 사회 체제 내에서의 권리들을 획득하기 위한 권리라는 점에서, 인권과 함께 모든 사람들에게 보편적으로 획득되어야 하는 권리로 이해되어야 한다.

(다)

사우디는 여성에게 운전을 금지하는 유일한 국가인데요, 이슬람 율법에 쓰여 있는 게 아닙니다. '나쁜 남성에게 여성이 희생양이 될 수 있다.'는 정부의 판단 아래 생겨난 지침이라네요. 운전을 할 수 없다는 건, 생각보다 아주 많은 자유의 박탈을 뜻합니다. 운전해 주는 남자 없이는 어디에도 갈 수 없고, 학교에 가거나 일을 하려면 남성의 동의가 필수적이란 얘기거든요. 30년 넘게 사우디아라비아를 취재하며 퓰리처상을 수상한 작가이자 월스트리트저널 편집장을 지냈던 캐런 앨리엇 하우스가 자신의 책 『사우디아라비아』에서 "사우디 사회에서 여성 운전의 상징적 중요성을 간과하기란 어려운 일"이라고 주장한 이유입니다. 왜 운전을 못 하게 할까요? 저자는 "여성이 운전의 자유를 행사하게 되면, 남성이 거머쥔 지배의 고삐가 끊어지고 "와하비즘(엄격한 수니파 이슬람 근본주의 운동) 전체의 핵심 전제, '남자는 알라에게, 여자는 남자에게 복종한다.'가 흔들리기 때문"이라고 분석합니다.

(라)

> "모든 국민은 법 앞에 평등하다. 누구든지 성별, 종교 또는 사회적 신분에 의하여
> 정치적 · 경제적 · 사회적 · 문화적 생활의 모든 영역에 있어서 차별을 받지 아니한다."

위의 내용은 헌법 제 11조 1항의 내용이다. 언뜻 보기에는 그저 단순한 평등의 개념을 담고 있는 것처럼 보이지만, 사실 이 조항에는 형식적 평등뿐만 아니라 실질적 평등까지 추구해야 한다는 뜻이 담겨 있다. 형식적 평등이란 모든 인간 또는 국가 등에 차별을 하지 않고 절대적으로 평등하게 대우하는 것을 의미한다. 이 개념에 따르면, 사람들은 절대적으로 동일한 존재로 이해되기 때문에 출신, 나이, 성별 등을 따지지 않아 기회의 평등이라는 말로 쓰이기도 한다. 반면, 실질적 평등이란 선천적 능력이나 후천적 차이를 인정하고, 출신, 나이, 성별 등을 고려하여 사회적 약자에게 좀 더 유리한 혜택을 제공하는 것을 의미한다.

이해를 돕기 위해 예를 들어 보자. 형식적 평등만이 지켜지던 조선 초기에는, 양반부터 평민까지 너나할 것 없이 국가에 바쳐야 할 군포가 모두 두 필이었다. 그러나 영조는 실질적 평등의 중요성을 인지하여, 재물과 생활 수준을 고려해 양반에게는 군포 두 필을, 일반 백성들에게는 군포 한 필을 부과했다. 이렇듯 실질적 평등이란 개인의 지위나 사회적 신분, 상황 등을 유연성 있게 고려하여, 즉 개인의 차이를 인정하여 평등한 기회가 실질적으로 보장받을 수 있도록 만드는 것을 말한다.

(마)

　해가 지날수록, 유권자들 중에서 60대 이상 노인들의 선거 참여율이 점점 하락세를 보이고 있다. 4년 전 O대 총선거만 하더라도, 유권자 네 명 중 한 사람을 차지하던 60대 이상의 비율이 점점 줄어들고 있는 것이다. 몇몇은 이러한 현상의 근거로 투표 참여 방식의 변화를 지적한다. 온라인 투표가 실시된 이래로, 60대 미만의 많은 청장년층들의 온라인 투표 참여율은 지속적으로 증가하고 있다. 바쁜 일상 속에서 선거를 위해 따로 시간을 내기 어렵기 때문에, 이들은 온라인 투표에 대해 적극적으로 찬성하는 입장이다. 그러나 60대 이상의 노인들은 자신들도 선거를 위해 시간을 따로 내기는 마찬가지라고 주장하면서, 온라인 투표에의 접근성이 향상되어야 한다고 말하고 있다. 온라인 투표를 위한 절차가 상당히 복잡하고 까다롭기 때문에, 인터넷을 잘 다루지 못하는 60대 이상의 노인들은 해당 절차를 따라 온라인으로 투표에 참여하기가 어렵다는 것이다.

문제 1

제시문 (가)의 '인권 최대주의'의 관점에서 제시문 (나)의 '시민권'과 제시문 (다)의 '와하비즘(Wahhabism)'을 각각 논하시오.

문제 2

제시문 (가)의 '인권 최소주의'와 제시문 (나)의 관점에서 제시문 (다)의 '사우디 여성의 이동권 제한 정책'을 평가하시오.

문제 3

제시문 (나)와 (라)를 참고하여 제시문 (마)의 사례를 해석하시오.

문제 4

지원 계열 혹은 전공 분야에서 제시문 (마)의 사례를 개선하기 위한 노력을 예를 들어 설명하시오.

제시문 (가)의 '인권 최대주의'는 인권이 단순한 인권뿐만이 아니라 참정권이나 사회적 · 문화적 참여의 권리 등과 같은 것들과 불가분한 것으로 이해되어야 합니다. 이 관점에 따르면, 제시문 (나)의 '시민권'과 제시문 (다)의 '와하비즘'은 서로 다르게 분석될 수 있습니다.

먼저 제시문 (나)의 '시민권'은 '인권 최대주의'와 매우 유사한 입장입니다. 제시문 (나)에 의하면 인권은 자연성, 평등성, 보편성의 특징을 가지며, 시민권이 없다면 이러한 보편적 인권은 보장될 수 없습니다. 왜냐하면 시민권은 바로 이러한 인권을 획득하기 위한 권리, 곧 '권리를 위한 권리'이기 때문입니다. 그렇기에 시민권은 인권과 함께 모든 이들에게 보편적으로 보장되어야 하며, 이는 인권이 그것을 보장할 수 있는 여타의 다른 권리들을 최대한 포함해야 한다는 '인권 최대주의'와 닿아 있다고 할 수 있습니다.

반면에 제시문 (다)의 '와하비즘'에서는 남자는 알라에게, 여자는 남자에게 복종해야 한다고 주장합니다. 이는 '인권 최대주의'와 매우 상반됩니다. 그 이유는 '와하비즘'에서는 여성의 인간답게 살아갈 권리, 곧 자유롭게 이동하거나 다른 사람에게 의존하지 않을 권리를 박탈하고 있기 때문입니다. 물론 '와하비즘'의 이러한 권리 제한은 나쁜 남성에게 여성이 희생되는 것을 막기 위함이라는 점에서 기본 인권을 무시하고자 했던 의도는 아니라고도 볼 수 있습니다. 하지만 '와하비즘'은 인권을 보장하기 위한 또 다른 권리를 인정하고 있지도 않으므로, '인권 최대주의'와는 상반되는 견해를 취하고 있다고 할 수 있습니다.

개요

1. 제시문 (가)의 논지 제시
2. 제시문 (나)와의 비교
3. 제시문 (다)와의 비교

Tip & Advice

1. '논하시오.'라는 문항의 요구 사항을 첫 번째 답안에서는 '비교하시오.'로 해석하여, 제시문 (가)의 '인권 최대주의'의 논점을 중심으로 이를 제시문 (나)와 (다)를 각각 비교했습니다. 특히, 제시문 (나)의 '시민권'은 최대주의적 관점과 유사하지만, 제시문 (다)의 '와하비즘'은 유사하지 않다는 점에 주목했습니다.

2. 제시문 (가), (나), (다)의 논점을 열거하여, 각각의 인권에 대한 관점과 세부 논지 차이를 연결했습니다. 다른 구조로 답안을 제시할 수 있음을 기억하고 자신에게 편한 구조를 미리 연습해 보도록 합니다.

제시문 (다)는 운전의 자유가 없는 사우디 여성들의 사례를 보여 줍니다. 사우디 여성들은 자신의 의사로 자유롭게 다른 공간으로 이동할 수 없으며, 반드시 남성의 허락이 있어야만 이동이 가능하다는 점에서 자유로운 이동권을 박탈당한 상태입니다.

제시문 (나)의 입장에 따르면 이러한 사우디 여성의 이동권 제한 정책은 부당합니다. 다른 장소로 이동하는 자유는 제시문 (가)와 (나)에서 언급하고 있는 기본적인 시민권과 밀접하게 연관되어 있기 때문입니다. 그러므로 이들은 이동권이 인권에 필수적으로 포함되어야 하며, 이를 통해 자유로운 사회 참여가 보장되어야 한다고 주장할 것입니다.

반면에 제시문 (가)의 '인권 최소주의'에 따르면 사우디 여성의 이동권 제한 정책은 허용될 수 있습니다. 왜냐하면 자유로운 이동의 권리는 인권의 필수적 요소가 아니라 부가적인 권리일 뿐이기 때문입니다. 결국 '인권 최소주의'에서는 사우디의 '와히비즘'이 여성의 이동권을 보편적인 인간의 권리 중 하나로 인정하지 않는 것을 받아들일 가능성이 높습니다. 따라서 권리의 보편성이 획득되기 어렵고 문화적 특수성을 고려한다면 '인권 최소주의'는 해당 정책을 허용 가능하다고 평가할 수 있습니다.

개요

1. 제시문 (다)의 정책 제시
2. 제시문 (나)에 의한 평가: 비판
3. 제시문 (가)에 의한 평가: 허용 가능

Tip & Advice

제시문 (다)의 논점을 평가할 때, '인권'과 연관하여 평가를 하는 방향에 유의하여 작성해 보았습니다. 제시문 (나)의 입장에서는 제시문 (다)의 사례가 비판될 것이지만, 제시문 (가)의 인권 최소주의 입장에 따르면 허용이 '가능'함을 드러내고자 했습니다.

　제시문 (나)에 따르면 인간이라면 누구나 보장받아야 하는 인권에는 투표권이 포함되어야 합니다. 인권은 사회에 참여하기 위한 시민권을 포함하는데, 이 시민권의 하위 개념으로 투표권이 포함되기 때문입니다. 반면, 제시문 (라)는 실질적 평등을 제시하고 있습니다. 실질적 평등이란 출신, 나이 등을 고려하여 사회적 약자에게도 평등이 실제에 근거하여 실현되어야 함을 의미합니다. 그러므로 제시문 (나)와 (라)의 내용을 종합적으로 고려해 보면, 인권에 투표권이 포함되어야 하며 이러한 투표권은 사회적 약자들에게도 실질적으로 평등하게 보장되어야 함을 알 수 있습니다.

　이러한 제시문 (나)와 (라)의 관점에서 볼 때, 제시문 (마)에는 투표권을 실질적으로 보장받지 못하는 60대 이상의 노인들의 상황이 드러나 있다고 해석할 수 있습니다. 투표를 위한 시간이 부족한 사람들을 위해 시행된 온라인 투표는 인터넷상의 복잡한 절차를 거쳐야 합니다. 그러나 인터넷 접근성이 떨어지는 60대 이상의 노인들은 이러한 온라인 투표 참여에 있어 평등한 기회를 보장받지 못하고 있습니다. 즉, 온라인 투표상에서 60대 이상의 노인들은 사회적 약자로 분류되는 것입니다. 그러므로 사례는 60대 이상의 노인들이 인터넷 접근성을 고려하여 실질적으로 투표권을 평등하게 보장받을 수 있어야 함을 시사한다 할 수 있습니다.

개요

1. 제시문 (나)와 (라)의 논지 제시
2. 이에 의한 사례 해석

Tip & Advice

우선 제시문 (나)와 (라)의 관점을 적용하여 사례를 해석해야 하기 때문에, 적용 기준이 되는 두 제시문을 논지를 연결하여 제시해야 한다는 것에 유의합니다. 제시문 (나)에서의 '투표권, 정치권'을 포함한 시민권 개념과 제시문 (라)의 '실질적 평등' 개념을 연결했을 때, 노인층이 온라인 투표에 접근하기 어려운 현상에 착안해 노인층이 투표권에 있어 실질적 평등을 보장받지 못하고 있다는 논지로 연결할 수 있는 것에 주목하는 것이 좋습니다.

★ 정경 계열에 지원 학생 답변

인권에 대한 해석은 사람마다 다를 수 있습니다. 본인이 소속된 집단, 평소 지니고 있는 가치관, 이해관계 등에 의해 인권의 정의, 개념, 범위 등을 다르게 생각할 수 있습니다. 그렇기 때문에 인권의 개념을 가장 공고하게 정의하기 위해 인권 최소주의 입장에서 다른 부가적인 권리를 제외할 수 있습니다. 하지만 인권이라는 개념이 등장한 지 많은 시간이 지났고, 역사적으로 인권으로 여겨질 수 있는 다른 기본권에 대한 인식이 발달했습니다. 또한, 과거와 달리 복잡해진 현대 사회를 살아가기 위해 기본적으로 지켜져야 하는 것들이 많아졌습니다. 따라서 인권 최대주의 입장에서 제시문 (마)의 사례에 접근해야 한다고 생각합니다.

기본적인 권리인 투표권이 모두에게 보장되기 위해서는 직접 투표 방식이 전자 투표 방식과 함께 유지되어야 합니다. 이는 키오스크에 대한 비판과 비슷합니다. 키오스크가 상점에 자리 잡게 되며 점원이 사라지고 무인 상점이 늘면서 노년층이 이용할 수 있는 상점이 줄어들고 있다는 비판이 일고 있습니다. 노년층, 장애인, 아동 등 키오스크를 이용하기 어려운 사람들을 위해 최소한의 점원은 존재해야 한다는 소리가 커지는 것처럼, 전자 투표 방식 또한 정보 기기에 접근하기 어려운 사람들이나 정보 기기 지식이 부족한 노년층을 위해 직접 투표와 함께 진행되어야 합니다. 물론 행정적인 비용이 조금 더 들 것을 예상할 수 있지만 과거와 달리 인간들의 기본권을 보장하는 정부와 사회에 대한 요구가 있는 만큼 모든 이들의 기본권을 보장하기 위해 감당해야 하는 부분으로 받아들여야 한다고 생각합니다.

개요

1. 인권 최대주의를 선택하는 이유
2. 개선 방안: 직접 투표 병행

Tip & Advice

지원한 학과나 계열에 대한 관심도와 지식을 알아보기 위한 문제이기 때문에 본인의 지원 계열에 맞추어 방향성을 설정하는 것이 좋습니다. 하지만 실제로 전공 수업을 듣지 않은 수험생의 입장에서 너무 전공 지식에 대해 아는 척을 한다면 좋은 점수를 받지 못할 수 있으므로 바라보는 관점에 도움이 되는 정도로만 전공과 관련된 이야기를 하는 것이 좋습니다.

- **서울대 인문학 예상 문제 출처**

  제시문 (가) – 김영조, "프로타고라스의 패러독스", 발췌 및 재구성

  제시문 (나) – Frank Sonnenberg, "A Promise is a Promise", 발췌 및 재구성

  제시문 (다) – 스캔런, 『우리가 서로에게 지는 의무』, 발췌 및 재구성

  제시문 (라) – 자체 제작

- **서울대 사회과학 예상 문제 출처**

  제시문 (가) – "What is 'free trade'?", Our Economy (www.opendemocracy.net), 발췌 및 재구성

  제시문 (나) – 장하준, 『나쁜 사마리아인들』, 발췌 및 재구성

  제시문 (다) – 문남권, 「'나프타 – 멕시코'의 사례에서 배운다」, 한겨레, 발췌 및 편집

- **연세대 예상 문제 출처**

  제시문 (가) – 아리스토텔레스, 『니코마코스 윤리학』, 발췌 및 재구성

  제시문 (나) – D.Ratzsch, "Teleological Arguments for God's Existence" 발췌 및 재구성

  제시문 (다) – "인생의 의미를 찾는다는 것" 「뉴필로소퍼 3호」, 발췌 및 재구성

  제시문 (라) – 자체 제작

- **고려대 예상 문제 출처**

  제시문 (가) – 크리스토프 멩케, 『인권 철학 입문』, 발췌 및 재구성

  제시문 (나) – 『윤리와 사상』 & 『생활과 윤리』 교과서 발췌 및 재구성

  제시문 (다) – "여자는 혼밥도 못하는 나라" 「알쓸신세」, 발췌 및 재번역

  제시문 (라) – 『법과 정치』 교과서 발췌 및 재구성

행운이란 100%의 노력 뒤에 남는 것이다.

− 랭스턴 콜먼 −

PART 4

읽어 보기

사회 주요 쟁점

PART 4

읽어 보기

사회 주요 쟁점

사회 주요 쟁점 공부로 면접 재료 획득하자!

1. 잇따르는 청소년 폭행 사건

처벌 강화 찬성	• 늘어나는 청소년 폭력과 '위기 청소년' 문제 손 놓을 수 없음 • 소년법에 의한 처벌이 가볍다는 사실이 알려져 범죄 예방 효과 미미 • 청소년 범죄 재범률도 높은 상황 • SNS 통한 희화화 등 2차 폭력까지 심화 • 청소년 범죄가 도를 넘고 있어, 심한 폭력에 대해서는 불관용이 바람직함
처벌 강화 반대	• 미성년자이므로 본인보다 부모의 교육적 책임을 물어야 함 • 미성년자에 대한 강력 처벌이 오히려 낙인찍어 사회적 격리 유발하고 교화 효과 얻지 못함 • 가해 청소년 역시 위기 가정에서 피해를 본 경우가 많아 구조적 문제로 대두 • 형벌보다 예방, 사회 안전망 확충, 상담, 교화를 통한 해결이 더 바람직함 • 청소년 폭력에 대해서는 경찰보다 학교의 역할이 더 커져야 함

2. 담뱃갑 흡연 경고 그림 도입

찬성	• 암, 심장 질환, 뇌졸중, 간접흡연, 임산부 흡연, 성기능 장애, 피부 노화, 조기 사망 등 각종 문제점 경고해 흡연 예방 효과 • 가격 정책만으로 원하는 금연율 달성 한계 • 보건 복지부에 따르면 경고 그림 도입 국가들에서 평균 4.2%p, 최대 13.8%p(브라질)의 흡연율 감소 관찰됨
반대	• 개인의 자유(흡연권, 행복 추구권) 침해 • 국가가 사적 도덕에까지 간섭 • '너무 혐오스러우면 안 된다.'는 선정 기준, 그림 가려주는 케이스 등 흡연율 감소에 대한 실효성 의문 • 세수 감소 우려

3. 인공 지능 시대

배경	• 신기술로 인해 새로운 윤리적 · 법적 이슈 등장 • 4차 산업 혁명 촉진 위해 정부 대응책 마련 착수 • 규제 완화 통해 미래 기술 분야 육성해야 한다는 목소리
문제점	• 신기술 파급 효과 예측 어려움 • 인공 지능 오류, 사고 시 법적 책임 주체, 기술 개발 윤리, 지적 재산권 침해, VR 산업 관련 안전 규제 등 각종 이슈에 대응할 사회적 원칙 미비
대책	• 지나치게 규제할 경우 해당 분야 경쟁력 상실 우려 • 무조건 규제보다 현장 및 전문가 의견 수렴해 법제도 정비 필요

4. 기간제 교사 정규직화 찬반

찬성	• 정교사 자리에 기간제 교사 썼다면 이미 자격 · 능력 인정한 것 • 정교사와 같은 일 하므로, 동등한 대우 받는 것이 정당함 • 기간제란 이유로 아이들에게 무시 받는 경우도 있어, 교육 현장에 기간제 교사 두어 차별하는 것은 비교육적 • 공공 부문부터 솔선해 비정규직 없앤다는 국가 정책상 기간제 교사도 예외될 수 없음
반대	• 임용 고시 없이 기간제 교사 정규직화하는 것은 형평성에 위배됨 • 임용 고시 통과하지 않았으므로 자격 충분히 검증되지 않았다고 보아야 함 • 교육의 질 저하 초래할 수 있으므로 무분별한 정규직화는 곤란함

5. 반려동물 규제

찬성	• 다른 사람들의 안전에 피해 줄 수 있으므로 목줄 · 입마개 착용하거나 출입 제한, 입양 단계에서의 반려인 자격시험 등 규제 강화하는 것은 타당 • 안전 조치 없이 반려동물 동반 탑승하고 운전하는 등 전반적 시민 인식 부족하기에 법적 규제 통해 실질적 강제 필요 • 유기 동물 증가하고 있어 반려동물 판매업 등에 대한 관리와 규제 필요
반대	• 반려동물은 인간과 함께 사는 우리 사회의 일원이므로 무작정 규제 극대화보다 권리, 복지를 존중해 주어야 함 • 동물들에 대한 맹목적 적대감이나 학대가 오히려 더 큰 문제 야기 • 반려 인구 1천만 시대에 지나친 규제는 인간 가족들에게까지 불편 야기 • 문제 일으킨 동물 안락사는 교육 소홀히 한 반려인 책임 전가하는 것 • 사후 규제보다 펫티켓 홍보하고 교육하는 것이 안전사고 예방에 효과적

6. 인터넷 방송 규제

정의	방송국을 통해 전파를 송출하는 대신 온라인을 통해 개인이 직접 제작하는 방송
찬성	• 음란·선정적 개인 방송에 대한 규제 필요: 플랫폼 회사마다 자체 규정은 있으나 이에 따른 제재 수준은 미약 • 회사는 수익 우선해 적극적 규제 꺼리므로 정부 차원의 규제 필요함 • 주 시청자층이 청소년이어서 규제 필요성 더욱 큼
반대	• 인터넷 방송 기준 불분명: 각종 SNS 셀카, 영상까지 규제 대상 포함 여지 • 규제 대상 콘텐츠 기준 모호: 검열로 악용될 소지 • 해외 사업자 유리: 법제화는 한국 사업자만 대상으로 함 • 규제 늘리기보다 실제 집행 중요: 추가 규제안 없어도 청소년 유해 매체물 유통에 대해서는 정보통신망 법률에 이미 규정 존재 • 자정 노력 중시: 방송 특성상 시청자 신고나 사후 심의에 의존할 수밖에 없는 구조이기 때문에 실효성 있는 규제 어려우므로 자정 노력 위주 정책 펴야 함

7. 저출산, 고령 사회 대책

배경 및 개요	• 2016년 출생아 수 40.6만 명으로 역대 최저 • 2017년 노인(만 65세 이상) 비중 14% 돌파해 고령화 사회 진입 • 청년 일자리 창출, 신혼부부 주거 지원, 난임 시술 건강 보험 적용 등 투입 예산 24.1조 • 주택 연금 공급 확대, 노인 일자리 확충, 치매 예방 운동 교실 활성화 등 투입 예산 14.3조
개선할 점	• 저출산, 고령화 대책이 보육 지원에만 치우침 • 아이 안 낳는 핵심 원인 간과: 청년 고용 불안, 주거·사교육비 부담으로 결혼, 출산 못하지만 이에 대한 대책은 미흡 • 그동안의 예산 투입에도 불구하고 고령자 자살률 다시 높아지고 있으나 새로운 프로그램 도입이 아니라 기존 프로그램 예산 추가에 그친 한계

8. 안아키 논란

개요	• 백신 접종, 병원 치료 없이 자연 면역력으로 아이를 키우자는 '안아키(약 안 쓰고 아이 키우기)' 온라인 카페에서 시작 • 잘못된 의료 정보로 인해 아이들 건강 해치면서 아동 학대 논란 • 운영자인 한의사 마음살림닥터에 대해 경찰 수사, 카페 폐쇄
원인 및 문제점	• 회원 수 5만 8천 명에 이를 정도가 된 데는 엄마의 죄책감 자극하는 마케팅이 한몫함 • 엄마 한 명에게만 육아 책임 부담 지우는 한국 사회 특성상 민간 비방, 의사 불신 등이 쉽게 번진 것으로 분석됨 • 일부가 예방 접종 거부하면 특정 감염병에 대한 면역력 가진 구성원의 비율인 군집 면역 낮아져 사회 전체에 피해 미침

9. 가상 화폐 열기

정의	지폐나 동전 등 실물 없이, 네트워크로 연결된 가상 공간에서 전자적 형태로 사용되고 거래되는 디지털 화폐
찬성	• 튤립 버블과 같은 거품이므로, 폭발로 경제 충격 주기 전에 규제해야 함 • 도박성, 사행성 짙은 상황이므로 도덕적 차원에서도 규제 필요 • 여론 조사 결과 69.7%가 규제에 찬성, 19.5%만이 규제 반대 • 특히 젊은층 투자가 많이 몰리는 것은 안정적 직업 활동 어려운 현 세태의 반영이지만, 이는 가상 화폐 아닌 올바른 경제 정책 통해 풀어야 할 문제
반대	• 4차 산업 혁명 불러올 기술 중 하나인 블록체인과 연관되어 있어 규제는 시대 역행적 사고 • 가난한 사람들이 돈 벌 기회 함부로 차단해서는 안 됨 • 인터넷 강국이란 한국 기반 조건 때문에 열풍이 강한 것일 따름임 • 정보 사회에 대한 지식과 노하우 있는 사람들의 합리적 수익 수단임

10. 최저 임금 인상 이슈

인상 찬성론	• 최저 임금 인상되면 경제 약자 처우 개선 • 저임금 근로자 소비 늘어 기업 매출 오르고 경기 호전 기대 • 소득 주도 성장을 위해 최저 임금 인상은 필요한 정책
부작용	• 최저 임금 인상으로 인해 오히려 경제적 약자들의 해고, 근무 시간 단축 • 기업들은 늘어난 인건비에 대응하여 신규 고용 줄이므로 구직난 심화 • 신규 고용 및 근무 시간 단축으로 기존 근로자들의 근무 강도 상승 • 사업주-근로자 간 갈등 심화 • 코로나 시기에 자영업자 부담 심화
대책	• 각종 수당 포함 여부 등 해석 다툼 여지 줄여야 함 • 고용 취약 계층의 피해 크지 않도록 보완 대책 마련해야 함 • 급작스런 인상보다 점진적 인상 택하는 편이 바람직할 수도 있음

11. 유튜브의 명암

명	• 콘텐츠의 다양성과 확장성(다양한 영상 소비자의 선택권 충족) • 기성 언론의 독점적 지위 완화(다양한 언론의 확보) • 새로운 산업과 사업 영역의 신설(새로운 직업의 탄생)로 인한 경제적 이익의 기회 • 문화적 다양성의 보장(약자, 숨겨진 문화의 재발견)
암	• 자극적 콘텐츠의 범람(선정성, 폭력성) • 개인의 언론 권력화(통제나 견제의 어려움) • 뒷광고 논란 등으로 불거진 기만적 수익 창출 행태 • 다양성보다 획일적 콘텐츠의 파급과 영향력 강화 • 소수자, 약자 권익 보호 미흡(아동, 장애인 등)

12. 민식이법 이슈

찬성	• 아동의 생명권 보호(스쿨존 교통사고 감소 효과 기대) • 강력한 사고 예방 효과(운전자, 사회 전반적 경각심 확대) • 아동 권익 보호의 절대적 가치를 감안한 불가피한 현실적 선택
반대	• 과도한 처벌(과잉 처벌의 우려) • 사회적 합의의 미진(국회 통과되었으나, 국민적 여론의 합치가 불충분) • 아동 보호나 교육에 소홀한 부모의 연대 책임을 부정하고 운전자에게 잘못을 일방적으로 전가한 것은 불합리 • 아동 보호를 위한 다른 실질적 조치도 병행 가능

13. N번방 사건의 원인과 대책

원인	• 의식적: 바람직하지 못한 성의식, 성관념, 인간 존중 의식의 결여 • 제도적: 사회적 처벌의 미약과 부재
대책	• 의식적: 교육의 강화 • 제도적: 처벌의 강화, 사건 재발을 막기 위한 실효적 조치(인터넷 업체 등과의 협력이나 내부 가이드라인 제정 촉구) 필요

14. 코로나19로 인한 종교 · 정치 표현(시위) 등 개인의 자유 침해 vs 공공의 안전

자유 침해	• 종교, 시위의 자유는 헌법이 보장한 핵심 기본권 • 자유의 절충과 조화를 시도하지 않은 일방적인 배제는 문제 • 감염병 예방을 위한 실질적 조치와 조건, 가이드라인의 분명한 제시가 있다면 얼마든지 병행 · 양립 가능
공공 안전	• 코로나 감염으로 인한 대규모 사회적 차단, 생명권의 침해 가능성을 고려하면 공공 안전이 더 큰 사회적 이익 · 공익에 부합한 선택임 • 자유의 침해는 영구적, 무제한적인 것이 아니라 일시적 조치이며 특정 장소에 한정한 자유의 침해이므로 전면적 자유 침해가 아님 • 이미 자유 보장했던 사례(8 · 15 집회)가 끼쳤던 사회적 손실을 감안해야 함

15. 수술실 CCTV 설치와 의사 위법 행위에 대한 처벌 강화 찬반

찬성	• 의료 관련 사고를 줄이기 위한 현실적 조치(대리 수술, 의료 사고 등) • 단기적으로 감시로 인식, 그러나 장기적으로는 환자와 의사의 상호 신뢰 증진 가능 • 다른 나라의 사례에 비추어 봤을 때 수술실에 한정한 CCTV 설치는 일반적
찬성	• 보수적 의료 행태 가중(적극적 치료의 위험성을 감수하지 않은 보수적 치료 가능성) • 감시에 의한 의료인 위축(위와 동일한 맥락) • CCTV 아닌 다른 방법에 의해 의료 윤리 강화할 수 있는 실질적 조치 가능함

16. 국가 재난지원금 대상 범위에 대한 논란(전면 지급 vs 선별 지급)

전면 지급	• 비상사태(재난)이므로 모든 국민에게 일괄 지급하는 것이 타당(모든 국민이 자유 제약과 비일상의 연속을 경험함 • 선별 지급의 비효율성(선별 과정을 거쳐야 하는 것이 오히려 비효율적) • 사회적 갈등의 우려(통합 가능성 저해)
선별 지급	• 실질적 타격을 입은 취약 계층을 두텁게 보호하는 것이 사회적 이익에 부합 • 선별 지급의 비효율성은 시스템 개선을 통해 개선 가능 • 이미 전면 지급한 사례가 있으므로 이번에는 선별 지급이 타당 • 전면 지급의 경제적 효율(소비 진작 효과)이 예상보다 미흡하다는 연구 결과

17. 디지털 교도소 논란

찬성	• 솜방망이 처벌에 대한 사회적 경각심 환기 • 법감정에 대한 최소한의 사회적 충족 장치 필요
반대	• 사적 보복은 현대 국가에서는 성립하기 어려운 것(법치주의에 반함) • 사적 보복의 대상자 선정과 게시 방식이 부정확(실제 가해자가 아님에도 가해자로 오인되어 보복 대상이 된 사례가 발생) • 형량의 강화는 입법을 통해 해결하는 것이 바람직함

18. 조두순 출소에 대한 사후적 처벌 가중에 대한 논쟁

찬성	• 피해자와 가해자가 동일 지역에서 생활하는 것에 대한 피해자 두려움 가중(피해자 보호 조치가 필요) • 지역 사회의 불안 가중되므로 계속적인 격리가 필요
반대	• 이미 형량이 선고되고 집행이 완료된 사안에 대해 초법적인 추가 처벌은 불가능 • CCTV 설치 등을 통해 주변 감시 강화의 선제적 대응과 예방 충분히 가능 • 아동 성범죄자 형량 강화 등 입법 조치 완료, 소급 입법으로 재처벌하는 것은 법치주의에 반함

19. 상법 개정안에 대한 논쟁

찬성	• 낮은 지분율로 전체 그룹을 관할하는 재벌 구조의 모순 개선 필요 • 경영에 대한 소액 주주의 실질적 발언권 확보하는 것이 경영의 민주화에서 타당 • 오너에 의한 전제적 경영의 리스크 완화(오너 리스크 완화)
반대	• 주주 보호가 아닌 투기 세력 보호로 악용 가능성 • 안정적인 경영권 보장이 어려워 기업의 효율성과 이윤 창출 능력 감소 우려 • 기업 경영권 침해로 인해 경영인들의 투자 감소 우려

20. 연예인 병역 특례

찬성	• 스포츠 종사자, 클래식 음악 콩쿠르 수상자와의 형평성 문제 • BTS의 유무형 국익(대한민국 이미지 상승 제고)을 고려한 현실적 방안 필요 • 병역 특례가 어렵다면 최소한의 병역 연기라도 도모해야 함(현재 입법 논의 중)
반대	• 병역은 국민의 보편적 의무로 법 이외의 예외를 두는 것은 불가능(병무청 입장) • 스포츠 종사자들은 국가를 대표해 경기에 참여한 결과에 대해 혜택을 받는 것, BTS는 국가 소속이 아닌 사기업 소속 • 당사자들은 이미 의무에 충실할 것을 천명한 상황임을 고려해야 함

21. 성전환 육군 하사 강제 전역에 대한 적절성 논란

찬성	• 군 복무의 적합성 고려한 현실적 조치(여군과의 생활 공간 확보에서 여군의 어려움 반영) • 사전에 협의되거나 동의된 점이 아닌, 일방적 결정 • 대한민국의 특수한 상황(휴전 중, 북과 대치 중)을 고려한 현실적 결정
반대	• 성적 차이에 의한 불합리한 차등 행위는 평등권 위배 • UN 협약에도 위배. 성전환은 사적 영역이므로 군 당국의 협의와 동의가 필요한 사안이 아님 • 군 복무의 적합성을 입증할 기회도 없이 사전적 배제 조치를 당한 것은 과도함

22. 정보화(IT, AI)의 빛과 어둠

긍정적인 면	• 필요한 정보를 언제 어디서나 얻을 수 있는 편리함 • 금융 · 상거래 활동에 현격한 발전을 가져옴 • 일상생활에 편리함을 가져옴 • AI 활용을 통해 노동의 굴레에서 벗어날 수 있음
부정적인 면	• 정보의 질과 신뢰도 떨어짐 • 새로운 형태의 경제 · 금융 범죄 도래 • 인간 소외 현상 • 인간관계를 맺는 양상 얕아짐 • 단순 작업을 하던 노동자들의 실직

23. 코로나로 인한 정보화 기기 교육(줌, 화상 수업 등) 적용의 장단점

장점	• 교수 방식에 혁신이 찾아옴(디지털 교과서 등) • 교사가 만드는 수업에 무한한 다양성 부여 • 학생들의 흥미 유발 • 종래의 무거운 물리적 교재의 부담에서 벗어남 • 교사, 학부모, 학생이 학습 과정에 주체적으로 참여할 수 있음
단점	• 정보화 기기에 자본의 논리가 적용되어 계층과 관련한 문제 야기 • 학생들의 흥미를 지속적으로 잡을 수 있는 수단으로는 부적절 • 수업이 파행으로 이어질 가능성이 있음 • 기기가 고장 났을 경우 결국 아날로그 매체에 의존할 수밖에 없음

24. 정보 보호(新판옵티콘 시대)/정보 인권 침해의 원인과 대안

원인	• 안정적이고 편리한 금융 · 행정 서비스를 위한 중앙 관리 시스템 구축 • 정보화 시대의 무한한 정보 접근성과 대중들의 낮은 안보 의식이 만남 • SNS의 발달로 수많은 사람들이 디지털 흔적(digital footprint)을 곳곳에 남김 • 정치적 · 개인적 목적으로 디지털 흔적을 통해 보이지 않는 감시가 가능
대안	• 정보 인권 의식 함양 • 디지털 보안 의식을 위한 캠페인, 교육 등 • 디지털 흔적(digital footprint)에 대한 경각심을 일깨우기 • 국가, 기업 등의 거대 조직의 감시를 막을 수 있는 민주적 절차 및 제도 개선

25. 정보 격차의 원인과 해소 방안

원인	• 물리적 기기 보급 문제(컴퓨터, 스마트폰 보유 여부) • 지역적 요인: 정보 접근성의 격차 • 교육 · 학력차: 지식 · 정보 수준이 비슷한 사람들끼리 무리 형성 • 사회적 기회의 불균등: 정보에서 소외된 계층은 사회적 서비스 또한 받기 어려워짐
대안	• 국가가 나서 정보 복지 정책을 펼쳐야 함: 시장이 보장해 주지 않는 정보 접근성을 하드웨어 보급, 통신망 지원 등으로 보장해 주어야 함 • 정보화 시민운동: 정보 소외 계층에게 정보 접근성을 높이는 것이 중요하다는 인식과 동기를 부여

26. 두발 자유화 이슈(+ 교복 자율화 이슈)

찬성	• 학생 자유 및 개성 존중 • 두발 자유로 인한 학력 저하의 근거 부재 • 어디까지 가능한가의 문제는 여전(염색, 파마는 안 되는 이유는?)
반대	• 두발 단속은 판단 능력이 완성되지 않은 학생들을 보호하기 위한 조치 • 두발 자유화를 할 경우 탈선 조장 우려

27. 국내 기부 활성화

문제점	• 대한민국 세계 기부 지수 2010년 81위에서 2011년 57위로 크게 상승, 세계 12위인 경제 규모를 감안할 때 아직 인색한 수준 • 최근 5년간 개인 기부의 80%는 종교 단체 기부 • 기부 단체 비리 사례 지속 보고로 인한 불신 팽배
해결	• 기부 단체의 도덕적 해이를 바로잡기 위해 민간 주도의 감시 체계 • 정부 주도 기부 인프라 확충

28. 학교 폭력 생활기록부 기재 논란

찬성	• 학교 폭력에 대한 심각성을 실제적으로 경고할 수 있는 수단 • 인과응보적 기능 • 가해자의 2차, 3차 폭력을 스스로 예방할 수 있는 측면
반대	• 완전히 성숙하지 않은 청소년에 대해 지나치게 과도한 낙인찍기, 주홍 글씨와 같은 측면 • 더 큰 반항심과 반발을 유도할 가능성

29. 사교육비 양극화 심화

원인	• 대학 서열화와 이에 의한 입시 최우선의 교육 현실 • 사교육 접근성은 자본의 보유 정도에 따라 달라질 수밖에 없고, 사교육 자체가 고비용 구조라는 전제 • 선행 학습 열풍도 하나의 원인
대안	• 공교육의 정상화 필요 • EBS 등 공적 기관을 활용한 교육 접근성의 동등한 배분 필요 • 지나친 고액 사교육 기관(학원, 과외) 등에 대한 규제 필요(학파라치 제도 필요)

30. 대형 마트, SSM 강제 휴무 논란

찬성	• 경제 민주화의 측면(자본 집중의 완화) • 소상인들에 대한 생계 안정 필요(재래시장 활성화 측면)
반대	• 대형 마트와 SSM의 기업의 자유, 경제 활동의 자유 침해 • 재래시장의 편의 시설이나 쇼핑 편의가 향상되지 않는 한, 강제 휴무는 실질적 대안이 될 수 없다는 논리

지식에 대한 투자가

가장 이윤이 많이 남는 법이다

– 벤자민 프랭클린 –